R

48058

ESSAI

SUR LA

MÉTAPHYSIQUE

D'ARISTOTE

I

ESSAI

SUR LA

MÉTAPHYSIQUE

D'ARISTOTE

OUVRAGE COURONNÉ PAR L'INSTITUT
(ACADÉMIE DES SCIENCES MORALES ET POLITIQUES)

PAR

FÉLIX RAVAISSON

Ἔστιν ἡ νόησις νοήσεως νόησις.
MÉTAPHYSIQUE, l. XII.

TOME I

PARIS
IMPRIMÉ PAR AUTORISATION DU ROI
A L'IMPRIMERIE ROYALE
M DCCC XXXVII

AVANT-PROPOS.

Cet ouvrage a été couronné par l'Académie des sciences morales et politiques il y a déjà plus de deux années, au mois d'avril 1835. Depuis, j'ai consacré tous mes loisirs à le revoir et à l'améliorer. L'Académie m'avait donné par l'organe de son illustre rapporteur [1], des témoignages d'approbation qui m'ont encouragé à développer l'essai qu'elle avait jugé digne de son suffrage. C'était un mémoire, maintenant c'est un livre qui ne formera pas moins de deux volumes.

[1] Voyez le Rapport de M. Cousin, p. 90-119.

AVANT-PROPOS.

Le sujet mis au concours comprenait les questions suivantes :

1° Faire connaître l'ouvrage d'Aristote intitulé *la Métaphysique*, par une analyse étendue, et en déterminer le plan;

2° En faire l'histoire, en signaler l'influence sur les systèmes ultérieurs dans l'antiquité et les temps modernes.

3° Rechercher et discuter la part d'erreur et la part de vérité qui s'y trouvent, quelles sont les idées qui en subsistent encore aujourd'hui, et celles qui pourraient entrer utilement dans la philosophie de notre siècle.

Le premier volume répond à la première de ces trois questions; le second, qui suivra de près celui-ci, contiendra la réponse à la seconde et à la troisième. — L'analyse de la Métaphysique supposait la solution préalable de différentes questions, souvent controversées, sur l'authenticité de cet ouvrage et l'ordre dans lequel les parties en sont disposées. En outre, la Métaphysique nous étant parvenue plus ou moins incomplète et en désordre, une simple analyse ne pouvait suffire pour en dévoiler le plan et faire connaître à fond la doctrine qui y est contenue. Le premier volume se partage donc en trois parties, dont la première, qui sert d'introduction, traite de l'histoire et de l'authenticité de la Métaphysique; la seconde en renferme l'analyse, livre par livre, et même, la plupart du temps, chapitre par chapitre; la troisième, et la plus considérable de beaucoup, est une tentative de restitution de la théorie d'Aristote sur la métaphysique ou *philosophie première*.

Cette dernière partie se divise elle-même en trois livres, dont le premier est encore une sorte d'introduction aux deux autres : on y trouvera la détermination de la place que la Métaphysique occupe dans l'ensemble de la philosophie d'Aristote, tant par rapport à la méthode et à la forme de la science que par rapport à son objet. Le second livre contient l'histoire critique des antécédents de la Métaphysique d'Aristote d'après Aristote lui-même, et principalement celle de la philosophie platonicienne. Le troisième, enfin, renferme le système métaphysique d'Aristote. Dans le second et le troisième livre et principalement dans ce dernier, j'ai préféré à la forme de la dissertation celle de l'exposition, qui a l'avantage de ne pas interrompre la suite et le mouvement des idées. Je renvoie dans les notes les principaux passages sur lesquels je m'appuie, et dont le simple rapprochement m'a paru suffire, le plus souvent, à la justification du texte; je n'y ai ajouté qu'un petit nombre d'éclaircissements sur les points les plus controversés ou les plus difficiles.

Dans la pensée d'Aristote, la *philosophie première* contient en quelque façon toute la philosophie, et réciproquement, dans l'ordre de l'éducation de l'esprit, l'étude des autres parties de la philosophie doit précéder celle de la *philosophie première.* J'ai donc cru devoir faire entrer dans l'exposition de son système métaphysique les principes généraux de sa Physique, de sa Morale, avec la Politique qui en est inséparable, et de sa Logique. Le troisième livre de la troisième partie se divise ainsi en trois chapitres. Le premier contient la détermination de l'objet de la Métaphysique. Le second est le développement des deux systèmes opposés et parallèles de la nature et de la science, par la physique et la morale d'une part, et de l'autre par la logique, dans leur double rapport entre eux et avec l'objet de la métaphysique, principe supérieur de la nature et de la science. Le troisième et dernier chapitre contient la théorie de l'objet propre de la métaphysique, ou du premier principe. En d'autres termes, le premier chapitre présente l'objet de la métaphysique comme l'être en général; le second développe l'opposition de l'être et de la pensée, ou, si l'on veut, du réel et de l'idéal; le troisième montre l'identification de la pensée et de l'être en Dieu. Les trois chapitres réunis doivent offrir le tableau de la philosophie d'Aristote dans le cadre et sur le fonds de la philosophie première.

La philosophie d'Aristote, tombée depuis deux siècles environ dans un discrédit général et presque dans l'oubli, commence à s'en relever. Mais elle ne peut reparaître dans son vrai jour qu'à la lumière de la métaphysique dégagée des voiles épais dont la scolastique l'avait enveloppée. D'abord, toutes les parties de ce vaste ensemble ne peuvent être appréciées à leur juste valeur que par les rapports intimes qu'elles ont les unes avec les autres et avec la pensée générale qui les tient étroitement unies; par exemple les lois de la pensée, qu'Aristote a fixées le premier, ne peuvent être entendues en leur véritable sens que par l'analogie et l'opposition qu'elles offrent avec les lois de la nature; et les lois de la nature et de la pensée ne trouvent que dans la métaphysique leur commune explication et leur raison dernière. Ensuite, c'est dans la métaphysique que se révèlent le caractère et l'esprit propre de l'aristotélisme en général. On s'est représenté l'aristotélisme, depuis la chute de la scolastique, tantôt comme un système d'abstractions sans réalité et classifications logiques ou même purement verbales, tantôt comme un système d'empirisme analogue, dans ses principes psychologiques et dans ses conséquences morales, à l'épicuréisme antique ou au sensualisme moderne. Ce sont deux erreurs qui ne peuvent se dissiper entièrement que devant une exposition complète de la Métaphysique. On verra qu'Aristote ne s'est renfermé ni dans la sphère de la sensation ni dans celle du raisonnement; que ce ne sont au contraire à ses yeux que deux degrés où la philosophie s'était successivement arrêtée avant lui, et qu'elle a dû franchir pour s'élever à ce point de vue supérieur de la raison pure où le réel et l'idéal, l'individuel et l'universel se confondent dans l'activité de la pensée. Or ce point de vue, c'est celui de la philosophie première.

Dans ce premier volume, où nous nous bornons à rétablir la pensée d'Aristote, nous nous sommes abstenu d'énoncer aucun jugement sur les doctrines que nous exposions, et même, en général, de signaler au lecteur les rapports nombreux qu'elles présentent avec des doctrines postérieures. Dans la première partie du second volume, nous ferons l'histoire de l'influence que la métaphysique péripatéticienne a exercée sur l'esprit humain, et des fortunes diverses qu'elle a subies pendant plus de vingt siècles. Dans la seconde partie, qui formera la conclusion de tout l'ouvrage, nous essayerons d'apprécier la valeur de cette grande et célèbre doctrine, et de déterminer le rôle qu'elle est appelée à jouer encore dans la philosophie.

PREMIÈRE PARTIE.

INTRODUCTION.

ESSAI
sur la
MÉTAPHYSIQUE D'ARISTOTE.

PREMIÈRE PARTIE.
INTRODUCTION.
DE L'HISTOIRE ET DE L'AUTHENTICITÉ DE LA MÉTAPHYSIQUE D'ARISTOTE.

LIVRE PREMIER.
DE L'HISTOIRE DE LA MÉTAPHYSIQUE D'ARISTOTE.

CHAPITRE I.

De l'histoire des ouvrages d'Aristote en général, jusqu'au temps d'Apellicon de Téos et d'Andronicus de Rhodes.

Avant d'entreprendre l'étude de la Métaphysique d'Aristote, nous avons à traiter des questions historiques qui nous arrêteront quelque temps.

PARTIE I. — INTRODUCTION.

Tous les doutes qu'on a élevés sur le grand poëme de l'antiquité, on les a élevés pareillement sur le plus grand monument, peut-être, de la philosophie ancienne; la Métaphysique a eu le sort de l'Iliade. La Métaphysique a-t-elle pour auteur Aristote, ou du moins est-elle de lui tout entière? N'est-ce qu'un assemblage de traités différents réunis, à tort ou à raison, sous un titre commun? Est-il vrai enfin, si c'est un seul et même livre, et un livre authentique dans toutes ses parties, que diverses circonstances, du vivant d'Aristote ou après lui, soient venues en altérer le plan original, et qu'on y puisse rétablir un ordre plus conforme au dessein de l'auteur? Les critiques se sont posé tous ces problèmes, et ne les ont pas encore complétement résolus : nous devons en chercher à notre tour la solution.

La question de l'authenticité et de l'ordre de la Métaphysique est liée à celle de l'histoire, encore très-obscure, des ouvrages d'Aristote. C'est par cette histoire que nous commencerons. Nous y séparerons, aussitôt que cela nous sera possible, l'histoire de la Métaphysique en particulier depuis le temps où elle dut être composée, jusqu'à celui où on la trouve universellement connue et répandue dans le monde philosophique.

Ce travail serait plus facile, sans doute, si nous avions encore l'ouvrage d'Hermippus de Smyrne, Περὶ Ἀριστοτέλους, dont Diogène de Laërte avait fait usage, les livres d'Apellicon et d'Andronicus de Rhodes, les commentaires d'Eudorus, d'Evharmostus, d'Aspasius, celui de Simplicius, sans doute aussi abondant que ses autres écrits en précieux renseignements historiques, enfin le traité spécial qu'avait composé Adraste d'Aphrodisée sur l'ordre des livres d'Aristote (Περὶ τῆς τάξεως τῶν Ἀριστοτέλους συγγραμμάτων). Tout cela a péri; nous sommes réduits à un petit nombre de témoignages directs qu'il faut rendre féconds par une comparaison et une discussion approfondies; joignez-y une multitude d'indications plus ou moins indirectes, dont le rapprochement peut fournir quelques lumières.

Il n'est point de sujet qui ait provoqué dans les temps modernes de plus vives et de plus longues controverses. Elles commencèrent avec la Renaissance, au milieu des combats du platonisme et du péripatétisme; la critique naquit de la passion. François Pic de la Mirandole avait entrepris de renverser l'autorité d'Aristote: il éleva des doutes sur l'authenticité de tous ses écrits [1]. La discussion s'anima, sans faire de progrès, entre Nizzoli [2] et Majoragio [3]. Le premier qui réunit les principaux textes et chercha à déterminer des règles de critique, fut Patrizzi, le savant

---

[1] *Examinatio vanitatis doctrinæ gentium*, IV, 5.

[2] *Antapologia, de veris principiis et vera ratione philosophandi*. Parmæ, 1553, in-4°.

[3] *Reprehensionum libri duo contra Nizolium*. Mediol. 1549, in-4°.

mais trop partial auteur des *Discussiones Peripateticæ* [1]. Un siècle et demi plus tard parut en France une dissertation anonyme [2] où l'on en venait enfin au nœud de la question : on y ébranlait par une argumentation ingénieuse le récit, si longtemps admis sans contestation, de Strabon et de Plutarque, sur le sort des manuscrits d'Aristote. Ce livre oublié depuis, signalé de nos jours par Stahr qui n'en a connu qu'une analyse [3], était l'ouvrage du bénédictin D. Liron. — Mais la critique allemande, ici comme ailleurs, a bientôt su reprendre l'avance. Schneider renversa pour toujours la tradition vulgaire dans les *Epimetra* de son édition de l'Histoire des animaux; Brandis [4] et après lui Kopp [5] élargirent le point de vue où il avait placé la question, en généralisant ce qu'il n'avait appliqué qu'à un seul des ouvrages d'Aristote. Enfin Stahr [6] a récemment traité à fond tout ce qui concerne l'histoire d'Aristote et de ses écrits, avec non moins de sagacité que d'érudition. — Tels sont les principaux tra-

---

[1] Tome I, l. IV. Basil. 1583.

[2] Dans les *Aménitez de la critique, ou Dissertations et Remarques nouvelles sur divers points de l'antiquité ecclésiastique et profane.* Paris, chez Florentin Delaulne, 1717, in-12.

[3] Insérée dans le *Journal des Savants*, juin 1717.

[4] *Rheinisches Museum für Philologie, Geschichte und griechische Philosophie.* I (1827), 3, s. 236-254; 4, s. 259-286.

[5] *Rhein. Mus. für Philol.* etc. III (1829), s. 93-104.

[6] *Aristotelia.* Halle, 1830-32.

vaux où nous avons dû prendre la base de recherches ultérieures.

Commençons par reproduire intégralement les récits qui ont provoqué la controverse. Voici celui de Strabon [1] :

A Scepsis naquirent Coriscus et son fils Nélée; disciple d'Aristote et de Theophraste, Nélée hérita de la bibliothèque de Théophraste, dont celle d'Aristote faisait partie ; car Aristote (le premier, que je sache, qui ait rassemblé des livres [2], et enseigné aux rois d'Égypte à mettre en ordre une bibliothèque) avait laissé en mourant à Théophraste sa bibliothèque et son école. Théophraste laissa donc les livres à Nélée. Celui-ci les ayant portés à Scepsis, les transmit à ses héritiers, gens ignorants, qui les tinrent enfermés et entassés en désordre. Lorsqu'ils vinrent à savoir quelle ardeur mettaient les Attales, auxquels leur ville obéissait, à rassembler des livres pour la bibliothèque de Pergame, ils cachèrent les leurs sous terre, dans une cave, où ils furent gâtés par l'humidité et par les vers. Longtemps après, leurs descendants vendirent, pour un haut prix, à Apellicon de Téos les livres d'Aristote et de Théophraste. Or, cet Apellicon était plus bibliophile que philosophe (φιλόβιβλος μᾶλλον ἢ φιλόσοφος). Voulant donc restituer ce qui avait été rongé, il transcrivit les livres, en en comblant maladroitement les lacunes, et les publia remplis de fautes. Ainsi les anciens péripatéticiens, les successeurs de Théophraste, n'ayant point ces livres, à l'exception d'un petit nombre, et encore d'exotériques pour la plupart, ne pouvaient philosopher

---

[1] Strab. XIII, 608.
[2] Ceci est une erreur. Voyez Stahr, *Aristotelia*, II, 25; cf. Athen *Deipnosophist.* I, 3.

sérieusement, et durent se borner à des amplifications sur un thème donné[1]. Ceux qui vinrent ensuite, lorsque ces livres eurent paru, firent mieux dans la philosophie et l'aristotélisme; mais ils furent souvent forcés de parler par conjecture, à cause de la multitude des fautes. Rome y ajouta beaucoup : car, aussitôt après la mort d'Apellicon, Sylla prit sa bibliothèque en prenant Athènes, et la transporta à Rome. Là elle passa par les mains du grammairien Tyrannion[2], qui aimait fort Aristote et qui avait gagné le bibliothécaire; et les libraires se servirent souvent de copies fautives qu'ils ne collationnaient pas, ce qui arrive encore tous les jours pour les autres livres qu'on met en vente, soit à Rome, soit à Alexandrie.

Passons maintenant au récit de Plutarque[3] :

Sylla prit pour lui la bibliothèque d'Apellicon de Téos, où se trouvaient la plupart des livres d'Aristote et de Théophraste, encore mal connus du public. On dit que lorsqu'on l'eut transportée à Rome, le grammairien Tyrannion en obtint la plus grande partie; qu'Andronicus de Rhodes en acquit de lui des copies qu'il publia, et écrivit les tables qui circulent aujourd'hui. Les anciens péripatéticiens paraissent avoir été des hommes doctes et lettrés, mais n'avoir connu, encore d'une manière imparfaite, qu'un petit nombre des livres d'Aristote et de Théophraste[4], parce que l'héritage de Nélée de Scepsis,

---

[1] Συνέϐη δὲ τοῖς ἐκ τῶν Περιπάτων, τοῖς μὲν πάλαι τοῖς μετὰ Θεόφραστον, ὅλως οὐκ ἔχουσι τὰ βιϐλία, πλὴν ὀλίγων, καὶ μάλιστα τῶν ἐξωτερικῶν, μηδὲν ἔχειν φιλοσοφεῖν πραγματικῶς, ἀλλὰ θέσεις ληκυθίζειν.

[2] Διεχειρίσατο, ou plutôt ἐνεχειρίσατο, leçon adoptée par Schäfer (*Animadv. ad Plutarch.* V, 134), et par Stahr (*Arist.* II, 127). Schneider (*Epim.* II, p. LXXXV) préfère διεχειρίσατο.

[3] Plut. *Vita Syll.* c. 26.

[4] Τῶν δ' Ἀριστοτέλους καὶ Θεοφράστου γραμμάτων οὔτε πολλοῖς οὔτε ἀκριϐῶς ἐντετυχηκότες.

à qui Théophraste avait laissé ses livres, était tombé entre les mains de gens insouciants et ignorants.

Avant d'aller plus loin, examinons le rapport de ces deux récits l'un avec l'autre. Le second est évidemment un abrégé du premier; mais il s'y trouve des différences remarquables. Nous ne parlons pas du silence de Strabon sur Andronicus : on peut l'expliquer avec Schneider en considérant la dernière phrase comme mutilée; nous parlons d'une différence générale dans la manière dont les deux auteurs exposent les mêmes faits. Plutarque s'exprime avec une réserve pleine de doute; il ne prend pas sur lui la responsabilité de la tradition : ce n'est qu'un *on dit*, λέγεται ; il ne nie pas que la plupart des livres d'Aristote soient jamais venus à la connaissance des successeurs de Théophraste : il se contente de dire qu'ils étaient *peu connus du public* (οὔπω τότε σαφῶς γνωριζόμενα τοῖς πολλοῖς); il n'accuse pas les anciens péripatéticiens de s'être bornés à de frivoles déclamations, enfin il glisse rapidement sur l'histoire de Nélée et de ses héritiers, comme pour se dispenser d'insister sur une chose si peu vraisemblable. Au contraire les paroles de Strabon sont empreintes d'une exagération qui en plusieurs endroits semble quelque peu passionnée[1]. Or, nous

---

[1] Il y a une ironie évidente dans le θέσεις ληκυθίζειν; Cicer. *ad Attic.* I, 14 : nosti illas ληκύθους. Sur ληκυθίζειν, voyez Heigl, *über Sophocl. Electr. und Antig.* s. 196-9; cf. Buhle *de libr. Arist. exot.*

savons qu'il avait reçu les leçons de Tyrannion[1], et qu'il avait étudié la philosophie péripatéticienne avec Boëthus de Sidon, c'est-à-dire avec un élève, et peut-être dans l'école même d'Andronicus de Rhodes[2]. N'est-il pas tout simple qu'il cherche à rehausser le mérite des travaux de ses maîtres[3], en exagérant l'ignorance où on aurait été avant eux des principaux écrits des fondateurs du Lycée? Peut-être même la source de Strabon est-elle ici le livre qu'Andronicus avait écrit sur Aristote et ses ouvrages. Ce livre, Plutarque le connaissait aussi, puisqu'il rapporte ailleurs des lettres d'Aristote et d'Alexandre, lettres qu'Aulu-Gelle, qui les rapporte également, déclare tirer *ex libro Andronici philosophi*[4]. Il se pourrait donc que Strabon et Plutarque eussent puisé à une source commune, un peu suspecte, mais dans laquelle le premier devait être disposé à avoir confiance; le second est tout à fait désintéressé dans la question, et, par cela seul, mérite plus de crédit.

---

et esot. in Arist. opp. I, 117; Schneider, *Epim.* II, p. LXXXVIII; Stahr, II, 27.

[1] Strab. XII, 824.

[2] Ammon. *in Categ.* (ed. Ald. 1546), f. 8 : Βοηθοῦ μὲν οὖν φησι Σιδωνίου,..... ὁ δὲ διδάσκαλος αὐτοῦ Ἀνδρόνικος ὁ Ῥόδιος. Strab. XVI, 1096 : Βοηθός τε, ᾧ συνεφιλοσοφήσαμεν ἡμεῖς τὰ Ἀριστοτέλεια.

[3] Dans la dernière phrase de Strabon, le blâme ne tombe pas sur Tyrannion, mais seulement sur les libraires de Rome. Voyez Stahr, II, 127, not.

[4] Plut. *Vita Alex. Magni*, c. VII; Gell. *Noct. Att.* XX, 5.

Dion Cassius[1], qui rapporte la même histoire d'après Plutarque, imite sa prudence, en citant ses expressions mêmes sur le point le plus délicat de la question : οὔπω τοῖς πολλοῖς, ὥς φησι Πλούταρχος, γνωριζόμενα. Suidas[2] a copié littéralement le passage de Dion.

Nous allons voir maintenant une tradition toute différente. L'abréviateur d'Athénée dit, au début du Banquet des sophistes[3] :

« ... Nélée hérita des livres d'Aristote (et de Théophraste); Ptolémée Philadelphe les lui acheta tous, et les transporta avec ceux qui venaient d'Athènes et de Rhodes, dans Alexandrie. »

Cette tradition semble au premier abord contredire absolument celle que nous avons rapportée plus haut. Cependant la contradiction ne porte pas sur l'histoire de toute la bibliothèque de Théophraste, car Strabon et Plutarque ne nous en disent rien, sinon qu'elle passa aux mains de Nélée; dans la suite de leur récit, ils ne parlent que des manuscrits d'Aristote et de son successeur; ce sont ces manus-

---

[1] Dio Cass. *in A. Maii collect. vett. scriptt.* Romæ, 1827, in-4, II, 564.

[2] Suid. v. Σύλλας.

[3] *Deipnosoph.* I, 2 : ..... Ἀριστοτέλην τε τὸν φιλόσοφον [καὶ Θεόφραστον] καὶ τὸν τὰ τούτων διατηρήσαντα βιβλία Νηλέα. Παρ' οὗ πάντα, φησί, πριάμενος ὁ ἡμεδαπὸς βασιλεὺς Πτολεμαῖος, Φιλάδελφος δ' ἐπίκλην, μετὰ τῶν Ἀθήνηθεν καὶ τῶν ἀπὸ Ῥόδου εἰς τὴν καλὴν Ἀλεξάνδρειαν μετήγαγε. Sur la vente forcée que les Athéniens firent à Ptolémée, voy. Galen. *de vulgar. morb.* V, 411 (ed. Basil.).

crits seulement qu'achète Apellicon et qu'emporte Sylla.

Si on supposait avec Vossius [1] que Nélée vendit à Ptolémée sa bibliothèque à l'exception des manuscrits d'Aristote et de Théophraste, les deux traditions pourraient s'accorder. Mais cette conjecture contredit Athénée sur un point très-important, puisque, suivant lui, les livres dont Nélée avait hérité furent tous vendus à la bibliothèque alexandrine; comment les écrits même d'Aristote et de Théophraste, c'est-à-dire la partie la plus importante de la collection, celle à laquelle Ptolémée surtout attachait le plus de prix, n'auraient-ils pas été compris dans le marché avant tous les autres? Il ne reste donc que cette seconde hypothèse[2]: Nélée aurait vendu des copies à Ptolémée et aurait transmis à ses descendants les manuscrits originaux. Le récit d'Athénée s'accorde alors avec la partie historique de celui de Strabon. Quant à ce que Strabon ajoute sur le peu de connaissance qu'avaient eu les péripatéticiens des principaux ouvrages de leurs maîtres, c'est une simple conclusion, que la critique peut discuter et combattre. C'est ce qu'on a fait, et, ce nous semble, avec succès.

Reprenons d'abord, dans Strabon, la phrase sur laquelle roule en réalité tout le débat: Συνέβη δὲ τοῖς ἐκ τῶν Περιπάτων, τοῖς μὲν πάλαι τοῖς μετὰ Θεόφραστον, ὅλως οὐκ

---

[1] Vossius, *de Sect. philosoph.* c. xv, 89.
[2] Patric. *Discuss. peripatet.* p. 37.

ἔχουσι τὰ βιβλία, πλὴν ὀλίγων, καὶ μάλιϛα τῶν ἐξωτερικῶν, Strabon ne nous dit pas quel sens il attache à cette expression d'*exotériques*; mais il est clair, et cela nous suffit ici, qu'il entend par là les ouvrages les moins importants soit par le fond soit par la méthode. Remarquons encore qu'il fait l'aveu implicite que les livres exotériques ne furent pas absolument les seuls que l'on connût avant Apellicon. « Dans le petit nombre de ceux que l'on possédait, *la plupart*, dit-il, étaient exotériques. » Plutarque se sert de termes plus vagues encore, et n'établit aucune distinction de ce genre.

Or nous avons des preuves plus ou moins directes que l'on connut à Alexandrie une grande partie des ouvrages d'Aristote et de Théophraste. D'abord Strabon lui-même dit : « Aristote enseigna aux rois d'Égypte à composer une bibliothèque. » Cela ne veut pas dire qu'il leur donna à ce sujet des instructions directes; car le premier Ptolémée ne put commencer à former la bibliothèque du Brucheion qu'après la bataille d'Ipsus (301 av. J.-C.), qui suivit de vingt et un ans la mort d'Aristote (322)[1]. Cela signifie donc qu'il instruisit les rois d'Égypte par son exemple; par conséquent sa bibliothèque ne leur resta pas inconnue.

Suivant plusieurs auteurs anciens, ce fut Démétrius de Phalère qui fut, sous les deux premiers Ptolémées,

---

[1] Stahr, II, 57.

à la tête de la bibliothèque d'Alexandrie [1]. Il était l'ami de Lagus dont il avait été généreusement accueilli [2]; il était aussi l'ami de Théophraste, et ce fut lui peut-être qui conseilla au roi d'Égypte d'inviter ce philosophe à se rendre à sa cour [3]. Comment n'eût-il pas obtenu de son ami des copies de ses livres et de ceux d'Aristote, pour la collection qu'il était chargé de former?

Philadelphe mit, à enrichir sa bibliothèque, plus d'ardeur encore que son père, et il recherchait par-dessus tout, nous dit-on, les ouvrages d'Aristote, et les payait un haut prix [4]. Il avait reçu les leçons de Straton de Lampsaque [5], le successeur immédiat de Théophraste dans la direction du Lycée, et qui certainement connaissait à fond les écrits de ses prédécesseurs. Ptolémée dut recevoir ces écrits de lui directement, ou entrer par son intermédiaire en relation avec Nélée. Bien plus, selon le commentateur David [6], ce même Ptolémée Philadelphe avait composé une biographie d'Aristote où il donnait le catalogue de ses ouvrages.

---

[1] Voss. *de Hist. græc.* I, c. x, 60-1 ; Stahr, II, 58.
[2] Plut. *de Exil.* VIII, 374, Reisk.; Stahr, II, 58.
[3] Voyez Stahr, II, 59-60.
[4] Ammon. *in Categ.* 3 a.
[5] Diog. Laert. V, 58.
[6] David, *in Categ.* ap. Brandis, *Rhein. Mus.* I, 3, s. 249 :)Τῶν Ἀριστοτελικῶν συγγραμμάτων πολλῶν ὄντων χιλίων τὸν ἀριθμόν, ὥς φησι Πτολεμαῖος ὁ Φιλάδελφος, ἀναγραφὴν αὐτῶν ποιησάμενος καὶ τὸν βίον αὐτοῦ καὶ τὴν διάθεσιν.

Il en comptait, ajoute-t-on, plusieurs milliers. Ce nombre absurde va trouver son explication, et deviendra une preuve de plus pour la thèse que nous soutenons. Ammonius, Simplicius, Jean Philopon, David, Galien [1], nous apprennent que la libéralité de Philadelphe encouragea les falsifications; qu'on lui apportait de tous côtés des livres supposés sous le nom d'Aristote, et qu'il se trouva ainsi dans la Grande Bibliothèque deux livres de Catégories et jusqu'à quarante d'Analytiques. Ptolémée avait sans doute enregistré tout ce qu'on avait amassé à Alexandrie, peut-être aussi tout ce qu'on possédait à Pergame, tout ce que d'autres catalogues avaient déjà pu énumérer.

Or, il sort de ces faits deux conséquences importantes. La première, c'est qu'on avait à Alexandrie plusieurs des principaux ouvrages d'Aristote : car on ne peut nier que les Catégories et les Analytiques soient de ce nombre; la seconde, c'est que la bibliothèque de Nelée n'était pas considérée comme la source unique d'où l'on pût tirer les livres d'Aristote : car dans cette hypothèse toute tentative de falsification eût été inutile. Aussi rien ne nous atteste-t-il qu'on ait jamais été dans une semblable opinion. Jean Philopon semble dire au contraire que ce fut dans diverses bibliothèques qu'on recueillit les quarante livres d'Analytiques

---

[1] Ammon. *in Categ.* ff. 3 a, 4 b; Simplic. *in Categ.* f. 4 b; Philop. *in Analyt.* pr. p. 4; Dav. loco laud.; Galen. comm. II, *de Nat. hum.* p. 128.

qui furent apportés à Alexandrie[1]. On voit aussi par le Canon des grammairiens alexandrins[2], qu'on ajouta successivement, à mesure qu'on acquérait de nouveaux documents, à la liste des écrits d'Aristote.

D'un autre côté, les principaux disciples d'Aristote, tels qu'Eudème et Phanias, écrivirent « à l'envi de leur maître, » dit Ammonius, sur les sujets qu'il avait traités, et sous les titres mêmes qu'il avait choisis, sur les Catégories, sur l'Analytique, sur l'Interprétation[3]. Eudème écrivit aussi sur la Physique[4], et nous savons positivement qu'il possédait la φυσικὴ ἀκρόασις, puisque Théophraste, dans une lettre dont Simplicius nous a conservé un fragment, lui envoie une rectification d'un passage du cinquième livre qu'il lui avait

---

[1] Philop. *in Analyt. pr.*, f. 4 : Φασὶ γὰρ ὡς τεσσαράκοντα εὑρέθη τῶν Ἀναλυτικῶν βιβλία ἐν ταῖς παλαιαῖς βιβλιοθήκαις.

[2] Stahr, II, 65; cf. Kopp, *im Rhein. Mus.* III, 1, s. 100.

[3] Ammon. *in Categ.* f. 3 a : Οἱ γὰρ μαθηταὶ αὐτοῦ Εὔδημος καὶ Φανίας καὶ Θεόφραστος κατὰ ζῆλον τοῦ διδασκάλου γεγραφήκασι κατηγορίας καὶ περὶ ἑρμηνείας καὶ ἀναλυτικήν. Cf. Brandis, *im Rhein. Mus.* I, 4, s. 267. — Théophraste écrivit des Topiques; Simplic. *in Categ.* f° 105 a. — Cicer. *de Fin. bon. et mal.* I, 11 : « Quid ? Theophrastus mediocriterne delectat, quum tractat locos ab Aristotele ante tractatos. » Boeth. *in libr. de Interpr.* ed. secund. (ed. Basil., 1570, f°), p. 291 : « Et Theophrastus, ut in aliis solet, cum de similibus rebus tractat, quæ scilicet ab Aristotele ante tractatæ sunt, in libro quoque de Affirmatione et Negatione iisdem aliquibus verbis, quibus in hoc libro (sc. *in libro de Interpr.*) Aristoteles usus est. » — Pasiclès, neveu d'Eudème, écrivit sur les Catégories. (Galen. *de Libr. propr.* ap. Nunnes. ad Ammon. *Vita Aristot.* not. 71.)

[4] V. Brandis, *im Rhein. Mus.* I, IV, s. 281.

demandée [1]. Nous parlerons plus loin des traditions relatives à la Métaphysique. — Straton « le coryphée de l'école péripatéticienne [2], » Dicéarque, que Cicéron met à côté d'Aristote et de Théophraste [3], ne furent-ils pas versés dans la lecture des écrits de leurs maîtres? L'académicien Xénocrate, qui écrivit plusieurs livres sous les mêmes titres qu'Aristote, et dont celui-ci réfute maintes fois les doctrines; le mégarique Eubulide qui intitula un dialogue : Ἀριστοτέλης; Hermachus, le successeur d'Épicure, qui fit un livre contre Aristote : Πρὸς Ἀριστοτέλην [4], les stoïciens qui le suivirent ou le combattirent si souvent dans leur logique [5], et qui lui empruntèrent une partie de leur physique et de leur morale [6]; tous ces philosophes de différentes sectes et de différentes époques, purent-ils ignorer les plus importants de ses ouvrages?

Au reste, nous ne pouvons qu'indiquer ici les principaux points que Schneider, Brandis, Kopp, Stahr, ont établis par des recherches nombreuses et d'ingénieuses inductions. Contentons-nous donc d'énoncer sommairement les résultats : les livres d'Aristote sur la Logique que nous avons cités, ses principaux traités

---

[1] Simplic. *in Phys.* f° 216 a.
[2] Plut. *adv. Colot.* X, 587, Reisk.
[3] Cicer. *de Fin. bon. et mal.* ap. Stahr, II, 148.
[4] Voy. Kopp. *im Rhein. Mus.* III, 1, 99; Stahr, II, 91-2.
[5] Brandis, *im Rhein. Mus.* I, IV, 246-7.
[6] Galen. *de Facult. nat.* t. II, l. I, 8, Kühn. Cicer. *de Fin.* IV, v-vii; Stahr, II, 89-91.

sur la science de la nature, comme la Physique, l'Histoire des animaux, etc., la Morale, plusieurs de ses écrits sur la Politique, ses livres de Rhétorique, furent connus, exploités, réfutés avant le temps d'Apellicon de Téos.

CHAPITRE II.

Des travaux d'Apellicon et d'Andronicus sur les ouvrages d'Aristote.

A quoi se réduisent donc les publications que Strabon et Plutarque attribuent à Andronicus?

Remarquons d'abord que Cicéron ne nomme une seule fois ni l'un ni l'autre, qu'il ne fait pas la moindre allusion à la prétendue découverte des ouvrages d'Aristote et de Théophraste. Cependant il parle en mille occasions de ces deux philosophes et du mérite de leurs successeurs; il dit même quelque part que les péripatéticiens s'écartèrent à tel point de la première doctrine du Lycée (*degenerarunt*) « qu'ils semblaient être nés d'eux-mêmes[1]. » N'était-ce pas le lieu d'en rappeler la cause, s'il l'avait vue, avec Strabon, dans l'impossibilité de puiser aux sources premières du péripatétisme? Il ne faut pas oublier

---

[1] Cic. *de Fin.* V, v: « Namque horum (sc. Arist. et Theophrasti) posteri..... ita degenerarunt, ut ipsi ex se nati esse videantur. »

qu'il était lié avec Tyrannion, qui donna des leçons à son fils et lui mit en ordre sa bibliothèque[1], et qu'il avait reçu les leçons du stoïcien Diodote, frère de Boëthus, le disciple d'Andronicus et le condisciple de Strabon[2]. Si cependant les travaux d'Apellicon et d'Andronicus n'ont pas obtenu de lui la moindre mention, n'est-ce pas une preuve qu'il n'y attachait pas une grande importance ?

Essayons maintenant de déterminer d'une manière directe en quoi consistèrent ces travaux.

Nous avons dit que les récits différents, sinon opposés, des historiens se concilieraient aisément dans l'hypothèse où la bibliothèque d'Alexandrie n'aurait acquis que des copies des manuscrits d'Aristote et de Théophraste, tandis que Nélée aurait transmis les originaux à ses descendants. Or, Athénée nous apprend qu'Apellicon avait pour les autographes une telle passion, qu'il viola le temple de la Mère des Dieux à Athènes, afin d'en enlever des pièces antiques qui y étaient dépo-

---

[1] Cicer. *Epist. ad Q. fratr.* II, ep. IV; III, ep. IV; *ad Attic.* II, ep. VI; IV, ep. IV; XII, epp. II, VI. Schneider (p. LXXXV) pense qu'il s'agit dans ces passages de Tyrannion le Jeune, disciple de l'Ancien, qui fut pris dans la guerre d'Antoine et de César, et donné à Terentia; mais la comparaison des dates de cet événement et des lettres que nous venons de citer prouve qu'il se trompe.

[2] Cicer. *de Nat. Deor.* I, III : « Diodotus, Philo, Antiochus, Posidonius, a quibus instituti sumus. » Cf. *Epist. ad Attic.* II, XX; *Acad.* II, XXXV. Strab. XVI, 1096 : Βοηθός τε, ᾧ συνεφιλοσοφήσαμεν ἡμεῖς τὰ Ἀριστοτέλεια, καὶ Διόδοτος ἀδελφὸς αὐτοῦ.

sées, et qu'il recherchait surtout les ouvrages d'Aristote et en général les monuments de la philosophie péripatéticienne[1]. Ces anecdotes rendent vraisemblable la supposition que les manuscrits qu'il acheta à Scepsis étaient ou des autographes d'Aristote et de Théophraste, ou du moins des copies d'une haute antiquité; mais ce qui n'est nullement vraisemblable, c'est que toutes les œuvres d'Aristote et de Théophraste y fussent comprises; il est à croire, au contraire, qu'il n'y en avait qu'une petite partie. En effet, au rapport de Strabon, Apellicon transcrivit tout entiers les manuscrits qu'il avait achetés; entreprise immense, si elle avait embrassé tous les écrits ou presque tous les écrits d'Aristote et de Théophraste, ceux que nous possédons comme ceux que l'antiquité connaissait et que nous n'avons plus. De plus, ajoute-t-on, l'humidité et les vers avaient détruit bien des passages, et Apellicon remplit toutes les lacunes. C'est ici surtout qu'il devient impossible d'admettre que son travail ait embrassé un cercle fort étendu[2]. En second lieu, quelque téméraire qu'on veuille supposer ce critique, dont Aristoclès de Messène faisait cependant beaucoup de cas[3], on ne peut croire qu'il ait entrepris un pareil travail de restitution sans avoir eu sous les yeux d'autres manuscrits qui vinssent au secours des siens.

---

[1] Athen. *Deipnosoph.* V, LIII, ap. Stahr, II, 32, 118.
[2] D. Liron, *Aménit. de la crit.* p. 443.
[3] Aristocl. ap. Euseb. *Præpar. Evangel.* XV, 1; Stahr, I, 10.

Mais, ajoute Strabon, l'édition donnée par Apellicon était tellement fautive que le lecteur, pour s'expliquer le texte, en était *le plus souvent* réduit aux conjectures (τὰ πολλὰ εἰκότα λέγειν). A Rome, la négligence des copistes augmenta encore considérablement le nombre des fautes. De ces deux assertions se tire une double conséquence.

D'abord, c'est qu'il n'est pas exact de dire, comme on le répète toujours sans preuve, qu'Andronicus ait donné une véritable édition d'Aristote [1]. Bien loin de fixer au temps de Tyrannion et d'Andronicus l'époque de la restitution du texte altéré par Apellicon, Strabon dit que « Rome ajouta beaucoup aux fautes. » D'un autre côté, le texte d'Aristote n'était pas, au temps d'Alexandre d'Aphrodisée, en aussi mauvais état que nous le représente Strabon. C'est donc dans le temps qui s'écoula d'Andronicus à Alexandre que ce texte a été corrigé; or, il n'a pu l'être qu'avec le secours de nouveaux manuscrits, différents encore, selon toute apparence, de ceux qu'avait collationnés Apellicon [2].

Réunissons maintenant les témoignages qui nous sont parvenus sur la nature et la valeur des travaux d'Andronicus de Rhodes.

Plutarque dit seulement qu'il livra à la publicité les

---

[1] Il n'y a donc pas lieu à conjecturer avec Brandis (*Rhein. Mus.* I, III, 249) qu'Andronicus s'aida, pour son édition, de manuscrits alexandrins.

[2] D. Liron, Aménit. de la crit. p. 443.

copies qu'il avait obtenues de Tyrannion, et qu'il composa des tables, des index [1]. Porphyre, qui partagea en Ennéades les traités de Plotin, déclare imiter « Apollodore, qui divisa en dix sections les comédies d'Épicharme, et Andronicus le péripatéticien, qui classa par ordre de matières des livres d'Aristote et de Théophraste, en réunissant en un tout les traités partiels sur un même sujet [2]. » Ainsi Andronicus de Rhodes distribua les écrits des deux philosophes en Πραγματείας; il réunit en corps les petits traités détachés; il dressa le catalogue du tout. Enfin il consigna les résultats de son travail dans un ouvrage en plusieurs livres, où il traitait en général de la vie d'Aristote et de Théophraste, de l'ordre et de l'authenticité de leurs écrits. C'est ce qui résulte de divers témoignages que nous rapporterons tous pour en tirer ensuite quelques conséquences.

1° On trouvait dans l'ouvrage d'Andronicus, au rapport d'Ammonius, le testament d'Aristote [3]; au rap-

---

[1] Plut. *Vita Syllæ*, c. XXVI : ..... Ἀνδρόνικον εὐπορήσαντα τῶν ἀντιγράφων εἰς μέσον θεῖναι, καὶ ἀναγράψαι τοὺς νῦν φερομένους πίνακας.

[2] Porphyr. *Vita Plotini*, c. XXIV : Μιμησάμενος δ' Ἀπολλόδωρον τὸν Ἀθηναῖον καὶ Ἀνδρόνικον τὸν περιπατητικόν, ὧν ὁ μὲν Ἐπίχαρμον τὸν κωμῳδογράφον εἰς δέκα τόμους φέρων συνήγαγε, ὁ δ' Ἀριστοτέλους καὶ Θεοφράστου βιβλία εἰς πραγματείας διεῖλε, τὰς οἰκείας ὑποθέσεις εἰς ταὐτὸ συναγαγών.

[3] Ammon. *Vita Arist.* ex vet. translat. (ed. Buhle, in Arist. Opp. I, 59) : « Et mortuus est in Chalcide, demittens testamentum scriptum, quod fertur ab Andronico et Ptolemæo cum voluminibus suorum tractatuum. »

port d'Aulu-Gelle, les fameuses lettres d'Alexandre à Aristote et d'Aristote à Alexandre[1]. 2° Selon l'auteur arabe de la Bibliothèque des philosophes, le cinquième livre contenait des lettres d'Aristote, et la table de ses écrits[2]. 3° Une glose qui se trouve dans les manuscrits à la fin de la Métaphysique de Théophraste, nous apprend qu'Andronicus avait pareillement donné une liste des ouvrages de ce philosophe[3]. 4° Dans l'arrangement des Πραγματείαι il mettait la Logique en tête de toutes les autres[4]. 5° Dans la Logique elle-même, il plaçait les Catégories immédiatement avant les Topiques[5]. 6° Enfin outre l'arrangement des Πραγματείαι en général et des parties dont il les composait, il chercha à déterminer l'ordre et la constitution de chaque ouvrage en particulier. Ainsi il paraît résulter de la comparaison de plusieurs passages de Simplicius[6] que ce fut Andronicus qui réunit définitivement les

---

[1] Gell. *Noct. Attic.* XX, v.
[2] Casiri, *Biblioth. Arabico-Escurialens.* p. 308 : « Alias epistolas XX libris Andronicus recensuit, præter illas quæ in libro V Andronici memorantur, ubi et Aristotelis librorum index occurrit. »
[3] Ad calc. Theophr. *Metaph.* : Τοῦτο τὸ βιβλίον Ἀνδρόνικος μὲν καὶ Ἕρμιππος ἀγνοοῦσιν· οὐδὲ γὰρ μνείαν αὐτοῦ ὅλως πεποίηνται ἐν τῇ ἀναγραφῇ τῶν Θεοφράστου βιβλίων.
[4] Ammon. *in Categ.* p. 8.
[5] Simplic. *in Categ.* f. 4 a; Boeth. *in Prædicam.* (Opp. ed. Basil. 1546), p. 191; cf. ibid. p. 114.
[6] Simpl. *in Phys.* f. 216 a; Eudème, dans sa Physique, sorte de paraphrase de la Physique d'Aristote, commentait le VI° livre après le V° : Καὶ Ἀνδρόνικος δὲ ταύτην τὴν τάξιν τούτοις τοῖς βιβλίοις ἀποδι-

trois derniers livres de la Physique aux cinq premiers. 7° Il rapportait le fait des deux livres de Catégories trouvés dans la bibliothèque d'Alexandrie : c'est à lui que David l'Arménien déclare l'emprunter [1]. 8° Il considérait comme apocryphe l'appendice des Catégories (ὑποθεωρία) [2], et le traité de l'Interprétation [3]. 9° Il avait écrit des commentaires sur la Physique et les Catégories [4], et un livre sur la Division dont Plotin faisait cas [5].

Il est probable qu'Andronicus de Rhodes se servit pour la composition de la partie biographique et bibliographique de son livre, des écrits des alexandrins Hermippus et Ptolémée : on trouvait également chez ces deux auteurs le testament et la liste des écrits d'Aristote [6]. Il dut puiser aussi à une source très-

δωσι.—Οὕτω γὰρ Ἀνδρόνικος ἐν τῷ τρίτῳ βιβλίῳ τῶν Ἀριστοτέλους περὶ κινήσεως διατάττεται. Cf. ibid. ff. 1 b, 258 a.

[1] Dav. *in Categ.* ap. Brandis, *im Rhein. Mus.* I, III, 249.

[2] Simpl. *in Categ.* f. 95 b : Τινὲς μὲν γὰρ, ὧν καὶ Ἀνδρόνικός ἐστι, παρὰ τὴν πρόθεσιν τοῦ βιβλίου προσκεῖσθαί φασιν ὑπό τινος ταῦτα. Boeth. *in Prædicam.* (Basil. 1546), p. 191 : «Andronicus hanc esse adjectionem Aristotelis non putat.»

[3] Ammon. *in libr. de Interpr.*; Alex. Aphr. *in Analyt. pr.* l. I; Boeth. *in libr. de Interpr.* ed. secund. p. 292.

[4] Simplic. *in Phys.* f° 103 b, 216 a; id. *in Categ.* f° 6 b, 15 b.

[5] Boeth. *de Divis.* (Opp. ed. Basil. 1546), p. 638 : «Andronici, diligentissimi senis, de Divisione liber editus, et hic idem a Plotino, gravissimo philosopho comprobatus, et in libri Platonis, qui Sophistes inscribitur, commentariis a Porphyrio repetitus.»

[6] Hermipp. ap. Athen. *Deipnosoph.* XIII, 589; *Gloss. ad calc.* Theoph. *Metaph.*; Ammon. *Vita Aristot. ex vet. translat.*; in Buhle

récente, le livre d'Apellicon, livre estimé d'Aristoclès, comme nous l'avons déjà dit.

Mais il paraît que ni ces auteurs ni ses propres recherches ne lui fournirent un criterium sûr de l'authenticité des ouvrages d'Aristote. Il ne se fondait pas, pour rejeter le traité de l'Interprétation, sur des preuves extérieures, historiques, mais sur un argument tiré du fond même de l'ouvrage, sur l'inexactitude prétendue d'une citation du traité de l'Ame ; et Alexandre d'Aphrodisée le réfuta victorieusement [1]. Porphyre défendit pareillement contre lui l'appendice des Catégories [2]. Cependant si Andronicus ou Apellicon avaient pu consulter les manuscrits tirés de la bibliothèque d'Aristote et de ses disciples immédiats, c'eût été une autorité trop grave pour qu'on la passât sous silence [3], à plus forte raison, si ces manuscrits étaient uniques ; aucun commentateur ne l'a jamais invoquée. On est en droit de conclure de ce silence que de tous les grands ouvrages sur lesquels il nous reste des commentaires savants et étendus,

---

Arist. Opp. I, 59 ; David, *in Categ.* ap. Brand. *im Rhein. Mus.* I, III, 249.

[1] Boeth. *in libr. de Interpr.* ed. secund. p. 292 : « Andronicus enim librum hunc Aristotelis esse non putat, quem Alexander vere fortiterque redarguit..... Non esse namque proprium Aristotelis hinc conatur ostendere quoniam quædam Aristoteles in principio libri hujus de intellectibus animi tractat, etc. »

[2] Boeth. *in Prædicam.* p. 191 ; Simplic. *in Categ.* f. 95 b.

[3] Brandis, *im Rhein. Mus.* I, III, 249.

aucun ne fut découvert et publié pour la première fois par Apellicon ou par Andronicus. Ainsi, quand Boëce dit de celui-ci [1] : « quem cum exactum diligentemque Aristotelis librorum et judicem et repertorem judicarit antiquitas, etc., » il ne faut pas s'exagérer la portée de cette épithète de *repertor*. Si Andronicus avait trouvé la Métaphysique, la Physique, les Analytiques, les Topiques, la Météorologique, les traités des Sophismes, de l'Ame, du Ciel, ou de la Génération et de la Corruption, certainement Alexandre d'Aphrodisée, Simplicius, Ammonius, Philopon, ne nous l'auraient pas laissé ignorer. Peut-être des recherches ultérieures révéleront-elles quels furent les opuscules ou les fragments qu'il put découvrir dans les bibliothèques des grands de Rome; mais jusqu'à présent on n'a pas le moindre indice à ce sujet.

Quant à l'ordre dans lequel il disposa les livres d'Aristote, la trace en subsiste encore ; ainsi son disciple Boëthus de Sidon pensa que la Πραγματεία φυσική devait être placée avant la Πραγματεία λογική [2]; l'opinion d'Andronicus a prévalu. Mais est-il vrai, comme Brandis le suppose [3], que l'ordre et les divisions qu'avait adoptés Andronicus soient absolument les mêmes qui servent de base à nos plus an-

---

[1] Boeth. *in libr. de Interpret.* ed. secund. p. 292.
[2] Ammon. *in Categ.* f. 8.
[3] Brand. *im Rhein. Mus.* IV, 265.

ciennes éditions ? Stahr[1] croit rencontrer la preuve de cette conjecture dans une notice trouvée par Bekker sur quelques manuscrits de la Rhétorique, et qui atteste l'existence de deux divisions différentes; l'une (en quatre livres) en usage chez les Grecs, l'autre (en trois) en usage chez les Latins[2]; or, celle-ci est précisément la division reçue dans toutes les éditions.

Mais la dénomination de *Latin*, peut-elle s'appliquer à Andronicus ? Non, car Andronicus est un écrivain grec. On suppose donc que les Latins adoptèrent sa division, tandis que les Grecs en suivaient une différente ? Nous croyons pouvoir donner précisément la preuve du contraire : les plus anciennes éditions partagent en deux livres le traité des Sophismes, et d'après une note que nous trouvons en marge d'une traduction latine, et qui est certainement tirée aussi de quelque manuscrit, cette division était celle des Latins[3], tandis qu'Alexandre d'Aphrodisée ne fait de tout l'ouvrage qu'un seul livre. De même les commentateurs grecs ne comptent dans la Métaphysique que

---

[1] Stahr, *Aristoteles bei den Roemern* (Leipzig, 1834, in-8°) p. 29.
[2] Aristot. *Opp.* ed. Bekker (Berolini, 1831, in-4°), *Rhetoric.* I, VIII, 1368 b : Κατὰ Λατίνους ἔτι καὶ ταῦτα τοῦ α βιβλίου εἰσίν; II, init. 1377 b : Κατὰ Λατίνους ἐντεῦθεν ἄρχεται τὸ β βιβλίον, κατὰ δὲ Ἕλληνας ἄρχεται τὸ γ βιβλίον; III, init. 1403 b : Ἐντεῦθεν ἄρχονται Λατῖνοι τοῦ τρίτου τῶν ῥητορικῶν Ἀριστοτέλους βιβλίων.
[3] Alex. Aphrodis. *in Elench. sophist. ex vers. Guill. Dorothei* (Paris, 1542, in-f°), p. 29, in marg. : « Latini hic faciunt initium secundi libri Elenchorum. »

treize livres; les Latins en comptent quatorze [1]; l'α' des Grecs est pour eux le IIe, et ainsi de suite. De même enfin le traité de l'Interprétation est divisé en deux livres dans plusieurs manuscrits et dans les éditions de 1496, 1544, 1551, 1578, etc., et comme cette division est admise par Boëce [2], qui partage également en deux parties le traité des Sophismes [3], il est vraisemblable que c'est encore la division *latine*. Maintenant n'est-il pas de la plus haute probabilité que la division latine n'est pas celle d'Andronicus de Rhodes? Nous nous fondons sur une preuve négative dont nous nous sommes déjà servis et qui a, ici encore, la force d'un argument direct : si les commentateurs grecs s'étaient mis en opposition avec Andronicus sur la division des ouvrages d'Aristote, ils n'auraient pas manqué de rappeler et de discuter son opinion, comme nous les avons vus le faire sur les questions d'ordre et d'authenticité. Remarquons aussi en passant que les commentateurs grecs paraissent s'accorder généralement avec Adraste, l'auteur du Περὶ τῆς τάξεως τῶν Ἀριστοτέλους συγγραμμάτων, et qu'Adraste, autant que nous sachions, ne s'écartait pas de la manière de voir d'Andronicus [4]. Ainsi, il semble qu'il faut em-

---

[1] Voyez Alex. Aphrodis. *in Metaphys. ex vers. Gen. Sepulvedæ* (Paris, 1536, in-f°), titul. passim.

[2] Boeth. *in libr. de Interpret.* ed. prim. p. 250.

[3] Boeth. *Elench. sophistic.* versio, p. 733, 746.

[4] Sur le fait de l'existence de deux livres de Catégories (David, loc.

brasser une opinion opposée à celle de Stahr : c'est que la division *grecque* était généralement conforme à celle d'Andronicus. Resterait à déterminer l'origine de la division *latine;* nous inclinerions à penser qu'il la faut rapporter à une époque plus récente, à celle des traducteurs et des commentateurs latins d'Aristote, du IVe au VIe siècle, de Victorinus à Boëce [1]. On pourrait être tenté de croire que par le mot de Latins, il ne faut entendre ici que les scolastiques, et que les notices transcrites par Bekker ne sont dues qu'à des copistes modernes. Mais la division en question est antérieure au moyen âge, puisqu'elle se trouve dans Boëce et qu'elle est suivie par les Arabes [2] et par les deux plus anciens commentateurs scolastiques d'Aristote, Albert le Grand et saint Thomas. En outre, Albert le Grand discute en plus d'un endroit les interprétations de certains *philosophi latini* qu'il oppose aux Grecs, et qu'il désigne comme postérieurs à Thémistius [3]. Du reste, nous ne donnons encore notre con-

---

laud.; Simpl. *in Categ.* f. 4 b); sur le vrai titre et la vraie place des Catégories (Simplic. *in Categ.* f. 4 a; Boeth. *in Prædicam.* p. 191); sur l'ordre des livres de la Physique (Simplic. *in Phys.* f. 1 b, 216 a.

[1] Cependant la division de la Rhétorique en trois livres se trouve déjà dans Quintilien, II, XIV.

[2] Voyez *Aristotelis opera, latine, cum comm. Averrhois Cordub.* (Venet. 1560), t. I, l. VIII.

[3] Albert. M. *Opp.* t. III (Lugd. 1651), *in Metaphys.* p. 4 : « Sunt autem quidam Latinorum locice (leg. logicæ) persuasi, dicentes Deum esse subjectum et primæ scientiæ primum subjectum et divinæ divi-

jecture que pour une conjecture ; il faut attendre de nouveaux renseignements sur cette école latine que l'histoire a presque oubliée et dont il serait intéressant de retrouver les traces.

Si nous revenons à l'hypothèse de Brandis, nous trouvons qu'elle exige quelque modification. Il est vrai que l'arrangement établi ou confirmé par Andronicus de Rhodes paraît être le même en général que l'arrangement de nos éditions, en ce sens que celui-ci est généralement identique avec celui des commentateurs grecs, qui de leur côté suivent Andronicus, et celui des Latins n'en diffère qu'en des points de peu d'importance. Mais quand il y a des différences, les anciennes éditions sont le plus souvent du parti des Latins.

---

num et altissimæ altissimum; et hujusmodi multa ponunt secundum logicas et communes consequentias; et hi more Latinorum, qui omnem distinctionem solutionem esse putant, etc..... » *In libr. de Anim.* p. 142-3 : « Latinorum autem philosophorum plurimi cum opinione Platonis in multis consentire videntur, etc..... » p. 106 : « Intellectum hunc etiam multi modernorum vel Latinorum habuerunt ante hæc tempora, sequentes Alexandri et Themistii errorem. Sed contra istos est sententia Averrois. »

CHAPITRE III.

De l'histoire de la Métaphysique d'Aristote.

Nous pouvons maintenant, de l'histoire des écrits d'Aristote en général, passer à l'histoire de la Métaphysique, et à la discussion des problèmes relatifs à l'authenticité et à l'ordre de cet ouvrage, dans son ensemble et dans ses parties.

A quelle époque la Métaphysique fut-elle connue pour la première fois? Il résulterait des lettres d'Aristote et d'Alexandre dont nous avons déjà eu occasion de parler, que le premier aurait de son vivant livré à la publicité au moins une partie des ouvrages que l'on a désignés dans l'antiquité sous le nom d'*acroamatiques*. Or, Plutarque prétend que par cette expression il faut entendre ici la Métaphysique[1]. Avant de rien décider, citons les deux lettres :

Alexandre à Aristote : Ce n'est pas bien fait à toi d'avoir publié tes écrits acroamatiques. En quoi nous distinguerons-nous des autres, si la doctrine dans laquelle nous avons été élevés devient commune à tous? Moi, j'aimerais mieux l'emporter sur les autres par la connaissance des choses les plus hautes que par le pouvoir. — *Aristote à Alexandre* : Tu m'as écrit au

---

[1] Plut. *Vita Alex. Magni*, c. VII.

sujet des traités acroamatiques, pensant qu'il fallait les tenir secrets ; sache donc qu'ils sont publiés et ne le sont pas : car ils ne sont intelligibles que pour ceux qui m'ont entendu.

Bien que cette correspondance fût rapportée par Andronicus, et que les trois auteurs qui nous l'ont transmise d'après lui[1], n'en révoquent pas en doute l'authenticité, cependant le caractère de la pensée et du style suffit pour la rendre fort suspecte, et elle pourrait bien avoir été fabriquée, comme la lettre qui forme l'introduction de la Rhétorique à Alexandre, pour accréditer auprès des rois de Pergame ou d'Égypte quelque ouvrage d'Aristote, vrai ou supposé, que l'on voulait leur vendre. Mais il restera toujours que l'auteur de cette hypothèse aurait considéré comme vraisemblable le fait de la publication par Aristote de ses traités acroamatiques, et qu'Andronicus, Plutarque, Aulu-Gelle, Simplicius, en pensèrent de même[2]. Ainsi, que ces lettres soient authentiques ou qu'elles ne le soient pas, il nous importe de savoir si c'est à la Métaphysique qu'elles font allusion. Nous remarquons d'abord qu'il y est question des livres acroamatiques

---

[1] Évidemment Plutarque, Aulu-Gelle (*Noct. Attic.* XX, v), Simplicius (*in Phys.* proœm. sub fin.) ont pris ces lettres à la même source; les variantes légères qu'ils présentent se compensent en quelque sorte : Οὐκ ὀρθῶς ἐποίησας ἐκδοὺς τοὺς ἀκροατικοὺς [sic Gell.; Plut. ἀκροαματικούς; Simplic. ἀκροαματικούς] τῶν λόγων· τίνι γὰρ ἔτι [sic Gell.; Plut. δὴ; Simplic. ἔτι] διοίσομεν, etc.

[2] Kopp. *im Rhein. Mus.* III, 1, 99; Stahr, II, 47-8.

en général (τοὺς ἀκροαματικοὺς et non simplement ἀκροαματικοὺς sans article), ce qui semble devoir s'étendre à tous les livres de ce genre qui auraient été écrits par Aristote jusqu'au temps de cette correspondance. Mais, à y mieux regarder, il ne faut prendre ici ἀκροαματικὸς que dans le sens le plus restreint, et ne l'appliquer qu'à la science la plus haute et la plus difficile; c'est ce que donnent à entendre ces termes dont se sert Alexandre : περὶ τὰ ἄριςα, et toute la réponse d'Aristote. Il pourrait donc être question de la Métaphysique et du Περὶ φιλοσοφίας, qui avaient également pour objet la Philosophie première, ou seulement de l'un de ces deux ouvrages.

Nous allons voir par d'autres témoignages qu'il ne peut s'agir de la Métaphysique[1].

On lit dans le commentaire, encore inédit, d'Asclepius de Tralles sur la Métaphysique :

Le présent ouvrage n'a pas l'unité des autres écrits d'Aristote, et manque d'ordre et d'enchaînement. Il laisse à désirer sous le rapport de la continuité du discours; on y trouve des passages empruntés à des traités sur d'autres matières; souvent la même chose y est redite plusieurs fois. On allègue avec raison, pour justifier l'auteur, qu'après avoir écrit ce livre il l'envoya à Eudème de Rhodes, son disciple, et que celui-ci ne crut pas qu'il

---

[1] Est-ce au Περὶ φιλοσοφίας ou à la Métaphysique que se rapporte ce mot que Julien attribue à Aristote : Ἀριστοτέλης δὲ πρότερον ἔοικεν ἐννοήσας εἰπεῖν· ὅτι μὴ μεῖον αὐτῷ προσήκει φρονεῖν ἐπὶ τῇ θεολογικῇ συγγραφῇ τοῦ καθελόντος τὴν Περσῶν δύναμιν?

3

fût à propos de livrer au public, dans l'état où elle était, une œuvre si importante; cependant Eudème vint à mourir, et le livre souffrit en plusieurs endroits. Ceux qui vinrent ensuite, n'osant y ajouter de leur chef, puisèrent, pour combler les lacunes, dans d'autres ouvrages, et raccordèrent le tout du mieux qu'ils purent [1].

Ainsi, le livre d'Aristote ne parut qu'après la mort d'Eudème, qui en avait accepté la révision. Asclepius ajoute que plusieurs attribuaient le premier livre de la Métaphysique à Pasiclès, fils de Boëthus, frère d'Eudème, et lui-même disciple d'Aristote [2]. Cette partie de son récit, nous la trouvons reproduite dans Jean Philopon, avec quelques différences, il est vrai : ici au lieu du premier livre, A, c'est le second, α; au lieu

[1] Sainte-Croix a donné le passage d'Asclepius dans le Magasin encyclopédique (V° année, p. 367), mais avec des fautes graves; nous le reproduisons intégralement d'après le manuscrit 1904 de la Bibl. roy. de Paris : Ὁ δὲ τρόπος τῆς συντάξεως, ὅτι ἔστιν ἡ παροῦσα πραγματεία οὐχ ὁμοίως ταῖς ἄλλαις ταῖς τοῦ Ἀριστοτέλους συγκεκροτημένη, οὐδὲ τὸ εὔτακτόν τε καὶ συνεχὲς ἔχειν δοκοῦσα· ἀλλά τινα μὲν λείπειν ὡς πρὸς τὸ συνεχὲς τῆς λέξεως· τὰ δὲ ἐξ ἄλλων πραγματειῶν ὁλόκληρα μετενηνέχθαι. καὶ πολλάκις τὰ αὐτὰ λέγειν· ἀπολογοῦνται δὲ ὑπὲρ τοῦτο, καὶ καλῶς ἀπολογοῦνται· ὅτι γράψας τὴν παροῦσαν πραγματείαν, ἔπεμψεν αὐτὴν Εὐδήμῳ τῷ ἑταίρῳ αὐτοῦ τῷ Ῥοδίῳ· εἶτα ἐκεῖνος ἐνόμισε μὴ εἶναι καλὸν ὡς ἔτυχεν ἐκδοθῆναι εἰς πολλοὺς τηλικαύτην πραγματείαν. Ἐν τῷ οὖν μέσῳ χρόνῳ ἐτελεύτησεν, καὶ διεφθάρησάν τινα τοῦ βιβλίου· μὴ τολμῶντες δὲ προσθεῖναι οἴκοθεν οἱ μεταγενέστεροι διὰ τὸ πολὺ πάνυ λείπεσθαι τῆς τοῦ ἀνδρὸς ἐννοίας, μετήγαγον ἐκ τῶν ἄλλων αὐτοῦ πραγματειῶν τὰ λείποντα, ἁρμόσαντες ὡς ἦν δυνατόν.

[2] Id. ibid. : Τὸ γὰρ μεῖζον ἄλφα, περὶ οὗ νῦν πρώτως λέγεται, οὔ φασιν εἶναι αὐτοῦ, ἀλλὰ Πασικλέους τοῦ υἱοῦ Βοηθοῦ, τοῦ ἀδελφοῦ Εὐδήμου τοῦ ἑταίρου αὐτοῦ.

de Pasiclès, Pasicrate ; au lieu de Boëthus, Bonæus[1] ; mais les différences de nom propre n'ont aucune importance, puisque nous ne connaissons encore le commentaire de Philopon que dans une mauvaise traduction latine ; le texte original porte probablement Pasiclès et Boëthus. Or les commentaires d'Asclepius et de Philopon ne sont pas sans importance historique ; ce sont, de leur propre aveu, des rédactions des leçons d'Ammonius, qui avait réuni de curieux renseignements sur l'histoire des ouvrages d'Aristote. Enfin, si le récit d'Asclepius laissait quelque doute, nous pourrions l'appuyer d'un passage d'Alexandre d'Aphrodisée qui en fournit une confirmation indirecte, en nous apprenant qu'Eudème revit et corrigea le texte de la Métaphysique[2]. Brandis avait déjà conjecturé que le récit d'Asclepius était emprunté au commentaire d'Alexandre. Il se pourrait qu'il fût tiré de quelque partie aujourd'hui perdue de ce commentaire précieux dont nous n'avons plus que les cinq premiers livres[3].

---

[1] Joann. Philop. *in Metaphys. ex vers. F. Patritii* (Ferrariæ, 1583, in-f°), p. 7 : « Hunc librum aiunt quidam esse Pasicratis filii Bonæi, qui erat frater Eudemi. Auditor vero fuerat Aristotelis. »

[2] Alex. Aphrodis. *in Metaphys.* VII (Bibl. reg. Paris. cod. ms. gr. 1879, p. 35) : Καὶ οἶμαι καὶ ταῦτα ἐκείνοις ἔδει συντάττεσθαι· καὶ ἴσως ὑπὸ μὲν Ἀριστοτέλους συντέτακται· ἐν οὐδεμίᾳ γὰρ τῶν ἄλλων αὐτοῦ πραγματειῶν εὑρίσκεται τοιοῦτόν τι πεποιηκὼς ὁποῖα ἐντεῦθεν φαίνεται, ὑπὸ δὲ τοῦ Εὐδήμου κεχώρισται.

[3] Voyez plus bas.

Enfin, toute cette tradition n'a rien que de très-vraisemblable. Eudème était le plus fidèle disciple d'Aristote, celui qui reproduisit toujours le plus exactement ses doctrines[1]. Il était naturel que ce fût à lui qu'Aristote confiât la révision de son ouvrage, comme il lui confia probablement la rédaction ou la révision de l'une de ses Morales, qui porte encore le nom d'Eudème[2].

Ainsi, la première partie du récit d'Asclepius peut être considérée comme complétement authentique. Or elle établit l'authenticité de la Métaphysique d'Aristote en général. Elle prouve en même temps que le principal ouvrage d'Aristote ne fut pas ignoré de ses disciples, et achève la réfutation des exagérations de Strabon.

Quant à la seconde partie, il y règne un vague et une incertitude remarquables. Asclepius ne détermine

---

[1] Simplic. in Phys. f° 29 : Ὁ Εὔδημος τῷ Ἀριστοτέλει πάντα κατακολουθῶν.

[2] Ἠθικὰ Εὐδήμεια, Éthique d'Eudème et non pas à Eudème; l'ouvrage d'Eudème ὑπὲρ Ἀναλυτικῶν est appelé par Alexandre d'Aphrodisée (in Topic. II) Εὐδήμεια Ἀναλυτικά. Nunnesius, ad Ammon. vit. Aristot. Pansch (De Ethicis Nicomacheis, Bonnæ, 1833, in-8°), se trompe en disant que Nunnez croit que cet exemple est en faveur de la version vulgaire, Éthique à Eudème; Nunnez dit tout le contraire. — Il faut traduire de même Ἠθικὰ Νικομαχεῖα, par Éthique de Nicomaque, et considérer cet ouvrage comme rédigé, ou du moins revu et mis en ordre par le fils d'Aristote. Petit, Miscellanea, IV, 60; Pansch, De Eth. Nicom. p. 31 sqq.; Michelet (Aristotelis Ethica Nicomachea, p. II°, 1835, in-8°), Proœm. init.

ni la cause ni la nature du dommage que souffrit le manuscrit de la Métaphysique, ni l'époque où on tâcha d'y remédier. Il est évident qu'il n'a plus ici d'autorité sur laquelle il s'appuie avec confiance. On pourrait même être tenté de croire qu'il se contente de donner un extrait rapide du récit de Strabon ; mais cette supposition ne saurait se concilier avec ce qui précède. Si la Métaphysique fut envoyée à Eudème par Aristote, elle ne dut point passer au pouvoir de Nélée avec l'héritage de Théophraste, et rester enfouie jusqu'au temps de Sylla. Il est donc très-vraisemblable que les μεταγενέστεροι d'Asclepius doivent être rapportés à une époque antérieure à Apellicon ; et il est très-vraisemblable, en effet, qu'Eudème communiqua l'ouvrage du maître à ses condisciples, et qu'ils travaillèrent avec lui et après lui à en combler les lacunes. Nous venons de dire qu'un livre fut attribué à Pasiclès ; c'était aussi une tradition chez les Arabes qu'une partie du premier livre avait été ajoutée par Théophraste[1] ; enfin Théophraste écrivit une Métaphysique dont un fragment nous est parvenu. Si pourtant les péripatéticiens n'ont point fait sur la Métaphysique des travaux d'interprétation aussi suivis que sur la Physique et la Logique, il ne faut pas s'en étonner. D'un côté, la Métaphysique ne fut jamais achevée ; de l'autre, le Lycée tendit chaque jour à s'éloigner

---

[1] Albert. M. *in Analyt. post.* 1, Opp. t. I, p. 525.

davantage des hautes spéculations. Voilà pourquoi, depuis le temps d'Eudème et de Théophraste jusqu'au siècle d'Auguste, nous ne trouvons plus une seule mention, directe ou indirecte, de la Métaphysique.

Il ne faut pas non plus conclure du silence de Cicéron, que, de son temps, ce livre fût absolument inédit. Il ne parle pas davantage des Catégories et des Analytiques. A cette époque, c'est lui qui nous l'atteste, les philosophes mêmes connaissaient à peine Aristote[1], tandis que Platon et les Socratiques étaient entre les mains de tout le monde[2]. Les Topiques semblaient alors très-obscures[3], les Topiques, que Simplicius compte avec raison parmi les plus faciles à entendre de tous les ouvrages d'Aristote[4]. Cicéron ne voulait d'ailleurs qu'appliquer la philosophie à la pratique de la vie publique et privée, et ne se souciait guère de tout livre qui ne se recommandait pas par le mérite littéraire, la facilité et l'élégance de l'exposition[5]. Lors même qu'il aurait eu entre les mains la Métaphy-

---

[1] Cic. *Topic.* I, init. : .... «Quod quidem minime sum admiratus, eum philosophum rhetori non esse cognitum, qui ab ipsis philosophis, præter admodum paucos, ignoretur.»

[2] Cic. *Tuscul.* II, III; *de Offic.* I, XXIX, XXXVII.

[3] Cic. *Topic.* I, init. : «Sed a libris te obscuritas rejecit.»

[4] Simplic. *in Categ.* f. 2 : Δῆλον δὲ καὶ ἐξ ὧν ἐν οἷς ἐβουλήθη σαφέστατα ἐδίδαξεν, ὡς ἐν τοῖς Μετεώροις καὶ τοῖς Τοπικοῖς καὶ ταῖς γνησίαις αὐτοῦ πολιτείαις. L. Ideler (*in Aristot. Meteor. præfat.* p. 12) propose de substituer ἐπιστολαῖς à πολιτείαις.

[5] C'est à cause de l'imperfection de la forme qu'il parle avec tant de

sique, il eût été sans doute peu jaloux d'en sonder les obscures profondeurs; il se contenta d'une lecture rapide et d'une intelligence superficielle du Περὶ φιλοσοφίας [1].

Quant à Apellicon et Andronicus de Rhodes, rien ne nous atteste qu'ils aient fait un travail spécial sur la Métaphysique. Mais immédiatement après Andronicus, arrivent les commentateurs. Ce fut d'abord Eudorus, son disciple, qui se livra à la critique du texte; ensuite un Evharmostus, que nous ne connaissons que par la mention qu'en a faite Alexandre d'Aphrodisée [2]; enfin un philosophe célèbre du temps d'Auguste, Nicolas de Damas, qui paraît avoir composé un livre

---

mépris des essais nombreux faits avant lui en philosophie par les Latins; il ne daignait pas même les lire; *Tuscul.* II, III : « Est enim quoddam genus eorum qui se philosophos appellari volunt, quorum dicuntur esse Latini sane multi libri, quos non contemno equidem, quippe quos nunquam, legerim : sed quia profitentur illi ipsi qui eos scribunt se neque distincte, neque distribute, neque eleganter, neque ornate scribere, lectionem sine ulla delectatione negligo. » Cf. IV, III. Stahr, *Aristot. bei den Roem.* p. 55. — Citons encore un passage caractéristique que Stahr n'indique pas; *Tuscul.* I, III : « Multi jam esse libri dicuntur, scripti inconsiderate ab optimis illis quidem viris, sed non satis eruditis. Fieri autem potest ut recte quis sentiat, et id quod sentit polite eloqui non possit; sed mandare quemquam literis cogitationes suas, qui eas nec disponere, nec illustrare possit, nec delectatione aliqua allicere lectorem, hominis est intemperanter abutentis otio et literis. »

[1] Voyez plus bas.
[2] Alex. Aphrodis. *in Metaphys.* I, ap. Brandis, *De perditis Aristotelis libris de Ideis et de Bono sive Philosophia* (Bonnæ, 1823, in-8°),

intitulé : Θεωρία τῶν Ἀριστοτέλους μετὰ τὰ φυσικά[1]; et c'est ici que nous rencontrons pour la première fois ce titre singulier de μετὰ τὰ φυσικὰ, que l'ouvrage d'Aristote conserve encore.

Ce fait donne-t-il la preuve de ce qu'on a si souvent répété depuis Patrizzi, que le titre de la Métaphysique est dû à Andronicus de Rhodes? Il est vrai que le titre qu'Aristote destinait à son livre était celui de *Philosophie première;* mais le laissant inachevé, il a pu y mettre cette simple inscription : *Ce qui vient après la physique;* pour lui, en effet, la science de l'être absolu est la fin et le couronnement de la science de la nature. Ou, si l'on ne veut pas admettre avec Ammonius que ce titre soit d'Aristote lui-même[2], c'est du moins parmi ses disciples immédiats qu'il faut en chercher l'auteur. Le titre de *Métaphysique* se trouve

p. 22 : Ἱστορεῖ δὲ Ἀσπάσιος ὡς ἐκείνης μὲν ἀρχαιοτέρας οὔσης τῆς γραφῆς, μεταγραφείσης δὲ ταύτης ὕστερον ὑπὸ Εὐδώρου καὶ Εὐαρμόστου.

[1] *Gloss. ad calc. Theophr. Metaphys.* (ed. Brandis, 1823), p. 323.

[2] *Ammon. in Categ.* p. 6 : Καὶ θεολογικὰ μέν εἰσιν τὰ μετὰ φυσικὴν πραγματείαν αὐτῷ γεγραμμένα· ἅπερ οὕτω τὰ μετὰ τὰ φυσικὰ προσηγόρευσεν· τὰ γὰρ ὑπὲρ φύσιν πάντα θεολογίας διδάσκειν ἴδιον. L'opinion d'Ammonius a été soutenue contre Patrizzi, mais sans preuves, par Angelucci (*Sententia quod Metaphysica sint eadem quam Physica*, Venet. 1584, in-4°); Patrizzi répondit (*Patricii Apologia*, Ferrar. 1584, in-4°). La réplique d'Angelucci n'est, comme son premier ouvrage, qu'une vaine déclamation (*Angelutii Exercitationes cum Patricio, in quo de Metaphysicæ auctore, appellatione, dispositione, etc.*; Venet. 1588, in-4°). Je n'ai pu trouver la thèse de Wilh. Feuerlin, *De authentia et inscriptione librorum Aristotelis metaphysicorum*. Altdorfii, 1720, in-4°.

en tête d'un fragment de Théophraste sur la philosophie première, que citait Nicolas de Damas ; or, cette fois, il est impossible de l'attribuer à Andronicus, puisqu'il ne connut pas cet ouvrage. Ajoutons que la dénomination de $\mu\epsilon\tau\grave{\alpha}\ \tau\grave{\alpha}\ \varphi\upsilon\sigma\iota\varkappa\grave{\alpha}$ présente dans sa simplicité un caractère antique : un commentateur grec du temps d'Auguste eût certainement choisi un autre titre.

Nous allons entrer maintenant dans la question, obscure et compliquée, de l'authenticité de la Métaphysique.

LIVRE II.

DE L'AUTHENTICITÉ DE LA MÉTAPHYSIQUE D'ARISTOTE.

CHAPITRE I.

Du rapport de la Métaphysique avec d'autres ouvrages d'Aristote considérés comme perdus.

On ne trouve pas la Métaphysique dans le catalogue qu'a donné Diogène de Laërte des écrits d'Aristote; mais cela n'est pas suffisant pour la faire considérer comme apocryphe. La source principale de Diogène était, à ce qu'il semble, Hermippus de Smyrne; or, à l'époque où écrivait Hermippus, la Métaphysique d'Aristote pouvait bien n'être pas encore sortie du Lycée, non plus que celle de Théophraste dont nous avons vu que cet auteur ne faisait pas mention. Diogène, il est vrai, vivant au IIe siècle de l'ère chrétienne, aurait dû être au courant des découvertes ou des travaux récents sur Aristote; mais on sait que c'était un compilateur sans critique, et le catalogue dont nous parlons trahit une extrême négligence. Aussi aucun des commentateurs d'Aristote n'en a-t-il une seule fois invoqué l'autorité. Enfin, il n'y est pas non plus fait mention du traité de l'Ame et de plusieurs autres écrits dont on ne songe pas à suspecter l'authenticité. On ne peut donc tirer du silence de Diogène de Laërte aucune conclusion contre l'authenticité de la Métaphysique.

Mais cet ouvrage ne serait-il pas caché dans la liste de Diogène sous un titre qui le rendrait méconnaissable, ou du moins n'en retrouverait-on pas les différentes parties éparses sous des titres particuliers? Dans la première de ces hypothèses, on aurait une preuve de plus pour l'authenticité de la Métaphysique dans son ensemble; dans la seconde, la question d'authenticité ne serait pas encore complétement résolue; il resterait à déterminer le rapport des parties énumérées par Diogène au tout que nous possédons, et par suite, la manière dont ce tout a pu être composé, refondu ou démembré dans un temps postérieur à celui de la rédaction des parties.

La première hypothèse a été avancée par Titze et Trendelenburg. Titze[1] croit retrouver la Métaphysique dans les Ἄτακτα δικαδύο. Mais ce nombre XII ne répond pas à celui des livres de la Métaphysique, et le titre d'Ἄτακτα ne serait pas suffisamment justifié par le désordre que présentent quelques parties. Cette expression désignerait plutôt des mélanges, tels que les πάμμικτα, παντοδαπαὶ ἱστορίαι, etc.[2] Trende-

---

[1] *De Aristot. Opp. serie et distinctione* (Lipsiæ, 1826, in-8°), p. 70.
[2] **Woweri** *Polymathia.* c. XIII, p. 110. Cf. Buhle, *ad Diog. Laert.*

lenburg¹ propose, à la place des ἄτακτα, les ἐξηγημένα κατὰ γένος τέτταρα καὶ δέκα : mais le nombre xiv n'est guère plus convenable que le nombre xii, puisque les Grecs ne comptaient dans la Métaphysique que treize livres. Quant au titre d'ἐξηγημένα κατὰ γένος, il ne pourrait convenir, ce nous semble, qu'à des discussions de pure dialectique ². — La Métaphysique dans son ensemble n'est donc comprise sous aucun titre général dans le catalogue de Diogène de Laërte.

Passons à la seconde hypothèse, dont Samuel Petit est le premier auteur, et qui a été développée dans différents sens par Buhle³ et surtout par Titze.

Un certain nombre des grands ouvrages d'Aristote n'est pas cité dans Diogène de Laërte et dans l'Anonyme de Ménage. Au contraire on y trouve une foule de petits traités qui passent pour perdus, et dont les titres se rapportent assez bien aux sujets de différentes parties de ces grands ouvrages. Il est naturel, a-t-on dit, de les identifier avec ces parties : idée ingénieuse et simple, mais dont le défaut de documents rend l'application très-hasardeuse. Dans la plupart des cas, on ne peut arriver qu'à établir l'analogie plus ou

---

in Aristot. Opp. ed. I, 39. Jean Philopon cite les ἄτακτα de Simonide (*Inordinata. Comment. in Metaph.*).

¹ *Platonis de ideis et numeris doctrina ex Aristotele illustrata* (Lipsiæ, 1826, in-8°), p. 10.

² Voyez plus bas, partie III.

³ *De libris Aristotelis deperditis*, in Commentt. Societ. reg. Gotting. t. XV.

moins intime des ouvrages qui nous restent avec ceux qu'énumèrent sous d'autres titres les catalogues anciens : mais de l'analogie à l'identité il y a un abîme qu'on ne peut franchir sans péril. Dans l'ardeur de la découverte, on a pu souvent l'oublier; mais nous ne saurions trop insister ici sur cette distinction : la complication de la question que nous discutons exige une prudence de méthode qui partout ailleurs passerait pour excessive.

En second lieu, on a cru pouvoir établir la relation des ouvrages que nous avons encore aux ouvrages analogues que nous n'aurions plus, sur une nouvelle supposition; celle de plusieurs rédactions ou refontes des mêmes livres sous des titres différents. Elle ferait perdre, si elle se vérifiait en général, un des principaux avantages que la critique pouvait espérer de la première hypothèse sagement employée, l'avantage de réduire le nombre incroyable auquel il faudrait porter les écrits d'Aristote, si l'on ajoutait à ceux que nous possédons ceux qui passent pour perdus. Diogène de Laërte lui attribue près de cent cinquante traités, dont un grand nombre composés de plusieurs livres ; les historiens postérieurs ont encore beaucoup enchéri sur ce calcul [1].

Il ne sera donc pas inutile, avant d'en venir à ce qui concerne spécialement la Métaphysique et ses

---

[1] L'anonyme de Ménage attribue à Aristote près de quatre cents livres; l'anonyme de Casiri en compte plus de cinq cents.

parties, de faire quelques remarques sur les causes qui ont pu concourir à grossir plus qu'il ne le fallait les catalogues des écrits d'Aristote, et d'en tirer quelques conséquences générales.

1° « Je pense, dit César Scaliger, que la plupart des livres énumérés par Diogène de Laërte, sous le nom d'Aristote, ne sont autre chose que des rédactions de ses cours faites par ses disciples. Tels sont le traité des Plantes et les petits livres sur Xénophane et Zénon[1]. » Ces derniers traités sont en effet donnés par un manuscrit à Théophraste; Galien rapporte au péripatéticien Ménon les livres de médecine que l'on attribuait à Aristote et que nous n'avons plus; plusieurs passages de Philodème, retrouvés dans les papyrus d'Herculanum, ont restitué l'Économique à Théophraste[2]. En outre, on peut expliquer jusqu'à un certain point, par la supposition de Scaliger, cette multitude de titres identiques ou presque identiques que Diogène rapporte à autant d'ouvrages différents; ce seraient des rédactions de différents élèves

---

[1] *Comment. in Aristot. libr. de Plantis* (1566, in-f°), I, 11 : « Plerosque libros ab eodem Laertio enumeratos, a discipulis exceptos ex dictantis ore atque confectos esse puto..... Præterea videmus eadem argumenta tum ab illo tractata primum, tum ab aliis postea repetita, aut aucta commentariis, etc. »

[2] Brandis, *im Rhein. Mus.* I, IV, 260. — Sur l'Économique, voyez Schneider, *Comment. in Varron. de Re rust.* I, XVII, 301 et seqq.; Göttling, *præfat. ad Aristot. Œconom.* (Iena, 1830, in-8°), p. 17; Stahr, *Aristot. bei den Roem.* p. 243.

et de différentes années. Telle serait une partie de ces nombreux traités de Rhétorique[1] et de Logique, peut-être encore les Ἠθικὰ Εὐδήμια et Ἠθικὰ μεγάλα dont Diogène ne parle point. Les Catégories qui furent trouvées à Alexandrie, et qui ne différaient pas pour le fond ni pour le style des Catégories que nous avons[2], n'étaient sans doute qu'une autre rédaction des leçons d'Aristote. On avait aussi deux septièmes livres de la Physique, peu différents l'un de l'autre[3]; et il se pourrait qu'Aristote ne fût l'auteur immédiat ni de celui que les commentateurs ont rejeté, ni de celui qu'ils ont admis[4]. Enfin, au rapport de François de la Mirandole, on trouvait dans un manuscrit grec assez ancien de la bibliothèque de Florence une rédaction du Ve livre de la Métaphysique, différente de celle qui a été imprimée pour la première fois en grec par

---

[1] Ainsi le Τέχνης τῆς Θεοδέκτου εἰσαγωγὴ, que Quintilien (*Institut. orat.* II, xv, 10) ne sait s'il doit rapporter à Aristote ou à Théodecte, son élève. Voy. Stahr, *Aristot. bei den Roem.* p. 115; *Aristotelia*, II, 154, 228.

[2] Simplic. *in Categ.* f° 5 b : Φέρεται καὶ ἄλλο τῶν κατηγοριῶν βιβλίον ὡς Ἀριστοτέλους, καὶ αὐτὸ ὂν βραχὺ καὶ σύντομον κατὰ τὴν λέξιν, καὶ διαιρέσεσιν ὀλίγαις διαφερόμενον. Boeth. *in Prædicam.* (ed. Basil. 1546), p. 114.

[3] Simplic. *in Phys.* VII, init. : Διχῶς δὲ φέρεται, κατὰ τὴν λέξιν μόνην ἔχον ὀλίγην τινὰ διαφοράν.

[4] Eudème, dans sa paraphrase de la Physique, ne faisait pas mention du VIIe livre. Simplic. *in Physic.* f. 242. — Si on excluait ce livre de la Physique, on pourrait retrouver dans le VIe et le VIIIe le Περὶ κινήσεως α β de Diogène de Laërte.

Alde Manuce, et qu'ont seule reproduite toutes les éditions. N'était-ce point encore l'ouvrage de quelque élève du Lycée, ou quelque paraphrase d'un âge postérieur? Il est permis de le penser[1]. 2° Souvent un même ouvrage recevait plusieurs titres, soit d'Aristote lui-même, soit des historiens ou des commentateurs. Ainsi les Catégories s'appelèrent en même temps ou successivement : Περὶ τῶν γενῶν τοῦ ὄντος, Περὶ τῶν δέκα γενῶν, Κατηγορίαι δέκα, Κατηγορίαι, Περὶ τῶν τόπων ou τοπικῶν[2]; le traité de l'Interprétation, Περὶ προτάσεων[3]; le premier livre des Topiques, Περὶ τῶν τόπων; le huitième, Περὶ ἐρωτήσεως κ̀ ἀποκρίσεως, et Περὶ τάξεως κ̀ ἀποκρίσεως[4]; les cinq premiers livres de la Physique, Περὶ ἀρχῶν et Φυσικὴ ἀκρόασις[5] et les trois derniers Περὶ κινήσεως. Le Περὶ στοιχείων paraît identique avec le Περὶ τοῦ πάσχειν ἢ πεπονθέναι, et le Περὶ πάσχειν ἢ π. avec le premier livre du

---

[1] Franc. Pic. Mirand. *Exam. vanit. doctr. gent.* IV, v : « Et quoad pertinet ad Græcos (sc. codices), quintus liber aliter sese habet in aliquibus antiquis, ac in his qui sunt formis stanneis excusa Venetiis. Illud quoque sit indicio quod in Marciana Florentina bibliotheca extat codex vetustus satis in quo repetuntur quæ in quinto libro dicta sunt secus ac in aliis. »

[2] Simplic. *in Categ.* f. 4 a.

[3] Id. ibid.

[4] Alex. Aphrodis. *in Topic.* ff. 5, 249; Brandis, *De perd. Aristot. libr. etc.* p. 7.

[5] Joann. Philopon. *in Physic.* f. 1 b. Simplic. *in Physic.* f. 1 b : Ἄδραστος δὲ ἐν τῷ περὶ τῆς τάξεως τῶν Ἀριστοτέλους συγγραμμάτων ἱστορεῖ παρὰ μέν τινων περὶ ἀρχῶν ἐπιγεγράφθαι τὴν πραγματείαν ὑπ' ἄλλων δὲ Φυσικῆς ἀκροάσεως· τινὰς δὲ πάλιν τὰ μὲν πρῶτα πέντε περὶ ἀρχῶν ἐπιγράφειν φησί· τὰ δὲ λοιπὰ τρία περὶ κινήσεως. Οὕτω δὲ φαίνε-

traité de la Génération et de la Corruption[1]. Les premières Analytiques se nommaient encore Περὶ συλλογισμοῦ, et les secondes Περὶ ἀποδείξεως[2]. La raison de cette pluralité de titres est facile à concevoir : Aristote, en citant ses propres ouvrages, n'en désigne jamais les différents livres par le mot de βιβλία et par le numéro qui leur assigne leur rang dans un ouvrage total ; il se contente de renvoyer à l'ouvrage entier ou d'indiquer les parties par un titre qui en exprime le sujet[3]. Les historiens auront pris chacune de ces citations pour l'indication d'un traité spécial.

3° Enfin une circonstance tout extérieure dut concourir à la division des grands ouvrages en parties et à la multiplication des titres. Les manuscrits étaient rares et chers ; souvent on ne transcrivait pas intégra-

---

ται καὶ Ἀριστοτέλης αὐτῶν πολλαχοῦ μεμνημένος. Id. f. 216 a. Cf. Aristot. *Metaphys.* IX, VIII, 186, Brand. *Eth. Nicom.* p. 1174 b, Bekk.

[1] Aristot., *de Anim.* I, XI; II, V; Brandis, *De perd. Aristot. libr.* p. 7; cf. Boeth. *in Prædicam.* p. 190. — Trendelenburg (*Comm. in libr. de Anim.* p. 123; *de Categ. prolusio academ.* p. 15) pense que le Περὶ γενέσεως κ. φθ. ne répond pas suffisamment au renvoi du traité de l'Ame, et que le Περὶ στοιχείων doit être considéré comme un ouvrage séparé. Nous ne partageons pas ces deux opinions qui sont en contradiction avec un passage formel de Galien. Galen. *de Elem. sec. Hippocr.* I, IX, ap. Ideler, *Comm. in Aristot. Meteorol.* II, 537.

[2] Galen. *de Libr. propr.* t. IV, 367, ap. Buhle, *De libr. Aristot. deperd. in Comm. Soc. reg. Gotting.* XV, 71.

[3] Ἐν τοῖς, ἐν τοῖς λόγοις, κατὰ τοὺς λόγους, ἐν τοῖς θεωρήμασι περὶ κ.τ.λ. et jamais ἐν τῷ βιβλίῳ, ἐν τοῖς βιβλίοις. Patric. *Discuss. peripatet.* p. 63.

lement un ouvrage considérable : on en copiait, selon le besoin, des fragments plus ou moins étendus, quelquefois un, deux ou trois livres, quelquefois un passage qui à lui seul faisait un tout. Or chaque fragment ainsi séparé exigeait un titre. Ainsi quand Ptolémée Philadelphe forma la bibliothèque d'Alexandrie, il faisait enlever à tous ceux qui venaient en Égypte les manuscrits dont ils étaient possesseurs, et ne leur en laissait qu'une copie; « ensuite, ajoute Galien, les employés écrivaient un titre en tête de chacun des manuscrits qu'on avait mis à part : car on ne les plaçait pas immédiatement dans les bibliothèques; on les entassait d'abord dans un local provisoire[1]. » On attendait donc, pour ranger ces manuscrits, que d'autres manuscrits vinssent les compléter, et que l'on pût classer le tout dans l'ordre des matières, sous des titres généraux. Mais les titres provisoires étaient sans doute transcrits sur des catalogues ; les arrangements provisoires durent souvent y devenir définitifs, etc. Le catalogue de Diogène de Laërte pourrait bien,

---

[1] Galen. *de Vulg. morb.* II (ed. Basil. t. V), p. 411 : Φιλότιμον περὶ βιβλία τόν τε βασιλέα τῆς Αἰγύπτου Πτολεμαῖον οὕτω γενέσθαι φασίν, ὡς καὶ τῶν καταπλεόντων ἁπάντων τὰ βιβλία κελεῦσαι πρὸς αὐτὸν κομίζεσθαι, καὶ ταῦτα εἰς καινοὺς χάρτας γράφοντα, διδόναι μὲν τὰ γραφέντα τοῖς δεσπόταις, ὧν καταπλευσάντων ἐκομίσθησαν αἱ βίβλοι πρὸς αὐτόν, εἰς δὲ τὰς βιβλιοθήκας ἀποτίθεσθαι τὰ νομισθέντα. Ἐπέγραφον οἱ τοῦ βασιλέως ὑπηρέται τὸ ὄνομα τοῖς ἀποτιθεμένοις εἰς τὰς ἀποθήκας· οὐ γὰρ εὐθέως εἰς τὰς βιβλιοθήκας αὐτὰ φέρειν, ἀλλὰ πρότερον ἐν οἴκοις τισὶ κατατίθεσθαι σωρηδίων.

comme on l'a dit, n'être en grande partie que la copie ou l'extrait d'un catalogue semblable.

Tels sont les faits et les considérations qui nous semblent pouvoir servir, sans hypothèses hasardées, soit à réduire les uns aux autres les ouvrages analogues entre eux que l'antiquité attribue à Aristote, soit à en retrouver le rapport et par suite à en vérifier l'authenticité dans leur ensemble comme dans leurs parties. L'hypothèse de deux rédactions, comme moyen universel d'explication, nous paraît, sous les diverses formes qu'on lui a données, non moins inutile qu'arbitraire. Samuel Petit imagine que la première était *exotérique* et servait de base à la seconde, où Aristote reprenait le sujet en sous-œuvre, pour traiter à fond et avec développement ce qu'il n'avait d'abord qu'ébauché. Mais si de cette manière on conçoit comment les traités primitifs auraient dû périr, l'œuvre achevée et complète faisant oublier la première ébauche, on ne conçoit pas pourquoi ce seraient, dans le plus grand nombre de cas, les ouvrages les plus importants, les rédactions définitives, qui auraient été oubliées de Diogène de Laërte ; circonstance qui s'explique au contraire, jusqu'à un certain point, par les observations que nous avons présentées tout à l'heure : les copies complètes devaient être plus rares que les copies incomplètes.

Suivant Titze[1] Aristote ne composait pas tout

---

[1] *De Aristot. libror. ser. et distinct.* p. 7.

d'une haleine ses grands ouvrages : il en écrivait d'abord des parties qui devaient lui servir de matériaux et qu'il publiait même séparément ; ensuite il faisait un choix parmi ces essais, les assemblait, les refondait, en y ajoutant un prologue, et formait ainsi une πραγματεία, telle que l'Éthique, la Physique ou la Métaphysique. Cette supposition n'est pas mieux prouvée que celle de Samuel Petit; de plus, elle prête à Aristote une manière peu en harmonie avec la nature de son génie. Tout ce travail successif et fragmentaire, puis cette agrégation de parties séparées, ces additions d'introductions faites après coup, tout cela n'est pas le procédé d'une pensée créatrice. « Le tout est antérieur à la partie, » c'est un principe d'Aristote, et l'examen de ses ouvrages fait assez voir qu'il en est de même dans son esprit, et que c'est par l'ensemble qu'il a conçu le détail. Les cinq premiers livres de la Physique, l'Éthique et la Politique dans leur intime connexion, les trois livres de l'Ame, etc., sont des compositions sorties chacune d'un même dessein; les Introductions n'en sont pas non plus des additions plus récentes; elles constituent une partie essentielle du sujet, elles y marquent le point de départ et le premier pas de la méthode.

Ce que l'on conçoit très-bien et que l'on pourrait presque affirmer sans preuve, c'est que quelquefois, et sans que ce fût chez lui un système arrêté, Aristote a dû reprendre un sujet déjà traité, pour le resserrer ou le développer dans un nouvel ouvrage. Il en a été ainsi de la Métaphysique. Aristote l'a refaite, comme on l'a dit, sur la base du Περὶ φιλοσοφίας; mais le Περὶ φιλοσοφίας n'y est pas tout entier, précédé seulement de traités accessoires, qui auraient déjà eu une existence à part; il a été converti en un traité plus complet; celui-ci est resté inachevé, quelques livres authentiques ou apocryphes y ont été intercalés plus tard; mais la Métaphysique, abstraction faite de ces additions, forme un corps véritable, et les membres qu'on en pourrait retrouver dans Diogène de Laërte ont dû en être séparés par l'une des causes accidentelles que nous avons énumérées : c'est ce qui nous reste à établir.

CHAPITRE II.

Du rapport de la Métaphysique d'Aristote avec les traités sur la Philosophie, sur le Bien, sur les Idées, etc.

§ Ier.

Du traité sur la Philosophie.

Le Περὶ φιλοσοφίας fut écrit avant la Physique et avant le traité de l'Ame [1]. Mais dès le début de la Physique,

---

[1] *Phys.* II, 11; *de Anim.* I, 11.

PARTIE I. — INTRODUCTION.

Aristote annonce le projet d'écrire de nouveau sur la philosophie première, sous le titre plus explicite de Περὶ τῆς πρώτης φιλοσοφίας : « Le principe de la forme est-il un ou multiple ? c'est à la philosophie première d'en décider ; réservons donc ce problème pour un autre temps [1]. » Les derniers livres de la Physique et le traité du Ciel, qui sont étroitement liés, forment, par la théorie du mouvement éternel, la transition de la science de la Nature à la science du premier moteur : Aristote commence à y faire entrevoir l'objet de l'ouvrage qu'il méditait [2]. Il s'y réfère également dans la Morale, pour les questions de la Providence et de la réalité des idées [3]. Enfin, dans le traité du Mouvement des animaux, il déclare qu'il a précédemment traité du premier mobile et du premier moteur

---

[1] *Phys.* I, sub fin. : Περὶ δὲ τῆς κατὰ τὸ εἶδος ἀρχῆς, πότερον μία ἢ πολλαί, καὶ τίς ἢ τίνες εἰσί, δι' ἀκριβείας τῆς πρώτης φιλοσοφίας ἔργον ἐστὶ διορίσαι· ὥστε εἰς ἐκεῖνον τὸν καιρὸν ἀποκείσθω.

[2] *Phys.* VIII, 1; de *Cœl.* I, VIII (sur la question de savoir s'il y a plusieurs cieux) : Ἔτι δὲ καὶ διὰ τῶν ἐκ τῆς πρώτης φιλοσοφίας λόγων δειχθείη ἄν, καὶ ἐκ τῆς κύκλῳ κινήσεως, ἣν ἀναγκαῖον ἀίδιον ὁμοίως ἐνταῦθα εἶναι καὶ ἐν τοῖς ἄλλοις κόσμοις. Cf. *Metaphys.* XII, 253-258, ed. Brandis. — De même, de *Gener. et corr.* I, III : Τούτων δὲ περὶ μὲν τῆς ἀκινήτου ἀρχῆς, τῆς ἑτέρας καὶ προτέρας διελεῖν ἐστι φιλοσοφίας ἔργον.

[3] *Eth. Nicom.* I, VI, IX; II, VI. Cf. Pansch, de *Eth. Nicom.* p. 20. — On peut citer encore ce passage du de *Interpret.* c. V : Διότι δὴ ἕν τί ἐστιν ἀλλ' οὐ πολλὰ τὸ ζῷον πεζὸν δίπουν; οὐ γὰρ δὴ τῷ σύνεγγυς εἰρῆσθαι εἷς ἔσται· ἔστι δὲ ἄλλης τοῦτο πραγματείας εἰπεῖν. Cf. Boeth. in libr. de *Interpret.* ed. prim. p. 230; ed. secund. p. 327. *Metaphys.* VIII, VI.

dans le Περὶ τῆς πρώτης φιλοσοφίας¹. Ainsi, le traité de la Philosophie première était alors achevé, tel du moins qu'il fut envoyé à Eudème.

Mais le premier ouvrage, le Περὶ φιλοσοφίας, a-t-il péri, ou en retrouve-t-on quelques débris dans la Métaphysique, ou enfin y a-t-il été transporté tout entier ? La dernière opinion est celle de Petit², de Buhle³ et de Titze⁴. Le Περὶ φιλοσοφίας paraît avoir été composé de trois livres : Petit les retrouve dans les livres XIII, XIV et XII de la Métaphysique ; Buhle, dans les livres IV, VI et VII, XIII et XIV, et XII ; Titze, dans les livres I, XI et XII. Tous trois, comme nous le disions plus haut, nous semblent s'être trop hâtés de conclure de la ressemblance à l'identité.

Il est évident, et personne n'a songé à le nier, que le sujet du Περὶ φιλοσοφίας et du Περὶ πρώτης φιλοσοφίας était le même : l'un et l'autre devaient contenir la théorie de l'être absolu, et dans l'un et l'autre, cette théorie devait être précédée ou suivie d'un examen critique des doctrines auxquelles Aristote venait la substituer, des doctrines platoniciennes et pythagori-

---

[1] *De Anim. mot.* c. vi : Περὶ μὲν τοῦ πρώτου κινουμένου καὶ ἀεὶ κινουμένου, τίνα τρόπον κινεῖται καὶ πῶς κινεῖ τὸ πρῶτον κινοῦν διώρισται πρότερον ἐν τοῖς περὶ τῆς πρώτης φιλοσοφίας.

[2] *Miscellanea* (Paris, 1630, in-4°), IV, ix.

[3] *De Libris Aristotelis deperditis*, in *comment. Soc. reg. Getting.* t. XV.

[4] *Loc. laud.* p. 94 et sqq.

ciennes. Si donc les témoignages de l'antiquité faisaient voir l'analogie des deux ouvrages, on n'en serait nullement autorisé à les confondre ; car quelque différents qu'ils pussent être, ils ne pouvaient pas ne pas se ressembler. Ainsi il faut examiner de très-près ces témoignages pour déterminer s'ils établissent une véritable identité entre le Περὶ φιλοσοφίας et des livres entiers de la Métaphysique.

Les sources où l'on trouve des documents sur le Περὶ φιλοσοφίας sont, dans l'ordre chronologique : Aristote lui-même, Cicéron, Diogène de Laërte, Alexandre d'Aphrodisée, Syrianus, Michel d'Éphèse, Jean Philopon et Simplicius.

I. Aristote cite deux fois le Περὶ φιλοσοφίας, et on ne trouve rien dans la Métaphysique qui corresponde exactement à ces citations. 1° Dans le traité de l'Ame, il rappelle qu'il a exposé dans le Περὶ φιλοσοφίας comment la doctrine platonicienne forme les choses avec les principes, par voie de composition, en composant par exemple l'Animal en soi (αὐτοζῷον) de l'idée de l'un, et de la longueur, de la largeur et de la profondeur primordiales[1]. Nous ne retrouvons la même idée dans la Métaphysique qu'exprimée d'une manière

---

[1] De Anim. I, II : Τὸν αὐτὸν δὲ τρόπον καὶ Πλάτων ἐν τῷ Τιμαίῳ τὴν ψυχὴν ἐκ τῶν στοιχείων ποιεῖ... ὁμοίως δὲ καὶ ἐν τοῖς περὶ φιλοσοφίας λεγομένοις διωρίσθη αὐτὸ μὲν τὸ ζῷον ἐκ τῆς τοῦ ἑνὸς ἰδέας καὶ τοῦ πρώτου μήκους καὶ πλάτους καὶ βάθους κ.τ.λ. Cf. Trendelenburg, Comment. ad loc. laud. p. 321 (1834, in-8°).

générale, sans l'exemple de l'*αὐτοζῷον*[1] : or, dans la généralité, cette idée est un des éléments les plus essentiels du Platonisme; et Aristote ne pouvait pas ne pas y insister, partout où il voulait entrer à fond dans l'examen de tout le système. 2° Dans la Physique, il renvoie au Περὶ φιλοσφίας pour la distinction de deux sortes de causes finales[2] : or cette division, qui se retrouve dans la Morale et dans le traité de l'Ame[3], ne se retrouve pas dans la Métaphysique. 3° Enfin il se réfère aux Τὰ κατὰ φιλοσοφίαν pour la preuve de la division du nécessaire en deux espèces[4]; cette division est indiquée dans les VIe et XIIe livres de la Métaphysique[5], mais elle l'est également dans le IIe livre des secondes Analytiques[6], et dans ces trois passages elle n'est, nous le répétons, qu'indiquée, et non pas démontrée. De plus, dans ce même XIIe livre de la Mé-

---

[1] *Metaphys.* (ed. Brandis), XIII, 283, l. 12 et seqq. 288, l. 9; XIV, 293, l. 9.

[2] *Phys.* II, 11 : Διχῶς γὰρ τὸ οὗ ἕνεκα· εἴρηται δὲ ἐν τοῖς περὶ φιλοσοφίας.

[3] *Eth. Nicom.* I, 1; cf. Brand. *De perd. Aristot. libr.* p. 9; *de Anim.* II, IV: cf. Trendel. *Comment.* p. 354.

[4] *De part. anim.* I, 1 : Ἴσως δ' ἄν τις ἀπορήσειε ποίαν λέγουσιν ἀνάγκην οἱ λέγοντες ἐξ ἀνάγκης· τῶν μὲν γὰρ δύο τρόπων οὐδέτερον οἷόν τε ὑπάρχειν τῶν διωρισμένων ἐν τοῖς κατὰ φιλοσοφίαν.

[5] *Metaphys.* VI, II, 124, l. 31, Brand. : ..... Ἐξ ἀνάγκης, οὐ τῆς κατὰ τὸ βίαιον λεγομένης, ἀλλ' ἣν λέγομεν τῷ μὴ ἐνδέχεσθαι ἄλλως. XII, VI, 247, l. 2 : Οὐθὲν γὰρ ὡς ἔτυχε κινεῖται, ἀλλὰ δεῖ τι ἀεὶ ὑπάρχειν, ὥσπερ νῦν φύσει μὲν ὡδί, βίᾳ δὲ ἢ ὑπὸ νοῦ ἢ ἄλλου ὡδί.

[6] *Analyt. post.* II, XI.

taphysique, Aristote énumère trois sortes de nécessités[1]; or c'est dans ce XIIe livre surtout que paraît avoir survécu le Περὶ φιλοσοφίας. Cependant nous ne voulons fonder sur ceci aucun argument, parce que l'expression de Τὰ κατὰ φιλοσοφίαν pourrait être une désignation générique que l'on ne serait pas en droit de rapporter au Περὶ φιλοσοφίας plutôt qu'aux Analytiques.

II. Le passage de Cicéron a servi de fondement principal aux hypothèses que nous discutons; il faut le citer tout entier[2]:

Aristoteles quoque in tertio de Philosophia libro multa turbat, a magistro Platone non dissentiens : modo enim menti tribuit omnem divinitatem; modo mundum ipsum Deum dicit esse; modo quemdam alium præficit mundo, eique eas partes tribuit, ut replicatione quadam mundi motum regat atque tueatur; tum cœli ardorem Deum esse dicit, non intelligens cœlum mundi esse partem, quem alio loco designârit Deum.

Ainsi l'épicurien Velleius, dans la bouche duquel Cicéron met ces paroles, attribue à Aristote plusieurs dogmes qui se contrediraient les uns les autres : l'identification de l'intelligence avec toute divinité; — du monde avec Dieu; — de Dieu avec l'*ardor cœli*; — l'hypothèse d'un être inférieur chargé de gouverner le mouvement du monde en le ramenant sur lui-même.

La première de ces opinions est la vraie doctrine

---

[1] *Metaphys.* XII, vii, 248, 1. 27. Brand. : Τὸ γὰρ ἀναγκαῖον τοσαυταχῶς, τὸ μὲν βίᾳ ὅτι παρὰ τὴν ὁρμὴν, τὸ δὲ οὗ οὐκ ἄνευ τὸ εὖ, τὸ δὲ μὴ ἐνδεχόμενον ἄλλως ἀλλ' ἁπλῶς.

[2] Cicer. *de Nat. deor.* I, xiii.

d'Aristote, développée par lui dans la Métaphysique. Une lecture superficielle de traité du Ciel a pu conduire à lui attribuer les deux suivantes[1], et il se pourrait que Velleius, frappé de la contradiction qu'elles présentent avec la première, voulût dire seulement que la doctrine du Περὶ φιλοσοφίας n'était pas d'accord avec celle du traité du Ciel. On lit dans ce dernier ouvrage que le ciel est éternel et *divin*; on a pu conclure de θεῖον à θεός. De plus, la matière des corps célestes est, suivant Aristote, le cinquième élément, l'éther[2], que Cicéron a confondu avec l'éther enflammé des anciens physiciens, et qu'il exprime par *ardor cœli*. Cette explication paraît admissible; mais elle est sujette à des difficultés peut-être insurmontables. D'abord, il n'est pas dit dans le passage de Cicéron, comme nous l'avons accordé un instant, qu'il s'agisse de la contradiction où Aristote se serait mis avec lui-même dans différents écrits; au contraire, le *multa turbat in tertio de Philosophiâ libro* ne permet pas d'aller chercher les termes de cette contradiction hors du Περὶ φιλοσοφίας. En second lieu, si Cicéron avait connu le traité du Ciel, il n'eût pas traduit là et ailleurs αἰθήρ par *ardor cœli*[3] : car c'est dans ce traité même qu'Aristote rejette l'étymologie donnée de ce mot par Anaxa-

---

[1] Voyez sur ce sujet la savante dissertation de Vater, *Theologiæ Aristotelicæ vindiciæ*, Lipsiæ, 1795, in-8°.

[2] *De Cœl.* I, III.

[3] *De Nat. deor.* II, xv; II, xxxvi, lx : « Ardor cœli, qui æther vel cœlum nominatur. »

gore qui le dérivait d'αἴθω, brûler, et qu'il le fait venir avec Platon d'ἀεὶ θέω (courir toujours)[1]. Mais d'un autre côté, Cicéron définit aussi le cinquième élément d'Aristote par « le mouvement perpétuel[2]. » Que conclure de tout cela ? La conclusion la plus naturelle, ce me semble, c'est que dans le Περὶ φιλοσοφίας il était question de l'éther comme élément des corps célestes, mobile éternel et divin, soumis à l'action du moteur suprême; tout cela en termes rapides et obscurs, où Cicéron se sera perdu. — Or maintenant, dans la Métaphysique il n'est question ni de la nature divine du ciel pris dans sa totalité, ni de l'éther. Enfin, si nous en venons au quatrième dogme tiré par Cicéron du Περὶ φιλοσοφίας, nous retrouverons bien la trace du *replicatio mundi* dans les σφαῖραι ἀνελίττουσαι du XIIe livre de la Métaphysique; un peu plus loin, dans ce même livre, il est aussi question, d'une manière hypothétique[3], de moteurs propres à chaque sphère céleste; mais dans le Περὶ φιλοσοφίας, on voyait, suivant Cicéron, un être préposé à l'univers, une sorte de démiurge ou d'âme du monde, qui fait penser aux doctrines du Timée; dans la Métaphysique, ce médiateur est sup-

---

[1] *De Cœl.* I, III. *Meteorolog.* I, III (ed. L. Ideler, p. 7). Cf. Cicer. *de Nat. deor.* II, xxv. L. Ideler, *Comm. in Meteorolog.* I, 334-8.

[2] Par une singulière confusion, Cicéron prend l'ἐντελέχεια pour l'αἰθήρ. *Tuscul.* I, x : « Quintum genus adhibet vacans nomine; et sic ipsum animum ἐντελέχειαν appellat novo nomine, quasi quamdam continuatam motionem et perennem. » L. Ideler, loc. laud. p. 337.

[3] Voyez plus bas.

primé, il n'y a plus que le Dieu unique. — On a supposé que Cicéron prête à dessein à Velleius, épicurien présomptueux, une exposition inexacte de la théologie aristotélique[1]; mais un auteur ne met guère dans la bouche de ses personnages de graves erreurs historiques sans les relever plus tard de manière à s'en laver lui-même : d'ailleurs cette hypothèse ne résout pas toutes les objections que nous venons d'indiquer. — Toutefois, nous ne voulons pas nier l'analogie évidente du passage cité du Περὶ φιλοσοφίας avec une partie du XIIe livre de la Métaphysique ; mais il était important de signaler les différences : elles rendent au moins très-probable que si un morceau étendu a été transporté du premier de ces deux ouvrages dans l'autre, ce n'a pas été sans subir des modifications assez considérables.

III. Nous allons arriver à un résultat semblable pour les deux premiers livres du Περὶ φιλοσοφίας et le XIIIe et le XIVe de la Métaphysique.

1° On lit dans la préface de Diogène de Laërte[2]:

Aristote dit, dans le premier livre sur la Philosophie, que les Mages sont plus anciens que les Égyptiens, et que suivant eux, il y a deux principes, le Dieu bon et le Dieu méchant, Zeus ou Oromaze, et Hadès ou Arimane.

Or Aristote fait mention des Mages dans le XIVe livre

---

[1] Titze, p. 85. Kindervater, *Anmerk. und Abhandl. zu Cicero's Büch. von der Nat. der Götter*, I, 207.

[2] Ἀριστοτέλης δ' ἐν πρώτῳ περὶ φιλοσοφίας (φησὶ) καὶ πρεσβυτέ-

de la Métaphysique; mais il se contente de dire qu'ils faisaient du principe créateur l'être primordial et excellent[1]. Remarquons en outre que ce passage se trouve à la fin du XIVe livre, lequel peut représenter le second ou le troisième des trois derniers livres, mais jamais le premier. Ainsi ce passage y a été transporté, mais abrégé, mais réduit à une simple allusion, et mis en un lieu qui ne correspond plus à celui qu'il occupait dans l'ouvrage primitif.

2° Suivant Cicéron, Aristote enseignait quelque part qu'Orphée n'avait pas existé[2]. D'un autre côté, Jean Philopon dit que dans le Περὶ φιλοσοφίας Aristote affirmait que les poëmes attribués à Orphée étaient apocryphes[3]; il est très-probable que c'est au même passage du Περὶ φιλοσοφίας que se rapporte le témoignage de Cicéron. Or nous croyons retrouver encore la trace de ce passage dans le XIVe livre de la Métaphysique, immédiatement avant celui où il est question des Mages. « Les vieux poëtes, y est-il dit, ne donnent pas la puissance et l'empire au primitif,

---

ρους εἶναι (τοὺς Μάγους) τῶν Αἰγυπτίων, καὶ δύο κατ᾽ αὐτοὺς εἶναι ἀρχάς, ἀγαθὸν δαίμονα καὶ κακὸν δαίμονα· καὶ τῷ μὲν ὄνομα εἶναι Ζεὺς καὶ Ὠρομάσδης, τῷ δὲ Ἅδης καὶ Ἀρειμάνιος.

[1] *Metaphys.* XIV, IV, 301, l. 11 : Οἷον Φερεκύδης καὶ ἕτεροί τινες, τὸ γεννῆσαν πρῶτον ἄριστον τιθέασι, καὶ οἱ Μάγοι.

[2] *De Nat. deor.* I, 38 : « Orpheum poetam docet Aristoteles nunquam fuisse. »

[3] Philop. *in libr. de Anim.* I, v : Ὅτι μὴ δοκεῖ Ὀρφέως τὰ ἔπη, ὡς καὶ αὐτὸς (Ἀριστοτέλης) ἐν τῷ περὶ φιλοσοφίας λέγει.

tel que la Nuit, ou le Ciel, ou le Chaos, ou l'Océan, mais à Zeus[1]. » En effet, le même Philopon, dans son commentaire sur la Métaphysique, rapporte cette allusion à des vers orphiques qu'il cite textuellement[2]. Ainsi un passage explicite du Περὶ φιλοσοφίας, sur Orphée, a été converti dans la Métaphysique en une allusion rapide d'où le nom d'Orphée a disparu.

3° En commentant le dernier chapitre du premier livre de la Métaphysique, où on lit que les Platoniciens formaient les longueurs, les surfaces et les solides avec les espèces du grand et du petit[3], Alexandre d'Aphrodisée ajoute qu'Aristote exposait aussi cette doctrine dans le Περὶ φιλοσοφίας[4]. Le renvoi, cette fois, s'appliquerait très-bien aux livres XIII et XIV de la Métaphysique, où l'on trouve deux passages ana-

---

[1] *Metaphys.* XIV, IV, 301, l. 5, Brand.: Οἱ δὲ ποιηταὶ οἱ ἀρχαῖοι ταύτῃ ὁμοίως, ᾗ βασιλεύειν καὶ ἄρχειν φασὶν οὐ τοὺς πρώτους, οἷον Νύκτα καὶ Οὐρανὸν ἢ Χάος ἢ Ὠκεανὸν, ἀλλὰ τὸν Δία.

[2] Ces vers ne se trouvent pas dans la collection d'Hermann. Nous ne pouvons les donner que dans le latin de Patrizzi, f° 65 b : « Orpheus namque, cum diceret bonum et optimum Jovem, posterius bonum dicit : « Primo enim regnabat inclitus Hericepæus, post quem « Nox, sceptrum habens decentissimum Hericepæi. Post quam Cœlum, « qui primus regnavit deorum post matrem Noctem. »

[3] *Metaphys.* I, VII, 32, l. 9, Brand. : Βουλόμενοι δὲ τὰς οὐσίας ἀνάγειν εἰς τὰς ἀρχὰς μῆκη μὲν τίθεμεν ἐκ μακροῦ καὶ βραχέος, ἐκ τινὸς μικροῦ καὶ μεγάλου, καὶ ἐπίπεδον ἐκ πλατέος καὶ στενοῦ, σῶμα δ' ἐκ βαθέος καὶ ταπεινοῦ.

[4] Alex. Aphrodis. ap. Brand. *De perd. Aristot. libr.* p. 42 : Ἐκτίθεται δὲ τὸ ἀρέσκον αὐτοῖς ὃ καὶ ἐν τοῖς περὶ φιλοσοφίας εἴρηκε.

logues à celui du Ier[1]. Mais Alexandre avait aussi commenté les XIIIe et XIVe livres : pourquoi ne s'y réfère-t-il pas? Souvenons-nous que dans le traité de l'Ame, Aristote renvoie également au Περὶ φιλοσοφίας pour une question un peu différente. C'est donc dans cet ouvrage qu'était contenue tout entière l'exposition dont les fragments se retrouvent dans le traité de l'Ame et dans la Métaphysique.

5° Syrianus n'a probablement pas eu entre les mains le Περὶ φιλοσοφίας, ni lui ni les commentateurs qui sont venus après lui[2]. Mais il possédait le commentaire d'Alexandre d'Aphrodisée sur les derniers livres de la Métaphysique : or, en commentant le passage du livre XIII dont nous venons de parler, il cite aussi le Περὶ φιλοσοφίας[3]. Ailleurs, il remarque l'analogie des arguments employés par Aristote contre la théorie des idées et des nombres dans le XIIIe livre de la Métaphysique et dans le Περὶ φιλοσοφίας, sans dire que la forme même de l'argumentation fût identique[4], d'où nous pouvons conclure qu'elle était différente.

6° Michel d'Éphèse, l'auteur du commentaire attribué à Alexandre d'Aphrodisée sur les derniers

---

[1] *Metaphys.* XIII, IX, 283, l. 12, Brand.; XIV, II, 295, l. 31.
[2] Brandis, *De perd. Aristot. libr.* pp. 5, 47; Trendelenburg, *Platon. de Id. et num. doctr.* p. 26.
[3] Syrian. ap. Brand. *De perd. Aristot. libr.* p. 42.
[4] Syrian. ap. Brand. *de perd. Aristot. libr.* p. 47. Cf. Trendelenb., *Platon. de Id. et num. doctr.* p. 76.

livres de la Métaphysique[1], se contente de copier le premier des deux passages de Syrianus[2], qui lui-même copiait sans doute Alexandre.

7° Pour Jean Philopon et Simplicius, il est évident qu'ils n'ont jamais vu le Περὶ φιλοσοφίας. Quand Aristote renvoie à cet ouvrage pour la distinction des deux sortes de causes finales, Philopon prétend qu'il ne s'agit que de la Morale. « Aristote, dit-il, l'appelle ici

---

[1] Le commentaire de Michel d'Éphèse sur les livres VI-XIV se trouve dans un grand nombre de manuscrits, à la suite de celui d'Alexandre d'Aphrodisée sur les cinq premiers livres; dans quelques-uns, il n'en est pas distingué; dans d'autres, il porte ce titre : Σχολία Μιχαήλου Ἐφεσίου εἰς τῶν μετὰ τὰ φυσικὰ ε. Déjà Sepulveda, qui a traduit le tout en latin sous le nom d'Alexandre d'Aphrodisée, avoue que ce nom manque, à partir du VI° livre, dans un grand nombre de manuscrits. De plus, nous trouvons dans un autre commentaire de Michel d'Éphèse (*in libr. de Respirat. ex vers. lat.* 1552, in-f°), f° 44 a: « Scripsi etiam nonnihil super sextum usque ad decimum tertium (leg. quartum) transnaturalium (id est metaphysicorum). » D'ailleurs il suffit de jeter les yeux sur ces scolies pour voir combien elles sont inférieures au commentaire sur les cinq premiers livres auquel on les associe, et peu dignes d'Alexandre d'Aphrodisée. — Le temps où vivait Michel d'Éphèse n'a pu encore être déterminé; mais un passage de Philopon, où il est cité, nous autorise à le placer avant ce commentateur (Philop. *in Metaphys.* f° 25 a : «Ephesius autem proprie entia dicit singulares substantias, et recte.» Cf. Mich. Ephes. *Comment. in Metaphys.* VI, sub fin.). Léon Allatius se trompe donc en faisant de Michel d'Éphèse un disciple de Michel Psellus (Allat. *de Psellis,* p. 22). — Je reviendrai ailleurs sur ce sujet, avec les preuves et les développements nécessaires.

[2] Voy. Brand. *De perd. Aristot. libr.* p. 43. Brandis nomme Pseudo-Alexander l'auteur du commentaire sur les livres XIII et XIV que nous restituons à Michel d'Éphèse.

Philosophie, parce qu'il y enseigne ce que c'est que la morale philosophique[1]. » Simplicius s'exprime de même, ou, pour mieux dire, il copie Philopon[2] qu'il ne se fait jamais scrupule de copier, tout en l'injuriant à l'occasion ; Philopon lui-même ne fait ici que copier Themistius[3].

Nous pouvons donc conclure de la discussion à laquelle nous venons de nous livrer, que ce traité sur la Philosophie qu'Aristote cite en divers endroits et dont les écrivains postérieurs mentionnent plusieurs livres, était un ouvrage réellement distinct de tous les ouvrages qui nous sont parvenus ; qu'il avait servi de base à la Métaphysique, mais qu'elle ne le contient pas et ne le remplace pas pour nous tout entier.

Il nous reste cependant à apporter une dernière preuve, et qui paraîtra peut-être décisive : c'est un

---

[1] Philop. *in Phys.* f. 15 : Εἰρῆσθαι δέ φησι τὴν διαίρεσιν ταύτην τοῦ οὗ ἕνεκα καὶ ἐν τοῖς περὶ φιλοσοφίας· λέγει δὲ τοῖς ἠθικοῖς, ἃ περὶ φιλοσοφίας, διότι τὸ φιλόσοφον ἦθος δι' αὐτῶν παραδίδοται.

[2] Simplic. *in Phys.* f. 67 b : Γέγονε δὲ ἡ διαίρεσις αὐτῷ ἐν τοῖς Νικομαχείοις ἠθικοῖς, ἃ περὶ φιλοσοφίας καλεῖ, φιλοσοφίαν ἰδιαίτερον καλῶν πᾶσαν τὴν ἠθικὴν πραγματείαν. — Villoison (*Prolegg. ad Homer.* p. 38) fait naître Philopon vers la fin du v⁵ siècle ; Saxius (*Onomastic.* II, 39) le place vers l'an 535 ; Sturz (*Empedocl. Agrig.* p. 80) le fait naître au vii⁵ siècle seulement. L. Ideler *in Meteorolog. præfat.* p. 20. — Mais Philopon lui-même nous apprend qu'il écrivait son commentaire sur la Physique l'an 576 après J.-C. (*Comment. in Phys.* IV, init.).

[3] Themistius se contente de renvoyer à l'Éthique, sans identifier expressément cet ouvrage avec le Περὶ φιλοσοφίας. *Paraphr. Phys.* f. 24 b : Καὶ ὅτι διχῶς τὸ τέλος ἐν τοῖς ἠθικοῖς λέγεται σκέμμασιν.

passage du traité même sur la Philosophie, que nous avons découvert dans le commentaire de Simplicius sur le traité du Ciel[1]. Ce passage contient une démonstration de la nécessité d'un premier principe, le bien absolu, où le bien qui est dans le monde trouve sa mesure et sa raison, et de l'immutabilité que confère à ce principe sa nature même de bien absolu :

Λέγει δὲ περὶ τούτου ἐν τοῖς περὶ φιλοσοφίας·
Καθόλου γὰρ, ἐν οἷς ἐστι τὸ βέλτιον, ἐν τούτοις ἐστὶ καὶ τὸ ἄριστον· ἐπεὶ οὖν ἐστιν ἐν τοῖς οὖσιν ἄλλο ἄλλου βέλτιον, ἔστιν ἄρα τι καὶ ἄριστον, ὅπερ εἴη ἂν τὸ θεῖον. εἰ οὖν τὸ μεταβάλλον, ἢ ὑπ' ἄλλου μεταβάλλει, ἢ ὑφ' ἑαυτοῦ· καὶ εἰ ὑπ' ἄλλου, ἢ κρείττονος ἢ χείρονος· εἰ δὲ ὑφ' ἑαυτοῦ, ἢ ὡς πρός τι χεῖρον, ἢ ὡς καλλίονός τινος ἐφιέμενον· τὸ δὲ θεῖον οὔτε κρεῖττόν τι ἔχει ἑαυτοῦ ὑφ' οὗ μεταβληθήσεται, ἐκεῖνο γὰρ ἂν ἦν θειότερον, οὔτε ὑπὸ χείρονος τὸ κρεῖττον πάσχειν θέμις ἐστί· καὶ μέντοι εἰ ὑπὸ χείρονος, φαῦλον ἄν τι προσελάμβανεν, οὐδὲν δὲ ἐν ἐκείνῳ φαῦλον· ἀλλ' οὐδὲ ἑαυτὸ μεταβάλλει ὡς καλλίονός τινος ἐφιέμενον, οὐδὲ γὰρ ἐνδεές ἐστι τῶν αὑτοῦ καλῶν οὐδενός· οὐ μέντοι οὐδὲ πρὸς τὸ χεῖρον, ὅτι μηδὲ ἀν-

---

[1] On sait, depuis que M. Am. Peyron l'a démontré (*Empedoclis et Parmenidis fragmenta*, etc. : simul agitur de genuino græco textu commentarii Simplicii in Arist. de Cœl. et Mund. Lipsiæ, 1810, in-8°), que le texte imprimé du commentaire de Simplicius ne représente qu'une version moderne de la version latine de Guill. de Moërbeka. Mais le manuscrit de la bibliothèque royale de Paris, coté 1910, d'une belle écriture du xv° siècle (1471), contient, comme celui de Turin, le texte authentique. C'est d'après ce manuscrit (fol. 136 a), que nous citons le passage du περὶ φιλοσοφίας. Cf. edit. Ald. fol. 67 b.

* Ici on lit à la marge : ἴσως ἐκλείπει· ἀμετάβλητον ἄρα ἐστί.

θρωπος ἑκὼν ἑαυτὸν χείρω ποιεῖ, μήτε δὲ ἔχει τι φαῦλον μηδὲν ὅπερ ἂν ἐκ τῆς εἰς τὸ χεῖρον μεταβολῆς προσέλαβε.

On ne retrouve point ce passage dans la Métaphysique; elle ne conserve que la trace des idées que nous venons de voir développées. Bien plus, l'esprit de la Métaphysique n'est plus le même. La démonstration que nous venons de citer est toute platonicienne, et même empruntée en grande partie, selon la remarque de Simplicius, au IIe livre de la République. Dans la Métaphysique ce n'est plus de la seule idée du bien en soi, mais plutôt de la nature de la pensée pure qu'est tirée la preuve de l'immutabilité du divin [1]; point de vue essentiellement propre à l'Aristotélisme. Rappelons-nous maintenant ces propositions du περὶ φιλοσοφίας rapportées par Cicéron, où nous avons fait voir et où il avait noté lui-même l'empreinte encore visible de la cosmologie platonicienne (*a magistro Platone non dissentiens*); nous arriverons d'une manière irrésistible à cette conséquence : que la Métaphysique n'offre pas seulement une autre rédaction, moins développée en plusieurs endroits, une forme différente du περὶ φιλοσοφίας, mais que les doctrines y ont subi une remarquable modification, et que de l'un à l'autre ouvrage on eût pu en quelque sorte suivre la marche et mesurer le progrès de l'Aristotélisme.

---

[1] *Metaph.* XII, 255, l. 4, Br. δῆλον τοίνυν ὅτι τὸ θειότατον καὶ τιμιώτατον νοεῖ καὶ οὐ μεταβάλλει· εἰς χεῖρον γὰρ ἡ μεταβολὴ, καὶ κίνησίς τις ἤδη τὸ τοιοῦτον.

LIVRE II, CHAPITRE II.

§ II.

Des traités sur le Bien, sur les Idées, etc.

Le catalogue de Diogène de Laërte fait mention d'un Περὶ τἀγαθοῦ en trois livres, que Muret et récemment Brandis[1] ont considéré comme identique avec le Περὶ φιλοσοφίας. Cette opinion, qui semble avoir prévalu aujourd'hui, repose sur trois autorités : celles de Simplicius, de Philopon et de Suidas[2]; mais ces autorités ne sont pas irrécusables. Pour Suidas, compilateur du xe siècle, il copie Philopon ou Simplicius, cela est facile à voir; et quant à ces deux commentateurs, que nous venons de voir confondre le Περὶ φιλοσοφίας avec la Morale, de quelle valeur est leur opinion, quand ils viennent le confondre avec le Περὶ τἀγαθοῦ ? Il est vrai que tous les deux donnent en divers en-

---

[1] Muret, *Var. lect.* VII. Brandis, *De perd. Aristot. libr.* p. 7.
[2] Philopon. *in libr. de Anim.* I, 11 : Τὰ περὶ τἀγαθοῦ ἐπιγραφόμενα περὶ φιλοσοφίας λέγει· ἐν ἐκείνοις δὲ τὰς ἀγράφους συνουσίας τοῦ Πλάτωνος ἱστορεῖ ὁ Ἀριστοτέλης· ἔστι δὲ γνήσιον αὐτοῦ τὸ βιβλίον. Ἱστορεῖ οὖν ἐκεῖ τὴν Πλάτωνος καὶ τῶν Πυθαγορείων περὶ τῶν ὄντων καὶ τῶν ἀρχῶν αὐτῶν δόξαν. — Simplic. ad loc. eumd. : Περὶ φιλοσοφίας νῦν λέγει τὰ περὶ τοῦ ἀγαθοῦ αὐτῷ ἐκ τῆς Πλάτωνος ἀναγεγραμμένα συνουσίας, ἐν οἷς ἱστορεῖ τάς τε Πυθαγορείους καὶ Πλατωνικὰς περὶ τῶν ὄντων δόξας. — Suidas, c. v. Ἀγαθοῦ δαίμονος : — ὅτι περὶ τἀγαθοῦ βίβλους συντάξας Ἀριστοτέλης τὰς ἀγράφους τοῦ Πλάτωνος συνουσίας ἐν ταὐτῷ κατατάττει καὶ μέμνηται τοῦ συντάγματος Ἀριστοτέλης ἐν τῷ ά περὶ ψυχῆς, ὀνομάζων αὐτὸ περὶ φιλοσοφίας.

droits assez de détails sur ce dernier ouvrage, pour faire voir que, s'ils ne l'avaient pas lu, ils en connaissaient du moins par d'autres l'histoire et le sujet. Mais aussi ne récusons-nous leur témoignage que sur ce seul point : l'identité du Περὶ φιλοσοφίας et du Περὶ τἀγαθοῦ. Remarquons que l'ouvrage auquel ils rapportaient à la fois ces deux titres ne portait, à en croire Philopon, que le premier : Τὰ περὶ τἀγαθοῦ ἐπιγραφόμενα περὶ φιλοσοφίας λέγει. De son côté, Simplicius dit : Τὰ περὶ φιλοσοφίας νῦν λέγει τὰ περὶ τἀγαθοῦ, etc. Pourquoi νῦν ? Parce qu'ailleurs Simplicius a identifié le Περὶ φιλοσοφίας avec la Morale. Ainsi le Περὶ φιλοσοφίας est pour Philopon et Simplicius quelque chose d'inconnu, qu'ils confondent, selon l'occasion, tantôt avec un livre, tantôt avec un autre.

Cherchons donc à déterminer directement ce que c'était que le Περὶ τἀγαθοῦ, afin d'en retrouver nous-mêmes, s'il se peut, le vrai rapport avec le Περὶ φιλοσοφίας et la Métaphysique. Ici on peut se servir des renseignements fournis par les auteurs même dont nous contestons les conclusions.

Le Περὶ τἀγαθοῦ contenait principalement une exposition de la haute théorie platonicienne, qui n'est que préparée ou ébauchée dans les Dialogues, et que Platon développait de vive voix. Dans Aristote, on trouve une mention expresse de ces ἄγραφα δόγματα[1].

---

[1] *Phys.* IV, 11.

LIVRE II, CHAPITRE II. 71

Un disciple immédiat d'Aristote, le musicien Aristoxène, nous a laissé sur les leçons de Platon un récit de la plus haute importance [1]. Il nous apprend qu'elles avaient pour objet le bien, et que Platon entrait dans son sujet sans préambules, sans tous ces détours où s'égarent ses dialogues, et par une voie où le vulgaire ne pouvait le suivre :

On était venu croyant entendre parler de ce qui s'appelle biens parmi les hommes, de richesse, de santé, de force, en un mot, de quelque merveilleuse félicité ; et lorsqu'arrivaient les discours sur les nombres et les mathématiques, et la géométrie, et l'astronomie, et la limite, identique avec le bien, tout cela semblait fort étrange : les uns ne comprenaient pas, les autres même s'en allaient. C'est là qu'Aristote conçut, de son propre aveu, la nécessité d'amener par des introductions aux difficultés de la science.

Ainsi, dans ces leçons s'accomplissait ce que Platon

---

[1] Aristox. *Harm.* II, 30, ed. Meibom. : — Καὶ μὴ λάθωμεν ἡμᾶς αὐτοὺς παρυπολαμβάνοντες τὸ πρᾶγμα, καθάπερ Ἀριστοτέλης ἀεὶ διηγεῖτο τοὺς πλείστους τῶν ἀκουσάντων παρὰ Πλάτωνος τὴν περὶ τἀγαθοῦ ἀκρόασιν παθεῖν· προσιέναι μὲν γὰρ ἕκαστον ὑπολαμβάνοντα λήψεσθαί τι τῶν νομιζομένων ἀνθρωπίνων ἀγαθῶν, οἷον πλοῦτον, ὑγίειαν, ἰσχὺν, τὸ ὅλον εὐδαιμονίαν τινὰ θαυμαστήν· ὅτε δὲ φανείησαν οἱ λόγοι περὶ μαθημάτων καὶ ἀριθμῶν, καὶ γεωμετρίας, καὶ ἀστρολογίας, καὶ τὸ πέρας ὅτι ἀγαθόν ἐστιν ἕν, παντελῶς οἶμαι παράδοξόν τι ἐφαίνετο αὐτοῖς· εἶθ' οἱ μὲν ὑποκατεφρόνουν τοῦ πράγματος, οἱ δὲ κατεμέμφοντο.... Προέλεγε μὲν οὖν καὶ αὐτὸς Ἀριστοτέλης δι' αὐτὰς ταύτας τὰς αἰτίας, ὡς ἔφην, τοῖς μέλλουσιν ἀκροᾶσθαι παρ' αὐτοῦ περὶ τίνων τ' ἐστὶν ἡ πραγματεία καὶ τίς. — Ce passage a été cité par Kopp, *im Rhein. Mus.* III, 1, 94.

a fait entrevoir dans le VIIe livre de la République, la réduction des idées à l'idée du bien absolu comme à leur plus haut principe. « Ces leçons, dit Simplicius, d'après Alexandre d'Aphrodisée[1], furent rédigées par les principaux disciples de Platon, Speusippe, Xénocrate, Héraclide, Hestiée et enfin Aristote. » Telle est l'origine du Περὶ τἀγαθοῦ. Maintenant nous pouvons nous adresser, pour en connaître le contenu, à Alexandre d'Aphrodisée, qui, de tous les commentateurs qui en font mention, paraît seul l'avoir eu entre les mains. Alexandre nous apprend qu'Aristote y exposait la théorie des idées et des nombres dans leur dérivation de l'opposition de l'un et de la dyade infinie[2], ce que nous retrouvons dans les livres I, XIII et XIV de la Métaphysique, et qu'on retrouvait probablement aussi dans le Περὶ φιλοσοφίας. Mais voici ce qui est propre au Περὶ τἀγαθοῦ. Alexandre se réfère toujours au IIe livre de cet ouvrage pour la théorie des contraires et de leur réduction à l'un et au multiple[3]. C'est qu'en effet cette opposition,

---

[1] Simpl. in Physic. f° 32 b : Λέγει δὲ ὁ Ἀλέξανδρος, etc. f° 104 b : Porphyre expliquait dans un commentaire sur le Philèbe des passages obscurs du Περὶ τἀγαθοῦ : ..... Ἀνεγράψαντο τὰ ῥηθέντα αἰνιγματωδῶς, ὡς ἐρρήθη· Πορφύριος δὲ διαρθροῦν αὐτὰ ἐπαγγελλόμενος, τάδε περὶ αὐτῶν γέγραφεν ἐν τῷ Φιλήβῳ, κ.τ.λ.

[2] Alex. Aphrodis. in Metaphys. I, ap. Brand. De perd. Arist. libr. p. 32 : — Καὶ διὰ τοιαῦτα μέν τινα ἀρχὰς τῶν τε ἀριθμῶν καὶ τῶν ὄντων ἁπάντων ἐτίθετο Πλάτων τό τε ἓν καὶ τὴν δυάδα, ὡς ἐν τοῖς περὶ τἀγαθοῦ Ἀριστοτέλης λέγει.

[3] Alex. Aphrodis. in lib. IV, ap. Brand. De perd. Aristot. libr. p. 11 :

qui est celle de l'un et de la dyade, de la limite et de l'illimité, est le fondement de la doctrine platonicienne[1], et devait jouer un grand rôle dans les leçons de Platon. Mais dans le Περὶ φιλοσοφίας et la Métaphysique, elle ne devait plus occuper que le second plan, et n'y paraître que pour être combattue et remplacée par une théorie nouvelle (X[e] livre de la Métaphysique). Aussi Alexandre d'Aphrodisée ne confond pas le Περὶ τἀγαθοῦ et le Περὶ φιλοσοφίας ; c'est au Περὶ τἀγαθοῦ qu'il renvoie toutes les fois qu'il s'agit des contraires; Michel d'Éphèse et Jean Philopon suivent scrupuleusement cet exemple. — La critique devait tenir peu de place dans le Περὶ τἀγαθοῦ : Aristote y faisait remarquer, il est vrai, que Platon avait passé sous silence la cause efficiente et la cause finale[2] ;

Εἴρηκε δὲ περὶ τῆς τοιαύτης ἐκλογῆς καὶ ἐν τῷ δευτέρῳ περὶ τἀγαθοῦ. — Ἀναπέμπει πάλιν ἡμᾶς εἰς τὰ ἐν τῷ β' περὶ τἀγαθοῦ δεδειγμένα. Michel d'Éphèse renvoie aussi pour le même objet au Περὶ τἀγαθοῦ, mais comme il ne le fait que sur la foi d'Alexandre d'Aphrodisée, et sans avoir l'ouvrage sous les yeux, il ne désigne aucun livre en particulier. *In Metaphys.* X, XI, cod. ms. Biblioth. reg. Paris. 1876, f. 206 a : Πεποίηκε δὲ διαίρεσιν ἐν τοῖς περὶ τἀγαθά; f. 217 a : Εἴρηκε γάρ τινες αὐτοί εἰσιν ἐν τῷ περὶ τἀγαθοῦ ἐπιγραφομένῳ αὐτοῦ βιβλίῳ. Philopon cite avec Alexandre le IIe livre du Περὶ τἀγαθοῦ (*Comm. in Metaphys.* f. 13 a); et dans les derniers livres, où Alexandre lui manque, il imite la prudence de Michel d'Éphèse (f. 41 b, 46 a).

[1] Voyez plus bas, partie III.
[2] Alex. Aphrodis. *in Metaphys.* I, VI (cod. ms. Bibl. reg. Paris. 1878, f. 13 a) : Οὐδετέρου τούτων τῶν αἰτίων ἐμνημόνευσεν ὁ Ἀριστοτέλης ἐν τῇ δόξῃ τοῦ Πλάτωνος· ἢ ὅτι ἐν οἷς περὶ αἰτίων ἔλεγεν, οὐδενὸς

mais signaler une lacune, quelque considérable qu'elle soit, ce n'est pas encore en rechercher les causes et enseigner les moyens de la combler.

En général, il résulte de tous ces témoignages, d'abord, que le Περὶ τἀγαθοῦ n'était guère qu'une exposition, et présentait un caractère presque exclusivement historique (ἱστορεῖ)[1]; tandis que dans le Περὶ φιλοσοφίας et la Métaphysique l'histoire ne pouvait être que la base de la critique et de la spéculation; en second lieu, que le Περὶ τἀγαθοῦ avait pour objet principal la doctrine de Platon, tandis que dans le Περὶ φιλοσοφίας et la Métaphysique il est question de tous les systèmes platoniciens et pythagoriciens qui dominaient au temps d'Aristote.

Il ne faut pas confondre non plus avec aucun de ces trois ouvrages le Περὶ εἰδῶν, traité en deux livres, où, suivant Syrianus, Aristote opposait à la théorie des idées et des nombres à peu près les mêmes arguments que contiennent les XIIIe et XIVe livres de la Métaphysique, mais avec plus ou moins de développement[2]. Michel d'Ephèse, et après lui Philopon,

---

τούτων ἐμέμνητο, ὡς ἐν τοῖς περὶ τἀγαθοῦ δέδεικται, ἢ ὅτι τῶν ἐν γενέσει καὶ φθορᾷ οὐ τίθεται ταῦτα αἴτια.

[1] Voyez plus haut, p. 69, note 2. — Ce caractère historique est encore indiqué dans cette phrase de Philopon (in libr. de Gen. et corr. f. 50 b) : ..... Ἐν ἐκείνοις τοίνυν ὁ Πλάτων τὸ μέγα καὶ μικρὸν καὶ τὸ μεταξὺ τούτων ὑποτίθεται. Cf. Simplic. in Phys. f. 32 b.

[2] Syrian. in Metaphys. XIV, sub fin. ap. Brand. De perd. Aristot. lib. p. 14. — Il y a un autre passage plus précis, dont Brandis ne fait pas

distinguent expressément le Περὶ εἰδῶν des deux derniers livres de la Métaphysique[1]. — Le Περὶ ἰδέων était encore un ouvrage différent du Περὶ τἀγαθοῦ, du Περὶ φιλοσοφίας et même du Περὶ εἰδῶν; c'était, comme le dernier, un ouvrage de polémique, mais en quatre livres au moins, puisqu'Alexandre d'Aphrodisée en cite le IV[e][2]; de plus on ne peut pas identifier à la légère ce que distingue un commentateur d'une si grave autorité. S'il ne faut pas multiplier les êtres sans nécessité, il ne faut pas non plus les supprimer sans raison suffisante. Qu'on ne s'étonne pas d'ailleurs de voir tant de livres sur le même sujet : ce sujet, c'était le fond même du problème philosophique, tel qu'on le posait alors ; Aristote ne se lassait pas d'y revenir.

En résumé, le Περὶ τἀγαθοῦ, écrit, selon toute appa-

mention; in libr. XIII, v, sub fin. (cod. ms. Bibl. reg. Paris. 1895, f. 61 b) : Ὅτι μὲν τούτων οὐδὲν πλέον εἰπεῖν ἔχει πρὸς τὴν τῶν εἰδῶν ὑπόθεσιν δηλοῖ καὶ τὸ πρῶτον ταύτης τῆς πραγματείας βιβλίον καὶ τὰ περὶ τῶν εἰδῶν αὐτῷ πεπραγματευόμενα δύο βιβλία· σχεδὸν γὰρ ταὐτὰ ταῦτα πανταχοῦ τὰ ἐπιχειρήματα μεταφέρων, καὶ ποτὲ μὲν αὐτὰ κατακερματίζων καὶ ὑποδιαιρῶν, ποτὲ δὲ συντομώτερον ἀπαγγέλλων, πειρᾶται τοὺς πρεσβυτέρους ἑαυτοῦ φιλοσόφους εὐθύνειν.

[1] Mich. Ephes. in lib. XIV, sub fin. (Cod. Coislin. 161, f. 405 a) : κἂν ἔτι πλείω συναχθείη· τὰ περὶ τῶν εἰδῶν γραφέντα αὐτῷ δύο βιβλία, ἀλλὰ ὄντα παρὰ τὸ Μῦ καὶ Νῦ, καὶ ἐκτὸς τῆς μετὰ τὰ φυσικὰ συντάξεως. — Philopon. in Metaphys. f. 67 b : «Subindicat autem (Aristot.) per hoc ea quæ de Ideis contra ipsos scripsit libris duobus, aliis quam sint hi XIII et XIV, et extra metaphysicorum conscriptionem.» — Michel d'Éphèse se fonde sans doute sur les deux passages de Syrianus; pour Philopon, il copie tout simplement Michel d'Éphèse.

[2] Sur le Περὶ ἰδέων, voy. Brandis, De perd. Aristot. libr. pp. 14-20.

rence, peu de temps après la mort de Platon, a été la base historique de la polémique soutenue par Aristote contre les idées, dans le Περὶ εἰδῶν καὶ γενῶν, le Περὶ ἰδέων, le Περὶ φιλοσοφίας et la Métaphysique.

Quant aux diverses hypothèses qui ont été avancées pour identifier d'autres traités énumérés par Diogène de Laërte avec les différents livres de la Métaphysique, la plupart ne peuvent être admises que dans le sens dont nous avons parlé plus haut. Ainsi, s'il était vrai que le Περὶ ἀρχῶν dût être identifié avec les Ier et IIIe livres, le Περὶ ἐπιστημῶν avec le IIe et le IVe, le Περὶ ἐπιστήμης avec le XIe, le Περὶ ὕλης et le Περὶ ἐνεργείας avec le VIIIe et le IXe[1], il ne s'ensuivrait pas que ces titres fussent les titres primitifs ; ce ne seraient, selon nous, que des noms donnés à des parties détachées d'un tout. Du reste, nous ne discuterons pas ces suppositions et d'autres semblables plus ou moins hasardées, fondées sur de simples titres mentionnés par un auteur peu grave ; nous ne pensons pas qu'elles puissent conduire à quelque conclusion importante.

---

[1] Sam. Petit, *Miscellan.* IV, ix.

CHAPITRE III.

De l'authenticité et de l'ordre de la Métaphysique et de ses parties.

Cependant si les hypothèses qui présentent les ouvrages d'Aristote comme des assemblages de traités partiels sont inexactes dans leur généralité et prises d'un faux point de vue, on ne peut nier qu'une partie de la Métaphysique ne les justifie jusqu'à un certain point. Quelques livres se rattachent à peine à l'ensemble ; dans d'autres, on est arrêté à chaque pas par des épisodes historiques ou dialectiques, par de longues et confuses réfutations, par des redites continuelles. Le sujet semble plus d'une fois recommencer; les questions se reproduisent presque au hasard, et les plus importantes sont souvent les plus brièvement énoncées et résolues en passant ; en un mot, il y a absence presque complète de proportion et de systématisation. Cependant on ne peut renvoyer la Métaphysique aux ὑπομνηματικά que les commentateurs opposent aux συνταγματικά ; les ὑπομνηματικά n'étaient que des notes, des matériaux encore épars [1]. Mais Aristote n'avait

---

[1] Ammon. in Categ. f. 6 b : Ὡς ὕλην τῶν οἰκείων συγγραμμάτων. Simplic. in Categ. f. 1 b : Δοκεῖ δὲ τὰ ὑπομνηματικὰ μὴ πάντῃ σπουδῆς ἄξια εἶναι· διὸ οὐδὲ πιστοῦνται ἀπ' αὐτῶν τὰ τοῦ φιλοσόφου δόγματα· ὁ

pas tout écrit d'une haleine ; tel sujet avait pu être repris plusieurs fois, tel autre rester ébauché ; enfin on a pu, comme le raconte Asclepius, remplir des lacunes avec des morceaux empruntés à d'autres livres d'Aristote, ou même y insérer des suppléments apocryphes. Il faudrait pouvoir retrouver dans la Métaphysique telle qu'elle est ce qu'elle devrait être, en dégager le plan primitif, écarter ou remettre à sa place tout ce que des mains étrangères ont pu y jeter pêle-mêle.

La première chose à faire serait de séparer l'apocryphe de l'authentique ; mais les documents que nous avons à ce sujet sont insuffisants. Selon Jean Philopon[1] et une note que l'on trouve dans plusieurs manuscrits[2], on aurait attribué assez généralement le IIe livre à un disciple d'Aristote, neveu d'Eudème ainsi que nous l'avons déjà dit, à Pasiclès, qui écrivit aussi sur les Catégories[3]. Mais, s'il eût voulu ajouter un livre à la Métaphysique, Pasiclès ne l'eût pas formé

μέντοι Ἀλέξανδρος τὰ ὑπομνηματικὰ συμπεφυρμένα φησὶν εἶναι, καὶ μὴ πρὸς ἕνα σκοπὸν ἀναφέρεσθαι.

[1] Voyez plus haut, p. 35, note 1.

[2] Ap. Bekker, Aristot. Metaphys. lib. α : Τοῦτο τὸ βιβλίον οἱ πλείους φασὶν εἶναι Πασικλέους τοῦ Ῥοδίου, ὃς ἦν ἀκροατὴς Ἀριστοτέλους, υἱὸς δὲ Βοηθοῦ τοῦ Εὐδήμου ἀδελφοῦ· Ἀλέξανδρος δὲ ὁ Ἀφροδισιεὺς φησὶν εἶναι αὐτὸ τοῦ Ἀριστοτέλους. — Cette note avait déjà été donnée, mais avec plusieurs fautes, par Buhle, de Aristot. codd. mss. in Arist. Opp. edit. I, 175.

[3] Galen. de libr. propr. ap. Nunnes. ad Ammon. Vit. Aristot. not. 71.

de fragments décousus tels que ceux dont ce IIe livre se compose; il est plus naturel de supposer qu'il les tira de quelque cahier de son maître, et que cette circonstance les lui fit attribuer.

Suivant Asclepius, ce serait le Ier livre que l'on aurait rapporté à Pasiclès[1]. Alexandre d'Aphrodisée et Syrianus disent aussi que l'on contesta l'authenticité du Ier livre[2]; par quels motifs? c'est ce qu'ils nous laissent ignorer. Albert le Grand nous apprend qu'une tradition reçue chez les Arabes l'attribuait à Théophraste, et que par cette raison ils ne le comprenaient pas dans leurs versions[3]; Averroës, du moins, en omet les cinq premiers chapitres environ[4]. Ces traditions acquièrent de la force par

---

[1] Voyez plus haut, p. 34, note 2.

[2] Alex. Aphrodis. *in Metaphys.* III, *e vers. Sepulved. comm.* 29. Syrianus *in Metaphys.* III, *e vers. Hieron. Bagolini* (Venet. 1558, in-4°), f. 17 a. — Stahr (*Aristotelia*, II, 103, note 4) et Pansch (*de Eth. Nicom.* p. 2) renvoient à tort, d'après Fabricius (III, 256, Harles), à Alexandre d'Aphrodisée, *in Soph. Elench.* II, 69, (Venet. 1529), et à Syrianus, *in Metaph.* f. 17, pour la question de l'authenticité du IIe livre. Dans le passage de Syrianus, c'est du Ier livre qu'il est question; quant à Alexandre, son commentaire sur le Traité des Sophismes (Venet. 1529) ne contient que 61 feuillets; je ne trouve qu'au feuillet 61 une simple mention du IIIe livre; rien sur le IIe.

[3] Albert. M. *in Analyt. poster.* I (*Opp.* I, 525) : « ..... Theophrastus, qui etiam primum librum (qui incipit : *Omnes homines scire desiderant*) Metaphysicæ Aristotelis traditur addidisse; et ideo in arabicis translationibus primus liber non habetur. »

[4] Son commentaire ne commence qu'à Ἐκ μὲν οὖν τῶν εἰρημένων (c. v, sub fin. p. 18, l. 31, Brand.). — C'est là aussi que commencent

leur désaccord même. Il fallait que ce Ier livre fût suspect par plus d'une raison, pour devenir l'objet de tant d'attaques de divers côtés; il est signalé par cela seul à l'attention des critiques : une étude approfondie du texte pourra peut-être jeter quelque jour sur la question. Il ne faudrait pas croire que l'authenticité du Ier livre fût suffisamment prouvée par un passage du XIe où Aristote se réfère à ce qu'il a dit, « au commencement, touchant les opinions des anciens sur les principes [1] » : sans doute, il en traite fort au long dans le Ier livre; mais le XIe ne peut faire partie de la Métaphysique, ainsi que nous le verrons bientôt, et ce renvoi pourrait se rapporter à une introduction historique simplement semblable à celle que renferme le Ier livre, mais qui ne nous serait pas parvenue, ou qui même n'aurait jamais été écrite. Toutefois les preuves intérieures, celles qui se tirent du contenu et de la forme, nous semblent, sauf l'opinion de juges plus éclairés, tout en faveur de l'authenticité du Ier livre. Les arguments par lesquels Buhle a soutenu l'opinion contraire [2] ne sont nullement concluants.

---

les traductions arabes de la Métaphysique qui se trouvent à la Bibliothèque royale de Paris. Jourdain, Recherches critiques sur l'âge et l'origine des traductions latines d'Aristote, etc. (Paris, 1819, in-8°), p. 191.

[1] XI, init. : Ὅτι μὲν ἡ σοφία περὶ ἀρχὰς ἐπιστήμη τίς ἐστι, δῆλον ἐκ τῶν πρώτων ἐν οἷς διηπόρηται πρὸς τὰ ὑπὸ τῶν ἄλλων εἰρημένα περὶ τῶν ἀρχῶν.

[2] Voy. Buhle, über die Aechtheit der Metaphysik, in der Biblioth. der alten Literatur und Kunst (Götting. 1786), p. 29 et sqq.

Alexandre d'Aphrodisée [1] nous apprend que l'on attaqua aussi l'authenticité du V⁰ livre, mais par d'assez faibles arguments.

Les traductions arabes dont se servit Averroës ne comprenaient pas les XI⁰, XIII⁰ et XIV⁰ livres. On ne trouve pas non plus le XI⁰ dans le commentaire d'Albert le Grand, ni les XIII⁰ et XIV⁰ dans le commentaire de saint Thomas, qui fit faire sur des manuscrits grecs une nouvelle version d'Aristote. Les deux derniers livres manquent également dans la traduction faite au xv⁰ siècle par le grec Argyropule. Ces omissions sont remarquables ; mais on n'en peut tirer aucune conséquence contre l'authenticité des livres XI, XIII et XIV. Averroës, par exemple, ne la nie en aucune façon : il connaissait ces livres par le témoignage d'Alexandre d'Aphrodisée, et en donne d'après lui une courte analyse [2]. De plus, Avicenne connaissait le XIII⁰ et le XIV⁰ ; il est facile de le voir par sa Métaphysique [3].

Au total, il n'y a pas de motifs suffisants pour considérer comme apocryphe aucune des parties de la Métaphysique. La question d'authenticité se réduira donc pour nous à celle de l'authenticité de l'ordre dans lequel sont disposées ces parties. Avant de l'examiner, nous pouvons rappeler un mot de Nicolas de Damas.

---

[1] *In Metaphys.* V, init.
[2] Averr. *in Metaphys,* (*Arist. et Averr. Opp.* t. VII), f. 135 a.
[3] Avicenn. *Opera philosophica* (1508, in-f°), f. 96-7.

Ce péripatéticien célèbre déclarait dans son livre sur la Métaphysique d'Aristote que « la Philosophie première lui paraissait devoir être exposée dans un ordre plus convenable, » et cet ordre il avait cherché à le retrouver[1]. Ainsi, et quel qu'ait été d'ailleurs le succès de cette première entreprise, si nous nous écartons en certains points de la tradition vulgaire, nous aurons un précédent dans l'antiquité.

Quelques critiques ont pensé que le Ier livre devrait être renvoyé dans la classe des livres physiques. En effet, il y est question de deux choses, de la nature de la philosophie (σοφία) et de son objet; cet objet, ce sont les principes. Or, d'un côté, c'est sur les principes (Περὶ ἀρχῶν) que roulent les cinq premiers livres de la Physique; de l'autre, Aristote dit quelque part que la considération de la nature de l'intelligence, de la science et de la philosophie appartient à la morale et à la physique[2]. Mais pour arriver au principe

---

[1] Averr. *in Metaphys.* XII, proœm. f. 136 b : « Nihil in eis inordinatum repertum est, ut falso opinatus est Nicolaus Damascenus qui se exactius hanc tradidisse scientiam quam Aristoteles in quodam suo volumine præsumpsit.

[2] *Analyt. poster.* I, xxxiii, sub fin : Τὰ δὲ λοιπὰ πῶς δεῖ διανεῖμαι, ἐπί τε διανοίας, καὶ νοῦ, καὶ ἐπιστήμης, καὶ τέχνης, καὶ φρονήσεως, καὶ σοφίας, τὰ μὲν φυσικῆς, τὰ δὲ ἠθικῆς θεωρίας μᾶλλόν ἐστιν. Buhle, über die Aechtheit der Metaph. p. 27. — Cf. *Metaph.* XIII, 286, l. 17 : Περὶ δὲ τῶν πρώτων ἀρχῶν καὶ τῶν πρώτων αἰτίων καὶ στοιχείων, ὅσα μὲν λέγουσιν οἱ περὶ μόνης τῆς αἰσθητῆς οὐσίας διορίζοντες, τὰ μὲν ἐν τοῖς περὶ φύσεως εἴρηται, τὰ δ' οὐκ ἔστι τῆς μεθόδου τῆς νῦν.

des principes, ne fallait-il pas aussi partir des principes ? Pour déterminer la nature de la philosophie première, ne fallait-il pas se demander d'abord ce que c'est que la science et la philosophie ? Le premier livre est donc une introduction nécessaire qui forme la transition de la Morale et surtout de la Physique à la Métaphysique : c'est pour cela que les renvois à la Physique y sont si multipliés. De même, dans le VII° livre, Aristote déclare qu'il lui faut traiter des sujets qui rentrent ordinairement dans la science de la nature, et que seulement il ne les traitera pas en physicien [1].

Mais sur cette limite des deux sciences, il est difficile qu'elles ne se confondent pas. Voilà pourquoi on a placé après le Ier livre les fragments dont se compose l'*α ἔλαττον*, qui, pour la plus grande partie, dépend évidemment d'une introduction à la Physique [2]. D'abord, la suite du Ier livre, comme l'a déjà dit Alexandre d'Aphrodisée, c'est le IIIe ; le Ier livre se termine ainsi [3] :

---

[1] *Metaphys.* VII, 152, l. 1-7, Brand : Πότερον δ' ἐστὶ παρὰ τὴν ὕλην τῶν τοιούτων οὐσιῶν τις ἄλλη, καὶ δεῖ ζητεῖν οὐσίαν αὐτῶν ἑτέραν τινά οἷον ἀριθμοὺς ἤ τε τοιοῦτον, σκεπτέον ὕστερον· τούτου γὰρ χάριν καὶ περὶ τῶν αἰσθητῶν οὐσιῶν πειρώμεθα διορίζειν.

[2] Averroës place le IIe livre (*α ἔλαττον*) avant le Ier.

[3] P. 35, Brand. : Ὅσα δὲ περὶ τῶν αὐτῶν τούτων ἀπορήσειεν ἄν τις, ἐπανέλθωμεν πάλιν· τάχα γὰρ ἂν ἐξ αὐτῶν εὐπορήσαιμεν πρὸς τὰς ὑστέρον ἀπορίας.

PARTIE I. — INTRODUCTION.

Examinons les questions qui peuvent se présenter sur les choses dont nous venons de parler; peut-être nous fourniront-elles les éléments de la solution des problèmes ultérieurs.

Maintenant voici le début du III[e1] :

Il est nécessaire, pour la science que nous cherchons, d'arriver aux questions qu'il faut préalablement examiner : car pour résoudre les problèmes, il faut d'abord les poser et les discuter convenablement.

Il est évident que cette fin et ce commencement se correspondent exactement et doivent se toucher.

A la vérité, l'α ἔλαττον se termine par ces mots [2] :

Il faut examiner si c'est à une seule et même science ou bien à plusieurs sciences qu'appartient la considération des principes et des causes.

Et cette question est précisément la première qu'élève Aristote dans le IIIe livre. Mais qu'importe? Le problème posé au début de ce livre ne se rattache pas d'une manière moins immédiate aux discussions du Ier; c'est de ces discussions mêmes qu'il sort en ligne directe. Aristote a pris soin de le faire remarquer :

---

[1] P. 40, Br. : Ἀνάγκη πρὸς τὴν ζητουμένην ἐπιστήμην ἐπελθεῖν ἡμᾶς πρῶτον, περὶ ὧν ἀπορῆσαι δεῖ πρῶτον... ἔστι δὲ τοῖς εὐπορῆσαι βουλομένοις προὔργου τὸ διαπορῆσαι καλῶς.

[2] Καὶ εἰ μιᾶς ἐπιστήμης ἢ πλειόνων τὰ αἴτια καὶ τὰς ἀρχὰς θεωρῆσαί ἐστιν.

La première question qui se présente sur les matières que nous avons agitées dans le préambule, est celle de savoir si c'est à une même science ou à plusieurs qu'il appartient de considérer les causes [1].

La dernière ligne de l'α ἔλαττον ne nous autorise donc pas à le laisser entre deux livres qui ne souffrent pas de solution de continuité. Bien plus, cette dernière ligne ne se lie en aucune manière à ce qui la précède, et pourrait bien avoir été ajoutée de la main de Pasiclès ou de quelque autre, pour établir une apparence de transition du prétendu II° livre au III°. La véritable fin de l'α ἔλαττον, c'est cette phrase :

Il ne faut pas chercher dans la Physique la rigueur mathématique : car dans la nature il y a nécessairement de la matière (qui exclut cette rigueur). Par conséquent, il nous faut d'abord examiner ce que c'est que la nature : car c'est ainsi que nous apprendrons sur quoi roule la physique [2].

Non-seulement cette fin n'a aucun rapport avec le III° livre, mais elle ne peut appartenir à la Métaphysique. — Des trois chapitres ou plutôt des trois parties principales dont se compose l'α ἔλαττον, la première, qui traite de la vérité et de son double rap-

---

[1] P. 41, l. 4 : Ἔστι δ' ἀπορία πρώτη μὲν περὶ ὧν ἐν τοῖς πεφροιμιασμένοις διηπορήσαμεν κ.τ.λ.

[2] P. 40, l. 4 : Τὴν δ' ἀκριβολογίαν τὴν μαθηματικὴν οὐκ ἐν ἅπασιν ἀπαιτητέον, ἀλλ' ἐν τοῖς μὴ ἔχουσιν ὕλην· διόπερ οὐ φυσικὸς ὁ τρόπος· ἅπασα γὰρ ἴσως ἡ φύσις ἔχει ὕλην· διὸ σκεπτέον πρῶτον τί ἐστιν ἡ φύσις· οὕτω γὰρ καὶ περὶ τίνων ἡ φυσικὴ δῆλον ἔσται, καὶ εἰ μιᾶς κ.τ.λ.

port avec l'esprit humain et avec l'être en soi, n'est pas sans relation par son objet avec la philosophie première. Cependant on la rattacherait encore mieux à des considérations sur la philosophie théorétique en général; c'est l'opinion d'Alexandre d'Aphrodisée et un passage du fragment en question [1] semble la confirmer. Mais il y a plus : le début de ces considérations prouve qu'elles devaient se porter d'une manière spéciale sur la philosophie de la nature [2]; à moins que l'on ne préfère partager encore tout ce fragment, et n'en renvoyer à la Physique que ce début, qui ne peut se rapporter qu'à cette science. C'est le parti qui nous semblerait le plus convenable [3]. — Le second chapitre contient une démonstration de ce théorème : qu'il n'y a pas de série infinie de principes; théorème que la métaphysique suppose, sans nul doute, mais qui relève plutôt, dans Aristote, de la science propre des principes, de la Physique. — Enfin le troisième chapitre se compose de considérations sur les différentes méthodes et sur la né-

---

[1] P. 36, l. 15 : Θεωρητικῆς μὲν γὰρ τέλος ἀλήθεια, πρακτικῆς δ' ἔργον κ.τ.λ.

[2] P. 35, l. 20 : Σημεῖον δὲ τὸ μήτε ἀξίως μηθένα δύνασθαι τυχεῖν αὐτῆς (sc. τῆς ἀληθείας), μήτε πάντας ἀποτυγχάνειν, ἀλλ' ἕκαστον λέγειν τι περὶ τῆς φύσεως.

[3] Nous partagerions ce 1ᵉʳ chapitre en trois fragments distincts : 1° depuis le commencement jusqu'à οὐ μόνον δὲ χάριν (p. 36, l. 4), 2° depuis οὐ μόνον δὲ χ. jusqu'à ὀρθῶς δὲ ἔχει, 3° depuis ὀρθῶς δὲ ἔχει jusqu'à la fin.

cessité pour la science naturelle d'une méthode spéciale qui dérive de l'idée même de la nature.

Ainsi l'α ἔλαττον ne doit pas seulement être distrait de la place qu'il occupe, mais, à l'exception peut-être des dernières phrases du troisième chapitre, que l'on pourrait séparer du reste et considérer comme étant du domaine de la Métaphysique, il faut le renvoyer à la πραγματεία φυσική, à la science de la nature [1].

Après avoir fait dans le Ier livre une énumération des principes et une revue critique des opinions des philosophes sur ce sujet, Aristote agite dans le livre suivant (que nous continuerons de nommer le IIIe pour nous conformer à l'usage) tous les problèmes qui peuvent s'élever sur la nature des principes et de la science des principes [2]; il les énonce d'abord sommairement, et les développe ensuite sous dix-sept chefs environ. Là finit l'introduction proprement dite de la Métaphysique.

Le IVe livre commence à entrer dans le sujet. Il

---

[1] Titze (loc. laud. p. 47) place l'α ἔλαττον en tête du Ier livre de la Physique. Francesco Beati (in libr. II Metaphys. Venet. 1543, in-4°, init.) avait proposé avec plus de fondement de le mettre en tête du IIe; Nizzoli (De vera ratione philosoph. IV, VI, 339) et Scayno (Comm. in Metaphys. Romæ, 1587, in-f°, in libr. II) se rangent à l'opinion de Beati. Mais si cette place convient parfaitement au IIIe chapitre de l'α, elle ne convient pas également à ce qui le précède.

[2] Il ne faut pas pour cela, dans ce passage du XIIIe livre (c. x, init.) : Κατ' ἀρχὰς ἐν τοῖς διαπορήμασιν ἐλέχθη πρότερον, traduire κατ'

établit que les plus hauts principes étant les principes de l'être, la science la plus haute est la science de l'être en tant qu'être. Mais cette science est aussi la science de la science ou des premiers principes de la démonstration : réponse à l'une des questions comprises dans le premier problème du III⁰ livre[1]. Le reste du IV⁰ est consacré à la démonstration du premier principe de la science, le principe de contradiction. Tout ce livre forme le passage de l'Introduction au cœur de l'ouvrage : on n'y entre pas encore dans le sujet propre de la Métaphysique[2], mais on commence déjà à l'entrevoir. La conclusion[3] fait sortir à l'improviste d'une discussion toute logique le théorème qui résume la Physique et fonde la Métaphysique.

Ici nous sommes arrêtés tout à coup par le V⁰ livre. Le V⁰ livre ne contient qu'une énumération et une classification des sens des principales idées sur lesquelles roule une métaphysique : principe, cause élément, nature, etc. C'est incontestablement le Περὶ τῶν ποσαχῶς λεγομένων mentionné par Diogène de Laërte, et qu'Aristote cite si souvent[4]. Mais ce livre est-il ici

ἀρχὰς par *de principiis*, comme le veut Samuel Petit (loc. cit.), mais par *initio*, au commencement. Voy. *Metaphys.* I, 35, l. 1; *Eth. Nicom.* II, 11, 1104 a Bekk. l. 2.

[1] III, 11, 44, l. 20, Br.
[2] Voyez plus bas, partie III.
[3] IV, sub fin. 86, l. 10-20, Br.
[4] Buhle (*De libr. Aristot. perd.* p. 78) identifie le livre V ou Περὶ

à sa place, ou n'est-il pas plutôt un traité séparé qui se rattache à la Métaphysique sans en former une partie intégrante? La première opinion, qui ne s'écarte pas de l'ordre traditionnel, et qui est aussi celle d'Alexandre d'Aphrodisée, n'est pas en elle-même dépourvue de fondement. Il se pourrait qu'Aristote eût voulu placer l'explication des termes scientifiques immédiatement après l'introduction, avant d'entrer dans la profondeur du sujet; mais plusieurs raisons nous font incliner à la seconde hypothèse. Nous commençons par reconnaître que le Περὶ τῶν ποσαχῶς λεγομένων se rattache étroitement à la Métaphysique : indépendamment des nombreux passages de la Métaphysique où ce livre est cité, Aristote, à la fin du Ier livre, reproche à ses devanciers d'avoir prétendu découvrir les éléments des êtres, sans avoir seulement énuméré les diverses acceptions du terme d'élément[1]; énumération que nous trouvons en effet dès le IIIe chapitre du Ve livre. Mais au lieu de placer ce livre dans le corps de la Métaphysique, il faut le reporter avant le Ier, comme une dissertation préliminaire. En effet, Aristote, en y renvoyant dans le

τῶν ποσαχῶς λεγομένων avec les διαιρέσεις ἑπτακαίδεκα, διαιρετικῶν α et διαιρετικὸν α cités par Diogène de Laërte. Mais le nombre ἑπτακαίδεκα ne répond pas à celui des paragraphes du Ve livre de la Métaphysique; de plus, Simplicius cite les διαιρέσεις comme un livre distinct de tout autre (Simplic. in Categ. f. 16 a).

[1] Metaphys. I, VII, 33, l. 26, Br. : Στοιχεῖα μὴ διελόντας, πολλαχῶς λεγομένων.

cours de la Métaphysique, se sert presque constamment de cette expression : ἐν ἄλλοις, « ailleurs [1], » qui ne peut s'appliquer à une partie proprement dite de l'ouvrage où elle est employée, et qu'en effet Aristote emploie lui-même maintes fois pour désigner un ouvrage différent; c'est une nuance affaiblie de ἐν ἑτέροις [2]. Il y a même un passage du prétendu V° livre où se trouve sous cette forme d'ἐν ἑτέροις un renvoi qui s'applique évidemment au VI°. Le Περὶ τῶν ποσαχῶς est donc dans la pensée de son auteur quelque chose de véritablement distinct de la Métaphysique. Ajoutons que les premiers livres de ce dernier ouvrage

---

[1] IX, 1, 175, l. 19 : Ὅτι μὲν οὖν πολλαχῶς λέγεται ἡ δύναμις καὶ τὸ δύνασθαι, διώρισται ἡμῖν ἐν ἄλλοις. Cf. V, 104, l. 6 et sqq.—X, III, 199, l. 25 : Διώρισται δ' ἐν ἄλλοις ποῖα τῷ γένει ταὐτὰ ἢ ἕτερα. Cf. V, 100-101. — X, IV, 201, l. 13 : Πολλαχῶς γὰρ ἤδη τοῦτο (sc. τὴν στέρησιν) λέγομεν, ὥσπερ διῄρηται ἡμῖν ἐν ἄλλοις. Cf. V. 113, l. 27 et sqq.—De même, V, 99, l. 20 : Πότε δὲ δυνατὸν καὶ πότε οὔπω, ἐν ἄλλοις διοριστέον. Cf. IX.

[2] On ne peut nier qu'ἐν ἑτέροις ne désigne constamment « un ouvrage, un traité autre; » ainsi *Metaph.* I, v, 16, l. 19 : Διώρισται δὲ περὶ τούτων ἐν ἑτέροις ἡμῖν ἀκριβέστερον; ce qui désigne, selon Alexandre d'Aphrodisée, le Πρὸς τοὺς Πυθαγορείους, que nous n'avons plus; de même, *de Gen. et corr.* I, sub fin. : Ἀλλὰ περὶ μὲν τούτων ἐν ἑτέροις ἐπέσκεπται· ce qui s'applique au Περὶ φύτων qui est également perdu (Cf. L. Ideler, in *Arist. Meteorolog.* I, II, 324, 495). On pourrait citer beaucoup d'exemples d'ἐν ἄλλοις employé dans le sens d'ἐν ἑτέροις; ainsi, *Eth. Nicom.* X, IV, § 3; cf. *Phys.* I, VIII, VI, VII, VIII, et Eustrat. ad Eth. ibid.; *de Anim.* II, v; cf. *Phys.* III, II; *de Gen. anim.* II, III; cf. *de Anim.* II. *Metaph.* XIV, p. 293, l. 21; cf. *de Cœl.* etc.; *Metaph.* VII, IX, 145, l. 11; cf. *de Gen. et corr.* etc.

supposent, tout aussi bien que les suivants, le Περὶ τῶν ποσαχῶς. Ne supposent-ils pas la connaissance des différents sens du principe, comme le IXᵉ livre celle des sens différents de la puissance? et en effet, c'est par l'ἀρχὴ que commence le Vᵉ livre. Enfin le XIᵉ, qui reproduit en abrégé les livres III, IV et VI, les reproduit dans cet ordre, sans interruption, sans que le Vᵉ y figure le moins du monde. Si maintenant on demande pourquoi le Περὶ τῶν ποσαχῶς aurait été mis dans la Métaphysique au rang qu'il occupe encore aujourd'hui, la raison en est fort simple : c'est que le VIᵉ livre est le premier où Aristote s'y réfère expressément. On en a conclu que de ce traité préliminaire il fallait faire le Vᵉ livre [1].

C'est ici le lieu de faire mention d'une opinion remarquable de l'un des plus anciens interprètes de la Métaphysique. On a souvent répété d'après Averroës, cité par Patrizzi, que Nicolas de Damas n'approuvait pas l'ordre des livres de la Métaphysique.

---

[1] P. 121, l. 6 : Λόγος δὲ τούτου (id est συμβεβηκότος) ἐν ἑτέροις. Cf. VI, 124, l. 27. Les passages des livres VII (init.) et X (init.), où Aristote renvoie aux τὰ περὶ τοῦ ποσαχῶς διῃρημένα πρότερον, pourraient faire penser que le Vᵉ livre fait partie intégrante de la série des livres de la Métaphysique; mais la forme πρότερον ne s'applique pas seulement à un livre antérieur de l'ouvrage même où cette expression est employée; elle s'applique tout aussi bien à un ouvrage différent, pourvu qu'il soit dans la même classe ou πραγματεία. Ainsi, de Cœl. I : δέδεικται γὰρ τοῦτο πρότερον ἐν τοῖς περὶ κινήσεως, ce qui se rapporte aux derniers livres de la Physique.

Mais qu'y trouvait-il à reprendre? C'est ce que l'on ignorait, et de quoi nous instruisent deux passages que nous rencontrons dans le commentaire aujourd'hui trop oublié de l'auteur arabe. Nicolas voulait morceler chacun des deux livres III et V et en disséminer les paragraphes par toute la Métaphysique :

Dans la Physique, disait-il, Aristote ne discute les problèmes que soulève chaque sujet qu'au moment où ce sujet se présente; il faut répartir de même toutes les questions du III° livre entre les livres suivants de la Métaphysique.

De même aussi il ne plaçait la classification des sens de chaque notion scientifique qu'à l'endroit où arrivait l'étude approfondie de la notion en elle-même[1]. Cet arrangement ne peut être admis dans aucune hypothèse. Nicolas de Damas a-t-il voulu dire que c'était la disposition adoptée par Aristote et changée après lui? Cela serait en contradiction avec plusieurs passages de la Métaphysique, où le III° livre est cité sous le titre

---

[1] Averr. *in Metaphys.* III (*Arist. et Averr. Opp.* VII), f. 18 a : « Nicolaus autem ordinavit sermonem contra illud quod fecit Aristoteles in istis duabus intentionibus, scilicet quod ordinavit eam (*leg.* eum) secundum quod fecit Aristoteles in scientia naturali. » — In libr. V, f. 47 b : « Et cum hoc latuit Nicolaum, videbit (*leg.* credidit) quod melior ordo est in hac scientia exponere nomen apud considerationem de intentione illius nominis, non ut ponatur pars istius scientiæ per se; sicut latuit illum dispositio et ordo sermonum logicorum. » — Nous recueillerons ailleurs ce que l'on sait sur les écrits de Nicolas de Damas.

d'ἀπορήματα ou διαπορήματα[1] et le V° sous celui de Περὶ τῶν ποσαχῶς λεγομένων[2], comme formant chacun un tout complet et séparé. La pensée de Nicolas était-elle seulement qu'Aristote eût mieux fait de les diviser, et que la Métaphysique y eût gagné? Nous répondrons avec Averroës, en nous réservant de le prouver plus loin, que la constitution actuelle de ces deux livres, et surtout du III°, est infiniment meilleure et plus juste dans l'esprit de la philosophie et de la méthode aristotélique. C'est tout ce qui nous importe ici.

Les livres VI, VII, VIII et IX se suivent parfaitement. Le VI° livre reprend le sujet traité dans la première partie du IV°, pour l'élever à un nouveau point de vue: dans le IV°, la philosophie première a été identifiée avec la science de l'être en tant qu'être ; maintenant l'être en tant qu'être est identifié avec l'être supérieur à la nature et au mouvement, avec Dieu, et la philosophie première avec la théologie. Mais pour arriver à l'être par excellence, il faut en trouver d'abord la caractéristique, afin de le reconnaître entre tous. D'où, division de l'être en ses quatre espèces fondamentales : 1° être par accident; 2° être en soi; 3° être selon les catégories; 4° être, en tant qu'identique avec le vrai, et opposé au faux comme au non-être. Aristote exclut d'abord l'accident et le vrai; puis il passe à l'être selon les catégories,

---

[1] *Métaphys.* IV, II, 64, l. 2; XIII, II, 259, l. 32; X, 287, l. 22.
[2] *Métaphys.* VI, sub fin.; VIII, init.; X, init.

et en dégage la catégorie suprême de l'essence, οὐσία, ou de l'être en tant qu'être, qui n'est autre chose que l'être en soi.

Le VIIe livre traite de l'être ou de l'essence. Aristote en distingue encore quatre sortes : l'essence proprement dite, ou la forme; la matière; le devenir dans l'existence et dans la pensée, enfin l'universel, et il les considère successivement. La conclusion du livre, c'est que le véritable être n'est pas l'universel, ni la matière, ni tout ce qui est sujet au devenir, mais le principe de tout devenir, de toute existence et de toute science, la forme, l'être simple absolu.

Le VIIIe livre résume d'abord les résultats précédemment obtenus, et commence une théorie nouvelle. On a trouvé qu'il y a trois sortes d'être proprement dit : le concret, la matière et la forme. Maintenant la matière est identifiée avec la puissance et la forme avec l'acte ; le concret est l'être passant de la puissance à l'acte, et c'est dans l'acte qu'il a son unité. D'où unité de la définition comme du défini, de l'objet comme de la connaissance.

Le IXe livre est consacré au développement des idées de puissance et d'acte. Le mouvement, qui en est l'intermédiaire, mène le monde et en même temps la pensée du philosophe à l'être absolument actuel et immobile. Enfin, Aristote élève définitivement cet être absolu et simple au-dessus de ce qu'on appelle le vrai; le vrai n'a d'existence que dans la combinaison de la pensée.

Ici nous nous trouvons arrêtés encore une fois. Le Xe livre, pour la plus grande partie, est un traité étendu sur l'un et sur l'opposition de l'un et du multiple. Des considérations sur ce sujet ne seraient pas déplacées, il est vrai : Aristote avait mis au nombre des plus importants problèmes la question du véritable rapport de l'être et de l'un, que certaines écoles identifiaient. Mais cette question est ici dépassée de trop loin, et le Xe livre, dans son développement, forme un véritable épisode. Nous le considérons comme une étude qui devait être fondue dans la Métaphysique, et qui n'a pas subi cette opération[1]. De plus, après la conclusion de toute la discussion, savoir que l'unité ne présente avec la multitude qu'une opposition de relation, celle de la mesure au mesuré, et non pas, comme le prétendaient les Platoniciens et les Pythagoriciens, une opposition de contrariété, nous trouvons (c. vii-x) une dissertation sur la contrariété et sur les espèces de l'opposition[2], qui est encore plus manifestement épisodique et qu'il faut bien éliminer du plan

[1] Ce ne peut être, comme le croit Buhle (*De libr. Arist. perd.*), le Περὶ μονάδος mentionné par Diogène de Laërte. La μονάς n'est qu'une des quatre sortes d'unités qu'Aristote considère; voy. 193, l. 19; cf. III, 56, l. 5; XIII, 282, l. 19, etc. Le vrai titre de la première partie du Xe livre serait Περὶ ἑνός, dont Περὶ μονάδος n'est point du tout synonyme.

[2] C'est peut-être le Περὶ ἐναντίων de Diogène de Laërte.

général de l'ouvrage, de quelque intérêt intrinsèque qu'elle puisse être. Remarquons que toute cette fin manque dans le commentaire de Michel d'Éphèse.

Si le Xe livre fait perdre de vue l'enchaînement de la Métaphysique, le XIe le rompt absolument. Ce livre est composé de deux parties très-distinctes, dont la première est un abrégé des livres III, IV et VI de la Métaphysique[1], et la seconde un abrégé des IIIe et et V^e livres de la Physique[2]; et les douze chapitres dont se composent ces deux parties ne font pas faire un pas de plus dans la philosophie première. D'un autre côté, il est évident, à la première lecture, que ce n'est pas, comme le commencement du VIIIe livre, un simple résumé qui prépare à une nouvelle recherche; c'est une rédaction différente d'une partie de la Métaphysique, augmentée d'une rédaction nouvelle d'une partie de la Physique. Il est impossible de supposer avec Titze[3] que le tout ne soit autre chose que le IIe livre du Περὶ φιλοσοφίας : la seconde partie appartient, comme nous venons de le dire, à la science de la nature; et quant à la première, elle ne peut pas non plus se rapporter à ce que nous savons du second livre du Περὶ φιλοσοφίας. On pourrait ajouter que dans ce dernier ouvrage la philosophie première n'avait pas encore d'autre dénomina-

---

[1] C. i, ii, cf. III, iii, iv, v, xi; cf. IV, vii; cf. VI.
[2] C. vii, viii, ix, x, xi, xii.
[3] *De Aristot. Opp. ser. et dist.* p. 82.

tion que celle de φιλοσοφία qui formait le titre de l'ouvrage, tandis que dans le XIe livre de la Métaphysique, on trouve l'expression spécifique et précise de πρώτη φιλοσοφία [1]. Mais surtout la première partie du XIe livre a bien l'air d'un résumé et non pas d'une ébauche des livres III, IV et VI de la Métaphysique. Plusieurs passages ont sur les passages correspondants de ces livres une supériorité dans l'expression et même dans les idées, qui ne peuvent être que le signe d'une réflexion plus profonde, d'une condensation ultérieure de la pensée [2]. Nous croyons donc pouvoir considérer les huit premiers chapitres du XIe livre comme une seconde rédaction de trois livres de la Métaphysique, qui n'était pas pour cela destinée à remplacer la première, mais peut-être à servir

---

[1] C. IV, 218, l. 25.

[2] Ainsi, p. 213, l. 3-11; 215, l. 18-25, questions importantes omises dans le IIIe livre; celle qui est posée p. 215 l'est aussi dans le VIIe, p. 157, l. 7, et le VIIIe, p. 173, l. 1. — Dans le IIIe livre (p. 79, l. 19), la doctrine de la mutabilité insaisissable de la nature est réfutée par cette distinction : « que les choses changent en quantité, mais non pas en qualité; » dans le XIe (p. 223, l. 8), Aristote fait voir, en ajoutant un mot, toute la portée de cette distinction : « La qualité, c'est l'essence qui détermine l'être; la quantité n'est que l'indéfini, etc. » — De même, dans le VIe livre Aristote a dit que « la philosophie première n'a pas pour objet le vrai et le faux, qui ne sont que dans la combinaison de la pensée; » dans le XIe (p. 228, l. 26), est ajoutée cette belle formule : « l'objet de la philosophie première est *l'être qui est en dehors de la pensée, τὸ ἔξω ὂν καὶ χωριστόν.* » Voy. aussi le passage qui vient ensuite sur le hasard et la pensée. — On pourrait facilement pousser plus loin cette comparaison.

de base à un nouveau cours sur la science de l'être. En l'intercalant dans la Métaphysique, immédiatement avant les derniers livres, où commence un nouvel ordre de considérations, on aura cru pouvoir y joindre le fragment de physique qui forme les quatre derniers chapitres, et dont le commencement a de l'analogie avec le IXe livre de la Métaphysique.

C'est dans les trois derniers livres que l'on touche enfin le but de la philosophie première, la théorie de l'être immobile et immatériel : le XIIe livre contient cette théorie ou science de Dieu; le XIIIe et le XIVe renferment la réfutation des doctrines des Platoniciens et des Pythagoriciens sur les autres êtres immobiles et immatériels qu'ils prétendaient établir, c'est-à-dire, les idées et les nombres. Mais ces trois livres doivent-ils rester entre eux dans l'ordre où l'antiquité nous les a transmis? ou ne doit-on pas renvoyer à la fin celui qui est maintenant en tête des deux autres? Le premier qui proposa cette correction fut Scayno[1], l'ingénieux auteur des dissertations sur la Politique d'Aristote; Samuel Petit, Buhle, Titze l'ont adoptée, et il est difficile de ne pas l'admettre avec eux. De l'aveu même des commentateurs anciens, le livre XII est incontestablement la conclusion de la Métaphysique; seulement ils ont considéré les deux autres livres comme formant une sorte d'appendice.

[1] *Paraphras. in Aristot. libros de Prima philosophia* (Romæ, 1587, in-f°), p. 19-21.

Alexandre d'Aphrodisée fondait cette opinion sur ce que ces deux livres « ne contenaient que des doutes, des réfutations, de la critique, et point de dogmatique[1]. » Mais, sans parler de l'inexactitude de cette assertion, Aristote ne place-t-il pas toujours l'examen des opinions de ses devanciers avant l'exposition de sa propre doctrine? Ne donne-t-il même pas cette marche comme la seule rationnelle, et n'en fait-il pas un des principes de sa méthode[2]? C'est donc précisément parce qu'un livre a un caractère critique et négatif, qu'il doit venir avant la spéculation et l'enseignement positif. Ainsi la remarque d'Alexandre d'Aphrodisée conduit à une conséquence tout opposée à celle qu'il en tire, et prouve l'opinion de Scayno. Cette preuve, qui serait suffisante dans sa généralité, reçoit ici une confirmation directe de la seconde phrase du XIII° livre[3]:

[1] Averr. in Metaphys. f. 135 a : « Alexander igitur in hanc dictionem exorsus, inquit : quod hæc dictio descripta per literam Lamech, (scilicet 12ᵉ litera alphabeti), continet, est ultimum hujus scientiæ et finis. In aliis enim dictionibus dubitationes et earumdem solutiones tradidit; quod ipse in his quæ deinceps sunt duabus dictionibus adimplevit..... Duæ namque sequentes dictiones nihil primaria intentione nuntiant, nec quicquam propriis rationibus demonstrant; sed nihil aliud quam eorum qui entium principia formas numerosque statuunt, sententiam refellere moliuntur. »
[2] *Metaph.* I, III, 10, l. 2 et sqq., Brand. *de Anim.* I, II, init. et alibi. Voy. plus bas, partie III.
[3] P. 258, l. 29, Brand. : Ἐπεὶ δ' ἡ σκέψις ἐστὶ πότερόν ἐστί τις παρὰ τὰς αἰσθητὰς οὐσίας ἀκίνητος καὶ ἀΐδιος ἢ οὐκ ἔστι, καὶ εἰ ἔστι τίς ἐστι, πρῶτον τὰ παρὰ τῶν ἄλλων λεγόμενα θεωρητέον.

Puisque le but de notre recherche est de savoir s'il y a ou non, outre les êtres qui tombent sous les sens, quelqu'être immobile et éternel, et s'il en existe, quel il est, il faut considérer d'abord ce qui a été dit par les autres, etc.

En outre, plusieurs passages des livres précédents, où Aristote annonce une discussion approfondie sur la nature des idées, des nombres et des objets des mathématiques en général [1], prouvent que la polémique qui est contenue dans les XIIIe et XIVe livres devait faire partie intégrante de la Métaphysique. Enfin le XIIIe livre, par son début, se rattache immédiatement aux livres VII, VIII et IX, tandis que nous ne trouvons pas dans le XIIIe ni dans le XIVe une seule allusion au contenu du XIIe.

Cependant l'autorité seule de la tradition mérite qu'on ne la rejette pas sans rechercher d'où elle est venue, sans faire voir ce qui la justifie ou l'explique du moins. C'est ici que nous trouvons une réserve à mettre au changement que nous sommes obligés de faire dans l'ordre des trois derniers livres. Nous avons rétabli avec Scayno la disposition conçue et voulue par l'auteur ; mais l'ordre vulgaire représentait celui dans lequel Aristote avait écrit : les XIIIe et XIVe livres sont d'une date postérieure au XIIe, et la

---

[1] VI, 1, 122, l. 25, Br. : Ἀλλ' ἔστι καὶ ἡ μαθηματικὴ θεωρητική· ἀλλ' εἰ ἀκινήτων καὶ χωριστῶν ἐστι, νῦν ἄδηλον. VIII, 1, 165, l. 13 : Περὶ δὲ τῶν ἰδεῶν καὶ μαθηματικῶν ὕστερον σκεπτέον· παρὰ γὰρ τὰς αἰσθητὰς οὐσίας ταύτας λέγουσί τινες εἶναι.

tradition conservait en quelque sorte l'ordre chronologique aux dépens de l'ordre méthodique. Le motif principal qui nous paraît autoriser cette hypothèse, c'est que le XII° livre ne présente aucune allusion véritable aux XIII° et XIV° livres[1], où se trouvent cependant

---

[1] Scayno, il est vrai, prétend démontrer le contraire; mais ses arguments ne nous paraissent pas suffisants. 1° Selon lui, dans cette phrase du XIII° livre (p. 287, l. 23): Εἰ μὲν γάρ τις μὴ θήσει τὰς οὐσίας εἶναι κεχωρισμένας, καὶ τὸν τρόπον τοῦτον ὡς λέγεται τὰ καθ' ἕκαστα τῶν ὄντων, ἀναιρήσει τὴν οὐσίαν, ὡς βουλόμεθα λέγειν, les derniers mots annoncent le XII° livre; mais si nous retrouvons dans le XII° la pensée générale que cette phrase exprime (XII, 243, l. 24; 245, l. 6, 14), et qui est partout dans la Métaphysique (par ex. VIII, 157, l. 11), nous n'y trouvons pas la démonstration que Scayno croit voir annoncée dans ἀναιρήσει..... ὡς βουλόμεθα λέγειν. Elle serait plutôt dans les Ier et III° livres. Si donc βουλόμεθα indiquait ici un futur, cela tournerait en faveur de notre hypothèse. 2° Dans le XIV° livre (c. II, 294, l. 23), dit Scayno, le μὴ ὄν est divisé en trois sortes, et dans le XII° (p. 241, l. 13) il y a une allusion à cette division comme déjà connue. Il est vrai que cette division n'est nettement formulée que dans le XIV° livre de la Métaphysique; mais elle est déjà en puissance et presque exprimée dans la division correspondante de l'être au V° livre et surtout au VII° (p. 128, l. 5, cf. 294, l. 13-4; p. 128, l. 9, cf. 294, l. 25-6). — 3° Il est dit dans le XIII° livre (p. 265, l. 22), sur la question de savoir si le bon et le beau sont pour quelque chose dans les mathématiques: Μᾶλλον δὲ γνωρίμως ἐν ἄλλοις περὶ αὐτῶν ἐροῦμεν; Scayno croit trouver cette question résolue affirmativement au VII° chapitre du XII° livre (p. 248, 15): Ὅτι δ' ἐστὶ τὸ οὗ ἕνεκα ἐν τοῖς ἀκινήτοις ἡ διαίρεσις δηλοῖ. Mais ce passage, entendu comme l'entend Scayno, serait en contradiction formelle avec d'autres passages (III, 43, ll. 5, 12; XIII, p. 265, l. 11). Il signifie non pas que l'immobile a une fin, mais que la fin, à laquelle tend seul le mobile, est elle-même du nombre des choses immobiles. D'ailleurs ἐν ἄλλοις ne pourrait s'appliquer au XII° livre (voy. plus haut, p. 90,

des déterminations de la plus haute importance pour la théorie qui se résume à la fois et s'achève dans le XIIe; le XIIe continue et termine la chaîne des livres VI, VII, VIII et IX, que le XIIIe continue aussi cependant. n'est-ce pas une preuve qu'Aristote rédigea le XIIIe et le XIVe plus tard que le XIIe, et n'eut pas le temps de fixer ce dernier à sa véritable place, en le rattachant aux deux livres qui devaient précéder? C'est ce défaut de liaison du XIVe au XIIe qui aura porté les commentateurs anciens à considérer le XIIIe et le XIVe comme un appendice ajouté après coup: ils ont senti qu'un simple déplacement ne suffirait pas pour rétablir entre les trois derniers livres l'enchaînement et l'harmonie.

Quoi qu'il en soit, le XIIIe et le XIVe livre sont au nombre des plus riches, des plus achevés, et même d'une manière relative, des plus clairs de la Métaphysique. Le XIIe est plus embarrassant; Michel d'Éphèse va jusqu'à dire : « Tout ce que renferme ce livre est plein de confusion ; aucun ordre, aucune suite n'y est observée. » Il en cherche la raison dans l'obscurité dont l'auteur aurait enveloppé à dessein sa pensée; supposition favorite des commentateurs de cette époque, et que Themistius, Ammonius, Simplicius, Philopon

---

n. 2). Ce renvoi se rapporte peut-être au Περὶ καλλοῦς que nous n'avons plus, mais non pas au Περὶ τοῦ καλοῦ comme le pense Sam. Petit Miscell. IV. XLII; Περὶ τοῦ καλοῦ signifie *de honesto* plutôt que *de pulchro*.

repètent à satiété[1]. Sans s'arrêter à la réfuter, il est facile de voir, pour le XII° livre du moins, qu'il n'est guère obscur que parce qu'il est incomplet et encore dans l'enveloppement d'une œuvre inachevée. — Les six premiers chapitres peuvent être considérés comme un résumé de toute la doctrine d'Aristote sur la nature et les rapports des principes constitutifs du monde sensible ; résumé rapide où les idées sont à la fois resserrées et approfondies. Le VII° et le VIII° chapitre comprennent la théorie du premier moteur, ou Dieu, et de son rapport avec le monde, et enfin de la nature de Dieu et de la pensée divine ; le IX° contient l'examen de questions importantes sur la nature de la pensée absolue: enfin le tout se termine par une récapitulation des objections qui détruisent les systèmes auxquels l'aristotélisme vient se substituer. Dans le VIII° chapitre il y a une grave difficulté : le dogme qui couronne la théologie d'Aristote, est l'unité du moteur immobile et éternel ; or, dans ce chapitre, se trouve une théorie longuement déduite, selon laquelle à chaque sphère céleste correspondrait un moteur immobile et éternel. Comment concilier ces deux doctrines ? L'antiquité ne s'en est pas mise en peine : elle attribue à Aristote l'hypothèse d'une hiérarchie de dieux régulateurs des mouvements célestes; hypothèse toute dans le génie pythagoricien

---

[1] Mich. Ephes. in Metaphys. XII 11. Themist. Paraphras Analyt. proem f. 1 a; Ammon. in Categ. proœm. f. 9 a, etc.

et platonicien, et qui répugne absolument à la philosophie péripatéticienne ; mais l'antiquité n'est pas le temps de la critique. Au contraire, la contradiction manifeste du XII⁰ livre avec lui-même a frappé à tel point des savants modernes[1], qu'ils ont rejeté le livre tout entier comme apocryphe; résolution un peu téméraire pour un livre qui porte d'ailleurs tant de signes évidents d'authenticité, qui forme la clef de la Métaphysique, et qui n'a pu être conçu et écrit que par Aristote ou un plus grand qu'Aristote.

La difficulté peut se résoudre en considérant le XII⁰ livre comme inachevé. Tout le passage où il est question de la pluralité des moteurs immobiles n'est, selon nous, qu'une hypothèse qu'Aristote propose un instant[2] et qu'il entoure de tous les arguments dont elle pourrait s'appuyer, afin d'y substituer immédiatement la vraie doctrine, la doctrine de l'unité[3]. Seulement il s'est contenté d'exposer la première théorie, sans la faire précéder ou suivre d'un jugement en forme, qui servît à distinguer clairement ce qu'il rejetait de ce qu'il voulait établir; c'est ce qu'il eût fait sans doute en mettant la dernière main à son ouvrage.

[1] Buhle, Vater, L. Ideler.
[2] De même, cette hypothèse (p. 253, l. 20) : Εἰ γὰρ τὸ φέρον τοῦ φερομένου χάριν πέφυκε, hypothèse contraire à la doctrine d'Aristote, selon laquelle c'est le moteur qui est la cause finale du mobile.
[3] P. 253, l. 27 : Ὅτι δὲ εἷς οὐρανὸς φανερόν..... ὅσα ἀριθμῷ πολλά, ὕλην ἔχει·... ἓν ἄρα καὶ λόγῳ καὶ ἀριθμῷ τὸ πρῶτον κινοῦν ἀκίνητον ὄν κ.τ.λ.

Nous voyons aussi par un passage de la Morale[1] qu'Aristote se proposait de traiter dans la Métaphysique la question de la Providence ; il ne l'a pas fait. Enfin il est facile de voir combien est incomplétement traitée, dans le XIIe livre, la question fondamentale de la nature de la pensée. Tout ce livre, en un mot, qui roule sur les points les plus importants de la philosophie, est bien loin du développement qu'il devait atteindre.

Nous terminerons en concluant que la Métaphysique en général doit être considérée comme un ouvrage authentique, un dans son plan, conçu et exécuté d'ensemble ; mais que cet ouvrage est demeuré imparfait et a subi après Aristote des remaniements qui en ont changé l'ordre en quelques parties ; que l'on y a même intercalé des fragments et des livres entiers qui ne se rapportaient pas à la philosophie première, ou qui n'en devaient être que les prolégomènes, ou enfin qui n'offrent qu'une seconde rédaction de quelques-uns des livres précédents. Le but de toutes nos recherches était la restitution du véritable plan de la Métaphysique ; problème difficile, dont nous ne nous flattons pas d'avoir trouvé une solution complète et définitive. Nous ne donnons pas nos conjectures pour des démonstrations nécessaires :

---

[1] *Eth. Nicom.* I, ix. Cf. Eustrat. ad h. loc.

Τὸ γὰρ ἀναγκαῖον ἀφείσθω τοῖς ἰσχυροτέροις λέγειν [1].

Cependant les résultats auxquels nous venons de parvenir nous semblent amenés à un assez haut degré de probabilité pour servir de base à l'analyse de la Métaphysique.

Ainsi, en tête de l'ouvrage, nous mettrons le Περὶ τῶν ποσαχῶς λεγομένων (V^e livre), en le considérant, ainsi que nous l'avons dit, comme une sorte de traité préliminaire dont Aristote suppose la connaissance, ou auquel il se réfère expressément dans tout le cours de la Métaphysique. Nous renverrons l'α ἔλαττον (IIe livre) dans une note à la suite du Ier livre; de la sorte, il ne rompra plus l'enchaînement de celui-ci avec le IIIe. Nous négligerons, pour les raisons que nous avons exposées, l'analyse du XIe en nous contentant d'en relever, soit dans le texte, soit en note, mais sans préjudice de nos conclusions, quelques passages remarquables. Quant aux premiers chapitres du Xe livre, bien qu'ils se rattachent mal à la Métaphysique, nous avons dit qu'on ne peut les en exclure, puisqu'ils devaient sans doute y être fondus en tout ou en partie. Nous les laisserons au lieu qu'ils occupent, faute de pouvoir en assigner un plus convenable; mais nous renverrons en note un court extrait des quatre derniers chapitres. Nous placerons les XIIIe et XIVe livres avant le XIIe. Enfin, il y a dans le Ier livre

---

[1] Aristot., Metaphys. I. XII.

un long passage sur la théorie des idées, qui est reproduit au XIII° en des termes presque constamment identiques[1]. Nous n'en ferons l'analyse qu'au XIII° livre, où l'histoire et la critique de la métaphysique platonicienne forment comme un traité à part, complet et approfondi.

Dans notre exposition en général, nous nous efforcerons de reproduire non pas seulement la substance et le fond des idées, mais le mouvement même de la pensée, la méthode, en un mot, la manière de l'auteur autant que sa doctrine. Il nous faudra donc entrer quelquefois dans des développements qui feront de notre analyse une véritable traduction[2].

[1] L. I, VII, 28, l. 9; 30, l. 29; XIII, 266, l. 24; p. 269, l. 25.
[2] Principalement dans le Iᵉʳ et dans le XII° livre.

DEUXIÈME PARTIE.

ANALYSE DE LA MÉTAPHYSIQUE.

DEUXIÈME PARTIE.

ANALYSE DE LA MÉTAPHYSIQUE.

X Περὶ τῶν ποσαχῶς λεγομένων (V⁰ livre)[1].

Le Περὶ τῶν ποσαχῶς λεγομένων est un traité, en trente chapitres distincts, sur les différentes acceptions des termes philosophiques. Mais ce serait une erreur que de n'y voir qu'une série de distinctions verbales, ou même qu'une sorte de nomenclature scientifique; c'est plutôt une énumération des différents modes, des faces (τρόποι) que présente chaque chose dans l'unité du mot qui l'exprime. Les significations de ce mot y sont classées avec plus ou moins de netteté et de rigueur, mais toujours sous le point de vue métaphysique, et enfin expliquées par le sens primitif et fondamental auquel elles se ramènent.

« On appelle *principe* le point de départ, ce par quoi il faut commencer pour arriver au but, ce dont les choses sont faites, ce qui en commence le mouvement et le changement, ce à quoi l'on tend de préférence, ce qui fait le mieux connaître. Ainsi, un caractère commun des principes, c'est qu'ils sont le

---

[1] *De iis quæ multifariam dicuntur.*

primitif, selon l'être, le devenir ou la connaissance. Ils se divisent en principes externes (ἀρχαὶ ἐκτὸς) et principes internes (ἀρχαὶ ἐνυπάρχουσαι). La nature, l'élément, la pensée, la préférence, l'essence, la fin sont donc des principes.

« On appelle *cause* la matière dont une chose se fait, ou la forme et le modèle, c'est-à-dire la raison de l'essence (ὁ λόγος τοῦ τί ἦν εἶναι), ou le principe du changement et du repos, ou la fin, le but. — La cause peut être négative, agir par son absence même; c'est alors la privation. Elle peut aussi être accidentelle; ainsi, dans cette proposition : « Polyclète a fait cette statue », Polyclète n'est cause que par accident; la cause essentielle, c'est le statuaire. — On peut distinguer dans les causes six modes opposés deux à deux : 1° la cause proprement dite peut être singulière ou générale; 2° la cause accidentelle peut être aussi singulière ou générale; 3° Les causes proprement dites et les causes accidentelles peuvent être simples ou combinées. Enfin toutes ces divisions sont dominées par celle de la cause en acte et en puissance : la cause en acte commence et finit avec son effet; la cause en puissance peut le précéder et lui survivre. »

L'analyse de l'*élément* n'offre rien de remarquable.

« Cinq sens du mot *nature* : 1° la génération, la naissance, et dans cette acception, l'υ de φύσις est long; 2° ce dont naissent les choses; 3° la cause du mouvement primitif de chaque être de la nature;

4° la matière prochaine, qui était déjà un corps avant de recevoir sa dernière forme, tandis que la matière première n'est rien qu'en puissance. C'est dans la matière prochaine, dans les éléments, que les anciens philosophes ont cherché la nature des choses; 5° la forme et l'essence, c'est-à-dire aussi la fin du devenir (τὸ τέλος τῆς γενέσεως), et le principe du mouvement. On ne parle pas de la nature des choses avant qu'elles aient revêtu leur forme. La nature, dans le sens primitif et fondamental, est donc l'essence des choses qui ont en elles-mêmes le principe de leur mouvement[1]; la matière ne prend le nom de nature qu'en tant qu'elle peut recevoir la forme.

« On appelle nécessaire : 1° ce sans quoi on ne peut vivre ; 2° ce sans quoi un bien ou un mal ne pourrait se faire; 3° la violence, ou ce qui contraint la volonté et résiste à la persuasion ; 4° ce qui ne peut être autrement qu'il n'est : ainsi les choses éternelles sont d'une nécessité absolue; toute autre nécessité est dérivée de celle-là ; 5° la démonstration, qui tire également sa nécessité de la nécessité absolue des prémisses. Il n'y a donc de nécessaire en soi que le simple, parce que le simple ne peut être que d'une manière[2]. Ce qui est éternel et immuable n'est soumis à rien qui

---

[1] P. 92, l. 27 : Ἡ πρώτη φύσις καὶ κυρίως λεγομένη ἐστὶν ἡ οὐσία ἡ τῶν ἐχόντων ἀρχὴν κινήσεως ἐν αὑτοῖς ᾗ αὐτά.

[2] P. 94, l. 3 : Ὥστε τὸ πρῶτον καὶ κυρίως ἀναγκαῖον τὸ ἁπλοῦν ἐστι· τοῦτο γὰρ οὐκ ἐνδέχεται πλεοναχῶς ἔχειν.

le contraigne et qui aille à l'encontre de sa nature. »

Nous omettons l'analyse de l'un, de l'être et de l'essence, que nous retrouverons aux X°, VI° et VII° livres.

« Deux choses identiques par accident ne sont identiques qu'en tant qu'elles sont les accidents du même sujet. Aussi une identité de ce genre ne peut être généralisée (de ce que homme et musicien sont identiques dans Socrate, on ne peut conclure qu'ils soient universellement identiques) ; car l'universel est par soi et en soi dans les choses, tandis que l'accident n'y est pas en soi, et ne peut qu'être affirmé simplement des individus[1]. — Les choses identiques en soi sont celles dont la matière est identique en espèce ou en nombre, et qui ont même essence ; ainsi l'identité est l'unité d'une pluralité. »

Suivent les définitions de l'autre, du différent et du semblable, que nous retrouverons plus approfondies dans le X° livre ; nous pouvons donc les omettre ici, ainsi que celles des quatre espèces d'opposés et surtout des contraires, pour lesquelles nous renvoyons encore au X° livre.

« Une chose est antérieure à une autre, quand elle est plus près d'un commencement, d'un principe déterminé, soit dans l'ordre de l'existence et de la nature, soit dans le temps, dans l'espace ou dans le mouvement, soit enfin dans l'ordre de la connais-

---

[1] P. 100, l. 20 : Τὰ γὰρ καθόλου καθ' αὑτὰ ὑπάρχει, τὰ δὲ συμβεβηκότα οὐ καθ' αὑτὰ ἀλλ' ἐπὶ τῶν καθ' ἕκαστα ἁπλῶς λέγεται.

sance. Ainsi le général précède dans l'ordre logique, et le particulier dans la sensation[1]. La même opposition d'antériorité et de postériorité se retrouve entre la puissance et l'acte. Par exemple, en puissance, la partie précède le tout; mais en acte, le tout précède la partie : or c'est aussi dans l'ordre logique que la partie est antérieure au tout[2]. »

Nous omettons la puissance, qui sera le sujet d'un long examen au IX⁰ livre. Disons seulement qu'Aristote ramène ici toutes les acceptions de la puissance à l'idée du principe (actif ou passif) du mouvement ou du changement d'une chose en une autre en tant qu'autre.

Suivent des analyses rapides des trois catégories de quantité, qualité et relation ; nous nous contenterons encore de renvoyer au traité des Catégories. Il faut remarquer cependant qu'Aristote réduit la qualité à deux modes principaux : 1⁰ la différence de l'essence; 2⁰ la différence des mouvements ou l'affection (πάθος) des êtres mobiles (physiques) en tant que mobiles. De ces deux sens même, le premier est le sens primitif et radical.

« Le parfait, l'accompli (τέλειον) est ce en dehors de

---

[1] P. 103, l. 13 : Κατὰ μὲν γὰρ τὸν λόγον τὰ καθόλου πρότερα, κατὰ δὲ τὴν αἴσθησιν τὰ καθέκαστα.

[2] P. 103, l. 28 : Κατὰ δύναμιν μὲν ἡ ἡμίσεια τῆς ὅλης καὶ τὸ μόριον τοῦ ὅλου καὶ ἡ ὕλη τῆς οὐσίας· κατ' ἐντελέχειαν δ' ὕστερον· διαλυθέντος γὰρ κατ' ἐντελέχειαν ἔσται.

quoi l'on ne peut plus rien prendre, à quoi il ne manque rien et qui n'a rien de trop.

« La fin, la limite (πέρας) est l'extrémité des choses, la forme de la grandeur et de tout ce qui a de la grandeur, le but de toute action et de tout mouvement. Lorsque la fin coïncide avec le principe, elle coïncide aussi avec l'essence ; c'est le dernier terme de la connaissance et par conséquent de la réalité [1].

« Ce en quoi et par quoi est une chose (καθ'ὅ) a autant d'acceptions que la cause. Le en soi en est une forme, qui exprime l'essence de l'être auquel on l'applique. »

Nous ne donnerons pas l'analyse des termes suivants, qui ont moins d'importance, et sur la plupart desquels Aristote reviendra avec détail dans la Métaphysique : διάθεσις, ἕξις, πάθος, στέρησις, τὸ ἔχειν, τὸ ἐκ τινός, μέρος, ὅλον, κολοβόν.

« Le genre (γένος) est constitué par la génération continue d'êtres de même forme, ou par le premier moteur de même forme, ou enfin c'est le sujet des différences qualificatives qui déterminent les espèces.

« Le faux, c'est d'abord une chose fausse, c'est-à-dire ce qui ne peut être uni, ce qui se refuse à la synthèse, comme cette proposition : le diamètre est commensurable avec la circonférence ; secondement,

---

[1] P. 111, l. 27 : Ὅτε δὲ ἄμφω καὶ ἀφ' οὗ καὶ ἐφ' ὅ, καὶ τὸ οὗ ἕνεκα, καὶ ἡ οὐσία ἡ ἑκάστου, καὶ τὸ τί ἦν εἶναι ἑκάστῳ· τῆς γνώσεως γὰρ τοῦτο πέρας· εἰ δὲ τῆς γνώσεως, καὶ τοῦ πράγματος.

c'est ce qui est, mais qui paraît autre qu'il n'est, comme les illusions des songes. Une chose est donc fausse ou parce qu'elle n'est pas, ou parce que l'imagination qu'elle produit est l'imagination d'une chose qui n'est pas. La pensée fausse est la pensée du non-être en tant que fausse. La pensée vraie d'une chose peut être multiple et complexe, mais celle de l'essence est une ; la pensée fausse, au contraire, n'est jamais simplement la pensée d'une chose [1]. C'est donc une simplicité à Antisthène de croire qu'on ne fait jamais qu'affirmer le même du même ; d'où il suivrait qu'on ne pourrait jamais rien contredire, et jamais se tromper. — L'homme faux est celui qui aime le faux et le préfère pour sa fausseté même. »

Nous ne parlerons pas de l'accident, dont l'examen termine le Περὶ τῶν ποσαχῶς λεγομένων ; on en retrouvera au VI° livre une analyse plus étendue.

LIVRE I (A).

« Tous les hommes ont un désir naturel de connaître ; nous aimons, même intérêt à part, les perceptions de nos sens, surtout celles de la vue, parce que c'est le sens par lequel nous apprenons davantage, et qui nous montre le plus de différences. Tous les animaux

---

[1] P. 119, l. 18 : Λόγος δὲ ψευδὴς ὁ τῶν μὴ ὄντων ᾗ ψευδής.... ὁ δὲ ψευδὴς λόγος οὐθενός ἐστιν ἁπλῶς λόγος.

sont doués de sensation, et plusieurs de mémoire; ceux qui de plus ont l'ouie peuvent apprendre; mais ceux-ci même ne sont guère capables d'expérience. L'homme seul a l'art et le raisonnement : la mémoire lui donne l'expérience; l'expérience, l'art et la science. L'art commence, lorsque de plusieurs notions expérimentales se forme une même conception générale sur toutes les choses analogues. L'expérience est donc la connaissance du particulier, et l'art celle du général[1]. L'art n'a point d'avantage sur l'expérience pour l'action, la pratique, car l'action a pour objet le particulier; mais il est supérieur dans l'ordre scientifique : l'homme d'expérience ne sait que le fait, le que (τὸ ὅτι); l'homme d'art sait le pourquoi (τὸ διότι). Aussi il peut enseigner, ce qui est le caractère de la science, de la sagesse (σοφία). La sensation ne peut jamais être science, parce qu'elle ne dit jamais le pourquoi d'aucune chose. Ainsi la sagesse est indépendante de l'utilité; elle est même d'autant plus haute qu'elle est moins utile, et elle a pour objet des principes, des causes.

« Voyons donc de quelles causes s'occupe la sagesse.

« Si nous nous en rapportons à l'opinion générale,

---

[1] P. 4, l. 13 : Ἡ μὲν ἐμπειρία τῶν καθέκαστόν ἐστι γνῶσις, ἡ δὲ τέχνη τῶν καθόλου. — L'art se rapporte au devenir et à l'action, la science à l'être. *Anal. post.* sub fin. : ..... Ἐὰν μὲν περὶ γένεσιν, τέχνης· ἐὰν δὲ περὶ τὸ ὄν, ἐπιστήμης.

le sage est celui qui sait tout, sans savoir les choses particulières ; c'est celui qui sait les choses les plus difficiles, et qui peut démontrer avec rigueur ; enfin la science la plus haute est celle qui n'a d'autre but qu'elle-même et la connaissance pure. Or les choses les plus difficiles à connaître pour les hommes, ce sont les plus éloignées des sens, c'est-à-dire, les plus générales ; les sciences les plus rigoureuses sont celles qui remontent aux principes ; les plus démonstratives, celles qui considèrent les causes ; la science qui se donne pour fin à soi-même, c'est celle du connaissable par excellence (τοῦ μάλιστα ἐπιστητοῦ), c'est-à-dire, du primitif et de la cause ; enfin, la science souveraine, c'est celle du but et de la fin des êtres, qui est le bien dans chaque chose, et dans toute la nature le bien absolu. Cette science est la seule libre, puisque seule elle n'est qu'à cause d'elle-même ; elle est donc la moins utile, et, par cela même, la plus excellente de toutes les sciences [1]. C'est à la fois la science la plus divine, comme dit Simonide, et celle qui considère les choses les plus divines et Dieu lui-même.

« L'ignorant s'étonne que les choses soient comme elles sont, et cet étonnement est le commencement de la science ; le sage s'étonnerait au con-

---

[1] P. 8, l. 14 : Αὐτὴν (φάμεν) ὡς μόνην ἐλευθέραν οὖσαν τῶν ἐπιστημῶν. Cf. III (B), 44, l. 3. — P. 9, l. 1 : Ἀναγκαιότεραι μὲν οὖν πᾶσαι ταύτης, ἀμείνων δ' οὐδεμία.

traire que les choses fussent autres qu'il ne les sait[1].

« La sagesse est donc la science des causes ; or les causes sont de quatre sortes : 1° l'essence, ce que chaque chose est selon l'être; 2° la matière, le sujet ; 3° la cause du mouvement; 4° la fin, le bien, qui est l'opposé de la cause du mouvement. — Bien que ce sujet ait été suffisamment traité dans la Physique, il faut y revenir en examinant les opinions des philosophes qui nous ont précédés, afin de vérifier par ce contrôle l'exactitude de l'énumération que nous venons de reproduire.

« La plupart des premiers philosophes ont considéré comme les seules causes des êtres celles qui rentrent sous la raison de matière, c'est-à-dire ce dont tout vient et en quoi tout se résout, la substance qui dure sous la variété des formes. Thalès, qui commence cette philosophie, prit l'eau pour principe universel, comme les anciens théologiens, qui donnent à l'Océan et à Téthys le nom de pères de toute chose, et font jurer les Dieux par le Styx. Hippon ne mérite pas de mention. Anaximène et Diogène prirent pour principe l'air; Hippasus et Héraclite, le feu. Empédocle compte quatre éléments, en ajoutant la terre aux trois autres dont nous venons de parler.

---

[1] Platon avait dit (*in Theætet.* p. 155 d.) : Μάλιστα γὰρ φιλοσόφου τοῦτο τὸ πάθος, τὸ θαυμάζειν, οὐ γὰρ ἄλλη ἀρχὴ φιλοσοφίας ἢ αὕτη. Platon montre comment la philosophie se commence elle-même, Aristote, comment elle s'achève.

Anaxagore, qui vient avant Empédocle selon le temps, mais dont la pensée semble appartenir à un âge postérieur[1], admit un nombre infini de principes, de parties similaires, dont l'agrégation ou la séparation constituent seules pour chaque chose homogène la génération et la corruption.

« Mais la route s'ouvrait d'elle-même devant eux, et il leur fallut bientôt chercher plus loin. Quelle est la raison de la naissance et de la mort? le sujet ne se change pas lui-même; il faut donc admettre une seconde cause, celle que nous avons appelée le principe du mouvement. Les premiers, qui avaient dit qu'il n'y a qu'un élément, ne s'étaient pas fait cette difficulté. D'un autre côté, quelques-uns de ceux qui proclamèrent l'unité, succombant pour ainsi dire sous la question qu'ils avaient soulevée, dirent que l'*un* est immobile, et par conséquent aussi toute la nature. Ceux au contraire qui admettaient la pluralité et l'opposition des principes purent trouver dans l'un d'eux, par exemple dans le feu, un principe de mouvement; mais une pareille cause ne pouvait suffire, et pourtant il n'était pas possible d'attribuer au hasard une si grande et si belle chose que l'univers. Aussi quand un homme vint à dire qu'il y a dans la nature comme chez les animaux une intelligence cause de l'ordre du monde, il sembla qu'il fût seul en son bon sens, et

---

[1] P. 11, l. 18 : Τῇ μὲν ἡλικίᾳ πρότερος ὢν τούτου, τοῖς δ' ἔργοις ὕστερος.

que les autres n'eussent fait que divaguer[1]. Ce fut Anaxagore, on le sait, qui toucha cet ordre de considérations ; mais on dit qu'Hermotime de Clazomène en avait parlé avant lui. Déjà Hésiode et Parménide avaient fait de l'amour un principe actif ; Empédocle, frappé de l'opposition du bien et du mal, avait voulu en trouver les principes dans l'amitié et la discorde (φιλία, νεῖκος).

« Ainsi jusque-là la philosophie a reconnu deux causes, la matière et le principe moteur ; mais elle n'en a parlé que d'une manière vague et obscure, comme des gens mal exercés peuvent dans un combat frapper parfois de beaux coups, mais sans avoir la science de ce qu'ils font. Anaxagore se sert de l'intelligence comme d'une machine pour former son univers ; il la met en avant quand il ne sait à quelle autre cause recourir. Empédocle fait plus d'usage de ses principes, mais non sans tomber dans de fréquentes contradictions ; on voit souvent chez lui la discorde unir et l'amitié désunir. Leucippe et Démocrite prirent pour éléments le plein et le vide, qu'ils appelaient l'être et le non-être ; de même que d'autres avaient tiré les êtres d'une matière unique et de ses modifications, ils firent tout résulter des propriétés du plein et du vide, savoir de la figure, de l'ordre et de la position. Mais d'où et comment les êtres ont-ils le mou-

---

[1] P. 13, l. 1 : Οἷον νήφων ἐφάνη παρ' εἰκῇ λέγοντας τοὺς προτέρου.

vement, c'est une question qu'ils négligèrent comme l'avaient négligée leurs devanciers.

« Dans le même temps que tous ces philosophes, et avant eux, les Pythagoriciens, nourris dans les mathématiques, pensèrent que les principes de cette science devaient être aussi les principes de toutes les autres choses, ils virent dans les nombres les causes universelles. Les réalités n'ont-elles pas plus de ressemblance avec les nombres qu'avec la terre ou le feu? Les nombres ne contiennent-ils pas les raisons de l'harmonie? enfin ne précèdent-ils pas toutes choses? — Les principes des nombres sont le pair et l'impair, le premier fini, et le second infini; à eux deux ils forment l'unité, et de l'unité provient le nombre. D'autres énumèrent dix principes dont chacun a son contraire. Alcméon de Crotone se contente de partager toutes choses en une double série de contraires, sans en assigner un nombre déterminé. Mais, en général, les Pythagoriciens sont de ceux qui pensent que les principes sont des contraires.

Quant à ceux qui ont dit que le tout est un (les Éléates), ce n'est pas ici le lieu de discuter leurs opinions avec détail, car ils parlent à peine de principes et de causes; d'ailleurs, Xénophane et Melissus sont par trop simples. Le premier, promenant ses regards sur l'ensemble du monde, se contenta de dire que Dieu est l'un, sans déterminer la nature de cette unité ; Melissus établit une unité de matière et d'infini. Parménide vit plus loin ; c'est de ce qu'il ne peut rien y avoir hors de l'être, qu'il conclut que l'être est un. Mais outre cette unité rationnelle, forcé d'admettre la pluralité sensible, il y reconnut comme principes le chaud et le froid, qu'il rapporta, dans leur opposition, à l'être et au non-être.

« Ainsi, encore une fois, jusqu'à l'école italique, la philosophie avait reconnu deux principes, la matière et le principe du mouvement. Les Pythagoriciens les reconnurent également, en faisant de l'infini, du fini et de l'unité le fond même des choses; en outre ils songèrent à l'essence, à la forme, principe de la définition; mais ils ne considérèrent la définition et l'essence que d'une manière bien superficielle, prenant pour l'essence le premier caractère que présente l'objet.

« Après ces théories vint celle de Platon, qui suivit souvent la philosophie italique, et eut aussi ses doctrines propres. Ami de Cratyle et familier avec les opinions d'Héraclite, il admit avec eux que les choses sensibles sont dans un flux perpétuel, et qu'il ne peut y en avoir de science. De plus, Socrate avait négligé l'étude de la nature pour s'occuper de morale et y chercher l'universel par la définition. Platon le suivit dans cette recherche du général, et pensa que la définition ne porte pas sur les choses sensibles, qui changent perpétuellement et échappent à toute détermination commune, mais sur les idées des êtres, auxquelles sont relatives les choses sensibles; ainsi ce serait par participation que la multitude des objets synonymes deviendrait homonyme avec les idées[1]. Ce que Platon appelle participation, les Pythagoriciens l'avaient nommé imitation (μίμησις); il n'y eut que le nom de changé. — En outre, les principes des idées sont le grand et le petit, qui en sont la matière, et l'un, qui en est la forme, et par cette participation à l'unité, les idées s'identifient avec les nombres. D'où il suit que les nombres sont les principes des choses, comme dans la théorie pythagoricienne.

« En résumé, Platon ne s'est servi que de deux causes, la matière et l'essence; il n'a pas su trouver la cause du mouvement : car, de l'aveu des Platoniciens, les idées sont plutôt une cause de repos et d'immobilité.

« Tous les philosophes ont reconnu le principe matériel, quelques-uns, le principe du mouvement : par exemple, Empédocle, Anaxagore, Parménide dans sa Physique; pour l'essence, c'est le platonisme qui en a traité le plus nettement; mais quant à la cause finale, on n'en a parlé que d'une manière accessoire et accidentelle[2]. On a fait de l'intelligence et de

---

[1] P. 20, l. 18 : Κατὰ μέθεξιν γὰρ εἶναι τὰ πολλὰ τῶν συνωνύμων ὁμώνυμα τοῖς εἴδεσι. Brandis et Bekker retranchent ὁμώνυμα, leçon donnée cependant par la plupart des manuscrits et par Alexandre d'Aphrodisée. Cf. Trendelenburg, Platon. de Id. et num. doctr. ex Aristot. illustr. (Lipsiæ, 1826, in-8°), p. 32 et seqq.

[2] P. 23, l. 15 : Οὐ γὰρ ἁπλῶς, ἀλλὰ κατὰ συμβεβηκὸς λέγουσιν.

l'amitié des principes bons par nature; mais nul n'a posé le bien en soi, comme but et fin de toute existence et de tout devenir. — Du reste, personne n'a parlé d'autres causes que de celles dont nous avons fait l'énumération.

« Il nous reste à discuter la valeur des systèmes. Ceux qui regardent l'univers comme un, et formé d'une même matière corporelle et étendue, ne nous parlent point des choses incorporelles; ensuite, ils omettent et le principe du mouvement et celui de l'essence. Enfin, quelle raison donnent-ils pour que tel élément précède tel autre, l'eau la terre, ou l'air le feu? Le système d'Empédocle est sujet à des objections semblables; de plus, il supprime véritablement le changement dans la nature : outre ses quatre éléments contraires, il faudrait un sujet qui changeât d'états en passant d'un contraire à l'autre. Quant à Anaxagore, s'il est absurde de dire que toutes choses étaient primitivement mêlées, puisque les essences différentes ne se mêlent pas ainsi au hasard[1], cependant, en posant d'un côté l'unité et la simplicité de l'intelligence, et de l'autre la multitude infinie, dans le même rapport que nous apercevons entre la forme

---

[1] P. 25, l. 21 : Καὶ διὰ τὸ μὴ πεφυκέναι τῷ τυχόντι μίγνυσθαι τὸ τυχόν. Cette objection, énoncée brièvement, a pour base l'idée fondamentale de la propriété, de la spécificité de toute nature. Cf. XII, 241, l. 14. de Anim. II, 11, § 14-15 (ed. Trendelenburg, 1852, in-8°). Voyez plus bas, partie III.

et l'indéfini qui n'a pas encore reçu la forme, il a voulu du moins ce qu'on a dit et fait voir depuis.

« Mais ce qui nous importe surtout, ce sont les opinions de ceux qui ont distingué entre les objets sensibles et les êtres supra-sensibles. Tels sont les Pythagoriciens. Quoique leurs principes ne soient pas pris dans la nature, ils veulent s'en servir pour l'expliquer. Mais du fini et de l'infini, du pair et de l'impair, comment passer au mouvement, à la génération et à la corruption, ou même à la pesanteur et à la légèreté ? En outre, comment se fait-il que les nombres qui sont les causes des choses, ne soient autres que ceux dont le monde est formé ? Platon évite cette difficulté en distinguant du nombre sensible (αἰσθητὸς), mêlé au monde réel, le nombre intelligible ou idéal (νοητὸς, εἰδητικὸς), qui est seul doué de causalité. »

Ici Aristote passe à l'examen critique de la théorie de Platon, et cherche à démontrer, 1° qu'on ne peut admettre l'existence des idées; 2° que cette hypothèse n'explique point le monde réel; 3° que l'hypothèse de l'identité des idées avec les nombres entraîne encore de nouvelles absurdités. Nous renvoyons, ainsi que nous en avons prévenu, à l'analyse du XIII° livre.

« Le Platonisme, nous l'avons déjà dit, ne touche ni la cause du mouvement, ni la cause finale. Pour la matière, il la voyait dans le grand et le petit respectivement indéterminés, ou dyade indéfinie; mais cette dyade est un attribut, une différence mathématique de la matière plutôt que la matière elle-même. Enfin on n'explique pas même l'essence. On pose, il est vrai, par l'hypothèse des idées, des essences autres que les choses sensibles, mais on ne prouve pas que ce soient les essences mêmes de ces choses. On prétend ramener à l'unité tout ce qui est, mais on ne fait qu'établir une certaine unité en dehors des objets particuliers; il reste à démontrer qu'elle est l'unité même de ces objets : or c'est ce qu'on ne pourrait faire qu'en identifiant l'universel avec le genre proprement dit, la race (γένος), ce qui n'est pas toujours possible[1].

« Avant de rechercher les éléments des êtres, il aurait fallu reconnaître et classer toutes les acceptions de ce terme d'élément. D'ailleurs, on ne peut rechercher les éléments de toute chose ; car d'abord la science descendrait à l'infini d'élément en élément,

---

[1] C'est le sens que je donne à toute cette phrase (p. 33, l. 15) : ὅ τε δοκεῖ ῥᾴδιον εἶναι, τὸ δεῖξαι ὅτι ἓν ἅπαντα, οὐ γίγνεται· τῇ γὰρ ἐκθέσει οὐ γίγνεται πάντα ἕν, ἀλλ' αὐτό τι ἕν, ἂν διδῷ τις πάντα· καὶ οὐδὲ τοῦτο, εἰ μὴ γένος δώσει τὸ καθόλου εἶναι· τοῦτο δ' ἐν ἐνίοις ἀδύνατον. Ainsi on pose l'animal en soi, αὐτοζῷον, ou idée de l'animal, où l'on fait résider l'unité de tous les animaux réels; mais on ne prouve pas que ces animaux lui doivent et en tiennent véritablement leur unité. La véritable unité des êtres naturels vivants est, selon Aristote, dans l'être réel qui est le principe de la race, qui se perpétue par la perpétuité de la génération, et qui devient pour la pensée le principe de la généralisation (γένεσθαι, γένος). Mais il n'en est pas de même pour toute espèce d'être; γένος et καθόλου ne sont donc pas nécessairement identiques (voy. le VIIe livre). Cf. XIV, 297, l. 14.

il faut pourtant que toute science ait un commencement, un principe ; en second lieu, on suppose ce qui est en question en considérant les choses comme des composés[1] ; enfin, si tout se réduisait à des éléments intelligibles, tels que les idées, il suivrait de là que l'on pourrait connaître les choses sensibles par l'intelligence seule et sans la sensation[2].

« Il résulte des recherches qui précèdent que nos devanciers ont parlé des quatre principes, mais d'une manière obscure et en quelque sorte enfantine ; de sorte que l'on peut dire en un sens qu'ils n'en ont pas parlé. — Revenons maintenant aux questions qui peuvent s'élever sur les principes en eux-mêmes ; peut-être y trouverons-nous les éléments de la solution des problèmes ultérieurs[3].

---

[1] Ainsi on suppose que les parties précèdent le tout et le constituent par composition, tandis que dans les êtres réels le tout précède les parties, qui ne sont que le résultat de la division du tout. Cette idée est ici enveloppée sous forme d'exemple (p. 34, l. 16) : Ἀμφισβητήσειε γὰρ ἄν τις, ὥσπερ καὶ περὶ ἐνίας συλλαβάς· οἱ μὲν γὰρ τὸ ζα ἐκ τοῦ σ καὶ δ καὶ α φασὶν εἶναι, οἱ δέ τινες ἕτερον φθόγγον φασὶν εἶναι καὶ οὐθένα τῶν γνωρίμων. Cf. VIII (H), 168, l. 26.

[2] On ne peut s'empêcher de se rappeler ici le reproche que Kant adresse avec raison à Leibnitz, d'avoir réduit le sensible à l'intelligible, et intellectualisé la sensation.

[3] Livre II (α). — I. La contemplation de la vérité est facile en un sens, et difficile en un autre. Ainsi tous les philosophes ont dit quelque chose de vrai sur la nature, et on pourrait, en le recueillant, former une certaine quantité ; mais la part de chacun serait petite. La cause de la difficulté de la science n'est pourtant pas dans les objets, elle est en nous-mêmes. La lumière de la vérité absolue fait sur l'in-

LIVRE III (B).

« Avant d'entrer dans une recherche scientifique, il faut discuter tous les problèmes qu'elle pourra présenter ; on voit mieux ainsi le but où l'on doit tendre, et après avoir entendu les deux parties, on est mieux préparé à porter un jugement. »

telligence humaine l'effet du jour sur les yeux de l'oiseau de nuit (voy. plus bas, partie III). — On a appelé avec raison la philosophie la science de la vérité : car la vérité est la fin de la science théorétique, comme l'action celle de la science pratique. Mais nous ne savons pas le vrai sans la cause; la chose la plus vraie c'est celle qui cause la vérité des autres choses. Ainsi autant chaque chose a d'être, autant elle a de vérité (ὥσθ' ἕκαστον ὡς ἔχει τοῦ εἶναι, οὕτω καὶ τῆς ἀληθείας). — (Platon, Theæt. : Οἷόν τε οὖν ἀληθείας τυχεῖν, ᾧ μηδ' οὐσίας.)

II. « La série des causes a un commencement, et n'est pas infinie. Elle n'est infinie ni selon la matière, ni selon la forme, ni selon la cause motrice, ni selon la cause finale. Car s'il n'y avait pas de commencement, il n'y aurait pas de cause, puisque c'est le premier terme d'une série de causes qui est toujours la cause de toutes les suivantes. — Ceux qui considèrent les causes comme infinies ne s'aperçoivent pas qu'ils suppriment le bien, la fin; or toute action tend à une fin; c'est donc supprimer toute action. C'est aussi supprimer toute science, puisque la science n'a pour objet que le constant et le défini, et qu'il est impossible de parcourir l'infini dans un temps fini.

III. « La méthode scientifique dépend de l'habitude. Tel préfère que l'on parle par exemples; tel veut qu'on cite les poëtes; l'un ne connaît que la démonstration rigoureuse; l'autre n'aime pas la rigueur à cause de cette ténuité d'analyse qui ne permet pas les vues d'ensemble: car il y a là quelque chose qui enchaîne comme un contrat, et où plusieurs regrettent leur liberté. — Il faut donc se demander d'abord comment chaque science doit se démontrer. La méthode mathématique ne peut convenir à la science de la nature, où il y a

Aristote pose alors rapidement un certain nombre de questions qu'il développe ensuite sous dix-sept chefs principaux.

1° Est-ce à une seule science ou à plusieurs qu'appartient la considération de toutes les causes ? Toutes les sciences n'ont pas affaire aux mêmes causes, et quelle sera alors, entre toutes, la science que nous cherchons ? Il semble que la plus haute est celle de la fin, du bien, de ce pour quoi se font toutes choses. Mais celle qui touche aux premiers principes et au fond même des êtres, n'est-ce pas celle de l'essence ? En effet on sait mieux une chose par ce qu'elle est que par ce qu'elle n'est pas; on la sait mieux par ce qu'elle est en elle-même ($\tau\grave{o}$ $\tau\acute{\iota}$ $\grave{\epsilon}\sigma\tau\iota$), que par sa quantité ou sa qualité. La science de la forme serait donc plus que toute autre la sagesse. D'un autre côté c'est par la cause du mouvement que l'on sait le mieux tout devenir et tout changement. Or elle diffère de la fin et lui est même opposée. La considération de chacune de ces causes appartiendrait donc à une science différente. — Ensuite, la science de l'essence est-elle aussi celle des principes de la démonstration ou axiomes ? Si ce sont deux sciences différentes, laquelle des deux est la première et la plus haute ? — Et si ce n'est pas au philosophe qu'appartient la science de ces principes, à qui appartiendra-t-elle ?

toujours de la matière. C'est donc en examinant ce que c'est que la nature, que l'on apprendra sur quoi roule la science physique. »

« 2° Est-ce une même science qui considère toutes les essences ?

« 3° La science des essences est-elle aussi celle des accidents? Si la science qui démontre les accidents était aussi celle de l'essence, il y aurait donc aussi une science démonstrative de l'essence; et cependant l'essence, à ce qu'il semble, ne se démontre pas [1].

« 4° Existe-t-il, outre les êtres qui tombent sous les sens, d'autres êtres encore, et ces êtres sont-ils de plusieurs genres, comme ce qu'on appelle les *idées* et les choses intermédiaires (τὰ μεταξύ), objets des sciences mathématiques ?

« 5° Peut-on admettre des choses intermédiaires entre les objets sensibles et les idées de ces objets ? Cela ne s'entend ni en astronomie, ni en optique, ni en musique. Quelques-uns identifient ces nombres et figures intermédiaires avec les nombres et figures sensibles; mais cette hypothèse n'entraîne pas moins d'absurdités.

« 6° Faut-il considérer les genres comme des éléments et des principes? Les éléments et les principes d'un mot sont plutôt, à ce qu'il semble, les lettres dont il se compose, que le *mot* en général. Mais, dit-on, nous ne connaissons rien que par la définition; or le principe de la définition, c'est le genre; les genres sont donc aussi les principes des définis.

« 7° Mais maintenant les principes seront-ils les

[1] P. 46, l. 6 : Οὐ δοκεῖ δὲ τοῦ τί ἐστιν ἀπόδειξις εἶναι.

premiers genres ou les plus rapprochés des individus ? Il semble résulter de l'hypothèse que les genres seront d'autant plus des principes qu'ils seront plus universels. Ainsi, les premiers principes seraient l'un et l'être, qu'on peut affirmer de tout. Mais il ne peut en être ainsi : car il est impossible d'affirmer des différences propres les espèces, ou le genre sans ses espèces ; l'être et l'un ne sont donc pas des genres ni par conséquent des principes. D'un autre côté, le principe est plutôt dans la différence que dans le genre : car si l'unité est le caractère du principe, et que l'indivisible soit un, les espèces étant moins divisibles que les genres, seront plutôt des principes.— Mais alors il y aura des principes en nombre infini. Remarquons en outre que pour toutes les choses où il y a un premier et un second, un avant et un après, il n'y a pas de genre distinct des espèces[1]. Ainsi, point de genre différent des nombres (deux, trois, etc.) non plus que des figures; il en est de même pour les choses où il y a du meilleur et du pire : tout cela n'a donc pas des genres pour principes.

« 8° Cependant le principe est essentiellement indépendant et séparé, et les genres sont plus indépendants des individus que les espèces, puisqu'ils s'affirment d'un plus grand nombre. Ainsi nous revenons encore une fois à cette proposition que nous avions

---

[1] P. 5o, l. 12 : Ἔτι ἐν οἷς τὸ πρότερον καὶ ὕστερόν ἐστιν, οὐχ οἷόν τε τὸ ἐπὶ τούτων εἶναί τι παρὰ ταῦτα.

démontrée impossible : les genres sont des principes plus que les espèces.

« 9° La question la plus difficile, la plus nécessaire, et dont toutes celles-là dépendent, c'est celle de savoir s'il existe, outre les individus, des espèces et des genres? Il y a des raisons pour et contre. D'un côté, s'il n'y a que des individus, comme le nombre en est infini, la science est impossible, ou du moins elle se réduit à la sensation. En outre, puisque tous les objets sensibles sont sujets au mouvement et à la destruction, il n'y aurait rien d'immobile et d'éternel; mais alors il n'y aurait pas non plus de devenir : car il faut un sujet éternel au changement, à tout mouvement il faut une fin.

« 10° S'il faut une matière non engendrée (ἀγέννητος), à plus forte raison la forme, l'essence est-elle nécessaire : sans l'une comme sans l'autre, rien ne serait. Faut-il donc reconnaître une essence séparée des objets? et en faut-il faire autant pour tous les êtres, et sinon, pour lesquels? En outre, n'y aurait-il qu'une seule essence pour plusieurs? Cela paraît absurde : car tous les objets dont l'essence est la même ne font qu'un [1].

« 11° Les principes sont-ils seulement semblables, ou bien chacun d'eux est-il un en nombre ? Dans le premier cas, il n'y a plus rien au monde qui soit un, pas même l'être et l'un en soi ; dans le second, il ne peut rien y avoir qui soit différent des éléments mêmes des choses : car l'un en nombre, c'est l'individu.

---

[1] P. 52, l. 8 : Ἓν γὰρ ἅπαντα ὧν ἡ οὐσία μία.

« 12° Un problème non moins grave, et qu'aujourd'hui comme autrefois l'on a toujours négligé, c'est celui-ci : les principes des choses périssables et des choses impérissables sont-ils les mêmes ? Si on l'admet, il faut le prouver. De tous les philosophes celui qui est peut-être le plus d'accord avec lui-même, Empédocle, n'a pas distingué non plus deux sortes de principes : selon lui, tout est sujet à la dissolution, excepté les éléments.

« 13° Si l'on reconnaît la différence des principes, assignera-t-on aux choses périssables des principes périssables eux-mêmes ? En ce cas il faudra toujours remonter à des premiers principes impérissables.

« 14° Mais voici la plus ardue de toutes les questions, et la plus nécessaire pour la connaissance de la vérité : l'être et l'un sont-ils les essences des êtres, et sont-ils identiques, ou ne sont-ce que des accidents ? Platon et les Pythagoriciens soutenaient la première opinion. Empédocle et les autres physiciens (οἱ περὶ φύσεως) étaient pour la seconde; Empédocle place l'unité dans l'amitié ; les autres voyaient dans le feu, dans l'air, etc., l'être et l'unité dont toutes choses proviennent.—Mais si l'on exclut du nombre des essences l'un en soi et l'être en soi, il faudra en exclure toute généralité : car c'est ce qu'il y a de plus général. Il en résulterait aussi que le nombre ne serait pas une nature séparée des objets réels, puisque c'est l'unité qui constitue le nombre.

« 15° Si l'un et l'être sont identiques, il n'y aura rien autre chose; il faudra dire avec Parménide : tout est un, et l'un est l'être : car ce qui est hors de l'être n'est pas; or l'être est un, donc il n'y a au monde que l'un. — Au reste, dans aucun cas, le nombre ne peut être une essence. En effet, 1° si l'un n'est pas une essence, le nombre, composé d'unités, doit être aussi un accident : car un composé d'accidents ne peut être une essence; 2° si l'un est une essence, l'un et l'être sont identiques; donc il ne peut y avoir que l'unité, et pas de nombres. — Mais lors même que l'on accorderait que le nombre provient de la combinaison de l'un avec quelque chose qui ne serait pas un, il resterait à savoir comment on peut faire venir encore les grandeurs de ces mêmes principes.

« 16° Les nombres, les solides, les surfaces et les points sont-ils ou ne sont-ils pas des essences? Les corps, que tout le monde reconnaît pour des êtres véritables, semblent cependant avoir moins d'être que les surfaces et les lignes qui les déterminent. Ainsi, si ces surfaces et ces lignes ne sont pas des essences, les corps, à plus forte raison, n'en seront pas; et que restera-t-il alors? D'un autre côté, si les surfaces, les lignes et les points sont des essences, il n'y a plus de génération ni de destruction : car tout cela ne naît ni ne périt. Ce sont plutôt des limites, comme le présent est la limite du temps.

« 17° Enfin pourquoi suppose-t-on, outre les réalités sensibles et les choses mathématiques, des essences telles que les idées? N'est-ce pas parce que dans les choses sensibles et mathématiques il n'y a qu'unité de forme, d'espèce, mais pluralité indéfinie en nombre, et que les principes doivent être déterminés, finis en nombre comme en forme? Et pourtant si l'unité des principes n'est pas une unité générique, mais une unité numérique, nous avons vu quelle absurdité il en résulte (voy. IIe question). A cette question se rattache celle de savoir si les éléments sont en puissance seulement, ou bien de quelque autre manière; s'ils n'étaient qu'en puissance, il en résulterait qu'il se pourrait que rien ne fût ni ne devînt.

« Toutes ces questions sur les principes ne seront pas inutiles; il fallait nous demander si les principes sont des universaux (καθόλου), ou s'ils sont de la nature des choses individuelles et particulières [1]. Dans la première hypothèse, on a pour chaque être une multitude infinie de principes; dans la seconde, il semble que la science n'est plus possible. »

Ainsi le problème fondamental auquel toute cette discussion vient aboutir, et dont l'énoncé termine le livre, c'est celui de la nature de l'essence. Est-ce dans l'individualité ou dans la généralité qu'il faut chercher le principe de l'être?

P. 60, l. 12 : Ταύτας τε οὖν τὰς ἀπορίας ἀναγκαῖον ἀπορῆσαι περὶ τῶν ἀρχῶν, καὶ πότερον καθόλου ἢ ὡς λέγομεν τὰ καθέκαστα.

LIVRE IV (Γ).

« Il y a une science qui considère l'être en tant qu'être et ses propriétés essentielles. Aucune des autres sciences ne considère l'être en tant qu'être, mais seulement une espèce de l'être et de ses accidents ; la science que nous cherchons ayant pour objet les premières et les plus hautes causes, est la science des causes de l'être en tant qu'être.

« L'être, il est vrai, se dit de plusieurs choses ; mais c'est toujours relativement à un même principe : ce sont toujours ou essences, ou attributs de l'essence, ou acheminement à l'essence (ὁδὸς εἰς οὐσίαν), ou enfin négation de l'essence, et tout cela, rentrant dans un même genre, est toujours l'objet d'une seule et même science. De plus, l'être est identique avec l'un : car l'être et l'un sont inséparables dans la réalité, et ne se distinguent que par une différence logique[1]. Il y a donc autant d'espèces de l'un que de l'être, et toutes sont l'objet d'une même science.

« Comme c'est à la même science qu'il appartient de considérer les opposés, et qu'à l'un s'oppose la multitude, la science qui fait l'objet de notre recherche traitera de la multitude, et aussi par conséquent de tout ce qui se ramène à l'opposition de la multitude

---

[1] P. 62, l. 9 : Εἰ δὴ τὸ ὂν ἓν καὶ τὸ ταὐτὸν καὶ μία φύσις, τῷ ἀκολουθεῖν ἀλλήλοις ὥσπερ ἀρχὴ καὶ αἴτιον· ἀλλ' οὐχ ὡς ἑνὶ λόγῳ δηλούμενα.

et de l'unité, comme le semblable et le dissemblable, l'égal et l'inégal, etc. Les contraires se partagent en deux séries, dont l'une exprime la privation[1]; le côté négatif appartient donc comme le positif à la philosophie. Ajoutons que tous les philosophes ont pris des contraires pour principes : le pair et l'impair, le chaud et le froid, l'amitié et la haine ; toutes oppositions qui se ramènent à l'opposition générale de l'unité et de la pluralité.

« La science de l'être et de ses propriétés essentielles est aussi la science de ce que les mathématiciens nomment axiomes : car les axiomes se rapportent à l'être même ; ils en dominent toutes les espèces, et chaque science en fait usage dans les limites de sa sphère propre et selon ses besoins : aucune n'en recherche la nature et la valeur absolue. Les physiciens seuls en ont dit quelque chose, mais en manière d'induction et de conjecture (εἰκότως). Or il est une science plus haute que la science naturelle, à savoir la philosophie première ; et puisqu'elle a pour objet ce qu'il y a de plus général et qui touche de plus près à l'essence première, c'est à elle qu'il appartient de traiter des axiomes en eux-mêmes.

« Le philosophe connaîtra donc les plus fermes principes des êtres et de la science. Or le plus ferme principe, c'est celui qui ne peut jamais tromper ; c'est donc le principe le plus évident, un principe qui n'ait

---

[1] P. 65, l. 1 : Ἔτι τῶν ἐναντίων ἡ ἑτέρα συστοιχία στέρησις.

rien d'hypothétique; c'est celui-ci : *Une chose ne peut pas à la fois être et ne pas être en un même sujet et sous le même rapport;* toute démonstration s'y ramène, car c'est le principe des autres axiomes [1].

« Mais vouloir démontrer aussi ce principe, c'est pure ignorance. Si l'on voulait tout démontrer, on irait à l'infini de preuves en preuves, et il n'y aurait plus de démonstration. On ne peut établir cet axiome que par voie de réfutation; toute preuve directe serait une pétition de principe [2]. Il ne faut donc pas ici demander à son adversaire s'il y a ou s'il n'y a pas quelque chose, ce serait supposer ce qui est en question, mais seulement, s'il attache un sens à ses paroles. S'il dit que non, il ne mérite plus de réponse; ce n'est pas un homme, mais une plante [3]. S'il dit oui, il avoue donc qu'il y a quelque chose de déterminé : car si les mots signifient que quelque chose est ou n'est pas, il n'est pas vrai que l'affirmation et la négation soient également légitimes. Autrement il n'y aurait ni

---

[1] P. 67, l. 3 : Βεβαιοτάτη δ' ἀρχὴ πασῶν, περὶ ἣν διαψευσθῆναι ἀδύνατον· γνωριμωτάτην τε γὰρ ἀναγκαῖον εἶναι τὴν τοιαύτην..... καὶ ἀνυπόθετον· ἣν γὰρ ἀναγκαῖον ἔχειν τὸν ὁτιοῦν ξυνιέντα τῶν ὄντων, τοῦτο οὐχ ὑπόθεσις·..... τὸ γὰρ αὐτὸ ἅμα ὑπάρχειν τε καὶ μὴ ὑπάρχειν ἀδύνατον τῷ αὐτῷ καὶ κατὰ τὸ αὐτό.... Φύσει γὰρ ἀρχὴ καὶ τῶν ἄλλων ἀξιωμάτων αὕτη πάντων.

[2] P. 68, l. 15 : Τὸ δ' ἐλεγκτικῶς ἀποδεῖξαι λέγω διαφέρειν καὶ τὸ ἀποδεῖξαι, ὅτι ὁ ἀποδεικνύων μὲν ἂν δόξειεν αἰτεῖσθαι τὸ ἐν ἀρχῇ, ἄλλου δὲ τοῦ τοιούτου αἰτίου ὄντος ἔλεγχος ἂν εἴη καὶ οὐκ ἀπόδειξις.

[3] P. 68, l. 14 : Ὅμοιος γὰρ φυτῷ ὁ τοιοῦτος ἢ τοιοῦτος ἤδη.

pensée ni langage. En effet il faut que le mot signifie une chose et non une autre, ou du moins un nombre déterminé de choses : car avoir une signification indéfinie, c'est n'en pas avoir; de même, ne pas penser une chose déterminée, c'est ne rien penser.

« Soutenir que la même chose est et n'est pas à la fois, c'est aussi supprimer toute essence, toute existence substantielle : car l'essence d'une chose, c'est ce qui la fait être ce qu'elle est, à l'exclusion de ce qu'elle n'est pas. Il n'y aurait donc plus que des accidents, plus d'essences ni de genres, et on irait toujours affirmant à l'infini l'accident de l'accident ; mais cela est impossible, car l'accident ne peut être accident d'un accident [1].

« Si les propositions contradictoires sont vraies d'une même chose, toutes les autres propositions en seront vraies à plus forte raison ; ainsi tout sera un. C'est aussi une conséquence de la doctrine de Protagoras : si la sensation individuelle est la mesure de toutes choses, les choses sont ou ne sont pas, suivant la sensation. Il faudra donc dire avec Anaxagore, que tout est ensemble, et il n'y aura plus rien de vrai. Une semblable doctrine ne tient compte que de l'indéfini; ils croient parler de l'être et ils parlent du non-être : car ce qui est en puissance et qui n'est pas encore en acte, c'est l'indéfini [2].

---

[1] P. 72, l. 3 : Τὸ γὰρ συμβεβηκὸς οὐ συμβεβηκότι συμβεβηκός.
[2] P. 72, l. 29 : Τὸ ἀόριστον οὖν ἐοίκασι λέγειν, καὶ οἰόμενοι λέγειν

« D'ailleurs c'est une opinion qui se détruit elle-même : car dire que les deux propositions contradictoires, qui s'excluent mutuellement, sont vraies en même temps, c'est dire qu'elles ne sont vraies ni l'une ni l'autre. Or voici la conséquence : si l'affirmation ni la négation ne sont vraies d'aucune chose, c'est qu'il n'y a rien ; et le sophiste même qui soutient les deux contradictoires n'existe pas. Dans toutes ses actions, il se donne à lui-même un démenti continuel. Pourquoi marche-t-il plutôt que de se tenir en repos; il croit donc que l'un est préférable à l'autre ? Tous les hommes font ainsi preuve par leur conduite de leur croyance à la simplicité, au moins pour le bien et le mal [1]. — Que si, chez ces sophistes, il n'y a point conviction scientifique, mais pure opinion, qu'ils cherchent à acquérir la science, comme le malade cherche le remède. — Mais on ne peut refuser d'admettre des degrés de vérité et d'erreur ; il y a donc un terme fixe de comparaison. Ainsi nous voilà délivrés de cette doctrine de confusion, qui ne permettait pas à la pensée un objet déterminé [2].

Ici Aristote reprend la discussion sous le point de

τὸ ὂν περὶ τοῦ μὴ ὄντος λέγουσι· τὸ γὰρ δυνάμει ὂν καὶ μὴ ἐντελεχείᾳ τὸ ἀόριστόν ἐστιν.

[1] P. 75, l. 19 : Ὥστε ὡς ἔοικε πάντες ὑπολαμβάνουσιν ἔχειν ἁπλῶς, εἰ μὴ περὶ ἅπαντα, ἀλλὰ περὶ τὸ ἄμεινον καὶ χεῖρον.

[2] P. 76, l. 3 : Καὶ τοῦ λόγου ἀπηλλαγμένοι ἂν εἴημεν τοῦ ἀκράτου καὶ κωλύοντός τι τῇ διανοίᾳ ὁρίσαι.

vue historique, afin d'attaquer dans ses racines l'opinion qu'il combat.

« Toute l'erreur est venue de la considération du monde sensible. Voyant que d'une même chose résultent des produits opposés, et ayant établi en principe que rien ne sort du non-être, on en a conclu que toute chose est à la fois les deux opposés : ainsi Anaxagore, qui disait Tout est mêlé à tout; ainsi Démocrite, qui mettait partout le plein et le vide. Mais leur principe n'était vrai qu'en un sens; il est vrai de l'être en puissance, mais non de l'être en acte; or ce n'est que dans la puissance que s'identifient les contraires. — C'est aussi le monde sensible qui a suggéré à Protagoras sa doctrine, que toute apparence est vraie. Il la déduisit de la variété des sensations chez les hommes, et chez un même homme à différentes époques. Car d'un côté, il faisait résider dans la sensation toute la connaissance, et par conséquent il considérait toute sensation comme vraie; de l'autre, il regardait la sensation comme un changement. Ainsi pensèrent Empédocle, Démocrite, Parménide, Anaxagore même.

« Leur faute a été de ne reconnaître que des objets sensibles où est pour beaucoup la matière, l'indéfini, l'être en puissance. Héraclite et surtout Cratyle ne virent dans le monde qu'une éternelle et universelle mobilité. Cependant si tout change, il faut bien au changement une matière et une cause qui subsistent.

D'ailleurs il suffit de remarquer que ce n'est pas même chose de changer en qualité ou en quantité. La quantité varie sans cesse, mais c'est par la qualité, par la forme, que nous connaissons tout[1].

« On pourrait ajouter qu'il y a aussi une nature immobile ; mais ces philosophes ne doivent-ils pas aller eux-mêmes bien plus loin, et croire à l'immobilité universelle? Si tout est dans tout, comment y aurait-il du changement ?

« Mais c'est à tort qu'ils attaquent la sensation. Le sens dit toujours vrai sur son objet propre ; l'imagination n'est pas la sensation[2]. — Si c'est la sensation qui constitue uniquement la vérité des choses, il s'ensuit que si les êtres qui sentent n'existaient pas, il n'y aurait rien ; mais cela est absurde : le sens ne se sent pas lui-même, mais bien un objet extérieur différent de la sensation : car ce qui meut est antérieur à ce qui est mu.

« On demande encore ce qui décidera entre la sagesse et la folie. C'est demander ce qui décide entre le sommeil et la veille ; c'est demander la raison de ce qui a sa raison en soi : on ne peut démontrer les principes mêmes de la démonstration.

---

[1] P. 79, l. 20 : Οὐ ταὐτόν ἐστι τὸ μεταβάλλειν κατὰ τὸ ποσὸν καὶ κατὰ τὸ ποιόν· κατὰ μὲν οὖν τὸ ποσὸν ἔστω μὴ μένον· ἀλλὰ κατὰ τὸ εἶδος ἅπαντα γιγνώσκομεν. Cf. XI (K), 223, l. 8.

[2] P. 80, l. 8 : Οὐδ' ἡ αἴσθησις ψευδὴς τοῦ ἰδίου ἐστίν, ἀλλ' ἡ φαντασία οὐ ταὐτὸν τῇ αἰσθήσει.

« Les arguments que nous venons d'exposer peuvent ramener ceux qui se seraient laissé séduire par des sophismes. Quant à ceux qui ne veulent que dispute et violence, poussons-les jusqu'aux extrémités de leur doctrine : ils doivent dire non pas seulement que toute apparence est vraie, mais qu'elle est vraie pour celui-là seulement à qui elle apparaît, et dans le moment et de la manière qu'elle lui apparaît. Ainsi, il n'y aura plus rien que de relatif. Or ce qui est relatif se rapporte à une chose déterminée. Mais si rien n'est que relativement à ce qui pense, l'homme n'est autre chose que ce qui est pensé ; donc ce qui pense n'est pas l'homme ; et la pensée n'étant jamais que par son rapport au pensant, on remontera ainsi vainement à l'infini [1].

« Ainsi le principe, que les propositions contradictoires ne peuvent être vraies en même temps, est véritablement le plus ferme principe. Il en dérive deux conséquences : 1° les contraires ne peuvent coexister en un même sujet : car l'un des deux contraires est la privation, et la privation est la négation dans

---

[1] P. 83, l. 5 : Πρὸς δὴ τὸ δοξάζον εἰ ταὐτὸ ἄνθρωπος καὶ τὸ δοξαζόμενον, οὐκ ἔσται ἄνθρωπος τὸ δοξάζον, ἀλλὰ τὸ δοξαζόμενον. Εἰ δ' ἕκαστον ἔσται πρὸς τὸ δοξάζον, ἄπειρα ἔσται τῷ εἴδει τὸ δοξάζον. Aristote tire ici du scepticisme des sophistes la conséquence que Hume a professée hardiment ; c'est qu'il n'y a que des phénomènes sans substances, des rapports sans termes, enfin des idées sans sujet ; et puisque rien n'est qu'en tant qu'il apparaît à un sujet, l'apparence même s'évanouit.

un genre déterminé[1]; 2° il n'y a point de milieu entre les deux contradictoires[2]. Cela est évident par la nature même du vrai et du faux : car dire vrai, c'est dire que ce qui est est, et que ce qui n'est pas n'est pas; et de même qu'un milieu entre l'être et le non-être ne serait ni être ni non-être, de même une proposition intermédiaire entre une affirmation et une négation contradictoires ne serait ni vraie ni fausse, ce qui est impossible. De plus, il y aurait encore un milieu entre le milieu et chacun des deux extrêmes, et ainsi de suite, à l'infini. Ainsi nier l'un des deux termes contradictoires, c'est affirmer l'autre.

On peut tirer encore du principe une troisième conséquence, c'est qu'il est également faux de dire que tout soit en repos et que tout soit en mouvement. Si tout était en repos, tout serait à la fois vrai et faux; si tout était en mouvement, il n'y aurait rien de vrai. Mais il y a un moteur qui meut ce qui est sujet au mouvement, et ce premier moteur est lui-même immobile[3].

[1] P. 83, l. 12 : Ἐπεὶ δ' ἀδύνατον τὴν ἀντίφασιν ἅμα ἀληθεύεσθαι κατὰ τοῦ αὐτοῦ, φανερὸν ὅτι οὐδὲ τἀναντία ἅμα ὑπάρχειν ἐνδέχεται τῷ αὐτῷ· τῶν μὲν γὰρ ἐναντίων θάτερον στέρησίς ἐστιν οὐχ ἧττον, οὐσίας δὲ στέρησις· ἡ δὲ στέρησις ἀπόφασίς ἐστιν ἀπὸ τινὸς ὡρισμένου γένους.

[2] P. 83, l. 21 : Ἀλλὰ μὴν οὐδὲ μεταξὺ ἀντιφάσεως ἐνδέχεται εἶναι οὐθέν, ἀλλ' ἀνάγκη ἢ φάναι ἢ ἀποφάναι καθ' ἑνὸς ὁτιοῦν.

[3] P. 86, l. 11 : Εἰ μὲν γὰρ ἠρεμεῖ πάντα, ἀεὶ ταὐτὰ ἀληθῆ καὶ ψευδῆ

LIVRE VI (E).

« Ce que nous cherchons, ce sont les principes et les causes des êtres en tant qu'êtres. Les autres sciences aussi considèrent des principes et des causes, mais non pas l'être en tant qu'être ; elles ne disent rien de l'essence pure. Après avoir pris leur point de départ les unes dans des sensations, les autres dans des hypothèses, elles démontrent les attributs du genre qu'elles considèrent. Mais l'essence ne se démontre pas. Aussi ne démontrent-elles pas même l'existence réelle du genre qu'elles considèrent : car la question de l'essence et celle de l'existence appartiennent à la même sphère de la pensée[1]. — La science de la nature, la physique, a pour objet les choses qui ont en elles-mêmes le principe de leur mouvement et de leur repos ; elle ne considère donc l'essence que dans un sujet, que dans le mouvement et la matière. Les objets des mathématiques sont au contraire immobiles ; mais ils ne sont pas séparés de la matière, quoiqu'elles en fassent abstraction. Si donc il y a quelque chose d'éternel, d'immo-

---

ἔσται...... εἰ δὲ πάντα κινεῖται, οὐθὲν ἔσται ἀληθές· πάντα ἄρα ψευδῆ... ἀλλὰ μὴν οὐδὲ πάντα ἠρεμεῖ ἢ κινεῖται· ποτὲ δέ, ἀεὶ δ' οὐθέν· ἔστι γάρ τι ὃ ἀεὶ κινεῖ τὰ κινούμενα· καὶ τὸ πρῶτον κινοῦν ἀκίνητον αὐτό.

[1] P. 121, l. 24 : Ὁμοίως δὲ οὐδ' εἰ ἔστιν ἢ μὴ ἔστι τὸ γένος περὶ ὃ πραγματεύονται οὐθὲν λέγουσι, διὰ τὸ τῆς αὐτῆς εἶναι διανοίας· τό τε τί ἐστι δῆλον ποιεῖν καὶ εἰ ἔστιν.

bile et de séparé, ce sera l'objet d'une autre science. Ainsi il y a trois sciences théorétiques : Physique, Mathématiques, Théologie. Celle-ci est la plus haute et la plus noble ; et comme l'essence immobile, s'il y en a une, doit être la première, la théologie sera par conséquent la philosophie première et, par conséquent encore, la philosophie universelle [1].

« Mais l'être a plus d'un sens. Il est nécessaire de distinguer : 1° l'être en soi et l'être par accident; 2° le vrai, auquel le faux s'oppose comme non-être; 3° l'être selon les catégories : essence, qualité, quantité, lieu, temps, etc.; 4° l'être en acte et l'être en puissance.

« Il faut écarter d'abord l'accident et le vrai.

« Aucune science ne s'occupe de l'accident ; c'est presque le non-être, et les sophistes seuls fondent tous leurs raisonnements sur l'accidentel. Aussi Platon fait-il avec raison du non-être l'objet propre de la sophistique. La cause de l'accident est toujours accidentelle; or la science ne s'occupe que de ce qui arrive toujours ou le plus souvent.

« Quant au vrai et au faux, ils ne se trouvent que dans les propositions. Le vrai et le faux ne sont donc pas dans les choses, mais dans la pensée. — Ainsi l'accident ayant son principe dans l'indéfini, et le

---

[1] P. 123, l. 20 : Εἰ δ' ἐστί τις οὐσία ἀκίνητος, αὕτη προτέρα καὶ φιλοσοφία πρώτη· καὶ καθόλου οὕτως ὅτι πρώτη· καὶ περὶ τοῦ ὄντος ᾗ ὄν, ταύτης ἂν εἴη θεωρῆσαι, καὶ τί ἐστι καὶ τὰ ὑπάρχοντα ᾗ ὄν.

vrai (comme le faux) dans la pensée, ni l'un ni l'autre ne nous montrent la véritable nature de l'être.

LIVRE VII (z).

« L'être se dit de toutes les catégories ; mais avant tout, c'est l'essence. Tout le reste n'est qu'à titre de quantité, de qualité, d'attribut de l'essence. L'essence, c'est ce qui constitue l'individu (τὸ καθ' ἕκαστον) dont s'affirment les attributs : ce n'est plus une espèce d'être, mais l'être d'une manière absolue (ὂν ἁπλῶς), qui seul subsiste par soi-même. Enfin l'essence est le primitif dans l'ordre logique, dans la connaissance et dans le temps. C'est donc l'essence que nous considérerons surtout et d'abord, et pour ainsi dire exclusivement.

« On donne au terme d'essence au moins les quatre sens suivants : 1° la quiddité[1] (τὸ τί ἦν εἶναι); 2° l'universel (τὸ καθόλου); 3° le genre, le principe de la génération, du *devenir* (τὸ γένος) ; 4° le sujet (τὸ ὑποκείμενον).

---

[1] On nous pardonnera d'avoir eu recours à ce terme scolastique, le seul qui rende assez bien l'expression grecque. Il a été imaginé pour servir d'équivalent à τὸ τί ἦν εἶναι en exprimant ce qu'une chose est selon le *quid*, selon l'être, et non pas selon le *quale*, le *quantum*, ou toute autre catégorie. — Sur le τὸ τί ἦν εἶναι, voy. les Éclaircissements.

« 1° Le sujet est ce dont on affirme tout, et que l'on n'affirme de rien ; c'est la forme, la matière et le tout concret; mais il semble que ce soit surtout la matière, puisque de la matière s'affirme l'essence elle-même. Le sujet est donc proprement la matière, et je parle de la matière en soi, sans quantité, ni qualité, ni rien de ce qui détermine l'être.

« 2° Passons à la quiddité, et parlons-en d'abord d'une manière générale et logique. La quiddité, c'est tout ce qui est par soi-même. Ainsi la quiddité n'est pas proprement exprimée dans ces mots : *surface blanche*, mais bien dans le seul mot de *surface* : car dans la définition de la *surface blanche*, il faudra faire entrer la *surface*. La quiddité est donc l'objet propre de la définition. La quiddité et la définition appartiennent d'abord à l'essence pure, puis, d'une manière secondaire, aux choses considérées sous les points de vue de la quantité, de la qualité et de toutes les autres catégories. — La quiddité est-elle identique avec la chose même? Oui, pour les choses qui sont par elles-mêmes, car chaque chose est identique avec son essence ; non, pour les choses accidentelles, car elles n'ont pas d'essence propre.

« 3° Tout ce qui devient devient par la nature, par l'art ou par le hasard. Le devenir suppose trois éléments; une matière en laquelle se fonde la possibilité du produit, une forme à laquelle il arrive, et un principe moteur. Le principe moteur, dans la nature c'est un être réel qui engendre son semblable. Dans l'art, c'est l'artiste; mais ce n'est plus dans son corps, c'est en son âme seule que réside la forme. Ainsi, dans l'art comme dans la nature, c'est le semblable qui résulte du semblable, mais ici du réel et là de la pensée. Aussi, dans l'opération de l'art, il y a deux moments : le premier est celui de la pensée, qui part du principe, de la forme; le second est celui de l'exécution, qui commence où s'est arrêtée la pensée[1]. — Le principe actif, dans la nature comme dans l'art, ne produit ni la matière, ni la forme, car on remonterait à l'infini, sans pouvoir s'arrêter, de forme en forme et de matière en matière : ce qui *devient*, c'est le concours de l'une avec l'autre (σύνοδος).

« Mais faut-il encore qu'il y ait des formes en dehors des objets particuliers, qu'il y ait des essences séparées? S'il en était ainsi, jamais un être véritable n'arriverait à l'existence, mais seulement à la qualité; car ces essences, telles qu'on imagine les *idées*, ne signifient rien que qualité. Au contraire, dans la génération réelle, c'est un être qui, sans être lui-même déterminé de qualité, fait passer l'indéterminé à une détermination qualitative[2]. »

---

[1] P. 140, l. 12 : Ἡ μὲν ἀπὸ τῆς ἀρχῆς καὶ τοῦ εἴδους νόησις, ἡ δ' ἀπὸ τοῦ τελευταίου τῆς νοήσεως ποίησις.

[2] P. 143, l. 6 : Πότερον οὖν ἐστί τις σφαῖρα παρὰ τάσδε ἢ οἰκία παρὰ τὰς πλίνθους, ἢ οὐδ' ἄν ποτε ἐγίγνετο, εἰ οὕτως ἦν, τόδε τι; ἀλλὰ τὸ τοιόνδε σημαίνει, τόδε δὲ καὶ ὡρισμένον οὐκ ἔστιν, ἀλλὰ ποιεῖ καὶ γεννᾷ ἐκ τοῦδε τοιόνδε· καὶ ὅταν γεννηθῇ, ἐστὶ τόδε τοιόνδε.

Après avoir ainsi constitué l'être par le devenir, Aristote pose deux questions étroitement liées entre elles sur le rapport des éléments de l'essence dans l'être concret ou réel.

« Faut-il que la définition du tout (concret, σύνολον) tienne compte des parties ?

« La partie précède-t-elle le tout, ou le tout la partie ? »

Aristote répond à la première « qu'il faut distinguer entre les parties matérielles et les parties de la forme. La définition ne portant, à proprement parler, que sur la forme, il est évident qu'elle ne doit tenir compte que des parties formelles (la forme d'un cercle est indépendante du bois ou du marbre dont il est fait).

« Quant à la seconde question, il faut répondre en s'appuyant sur la même distinction : les parties de la forme sont postérieures à la forme totale, mais antérieures au tout, au concret; le tout est à son tour antérieur aux parties matérielles. Par exemple, l'âme étant l'essence et la forme du corps, ses parties, qu'on ne peut définir sans se référer à son action totale (la sensation), sont antérieures, dans la définition, aux parties de l'animal concret. Ainsi, l'âme considérée à part de l'animal, la forme hors du concret, étant le général, tandis que le concret est le particulier et le réel, qui ne tombe pas sous la définition mais sous la sensation ou l'intuition, ce sont les parties du général seulement qui sont antérieures au tout réel[1].

« Maintenant il s'agit de compléter ce qui a été dit dans les Analytiques sur la définition : car cela est en première ligne dans la question de l'essence.

« Comment l'objet de la définition est-il un, puisqu'on y distingue le genre et la différence? Pour résoudre ce problème, il faut analyser la définition. — La définition se compose essentiellement du genre et de la différence; on obtient celle-ci en descendant de différence en différence jusqu'à la dernière qu'on puisse apercevoir. Toutes les autres se joignent au plus haut genre d'où l'on était parti; la dernière seule reste différence, et exprime l'essence de l'objet[2]. Soit donc que le genre ne soit pas distinct de ses espèces, soit qu'il joue ici, comme nous le verrons, le rôle de matière, c'est sur la dernière différence que porte la définition, puisqu'elle cherche à saisir l'essence de l'objet. » Aristote abandonne ici la question; il y reviendra au chapitre troisième du livre suivant, et n'en donnera la solution qu'au chapitre sixième de ce même livre. Il passe à l'examen de l'être dans la dernière des significations énumérées au commencement du VIIe livre.

« 4° Il est impossible qu'aucun universel soit véri-

---

[1] P. 148-9.
[2] P. 154, l. 27 : Φανερὸν ὅτι ἡ τελευταία διαφορὰ ἡ οὐσία τοῦ πράγματος ἔσται καὶ ὁ ὁρισμός.

tablement une essence : car l'essence première de chaque chose lui est propre, et par conséquent ne se trouve en aucune autre; au contraire, l'universel c'est ce qui est commun à plusieurs choses. Aussi, si l'universel était l'essence, tous les individus ne feraient qu'un : car tout ce qui a même essence est un. En outre, si l'homme, en général, était l'essence de Socrate, l'animal étant plus général encore, serait l'essence de l'homme, et on aurait l'essence de l'essence. Les universaux ne peuvent donc avoir d'existence hors des choses particulières; rien de ce qu'on affirme de plusieurs choses n'exprime l'existence essentielle déterminée, mais seulement la qualité. Ajoutons qu'il est impossible qu'une essence soit composée de plusieurs : car deux essences en acte ne peuvent jamais s'unir en une seule; l'acte divise[1]. De tout cela résulte clairement la nécessité de rejeter la théorie des idées.

« Nous avons dit qu'on entend par essence et la forme et l'objet sensible qui a forme et matière. L'objet sensible ne se définit pas : car, puisqu'il a de la matière, il peut être autre qu'il n'est, et échappe à la science par sa variabilité. En général, il n'y a point de définition de l'individu en tant qu'individu; l'idée ne peut pas non plus être définie, puisqu'on la donne pour individuelle et séparée. D'un autre côté,

---

[1] P. 157, l. 2 : Ἡ γὰρ ἐντελέχεια χωρίζει.

cependant, on compose d'idées les idées elles-mêmes, de manière qu'elles tombent sous la définition comme les formes du monde sensible. On n'a pas vu qu'il n'y a point de composition dans les choses individuelles et éternelles, et que la définition ne peut les atteindre. — De plus, on a souvent pris pour des êtres beaucoup de choses qui ne sont que des puissances.

« Ainsi, ni l'*un*, ni l'*être* ne sont les essences des êtres, pas plus que l'*élément* en général ou le *principe* en général [1]. L'essence n'est pas ce qui est commun à plusieurs choses. Ce n'est donc point dans le général que nous pouvons trouver cette essence qui est séparée des êtres sensibles.

« Voici le point d'où il faut partir : c'est que l'essence est principe et cause. Mais dans la recherche du pourquoi d'une chose, il ne faut pas oublier qu'il ne s'agit point de savoir pourquoi elle est ce qu'elle est en soi : ce serait une question vaine : car ici le pourquoi ne diffère pas du que (ὅτι); on demande la raison de ce qu'elle a de relatif et par conséquent de dépendant : pourquoi elle a telle forme ou telle matière ; par quelle cause ou pour quelle fin elle a été faite. Il n'y a donc pas lieu à cette recherche pour les essences simples, et il faut qu'il y ait quelqu'autre manière d'arriver à les connaître. Quant aux êtres qui tombent sous les sens, leur essence n'est pas dans les

---

[1] P. 161, l. 11 : Φανερὸν ὅτι οὔτε τὸ ἓν οὔτε τὸ ὂν ἐνδέχεται οὐσίαν εἶναι τῶν πραγμάτων, ὥσπερ οὐδὲ τὸ στοιχείῳ εἶναι ἢ ἀρχῇ.

éléments, car les éléments ne sont que matière, mais dans la cause de leur unité.

LIVRE VIII (H).

« Récapitulons, pour en finir avec ce sujet. Nous avons dit que nous cherchions les causes et les éléments des êtres; qu'il y a des essences reconnues par tout le monde [1] et d'autres que quelques philosophes seulement prétendent établir, c'est-à-dire les idées et les nombres et figures mathématiques. L'essence véritable étant la quiddité, et la quiddité étant ce que la définition exprime, nous avons dû parler de la définition, puis des parties de la forme et de la définition; nous avons prouvé que l'universel et le genre ne sont pas l'essence; nous considérerons plus bas les idées et les objets des mathématiques. Parlons maintenant des êtres reconnus de tous, c'est-à-dire des objets sensibles.

« Tous les objets sensibles ont de la matière, sujet immuable de toutes les qualités et de tous les changements. Or la matière, c'est ce qui n'est rien de réel en acte, mais seulement en puissance [1].

« Passons donc à l'essence actuelle des objets sensibles, c'est-à-dire à la forme. Démocrite reconnut

---

[1] P. 165, l. 18 : Ὕλην δὲ λέγω ἣ μὴ τόδε τι οὖσα ἐνεργείᾳ, δυνάμει ἐστὶ τόδε τι.

trois différences de la matière : la figure, la position et l'ordre ; il y en a beaucoup d'autres. Ce sont ces différences qui, en déterminant la matière, font les choses ce qu'elles sont, et qui, par conséquent, en constituent l'essence. Définir une chose par sa matière, c'est dire ce qu'elle est en puissance ; la définir par sa forme, ou par ses différences, c'est dire ce qu'elle est en acte ; la définir par l'une et par l'autre, c'est définir le concret. Il y a donc dans le monde sensible la matière, la forme et leur produit.

« Mais ce produit n'est pas le résultat de la composition des éléments matériels ; il n'est pas la matière, plus un certain assemblage ; la syllabe ne consiste pas dans les lettres et leur réunion ; l'homme n'est pas fait de l'animal et du bipède : car c'est plutôt le tout qui procède de la forme, que la forme du tout. Ce ne sont donc pas les éléments qui font les êtres ce qu'ils sont, ce n'est pas le simple résultat des éléments, c'est quelque chose de plus, qui est l'essence, la forme.

« La forme est quelque chose d'analogue au nombre : le nombre contient des unités, comme la forme, dans la définition, contient le genre et les différences ; qu'on retranche ou qu'on ajoute une unité, une différence, le nombre et la forme périssent : car leur unité n'est pas une unité de collection, ni une unité semblable à celle du point ; c'est une unité d'acte et de nature. Voilà pourquoi ni le nombre ni la forme ne sont susceptibles de plus et de moins.

« Quant à la matière, outre la matière universelle, chaque chose a sa matière propre, ou même en a plusieurs; et lorsqu'on demande quelle est la cause d'une chose, c'est toujours par la cause la plus prochaine qu'il faut répondre; c'est donc la matière la plus prochaine qui est véritablement la matière de chaque chose. Ainsi le devenir ne consiste pas dans le passage d'un contraire à un contraire en général, mais dans les alternatives de telle ou telle opposition déterminée, relative à la nature de la matière prochaine. Pour les choses physiques éternelles (corps célestes), elles n'ont peut-être point de matière, ou du moins la matière en est inaltérable, et seulement mobile.

« Ici revient encore cette question : pourquoi la définition est-elle une et le nombre est il un? C'est que la définition n'est pas une par réunion, comme l'Iliade, mais comme expression d'une chose une [1]. Qu'est-ce donc qui fait l'unité du défini, de l'homme, par exemple, en qui il y a l'animal et le bipède? Cette question est insoluble si l'on admet qu'il y a un animal en soi et un bipède en soi (théorie des idées) : car l'homme étant par la participation à deux choses, ne serait pas un, mais plusieurs. Mais si l'on distingue avec nous la matière et la forme, la puissance et l'acte, la solution est facile : car il y a une matière intelligible comme

---

[1] P. 173, l. 7 : Ὁ δ' ὁρισμὸς λόγος ἐστὶν εἷς οὐ συνδέσμῳ καθάπερ ἡ Ἰλιάς, ἀλλὰ τῷ ἑνὸς εἶναι. Cf. Analyt. post. II, xi. Poet. xx, sub fin.

une matière sensible; dans la définition, le genre est la matière, la différence est la forme ¹. Or c'est la forme qui est cause que ce qui n'était qu'en puissance est passé à l'acte. La forme est donc le principe de l'unité, et ce qui n'a pas de matière ni intelligible ni sensible, est un par le fait même (εὐθύς). Ainsi la cause de l'unité n'est autre chose que la cause de l'être.

« Les uns ont vu le principe de l'unité dans une *participation* qu'ils ne peuvent expliquer; les autres, comme Lycophron, dans une copule qui n'est qu'un mot vide de sens; comme si la vie était la copule ou le lien du corps et de l'âme. Ils cherchaient tous confusément la raison de l'unité de la puissance et de l'acte, et la nature de leur différence. Nous l'avons dit, la matière dernière et la forme sont même chose, mais l'une en puissance, l'autre en acte. La raison de l'unité, c'est donc le principe qui produit le mouvement de la puissance à l'acte, et tout ce qui n'a pas de matière est et est un par soi-même, et d'une manière absolue ². »

¹ P. 174, l. 1 : Ἔστι δὲ τῆς ὕλης ἡ μὲν νοητὴ ἡ δ' αἰσθητή· καὶ ἀεὶ τοῦ λόγου τὸ μὲν ὕλη, τὸ δ' ἐνέργειά ἐστιν, οἷον ὁ κύκλος σχῆμα ἐπίπεδον.

² P. 174, l. 28 : Ὥστε αἴτιον οὐθὲν ἄλλο πλὴν εἴ τι ὡς κινῆσαν ἐκ δυνάμεως εἰς ἐνέργειαν· ὅσα δὲ μὴ ἔχει ὕλην, πάντα ἁπλῶς ὅπερ ὄντα τί.

PARTIE II. — ANALYSE

LIVRE IX (Θ).

Ce livre est consacré au développement des idées de puissance et d'acte.

« On peut distinguer la puissance en active et en passive; mais dans l'idée de l'une comme de l'autre est contenue l'idée de la puissance primitive, qui est le principe du changement dans l'autre en tant qu'autre. Puisqu'on retrouve partout la puissance, dans les choses inanimées comme dans les animaux, et jusque dans la partie rationnelle de l'âme, il y a des puissances raisonnables et des puissances irraisonnables : celles-ci ne peuvent qu'un effet déterminé; celles-là, comme les sciences et les arts, peuvent leur effet naturel et de plus l'effet opposé, ou privation : car les contraires rentrent sous la même idée (λόγος, raison, définition etc.), quoique d'un point de vue opposé. Cette idée enveloppe un seul et même principe, qui produit les opposés par les puissances irraisonnables [1].

« Les Mégariques prétendaient que l'on ne peut que lorsque l'on agit. Cette opinion est absurde. 1° On ne serait donc pas architecte tant qu'on ne construirait pas, et on cesserait de l'être en cessant de construire; 2° le chaud, le froid, ne seraient pas chaud et froid

---

[1] P. 177, l. 20 : Διὸ τὰ κατὰ λόγον δυνατὰ τοῖς ἄνευ λόγου δυνατοῖς ποιεῖ τἀναντία· μία γὰρ ἀρχὴ περιέχεται τῷ λόγῳ.

tant qu'on ne les sentirait pas : on retombe ici dans la doctrine de Protagoras; 3° on n'aurait pas de sens tant qu'on ne sentirait pas ; 4° enfin ce qui n'est pas ne serait jamais ; ainsi cette doctrine entraîne pour conséquence l'immobilité universelle.

L'acte n'est donc pas la même chose que la puissance. Une chose est possible si, au cas où elle passerait à l'acte dont elle avait la puissance, il n'en doit résulter aucune impossibilité. — Quant à l'acte, c'est la réalisation (ἐντελέχεια); c'est la fin du mouvement et aussi le mouvement lui-même. L'acte ne se définit pas; on ne peut tout définir, mais on peut le concevoir par induction, en recueillant des analogies [1]. Ainsi la faculté de voir diffère de la vision; la moitié diffère du tout où elle est contenue en puissance; l'infini n'est pas, et nous le concevons comme possible quoiqu'il ne doive jamais se réaliser, par exemple dans la divisibilité infinie.

« L'acte précède la puissance, 1° dans l'ordre logique : car on ne peut concevoir la matière que comme ce qui peut devenir actuel; on ne la connaît que par l'acte; 2° dans le temps, d'une manière absolue : car si dans le même individu la puissance est antérieure à l'acte, il faut toujours remonter à un autre individu de même espèce, autre par conséquent selon le

---

[1] P. 182, l. 3 : Δῆλον δ' ἐπὶ τῶν καθ' ἕκαστα τῇ ἐπαγωγῇ ὃ βουλόμεθα λέγειν, καὶ οὐ δεῖ παντὸς ὅρον ζητεῖν ἀλλὰ καὶ τὸ ἀνάλογον συνορᾶν.

nombre et identique selon la forme, qui préexiste en acte et amène par le mouvement la puissance à l'acte; 3° selon l'essence : car les choses ont dans le devenir l'ordre inverse de celui qu'elles ont selon l'être[1]. Or tout ce qui devient tend à une fin, et la fin c'est l'acte auquel va la puissance ; la puissance n'est qu'à cause de l'acte, de la forme où elle a son essence. La fin est donc le principe ; et l'acte, qui est la fin, est le primitif selon l'être. Or la forme, l'essence, c'est l'acte.

« Mais il y a une raison plus haute encore pour l'antériorité de l'acte : les choses éternelles sont antérieures par essence à celles qui commencent et finissent; or rien de ce qui admet de la puissance n'est éternel, parce que le possible contient les opposés, et par conséquent de l'être et du non-être. — En outre, par cela seul que le possible contient les contraires et par conséquent le bien et le mal, il est inférieur à l'acte. Tirons en passant cette conséquence, qu'il n'y a point de mal en soi et hors des choses, puisque le mal vient de la puissance ; il n'y a donc point de mal dans tout ce qui est éternel.

« Enfin c'est l'acte qui est la cause de la science : car on ne connaît ce qui est en puissance qu'en le faisant passer à l'acte : c'est en quoi consiste le procédé analytique de la géométrie. La cause en est que l'acte

---

[1] P. 186, l. 14 : Πρῶτον μὲν ὅτι τὰ τῇ γενέσει ὕστερα τῷ εἴδει καὶ τῇ οὐσίᾳ πρότερα. Cf. p. 262, l. 6.

c'est la pensée; et voilà pourquoi c'est en faisant que l'on connaît [1].

« Il nous reste à parler de l'être et du non-être relativement au vrai et au faux.

« Dire vrai, c'est affirmer d'une chose ce qu'elle est réellement, et dire faux, c'est en affirmer ce qu'elle n'est pas. Donc il n'y a ni vrai ni faux pour les choses simples : on les connaît ou on les ignore, mais on ne peut s'y tromper. En effet il ne peut y avoir d'erreur sur l'être que par rapport à ses accidents. Or l'essence simple, qui est toute en acte, est l'être même, l'être en soi. »

LIVRE X (1).

« On a vu dans le Περὶ τῶν ποσαχῶς λεγομένων que l'un se dit de plusieurs choses; mais ses significations essentielles peuvent se réduire à quatre : 1° le continu (τὸ συνεχές), et surtout ce qui est continu de sa nature, et non par contact ou par un lien extérieur; 2° le tout (τὸ ὅλον), ce qui a une forme, ce qui a en soi-même le

---

[1] P. 189, l. 24 : Εὑρίσκεται δὲ καὶ τὰ διαγράμματα ἐνεργείᾳ· διαιροῦντες γὰρ εὑρίσκουσιν· εἰ δ' ἦν διῃρημένα, φανερὰ ἂν ἦν· νῦν δ' ἐνυπάρχει δυνάμει...... ὥστε φανερὸν ὅτι τὰ δυνάμει ὄντα εἰς ἐνέργειαν ἀναγόμενα εὑρίσκεται. Αἴτιον δ' ὅτι νόησις ἡ ἐνέργεια· ὥστ' ἐξ ἐνεργείας ἡ δύναμις· καὶ διὰ τοῦτο ποιοῦντες γιγνώσκουσιν. *Connaître c'est faire;* nous reviendrons plus bas sur le sens et la valeur de cette proposition et sur le rôle qu'elle a joué dans l'histoire de la philosophie, et qu'elle doit y jouer encore.

principe de sa continuité : dans cette première classe se place ce dont le mouvement est indivisible dans le temps et l'espace. En second lieu, on appelle un ce dont la raison est une, l'objet d'une seule et même pensée, c'est-à-dire 3° l'indivisible en nombre ou l'individu (καθ' ἕκαστον), et 4° l'indivisible en forme ou l'universel (καθόλου).

« Passons maintenant du nom de l'unité à son essence et à sa nature.

« Qu'est-ce que l'un ? D'abord, comme nous venons de le voir, c'est l'indivisible ; mais le caractère propre de l'un, c'est d'être la première mesure dans chaque genre, et, avant tout, la mesure de la quantité. Car on ne mesure la quantité que par le nombre, et le nombre que par l'unité ; l'unité est la mesure du nombre en tant que nombre. C'est même parce qu'il est la mesure, que l'un est indivisible : en toute chose le primitif ne se divise point. Ainsi en général ce qui nous fait connaître une chose est pour nous une mesure. Aussi n'est-ce pas la science, comme l'a dit Protagoras, qui est la mesure des choses ; ce sont plutôt les choses qui mesurent la science.

« Quant à la nature même de l'un, on peut demander si c'est une essence réelle, comme l'ont dit les Pythagoriciens, et après eux Platon, ou bien si ce n'est qu'un catégorème. Mais nous avons démontré qu'aucun universel n'est une essence ; l'un ne peut donc être qu'en un sujet.

« L'un s'oppose sous plusieurs rapports à la multitude, mais principalement comme l'indivisible s'oppose au divisible. A cette opposition se ramène celle du même et de l'autre, du semblable et du dissemblable, de l'égal et de l'inégal.

« Le même a plusieurs sens ; il y a l'identité en nombre, c'est-à-dire en forme et en matière, et c'est ainsi que je suis le même que moi; l'identité de matière; l'identité de forme ou d'essence, comme celle de toutes les lignes droites égales.

« Le semblable est ce qui est autre par le sujet et de forme identique. L'autre et le même sont contradictoires et n'admettent pas de milieu ; aussi sont-ce des universaux entre lesquels se partage tout ce qui est et qui est un : il n'en est pas de même de la différence.

« Les choses différentes diffèrent par quelque chose, qui est ou le genre ou l'espèce. D'un genre à un autre il n'y a point de passage ni de génération commune; mais le plus haut degré de la différence dans un même genre est la contrariété, qui est l'opposition des espèces extrêmes[1]. Les contraires sont donc ce qui diffère le plus en un même sujet : car le genre répond à la matière ; c'est donc une même matière qui contient en puissance les contraires, et ils tombent

---

[1] P. 199, l. 30 : Τὰ μὲν γὰρ γένει διαφέροντα οὐκ ἔχει ὁδὸν εἰς ἄλληλα, ἀλλ' ἀπέχει πλέον καὶ ἀσύμβλητα· τοῖς δ' εἴδει διαφέρουσιν αἱ γενέσεις ἐκ τῶν ἐναντίων εἰσὶν ὡς ἐσχάτων. Τὸ δὲ τῶν ἐσχάτων διάστημα μέγιστον· ὥστε καὶ τὸ τῶν ἐναντίων.

sous la même puissance : c'est pour cela que la considération des contraires appartient toujours à une même science [1].

« La première contrariété est la possession et la privation (ἕξις, στέρησις). Mais la première des quatre espèces d'oppositions est la contradiction : car la privation est une sorte de contradiction [2]. Ensuite, puisque tout devenir est le passage d'un contraire à l'autre, c'est-à-dire de la forme à la privation ou de la privation à la forme, il est évident que toute contrariété est une privation, mais la réciproque n'est pas vraie [5]. Il en est donc de même pour l'un et la multitude, si c'est là la contrariété à laquelle toute autre se ramène.

« Mais l'un est-il en effet le contraire du multiple, et l'égal le contraire du grand et du petit? Examinons d'abord cette dernière opposition. L'égal n'est le contraire ni du grand ni du petit pris séparément, et il ne peut l'être de tous deux : car il est impossible qu'une même chose ait deux contraires. De plus,

---

[1] P. 200, l. 28 : Ἡ γὰρ ὕλη ἡ αὐτὴ τοῖς ἐναντίοις καὶ τὰ ὑπὸ τὴν αὐτὴν δύναμιν πλεῖστον διαφέροντα· καὶ γὰρ ἡ ἐπιστήμη περὶ ἓν γένος ἡ μία, ἐν οἷς ἡ τελεία διαφορὰ μεγίστη.

[2] P. 201, l. 10 : Ἡ δὲ στέρησις ἀντίφασίς τίς ἐστιν.

[5] P. 201, l. 22 : Δῆλον ὅτι ἡ μὲν ἐναντίωσις στέρησις ἄν τις εἴη πᾶσα, ἡ δὲ στέρησις ἴσως οὐ πᾶσα ἐναντιότης. En effet il y a des oppositions de possession et de privation qui n'admettent pas de milieu, comme le pair et l'impair; d'autres en admettent, et celles-ci seules sont des contrariétés, comme le bien et le mal; on peut n'être ni bon ni méchant (p. 202, l. 1-3).

l'égal paraît être un milieu entre le grand et le petit ; or le contraire n'est pas un milieu, mais un extrême, une limite. L'égal n'est donc que la négation privative du grand et du petit à la fois ; il est donc intermédiaire entre ces deux extrêmes.

« On peut élever des difficultés semblables sur l'un et la multitude. N'oppose-t-on pas la multitude au peu, et deux n'est-il pas déjà une multitude? L'un et le peu seraient donc identiques, et le peu étant indéterminé, l'unité serait aussi indéterminée, c'est-à-dire qu'elle serait multitude. Mais il n'en est pas ainsi : ce mot de multitude a deux sens, celui de *plusieurs* (πλῆθος), et celui de beaucoup (πολύ), à quoi s'oppose le peu, et le peu, d'une manière absolue, c'est deux ; le peu est la multitude en défaut, et le beaucoup la multitude en excès (ἔλλειψις, ὑπεροχή). La multitude, d'une manière absolue, le plusieurs, le nombre, s'oppose à l'un comme *des unités* à *l'unité* ; c'est l'opposition de la mesure et du mesurable, opposition de pure relation, comme celle de la science et de son objet[1]. Ainsi il n'y a opposition de contradiction entre l'un et le multiple que par l'opposition du divisible et de l'indivisible, mais l'unité c'est la mesure[2].

---

[1] P. 205, l. 13 : Ἔστι γὰρ ἀριθμὸς πλῆθος ἑνὶ μετρητὸν, καὶ ἀντίκειταί πως τὸ ἓν καὶ ἀριθμὸς οὐχ ὡς ἐναντίον, ἀλλ' ὥσπερ εἴρηται τῶν πρὸς τί ἔνια· ᾗ γὰρ μέτρον, τὸ δὲ μετρητὸν, ταύτῃ ἀντίκειται..... Ὁμοίως δὲ λεγομένη ἡ ἐπιστήμη, κ.τ.λ. Cf. p. 195, l. 17.

[2] Plaçons ici une analyse rapide des trois chapitres, VII, VIII, IX et X

LIVRE XI (κ).

Nous avons dit que nous ne recommencerions pas l'analyse de ce que l'on a déjà vu dans les IIIe, IVe et VIe livres, et qui est reproduit dans le XIe avec quelques différences de détail. Recueillons seulement une proposition dont le développement va occuper les trois derniers livres :

« Il semble évident que la philosophie première est

(Περὶ ἐναντίων), qui, ainsi que nous l'avons dit, ne tiennent pas réellement à ce qui précède.

CC. VII, VIII. « Il y a un milieu entre les contraires, parce qu'ils sont compris dans un même genre; un des termes extrêmes peut devenir l'autre extrême, tandis qu'il n'y a point de passage d'un genre à un autre. Les contraires sont les espèces formées du genre et de la différence; les milieux sont composés des contraires, etc. »—C. IX : « Pourquoi la différence des sexes ou celle des couleurs ne constituent-elles pas des espèces différentes? C'est que les oppositions qui résident dans le principe, dans la raison génératrice (ἐν τῷ λόγῳ) établissent seules des différences formelles et spécifiques. Celles qui ne se fondent que dans la matière n'en peuvent pas constituer de semblables; la matière ne peut pas produire de la différence. Or les sexes sont des affections (πάθη) propres à l'animal il est vrai, mais qui viennent d'une modification extérieure de la semence, de la matière, du corps, et non pas de l'essence. »—C. X : « Quant à l'opposition du périssable et de l'impérissable (φθαρτὸν, ἄφθαρτον), ce n'est pas seulement une contrariété essentielle et par conséquent spécifique, c'est une différence générique. Ainsi non-seulement les idées impérissables ne peuvent pas être, comme on le prétend, de la même espèce que les individus périssables auxquels elles correspondent, mais elles ne peuvent pas être du même genre. »

la science de l'universel, et par conséquent de l'être et de l'unité. Mais l'être véritable n'est pas l'universel, c'est quelque chose d'actuel et qui existe en soi. S'il n'y avait pas un être éternel, séparé, immuable, comment y aurait-il de l'ordre dans l'univers [1] ?

[1] P. 213, l. 14 : Μᾶλλον δ' ἂν δόξειε τῶν καθόλου δεῖν εἶναι τὴν ζητουμένην ἐπιστήμην. Πᾶς γὰρ λόγος καὶ πᾶσα ἐπιστήμη τῶν καθόλου, καὶ οὐ τῶν ἐσχάτων· ὥστ' εἴη ἂν οὕτω τῶν πρώτων γενῶν· ταῦτα δὲ γίγνοιτ' ἂν τό τε ὂν καὶ τὸ ἕν. — P. 214, l. 29 : Πῶς γὰρ ἔσται τάξις μή τινος ὄντος ἀϊδίου καὶ χωριστοῦ καὶ μένοντος; — P. 216, l. 6 : ..... Τὴν δ' οὐσίαν μὴ τῶν καθόλου εἶναι, μᾶλλον δὲ τόδε τι καὶ χωριστόν.

Nous tirons aussi de la seconde partie du XIe livre, qui présente une rédaction un peu abrégée d'une partie de la Physique, un passage où se trouvent des idées importantes pour l'intelligence de la théorie métaphysique ;

« Il y a autant d'espèces de mouvement qu'il y a de catégories; les êtres changent en quantité, en qualité, dans l'espace, dans le temps, etc. Le changement s'opère d'un contraire à l'autre, du positif au privatif. De plus, l'être se divise en possible et actuel, et le mouvement est la réalisation du possible en tant que possible. Ainsi le mouvement par lequel l'airain devient statue n'est pas la réalisation de l'airain en tant qu'airain, mais en tant que matière de la statue.—Les philosophes avaient défini le mouvement par la diversité ou l'inégalité, parce qu'il leur semblait être quelque chose d'indéfini. Or les principes dont on composait la série négative paraissent indéfinis par leur caractère privatif (p. 231, l. 8 : Τῆς δ' ἑτέρας συστοιχίας αἱ ἀρχαὶ διὰ τὸ στερητικαὶ εἶναι ἀόριστοι). D'un autre côté le mouvement est indéfini puisqu'il n'est ni pure puissance ni acte. Mais il fallait dire : le mouvement est un acte imparfait, indéfini, parce que le possible, dont il est la réalisation, est indéfini. C'est donc un acte et ce n'en est pas un; chose difficile à comprendre, mais non pas impossible (p. 231, l. 20 : Ὥστε λείπεται τὸ λεχθὲν εἶναι καὶ ἐνέργειαν καὶ μὴ ἐνέργειαν τὴν εἰρημένην, ἰδεῖν μὲν χαλεπὴν, ἐνδεχομένην δ' εἶναι).—L'infini n'a point d'existence actuelle, et aucun être actuel n'est infini (p. 232, l. 16 :

PARTIE II. — ANALYSE

LIVRE XIII (M)[1].

« Nous avons parlé de l'être qui tombe sous les sens ; mais il s'agit pour nous de déterminer s'il y a hors des choses sensibles une essence éternelle et immobile, et, au cas où il y en aurait une, d'en déterminer la nature. Examinons d'abord les opinions des autres ; nous verrons si l'on doit reconnaître comme une essence de ce genre l'idée et la grandeur mathématique. — Quelques-uns ont identifié l'idée avec le nombre ; mais considérons d'abord les grandeurs mathématiques (τὰ μαθηματικά) en elles-mêmes et indépendamment de leur rapport aux idées ; nous passerons ensuite aux idées en elles-mêmes. Mais nous

---

Καὶ ὅτι οὐκ ἔστιν ἐνεργείᾳ εἶναι τὸ ἄπειρον, δῆλον. — L. 24 : Ἀλλ' ἀδύνατον τὸ ἐντελεχείᾳ ὃν ἄπειρον). En effet si l'infini était divisible, ses parties seraient infinies, ce qui est impossible ; et d'un autre côté, il ne peut être indivisible : car il faut bien qu'il ait de la quantité (πόσον γὰρ εἶναι ἀνάγκη).

[1] On tire peu de fruit pour l'intelligence des livres XIII et XIV du commentaire de Syrianus, qui n'est encore publié que dans la traduction latine de Bagolini, très-incorrecte d'ailleurs et obscurcie par de nombreuses fautes d'impression (1558, in-4°). Ce commentaire, précieux du reste pour l'histoire de la philosophie, est une réfutation qui, presque toujours, porte à faux. Syrianus mêle, sans aucune critique, les idées néoplatoniciennes et néopythagoriciennes à celles des Pythagoriciens et de Platon. — Michel d'Éphèse, dans son commentaire sur ces deux livres, commentaire dont Brandis désigne l'auteur par le nom de Pseudo-Alexandre, copie souvent Syrianus.

nous étendrons surtout sur la question de savoir si les nombres et les idées sont les principes et les essences des êtres.

« Les grandeurs mathématiques sont dans les choses sensibles, ou en sont séparées, ou sont de quelque autre manière; le doute ne porte pas sur la question de l'être, mais de la manière d'être.

« Dans la première hypothèse[1], les corps seraient indivisibles : car si le solide mathématique est dans le corps sensible il se divisera avec ce corps comme s'il était ce corps même. Ainsi le solide se diviserait par la surface, la surface par la ligne et la ligne par le point; en sorte que, si le point est indivisible, la ligne le sera également, puis la surface, puis le corps. — Si au contraire le solide mathématique existait séparé des corps réels, il y aurait non-seulement des solides, mais des surfaces existant séparément ; de plus ces solides séparés ayant aussi des surfaces, et le simple précédant le composé, on aura trois surfaces séparées pour une surface sensible : 1° surface séparée antérieure à la surface sensible ; 2° surface du solide séparé ; 3° surface antérieure aux surfaces du solide séparé, et ainsi de suite. C'est un entassement absurde. Et lesquels de ces éléments considèrera la science mathématique, qui doit s'attacher au pri-

---

[1] Dans l'hypothèse où les μαθηματικά, μαθηματικὰ μεγέθη (p. 262, l. 8) seraient dans les corps, non pas seulement en puissance, ce qui est l'opinion d'Aristote, mais en acte.

mitif? Il en sera de même pour l'arithmétique, de même aussi pour l'astronomie, pour l'optique, pour la musique. Les grandeurs mathématiques n'ont donc pas une existence séparée. Et en effet, qu'est-ce qui en ferait l'unité? Si cette unité ne réside pas dans l'âme, dans un principe intelligent, elles sont multiples et vont se diviser à l'infini [1].

« Les grandeurs mathématiques ne sont donc ni dans les objets ni hors des objets; il faut qu'elles soient de quelque autre manière. En effet, toute science peut considérer une chose sous un point de vue spécial, sans qu'il y ait autant de sortes d'existences séparées de cette chose qu'il y a de points de vue différents. La physique spécule sur les êtres en tant que mobiles, indépendamment de leur nature et de leurs accidents, sans qu'il soit besoin de supposer des mobiles séparés des objets réels; de même l'optique néglige la vue en elle-même, pour ne traiter que des lignes, etc. : et plus l'objet de la science est primitif selon l'ordre logique, c'est-à-dire, plus il est simple, plus aussi la science est exacte et rigoureuse [2]. Ainsi la science n'est pas pour cela dans le faux, car ce n'est pas dans le choix du point de départ que

---

[1] P. 262, l. 7 : Ἔτι τίνι καὶ πότε ἔσται ἐν τὰ μαθηματικὰ μεγέθη; τί μὲν γὰρ ἐνταῦθα ψυχῇ ἢ μέρει ψυχῆς ἢ ἄλλῳ τινὶ εὐλόγῳ εἰ δὲ μή, πολλὰ καὶ διαλύεται.

[2] P. 264, l. 14 : Καὶ ὅσῳ δὴ ἂν περὶ προτέρων τῷ λόγῳ καὶ ἁπλουστέρων, τοσούτῳ μᾶλλον ἔχει τὸ ἀκριβές.

réside jamais l'erreur[1]. Le mathématicien est même fondé à prétendre qu'il considère des êtres, car il y a l'être en puissance comme l'être en acte[2].

« On ne peut pas dire non plus que les mathématiques ne touchent ni au bon ni au beau ; il n'y a de bien, il est vrai, que pour l'action et le mouvement ; mais l'ordre, la symétrie, la limitation, ne sont-ce pas les plus grandes formes du beau (τοῦ καλοῦ μέγιϛα εἴδη) ?

« Passons à la théorie des idées, et considérons-la d'abord sans toucher à celle des nombres, mais telle que la conçurent ceux qui en parlèrent les premiers.

---

[1] P. 264, l. 27 : Οὐ γὰρ ἐν ταῖς προτάσεσι τὸ ψεῦδος.

[2] P. 265, l. 8 : Ὥστε διὰ τοῦτο ὀρθῶς οἱ γεωμέτραι λέγουσι, καὶ περὶ ὄντων διαλέγονται, καὶ ὄντα ἐστί· διττὸν γὰρ τὸ ὄν, τὸ μὲν ἐντελεχείᾳ τὸ δ' ὑλικῶς. — Syrianus (f° 55 a) nous apprend qu'Alexandre d'Aphrodisée et un autre commentateur, nommé Aristote le Jeune, donnaient deux interprétations contraires de ce passage. Le premier pensait que la figure mathématique est en acte dans le corps réel, et n'est que puissance dès qu'on l'abstrait ; le second, que la figure n'est qu'en puissance dans le corps réel, et ne vient à l'acte que par l'abstraction. Syrianus préfère la première de ces deux explications. L'une et l'autre nous semblent à la fois vraies mais incomplètes. La figure, ainsi que l'avait dit Alexandre, n'a de réalité, n'est en acte que dans un corps réel, et la figure abstraite n'est que l'expression d'une possibilité ; mais d'un autre côté, comme le disait Aristote le Jeune, elle n'est dans le corps même que potentiellement, puisqu'elle n'y est qu'imparfaite et enveloppée : on l'a vu au livre IX (voy. plus haut, p. 162). Ainsi la figure mathématique n'est qu'en puissance dans le corps, et elle n'est, dans la pensée qui la réalise, qu'une possibilité. Elle n'est donc, de toute manière, qu'en puissance.

« Cette doctrine naquit de celle d'Héraclite. On admit avec lui que toutes les choses sensibles sont dans un flux continuel ; si donc il y a de la science, il fallait chercher hors du monde sensible des natures immuables. Socrate se renfermant dans la morale, avait le premier cherché l'universel par la définition ; mais il ne séparait pas les universaux. Ceux qui vinrent ensuite les séparèrent, et les appelèrent formes ou idées des êtres ; ajoutant ainsi aux réalités qu'il fallait expliquer des entités nouvelles, comme si pour compter des objets on en doublait le nombre. — Les raisons sur lesquels on veut établir la croyance aux idées ne sont pas démonstratives ; les unes ne méritent pas l'examen, les autres conduisent à admettre plus d'idées que ne le veut cette théorie même. 1° Si la preuve de l'existence des idées est tirée de la nature de la science, il y aura des idées de tout ce qu'on peut savoir. 2° Si on argue de ce que les choses ont toujours quelque chose de commun, il y aura des idées des négations mêmes. Il y aurait encore, à y regarder de près, des idées des relations dont il n'y a cependant pas de genre en soi ; on arrive même à poser le *troisième homme* [1]. — Enfin il faudrait

---

[1] C'est-à-dire qu'il y aura un troisième homme outre l'homme individu et l'homme générique ou idée de l'homme : car l'homme et l'idée de l'homme ne peuvent se ressembler que relativement à un troisième terme qui leur soit commun, etc. Sur les diverses formes données à cet argument par le sophiste Polyxène, par Aristote dans le IV⁰ livre

admettre des formes et idées des accidents : car il n'y a pas que les essences que l'intelligence conçoive d'une même pensée; et pourtant, puisque dans cette doctrine la participation aux idées n'est pas accidentelle mais essentielle, il ne devrait y avoir d'idées que des essences.

« Que servent les idées aux choses sensibles? Elles ne sont pas la cause de leur mouvement et de leur changement. Elles n'en constituent pas non plus l'essence, puisqu'elles ne sont pas en elles. Les constitueraient-elles par mélange ? cette opinion, qui rappelle les doctrines d'Anaxagore et d'Eudoxe, entraîne trop d'absurdités. Dire que ce sont les modèles des choses, ou ce à quoi elles participent, c'est se servir de phrases vides et de métaphores poétiques. De plus, il y aurait plusieurs modèles d'une seule chose : ainsi, pour l'homme, l'idée de l'animal, celle du bipède et celle de l'homme. Enfin les idées elles-mêmes auraient leurs modèles et seraient à la fois types et images.

« Mais l'essence ne se sépare pas de ce dont elle est l'essence. Si donc les idées sont les essences des choses, il est impossible qu'elles en soient séparées[1].

---

du Περὶ ἰδεῶν, et par Eudème dans son Περὶ λέξεως, voy. Alexandre d'Aphrodisée, *in Metaphys.* I, vii. — Brandis a donné le texte de ce passage d'Alexandre dans sa dissertation *De perditis Aristotelis libris*, p. 18-20.

[1] P. 269, l. 15 : Ἔτι δόξειεν ἂν ἀδύνατον χωρὶς εἶναι τὴν οὐσίαν καὶ οὗ ἡ οὐσία· ὥστε πῶς ἂν αἱ ἰδέαι οὐσίαι τῶν πραγμάτων οὖσαι χωρὶς εἶεν;

— Il est dit dans le Phédon que les idées sont les causes de l'être et du devenir ; mais il ne suffit pas de la forme, il faudrait encore une cause motrice.

« Arrivons aux nombres, à la doctrine qui les considère comme des essences séparées et comme les premières causes des êtres.

Dans cette hypothèse, il y a trois cas possibles : ou chaque nombre est différent des autres par sa forme (τῷ εἴδει), et ses unités ne peuvent absolument se combiner (ἀσύμβλητοι) avec les unités des autres : ou bien ils se combinent entre eux et les unités entre elles, comme dans les nombres mathématiques, ou enfin les unités peuvent se combiner dans un même nombre, mais non d'un nombre à l'autre. De plus, il y a des philosophes (Platon) qui ont admis deux sortes de nombre, les nombres idées, où il y a de la priorité et de la postériorité, et les nombres mathématiques [1]. D'autres ne reconnaissent que le

---

[1] P. 271, l. 6 : Οἱ μὲν οὖν ἀμφοτέρους φασὶν εἶναι τοὺς ἀριθμοὺς, τὸν μὲν ἔχοντα τὸ πρότερον καὶ ὕστερον τὰς ἰδέας, τὸν δὲ μαθηματικὸν παρὰ τὰς ἰδέας καὶ τὰ αἰσθητά. M. Trendelenburg (*Platon. de id. et num. doctr.* p. 82) trouve ceci en contradiction avec ce passage de l'Éthique Nicom. I, IV : Οὐκ ἐποίουν ἰδέας ἐν οἷς τὸ πρότερον καὶ τὸ ὕστερον ἔλεγον· διόπερ οὐδὲ τῶν ἀριθμῶν ἰδέαν κατεσκεύασαν. En conséquence il propose d'ajouter une négation dans le passage de la Métaphysique, et de lire : τὸν μὲν μὴ ἔχοντα. Brandis (*Ueber die Zahlenlehre*, etc. Rhein. Mus. 1828, p. 563) défend l'ancienne leçon avec raison ce nous semble. Mais nous ne pouvons admettre la so-

que le nombre mathématique, qu'ils considèrent comme le premier des êtres, et le séparent des objets

lution qu'il donne de la contradiction que M. Trendelenburg avait cru trouver entre les deux passages cités plus haut. Selon Brandis, dans le premier, Aristote attribue aux nombres idées la priorité et la postériorité, en ce sens qu'ils ont entre eux un ordre de dérivation logique et essentielle [*]; et dans le second, au contraire, il en exclut la priorité et la postériorité, en ce sens qu'ils ne se constituent pas mutuellement et ne sont pas facteurs les uns des autres. On pourrait répondre que cette explication ne rend pas compte de l'opposition établie formellement dans la phrase du XIII° livre entre le nombre idée et le nombre mathématique; car les nombres mathématiques ont aussi entre eux un ordre de dérivation logique et essentielle. — La suite du XIII° livre nous fournit une explication plus simple : dans les différents nombres idées les unités sont essentiellement différentes; elles sont d'un nombre à un autre, dans le même rapport que ces deux nombres; ainsi les unités de la dyade sont antérieures par essence à celles de la triade, et il en est de même des nombres qui en sont respectivement composés; la dyade idéale en soi a donc une antériorité d'essence et de nature (τὸ κατὰ φύσιν καὶ οὐσίαν πρότερον) sur la dyade contenue dans la triade idéale, dans la tétrade idéale, etc. C'est ce qui nous paraît résulter surtout avec évidence de la phrase suivante, p. 276, l. 22 : Καὶ ἡμεῖς μὲν ὑπολαμβάνομεν ὅλως ἓν καὶ ἕν, καὶ ἐὰν ᾖ ἴσα ἢ ἄνισα, δύο εἶναι, οἷον τὸ ἀγαθὸν καὶ τὸ κακὸν, καὶ ἄνθρωπον καὶ ἵππον· οἱ δ' οὕτως λέγοντες οὐδὲ τὰς μονάδας· εἴτε δὲ μὴ ἐστὶ πλείων ἀριθμὸς ὁ τῆς τριάδος αὐτῆς ἢ ὁ τῆς δυάδος, θαυμαστόν· εἴτε ἐστὶ πλείων, δῆλον ὅτι καὶ ἴσως ἔνεστι τῇ δυάδι (si la triade est plus grande que la dyade, elle contient un nombre égal à la dyade). Ὥστε οὗτος ἀδιάφορος αὐτῇ τῇ δυάδι. Ἀλλ' οὐκ ἐνδέχεται, εἰ πρῶτός τίς ἐστιν ἀριθμὸς καὶ δεύτερος, οὐδὲ ἔσονται αἱ ἰδέαι ἀριθμοί. Cf. p. 273, l. 1-2; l. 22. — Les nombres mathématiques au

---

[*] Cette explication paraît se rapprocher de celle que donne en passant Syrianus (ap. Brand. *De perd. Aristot. libr.* p. 45) : Εἶναι γὰρ καὶ εἰδητικὸν ἀριθμὸν ὑπετίθετο, τάξιν ἐχόντων ἐν αὐτῷ τῶν εἰδῶν.

sensibles[1]. Les Pythagoriciens en font l'élément même des choses sensibles et ne l'en séparent point : seuls ils ont attribué de la grandeur aux unités des nombres en sorte que ce ne sont plus des unités[2]. Un autre

contraire ne diffèrent pas les uns des autres en qualité, mais en quantité seulement, et par l'addition successive d'unités nouvelles (XIII, 273, l. 30). D'où il suit qu'ils ne sont pas singuliers comme les nombres idées (I, 20, l. 26; XIII, 272, l. 14 et suiv.), et qu'ils n'ont pas de formes différentes d'eux-mêmes : car la forme c'est la qualité. De là la phrase citée plus haut de l'Éthique Nicom. Elle s'explique parfaitement par les deux suivantes qui termineront cette longue note : Ἔτι ἐν ὅσοις ὑπάρχει τὸ πρότερον καὶ ὕστερον, οὐκ ἔστι κοινόν τι παρὰ ταῦτα καὶ τοῦτο χωριστόν. (Eth. Eudem. I, VIII.) Ἔτι ἐν οἷς τὸ πρότερον καὶ ὕστερόν ἐστιν, οὐχ οἷόν τε τὸ ἐπὶ τούτων εἶναι παρὰ ταῦτα, κ.τ.λ. (Metaph. III, 11, 50, l. 12.)

[1] P. 271, l. 10 : Οἱ δὲ τὸν μαθηματικὸν μόνον ἀριθμὸν εἶναι τὸν πρῶτον τῶν ὄντων κεχωρισμένον τῶν αἰσθητῶν· et p. 285, l. 26 : Οἱ μὲν γὰρ τὰ μαθηματικὰ μόνον ποιοῦντες παρὰ τὰ αἰσθητά, ὁρῶντες τὴν περὶ τὰ εἴδη δυσχέρειαν καὶ πλάσιν, ἀπέστησαν ἀπὸ τοῦ εἰδητικοῦ ἀριθμοῦ καὶ τὸν μαθηματικὸν ἐποίησαν. C'est à Xénocrate qu'Alexandre d'Aphrodis. rapportait cette opinion, ainsi que Syrianus par qui nous l'apprenons : Michel d'Éphèse qui copie Syrianus et Philopon qui copie Michel d'Éphèse. Brandis (*De perd. libr.* p. 46) et Ritter (*Gesch. der Philos.* p. 483) les ont suivis. Cependant, et quelque grave que soit l'autorité d'Alexandre, nous croyons que l'opinion qu'il attribue ici à Xénocrate est celle de Speusippe, tandis que la vraie doctrine de Xénocrate est celle de l'identité du nombre idéal et du nombre mathématique : mais nous ne pouvons développer ici les preuves sur lesquelles nous établissons cette opinion. Nous le ferons plus tard dans un Essai sur l'histoire et les doctrines de l'ancienne Académie.

[2] P. 271, l. 14 : Τὸν γὰρ ὅλον οὐρανὸν κατασκευάζουσιν ἐξ ἀριθμῶν, πλὴν οὐ μοναδικῶν, ἀλλὰ τὰς μονάδας ὑπολαμβάνουσιν ἔχειν μέγεθος. Syrianus (f° 97-8) commet une erreur grave en identifiant ces ἀριθμοὶ οὐ μοναδικοί avec les ἀσύμβλητοι. Trendelenb. loc. cit. p. 75-77.

ne reconnaît que le nombre primitif idéal[1]. Quelques-uns identifient ce même nombre avec le nombre mathématique[2], etc. Aucune de ces hypothèses ne peut être admise.

I. « 1° Si les unités des nombres idéaux ne diffèrent pas les unes des autres et peuvent se combiner, ces nombres se réduisent aux nombres mathématiques. Alors les idées ne seront pas des nombres : car comment un pur nombre serait-il l'homme en soi et l'animal en soi? Et si elles ne sont pas des nombres, elles ne sont rien du tout, puisque le nombre comme l'idée est formé de l'un et de la dyade indéfinie. — 2° Si au contraire les unités sont absolument différentes et ne peuvent se combiner entre elles, le nombre qui en est formé n'est pas le nombre mathématique et n'est pas non plus le nombre idéal : car la première dualité ne pourra plus être formée de l'un et de la dyade indéfinie. — Et pourtant, que les unités soient différentes ou indifférentes entre elles, les nombres ne se forment pas moins par addition successive. Mais si toutes les unités sont toutes différentes et ont par conséquent un ordre entre elles et de l'antériorité les unes rela-

---

[1] P. 271, l. 18. Nous ne savons à qui appartenait cette opinion singulière. Syrianus en donne une explication tout alexandrine et évidemment arbitraire (ap. Brand. *De perd. libr.* p. 47). Michel d'Éphèse (ibid.), sans citer aucune autorité, la rapporte à un pythagoricien qu'il ne nomme pas.

[2] Xénocrate. Voyez ci-dessus, p. 178, note 1.

tivement aux autres, comment tous les nombres idéaux sortent-ils du même principe, l'un et la dyade indéfinie? — 3° Si les unités ne sont différentes que d'un nombre à l'autre[1], on arrive encore à des contradictions : ainsi, si les unités du nombre cinq sont différentes de celles du nombre dix, la dizaine ne sera pas formée du nombre deux fois cinq.

« Les unités ne diffèrent donc pas les unes des autres, ni en quantité, ni en qualité ; tous les nombres sont entre eux égaux ou inégaux. Il est étrange de soutenir qu'une triade n'est pas plus qu'une dyade ; or, d'un autre côté, si la triade est plus grande que la dyade, c'est qu'elle contient un nombre égal à la dyade, et qui, par conséquent, ne diffère pas de la dyade même, ce qui est contre l'hypothèse des idées nombres : car alors les idées seraient contenues les unes dans les autres, et ne seraient que des parties d'une idée totale.

II. « Quelques-uns, sans admettre l'existence des idées, ni comme idées, ni comme nombres, considèrent les nombres mathématiques comme les principes des choses et l'un en soi comme le principe des nombres[2]. Mais si l'on suppose l'existence de cet un primordial, différent des unités numériques, ne faudra-t-il pas reconnaître aussi avec Platon une première dyade, une première triade, etc.?

[1] Cette hypothèse est celle de Platon. Cf. *Metaph.* p. 278, l. 24.
[2] Speusippe. Voyez plus haut, p. 178, note 1.

III. « Mais l'hypothèse la plus absurde, c'est la troisième, celle de l'identité du nombre idée avec le nombre mathématique ; car les objections qui tombent sur les deux autres, tombent à la fois sur celle-ci.

« La doctrine pythagoricienne échappe à quelques-unes de ces difficultés ; mais il y en a d'autres auxquelles elle est seule sujette. Elle ne sépare pas le nombre des choses sensibles ; mais comment les grandeurs pourraient-elles être formées d'atomes ? »

Aristote élève ensuite une foule d'objections sur la constitution du nombre dans tous ces systèmes. « Si toute unité est le résultat de l'égalisation du grand et du petit, comment la dyade du grand et du petit sera-t-elle une, et si elle est une, en quoi diffère-t-elle d'une unité ? De plus, l'unité lui est antérieure : car, si on supprime l'unité, il n'y a plus de dualité.—Le nombre idéal est-il indéfini ou fini ? S'il est indéfini, il n'est ni pair ni impair, ce qui est absurde ; s'il est fini, jusqu'à quel nombre ? et il ne suffit pas d'affirmer, il faut donner une raison. On s'arrête à la décade [1] ; mais pourquoi ne pas aller plus loin ? Les dix premiers nombres ne peuvent suffire pour tous les êtres. Les idées vont donc manquer bien vite [2].

« Enfin, est-ce l'unité qui est antérieure au nombre

---

[1] P. 280, l. 23 : Εἰ μέχρι τῆς δεκάδος ὁ ἀριθμός, ὥσπερ τινές φασι. C'est à la doctrine de Platon que ceci fait allusion. *Phys.* III, 206 b Bekk. : Μέχρι γὰρ δεκάδος ποιεῖ τὸν ἀριθμόν. Cf. *Met.* XII, 250, l. 18 ; XIII, 281, l. 15.

[2] P. 280, l. 24 : Πρῶτον μὲν ταχὺ ἐπιλείψει τὰ εἴδη.

ou le nombre à l'unité? L'unité est la partie, l'élément, la matière; le nombre est la forme du tout; or, la partie et la matière précèdent dans le temps; le tout, la forme précèdent dans l'ordre logique (τὸ μὲν κατὰ λόγον, τὸ δὲ κατὰ χρόνον). Mais les Platoniciens font à la fois de l'unité la matière et la forme. Cette confusion est venue de ce qu'on a pris les choses par l'universel et par les mathématiques à la fois; on a donc composé les êtres d'unités, d'atomes mathématiques, et en même temps on leur a donné l'unité pour forme générale. Tout cela ne reçoit un sens vrai que par la distinction de l'unité en acte et de l'unité en puissance [1].

« On peut faire des objections analogues sur les dérivés des nombres, la ligne, la surface et le solide. On les forme de l'un ou du point et d'une matière, disent quelques-uns, telle que la multitude, d'une espèce du grand et du petit, etc. Mais alors quelle différence y a-t-il entre une ligne, une surface et un corps? D'ailleurs, de ce que les nombres sont des qualités de ces grandeurs et s'en affirment, on ne devait pas conclure qu'elles sont constituées par les nombres. Ici, comme pour les idées, on a séparé l'universel du particulier, et ici encore on peut élever cette question : s'il y a un universel tel que l'animal en soi,

---

[1] P. 282, l. 15 : Αἴτιον δὲ τῆς συμβαινούσης ἁμαρτίας ὅτι ἅμα ἐκ τῶν μαθημάτων ἐθήρευον καὶ ἐκ τῶν λόγων τῶν καθόλου, ὥστ' ἐξ ἐκείνων μὲν ὡς στιγμὴν τὸ ἓν καὶ τὴν ἀρχὴν ἔθηκαν..... Διὰ δὲ τὸ καθόλου ζητεῖν τὸ κατηγορούμενον ἓν καὶ οὕτως ὡς μέρος ἔλεγον, κ. τ. λ.

est-ce l'animal en soi qui est dans l'animal particulier, ou un animal différent? Et quand on pense l'unité dans un nombre, est-ce l'unité en soi ou une unité différente; si au contraire on ne sépare pas l'universel, il n'y a plus de difficulté [1].

« Toutes ces théories sont donc fausses, et on conçoit aisément la divergence d'opinions de ceux qui s'y sont engagés.

« Quant à la théorie des idées, il fallait se borner, comme Socrate, à reconnaître l'existence des universaux, sans lesquels il n'y a point de science; mais il ne fallait pas les séparer du particulier. Si on les sépare, et qu'on les compose d'éléments, ces éléments, ces principes des idées seront particuliers ou généraux; particuliers, ils seront limités en nombre; il n'y en aura qu'un de chaque nom, et par conséquent il n'y aura pas non plus de pluralité dans leurs produits. Bien plus, il n'y aura rien autre chose que les éléments mêmes. Si au contraire ces principes sont des universaux, il en résultera que le non-être sera antérieur à l'être : car les principes sont antérieurs aux produits : or l'universel n'est pas le véritable être [2].

« Telles sont les objections encourues par ceux qui

---

[1] P. 283, l. 30 : Ὅταν τις θῇ τὰ καθόλου, πότερον τὸ ζῶον αὐτὸ ἐν τῷ ζώῳ ἢ ἕτερον αὐτοῦ ζῶον· τοῦτο γὰρ μὴ χωριστοῦ μὲν ὄντος οὐδεμίαν ποιήσει ἀπορίαν... ὅταν γὰρ νοῇ τις ἐν τῇ δυάδι τὸ ἓν καὶ ὅλως ἐν ἀριθμῷ, πότερον αὐτὸ νοεῖ τι ἢ ἕτερον;

[2] P. 288, l. 16 : Ἀλλὰ μὴν εἴγε καθόλου αἱ ἀρχαὶ ἢ καὶ ἐκ τούτων οὐ-

font de l'idée une unité séparée des choses sensibles, et qui la composent d'éléments.—Mais, dit-on, puisque la science est de sa nature généralité, universalité, ne faut-il pas que les principes des êtres soient des universaux? La prémisse de ce raisonnement est vraie en un sens et fausse en un autre : car il y a la science en puissance et la science en acte; la puissance, c'est la matière indéterminée, qui se rapporte à l'universel, à l'indéterminé; l'acte, au contraire, c'est l'essence réelle d'un être réel. Ainsi, ce que nous voyons, c'est telle couleur déterminée et particulière, qui n'est une couleur en général que par accident [1]. »

LIVRE XIV (N).

« En général, les philosophes dont nous venons de discuter les hypothèses, posent comme premiers principes des contraires, l'un et le grand et petit, ou la multitude, ou l'égal et l'inégal, en faisant du premier des deux contraires la forme, et du second la

σίας καθόλου, ἔσται μὴ οὐσία πρότερον οὐσίας. Τὸ μὲν γὰρ καθόλου οὐκ οὐσία, τὸ δὲ στοιχεῖον καὶ ἡ ἀρχὴ καθόλου· πρότερον δὲ τὸ στοιχεῖον καὶ ἡ ἀρχὴ ὧν ἀρχὴ καὶ στοιχεῖόν ἐστιν.

[1] P. 289, l. 2 : Ἡ γὰρ ἐπιστήμη, ὥσπερ καὶ τὸ ἐπίστασθαι, διττὸν ὂν τὸ μὲν δυνάμει τὸ δὲ ἐνεργείᾳ· ἡ μὲν οὖν δύναμις ὡς ὕλη τοῦ καθόλου οὖσα καὶ ἀόριστος τοῦ καθόλου καὶ ἀορίστου ἐστίν, ἡ δ' ἐνέργεια ὡρισμένη καὶ ὡρισμένου τόδε τι οὖσα τοῦδέ τινος, κ.τ.λ.

matière. D'autres, généralisant davantage, opposent à l'un l'autre et le différent, ou l'excès et le défaut (τὸ ὑπερέχον ἢ τὸ ὑπερεχόμενον).

« Mais l'un n'est pas le contraire de la multitude; car la multitude est le contraire du peu. Le vrai caractère de l'un, c'est que c'est la mesure des choses : c'est donc la mesure de la multitude, et le nombre est à la fois une multitude mesurée et une multitude mesurante[1]. — Quant à l'égal et à l'inégal, au grand et petit, au pair et à l'impair, ce sont plutôt les accidents que le sujet des nombres; ce sont de pures relations; or la relation n'a d'essence ni en puissance ni en acte[2], et il est absurde de donner à l'essence des éléments qui ne sont pas des essences. — Mais il suffit de faire voir, sans entrer dans la discussion, qu'il est impossible que les choses éternelles soient formées d'éléments; en effet, elles auraient de la matière : or tout ce qui a de la matière, c'est-à-dire du possible, peut être ou ne pas être, et par conséquent n'est point éternel. — Quant à ceux qui prennent pour principe contraire à l'unité une dyade indéfinie, sans en faire une relation comme l'inégal, le grand et petit, etc., ils n'échappent pas par là à toutes les objections.

---

[1] P. 291, l. 16 : Σημαίνει γὰρ τὸ ἓν ὅτι μέτρον πλήθους τινὸς, καὶ ὁ ἀριθμὸς ὅτι πλῆθος μεμετρημένον καὶ πλῆθος μέτρων.

[2] P. 292, l. 8 : Τὸ δὲ πρός τι πάντων ἥκιστα φύσις τις ἢ οὐσία τῶν κατηγοριῶν ἐστι, καὶ ὑστέρα τοῦ ποιοῦ καὶ ποσοῦ... Τὸ δὲ πρός τι οὔτε δυνάμει οὐσία οὔτε ἐνεργείᾳ.

« La cause principale qui produisit ces théories, c'est qu'on posa la question à la manière des anciens (τὸ ἀπορῆσαι ἀρχαϊκῶς); on crut que tout se réduirait à l'unité absolue, si on n'allait pas au-devant de l'argumentation de Parménide; il fallait donc montrer qu'il y a du non-être : on expliquerait alors la pluralité des êtres en les tirant de l'être et de quelque autre chose. Mais il y a autant de sortes d'êtres qu'il y a de catégories, et il est absurde de poser un principe unique pour l'essence, la quantité, la qualité, etc. Il en est de même du non-être, qui a autant de sens que l'être; et de plus, on distingue l'être en acte et l'être en puissance, qui constituent tout devenir dans le passage de la puissance à l'acte. Ce n'était donc pas assez de chercher les principes de l'être; il fallait chercher ceux de la qualité, de la quantité, etc.; il fallait chercher pourquoi les relations dont on pose en principe la pluralité, et dont on énumère les espèces. inégal, grand et petit, peu et beaucoup, large, profond, etc., pourquoi ces relations sont plusieurs et ne se réduisent pas à une absolue unité; en un mot, il fallait poser la question non pour une seule catégorie, mais pour toutes les autres; et la solution générale c'est que la pluralité entre dans toutes les catégories par le sujet, la matière dont elles sont inséparables [1]. Mais, à vrai dire, on n'a nullement

---

[1] P. 296, l. 14 : Διὰ γὰρ τὸ μὴ χωριστὰ εἶναι τῷ τὸ ὑποκείμενον πολλὰ γίγνεσθαι καὶ εἶναι, ποιά τε πολλὰ εἶναι καὶ ποσά.

approfondi le problème pour la première et la plus haute catégorie ; on n'a pas dit comment il peut y avoir plusieurs êtres, c'est-à-dire plusieurs essences en acte. On n'a parlé que de la pluralité des quantités : car le nombre, l'unité, etc., tout cela se rapporte à la quantité. Si donc l'essence est différente de la quantité, on n'a rien fait pour expliquer l'essence [1].

« Comment donc pourrions-nous croire que le nombre, identique à l'idée, est la cause de l'être ? Comment accorder au nombre une pareille vertu ? Les pythagoriciens y furent conduits par l'observation du grand nombre de rapports numériques qu'on trouve dans les corps, et dans la musique, et dans le ciel, et en beaucoup d'autres choses. Mais former de nombres, d'éléments qui n'ont ni légèreté ni pesanteur, des choses pesantes et légères, ce n'est pas parler de ce monde, mais de quelque ciel inconnu [2]. — Quelques-uns concluent de ce que la ligne a nécessairement pour limite le point, et la surface la ligne, etc., que la ligne et le point ont une existence séparée. Cela est absurde ; il y a aussi une limite à tout mouvement, et il ne s'ensuit pas que cette limite soit un être à part.

« Pour ceux qui ne reconnaissent que les quantités mathématiques, quelque critique peu facile pourrait leur objecter encore que ces prétendus éléments ne

[1] P. 296, l. 17 et sqq.
[2] P. 298, l. 4.

se servent de rien les uns aux autres : car supprimez le nombre, les grandeurs n'en subsistent pas moins; supprimez les grandeurs, l'âme et le corps subsistent. Cependant la nature ne nous apparaît pas ainsi décousue comme une mauvaise tragédie[1].

« La théorie des idées échappe à cette objection : car elle forme les grandeurs du nombre et de la matière; elle n'est pas obligée d'attribuer, par une pure hypothèse, le mouvement au nombre mathématique. Mais que devient-il ce nombre mathématique qu'elle appelle *moyen* entre le nombre idéal et le nombre sensible? Composé des mêmes éléments que le nombre idéal, de l'un et de la dyade, du grand et petit, comment s'en distinguera-t-il?, etc.

« Tout cela est déraisonnable ; ce ne sont que longues paroles, selon le mot de Simonide, longs discours comme ceux des esclaves qui n'ont rien de bon à dire. Et ces éléments, le grand et le petit, il semble les entendre crier comme des blessés, parcequ'ils ne peuvent engendrer de nombres au delà de la dyade[2].

« Les Pythagoriciens voulaient expliquer le monde

---

[1] P. 298, l. 24 : Ἔτι δὲ ἐπιζητήσειεν ἄν τις μὴ λίαν εὐχερής..... Οὐκ ἔοικε δ' ἡ φύσις ἐπεισοδιώδης οὖσα ἐκ τῶν φαινομένων ὥσπερ μοχθηρὰ τραγῳδία.

[2] P. 299, l. 30 : ..... Γίγνεται γὰρ ὁ μακρὸς λόγος ὥσπερ ὁ τῶν δούλων, ὅταν μηθὲν ὑγιὲς λέγωσι · φαίνεται δὲ καὶ αὐτὰ τὰ στοιχεῖα τὸ μέγα καὶ τὸ μικρὸν βοᾶν ὡς ἑλκόμενα. Οὐ δύναται γὰρ οὐδαμῶς γεννῆσαι τὸν ἀριθμὸν ἀλλ' ἢ τὸν ἀφ' ἑνὸς διπλασιαζόμενον. Sur ce dernier point, cf. p. 288, l. 9.

et parler de physique; il ne fallait donc pas se tenir dans les nombres et le fini et l'infini.

« L'hypothèse d'une génération des nombres est contradictoire : on ne peut parler de génération et de devenir pour l'éternel. Ainsi, on veut faire venir le pair de l'égalisation du grand et du petit; mais si le grand et le petit ont toujours été égaux dans le pair, ils n'y ont jamais été inégaux, et le pair n'est pas engendré, n'est pas *devenu*.

« Considérons maintenant la relation du bien et du beau aux éléments et aux principes des nombres. Le bien en soi est-il identique avec ces éléments, ou n'est-ce qu'un résultat ultérieur? Car, suivant quelques théologiens de notre temps, le bien ne se manifeste que dans le développement des êtres[1]. Ils veulent éviter les objections encourues par ceux qui font de l'un le bien et le principe[2]. Mais l'erreur n'est pas de considérer le bien comme appartenant essentiellement au principe, c'est de prendre l'un pour un principe à titre d'élément et d'en faire l'élément des nombres. D'où il résulterait que toutes les unités seraient

---

[1] P. 300, l. 27 : Ἀπορίαν μὲν (ἔχει) ταύτην πότερόν ἐστί τι ἐκείνων οἷον βουλόμεθα λέγειν αὐτὸ τὸ ἀγαθὸν καὶ τὸ ἄριστον, ἢ οὔ, ἀλλ' ὑστερογενῆ· παρὰ μὲν γὰρ τῶν θεολόγων ἔοικεν ὁμολογεῖσθαι τῶν νῦν τισιν, οἳ οὔ φασιν, ἀλλὰ προελθούσης τῆς τῶν ὄντων φύσεως καὶ τὸ ἀγαθὸν καὶ τὸ καλὸν ἐμφαίνεσθαι.

[2] P. 301, l. 2 : Τοῖς λέγουσιν ὥσπερ ἔνιοι, τὸ ἓν ἀρχήν. L'enchaînement des idées semble demander ἀγαθὸν au lieu de ἀρχήν. Cf. Philop. ad loc. laud.

quelque chose de bon, et que si les idées sont des nombres, et que le nombre ait l'un pour principe, toute idée aussi serait quelque chose de bon. Alors le mal se trouve identifié avec le contraire de l'un, avec l'inégal, ou le grand et petit, et tous les êtres participent au mal en tant qu'ils sont en dehors de l'un. Ainsi le mal devient le lieu du bien, et participe et aspire à ce qui le détruit. Pour nous qui avons fait voir l'identité de la matière et du possible, nous dirons que le mal est le bien lui-même en puissance[1].

« Il est donc évident qu'on s'est trompé sur le rapport du bien avec les premiers principes. On allègue que dans la nature le produit est toujours plus déterminé que ce qui le produit; mais en cela on se trompe encore : c'est l'animal qui précède et non pas la semence. — Il est absurde de parler également d'espace et pour les solides et pour les choses purement mathématiques[2]. — Enfin si les nombres sont les éléments des choses, il fallait expliquer de quelle manière les choses en résultent. Est-ce par mélange ? Mais alors l'un n'existera plus à part. Est-ce par composition, comme une syllabe ? Mais la pensée devrait aperce-

---

[1] P. 302, l. 17 : Καὶ εἰ, ὥσπερ ἐλέγομεν, ὅτι ἡ ὕλη ἐστὶ τὸ δυνάμει ἕκαστον, οἷον πυρὸς τοῦ ἐνεργείᾳ τὸ δυνάμει πῦρ, τὸ κακὸν ἔσται αὐτὸ τὸ δυνάμει ἀγαθόν.

[2] P. 303, l. 2 : Ἄτοπον δὲ καὶ τὸ τόπον ἅμα τοῖς στερεοῖς καὶ τοῖς μαθηματικοῖς ποιῆσαι· ὁ μὲν γὰρ τόπος τῶν καθ' ἕκαστον ἴδιος, διὸ χωριστὰ τόπῳ, τὰ δὲ μαθηματικὰ οὐ ποῦ.

voir séparément l'un et la multitude. Est-ce par le passage d'un contraire à l'autre? Mais ce passage ne peut avoir lieu que dans un sujet qui ne passe pas. D'ailleurs, si tout ce qui est formé de contraires est périssable, pourquoi le nombre ne le serait-il pas? C'est ce qu'on n'a pas dit. Les nombres seraient-ils des principes à titre de limites ou à cause des rapports numériques qui constituent dans chaque être la proportion des éléments? Mais outre qu'on ne peut pas expliquer ainsi les différences des qualités primitives, les nombres ne peuvent être la cause formelle, c'est-à-dire l'essence. Car ce ne sont pas les nombres qui forment les proportions mais les rapports des nombres. Le nombre n'est donc que la matière, et la forme est le rapport. — Ainsi les nombres ne sont pas des causes, ni comme matière, ni comme forme, ni comme principe moteur, ni comme fin.

« Ajoutons que comme les nombres sont communs à tout, il arrivera souvent que plusieurs choses différentes tombent sous le même nombre; où sera donc, dans ces théories des nombres, le principe de la distinction[1]? — Mais ce n'est pas le nombre sept, par exemple, qui est la cause des sept voyelles, des sept notes, des sept cordes, des sept Chefs, etc. Il en est de même pour les autres vertus des nombres. On a découvert que dans la classe du bien et du beau se placent l'impair, le droit, l'égal; mais ce ne sont véri-

[1] P. 3o5, l. 4 et sqq.

tablement que coïncidences, qu'accidents, qui se ramènent, il est vrai, sous une unité d'analogie : car dans chaque catégorie de l'être se retrouve l'analogue [1].

« On pourrait pousser l'argumentation plus loin que nous ne l'avons fait ; mais en voilà assez pour faire voir que les grandeurs mathématiques ne sont pas séparées des choses sensibles, et qu'elles ne sont pas les principes. »

LIVRE XII (Λ).

« L'objet de notre spéculation est l'Essence, puisque nous cherchons les principes et les causes des essences. Car toutes les autres catégories ne sont des êtres que relativement, et ne peuvent avoir d'existence hors d'un sujet. — Il s'agit de savoir si l'essence est le particulier, comme l'entrevoyaient les anciens philosophes, ou si elle est, comme on le dit aujourd'hui, l'universel [2].

« Il y a trois sortes d'êtres : l'être sensible et corruptible, l'être sensible éternel, l'être éternel immobile. Les êtres sensibles sont l'objet de la Physique ; l'être

---

[1] P. 306, l. 26 : Διὸ καὶ ἔοικε συμπτώμασιν· ἔστι γὰρ συμβεβηκότι μὲν, ἀλλ' οἰκεῖα ἀλλήλοις πάντα, ἓν δὲ τὸ ἀνάλογον. Ἐν ἑκάστῃ γὰρ τοῦ ὄντος κατηγορίᾳ ἐστὶ τὸ ἀνάλογον.

[2] P. 240, l. 3 : Οἱ μὲν οὖν νῦν τὰ καθόλου οὐσίας μᾶλλον τιθέασι· τὰ γὰρ γένη καθόλου, ἅ φασιν ἀρχὰς καὶ οὐσίας εἶναι μᾶλλον διὰ τὸ λογικῶς ζητεῖν. Οἱ δὲ πάλαι τὰ καθ' ἕκαστον, οἷον πῦρ καὶ γῆν, ἀλλ' οὐ τὸ κοινὸν σῶμα.

immobile est l'objet d'une science différente, s'il n'y a pas entre ces êtres de principe commun.

« L'être sensible est sujet au changement; le changement a lieu par le passage d'un contraire à l'autre. Or il y a quelque chose qui dure et persiste sous les contraires, et cette troisième chose, c'est la matière[1]. La matière a donc en puissance les contraires; changer, devenir, c'est passer de l'être en puissance à l'être en acte, et, en ce sens, du non-être à l'être[2]. C'est là ce que veulent dire l'unité d'Anaxagore, le mélange d'Empédocle et d'Anaximandre. Ainsi trois causes, trois principes, savoir: deux contraires, dont l'un est la forme et l'autre la privation, puis la tierce chose, la matière.

« Mais, de plus, pour que le changement se fasse, il faut une cause de mouvement, et cette cause est antérieure aux choses; la forme, au contraire, en est contemporaine. Pour quelques êtres cependant, il n'est pas impossible que quelque chose survive au tout, par exemple l'âme, non pas peut-être l'âme tout entière, mais l'intelligence[3]. Quant aux idées, il n'en est pas besoin ici; c'est l'individu qui engendre l'individu.

---

[1] P. 240, l. 21 : Ἔτι τὸ μὲν ὑπομένει, τὸ δ' ἐναντίον οὐχ ὑπομένει· ἔστιν ἄρα τι τρίτον παρὰ τὰ ἐναντία, ἡ ὕλη.

[2] P. 240, l. 30 : Ἐπεὶ δὲ διττὸν τὸ ὄν, μεταβάλλειν ἀνάγκη πᾶν ἐκ τοῦ δυνάμει ὄντος εἰς τὸ ἐνεργείᾳ ὄν... ὥστε οὐ μόνον κατὰ συμβεβηκὸς ἐνδέχεται γίγνεσθαι ἐκ μὴ ὄντος, ἀλλὰ καὶ ἐξ ὄντος γίγνεται πάντα, δυνάμει μέντοι ὄντος, ἐκ μὴ ὄντος δὲ ἐνεργείᾳ.

[3] P. 242, l. 19 : Εἰ δὲ καὶ ὕστερόν τι ὑπομένει, σκεπτέον· ἐπ' ἐνίων

« Sans doute on peut considérer les principes sous un point de vue commun et général ; mais ce ne sont pas pour cela des universaux, et toutes choses n'ont pas pour cela les mêmes principes. Les principes sont particuliers, les principes internes et intégrants comme les principes externes, (τὰ ἐνυπάρχοντα, τὰ ἐκτός); car il ne faut pas non plus confondre les différentes espèces de principes, en les réduisant toutes à celles de l'élément. Chaque espèce a donc un principe spécial dans chaque classe de principe, chaque individu a ses principes individuels.

« Parlons maintenant de l'être immobile. — Il existe nécessairement un être immobile. En effet, le mouvement est éternel comme le temps, puisque le temps est identique avec le mouvement, ou n'en est du moins qu'un mode[1]. Or pour le mouvement, il ne suffit pas d'un mobile, il faut un principe moteur. Ce ne serait pas assez d'une essence éternelle, telle qu'on représente l'idée, il faut un principe moteur qui soit tout en acte ; car ce qui est en puissance peut ne pas être, et le mouvement ne serait pas éternel. L'essence de ce principe sera donc l'acte même, et par conséquent il sera sans matière[2].

γὰρ οὐθὲν κωλύει, οἷον εἰ ἡ ψυχὴ τοιοῦτον, μὴ πᾶσα, ἀλλ' ὁ νοῦς· πᾶσιν γὰρ ἀδύνατον ἴσως.

[1] P. 246, l. 4 : Καὶ ἡ κίνησις ἄρα οὕτω συνεχὴς ὥσπερ καὶ ὁ χρόνος· ἢ γὰρ τὸ αὐτὸ ἢ κινήσεώς τι πάθος.

[2] P. 246, l. 10 sqq. : Οὐθὲν ἄρα ὄφελος, οὐδ' ἐὰν οὐσίας ποιήσωμεν ἀϊδίους, ὥσπερ οἱ τὰ εἴδη. ... εἰ γὰρ μὴ ἐνεργήσει, οὐκ ἔσται κίνησις.

« Si au contraire le possible était antérieur à l'acte, tout pourrait être et rien ne serait. Aussi Leucippe et Platon font l'acte, le mouvement, éternels. Mais par quoi se fait ce mouvement et quelle en est la cause, c'est ce qu'ils ne disent point. Platon ne peut en rapporter le principe à cette âme du monde dont il parle quelquefois[1], puisque, selon lui, le mouvement et la matière seraient plutôt antérieurs à cette âme. Anaxagore, avec son intelligence, donne aussi la priorité à l'acte, comme Empédocle avec son amour et sa discorde.

« Ce n'est donc pas la nuit, le chaos, la confusion primitive, le non-être, qui est le premier principe. Il faut que l'acte soit éternel. Or il y a quelque chose qui se meut d'un mouvement éternel et continu, c'est-à-dire circulaire : c'est le premier ciel, qui est par conséquent éternel. Il y a donc aussi un éternel moteur, essence et actualité pure : il meut le monde sans se mouvoir comme meut l'objet du désir et de la pensée, ce qui est la même chose dans le primitif et le suprême. Car l'objet du désir et de la volonté, c'est ce que l'on croit bon et beau ; la pensée est donc le principe de ce mouvement : c'est l'intelligible qui meut l'intelligence ; tout l'ordre du désirable est l'in-

---

δεῖ ἄρα εἶναι ἀρχὴν τοιαύτην ἧς ἡ οὐσία ἐνέργεια. Ἔτι τοίνυν ταύτας δεῖ τὰς οὐσίας εἶναι ἄνευ ὕλης.

[1] P. 247, l. 5 : Ἀλλὰ μὴν οὐδὲ Πλάτωνί γε οἷόν τε λέγειν ἣν οἴεται ἐνίοτε ἀρχὴν εἶναι, τὸ αὐτὸ ἑαυτὸ κινοῦν.

telligible en soi, où se place au premier rang l'essence, et avant toute autre encore, l'essence simple et actuelle [1]. — Le mobile pourrait être autrement qu'il n'est, sinon selon l'essence, au moins selon le lieu. Mais le moteur immobile, cause du premier de tous les mouvements et de tous les changements, ne peut, puisqu'il est tout en acte, être autre qu'il n'est : il est nécessaire.

« Tel est le principe d'où dépend le monde et la nature [2]. C'est un être qui a la félicité parfaite ; car le plaisir suprême est dans l'acte, par exemple dans la veille, la sensation, la pensée ; c'est du plaisir de ces actes que dérive celui de l'espérance et du souvenir. Or la pensée absolue, c'est la pensée du bien absolu : là l'intelligence, en saisissant l'intelligible, se saisit elle-même ; car au contact de l'intelligible, elle-même s'intellectualise, en sorte que l'intelligence et l'intelligible sont identiques. L'intelligence vit ; car l'acte de l'intelligence est de la vie ; or l'intelligence même est l'acte, et l'acte absolu de l'intelligence est la vie parfaite et éternelle. Dieu est donc un être vivant, éternel et parfait ; car cela même, c'est Dieu [3].

---

[1] P. 248, l. 4 : Κινεῖ δὲ ὧδε· τὸ ὀρεκτὸν καὶ τὸ νοητὸν κινεῖ οὐ κινούμενα· τούτων τὰ πρῶτα τὰ αὐτά. Ἐπιθυμητὸν γὰρ τὸ φαινόμενον καλόν, βουλητὸν δὲ πρῶτον τὸ ὂν καλόν.

[2] P. 248, l. 29 : Ἐκ τοιαύτης ἄρα ἀρχῆς ἤρτηται ὁ οὐρανὸς καὶ ἡ φύσις.

[3] P. 249, l. 6 : Ἡ δὲ νόησις ἡ καθ' αὑτὴν τοῦ καθ' αὑτὸ ἀρίστου, καὶ ἡ μάλιστα τοῦ μάλιστα. Αὐτὸν δὲ νοεῖ ὁ νοῦς κατὰ μετάληψιν τοῦ νοητοῦ

« Cet être n'a pas de grandeur, il est simple et indivisible. En effet, puisqu'il meut dans un temps infini, et qu'une puissance infinie ne peut appartenir à un être fini, il ne pourrait avoir une grandeur finie ; et d'un autre côté, une grandeur infinie est impossible [1].

« Mais cet être est-il unique, ou bien y en a-t-il plusieurs semblables? Le mouvement éternel et unique (du ciel) suppose un éternel moteur. Mais outre le mouvement simple du tout, nous voyons les mouvements également éternels des planètes ; chacun de ces mouvements n'aurait-il pas pour cause un être immobile, éternel et sans grandeur ? Ce serait donc à l'astronomie qu'il faudrait demander le nombre de ces êtres [2]..... — Mais il n'y a qu'un ciel ; s'il y en avait plusieurs, il y aurait plusieurs premiers moteurs, et on n'obtiendrait qu'une unité générique : or les choses qui sont plusieurs ont nécessairement de la matière [3], tandis que l'essence pure n'en a point, puisqu'elle est toute en acte.

« Ces vérités nous ont été transmises par les anciens, mais sous l'enveloppe du mythe et de l'an-

---

νοητὸς γὰρ γίγνεται θιγγάνων καὶ νοῶν. Ὥστε ταὐτὸν νοῦς καὶ νοητόν·... καὶ ζωὴ δέ γε ὑπάρχει· ἡ γὰρ νοῦ ἐνέργεια ζωή·... ὥστε ζωὴ καὶ αἰὼν συνεχὴς καὶ ἀΐδιος ὑπάρχει τῷ θεῷ· τοῦτο γὰρ ὁ θεός.

[1] P. 250, l. 1, cf. *Phys.* VIII, sub fin., p. 267 b. Bekk.
[2] P. 250-3. Sur le sens général de ce passage, voyez plus haut, page 103.
[3] P. 253, l. 29 : Ἀλλ' ὅσα ἀριθμῷ πολλά, ὕλην ἔχει.

thropomorphisme. Il faut rejeter les fables, et garder seulement cette parole : que les Dieux sont les premières essences et que le divin embrasse toute la nature; il faut la garder comme un débris sauvé de la ruine de quelque antique philosophie [1].

« Il nous reste à résoudre plusieurs questions sur l'intelligence. Si l'intelligence ne pensait pas, elle serait comme dans le sommeil; mais si elle pense, et que sa pensée ait un autre principe que soi-même, en sorte que son essence ne soit pas la pensée même, mais la faculté, la puissance de penser, elle ne sera pas l'essence première : car c'est la pensée qui fait sa dignité [2]. En outre, soit que son essence soit l'intelligence ou la pensée, quel est l'objet de sa pensée? Elle ne doit contempler que ce qu'il y a de plus divin; elle ne doit point changer, car elle ne pourrait changer que du mieux au pis, et elle n'admet pas le mouvement [3]. Elle ne peut donc penser que la pensée, c'est-à-dire soi-même; elle est toute pensée, et sa pensée est la pensée de la pensée [4]. — En général

---

[1] P. 254, l. 5-21 : ... οἷον λείψανα περισεσῶσθαι μέχρι τοῦ νῦν.

[2] P. 254, l. 26 : Εἴτε νοεῖ, τούτου δ᾽ ἄλλο κύριον (οὐ γάρ ἐστι τοῦτο ὅ ἐστιν αὐτοῦ ἡ οὐσία, νόησις, ἀλλὰ δύναμις), οὐκ ἂν ἡ ἀρίστη οὐσία εἴη· διὰ γὰρ τοῦ νοεῖν τὸ τίμιον αὐτῷ ὑπάρχει. Quoique la parenthèse n'ait pas ici la forme conditionnelle mais indicative, elle n'est encore que le développement de l'hypothèse. Sur κύριον, cf. IX, 131, l. 6.

[3] P. 255, l. 5. — Cf. Plat., Rep II, 380 : Ἀνάγκη, ἔφη, ἐπὶ τὸ χεῖρον, εἴπερ ἀλλοιοῦται.

[4] P. 255, l. 6 sqq. Ἔστιν ἡ νόησις νοήσεως νόησις.

la pensée est distincte de son objet; mais elle lui est identique toutes les fois que l'objet est une essence pure, une forme sans matière, dans l'art comme dans la science. Tout ce qui n'a pas de matière est donc identique, et il n'y a qu'une pensée du pur intelligible[1]. Enfin l'intelligible est-il composé (et alors la pensée changerait dans les parties du tout), ou bien tout ce qui est sans matière serait-il indivisible, ou enfin, en est-il de la pensée de la pensée pendant l'éternité comme de la pensée dans l'humanité (où elle a en général des composés pour objets) pendant des instants fugitifs? Pour l'une et l'autre, au lieu que le bien (τὸ εὖ) se trouve en telle ou telle partie, ne serait-ce pas le bien suprême (τὸ ἄριστον) qui serait dans le tout et en même temps extérieur au tout[2]?

---

[1] P. 255, l. 22 : Οὐχ ἑτέρου οὖν ὄντος τοῦ νοουμένου καὶ τοῦ νοῦ, ὅσα μὴ ὕλην ἔχει τὸ αὐτὸ ἔσται, καὶ ἡ νόησις τοῦ νοουμένου μία.

[2] P. 255, l. 24 : Ἔτι δὴ λείπεται ἀπορία, εἰ σύνθετον τὸ νοούμενον (μεταβάλλοι γὰρ ἂν ἐν τοῖς μέρεσι τοῦ ὅλου) ἢ ἀδιαίρετον πᾶν τὸ μὴ ἔχον ὕλην· ἢ ὥσπερ ὁ ἀνθρώπινος νοῦς, ὅ γε τῶν συνθέτων, ἔχει ἐν τινὶ χρόνῳ (οὐ γὰρ ἔχει τὸ εὖ ἐν τῳδὶ ἢ ἐν τῳδί, ἀλλ' ἐν ὅλῳ τινὶ τὸ ἄριστον, ὂν ἄλλο τι), οὕτως ἔχει αὐτὴ αὑτῆς ἡ νόησις τὸν ἅπαντα αἰῶνα. Le texte de Brandis et de Bekker porte : ... ἢ ἀδιαίρετον π. τ. μ. ἔ. ὕλην, ὥσπερ ὁ ἀ. νοῦς· ἢ ὅ γ. τ. σ. ἔ. ἐ. τ. χρόνῳ. οὐ γ. ἔ. τ. ε. ἐ. τ. ἢ ἐ. τ., ἀ. ἐ. ὅ. τ. τ. ἄ., ὃ. ἄλλο τι· οὕτως δ' ἔ. α. α., κ. τ. λ. La phrase ainsi écrite et ainsi ponctuée ne paraît pas intelligible. Les corrections légères que nous y faisons, en reportant une lettre (le second ἢ) de quatre mots en avant, en supprimant δ' après οὕτως, et en modifiant la ponctuation, donnent à la pensée un sens qui se lie parfaitement à ce qui suit, et un tour analogue à celui d'une phrase du VII° chapitre (p. 249, l. 1-2),

« L'univers n'a pas son souverain bien et sa fin en lui ni hors de lui simplement, mais de l'une et de l'autre manière à la fois. Car tous les êtres ne sont pas seulement ordonnés relativement à une unité suprême, mais aussi relativement les uns aux autres; et leur rapport au tout est d'autant plus déterminé qu'ils sont placés plus haut dans l'échelle de la nature.

« Les autres systèmes mènent à toutes sortes de conséquences absurdes et impossibles. Tous les philosophes font toutes choses de contraires. *Toutes choses*, cela est mal dit; *de contraires*, cela est mal dit encore[1] : car les contraires n'ont pas d'action l'un sur l'autre[2]. Nous avons donné la solution, en posant, comme troisième terme, le sujet des contraires. On faisait du mal l'un des deux éléments; il en résulte encore qu'à l'exception de l'unité, toute chose participerait au mal. D'autres excluent des principes le bien et le mal; et cependant toutes choses ont leur principe dans leur bien. Ceux qui ont reconnu le bien pour un principe n'ont pas expliqué s'il en est un à titre de

où l'état de la divinité pendant l'éternité est pareillement comparé celui de l'humanité pendant de courts instants. Dans la phrase suivante de ce même VII° chapitre (p. 249, l. 6), on retrouve aussi ce passage rapide de l'idée de l'intelligible en tant que par intelligible à celle de l'intelligible en tant que bien. Voyez ci-dessus, p. 196.

[1] P. 256, l. 20 : Πάντες γὰρ ἐξ ἐναντίων ποιοῦσι πάντα· οὔτε δὲ πάντα οὔτε τὸ ἐξ ἐναντίων ὀρθῶς.

[2] P. 256, l. 23 : Ἀπαθῆ γὰρ τὰ ἐναντία ὑπ' ἀλλήλων.

fin, de cause motrice, ou de forme. — Du reste, nul ne peut rendre raison de la différence du périssable et de l'impérissable, puisque l'on fait tout des mêmes principes. Nul ne peut rendre raison du *devenir*; car tous ceux qui veulent l'expliquer par l'opposition de deux principes sont obligés de recourir à un troisième principe supérieur, qui détermine le changement. Et cependant si l'on ne reconnaît pas d'autres êtres que l'être physique perceptible par les sens, on remontera à l'infini sans jamais atteindre à un premier principe. Ce n'est pas dans les idées qu'on trouvera le principe du mouvement, ni dans les nombres, ce n'est pas non plus dans les contraires; car les contraires, c'est le possible, et comment le possible passera-t-il à l'acte? comment rendra-t-on raison de l'unité du nombre, de l'union de la forme et de la matière, de celle de l'âme et du corps? Il faut donc remonter avec nous au premier moteur. Que si l'on pose comme primitif le nombre mathématique, on n'obtient encore que des principes indépendants les uns des autres. Or la cité du monde ne veut pas d'anarchie; il n'est pas bon, comme dit Homère, qu'il y ait plus d'un chef:

Οὐκ ἀγαθὸν πολυκοιρανίη· εἷς κοίρανος. »

TROISIÈME PARTIE.

DE LA MÉTAPHYSIQUE D'ARISTOTE.

TROISIÈME PARTIE.

DE LA MÉTAPHYSIQUE D'ARISTOTE.

LIVRE PREMIER.

DU RANG DE LA MÉTAPHYSIQUE DANS L'ENSEMBLE DE LA PHILOSOPHIE D'ARISTOTE.

CHAPITRE I.

De la division des ouvrages d'Aristote par rapport à la forme.
Livres exotériques et acroamatiques.

Dans l'analyse qu'on vient de lire, nous nous sommes asservis, de crainte de dénaturer la pensée d'Aristote, à la suivre dans sa marche avec une fidélité scrupuleuse. Mais cette pensée, au contraire, ne nous a-t-elle pas sans cesse échappé? Soit désordre d'une composition inachevée, soit obscurité ordinaire du profond et subtil auteur de la Métaphysique, le fil se rompt à chaque pas; à chaque instant l'enchaînement des idées et l'unité de la doctrine se dérobent aux regards. Ce n'est point, comme dans les dialogues de Platon, une allure négligée en apparence, mais que règlent toujours, à travers les détours de la conversation, une unité secrète et une progression soutenue; ce sont des interruptions subites, des épisodes dialectiques ou historiques qui se mêlent et s'entrelacent les uns les autres, des argumentations épineuses où l'on reste engagé; les idées se pressent et se succèdent avec une rapidité qui ne laisse plus le temps de les saisir, ou elles restent suspendues tout à coup pour ne s'achever que plus tard, à un long intervalle et quand on les a perdues de vue. Souvent même elles ne s'achèvent et ne se complètent que par d'autres ouvrages où il en faudrait recueillir les parties dispersées. Les principes les plus élevés, les formules les plus difficiles, Aristote les suppose connus, les applique avant de les énoncer; il se sert par avance des conclusions qu'il tirera plus tard et que l'on n'attend qu'à la fin, se démêle avec leur aide des analyses pénibles où on le croit arrêté, revient brusquement sur ses pas, ou franchit, sans qu'on puisse le suivre, tous les intermédiaires.

Il en résulte que tout ce qu'il sème sur sa route de nouveau, d'ingénieux ou de puissant, ne semble, détaché des principes qui en font la force et la vie, que vaine et creuse subtilité, et toute la richesse de sa science et de son génie qu'inutile fécondité de classifications logiques et de distinctions grammaticales. L'unité spéculative disparaît dans une confuse variété. Il s'en faut bien pourtant que l'unité y manque; tout y vient d'une même source et va vers un même but; tout y respire un même esprit, et y dépend, on peut le dire sans exagération, d'un seul et même principe. Le détail n'y est rien que par l'ensemble, et la partie rien que pour le tout. Mais cet ensemble il faut maintenant, autant qu'il nous sera possible, le reconstruire par un nouveau travail, il faut retrouver cette unité, rétablir l'un et l'autre au point de vue le plus élevé de l'aristotélisme, et dans toute la lumière du système. Dans une analyse, d'ailleurs, si l'on éclaircit en supprimant ce qui ne semble qu'accessoire pour ne laisser en relief que les principes, on retranche aussi nécessairement ce qui explique les principes, les détails et les répétitions même où ils se développent et se déterminent ; le livre se comprend mieux, et la doctrine moins bien à certains égards. Il nous faut donc reprendre dans un autre but et d'une autre manière, ce que nous avons fait. Après avoir exposé, pour ainsi dire, en abrégé la lettre de la Métaphysique, il nous faut chercher à en saisir l'esprit, et en épuiser le sens plus profondément. Ce n'est qu'après l'avoir considérée sous sa forme essentielle que nous pourrons entreprendre d'en suivre l'influence dans l'histoire, et enfin d'en apprécier la valeur.

Mais de plus, cette doctrine que nous en voulons extraire n'est pas née au hasard de la fantaisie de son auteur. La philosophie d'Aristote est sortie d'une connaissance et d'une critique profonde des philosophies qui l'avaient précédée; et la Métaphysique surtout en contient l'histoire et l'appréciation : c'est par ce côté que nous la prendrons d'abord. Non-seulement c'est une des gloires d'Aristote d'avoir fondé l'histoire de la philosophie, et à ce titre seul la partie historique de sa Métaphysique exigerait de notre part un examen spécial, mais sans cet examen on ne peut la comprendre. La Métaphysique, pour être jugée, veut être prise dans le temps, considérée dans le progrès qu'elle marque sur le passé, dans ce qu'elle en reçoit et qu'elle développe, dans ce qu'elle corrige avec raison, comme dans ce qu'elle a tort de rejeter, et que l'avenir saura relever un jour et lui opposer de nouveau. En établissant ainsi préalablement les antécédents de l'aristotélisme d'après Aristote lui-même, nous en rattacherons par avance l'histoire à son premier anneau, nous en préparerons l'intelligence et le jugement.

Mais avant d'arriver à la Métaphysique en elle-même, ne faut-il pas encore savoir ce que c'est que cet ouvrage dans l'ensemble des ouvrages d'Aristote, ce qu'il a de commun avec tous les autres, et quel est le caractère spécial qui le distingue? Les plus hautes questions y sont traitées, dans l'histoire de la philosophie, comme dans la philosophie elle-même; il importe de savoir, pour cet ouvrage encore plus que pour aucun autre, puisqu'il est seul de sa classe, et, à ce qu'il semble, de la classe la plus importante, quels rapports il soutient avec le reste de l'œuvre d'Aristote, pour le sujet comme pour la manière dont le sujet est traité, pour la matière comme pour la forme. De ces rapports dépend en partie le plus ou le moins de rigueur et de précision que l'auteur y a dû mettre, selon la méthode dont il a voulu se servir et le but qu'il se proposait, et par conséquent la valeur des témoignages historiques et des doctrines qu'il y a déposés. Nous commencerons donc par étudier les divisions différentes sous lesquelles se classent les écrits d'Aristote. La première classification à laquelle nous nous attacherons sera même la plus extérieure, et par suite la plus incertaine et la plus contestée. Nous tâcherons de la ramener peu à peu à ses principes, qui touchent à quelque chose de plus essentiel et de plus certain, et où nous chercherons la justification des détails, purement historiques en apparence, par lesquels nous sommes contraints de débuter. C'est alors seulement que nous pourrons passer à une classification supérieure, fondée sur la considération de la nature et des rapports des sciences philosophiques.

Les anciens partagent les ouvrages d'Aristote en

deux classes principales, en *exotériques* et en *acroamatiques*. Les premiers, pour ne considérer d'abord que le caractère le plus externe, le caractère littéraire, auraient été rédigés sous une forme plus populaire et plus oratoire; les autres auraient été écrits d'un style sévère, avec toute la rigueur scientifique [1]. C'est à ceux-là sans aucun doute que s'appliquent les éloges que Cicéron donne au style d'Aristote, quand il oppose « les flots d'or de son éloquence » au « langage « monosyllabique » des Stoïciens [2], ou qu'il va même jusqu'à parler de « ses grâces un peu fardées [3]. » Ces traits conviennent à un fragment, que Cicéron nous a conservé [4], d'un livre aujourd'hui perdu d'Aristote, et qui contient un beau développement de la démonstration d'une providence divine. Mais ils ne s'appliquent en aucune façon à aucun des ouvrages qui nous restent [5], et à la Métaphysique moins qu'à tout autre. La plupart, au contraire, portent à un haut degré ces caractères qui auraient distingué les ouvrages acroamatiques : c'est même ce *syllabatim*

---

[1] Cicer. *de Fin. bon. et mal.* V, v.

[2] *Acadd.* II, xxxviii, § 119.

[3] *Ad Att.* II, 1, § 1 : Totum Isocratis μυροθήκιον..... ac nonnihil etiam Aristotelia pigmenta consumpsit. Cf. *de Fin.* I, v, § 14; *de Inv.* II, 11, § 7. — Stahr, *Aristotelia*, II, 146. Add. Quintil. *Institut. orat.* X, 1.

[4] *De Nat. deor.* II, xxxvii, § 95.

[5] Nous ne parlons pas du traité du Monde, que nous tenons pour apocryphe. Voyez L. Ideler, *in Meteor. Arist.* passim.

loqui que Cicéron met en contraste avec l'abondance d'Aristote dans ses morceaux oratoires; le philosophe, pour nous servir des expressions de Galien, ne semble parler que par abréviations, et pour ceux-là seuls qui l'ont déjà entendu et le comprennent à demi-mot [1]. Tous les commentateurs remarquent que dans les Catégories, dans la Physique, dans les Analytiques, dans la Métaphysique surtout, « la pensée est serrée, la phrase ramassée et concentrée à l'excès [2]. » Mais ces caractères ne semblent pas fournir une mesure assez exacte pour déterminer avec précision quels sont parmi les ouvrages d'Aris-

---

[1] Galen. *de Sophism.* II : Σύνηθες δὲ τὸ τοιοῦτο τάχος τῷ φιλοσόφῳ, καὶ καθάπερ ἐπὶ σημείων ἐπιφέρειν τὰ πολλὰ καὶ διὰ τὸ πρὸς τοὺς ἀκηκοότας ἤδη γράφεσθαι.

[2] Ammon. *in Categ. proœm.* f. 9 a. Simplic. *in Categ. proœm.* : Ἡ τῶν ἐννοιῶν πυκνότης, καὶ τὸ συνεστραμμένον τῆς φράσεως δηλοῖ, κατὰ τὴν νοερὰν τοῦ Ἀριστοτέλους προϊόντος δύναμιν. Themist. *Paraphr. Analyt. proœm.* f° 1 a. Michel Ephes. *in Metaph.* XII, II. — Nous citerons ici un jugement intéressant sur le style d'Aristote, que M. Kopp tire, dit-il, d'un critique ancien (*Rhein. Mus.* III, 100) : 1° Καθαρός ἐστι τὴν ἑρμηνείαν πάνυ, καὶ κανὼν τῆς γλώττης, τῆς κατ' ἐκεῖνον χρόνον ἐπιχωριαζούσης. 2° Δευτέρα ἀρετή ἐστιν ἡ διὰ τῶν κυρίων τε καὶ κοινῶν καὶ ἐν μέσῳ κειμένων ὀνομάτων ἐκφέρουσα τὰ νοούμενα· ἥκιστα τροπικῇ φράσει χρῆται, καὶ περιττὰ καὶ σεμνὰ καὶ μεγάλα φαίνεσθαι τὰ πράγματα ποιεῖ τοῖς κοινοτάτοις χρώμενος ὀνόμασι καὶ ποιητικῆς οὐχ ἁπτόμενος κατασκευῆς. Τρίτη ἀρετὴ ἡ σαφήνεια, οὐ μόνον ἡ ἐν τοῖς ὀνόμασιν, ἀλλὰ καὶ ἡ ἐν τοῖς πράγμασιν· ἔστι γάρ τις καὶ πραγματικὴ σαφήνεια. — Συνέστραπται δὲ εἴ τις καὶ ἄλλος καὶ πεπύκνωται τοῖς νοήμασι. 4° Τετάρτη ἀρετὴ συστρέφουσα τὰ νοήματα καὶ στρογγύλως ἐκφέρουσα λέξις, κ.τ.λ. Plusieurs phrases paraissent imitées du passage de Simplicius que nous venons de citer.

tote qui nous restent ou dont les auteurs anciens font mention, ceux qui doivent recevoir la dénomination d'*exotériques* ou celle d'*acroamatiques*. En croirons-nous Cicéron ou les commentateurs ? Ceux-ci opposent à l'obscurité de la Physique ou des Analytiques, la clarté de la Météorologique et des Topiques. Or Cicéron taxe ces mêmes Topiques d'une obscurité telle, qu'elle rebutait, dit-il, jusqu'aux philosophes[1]. Cherchons donc une règle de jugement plus sûre; car celle qui se tire du caractère du style est trop arbitraire; le commentateur trouve parfaitement clair ce que l'orateur et l'élégant écrivain, et même les philosophes ses amis, considèrent comme rempli de difficultés impénétrables.

Presque tous les auteurs anciens qui ont abordé cette question, donnent pour raison de la différence du style dans les deux classes des écrits d'Aristote, celle des lecteurs auxquels il les avait destinés. Les ouvrages exotériques se seraient adressés au public, les autres aux disciples, aux auditeurs du philosophe. Voilà pourquoi il se serait enveloppé dans ses ouvrages acroamatiques d'une obscurité qui pût écarter le vulgaire, et cacher ses doctrines à tous ceux qui ne les lui auraient pas ouï développer de vive voix. Ainsi en pensent Plutarque, Galien, Themistius, Ammonius, Simplicius, Michel d'Éphèse[2], etc.

---

[1] Simplic. *in Categ.* f. 2. Cicer. *Topic.* I, init.
[2] Plutarch. *Vit. Alex.* VII. Galen. *de Facult. natur.* ap. Buhle, de

Ce n'est là que l'application d'un préjugé que l'on voit prendre toujours plus de faveur, à mesure qu'on descend dans les derniers siècles de la philosophie ancienne, la croyance à une double doctrine, l'une secrète, où les philosophes anciens auraient déposé le trésor de leur sagesse, l'autre extérieure et publique, qui n'aurait été que la forme la plus superficielle, l'image la plus imparfaite de la première, ou plutôt le voile qui devait servir à la mieux déguiser. Dans la science comme dans la religion, chez les philosophes comme chez les divins auteurs des oracles et des mystères, partout on voulait retrouver un profond époptisme, un soin superstitieux de cacher le sanctuaire aux profanes. Les adorateurs un peu crédules de l'antiquité, les Plutarque, les Jamblique et les Proclus [1] accueillaient ces idées avec ferveur. Les sceptiques et les partisans de la religion nouvelle qui était venue révéler les choses divines dans le langage le plus simple et le plus populaire, s'empressaient également de les répandre, pour en faire retomber le ridicule sur l'antiquité. Ainsi Lucien, dans ses Philosophes à l'encan, fait crier par Mercure deux

Libr. Arist. exot. et acroam. p. 119.—Themist. *Paraphr. Analyt. proœm.* f. 1 a. Orat. xxvi, 319, ed. Hard. Ammon. *in Categ. proœm.* f. 9 a. Simplic. *in Categ. proœm.; in Phys.* f. 2 b. Mich. Ephes. *in Metaph.* XII, v.

[1] Plutarch. *de Isid. et Osir.*: Διὸ καὶ Πλάτων καὶ Ἀριστοτέλης ἐποπτικὸν τοῦτο τὸ μέρος τῆς φιλοσοφίας καλοῦσιν. Procl. *in Parmenid.* V. Cf. Galen. *de Sophism.* ap. Patric. *Discuss. peripat.* p. 67.

Aristote en un seul, l'un exotérique, et l'autre ésotérique [1]. S. Clément d'Alexandrie ne se contente pas d'attribuer la double doctrine à Pythagore, Platon et Aristote; il la trouve jusque chez les Stoïciens et chez les Épicuriens eux-mêmes [2]. Ici l'absurdité devient manifeste. Mais s'il faut reconnaître, du moins avec Lucien, un double Aristote, serait-ce dans un dessein exprès de dissimulation de la part du philosophe qu'il faudrait chercher le principe d'une pareille distinction? Remontons à des sources plus anciennes et plus pures. Nous allons reconnaître que s'il y eut dans le Lycée deux doctrines ou deux enseignements, ce ne fut sans doute ni mystère, ni mensonge, mais simple résultat d'une différence fondée dans la nature de la science ou de ses objets.

Nous avons déjà eu occasion de voir que la distinction d'un double enseignement remonte, sinon aux premiers temps de la philosophie grecque, du moins au maître d'Aristote; qu'indépendamment des promenades de l'Académie, où il exposait la doctrine qu'il nous a transmise dans ses écrits, il avait un autre enseignement qu'il ne rédigea pas, et que recueillirent seulement les plus distingués de ses disciples. Ce n'étaient point des dogmes secrets et une sagesse mystérieuse : c'était l'explication de la doctrine même qu'il proposait publiquement, l'analyse dialectique des der-

---

[1] Lucien. *Vit. auct.* I, 566, Reitz. Stahr, II, 251.
[2] Clem. Alex. *Strom.* V. 575, Sylburg.

niers éléments des idées, la recherche de leur plus haut principe. Il n'y avait pas entre ces deux enseignements d'opposition, à proprement parler, de contradiction ; il y avait une différence de degré. Cette distinction acquit plus de précision dans l'école d'Aristote ; elle acquit en même temps une expression plus déterminée, et se traduisit en des termes techniques :

Aristote avait partagé son enseignement et ses ouvrages en deux classes, dont il nommait l'une *exotérique* et l'autre *acroatique*. La première comprenait la rhétorique, l'art de l'argumentation, la politique ; la seconde avait pour objet les parties les plus ardues et les plus difficiles de la philosophie, telles que la physique et la dialectique. Il consacrait la matinée aux leçons acroatiques, et il n'y admettait personne dont il n'eût préalablement éprouvé le talent, les connaissances et le zèle. Les leçons exotériques avaient lieu le soir ; elles étaient ouvertes à la jeunesse sans aucune distinction. Aristote appelait les premières la promenade du matin, et les secondes la promenade du soir ; car toujours il enseignait en se promenant. Et il divisa semblablement ses livres, qui traitaient de toutes ces matières différentes, en exotériques et acroatiques [1].

Nous trouvons une confirmation de ce récit d'Aulu-

---

[1] Gell. *Noct. att.* XX, v : Ἐξωτερικὰ dicebantur, quæ ad rhetoricas meditationes, facultatemque argutiarum, civiliumque rerum notitiam conducebant. Ἀκροατικὰ autem vocabantur, in quibus philosophia remotior subtiliorque agitabatur, quæque ad naturæ contemplationes disceptationesve dialecticas pertinebant. Huic disciplinæ, quam dixi

216 PARTIE III.—DE LA MÉTAPHYSIQUE.

Gelle dans un passage de Quintilien, où il nous dit qu'Aristote enseignait la rhétorique dans la leçon du soir[1]. Enfin avec le témoignage d'Aulu-Gelle s'accorde parfaitement celui de Plutarque, quand il oppose à la morale et à la politique, dans l'enseignement qu'Alexandre reçut de son précepteur « ces sciences plus abstruses que l'on appelait acroamatiques ou époptiques, et dont on ne faisait point part au vulgaire [2]. » Voilà donc une tradition bien établie, ce semble, dans toutes ses parties. Mais cherchons à en retrouver l'origine. Le récit d'Aulu-

ἀκροατικὴν, tempus exercendæ dabat in Lycio matutinum : nec ad eam quemquam temere admittebat, nisi quorum ante ingenium et eruditionis clementa, atque in discendo studium laboremque explorasset. Illas vero exotericas auditiones exercitiumque dicendi eodem in loco vesperi faciebat, easque vulgo juvenibus sine delectu præbebat, atque eum δειλινὸν περίπατον appellabat, illum alterum supra ἑωθινόν; utroque enim tempore ambulans disserebat, περιπατῶν. Libros quoque suos, earum omnium rerum commentarios, seorsum divisit, ut alii exoterici dicerentur, partim acroatici.

[1] Quintilian. Institut. orat. III, 1 : Pomeridianis scholis Aristoteles præcipere artem oratoriam cœpit. — En général les philosophes sophistes ou rhéteurs faisaient deux leçons par jour. Aristodème de Nysa, maître de Strabon, enseignait le matin la rhétorique et le soir la grammaire. Eunape enseignait, comme il le raconte lui-même (in Chrysanth.), le matin la rhétorique et le soir la philosophie. C'est le contraire de ce que faisait Aristote. Cresollius, Theatrum rhetorum (Paris. 1620, in-8°), IV, 392.

[2] Plutarch. Vit. Alex. VII : Ἔοικε δ' Ἀλέξανδρος οὐ μόνον τὸν ἠθικὸν καὶ πολιτικὸν παραλαβεῖν λόγον, ἀλλὰ καὶ τῶν ἀποῤῥήτων καὶ βαθυτέρων διδασκαλιῶν, ἃς οἱ ἄνδρες ἰδίως ἀκροαματικὰς καὶ ἐποπτικὰς προσαγορεύοντες οὐκ ἐξέφερον εἰς πολλούς, μετασχεῖν.

Gelle est vraisemblablement emprunté à Andronicus de Rhodes ; car ce récit compose un chapitre des Nuits attiques avec cette fameuse correspondance d'Aristote et d'Alexandre, qu'Aulu-Gelle déclare tirer du livre d'Andronicus. D'un autre côté, nous avons déjà fait voir que Plutarque, dans le passage de la vie d'Alexandre, que nous venons de rappeler, ne s'était servi également, selon toute apparence, que de l'ouvrage d'Andronicus de Rhodes. Quintilien, antérieur à Plutarque comme à Aulu-Gelle, ne parle probablement pas d'après une autre autorité. C'est donc à Andronicus que nous croyons pouvoir rapporter sans trop de témérité, les trois témoignages de plus en plus complets et précis de Quintilien, de Plutarque et d'Aulu-Gelle. Ces témoignages perdraient, si notre conjecture était juste, l'autorité qu'ils paraissent tirer de leur accord. Il leur resterait encore celle d'une tradition vraisemblable en elle-même, que l'éditeur laborieux des œuvres d'Aristote n'a pas dû inventer, mais recueillir à quelque source plus ancienne. Mais nous sommes en droit de soupçonner qu'elle ne nous a pas été transmise sans altération, soit par Plutarque et Aulu-Gelle, soit même par Andronicus, dont nous savons que l'antiquité ne reconnaissait nullement l'infaillibilité en matière de critique. La tradition que nous venons de rapporter établit clairement deux points importants, savoir, que la distinction des livres exotériques et acroamatiques répondait à celle de deux enseignements, et que celle-ci à son tour répondait à une classification des sciences philosophiques; voilà la part de la vérité. Mais il y a aussi celle de l'erreur : c'est d'abord de présenter cette distinction de deux sortes de livres et de leçons comme ayant son principe et sa règle unique et constante dans une division des sciences par leurs objets; et ensuite de dériver la dénomination même de ces deux classes d'ouvrages de la différence des auditeurs auxquels l'enseignement se serait adressé.

Essayons d'appliquer à la division des écrits d'Aristote les indications fournies par Andronicus : nous rangerions tout d'abord parmi les exotériques ceux qui traitent de la politique et de la morale. Or un témoignage que les profondes connaissances de son auteur dans l'histoire de la philosophie morale rend tout à fait digne de confiance, et qui porte dans sa précision le caractère de l'exactitude, nous le défend formellement, et conduit à un tout autre résultat; nous voulons parler de ce passage connu de Cicéron [1] :

Aristote et Théophraste ne semblent pas toujours d'accord avec eux-mêmes sur la question du souverain bien, et cela.

---

[1] Cicer. *de Fin.* V, v, § 12 : De summo autem bono, quia duo genera librorum sunt, unum populariter scriptum, quod ἐξωτερικὸν appellabant, alterum limatius, quod in commentariis reliquerunt, non semper idem dicere videntur.

parce qu'ils l'ont traitée dans deux sortes de livres, les uns écrits d'une manière populaire, et qu'ils appelaient exotériques; les autres rédigés d'un style plus sévère, et qu'ils ont laissés sous forme de mémoires.

Il y avait donc sur un même sujet, sur la morale, des écrits exotériques et d'autres qui ne l'étaient point. Par conséquent, la différence de ces deux espèces de livres ne résidait pas essentiellement dans la différence du sujet, mais bien, outre quelques dissemblances au moins apparentes de doctrine, dans la différence de forme et de manière. Mais ce caractère que nous avions trouvé d'abord si vague et si insuffisant, ne reçoit-il pas maintenant du récit d'Andronicus de Rhodes, un jour qui l'éclaire et le détermine davantage? L'expression de style populaire (*populariter*) semble s'expliquer facilement par la destination des livres exotériques, qui se seraient adressés au public plutôt qu'aux philosophes. Mais en outre, les ouvrages véritablement scientifiques reçoivent par opposition la dénomination de mémoires (*commentarii*), qui semble avoir ici une valeur presque technique. Les livres exotériques avaient donc aussi une forme spéciale et bien déterminée, qui les distinguait clairement de tout livre acroamatique. Et en effet, Cicéron le dit ailleurs, les livres exotériques étaient des dialogues[1]. Nous lisons également dans Plutarque, qui

---

[1] Cicer. *Epist. ad Famil.* I, IX : Scripsi etiam..... Aristotelis more,

oublie en cet endroit ce qu'il avait répété sans réflexion d'après Andronicus, qu'Aristote traita un même sujet, la critique de la théorie des idées, non-seulement dans ses mémoires de morale et de physique, mais encore dans ses dialogues exotériques[1]. Ce témoignage s'accorde parfaitement avec celui de Cicéron, en faisant des livres exotériques des dialogues, et en les opposant aux mémoires scientifiques.

Mais quel lien pouvait-il y avoir entre ces deux formes et les deux espèces d'ouvrages et de leçons auxquelles elles répondaient? Était-ce un rapport tout à fait arbitraire et artificiel, ou n'était-ce pas plutôt l'expression d'une connexion intérieure et profonde? Si nous nous adressons aux commentateurs d'Aristote, nous y trouverons des traces de cette dernière hypothèse, mais indécises et obscures, et enveloppées d'erreurs qui accusent le défaut d'un principe sûr de critique.

Ammonius a consacré tout un chapitre de l'introduction de son commentaire sur les Catégories, à la

---

quemadmodum quidem volui, tres libros in disputatione ac dialogo de Oratore. *Ad Attic.* IV, XVI (en parlant de son dialogue de la République) : Quoniam in singulis libris utor procemiis, ut Aristoteles in iis quos ἐξωτερικοὺς vocat, etc. Cf. *ibid.* XIII, XIX.

[1] Plutarch. advers. Colot. X, 586-7, Reisk. : Τάς γε μὴν ἰδέας, περὶ ὧν ἐγκαλεῖ τῷ Πλάτωνι, πανταχοῦ κινῶν ὁ Ἀριστοτέλης, καὶ πᾶσιν ἐπάγων ἀπορίαν αὐταῖς, ἐν τοῖς ἠθικοῖς ὑπομνήμασιν, ἐν τοῖς φυσικοῖς, διὰ τῶν ἐξωτερικῶν διαλόγων.

classification des écrits d'Aristote[1]. Il les partage d'abord en deux séries, dont l'une comprend les recueils d'extraits et de notes (ὑπομνηματικά), et l'autre les ouvrages ou traités proprement dits (συνταγματικά). Ceux-ci se divisent en deux classes, les *acroamatiques*, où Aristote parle en son propre nom (αὐτοπρόσωπα), et les *exotériques* ou dialogues. Les livres exotériques furent ainsi nommés, continue Ammonius, parce qu'ils avaient été écrits pour l'usage de la multitude (d'ἔξω, dehors, ἐξωτερικά, choses du dehors), tandis que dans les autres, Aristote s'adresse à ses véritables disciples. Ainsi Ammonius est d'accord avec Andronicus, sur l'origine du mot exotérique, et il se trompe comme lui, ainsi que nous le verrons tout à l'heure. Mais, dans ce qu'il ajoute immédiatement, le commentateur ouvre un point de vue tout nouveau, en nous faisant soupçonner dans les deux classes d'ouvrages une différence de méthode, et non plus seulement de forme extérieure et littéraire :

Dans les livres acroamatiques[2], Aristote parlant à ses élèves, démontre ce qui lui semble vrai par les arguments les plus

---

[1] Ammon. *in Categ.* f. 6 b.
[2] Id. ibid. : Ἐν μὲν γὰρ τοῖς αὐτοπροσώποις, ἅτε πρὸς γνησίους ἀκροατὰς τὸν λόγον ποιούμενος, τὰ δοκοῦντά τε αὐτῷ λέγει, καὶ δι' ἐπιχειρημάτων ἀκριβεστάτων, καὶ οἷς οὐχ οἷοί τέ εἰσιν οἱ πολλοὶ παρακολουθῆσαι. Ἐν δὲ τοῖς διαλογικοῖς ἅτε πρὸς κοινὴν καὶ τὴν τῶν πολλῶν ὠφέλειαν γεγραμμένοις τὰ δοκοῦντα αὐτῷ λέγει, ἀλλ' οὐ δι' ἀποδεικτικῶν ἐπιχειρημάτων, καὶ οἷς οἷοί τέ εἰσιν οἱ πολλοὶ παρακολουθεῖν.

rigoureux, et que la multitude n'eût pas été capable de suivre; dans les dialogues, au contraire, qui sont écrits pour le public, s'il ne dit encore que ce qui lui paraît être le vrai, il ne se sert, au lieu d'arguments démonstratifs, que de preuves plus simples, et que tout le monde peut comprendre.

Simplicius, élève d'Ammonius, reproduit à peu près et en abrégé, dans son commentaire sur les Catégories [1], la même classification; il s'en écarte, toutefois, en un point de grande importance : il ne dit rien de l'identité des livres où Aristote parlait en son nom avec les livres acroamatiques, et de celle des dialogues avec les exotériques. Il est vrai qu'il ne fait ici aucune mention de la division en exotériques et acroamatiques, et que par conséquent on ne peut tirer de son silence aucune conclusion certaine sur son opinion à ce sujet. Mais ailleurs il parle des livres exotériques, et range dans cette classe non-seulement les dialogues, mais « les ouvrages d'histoire ou de pure description, et tous ceux en général qui ne portent pas sur les hautes difficultés [2]. » Il n'approuve donc pas le sens trop étroit qu'attribuait Ammonius à cette qualification, et s'il n'en faisait pas mention dans son commentaire sur les Catégories, c'est sans doute qu'il a mieux aimé se taire que de relever la faute de son maître. Il est probable, d'ailleurs,

---

[1] Simplic. in Categ. f. 1 b.
[2] Simplic. in Phys. f. 2 b : Τὰ ἐξωτερικὰ, οἷα τὰ ἱστορικὰ καὶ τὰ διαλογικὰ, καὶ ὅλως τὰ μὴ ἄκρας ἀκριβείας φροντίζοντα.

qu'il ne fonde son opinion que sur une autorité plus ancienne et plus grave, celle d'Alexandre d'Aphrodisée, qu'il invoque sur un autre point, dans l'endroit même où il suit pas à pas Ammonius. Mais en quoi il s'accorde avec Ammonius, c'est à reconnaître que l'exotérique ne dépasse point les preuves de probabilité, tandis que la démonstration appartient à l'acroamatique. Philopon, élève comme lui d'Ammonius, s'exprime de même sur ce dernier point; et de même aussi, tout en rangeant les dialogues dans la classe exotérique, il donne à entendre que les dialogues ne la constituent pas tout entière [1]. Enfin Alexandre d'Aphrodisée, dont nous n'avons plus les commentaires sur les Catégories ni sur la Physique, mais dont ces témoignages nous représentent sans doute plus ou moins exactement l'opinion, en confirme une partie avec une précision supérieure, lorsqu'il dit, dans le commentaire sur les Topiques [2]:

Ce traité même, avec la Rhétorique, rentre dans la classe exotérique; dans cette classe se placent en outre beaucoup d'ouvrages de physique et de morale, mais qui ne dépassent pas l'argumentation par le probable, c'est-à-dire cette méthode logique ou dialectique qu'Aristote oppose toujours à la méthode analytique et apodictique.

[1] Philop. *in libr. de Anim.* f. 138 : Τὰ ἐξωτερικὰ συγγράμματα, ὧν εἰσι καὶ οἱ διάλογοι.
[2] Alex. Aphrodis. *in Top.* p. 52.

Ainsi, en résumant tous ces témoignages, la distinction des livres exotériques et acroamatiques se serait fondée immédiatement sur une différence de forme qui avait dû correspondre en général à une classification des objets de l'enseignement, mais qui constamment enveloppait une différence essentielle de méthode. Maintenant où est le nœud de tout cela? Quel est le lien qui rattache tous ces caractères à leur principe commun? Sans cette connaissance, nous demeurons dans le vague, nous ne pouvons obtenir avec précision cette mesure que nous voulions appliquer au plus grand ouvrage d'Aristote, pour en déterminer au moins la valeur relative. Il ne nous reste donc que de nous adresser à Aristote lui-même, et de chercher dans ses indications brèves mais sûres ce *criterium* rigoureux que des traditions incertaines nous cachent autant qu'elles nous le montrent.

Le mot d'exotérique, qui se présente souvent dans les ouvrages d'Aristote, n'y est pas borné à cette signification technique où nous venons de le voir prendre par des écrivains plus récents. Dérivé directement d'ἔξω (dehors), ce mot signifie, d'une manière générale, extérieur ou même étranger. Il s'applique aux membres des animaux par opposition au tronc, aux biens du corps par opposition aux biens intérieurs de l'âme, à la domination de l'étranger ar opposition au gouvernement national, etc.[1]. Lors donc que ce mot est joint à λόγος ou à tout autre terme du même genre, et semble désigner un ordre particulier d'ouvrages ou de recherches scientifiques, il ne doit pas prendre d'acception nouvelle et mystérieuse, mais conserver le sens étymologique. Dans la sévère correction de son langage, Aristote ne détourne jamais un mot de sa signification originelle; il préfère créer des termes à en altérer. Mais par l'indétermination même de l'épithète, l'expression d'ἐξωτερικοὶ λόγοι reste obscure et prête à l'équivoque. Par ces « discours du dehors » faut-il entendre, avec les commentateurs anciens, des ouvrages faits pour le public? Ne faut-il voir, au contraire, dans cette dénomination qu'un renvoi à des ouvrages étrangers par leur sujet à ceux où le renvoi se rencontre. Saint Thomas l'a prétendu le premier, et son opinion ne manque pas de partisans[2]. Elle peut s'appuyer de plusieurs passages d'Aristote, où il désigne par les termes d'οἱ ἔξωθεν λόγοι, ἐξωτερικὴ σκέψις, etc. « des discours, des recherches étrangères à la question[3]. » Enfin les ἐξωτερικοὶ λόγοι ne

---

[1] *De Gen. anim.* V, vi. *Polit.* VII, i, iii; II, vii. Cf. Buhle, *De libr. Arist. exot. et acroam.*, *Arist. Opp.* I, 127-9.

[2] D. Thom. *in Eth. Nicom.* VI, iv. Weisse, *Anmerk. zur Phys. des Arist.* (Leipz. 1829, in-8°), p. 517. Stahr, *Aristotelia*, II, 272.

[3] *Polit.* II, iii : Τὰ δ' ἄλλα τοῖς ἔξωθεν λόγοις πεπλήρωκε τὸν λόγον. Ibid. I, iv : Ἀλλὰ ταῦτα μὲν ἴσως ἐξωτερικωτέρας ἐστὶ σκέψεως. Soph. el. II : Λίαν ἔξω λέγειν. *Rhet.* I, 1 : Τὰ ἔξω τοῦ πράγματος.

sont-ils pas, au moins dans le plus grand nombre de cas, des recherches extérieures au sujet propre de chaque science [1], la partie superficielle et accessoire, par opposition aux profondeurs et à l'essence de la discussion. Cette interprétation aurait sur la première l'avantage d'être plus naturelle, plus conforme à l'acception ordinaire du mot exotérique, elle aurait sur la seconde celui de s'accorder avec les traditions historiques : elle remplacerait ainsi l'interprétation des commentateurs sans attaquer leur témoignage. Mais est-elle justifiée par l'examen des passages d'Aristote où se trouvent les mots d'ἐξωτερικοὶ λόγοι? Nous le pensons, et nous allons chercher à le prouver.

Dans les passages où Aristote renvoie à ses ἐξωτερικοὶ λόγοι, il n'y renvoie jamais comme à des recherches futures où les questions devront être approfondies, mais comme à des ouvrages déjà connus, où elles ont reçu des développements suffisants. « Nous avons assez parlé de ce point, dit-il souvent, dans les ἐξωτερικοὶ λόγοι, et nous nous en servirons ici [2]. » Et cela ne veut pas dire que la question y a été

---

[1] Ἐξωτερικὸν opposé à οἰκεῖον. Polit. VII, vi : Ὁ θεὸς... καὶ πᾶς ὁ κόσμος, οἷς οὐκ εἰσὶν ἐξωτερικαὶ πράξεις παρὰ τὰς οἰκείας αὐτῶν. Dieu ne doit pas sa félicité à des biens extérieurs, mais à soi seul; Polit. VII, I : Δι' οὐθὲν δὲ τῶν ἐξωτερικῶν ἀγαθῶν, ἀλλὰ δι' αὐτὸν αὐτός.

[2] Polit. VII, I : Νομίσαντας οὖν ἱκανῶς πολλὰ λέγεσθαι καὶ τῶν ἐν τοῖς ἐξωτερικοῖς λόγοις περὶ τῆς ἀρίστης ζωῆς, καὶ νῦν χρηστέον αὐτοῖς. Eth. Nic. I, XIII : Λέγεται δὲ περὶ αὐτῆς (τῆς ψυχῆς) καὶ ἐν τοῖς ἐξωτερι-

discutée à fond, mais qu'elle y a été traitée longuement, et n'exige pas d'être reprise en sous-œuvre. Car ce n'est jamais pour un point difficile qu'Aristote y renvoie son lecteur, ce n'est jamais pour une démonstration rigoureuse; c'est presque toujours pour des divisions élémentaires, communes à toutes les philosophies, et que personne, ajoute-t-il quelque part, ne voudrait contester [1]; c'est pour la division de l'âme en ses deux parties, raisonnable et irraisonnable [2]; pour celle de l'autorité en ses trois espèces, économique, politique et despotique [3]; pour celle des biens en extérieurs et intérieurs, ou en biens du dehors, du corps et de l'âme [4]; enfin pour la distinction de faire et d'agir [5]. Ce sont là des matières sur lesquelles on peut s'en fier, selon ses propres termes [6], aux λόγοι ἐξωτερικοί. Les développements qu'elles y ont reçus semblent même provoquer de sa

---

τοῖς λόγοις ἀρκούντως ἔνια, καὶ χρηστέον αὐτοῖς. Cf. ibid. VI, IV. Sur le sens d'ἱκανῶς et d'ἀρκούντως dans ces passages, cf. Eth. Nic. I, XI : Τύπῳ ἱκανῶς. X, I : Ἱκανῶς τοῖς τύποις. Phys. VIII, VIII : Αὕτη ἡ λύσις πρὸς μὲν τὸν ἐρωτῶντα ἱκανῶς ἔχει... πρὸς δὲ τὸ πρᾶγμα καὶ τὴν ἀλήθειαν οὐχ ἱκανῶς.

[1] Polit. VII, 1 : Ὡς ἀληθῶς γὰρ πρός γε μίαν διαίρεσιν οὐδεὶς ἀμφισβητήσειεν ἄν, κ. τ. λ.

[2] Eth. Nic. I, XIII.

[3] Polit. III, IV.

[4] Eth. Eud. II, 1. Polit. VII, 1.

[5] Eth. Nic. VI, IV; Eth. Eud. V, IV.

[6] Locc. laudd. : Ἕτερον δ' ἐστὶ ποίησις καὶ πρᾶξις. Πιστεύομεν δὲ περὶ αὐτῶν καὶ τοῖς ἐξωτερικοῖς λόγοις. La foi est plus indéterminée

part une sorte de dédain philosophique. « Nous ne nous étendrons pas, dit-il, sur la réfutation de la théorie des idées, » chose plus difficile cependant que de simples divisions : « cela a été assez rebattu « dans les livres exotériques [1]. » Enfin la seule forme grammaticale de ces renvois nous révèle le caractère et le rôle des livres exotériques. Aristote y renvoie presque toujours par la forme du présent : « Nous « disons dans ces livres (λέγεται [2]), » et presque toujours il ajoute le mot « aussi (καὶ). » Ces circonstances en apparence indifférentes nous indiquent assez clairement : d'abord que les mêmes matières sont communes à la fois au livre exotérique et à celui où il est mentionné ; et en second lieu, que, destinés sans doute à des usages différents, ils s'accompagnent en quelque sorte dans le temps, ils sont contemporains l'un

---

que la *science*; Rhet. I, VIII : Οὐ μόνον αἱ πίστεις γίνονται δι' ἀποδεικτικοῦ λόγου, ἀλλὰ καὶ δι' ἠθικοῦ· τῷ γὰρ ποιόν τινα φαίνεσθαι τὸν λέγοντα, πιστεύομεν.

[1] *Metaph.* XIII, 1, p. 259, l. 19 : Τεθρύλληται γὰρ τὰ πολλὰ καὶ ὑπὸ τῶν ἐξωτερικῶν λόγων. Polit. III, IV : Πολλάκις. Eth. Eud. I, VIII : Πολλοῖς τρόποις.

[2] Cependant cette forme n'est pas sans exception ni exclusivement affectée, comme Stahr (*Aristotelia*, II, 264) paraît le croire, aux renvois à des livres exotériques. 1° Aristote renvoie deux fois à ces ouvrages par la forme du parfait. Eth. Eud. I, VIII : Ἐπέσκεπται... καὶ ἐν τοῖς ἐξωτερικοῖς λόγοις, καὶ ἐν τοῖς κατὰ φιλοσοφίαν. Metaph. loc. laud.: Τεθρύλληται. 2° Il renvoie quelquefois à d'autres ouvrages par la forme du présent; Polit. VII, XII : Φαμὲν δὲ καὶ ἐν τοῖς Ἠθικοῖς. Eth. Nic. VI, III : Ὅσα ἄλλα προσδιοριζόμεθα ἐν τοῖς Ἀναλυτικοῖς.

de l'autre dans le double enseignement de leur auteur commun.

A tous les grands ouvrages philosophiques semblent correspondre des livres exotériques, qui en sont comme des préludes ou des esquisses imparfaites. Dans les uns et dans les autres, le sujet est le même ; mais le point de vue et l'exécution diffèrent : là c'est la science, ici une sagesse facile et vulgaire.

Quelquefois même, par l'indétermination de sa nature, un livre exotérique tient à la fois à deux sciences différentes, qui lui empruntent des notions communes. Après avoir transporté dans le VIIe livre de sa Politique quelques idées tirées d'ouvrages exotériques qui traitaient du souverain bien, Aristote se hâte d'ajouter : « En voilà assez pour nous servir de préambule ; ne rien toucher de cette question, cela n'était pas possible, et nous ne pouvons pas non plus l'épuiser dans ce qu'elle a de propre ; car c'est l'affaire d'une autre partie de l'enseignement [1]. » C'est à la

---

[1] *Polit.* VII, 1 : Νομίσαντας οὖν ἱκανῶς πολλὰ λέγεσθαι καὶ τῶν ἐν τοῖς ἐξωτερικοῖς λόγοις περὶ τῆς ἀρίστης ζωῆς, καὶ νῦν χρηστέον αὐτοῖς. — Ἀλλὰ γὰρ ταῦτα μὲν ἐπὶ τοσοῦτον ἔστω πεφροιμιασμένα τῷ λόγῳ (οὔτε γὰρ μὴ θιγγάνειν αὐτῶν, δυνατόν, οὔτε πάντας τοὺς οἰκείους ἐπεξελθεῖν ἐνδέχεται λόγους· ἑτέρας γάρ ἐστιν ἔργον σχολῆς ταῦτα). Stahr (II, 273) explique mal ce passage ; il en conclut au contraire que la Morale y est désignée comme un livre exotérique, et que par conséquent un livre exotérique n'est autre chose, en général, qu'un ouvrage étranger, par son sujet, à celui où il est cité.

morale de donner, sur la question du souverain bien, des démonstrations directes et spécifiques, que l'on ne pourrait transporter dans la politique sans confondre deux sphères distinctes de la science; mais les généralités trouvent leur place dans les livres exotériques, où des sciences distinctes, mais parentes, peuvent aller les puiser[1]. La spécialité les sépare, la généralité les réunit.

Toute considération qui ne va pas au fond du sujet, qui se tient aux généralités, est par cela même extérieure, exotérique. Par exemple, pour établir la légitimité d'une distinction dans l'État entre une partie qui commande et une partie qui obéit, on pourrait, à toute force, remonter jusqu'à la nature inanimée, où l'on reconnaît déjà la distinction du supérieur et de l'inférieur. Mais peut-être serait-ce prendre les choses de trop loin; « peut-être, dit Aristote, seraient-ce des considérations trop exotériques; il vaut mieux partir du rapport, plus rapproché de nous, du corps et de l'âme qui lui commande[2]. »

Ainsi, que l'épithète d'exotérique ne s'applique pas exclusivement dans Aristote à une classe particulière de livres ou de leçons sur certains sujets, mais qu'originairement, au contraire, elle s'applique à une

[1] De même la morale emprunte aux livres exotériques des considérations générales sur l'âme. *Eth. Nic.* I. xiii.

[2] *Polit.* I, v : Ἀλλὰ ταῦτα μὲν ἴσως ἐξωτερικωτέρας ἐστὶ σκέψεως· τὸ δὲ ζῷον πρῶτον συνέστηκεν ἐκ ψυχῆς καὶ σώματος, κ. τ. λ.

certaine manière générale de procéder dans les recherches et dans l'exposition, c'est ce qui ressort manifestement du témoignage d'Aristote lui-même. A peine est-il nécessaire, pour porter l'évidence au comble, de signaler deux passages relatifs aux λόγοι ἐξωτερικοὶ, où le seul tour de la phrase ne permet d'entendre par là qu'un procédé, un moyen (διὰ, ὑπὸ τῶν ἐξ. λόγ.) [1]. Mais quel est le caractère propre, essentiel, de cette méthode, et de la méthode supérieure à laquelle elle semble ne faire que préluder? Sans s'être étendu nulle part sur cette question avec ces termes techniques dont nous recherchons le sens obscurci, Aristote n'en abonde pas moins en indications, qui nous permettront de retrouver sa pensée tout entière. Il suffit de la suivre avec quelque attention dans de légères transformations qui la développent sans l'altérer.

D'abord, au traité exotérique il oppose le traité philosophique [2]. Et cette dernière expression ne désigne pas exclusivement, comme on l'a prétendu, un ouvrage particulier, tel que le traité de la Philosophie [3]; elle a une signification plus générale, puisque ailleurs Aristote fait mention de « traités

---

[1] *Phys.* IV, x : Πρῶτον δὲ καλῶς ἔχει διαπορῆσαι περὶ αὐτοῦ καὶ διὰ τῶν ἐξωτερικῶν λόγων. *Metaph.* XIII, 1 : Τεθρύλληται γὰρ τὰ πολλὰ ὑπὸ τῶν ἐξωτερικῶν λόγων.

[2] *Eth. Eud.* I, VIII : Καὶ ἐν τοῖς ἐξωτερικοῖς λόγοις καὶ ἐν τοῖς κατὰ φιλοσοφίαν.

[3] Voyez plus haut, p. 57.

philosophiques sur la morale [1]. » « En effet, dit-il encore ailleurs, il n'y a pas de sujet qui ne se puisse traiter de deux manières, l'une philosophique, l'autre non philosophique [2]. » Il s'agit donc bien de deux méthodes opposées, applicables à toute espèce de sujet. Or ces deux méthodes, dont l'une est, comme nous venons de le voir, la méthode exotérique, Aristote les a décrites souvent avec détail et de la manière la plus précise.

La méthode opposée à la méthode philosophique est celle qui prend son point de départ dans l'apparence, dans l'opinion [3], et qui par conséquent ne peut produire une certitude absolue. L'apparence, ce sont les formes contraires sous lesquelles se manifestent les objets de la connaissance, qui peuvent être au même titre, et entre lesquelles l'opinion commune est l'unique ou le meilleur juge [4]. Le procédé naturel d'une pareille méthode doit donc être l'interrogation, qui met successivement en question sur

---

[1] *Polit.* III, XII : Ὁμολογοῦσι τοῖς κατὰ φιλοσοφίαν λόγοις, ἐν οἷς διώρισται περὶ τῶν ἠθικῶν.

[2] *Eth. Eud.* I, VI : Διαφέρουσι δ' οἱ λόγοι περὶ ἑκάστην μέθοδον οἵ τε φιλοσόφως λεγόμενοι καὶ μὴ φιλοσόφως.

[3] *Top.* I, I : Διαλεκτικὸς δὲ συλλογισμὸς ὁ ἐξ ἐνδόξων συλλογιζόμενος, etc. et passim. *Metaph.* III, p. 41, l. 26 : Περὶ ὅσων οἱ διαλεκτικοὶ πειρῶνται σκοπεῖν, ἐκ τῶν ἐνδόξων μόνον ποιούμενοι τὴν σκέψιν. Cf. *Anal. pr.* II, XVIII; *Anal. post.* I, XXV.

[4] *Soph. el.* I, II : Διαλεκτικοὶ δ' οἱ (λόγοι) ἐκ τῶν ἐνδόξων συλλογιστικοὶ ἀντιφάσεως. *Top.* I. VIII : Ὁμοίως δὲ καὶ τὰ τοῖς ἐνδόξοις ἐναντία, κατ' ἀντίφασιν προτεινόμενα, ἔνδοξα φαίνεται.

chaque sujet les deux hypothèses contradictoires [1]. Sa forme propre est le dialogue où se provoquent et s'enchaînent sans interruption la demande et la réponse. Mais quelque forme qu'elle revête, son nom est celui de dialectique [2].

Tout au contraire de la dialectique, la méthode philosophique a pour point de départ et pour fin le vrai, le certain, le nécessaire. Elle ne prend pas son point d'appui dans l'opinion des hommes, mais dans des principes qui se justifient par eux-mêmes [3]. Elle ne procède donc pas par interrogations, mais par démonstrations. Or, démontrer c'est enseigner [4]. Le phi-

---

[1] *Anal. pr.* I, 1 : Διαλεκτικὴ δὲ (πρότασις) πυνθανομένῳ μὲν ἐρώτησις ἀντιφάσεως, συλλογιζομένῳ δὲ λῆψις τοῦ φαινομένου καὶ ἐνδόξου, καθάπερ ἐν τοῖς Τοπικοῖς εἴρηται. *Top.* VIII, 1 : Ἐρωτηματίζειν ἴδιον τοῦ διαλεκτικοῦ. *Soph. el.* XI : Ἡ δὲ διαλεκτικὴ ἐρωτητική ἐστιν, κ. τ. λ.

[2] *Anal. post.* I, XII : Τῶν ἐν τοῖς διαλόγοις pour τῶν διαλεκτικῶν λόγων.

[3] *Top.* VIII, 1 : Φιλόσοφος opposé à διαλεκτικός. Cf. *Met.* IV, p. 64, l. 30. *Top.* I, XIV : Πρὸς μὲν οὖν φιλοσοφίαν κατ' ἀλήθειαν..... πραγματευτέον, διαλεκτικῶς δὲ πρὸς δόξαν. *Anal. pr.* II, XVI : Ἔστι δὲ τὸ ἐν ἀρχῇ αἰτεῖσθαι ἐν μὲν ταῖς ἀποδείξεσι τὰ κατ' ἀλήθειαν οὕτως ἔχοντα· ἐν δὲ τοῖς διαλεκτικοῖς τὰ κατὰ δόξαν. Cf. *Top.* VIII, XIII, init. *Anal. post.* I, II : Ἀπόδειξιν δὲ λέγω συλλογισμὸν ἐπιστημονικόν·... ἀνάγκη καὶ τὴν ἀποδεικτικὴν ἐπιστήμην ἐξ ἀληθῶν τ' εἶναι καὶ πρώτων καὶ ἀμέσων καὶ γνωριμωτέρων. Cf. *Rhet.* I, IV.

[4] *Anal. pr.* I, 1 : Ὁ ἀποδεικνύων opposé à ὁ ἐρωτῶν. *Top.* VIII, III : Ἐρωτῶντι opposé à διδάσκοντι. *Soph. el.* X : Ὅτι ἕτερον τὸ διδάσκειν τοῦ διαλέγεσθαι, καὶ ὅτι δεῖ τὸν μὲν διδάσκοντα μὴ ἐρωτᾶν, ἀλλ' αὐτὸν δῆλα ποιεῖν, τὸν δ' ἐρωτᾶν. *Anal. pr.* I, 1 : Οὐ γὰρ ἐρωτᾷ, ἀλλὰ λαμβάνει ὁ ἀποδεικνύων.

losophe est un maître[1], dépositaire de principes dans lesquels le disciple a foi[2], et qui lui en développe avec évidence les conséquences nécessaires. La méthode philosophique ou scientifique n'est donc autre chose que la méthode démonstrative et didactique[3]. Sa forme ne peut être que la forme de l'enseignement oral, de la leçon (ἀκρόασις)[4], et le nom qui lui convient le mieux celui d'*acroamatique*. Si ce mot même ne se rencontre pas dans Aristote comme chez les auteurs plus récents, on en trouve du moins chez lui tous les équivalents; dans plusieurs de ses ouvrages.

---

[1] *Met.* I, 1 : Ὅλως δὲ σημεῖον τοῦ εἰδότος τὸ δύνασθαι διδάσκειν νομίζομεν. Ibid. II.

[2] *Soph. el.* 1 : Δεῖ γὰρ πιστεύειν τὸν μανθάνοντα.

[3] *Rhet.* I, 1 : Διδασκαλίας γάρ ἐστιν ὁ κατὰ τὴν ἐπιστήμην λόγος. *Eth. Nic.* VI, III : Διδακτὴ πᾶσα ἐπιστήμη δοκεῖ εἶναι, καὶ τὸ ἐπιστητὸν μαθητόν.... ἡ μὲν ἄρα ἐπιστήμη ἐστὶν ἕξις ἀποδεικτική. Ibid. VI : Τὸ μὲν γὰρ ἐπιστητὸν ἀποδεικτόν. *Anal. post.* I, II : Ἀπόδειξιν δὲ λέγω σὺν λογισμὸν ἐπιστημονικόν. *Soph. el.* II : Διδασκαλικοὶ λόγοι opposés aux διαλεκτικοί, πειραστικοὶ et ἐριστικοί. *Top.* VIII, XI : Γυμνασίας καὶ πείρας χάριν ἀλλ' οὐ διδασκαλίας οἱ τοιοῦτοι τῶν λόγων (διαλεκτικοί). *Anal. post.* init. : Πᾶσα διδασκαλία καὶ πᾶσα μάθησις, κ. τ. λ.

[4] Nous avons vu les leçons de Platon sur le Bien appelées ἀκρόασις par Aristoxène, disciple d'Aristote. Voyez plus haut, p. 71. Galien. *De facult. nat.* ap. Kopp. *Rhein. Mus.* III, 102 : Ἀριστοτέλους καὶ Θεοφράστου τὰ μὲν τοῖς πολλοῖς γεγραφότων, τὰς δὲ ἀκροάσεις τοῖς πολλοῖς. Ἀκρόασις est le mot propre pour désigner les leçons des philosophes et des rhéteurs. Casaub. ad Sueton. *De illustr. gramm.* II; Cresoll. *Theatr. rhet.* III, 176 (Paris, 1620, in-8°). Les rédactions des élèves s'appelaient aussi ἀκροάσεις. Diog. Laert. VI, xcv; VII, xxviii, xli. Stahr. II, 295. Σχόλη a également les deux sens, celui de leçon (*Polit.* VII. 1) et celui de rédaction (Diog. Laert. VII, xviii, ap. Stahr, loc. laud.

il donne à entendre qu'il s'adresse à des auditeurs [1], et le mot de leçon est pour lui synonyme de celui d'étude ou de science [2]. Maintenant si la dialectique se traduit d'ordinaire dans la forme de la conversation, la forme de la méthode philosophique doit être au contraire celle du discours direct (αὐτοπρόσωπον). Bien plus, l'écriture ne doit servir ici qu'à garder le souvenir de l'enseignement. Le livre exotérique doit être en général un dialogue, et le livre acroamatique une collection de mémoires [3]. A l'opposition des deux méthodes correspond l'opposition encore plus tranchée des deux formes.

De tous les dialogues qu'Aristote avait composés suivant la méthode dialectique, aucun ne nous est parvenu. Nous ne pouvons plus montrer aucun exemple de ce que c'était qu'un livre exotérique dans l'école péripatéticienne. Mais nous en avons le type originel dans les dialogues de Platon. C'était le même procédé d'induction et de discussion, et le même caractère de style, sauf toutefois, on peut en

---

[1] *Eth. Nic.* I, 1 : Τῆς πολιτικῆς οὐκ ἔστιν οἰκεῖος ἀκροατὴς ὁ νέος·... ματαίως ἀκούσεται καὶ ἀνωφελῶς. Cf. ibid. X, x. *Soph. el.* sub fin. : Λοιπὸν ἂν εἴη πάντων ὑμῶν ἢ τῶν ἠκροαμένων ἔργον, κ.τ.λ. *Met.* IV, p. 66, l. 24 : Δεῖ γὰρ περὶ τούτων ἥκειν προεπισταμένους, ἀλλὰ μὴ ἀκούοντας ζητεῖν.

[2] *Met.* II, III : Αἱ δ' ἀκροάσεις κατὰ τὰ ἔθη συμβαίνουσιν.

[3] Ὑπομνήματα; en latin *commentarii.* Voy. plus haut, p. 219.—Diog. Laert. V, XLVIII : Ὑπομνημάτων Ἀριστοτελικῶν ἢ Θεοφραστείων ς'. Athen. XIV, 654 : Ἀριστοτέλης δὲ ἢ Θεόφραστος ἐν τοῖς ὑπομνήμασι.

croire saint Basile, les grâces inimitables du modèle[1]. En outre Aristote, considérant le dialogue comme une expression inférieure de la philosophie, s'y était peut-être enveloppé de plus de voiles et de déguisements oratoires que n'avait fait son maître. Sans y cacher sa pensée, il n'en montrait pas le fond, et les dogmes de la providence divine et de la vie future, si sombres dans ses ouvrages sérieux, brillaient dans ses dialogues d'assez vives couleurs [2].

Ainsi s'expliquent les traditions diverses que nous avons d'abord réunies, qui semblaient souvent se contredire, et qui maintenant, placées dans leur vrai jour, s'éclaireront les unes par les autres.

Mais puisque la distinction des deux méthodes n'est pas tout entière dans la forme extérieure, et qu'elle repose sur une différence fondamentale, susceptible de plus ou de moins, elle doit se retrouver encore entre les ouvrages, tous acroamatiques en apparence, qui sont arrivés jusqu'à nous. Tous sont dans la forme du discours direct; mais ils diffèrent

---

[1] Basil. Diod. epist. cxxxv, Opp. III (Paris, 1730, in-f°), p. 226: Καὶ τῶν ἔξωθεν φιλοσόφων οἱ τοὺς διαλόγους συγγράψαντες, Ἀριστοτέλης μὲν καὶ Θεόφραστος, εὐθὺς αὐτῶν ἥψαντο τῶν πραγμάτων, διὰ τὸ συνειδέναι ἑαυτοῖς τῶν Πλατωνικῶν χαρίτων τὴν ἔνδειαν.

[2] Voyez sur la Providence le fragment rapporté par Cicéron, de Nat. deor. II, xxxvii : sur l'Immortalité de l'âme, les renseignements que plusieurs auteurs nous ont transmis touchant le dialogue intitulé: Eudème ou de l'Ame, Cicer. de Divin. I, xxv; Plut. Consol. ad Apollon. xxvii; Themist. Philop. Simplic. in libr. de An. I, III, etc.

par le sujet, et cette différence doit en commander une dans la méthode. Les livres qui roulent sur la dialectique n'exigent pas des démonstrations de la dernière rigueur : il y suffit d'une haute vraisemblance. Les Topiques et le traité des Sophismes peuvent donc, du moins par opposition aux Analytiques, prendre place dans la classe exotérique [1]. A côté des Topiques viendra se ranger la Rhétorique, le pendant et le complément de la Dialectique [2]. Dans la même classe rentrera encore cette partie de la Physique qui ne dépasse guère l'observation des phénomènes, et décrit plus qu'elle ne démontre : la Météorologique et l'Histoire des animaux.

Au contraire, la Physique proprement dite, la Morale, les Analytiques présentent tous les caractères acroamatiques. La Physique nous a même été transmise sous le titre significatif de leçon, ἀκρόασις. La Politique porte la même désignation dans le catalogue de Diogène de Laërte. Nous avons déjà vu l'Éthique citée

---

[1] *Top.* I, 1, sub fin. : Καθόλου δ' εἰπεῖν περὶ πάντων τῶν εἰρημένων καὶ τῶν μετὰ ταῦτα μαθησομένων, ἐπὶ τοσοῦτον ἡμῖν διωρίσθω, διότι περὶ οὐδενὸς αὐτῶν τὸν ἀκριβῆ λόγον ἀποδοῦναι προαιρούμεθα, ἀλλ' ὅσον τύπῳ περὶ αὐτῶν βουλόμεθα διελθεῖν, παντελῶς ἱκανὸν ἡγούμενοι κατὰ τὴν προκειμένην μέθοδον τὸ δύνασθαι γνωρίζειν ὁπωσοῦν ἕκαστον αὐτῶν. Τύπῳ, ὡς τύπῳ opposé à ἀκριβές, *Eth. Nic.* I, 1, 11; II, vii.

[2] *Rhet.* I, init. : Ἡ ῥητορική ἐστιν ἀντίστροφος τῇ διαλεκτικῇ· ἀμφότεραι γὰρ περὶ τοιούτων τινῶν εἰσιν ἃ κοινὰ τρόπον τινὰ ἁπάντων ἐστὶ γνωρίζειν, καὶ οὐδεμιᾶς ἐπιστήμης ἀφωρισμένης. Ibid. IV : Ὁμοία δ' ἐστὶ τὰ μὲν τῇ διαλεκτικῇ τὰ δὲ τοῖς σοφιστικοῖς λόγοις.

par Aristote comme un livre philosophique. Enfin le sujet des Analytiques, la science de la démonstration, est le sujet propre de l'enseignement scientifique, puisque l'analytique s'oppose à la dialectique comme la vérité à l'opinion. Mais il y a une science plus profonde que ces sciences, et dont elles ne forment que l'introduction. La science de la nature, c'est-à-dire du domaine de la contingence, ne peut franchir toujours les limites de la vraisemblance et de l'opinion [1], et elle ne sait pas le secret de ses propres principes. La morale, dont la politique est l'expression la plus haute, ne dépasse pas la sagesse humaine, qui dépend de l'opinion plutôt que de la science [2], et qui n'a son dernier fondement que dans la sagesse et la raison absolues. L'analytique suppose des principes dont elle n'a pas la clef, et qui veulent une explication supérieure [3]. Le dernier enseignement qui appelle enfin le disciple dans le sanctuaire de la philosophie, c'est la philosophie première, ou la métaphysique. La métaphysique est la seule science qui mérite, à proprement parler, le nom d'acroamatique [4].

---

[1] *Anal. post.* I, xxxiii.

[2] *Eth. Nic.* VI, v.

[3] *Anal. post.* I, ii. *Met.* III, 44-45.

[4] Le passage suivant paraît désigner la Métaphysique comme acroamatique relativement à l'Analytique. *Met.* IV, iii, p. 66, l. 21 : Ὅσοι δ' ἐγχειροῦσι τῶν λεγόντων τινὲς περὶ τῆς ἀληθείας, ὃν τρόπον δεῖ ἀποδέχεσθαι, δι' ἀπαιδευσίαν τῶν Ἀναλυτικῶν τοῦτο δρῶσι· δεῖ γὰρ περὶ

Enfin, si l'opposition des deux méthodes est essentiellement relative, si déjà, sous la forme scientifique et acroamatique, nous avons retrouvé enveloppée la dialectique, la dialectique ne peut-elle pas pénétrer quelquefois jusque dans les sciences les plus élevées? Ne faut-il pas que le maître prenne ses auditeurs au point où il les trouve, pour les conduire pas à pas, par la discussion des hypothèses contradictoires, de l'ignorance à la connaissance et de l'opinion à la certitude? Or n'est-ce pas là la plus haute fonction de la dialectique?

La dialectique ne sert pas seulement à l'exercice et à la conversation ; elle sert aux sciences philosophiques ; car lorsque nous pouvons agiter chaque question dans les deux sens contraires, nous discernons plus facilement la vérité et l'erreur. Ce n'est pas une chose d'une médiocre utilité pour la philosophie que de pouvoir considérer à la fois et d'une même vue les conséquences des deux hypothèses opposées[1]. C'est à la dialectique d'essayer ce que la philosophie doit ensuite faire connaître[2].

τούτων ἥκειν προεπισταμένους, ἀλλὰ μὴ ἀκούοντας ζητεῖν.—*Biblioth. philos.* ap. Casiri, *Biblioth. Arab. Escur.* I, 307 : Metaphysicorum libri XIII, *acroamatici.*

[1] *Top.* I, 11 : Πρὸς γυμνασίαν χρήσιμος,...... πρὸς δὲ τὰς ἐντεύξεις,... πρὸς δὲ τὰς κατὰ φιλοσοφίαν ἐπιστήμας, ὅτι δυνάμενοι πρὸς ἀμφότερα διαπορῆσαι ῥᾷον ἐν ἑκάστοις κατοψόμεθα τἀληθές τε καὶ τὸ ψεῦδος. VIII, xiv : Πρός τε γνῶσιν καὶ τὴν κατὰ φιλοσοφίαν φρόνησιν τὸ δύνασθαι συνορᾶν καὶ συνεωρακέναι τὰ ἀφ' ἑκατέρας συμβαίνοντα τῆς ὑποθέσεως οὐ μικρὸν ὄργανον.

[2] *Met.* IV, p. 66, l. 30 : Ἔστι δὲ ἡ διαλεκτικὴ πειραστικὴ περὶ ὧν ἡ φιλοσοφία γνωριστική.

L'office de la dialectique est de poser et de discuter tous les problèmes que la science devra résoudre. « Le problème est l'interrogation dialectique qui met en question l'une après l'autre les deux propositions contradictoires; » la philosophie répond à la demande et donne la solution [1]. Or un double champ s'ouvre ici aux recherches de la dialectique; celui de l'histoire et celui de la pure vraisemblance. L'histoire est le dépôt des opinions des sages, dont l'autorité mérite qu'on les interroge d'abord [2]. Mais le philosophe ne se renferme pas dans le cercle de la tradition; il l'abandonne dès qu'il l'a épuisée, et se pose de lui-même les problèmes qui ont échappé à ses devanciers. Sur toute question il veut entendre, comme un juge équitable avant de porter sa sentence, les parties opposées [3].

Telle est la double expérience qui constitue dans la

---

[1] *Top.* I, VIII : Ἔστι δὲ πρότασις μὲν διαλεκτικὴ ἐρώτησις. — VIII, IX : Ἀπόρημα δὲ συλλογισμὸς διαλεκτικὸς ἀντιφάσεως. La solution est εὐπορία, λύσις. *Met.* III, init. : Τοῖς εὐπορῆσαι βουλομένοις προὔργου τὸ διαπορῆσαι καλῶς.

[2] *Met.* I, p. 41, l. 1; XIII, p. 259, l. 1. de An. I, II.

[3] *Met.* III, p. 40, l. 17 : Ὅσα τε περὶ αὐτῶν ὑπειλήφασί τινες, κἂν εἴ τι χωρὶς τούτων τυγχάνῃ παρεωραμένον... Ἔτι δὲ βέλτιον ἀνάγκη ἔχειν πρὸς τὸ κρῖναι τὸν ὥσπερ ἀντιδίκων καὶ τῶν ἀμφισβητούντων λόγων ἀκηκοότα πάντων. Cicer. *de Fin.* V, IV : Ab Aristotele de singulis rebus in utramque partem dicendi exercitatio est instituta, ut non contra omnia semper, sicut Arcesilas, diceret, et tamen ut in omnibus rebus quicquid ex utraque parte dici posset expromeret. Cf. *de Orat.* III.

LIVRE I, CHAPITRE I.

philosophie l'élément exotérique. C'est cet élément qui forme dans les grands ouvrages d'Aristote ces longues introductions dont il remplit des livres entiers[1]. Mais c'est encore dans la Métaphysique que nous en trouvons le type le plus complet. La philosophie dans la métaphysique atteint son apogée; c'est là que la dialectique doit expirer, mais après s'être élevée aussi à sa plus haute puissance. L'histoire, la tradition, l'opinion, ce sont ici les doctrines fondamentales des plus grands philosophes; les questions sont les plus ardues que l'esprit puisse concevoir. Ce n'était pas trop d'un livre pour l'histoire (Ier livre), et d'un autre livre pour le doute et la discussion directe des problèmes (IIIe livre). La dialectique réunit ses forces et concentre tous ses moyens. Ailleurs Aristote dissémine souvent les questions pour les résoudre à mesure et séparément; ici il les rassemble et en forme un corps[2]; il fait le tour de la science tout entière, et avant d'y pénétrer l'investit et la

---

[1] Ἀπορία, ἀπορήματα, διαπορίαι, διαπορήματα. Met. p. 64, l. 2; p. 211, l. 22; p. 261, l. 14; p. 196, l. 4; p. 259, l. 32; p. 287, l. 22. De An. I, II. Anal. post. II, VIII, sub fin. Eudem. ap. Simplic. in Phys. f° 19 a : Ἔχει δὲ αὐτὸ τοῦτο ἀπορίαν ἐξωτερικήν. Simplic. ibid. f° 18 b : Ἴσως δὲ ὅτι ἡ ἐφ' ἑκάτερα ἀπορία τοῦ λόγου ἐξωτερική τις ἦν, ὡς Εὔδημός φησι, διαλεκτικὴ μᾶλλον οὖσα. On sait qu'Eudème fut, de tous les disciples d'Aristote, le plus fidèle au langage comme à la doctrine de son maître. — Poet. XVIII : Τὰ ἔξωθεν, l'exposition de la tragédie, l'introduction, par opposition à τὰ ἔσωθεν.

[2] Voyez plus haut, p. 92.

presse d'une argumentation en règle. — Mais s'il y a entre la philosophie et la dialectique une opposition qui se prononce davantage à mesure qu'elles se rapprochent, il y en a une autre bien plus profonde encore entre la sophistique et la philosophie. La dialectique se distingue de celle-ci, mais lui sert d'auxiliaire; elle marche en avant et prépare les voies : la sophistique est un ennemi à combattre, un adversaire à réfuter. Or la réfutation ne dépend d'aucune science en particulier; elle constitue un art spécial qui relève de la dialectique. C'est donc à la dialectique que la philosophie commettra le soin de repousser l'attaque des sophistes contre le premier principe de la certitude scientifique et la règle de la vérité[1]. Ce combat remplit le IV⁰ livre de la Métaphysique, qui achève l'introduction comme le traité des Sophismes achève les Topiques. Le champ demeure libre alors à l'enseignement, à la doctrine, à la philosophie positive.

Cependant l'élément exotérique ne s'arrête pas encore là. Dans chaque recherche particulière, le phi-

---

[1] *Met.* IV, p. 64, l. 22 sqq. *Soph. el.* XI : Τρόποι μὲν οὖν εἰσὶν οὗτοι τῶν σοφιστικῶν ἐλέγχων· ὅτι δ' ἐστὶ τοῦ διαλεκτικοῦ τὸ θεωρῆσαι περὶ τούτων καὶ δύνασθαι ταῦτα ποιεῖν, οὐ χαλεπὸν ἰδεῖν· ἡ γὰρ περὶ τὰς προτάσεις μέθοδος ἅπασαν ἔχει ταύτην τὴν θεωρίαν. *Eth. Eud.* I, VIII: Ἔστι μὲν οὖν τὸ διασκοπεῖν περὶ ταύτης τῆς δόξης ἑτέρας τε διατριβῆς καὶ τὰ πολλὰ λογικωτέρας ἐξ ἀνάγκης· οἱ γὰρ ἅμα ἀναιρετικοί τε καὶ κοινοὶ λόγοι κατ' οὐδεμίαν εἰσὶν ἄλλην ἐπιστήμην. On verra plus bas que λογικωτέρας équivaut à διαλεκτικῆς.

losophe commence par des généralités qui servent de prélude; ces généralités sont encore au point de vue du dehors et de l'apparence; elles ne touchent pas à l'intérieur des choses. La question même de l'existence relève de la seule dialectique; car c'est une interrogation qui ne veut d'autre réponse que oui ou non, l'un des deux termes de la contradiction [1]. Ainsi « avant de rechercher, dit Aristote dans sa Physique, quelle est la nature du temps, il convient d'examiner par les considérations exotériques si le temps est ou n'est pas [2]. » Retranchons de la philosophie pure toute discussion, sinon toute assertion, sur l'existence réelle de son objet (τὸ ὅτι); retranchons-en toute partie négative et critique; retranchons-en toute généralité qui ne va pas au fond; il ne reste que la question de la cause ou de l'essence (τὸ διότι, τὸ τί). Or l'essence pure, l'objet propre de la métaphysique, n'est accessible, dans la métaphysique elle-même, qu'à l'intuition immédiate de l'esprit [3].

Ainsi vient se terminer, dans le livre acroamatique par excellence, l'antagonisme des deux méthodes. La dialectique s'est élevée graduellement, de science en science et de livre en livre, en se dépouillant de sa

---

[1] *Top.* VIII, 11 : Ἔστι γὰρ πρότασις διαλεκτικὴ πρὸς ἥν ἐστιν ἀποκρίνασθαι ναὶ ἢ οὔ.

[2] *Phys.* IV, x : Πρῶτον δὲ καλῶς ἔχει διαπορῆσαι περὶ αὐτοῦ καὶ διὰ τῶν ἐξωτερικῶν λόγων, πότερον τῶν ὄντων ἐστὶν ἢ τῶν μὴ ὄντων, εἶτα τίς ἡ φύσις αὐτοῦ.

[3] *Met.* XII, ix. *De An.* III, vi. Voyez plus bas.

forme propre, jusqu'au seuil de la philosophie première; elle le franchit encore, et ne vient expirer qu'à cette limite extrême qui sépare l'idée de l'être, la science de l'objet, et sur les derniers confins de l'intuition intellectuelle.

CHAPITRE II.

Division des ouvrages d'Aristote relativement à la matière. Classification des sciences philosophiques.

La division célèbre que nous venons d'examiner et d'appliquer aux ouvrages d'Aristote, est fondée sur une considération de forme; car la méthode, sur laquelle elle repose en dernière analyse, et dont la forme littéraire est l'expression, n'est elle-même autre chose que la forme de la science. Nous nous transportons maintenant à un point de vue différent : de la forme nous passons à la matière. Comment Aristote classe-t-il ses ouvrages par rapport aux choses dont il y traite? en d'autres termes, comment classe-t-il les sciences? Quel est, par conséquent, le rang de la métaphysique et le rôle qu'elle doit jouer dans la philosophie? Tel est le sujet de notre présente recherche.

L'école de Platon partageait généralement la philosophie en trois membres : dialectique, physique et morale. On a cru trouver dans deux passages d'Aristote la preuve qu'il adoptait cette division, en substituant avec Xénocrate, au nom de dialectique, celui de logique. Dans les Topiques, en effet, il divise les propositions en trois espèces : propositions morales, logiques et physiques [1]; dans les secondes Analytiques, il oppose aux recherches qui dépendent de l'analytique sur la nature et les différents degrés de la science, celles qui appartiennent à la physique et à la morale [2]. Dans le second de ces deux passages, il ne s'agit, comme on voit, que du partage d'une question particulière entre plusieurs sciences auxquelles elle se rapporte en même temps. Le premier membre de la division qu'il exprime ne répond pas exactement, au moins dans les termes, au premier membre de la division donnée dans les Topiques. Mais si celle-ci est complète, elle doit le contenir, et l'analytique doit être identique avec la logique d'Aristote ou du moins en faire partie. Est-il donc vrai que la division énoncée dans le passage des Topiques doive être considérée comme une division complète de la philosophie?

---

[1] *Top.* I, xiv : Αἱ μὲν γὰρ ἠθικαὶ προτάσεις εἰσίν, αἱ δὲ φυσικαί, αἱ δὲ λογικαί.

[2] *Anal. post.* I, xxxiii : Τὰ δὲ λοιπὰ πῶς δεῖ διανεῖμαι ἐπί τε διανοίας καὶ νοῦ καὶ ἐπιστήμης καὶ τέχνης καὶ φρονήσεως καὶ σοφίας, τὰ μὲν φυσικῆς, τὰ δὲ ἠθικῆς θεωρίας μᾶλλόν ἐστιν.

246 PARTIE III.—DE LA MÉTAPHYSIQUE.

Sans parler des mathématiques, qu'ailleurs Aristote met expressément au nombre des sciences philosophiques, que deviendrait, dans cette hypothèse, la métaphysique? Il faudrait donc la faire rentrer dans la logique, comme dans une classe plus générale, c'est-à-dire dans un genre plus élevé. Cette conséquence, que l'on a dû tirer[1], se concilierait mal avec les résultats de notre précédent chapitre, où la philosophie première nous est apparue comme une science supérieure, au moins par sa méthode, à toute espèce de logique. Ce serait une contradiction difficile à comprendre. Mais une critique attentive du passage en question nous conduira peut-être à une interprétation qui mettra Aristote mieux d'accord avec lui-même.

Dans ce passage, il ne s'agit, de l'aveu d'Aristote, que d'une division superficielle des propositions[2]. Les Topiques ne comportent pas, nous l'avons déjà vu, l'exactitude et la profondeur philosophiques; il ne s'agit que d'une division convenable à la nature et aux besoins de la dialectique. Aristote ne prétend pas y comprendre toutes les propositions possibles; il a exclu préalablement « toutes celles dont la preuve serait trop près ou trop loin, et qui se trouveraient par conséquent au-dessus ou au-dessous de

---

[1] Par exemple Ritter, Hist. de la Philosophie, trad. fr. t. III, p. 54.
[2] *Top. loc. laud.* : Ἔστι δ' ὡς τύπῳ περιλαβεῖν τῶν προτάσεων καὶ τῶν προβλημάτων μέρη τρία. Αἱ μὲν γὰρ ἠθικαί, κ. τ. λ.

la sphère propre de l'argumentation [1]. » A ce double titre, il fallait exclure et les mathématiques et la métaphysique; en effet les Topiques n'offrent pas un seul problème emprunté à la première ni à la seconde de ces deux sciences. Il est donc impossible de les envelopper l'une et l'autre dans le premier membre d'une division dont Aristote les a exclues à dessein. Bien plus, les propositions logiques dont il parle n'embrassent pas, à beaucoup près, tout ce que l'on entend en général par Logique dans la philosophie moderne. Le mot de *logique* n'est jamais pris substantivement par Aristote, comme le nom d'une science ou d'un art; c'est toujours une épithète qu'il applique à un certain point de vue, à un certain degré de la science. Ce point de vue, ce degré, c'est celui de la généralité indéterminée, qui ne va pas au cœur du sujet, mais y conduit sans y pénétrer. La preuve *logique* est la preuve de vraisemblance; les considérations *logiques* sont celles que l'on emprunte aux dehors de la question, et qui ne doivent servir que de préliminaires; en un mot le terme de *logique* est presque partout un synonyme de celui de *dialectique* [2],

---

[1] Ibid. I, xi : Οὐδὲ δὴ ὧν σύνεγγυς ἡ ἀπόδειξις, οὐδ᾽ ὧν λίαν πόρρω· τὰ μὲν γὰρ οὐκ ἔχει ἀπορίαν, τὰ δὲ πλείω ἢ κατὰ γυμναστικήν.

[2] *Anal. post.* II, viii : Λογικὸς συλλογισμός, le syllogisme qui démontre l'essence d'une chose d'une manière extérieure et superficielle, et non pas ἐκ τῶν ἰδίων, ce qui serait impossible, puisque l'essence n'est pas susceptible d'une véritable démonstration. *De Gen. anim.* II, viii : Ἴσως δὲ μᾶλλον ἂν δόξειεν ἀπόδειξις εἶναι πιθανὴ τῶν εἰρημένων

248 PARTIE III.—DE LA MÉTAPHYSIQUE.

et par conséquent d'*exotérique* [1]. Ainsi la partie logique de la philosophie ne contient pas l'analytique, comme on l'a supposé; elle ne lui est pas même identique: elle s'y oppose comme l'opinion à la vérité, la probabilité à la science [2]; elle s'y oppose comme l'inférieur au supérieur : comment pourrait-elle contenir la métaphysique?

Elle la contiendrait sans doute dans le système de Platon, où la dialectique est la science la plus élevée comme la plus générale. Mais le langage du disciple n'est plus celui du maître. Est-ce entre les deux phi-

λογική. Λέγω δὲ λογικὴν διὰ τοῦτο, ὅτι ὅσῳ καθόλου μᾶλλον, πορρωτέρω τῶν οἰκείων ἐστὶν ἀρχῶν. Λογικὸν comme διαλεκτικὸν s'oppose à οἰκεῖον et est synonyme de καθόλου μᾶλλον. *Phys.* VIII, VIII : Οἷς μὲν οὖν ἂν τις ὡς οἰκείοις πιστεύσειε λόγοις, οὗτοι καὶ τοιοῦτοί τινές εἰσιν· λογικῶς δ' ἐπισκοποῦσι·.... ἔτι δὲ καὶ ἐκ τῶνδε φανερὸν καθόλου μᾶλλον. Ibid. III. V : Καθόλου ἡ ζήτησις μᾶλλον... λογικῶς. *Eth. Nic.* VI, II, V : Τὸ λογιστικὸν synonyme de τὸ δοξαστικόν. *Polit.* III, IX : Λόγου χάριν opposé à ἀληθές. *Met.* XIII, V : Λογικώτεροι λόγοι opposés à ἀκριβέστεροι, comme κοινόν, qui s'emploie pour λογικὸν (*Eth. Eud.* I, VIII), s'oppose à ἀκριβέστατον (*Polit.* III, IV).

[1] Voyez le chapitre précédent. — Les considérations logiques ébauchent les questions. *Met.* VII, IV, p. 132, l. 11 : Καὶ πρῶτον εἴπωμεν ἔνια περὶ αὐτοῦ λογικῶς. Comme ibid. III, p. 130, l. 11 : Ὑποτυπωσαμένοις πρῶτον, et l. 26 : Τύπῳ εἴρηται. Remarquons en outre l'analogie de ce tour πρῶτον εἴπωμεν ἔνια avec celui de plusieurs passages relatifs aux ἐξωτερικοὶ λόγοι. Voyez plus haut, p. 226, 231. *De Gen. anim.* II, VIII : Λόγος καθόλου λίαν καὶ κενός; *Eth. Eud.* I. VI : Ἀλλοτρίους λόγους τῆς πραγματείας καὶ κενούς. Ἀλλότριον, qui s'oppose à οἰκεῖον, répond très-bien à ἐξωτερικόν.

[2] *Anal. post.* I, XXI, XXII : Λογικῶς opposé à ἀναλυτικῶς, comme ailleurs διαλεκτικῶς.

losophes une simple question de mots, et pour différer dans l'extension qu'ils donnent à un même terme, s'accordent-ils sur le fond? toujours est-il qu'ils diffèrent dans leur classification. Mais déjà on peut entrevoir une raison plus sérieuse de différence qu'un changement arbitraire de terminologie. Le point de vue dialectique est le point de vue logique, et celui-ci le point de vue de la généralité. Dans une doctrine où les principes universels sont les idées, la dialectique devait être une science, et la première des sciences. Elle devait descendre de ce haut rang dans l'école péripatéticienne, qui regarde les généralités comme le premier degré de la philosophie, et prétend entrer plus avant dans la réalité. La dialectique s'est élevée avec l'idéalisme; elle s'abaisse avec lui.

Cependant il faut avouer que la division donnée dans les Topiques conserve quelque apparence d'une division complète. Par cela même que l'élément logique ne constitue pas une science à part, il reprend l'universalité, il embrasse tout le domaine de la philosophie [1]. Mais il l'embrasse sans y pénétrer; il a

---

[1] La dialectique a toute l'extension et l'universalité de la philosophie première. *Met.* IV, p. 64, l. 22; cf. ibid. III, p. 41, l. 25; *Anal. post.* I, xi. Voy. plus bas. — En outre, dans la Rhétorique, les mots de *logique* et *dialectique* ont encore quelquefois un sens un peu plus large que leur sens propre : la connaissance du syllogisme en général y est rapportée à la dialectique, et le syllogisme en général y est appelé, par opposition aux formes de la rhétorique, λογικὸς συλλογισμός. *Rhet.* I, 1.

toute l'étendue, il a aussi tout le vide de la dialectique [1].

Nous arrivons maintenant à la véritable division péripatéticienne des sciences philosophiques, à celle qu'Aristote reproduit partout et jusque dans les Topiques, toutes les fois qu'il s'agit d'une classification sérieuse. — Il y a trois modes possibles du développement d'un être intelligent : savoir, agir et faire; la science, la pratique et l'art. Sciences de la production, de l'action et de la spéculation, sciences *poétiques*, *pratiques* et *spéculatives*, telle sera donc aussi la triple division de la philosophie [2].

Les sciences poétiques et pratiques ont pour objet ce qui peut être autrement qu'il n'est, et qui, par conséquent, dépend plus ou moins de la volonté. Les sciences spéculatives ont pour objet ce qui est nécessaire, au moins dans ses principes, et que la volonté ne peut pas changer. — Mais l'art ne se confond pas non plus avec la pratique; car il a sa fin dans une chose placée en dehors de l'agent, et où celui-ci doit réaliser sa volonté : la fin de la pratique est dans

---

[1] Κενῶς, etc. Sur la force de cette expression appliquée au point de vue logique et dialectique, voy. le livre suivant.

[2] *Top.* VIII, 1. *Eth. Nic.* VI, v. *Met.* VI, p. 122, l. 2; XI, p. 225 l. 23. Souvent Aristote ne divise qu'en πρακτική et θεωρητική (ibid. II. p. 36, l. 16); c'est cette division qu'indique, dans la Consolation de Boëce (éd. 1540, p. 892), le Π et le Θ brodés sur la robe de la philosophie. Titze (*de Arist. Opp. scr. et dist.* p. 14) se trompe en interprétant le Π par ποιητική : cf. Boeth. *in Porphyr.* p. 2, 3.

le vouloir même et l'action intérieure de l'agent[1].

Maintenant ces trois parties de la philosophie sont-elles indépendantes les unes des autres, ou s'enchaînent-elles au contraire d'une manière déterminée par leur nature même? Il est évident d'abord qu'il y a un ordre entre ces trois parties dans le développement historique de la connaissance et de l'enseignement. Ce que l'on connaît le mieux, c'est ce que l'on a fait : la science poétique doit être le premier sujet de notre étude. La science pratique exige une maturité et une réflexion supérieures; mais elle est plus facile encore et plus claire que la spéculation, où l'obscurité augmente en raison de la profondeur. Poétique, pratique, spéculation, voilà donc l'ordre chronologique[2]. Mais d'un autre côté, la science poétique a son principe dans la science pratique; car l'art se propose un but, une fin, et la science pratique est la science des fins[3]. A son tour, la pratique n'a son principe que dans la spéculation; car si la raison pratique détermine le but, c'est d'abord la pensée qui le conçoit[4]. De la sorte, la science spéculative est la première dans l'ordre scientifique; la pratique vient ensuite, et au dernier rang la poétique. L'ordre logique et l'ordre

---

[1] *Eth. Nic.* VI, II, v; *Magn. Mor.* I, xxxiv.
[2] *Eth. Nic.* I, 1; II, 11; *Eth. Eud.* I, 1; *Met.* I, p. 5, l. 21.
[3] *Eth. Nic.* VI, 11 : Αὕτη γὰρ (ἡ πρακτική) καὶ τῆς ποιητικῆς ἄρχει· ἕνεκα γάρ του ποιεῖ πᾶς ὁ ποιῶν, καὶ οὐ τέλος ἁπλῶς, ἀλλὰ πρὸς τὶ καὶ τινος τὸ ποιητόν.
[4] *Eth. Nic.* VI, I, xiii.

historique sont donc ici en sens contraires l'un de l'autre.

Des grandes divisions descendons avec Aristote aux divisions subordonnées: nous devrons y voir de plus près les relations intimes des différents degrés de la science, et leur rapport commun avec le point le plus élevé vers lequel tendent toutes nos recherches.

Dans la science *poétique*, nous distinguons d'abord la poétique proprement dite ou théorie de la poésie; ensuite la rhétorique, en troisième lieu la dialectique. La poésie, qui tient de si près à la musique, rentre à peine dans la sphère de la philosophie [1]; la rhétorique est encore un art (τέχνη ῥητορική); la dialectique est un art et une méthode [2]; elle est l'instrument, l'organe de la philosophie [3]. Quant à l'analytique, ce n'est plus un art de trouver et de construire les raisonnements, c'est une science, la science du syllogisme et de la démonstration; ce n'est pas une méthode, un instrument, et, à proprement parler, le

---

[1] *Polit.* VIII, vii.

[2] Les Μεθοδικὰ d'Aristote traitaient probablement de la dialectique (*Rhet.* I, ii). Cependant le mot μέθοδος a un sens plus large que celui de méthode; Aristote l'applique aux arts, aux sciences poétiques en général. *Rhet.* I, i, ii; *Eth. Nic.* I, i.

[3] *Top.* VIII, xiv : Πρός τε γνῶσιν καὶ τὴν κατὰ φιλοσοφίαν φρόνησιν τὸ δύνασθαι συνορᾶν καὶ συνεωρακέναι τὰ ἀφ' ἑκατέρας συμβαίνοντα τῆς ὑποθέσεως οὐ μικρὸν ὄργανον. Ibid. I, xiii : Τὰ δ' ὄργανα δι' ὧν εὐπορήσομεν τῶν συλλογισμῶν καὶ τῶν ἐπαγωγῶν, ἐστὶ τέτταρα, κ. τ. λ.

nom d'ὄργανον ne lui convient plus [1]; c'est la forme plutôt que le moyen de la science. Quelle est maintenant, des trois sciences poétiques, celle qui vient la première dans le temps? La poétique proprement dite, qui s'associe à la musique dans l'éducation de la jeunesse. Après la poétique, la rhétorique qui l'emporte sur la dialectique en clarté populaire, comme l'enthymème sur le syllogisme et l'exemple sur l'induction [2]. Mais pour avoir l'ordre de la science, il faut renverser l'ordre du temps. La dialectique est logiquement antérieure à la rhétorique : l'enthymème n'est qu'une limitation du syllogisme dialectique, et l'exemple une limitation de l'induction. La dialectique est le tout dont la rhétorique n'est qu'une partie [3]. La rhétorique, à son tour, a le pas sur la poétique, puisque c'est de la rhétorique que découlent la connaissance du vraisemblable, objet de l'imitation poétique, et les principes généraux de la persuasion.

[1] *Rhet.* I, II : Περὶ οὐδενὸς γὰρ ὡρισμένου οὐδετέρα αὐτῶν (sc. τῆς διαλεκτικῆς καὶ τῆς ῥητορικῆς) ἐστιν ἐπιστήμη, ἀλλὰ δυνάμεις τινὲς τοῦ πορίσαι λόγους. La dialectique et la rhétorique sont plusieurs fois appelées des δυνάμεις. Cf. *Top.* init. *Soph. el.* XXXIII. Je ne m'arrête ni à la division vulgaire qui compose l'*Organum* des Catégories, du traité de l'Interprétation, des Analytiques, des Topiques et du traité des Sophismes, ni à celle d'Ammonius et de Simplicius qui placent dans les ὀργανικά.(3ᵉ membre de leur classification en θεωρητικά, πρακτικά et ὀργανικά) ces différents ouvrages joints à la Poétique et à la Rhétorique.

[2] *Rhet.* I, I.

[3] Ibid. II : Ἔστι γὰρ μόριόν τι τῆς διαλεκτικῆς καὶ ὁμοίωμα.

Entre la philosophie de l'art et la philosophie des choses humaines, il n'y a pas seulement le rapport général qui subordonne la première à la seconde : celle-ci a des relations spéciales avec chacune des parties de celle-là; la poétique se rattache à la pratique non moins immédiatement qu'à la rhétorique, et la rhétorique en dépend tout aussi bien que de la dialectique [1]. Mais la philosophie des choses humaines [2] a aussi des parties, et elle en a trois comme la philosophie de l'art : sciences du gouvernement de l'individu, de la famille et de l'état, morale, économique et politique. Dans l'ordre du temps, la morale vient la première et la politique la dernière; car si la science pratique en général veut une expérience dont l'art peut mieux se passer, l'économique en demande plus que la morale, et davantage encore la politique [3]; l'état est une plus grande chose que la famille, la famille que l'individu; or c'est par la connaissance du plus petit qu'on arrive à celle du plus grand [4]. Mais

---

[1] *Poet.* VI : Τοῦτο δ' ἐςτὶ (ἡ διάνοια) τὸ λέγειν δύνασθαι τὰ ἐνόντα καὶ τὰ ἁρμόττοντα, ὅπερ ἐπὶ τῶν λόγων τῆς πολιτικῆς καὶ ῥητορικῆς ἔργον ἐςτίν. *Rhet.* I, 11 : Ὥςτε συμβαίνει τὴν ῥητορικὴν οἷον παραφυές τι τῆς διαλεκτικῆς εἶναι καὶ τῆς περὶ τὰ ἤθη πραγματείας, ἣν δίκαιόν ἐςτι προσαγορεύειν πολιτικήν. Cf. *Eth. Nic.* I, 1.

[2] *Eth. Nic.* X, x : Ἡ περὶ τὰ ἀνθρώπινα φιλοσοφία.

[3] *Ibid.* I, 1; *Magn. Mor.* I, 1; *Econ.* I, 1 : Δῆλον ὅτι πρότερον γενέσει ἡ οἰκονομικὴ πολιτικῆς ἐςτίν. *Polit.* I, III : Ἀναγκαῖον περὶ οἰκονομίας εἰπεῖν πρότερον· πᾶσα γὰρ πόλις ἐξ οἰκιῶν σύγκειται.

[4] *Œcon.* I, 1 : Πρῶτον ἐν τοῖς ἐλαχίςτοις ἡ φύσις ἐκάςτου θεωρεῖται. *Polit.* I, III.

prenons la science en elle-même; sa marche est toute contraire. Si l'état ne peut être sans des familles, et les familles sans des individus, d'un autre côté l'homme n'a sa perfection et par conséquent son principe moral que dans la famille, et en définitive dans l'état dont il est citoyen; en sorte que dans l'ordre logique l'état est antérieur à la famille, et la famille à l'individu, la politique à l'économique et l'économique à la morale [1]. Bien plus, la politique n'est pas seulement le vrai principe des deux autres sciences pratiques; elle en est le tout, et les enveloppe comme le tout ses parties. « Selon moi, dit Aristote, le vrai nom de toute la science pratique n'est pas le nom de morale, mais de politique [2]. » Ce point de vue était aussi, comme on sait, celui de Platon; c'est le point de vue de toute l'antiquité grecque.

La politique embrasse donc toute la philosophie de la vie humaine; mais, non plus que l'art, elle ne se suffit pas à elle-même, et il faut qu'elle tire son principe d'un ordre supérieur de sciences. Le bien le plus élevé auquel l'homme puisse atteindre, la félicité, la fin dernière de la vie morale, est l'exercice de la pensée pure; toutes les vertus réunies ne sont

[1] *Eth. Nic.* VI, ix : Ἴσως οὐκ ἔστι τὸ αὑτοῦ εὖ ἄνευ οἰκονομίας οὐδ' ἄνευ πολιτείας. *Polit.* I, ii : Πρότερον δὴ τῇ φύσει πόλις ἢ οἰκία καὶ ἕκαστος ἡμῶν ἐστιν.

[2] *Magn. Mor.* I, i : Τὸ δ' ὅλον καὶ τὴν ἐπωνυμίαν δικαίως δοκεῖ ἄν μοι ἔχειν ἡ πραγματεία οὐκ ἠθικὴν ἀλλὰ πολιτικήν. *Rhet.* I, ii. *Polit.* I, ii : Τὸ γὰρ ὅλον πρότερον εἶναι τοῦ μέρους.

que des moyens pour préparer à la pensée le loisir dont elle a besoin [1]. Ainsi la pratique aboutit et se termine à la spéculation; l'humanité n'arrive à sa perfection que dans cette vie sublime de la pensée, qui n'est plus humaine; c'est le complément et tout ensemble la limite de sa sagesse. Or c'est là qu'on entre dans la sphère de la véritable science; la poétique et la pratique méritent à peine ce nom : car il n'y suffit pas de la connaissance et de la démonstration. L'action ne peut pas rester dans la généralité des formules; elle va au particulier, qui est la réalité, et dès lors elle rencontre à chaque pas l'accident, que la théorie n'a pu prévoir, et où l'agent viendrait échouer, si l'habitude, en lui faisant de l'art et de la vertu une seconde nature, n'avait fait venir l'instinct au secours de la science [2]. En ces matières, où la connaissance n'est pas le but et n'est que le moyen d'une action, la théorie n'est jamais qu'une approximation, dont il ne faut pas attendre une rigueur et une certitude parfaites [3]. Il n'y a de véritable science que la théorie non pas de ce que l'on doit faire, mais de ce qui est, que la science dont le but n'est pas une action dépendante à la fois de l'arbitraire du sujet et du hasard des circonstances extérieures, mais la seule vérité, qui trouve dans la connaissance sa fin

---

[1] *Magn. Mor.* I, xxxiv; *Eth. Nic.* X, vii.
[2] *Eth. Nic.* I, ii; II, ii.
[3] *Magn. Mor.* I, xxxiv; *Eth. Nic.* II, i.

comme son principe, et qui se renferme dans la partie théorétique de l'âme et dans la spéculation [1].

Cependant la science spéculative ne forme pas non plus un tout indivisible ; elle se partage comme les sciences pratique et poétique en trois régions distinctes : physique, mathématiques et philosophie première ou théologie [2].

La physique est la science de la nature, où il y a de la matière, et par conséquent du mouvement. Les mathématiques sont la science des nombres et des figures, indépendamment du mouvement et de la matière. La philosophie première est la science de la cause immobile du mouvement, du principe immatériel du monde [3]. La philosophie première vient la dernière dans l'enseignement philosophique : ce n'est qu'après avoir traversé les apparences et les relations auxquelles s'arrêtent les sciences inférieures que l'on peut s'élever jusqu'à l'être absolu, source invisible des phénomènes [4]. Qu'elle soit, en revanche, au premier rang dans l'ordre de la déduction scientifique, son nom l'indique assez ; et comment la science du premier principe ne serait-elle pas la première ? Mais dans quel ordre se succèdent les deux autres par-

---

[1] *Met.* I, II ; *Eth. Nic.* VI, v.
[2] *Met.* VI, p. 123, l. 1 ; XI, p. 226, l. 19.
[3] *Met.* VI, p. 123, l. 2 ; XI, p. 218, l. 10 ; p. 219, l. 5 ; p. 226, l. 30.
[4] *Met.* XII, p. 250, l. 1 ; XIII, init. ; p. 286, l. 20.

ties de la spéculation? Ici la question n'est pas aussi simple que pour les sciences pratique et poétique; il y a deux points de vue d'où Aristote semble la résoudre tour à tour dans deux sens opposés. Il faut l'y suivre et s'y placer successivement avec lui.

Au premier abord, les mathématiques semblent avoir sur la physique une évidente supériorité. La physique ne considère que des phénomènes dont elle est forcée de demander les lois aux mathématiques; elle ne voit que le fait : les mathématiques donnent la raison du fait; la musique ne s'explique que par l'arithmétique, l'optique par la géométrie, l'astronomie par la stéréométrie [1]. Tandis que les sciences physiques chancellent dans un monde de mouvement, où l'accident intervient sans cesse et trouble l'expérience, les mathématiques sont assises dans l'immobile et l'immuable. Le monde physique est un monde de corps perceptibles aux seuls sens, sujets à la corruption et à la mort ou du moins au changement; le monde mathématique est un monde incorporel, intelligible, éternel [2]. La physique fait son étude de natures complexes dont les éléments échappent à l'analyse logique. Les objets des mathé-

---

[1] *Anal. post.* I, XIII : Ἐνταῦθα γὰρ τὸ μὲν ὅτι τῶν αἰσθητικῶν εἰδέναι, τὸ δὲ διότι τῶν μαθηματικῶν... τὸ μὲν γὰρ ὅτι φυσικοῦ εἰδέναι, τὸ δὲ διότι ὀπτικοῦ, κ. τ. λ. Cf. ibid. XIV.

[2] *Anal. post.* I, XXVI; *de Cœl.* II, v, VIII, XII; *Met.* II, III; XI, VII; XIII, III.

matiques sont simples, et d'autant plus simples que les mathématiques sont plus pures. Or l'exactitude et la rigueur d'une science sont en raison directe de la simplicité de son objet. Les mathématiques sont donc les sciences exactes par excellence [1]; elles n'empruntent rien à l'opinion, elles ne sortent pas de la démonstration ; elles présentent le type le plus parfait de la méthode scientifique [2]. Mais ces avantages dépendent d'une condition qui les compense tous, et qui suffit pour rendre à la physique la supériorité ; c'est que les objets des mathématiques sont des abstractions sans existence réelle. Les objets de la physique sont des êtres mêlés de matière, il est vrai, changeants et périssables, mais ce sont des êtres; ceux des mathématiques ne sont que des accidents : ce ne sont pas des substances d'un ordre supérieur aux substances qui tombent sous nos sens; ce sont des attributs de celles-ci. Le mathématicien abstrait de la réalité les qualités sensibles, objets de la physique, et se réserve seulement l'élément intelligible de la quantité discrète et continue [3]. Mais, pour considérer à part la quantité, il ne peut pas faire qu'elle

---

[1] Met. XIII, p. 264, l. 15 : Ὅσῳ δὴ ἂν περὶ προτέρων τῷ λόγῳ καὶ ἁπλουστέρων, τοσούτῳ μᾶλλον ἔχει τὸ ἀκριβές. I, p. 7. l. 5 : Ἀκριβέσταται δὲ τῶν ἐπιστημῶν αἱ μάλιστα τῶν πρώτων εἰσίν· αἱ γὰρ ἐξ ἐλαττόνων ἀκριβέστεραι τῶν ἐκ προσθέσεως λαμβανομένων, οἷον ἀριθμητικὴ γεωμετρίας. Cf. VI, p. 121, l. 14; II, III.

[2] Anal. post. I, 1, XIV.

[3] Met. XI, p. 217, l. 26 : Ὁ μαθηματικὸς περὶ τὰ ἐξ ἀφαιρέσεως τὴν

subsiste à part; il ne peut pas convertir une distinction logique en une séparation réelle, et son abstraction demeure toujours abstraction [1].

/ Il n'est donc pas vrai que, d'une manière absolue, la physique ait sa raison dans les mathématiques, et que, où elle ne trouve que le fait, celles-ci donnent la cause. Les mathématiques ne connaissent que des formes, et c'est de là que viennent leur universalité et leur nécessité [2]. Elles ne peuvent donc fournir que des raisons formelles, extérieures, qui ne vont pas au fond et au principe; elles donnent la mesure des phénomènes, mais non pas leur cause efficiente : la cause réside dans la nature intime, dans la qualité essentielle que la géométrie ni l'arithmétique ne sauraient atteindre. La physique a donc plus de réalité, plus d'être que les mathématiques [3]. Or le point de vue de l'être est le point de vue le plus élevé, auquel doit être subordonnée toute autre considéra-

---

Θεωρίαν ποιεῖται· περιελὼν γὰρ πάντα τὰ αἰσθητὰ θεωρεῖ, οἷον βάρος καὶ κουφότητα καὶ σκληρότητα καὶ τοὐναντίον, ἔτι δὲ καὶ θερμότητα καὶ ψυχρότητα καὶ τὰς ἄλλας αἰσθητὰς ἐναντιώσεις, μόνον δὲ καταλείπει τὸ ποσὸν καὶ συνεχές.

[1] *Phys.* II, II : Περὶ τούτων μὲν οὖν πραγματεύεται καὶ ὁ μαθηματικός, ἀλλ' οὐχ ᾗ φυσικοῦ σώματος πέρας ἕκαστον· οὐδὲ τὰ συμβεβηκότα θεωρεῖ ᾗ τοιούτοις οὖσι συμβέβηκεν· διὸ καὶ χωρίζει· χωριστὰ γὰρ τῇ νοήσει κινήσεώς ἐστι. *Met.* XI, p. 213, l. 1 : Χωριστὸν γὰρ αὐτῶν οὐθέν. *De An.* I, I.

[2] *Anal. post.* I, XIII : Τὰ γὰρ μαθήματα περὶ εἴδη ἐστίν· οὐ γὰρ καθ' ὑποκειμένου τινός.

[3] *Met.* XII, p. 251, l. 15.

on. Le caractère éminent de la philosophie première n'est point qu'elle est la science des axiomes généraux auxquels toute connaissance est soumise, mais qu'elle est la science de l'être absolu[1]. La physique viendra donc immédiatement après elle dans l'ordre de dignité, puisque la physique roule encore sur l'être : elle sera la seconde philosophie[2]. Dans le temps, elle est l'antécédent de la philosophie première, et celle-ci en reçoit le nom de *métaphysique*, c'est-à-dire science qui suit la physique. Les mathématiques viennent au troisième rang, mais par conséquent au premier échelon du développement historique de l'intelligence humaine. La jeunesse, l'enfance même est propre à ces études; pour la physique, science d'expérience, il faut de la maturité[3]; la métaphysique veut des esprits achevés, des intelligences parvenues au terme de leur développement.

Cependant les mathématiques et la physique ne demeurent pas dans une opposition qui les tienne toujours également éloignées; elles se rapprochent dans l'astronomie. Ici l'élément matériel n'a plus son

---

[1] *Met.* XI, p. 226, l. 21 : Βέλτιστον μὲν οὖν τὸ τῶν θεωρητικῶν ἐπιστημῶν γένος, τούτων δὲ αὐτῶν ἡ τελευταία λεχθεῖσα· περὶ τὸ τιμιώτατον γάρ ἐστι τῶν ὄντων. VI, p. 123, l. 11.

[2] Δευτέρα φιλοσοφία. *Met.* VII, p. 152, l. 6. Cf. IV, p. 66, l. 21; VI, p. 123, l. 20.

[3] *Eth. Nic.* VI, ix : Τοῦτ' ἄν τις σκέψαιτο, διὰ τί δὴ μαθηματικὸς μὲν παῖς γένοιτ' ἄν, σοφὸς δ' ἢ φυσικὸς οὔ· ἢ ὅτι τὰ μὲν δι' ἀφαιρέσεώς ἐστιν, τῶν δ' αἱ ἀρχαὶ ἐξ ἐμπειρίας.

insaisissable variabilité ; il n'est plus sujet à la mort ni à l'altération, ni à la décroissance, le mouvement simple dans l'espace est le seul qui lui reste ; c'est une réalité presque mathématique. Aussi la science du ciel ou du monde est-elle, aux yeux d'Aristote, la plus voisine de la science de Dieu[1], et pourtant il est impossible qu'elle ait jamais la parfaite rigueur des mathématiques pures.

Platon, en essayant de déterminer la hiérarchie des sciences, n'avait pas hésité à donner le milieu aux mathématiques, entre la physique et la dialectique[2]. A ses yeux, la réflexion et le raisonnement l'emportent de beaucoup sur les sens, la logique sur l'expérience, les relations éternelles et nécessaires des figures et des nombres sur les apparences et les vaines ombres des choses contingentes. Aristote ne fait pas si bon marché de la réalité ; il connaît le prix de la science, mais à la science il préfère encore l'être. La nature n'est plus pour lui un fantôme et une illusion, mais une tendance, un mouvement continu vers une existence de plus en plus parfaite. L'apparence, c'est la forme détachée de son sujet, la quantité abstraite, la mesure sans la chose mesurée,

---

[1] *Met.* XII, p. 251, l. 12 : Ἐκ τῆς οἰκειοτάτης φιλοσοφίας τῶν μαθηματικῶν ἐπιστημῶν δεῖ σκοπεῖν, ἐκ τῆς ἀστρολογίας. Cf. *de Part. an.* I. v ; *de Cœl.* II, III, XII.

[2] *Rep.* VI, p. 509 sqq. ; VII, p. 533 sqq. Il appelait les objets des mathématiques *moyens* (τὰ μεταξύ) entre les choses sensibles et les idées ; voy. plus bas.

la notion sans l'objet. Cette forme abstraite, qu'exaltait le platonisme, n'est point l'être, n'est pas même le passage à l'être, mais bien un idéal qui n'est rien s'il n'est pas rempli, une pure possibilité. De la possibilité à l'existence il y a encore l'intermédiaire du mouvement. Tels sont les trois moments auxquels doivent répondre dans le même ordre, selon les principes les plus élémentaires de la doctrine péripatéticienne, les mathématiques, la physique et la théologie.

En arrivant à la théologie, on sort encore une fois du mouvement et de la matière, mais pour entrer dans l'existence absolue. L'élément de la différence et du changement s'évanouit, non plus dans la simplicité factice d'une abstraction, mais dans la simplicité de l'être qui est être tout entier, et tout entier par soi-même. Ce n'est plus une espèce de l'être, mais bien l'être d'une manière absolue [1], qui échappe à toute relation et ne dépend de rien. Aussi, tandis que les autres sciences spéculatives sont entre elles dans une dépendance réciproque, la métaphysique seule, n'ayant besoin ni d'une matière ni d'une forme étrangère, est d'une indépendance absolue.

Toutes les sciences, au contraire, dépendent de cette science supérieure. Par quelque côté qu'on prenne la physique, soit par le mouvement, soit par

---

[1] *Met.* IV, 1; VI, 1, VII, 1; IX, in. : Περὶ μὲν τοῦ πρώτως ὄντος, κ. τ. λ.

le principe intérieur du mouvement, c'est-à-dire par l'âme, c'est à la métaphysique qu'il appartient de l'expliquer; car de la métaphysique seule relève la connaissance et de la cause immobile du mouvement [1], et de cette partie immortelle et divine de l'âme qui donne l'intelligence et la vie [2]. Les mathématiques ont besoin d'une donnée, d'une matière, dont elles développent les propriétés : les propriétés seules sont de leur domaine; la connaissance de la matière mathématique relève de la métaphysique [3]. Si nous descendons aux sciences pratiques, c'est encore la métaphysique que nous y retrouvons comme leur principe immédiat. Car la spéculation qui constitue, comme nous l'avons vu, la félicité suprême, fin de la vie morale ou politique, n'est point la connaissance, l'exercice de l'intelligence en général, c'est l'action de la partie divine de l'âme dans l'intuition directe de l'essence [4]. Enfin c'est sur la métaphysique seule que s'appuie la première des sciences poétiques: la dialectique et la métaphysique se touchent de si près, qu'elles semblent par fois, à une vue superficielle, se confondre l'une avec l'autre [5]. Quant à l'analytique, que l'on pourrait être tenté de placer sur

---

[1] *Met.* XII, 1.
[2] *Met.* VI, p. 122, l. 22.
[3] *Met.* XI, p. 213, l. 4.
[4] *Eth. Nic.* VI, vii; *Met.* XII, p. 249, l. 1.
[5] Voy. plus haut.

la limite, ce n'est pas un art, nous l'avons déjà dit, ni même une science à part, quoique Aristote paraisse, en certains endroits, ne pas lui refuser ce titre [1]; c'est plutôt la forme de la science; mais dès qu'elle est prise comme une science, à titre de théorie abstraite du raisonnement et de la définition, c'est encore dans la métaphysique qu'il faut en chercher les principes et l'explication définitive [2].

Ainsi la métaphysique n'est pas seulement au faîte de la plus élevée des trois parties de la science, elle forme la limite où aboutit et s'achève chacune des deux autres. Elle leur est à toutes trois comme un axe commun autour duquel elles s'échelonnent, comme une tige puissante qui produit et supporte toutes les branches de la connaissance, qui les alimente de sa substance, et qui porte encore au-dessus d'elles la majesté de sa cime. L'être qu'elle a pour objet n'est pas seulement le premier des êtres, mais cet être absolu qui contient tout le reste : la métaphysique n'est donc pas non plus une science, une philosophie, mais la science, la philosophie elle-même [3]; la physique, les mathématiques, la pratique, l'art, ne sont, on peut le dire, que ses parties [4], et si elle est,

---

[1] Met. XI, p. 213, l. 7 : Τῆς (ἐπιστήμης) σκοπούσης περὶ ἀποδείξεώς τε καὶ ἐπιστήμης.

[2] Met. IV, p. 66, l. 27; VII, p. 153, l. 6.

[3] Met. XI, p. 218, l. 10, etc.

[4] Met. XI, p. 219, l. 9 : Διὸ καὶ ταύτην (τὴν φυσικὴν) καὶ τὴν μαθη-

au sens propre, la première philosophie, elle est, en une acception plus large et non moins légitime, la philosophie tout entière.

ματικὴν ἐπιστήμην μέρη τῆς σοφίας εἶναι θετέον. Cf. IV, p. 61, l. 1; p. 62, l. 27.

LIVRE II.

HISTOIRE DE LA MÉTAPHYSIQUE D'APRÈS ARISTOTE.

CHAPITRE I.

Ioniens, Pythagoriciens, Éléates, Sophistes, Socrate.

La première philosophie, la première pour l'importance et pour la dignité, tel est l'idéal dont nous devons trouver la réalisation dans la métaphysique. Aristote en a tout déterminé par lui-même, la matière comme la forme, sans recourir à l'autorité de ses devanciers; il lui a imaginé, comme à une science nouvelle, un titre nouveau, celui de philosophie première, et il semble qu'il prétende en construire de ses seules mains le système tout entier.

Mais n'avait-on pas cherché aussi avant Aristote une science des premiers principes? n'avait-on pas cru découvrir avant lui la vraie philosophie? n'y a-t-il donc à ces prétentions aucun fondement, et tant d'efforts ont-ils été entièrement vains? Peut-être la métaphysique existe-t-elle dans la science du passé, sous d'autres formes et d'autres noms; peut-être du moins y a-t-elle son germe et ses origines? Cela vaut la peine d'être recherché. Et Aristote n'a-t-il pas lui-même érigé en précepte l'expérience historique, et fait de la critique l'antécédent nécessaire de la doctrine et de l'enseignement? L'histoire, dans son livre, précède donc toujours la théorie, et c'est dans cet ordre seul par conséquent que nous pouvons faire connaître et apprécier la Métaphysique. Au lieu de nous placer d'abord et sans préparation au cœur de la philosophie péripatéticienne, nous l'aborderons par le dehors, et nous y entrerons pas à pas par le chemin que son auteur nous trace. Nous allons donc suivre avec Aristote la marche de la philosophie première jusqu'au point où il l'a prise pour la porter plus loin. On pourra, si nous ne nous trompons, apprécier déjà, sur ces préliminaires, la sûreté de son jugement, la force de sa critique et la hauteur de ses vues.

Le premier regard de la philosophie se porta sur le monde sensible; elle fut d'abord une philosophie de la nature. La physique, nous l'avons vu tout à l'heure, précède dans le temps la métaphysique, dernier fruit de la pensée. Le premier principe où l'on chercha la cause de toutes les choses de la nature fut le principe matériel, ce dont tout vient par la naissance, et où tout retourne par la mort, le sujet impérissable des accidents et des modifications; c'est dans la substance seule qu'on crut d'abord trouver la cause, et dans la substance corporelle [1]. Mais dans cette unité du point de vue général, se manifeste tout d'abord une opposition profonde qui dominera, sous différentes formes, l'histoire entière de la philosophie. Une partie des systèmes produits par les premiers efforts de la spéculation ne reconnaît pour principe qu'une seule matière, un seul élément; les autres comptent plusieurs principes, plusieurs éléments différents et contraires. Pour les uns, tous les phénomènes s'expliquent par les transformations, la dilatation ou la condensation de l'élément primordial; seulement cet élément se raffine et se subtilise, avec le temps et le progrès de l'abstraction, de Thalès à Anaximène et Diogène d'Apollonie, d'Anaximène et Diogène à Héraclite; c'est d'abord l'eau, puis l'air, puis le feu, le feu vivant et animé. Dans les autres systèmes, dans ceux d'Anaximandre, d'Anaxagore et d'Empédocle, le monde provient d'un mélange où les principes opposés coexistaient de toute éternité [2]; il n'y a point de transformation du contraire au con-

---

[1] *Met.* I. p. 10, l. 4 sqq.
[2] *Phys.* I, IV: Ὡς δ' οἱ φυσικοὶ λέγουσι, δύο τρόποι εἰσίν· οἱ μὲν γὰρ ἓν ποιήσαντες τὸ ὂν σῶμα τὸ ὑποκείμενον, ἢ τῶν τριῶν τι ἢ ἄλλο..... τἆλλα γεννῶσι πυκνότητι καὶ μανότητι πολλὰ ποιοῦντες. Ταῦτα δ' ἐστὶν ἐναντία... οἱ δ' ἐκ τοῦ ἑνὸς ἐνούσας τὰς ἐναντιότητας ἐκκρίνεσθαι, ὥσπερ Ἀναξίμανδρός φησι καὶ ὅσοι δ' ἓν καὶ πολλά φασιν εἶναι, ὥσπερ Ἐμπεδοκλῆς καὶ Ἀναξαγόρας· ἐκ τοῦ μίγματος γὰρ καὶ οὗτοι ἐκκρίνουσι τἆλλα. Cf. ibid. VI; *Met.* I, p. 11, l. 7 sqq.; XII, p. 241, l. 5.

traire, de naissance ni de mort, de changement de qualité et de nature; il n'y a que réunion et séparation, changement de figure et de distances réciproques, c'est-à-dire changement extérieur et mécanique de position et de relation mutuelle dans l'espace[1].

Cependant dans la physique mécanique commence à se faire jour l'idée de la cause[2], et du sein de la nature se dégage tout à coup l'élément métaphysique. Tandis que ses contemporains s'égarent dans l'obscurité de leurs cosmogonies matérialistes, un seul homme a remarqué dans le monde l'ordre et la beauté, et y a reconnu l'œuvre de l'intelligence : Anaxagore pose enfin à l'origine des choses la pensée souveraine, l'immortelle et immatérielle raison. C'est de ce moment aussi que la raison semble se faire entendre pour la première fois, et la sagesse commencer[3]. Chez Empédocle se prononce la distinction du bien et du mal[4], et au-dessus du point de vue de l'ordre s'élève le point de vue de la moralité. Mais ce ne sont encore là que des élans sans suite et sans haleine : Empédocle et Anaxagore retombent bientôt au monde des corps et du mouvement, et aux hypothèses d'une physique stérile.

[1] *Met.* I, p. 25, l. 11; p. 11, l. 21; p. 14, l. 18. *Phys.* I, IV, VIII; *de Gen. et corr.* I, 1, II.

[2] *Met.* I, p. 11-12.

[3] *Ibid.* p. 13, l. 1 : Οἷον νήφων ἐφάνη παρ' εἰκῆ λέγοντας τοὺς πρότερον.

[4] *Ibid.* l. 18.

Avec Empédocle, la physique a poussé jusqu'au bout l'idée de l'opposition des éléments matériels. Il ne lui reste plus, pour atteindre le dernier période de la théorie mécaniste, qu'un pas à faire, et ce pas la ramène à l'unité de principe [1]. Les atomistes résolvent les éléments en une infinité de parties homogènes, dont les différences seules sont les causes de toutes choses; mais ces différences ne sont plus des qualités intrinsèques, opposées entre elles, c'est la forme, l'ordre et la position, trois accidents purement extérieurs et relatifs. A l'élément primitif de Thalès et de son école, succède l'abstraction du corps [2] divisé à l'infini dans le vide de l'espace. La matière à laquelle les sens s'attachaient, recule devant eux dans la région des origines où la pensée seule pourrait atteindre [3], et s'enfonce dans une nuit impénétrable.

Cependant l'esprit spéculatif s'était engagé ailleurs et depuis longtemps dans une recherche d'un ordre plus élevé. En Italie, chez les Pythagoriciens, il poursuivait l'essence des choses, et il essayait l'instrument légitime de la science, la définition [4]. La métaphysique avait donc reconnu son vrai but, et trouvé sa route? Mais l'école italique ne songe encore qu'à la

---

[1] *Met.* I, p. 15, l. 8; VIII, p. 166, l. 13.
[2] *Phys.* III, IV : Αὐτὸ τὸ κοινὸν σῶμα πάντων ἐστὶν ἀρχή, μεγέθει κατὰ μόρια καὶ σχήματι διαφέρον.
[3] *Met.* IV, p. 77. Cf. Sext. Empir. *adv. Mathem*, VII, p. 163. Laert. IX XLIV, XLV.
[4] *Met.* I, p. 19, l. 22.

nature, elle n'aspire guère elle-même, avec ses principes incorporels en apparence, qu'à expliquer le monde sensible. Dans ses essais imparfaits de définition, elle prend pour l'essence le nombre; mais elle ne fait du nombre qu'une matière, dont elle compose les réalités [1]. « Son principe semblait propre, dit Aristote, à porter à ce qu'il y a de plus haut parmi les êtres, et elle n'en fait usage que dans les limites de l'existence visible. » Elle a de la métaphysique une inspiration secrète; son intention, sa volonté ne dépassent pas la physique [2]. Bien plus, la théorie pythagoricienne n'est qu'une forme mathématique d'atomisme. Elle résout les corps en nombres, les nombres en unités, derniers principes de l'étendue, et elles-mêmes étendues [3]. Ne sont-ce pas là les atomes de Démocrite [4]? Remontons aux principes

---

[1] Ibid. p. 16, l. 23 : Τὸν ἀριθμὸν νομίζοντες ἀρχὴν εἶναι καὶ ὡς ὕλην τοῖς οὖσι καὶ ὡς πάθη τε καὶ ἕξεις. P. 17, l. 26 : Ἐοίκασι δ' ὡς ἐν ὕλης εἴδει τὰ στοιχεῖα τάττειν· ἐκ τούτων γὰρ ὡς ἐνυπαρχόντων συνεστάναι καὶ πεπλάσθαι φασὶ τὴν οὐσίαν. XIV, p. 298, l. 2 : Τὸ ποιεῖν ἐξ ἀριθμῶν τὰ φυσικὰ σώματα, κ. τ. λ. Cf. XIII, p. 279, l. 11.

[2] Ibid. I, p. 26, l. 28 : Διαλέγονται μέντοι καὶ πραγματεύονται πάντα περὶ φύσεως..... ὡς ὁμολογοῦντες τοῖς ἄλλοις φυσιολόγοις, ὅτι τό γε ὂν τοῦτ' ἐστὶν ὅσον αἰσθητόν ἐστι καὶ περιείληφεν ὁ καλούμενος οὐρανός· τὰς δ' αἰτίας καὶ τὰς ἀρχάς, ὥσπερ εἴπομεν, ἱκανὰς λέγουσιν ἐπαναβῆναι καὶ ἐπὶ τὰ ἀνωτέρω τῶν ὄντων, καὶ μᾶλλον ἢ τοῖς περὶ φύσεως λόγοις ἁρμοττούσας. Cf. XIV, p. 300, l. 12.

[3] Ibid. XIII, p. 271, l. 16 : Τὰς μονάδας ὑπολαμβάνουσιν ἔχειν μέγεθος. Ibid. l. 30; p. 279, l. 13.

[4] De An. I, IV : Δόξειε δ' ἂν οὐθὲν διαφέρειν μονάδας λέγειν ἢ σώματα μικρά. De Cœl. III, IV (en parlant des atomistes) : Τρόπον γάρ

es plus généraux de la philosophie italique; nous y retrouvons encore, comme dans les origines de l'atomisme ionien, l'idée de l'opposition des principes et de la combinaison mécanique des contraires : le monde partagé entre la lumière et les ténèbres, le bien et le mal, et jusque dans le sein de l'unité, source première de tout le reste, la contradiction du pair et de l'impair, de l'infini et du fini [1].

Les Éléates s'enferment dans l'unité. Ce n'est plus l'unité de matière des premiers physiciens, la substance d'où se développent les phénomènes, c'est l'unité de l'être, hors duquel il n'y a rien, et qui demeure éternellement immobile dans son identité. La nature, livrée au combat de principes contraires qui se mêlent et se séparent sans changer, n'est plus qu'une apparence, objet de l'opinion incertaine; la raison ne reconnaît que l'unité absolue [2]. La physique se trouve donc enfin rabaissée au-dessous du premier rang; la pensée semble prendre son essor et s'élever droit à l'essence éternelle, objet de la métaphysique [3]. Mais l'être des Éléates n'est qu'une abstraction dont la métaphysique ne peut se contenter.

τινα καὶ οὗτοι πάντα τὰ ὄντα ποιοῦσιν ἀριθμοὺς καὶ ἐξ ἀριθμῶν· καὶ γὰρ εἰ μὴ σαφῶς δηλοῦσιν, ὅμως τοῦτο βούλονται λέγειν.

[1] *Met.* I, p. 17; p. 19, l. 13.
[2] Ibid. p. 18.
[3] *De Cœl.* III, 1 : Οὐ φυσικῶς γε δεῖ νομίσαι λέγειν· τὸ γὰρ εἶναι ἄττα τῶν ὄντων ἀγένητα καὶ ὅλως ἀκίνητα μᾶλλόν ἐστιν ἑτέρας καὶ προτέρας ἢ τῆς φυσικῆς σκέψεως.

Fini ou infini, que cet être soit l'unité d'une forme rationnelle, comme dans Parménide, ou, comme chez Melissus, celle d'une matière et d'un sujet indéterminé [1], ce n'est toujours que le résultat illusoire d'une stérile analyse, qui absorbe la réalité dans une généralité logique [2].

Tous ces systèmes, à l'exception peut-être du pythagorisme, viennent se rencontrer au bord d'un abîme commun, la négation de la science. Ceux qui ont soupçonné quelque chose de supérieur à la matière et au mouvement, l'ont renvoyé trop loin au delà de ce monde, et hors de la portée de l'intelligence humaine. Il ne leur reste à tous que le monde des phénomènes et le jugement douteux de l'opinion [3]. Dans la théorie de l'unité de principe, la substance, en s'épurant et se subtilisant de plus en plus, s'est dissipée en quelque sorte dans ses propres manifestations : le feu vivant d'Héraclite n'est plus qu'un mouvement sans repos, d'une rapidité insaisissable; tout change et passe, *tout s'écoule;* telle est la formule où Héraclite dépose, peut-être à son insu, le germe du scepticisme [4]. Dans les systèmes qui reconnaissent

---

[1] *Met.* I, p. 18, l. 11 : Παρμενίδης μὲν γὰρ ἔοικε τοῦ κατὰ τὸν λόγον ἑνὸς ἅπτεσθαι, Μέλισσος δὲ τοῦ κατὰ τὴν ὕλην· διὸ καὶ ὁ μὲν πεπερασμένον, ὁ δ' ἄπειρόν φησιν εἶναι αὐτό.

[2] Ibid. XIV, p. 294, l. 12. *Phys.* I, 1.

[3] *Met.* IV, p. 78, l. 25.

[4] Ibid. p. 67, l. 16; p. 79, l. 6; p. 85, l. 2; XI, p. 220, l. 21; p. 223, l. 15.

plusieurs principes, la certitude de la connaissance n'est pas mieux assurée, et on peut déduire le scepticisme de l'hypothèse qui leur sert de fondement, comme une conséquence irrésistible. Si les principes sont des contraires qui existent ensemble et mêlés les uns avec les autres, tout est à la fois blanc et noir, grand et petit, plein et vide; les contradictoires peuvent être affirmés à la fois d'une même chose; le vrai se confond avec le faux[1]. Par conséquent, plus de règle de jugement, hormis une seule, l'apparence. La sensation individuelle est la seule science possible : *l'homme est la mesure de tout.* Telle est la conclusion proclamée par Protagoras. Jusqu'alors du moins la philosophie avait cherché la vérité et espéré l'atteindre : la sophistique y renonce formellement et ne s'inquiète plus que de la renommée et du gain. La pensée et la parole ne sont pour elle qu'un moyen de se procurer le plaisir; la volonté philosophique, la moralité a disparu[2].

La philosophie périt dans le monde corporel où elle s'est renfermée; dans cette région de mouvement et de contradiction, elle n'a pas pu trouver un point ferme et immuable, un principe incontestable où se reposer. Réduite à la sensation, à la

---

[1] *Met.* IV, p. 76, l. 28.
[2] Ibid. p. 64, l. 29 : Διαφέρει (ἡ φιλοσοφία)... τῆς δὲ (τῆς σοφιστικῆς) τοῦ βίου τῇ προαιρέσει. Cf. *Rhet.* I, 1. *Soph. el.* 1 : Ὁ σοφιστὴς χρηματιστὴς ἀπὸ φαινομένης σοφίας.

représentation fugitive de phénomènes sans réalité, elle s'était abîmée, après de longs et inutiles efforts, dans un scepticisme universel. Ce n'était plus désormais dans la nature que l'on pouvait espérer de trouver ce principe de constance et d'uniformité dont la science ne saurait se passer; la physique semblait à bout. Mais la physique avait pensé entraîner la morale dans sa ruine; c'est de la morale que vint le salut. Socrate établit son point de départ dans la considération du juste et de l'injuste, des vertus et des vices, du bien et du mal; abandonnant la recherche d'une explication générale des phénomènes naturels, il s'attacha à l'éthique, et il y découvrit le véritable objet de la science, indépendant de la sensation, c'est-à-dire l'universel. Il le découvrit, en outre, par un procédé général et uniforme, par l'emploi méthodique de l'induction et de la définition. Avant lui on avait comparé les semblables et raisonné par analogie; avant lui, les Pythagoriciens et les Atomistes avaient essayé de définir. Mais il fut le premier qui se servit d'une méthode constante et réfléchie, et qui donna à la science la conscience d'elle-même [1].

Mais Socrate ne prétendait-il qu'à donner à la

---

[1] *Met.* XIII, p. 266, l. 5 : Σωκράτους δὲ περὶ τὰς ἠθικὰς ἀρετὰς πραγματευομένου καὶ περὶ τούτων ὁρίζεσθαι καθόλου ζητοῦντος πρώτου (τῶν μὲν γὰρ φυσικῶν ἐπὶ μικρὸν Δημόκριτος ἥψατο μόνον καὶ ὡρίσατό πως τὸ θερμὸν καὶ τὸ ψυχρόν· οἱ δὲ Πυθαγόρειοι πρότερον περὶ τινῶν ὀλίγων, κ.τ.λ. I, p. 20, l. 8.

science une forme scientifique, et n'y cherchait-il pas en même temps la vérité des choses? Il ne voulait pas seulement s'élever à des notions générales, il voulait les appliquer par le raisonnement et la démonstration; or la démonstration a son principe dans l'essence des choses. C'était donc l'essence qu'il poursuivait, et s'il s'attachait en toutes choses à l'universel, c'était pour l'essence qu'il y croyait contenue [1]. Il cherchait, comme avant lui les Pythagoriciens, le véritable objet de la métaphysique; mais il le chercha aussi sans l'atteindre. L'école italique avait placé l'essence dans les nombres; il la fit consister dans les généralités, c'est-à-dire dans des genres ou dans des attributs contraires dépourvus de réalité. La dialectique était jeune et encore faible; elle ne pouvait pas séparer l'être des formes opposées par lesquelles il se manifeste, elle ne pouvait pas même avoir la raison de l'unité de la science qui considère à la fois les contraires [2]. Incapable de dominer les oppositions ni d'en

---

[1] Met. XIII, p. 266, l. 12 : Ἐκεῖνος εὐλόγως ἐζήτει τὸ τί ἐστι· Συλλογίζεσθαι γὰρ ἐζήτει· ἀρχὴ δὲ τῶν συλλογισμῶν τὸ τί ἐστι.

[2] Ibid. l. 14 : Διαλεκτικὴ γὰρ ἰσχὺς οὔπω τότ' ἦν, ὥστε δύνασθαι καὶ χωρὶς τοῦ τί ἐστι τἀναντία ἐπισκοπεῖν, καὶ τῶν ἐναντίων εἰ ἡ αὐτὴ ἐπιστήμη. — Selon M. Rötscher, ce jugement ne porterait que sur la méthode platonicienne; Aristote donnerait à entendre que Socrate s'était arrêté aux généralités de l'abstraction réflexive, où les oppositions sont encore liées à un sujet réel, tandis que Platon les en rendit indépendantes et les considéra en elles-mêmes (*Aristophanes und sein Zeitalter*; Berlin, 1827, in-8°). Cette interprétation est celle de Hegel

découvrir le fondement et le lien intérieur, elle s'arrête comme à la substance même des choses. Dans la morale socratique, commence à se révéler cet amour des abstractions, ce penchant excessif à tout réduire aux idées. Les vertus, pour Socrate, sont tout entières dans leur notion, et les savoir, c'est les pratiquer [1]. Il méconnaît dans l'âme humaine le principe naturel de l'action, de la passion et des affections [2]. Il croit que *rien n'est en vain*, il paraît soupçonner que le monde marche à une fin raisonnable; mais il lui manque le sentiment de la réalité de ce mouvement, et de la réalité en général [3]. Il voit tout dans l'immobilité de l'idéal et de la forme logique.

Il n'y a guère, en définitive, que deux choses dont

(*Werke*, XIV); M. Brandis en a fait voir la fausseté (*Grundlinien der Lehre des Socrates, Rhein. Mus.* 1827). Le τί ἐστι n'est point dans le langage d'Aristote, comme M. Rötscher l'a pensé, la réalité sensible sujette aux contraires, mais l'essence qui leur est supérieure. Selon Aristote, la dialectique en général, chez Platon comme chez Socrate, a méconnu l'essence en la faisant consister dans les contraires, et ce n'est que chez Aristote lui-même qu'elle a su se borner à la considération des oppositions abstraites, pour laisser celle de l'essence à la métaphysique. Cf. Syrian. *in Met.* XIII, Bibl. reg. Paris. cod. reg. 1893, f° 51 a.

[1] *Magn. Mor.* I, xxxv : Φάσκων εἶναι τὴν ἀρετὴν λόγους. *Eth. Eud.* I, 1 : ᾤετ᾽ εἶναι τέλος τὸ γινώσκειν τὴν ἀρετήν... ἐπιστήμας γὰρ ᾤετ᾽ εἶναι τὰς ἀρετάς. Cf. *Magn. Mor.* I, ix; *Eth. Nic.* VII, iii.

[2] *Magn. Mor.* I, i.

[3] *Ibid.* : Οὐκ ὀρθῶς δὲ οὐδ᾽ ὁ Σωκράτης ἐπιστήμας ἐποίει τὰς ἀρετάς· ἐκεῖνος γὰρ οὐδὲν ᾤετο δεῖν μάτην εἶναι, ἐκ δὲ τοῦ τὰς ἀρετὰς ἐπιστήμας εἶναι συνέβαινεν αὐτῷ τὰς ἀρετὰς μάτην εἶναι κ.τ.λ.

la philosophie doive s'avouer redevable à Socrate, l'induction et la définition, deux choses relatives au commencement de la science[1]. Une méthode, telle est la meilleure part de l'héritage qu'il laisse après lui; c'est celle que, de tous ses disciples, le seul Platon a su recueillir, et à laquelle il a donné une extension toute nouvelle. Nous pouvons donc passer avec Aristote du maître à l'élève, pour considérer maintenant le mouvement général et l'esprit de leur méthode commune chez celui des deux qui l'a poussée le plus loin, et le vaste système qu'elle a produit entre ses mains.

CHAPITRE II.

Platon : dialectique; théorie des idées; théorie des nombres. Résumé de l'histoire de la métaphysique avant Aristote.

Tout ce que je sais, disait Socrate, c'est que je ne sais rien. Ce mot le peint tout entier et donne le secret de sa méthode. Il ne nie plus, comme le sophiste, que la science soit possible : il croit qu'elle n'est pas encore; il ne le croit pas seulement, il le

---

[1] Met. XIII, p. 266, l. 17 : Δύο γάρ ἐστιν ἅ τις ἂν ἀποδῴη Σωκράτει δικαίως, τούς τ' ἐπακτικοὺς λόγους καὶ τὸ ὁρίζεσθαι καθόλου.

sait; il semble qu'il l'ait entrevue dans un idéal lointain, et qu'il la compare à la connaissance humaine comme une mesure qui la convainc de son néant. Avec cette ironie et ce demi-sourire qui le caractérisent, il se rabaisse en apparence, dans un aveu héroïque, au-dessous des savants de son temps, et il se relève, en effet, par la conscience de sa propre ignorance. Il ne pense même pas que ses contemporains en sachent plus que lui; tous les hommes sont ignorants, tous sont près de savoir, et celui-là seul a quelque avantage sur les autres qui s'entend à faire éclore les germes cachés dans leurs esprits, et qui se consacre sans orgueil à cette tâche laborieuse et à la recherche désintéressée de la vérité. Il déclare qu'il ne sait rien; et il interroge les autres[1]. Il s'informe auprès d'eux de ce qui lui est un sujet de doute, les force par ses demandes de réveiller leurs souvenirs, de rappeler les idées de l'oubli et de l'obscurité à la lumière, d'en faire le dénombrement et le discernement exacts, d'y démêler avec lui l'essence des choses qu'elles représentent. La définition, où elle doit être exprimée, n'est pas pour lui le commencement mais le résultat de la discussion; il en recueille avec son interlocuteur les éléments dispersés, les dégage avec son aide d'une multitude de ressemblances, et les réunit par l'analogie en une seule

---

[1] *Soph. el.* XXXIII : Διὰ τοῦτο Σωκράτης ἠρώτα, ἀλλ' οὐκ ἀπεκρίνετο· ὡμολόγει γὰρ οὐκ εἰδέναι.

et même notion[1]. Cette notion n'est donc pas le produit d'une réflexion personnelle, l'œuvre d'un individu; c'est l'œuvre et le produit des choses, le son qu'elles rendent d'elles-mêmes, frappées au hasard dans la conversation, l'étincelle jaillissant du frottement des analogies[2].

Telle est la méthode que Socrate mettait en action, et dont Platon écrivit la théorie. C'est la méthode discursive ébauchée autrefois par Zénon, dont la forme est le dialogue, et le nom la dialectique. Maintenant si la dialectique est un moyen convenable pour confondre la vanité des sophistes, et pour rendre aux esprits la confiance modeste en leur force et l'amour de la philosophie, est-il vrai que sa puissance s'étende jusqu'à la découverte des premiers principes? Au milieu de l'opposition apparente de la nature avec elle-même, et de cette contradiction d'opinions qui en est la conséquence et dont le scepticisme triomphe, le dialecticien interroge; mais la réponse peut-elle lui donner la vérité qu'il cherche? Elle ne lui peut rendre qu'une vraisemblance[3]. De quelque manière qu'il varie et multiplie ses demandes, et quelque

---

[1] Plat. *Phædr.* p. 265 d : Εἰς μίαν τε ἰδέαν συνορῶντα ἄγειν τὰ πολλαχῇ διεσπαρμένα.

[2] Plat. *Rep.* IV, p. 435 a : Καὶ τάχα ἂν παρ' ἄλληλα σκοποῦντες καὶ τρίβοντες ὥσπερ ἐκ πυρείων ἐκλάμψαι ποιήσομεν τὴν δικαιοσύνην.

[3] *Anal.* I, 1 : Διαλεκτικὴ δὲ (πρότασις) πυνθανομένῳ μὲν ἐρώτησις ἀντιφάσεως· συλλογιζομένῳ δὲ λῆψις τοῦ φαινομένου καὶ ἐνδόξου. *Soph.* cl. II : Ἐκ τῶν τοῦ ἀποκρινομένου δοξῶν συλλογιζόμενοι.

loin qu'il pousse l'analyse des questions, il ne peut qu'augmenter de plus en plus la probabilité, sans atteindre jamais la certitude absolue. Il faut qu'il se contente, en définitive, d'une apparence et d'une opinion. Le but qu'il se propose est de retrouver dans les existences particulières un élément de généralité, et de ramener la diversité sensible à l'unité intelligible de l'universel. Mais saisit-il bien, dans ses universaux, la nature et l'essence des choses? En s'élevant de genre en genre, il s'éloigne de plus en plus des réalités, il en perd de vue les limites spécifiques, et il en confond les différences dans une unité vaine. La dialectique a le droit et le pouvoir de ne pas se renfermer dans un genre partiel; mais elle n'est pas en droit et rien ne lui servirait de réduire tout à un même genre. Il n'est point de genre qui contienne à la fois tous les objets de la pensée, toutes les catégories de l'existence. La dialectique ne peut donc pas atteindre ce suprême universel auquel elle aspire [1]. Ce n'est pas à elle, mais à une toute autre méthode, qu'il appartient de trouver l'unité de l'être et l'universalité véritable [2]. Il reste, à son point de vue, qu'elle le sache ou non, des classes au delà

---

[1] Soph. el. XI : Νῦν δ' οὐκ ἔστιν ὁ διαλεκτικὸς περὶ γένος τι ὡρισμένον, οὐδὲ δεικτικὸς οὐδενός, οὐδὲ τοιοῦτος οἷος ὁ καθόλου. Οὔτε γὰρ ἔστιν ἅπαντα ἐν ἑνί τινι γένει. Anal. post. I, XI : Ἡ δὲ διαλεκτικὴ οὐκ ἔστιν οὕτως ὡρισμένων τινῶν, οὐδὲ γένους τινός ἑνός. Οὐ γὰρ ἂν ἠρώτα ἀποδεικνύντα· γὰρ οὐκ ἔστιν ἐρωτᾶν.

[2] Voyez le livre suivant.

desquelles elle ne peut remonter, qu'elle ne peut réduire, comme elle le prétend, à un même principe, et dont elle ne fait que parcourir et effleurer les sommets. Elle discourt sur les oppositions générales qui soumettent les sciences les plus différentes aux mêmes formes logiques (l'un et le multiple, le même et l'autre, etc.); mais elle n'asseoit pas ces sciences sur une base commune [1]. Toute véritable science part d'un principe qui lui est propre, et qu'elle seule connaît. Elle ne le cherche pas par interrogation, elle le possède et le produit tout d'abord. Elle ne se fie pas, sur l'essence de son objet propre, à l'opinion commune et à la vraisemblance, mais à une conscience certaine, à une intuition spéciale et directe, et elle en tire des démonstrations infaillibles [2]. Loin de là, la dialectique se perd dans une vague et incertaine spéculation [3]; elle se paye de notions géné-

---

[1] Met. III, p. 41, l. 22 : Πρὸς δὲ τούτοις περὶ ταὐτοῦ καὶ ἑτέρου καὶ ὁμοίου καὶ ἀνομοίου καὶ ἐναντιότητος, καὶ περὶ προτέρου καὶ ὑστέρου καὶ τῶν ἄλλων ἁπάντων τῶν τοιούτων, περὶ ὅσων οἱ διαλεκτικοὶ πειρῶνται σκοπεῖν ἐκ τῶν ἐνδόξων μόνον ποιούμενοι τὴν σκέψιν. Cf. Soph. el. 11; Anal. post. I, xi.

[2] Soph. el. xi : Οὐδεμία τέχνη τῶν δεικνυουσῶν τινα φύσιν ἐρωτητική ἐστιν· οὐ γὰρ ἔξεστιν ὁποτερονοῦν τῶν μορίων δοῦναι· συλλογισμὸς γὰρ οὐ γίνεται ἐξ ἀμφοῖν. Ἡ δὲ διαλεκτικὴ ἐρωτητική ἐστιν. Εἰ δ' ἐδείκνυεν, εἰ καὶ μὴ πάντα, ἀλλὰ τά γε πρῶτα καὶ τὰς οἰκείας ἀρχὰς οὐκ ἂν ἠρώτα· μὴ διδόντος γὰρ οὐκ ἂν ἔτι εἶχεν ἐξ ὧν ἔτι διαλέξεται πρὸς τὴν ἔνστασιν. Voyez plus haut, p. 233, note 4. Cf. Analyt. post. I, ix; Soph. el. 11; Eth. Eud. I, vi, viii; Met. V, p. 89, l. 26.

[3] Soph. el. xi : Ὥστε φανερὸν ὅτι οὐδενὸς ὡρισμένου ἡ πειραστικὴ ἐπιστήμη ἐστίν. Rhet. I, 1 : Οὐδεμιᾶς ἐπιστήμης ἀφωρισμένης.

rales qui ne représentent jamais que les dehors et la surface des choses ; elle se repaît de formes qui ne contiennent rien et d'abstractions vides [1].

Il faut avouer cependant que Platon ne s'arrête point aux idées, qu'il en considère les plus hautes, les plus indépendantes de tout élément sensible, comme n'étant pour la dialectique que des hypothèses qu'elle doit rapporter à quelque principe supérieur encore, c'est-à-dire à une idée suprême qui ne suppose rien, qui suffise à tout et à soi-même [2]. Mais ce terme où tend la dialectique reste hors de

---

[1] *De An.* I, 1 : Διαλεκτικῶς καὶ κενῶς. *Met.* I, p. 30, l. 8 ; p. 32, l. 30 (en parlant de la théorie platonicienne de la *participation*) : Κενολογεῖν, διὰ κενῆς λέγειν. Toute idée trop générale et qui n'est pas propre au sujet est *vide* : *de Gen. an.* II, VIII : Οὗτος μὲν οὖν ὁ λόγος καθόλου λίαν καὶ κενός. Οἱ γὰρ μὴ ἐκ τῶν οἰκείων ἀρχῶν λόγοι κενοί, ἀλλὰ δοκοῦσιν εἶναι τῶν πραγμάτων οὐκ ὄντες... τὸ δὲ κενὸν δοκεῖ μὲν εἶναί τι, ἔστι δ' οὐθέν. *Eth. Eud.* I, VI : Ἀλλοτρίους λόγους τῆς πραγματείας καὶ κενούς. *Eth. Nic.* II, VII : Ἐν γὰρ τοῖς περὶ τὰς πράξεις λόγοις οἱ μὲν καθόλου κενώτεροί εἰσιν. — D'après ces passages et les résultats obtenus dans le livre précédent, on peut mettre en équation, d'une part les formules : ἐξωτερικὸν, ἀλλότριον, μὴ πρὸς τὸν λόγον (*Top.* VIII, 6 ; *Phys.* I, 11 : cf. Simplic. *in Phys.* f° 18 b), ὡς τύπῳ, κοινὸν, καθόλου μᾶλλον, λογικὸν, διαλεκτικὸν, ἔνδοξον, κενόν ; et de l'autre les formules contraires : οἰκεῖον, ἴδιον, ἐκ τῶν ὑπαρχόντων (*Anal. post.* I, XIX) : δι' αὐτοῦ τοῦ πράγματος, ἀκριβές, φυσικὸν, (*Phys.* III, V) ἀναλυτικὸν, κατὰ φιλοσοφίαν, ἀληθές. Ces rapports servent beaucoup à l'intelligence d'Aristote.

[2] Plat. *Phæd.* p. 101 e : Ἕως ἐπὶ τὶ ἱκανὸν ἔλθοις. *Rep.* VI, p. 511 b : Τὰς ὑποθέσεις ποιούμενος οὐκ ἀρχὰς, ἀλλὰ τῷ ὄντι ὑποθέσεις, ϰ.ον ἐπιβάσεις τε καὶ ὁρμὰς, ἵνα μέχρι τοῦ ἀνυποθέτου ἐπὶ τὴν τοῦ παντὸς ἀρχὴν ἰὼν, κ.τ.λ.

sa portée. Au delà des généralités et des oppositions logiques, elle ne connaît plus rien. Elle demeure, en dépit de ses efforts, dans un monde vague et sans limites, et flottant dans l'indéfini. Bien plus, pour avoir voulu en sortir et arriver à l'être nécessaire, elle s'ôte à elle-même jusqu'à cette réalité d'apparence, dont elle aurait dû se contenter. Pour trouver le vrai, la dialectique platonicienne suppose le faux; s'autorisant de l'exemple de la géométrie qui suppose afin de démontrer, elle veut tirer l'être du non-être. Mais le géomètre ne suppose pas la réalité de son hypothèse; ce n'est pour lui qu'une définition, une thèse dont il déduit les conséquences [1]. Il ne prend donc pas le faux pour principe, mais bien le

---

[1] *Met.* XIV, p. 294, l. 28 : Βούλεται (Platon n'est pas nommé dans ce qui précède, mais évidemment désigné) μὲν δὴ τὸ ψεῦδος καὶ ταύτην τὴν φύσιν λέγειν τὸ οὐκ ὄν, ἐξ οὗ καὶ τοῦ ὄντος πολλὰ τὰ ὄντα. Διὸ καὶ ἐλέγετο ὅτι δεῖ ψεῦδός τι ὑποθέσθαι, ὥσπερ καὶ οἱ γεωμέτραι τὸ ποδιαίαν εἶναι τὴν μὴ ποδιαίαν. Ἀδύνατον δὲ ταῦθ' οὕτως ἔχειν. Οὔτε γὰρ οἱ γεωμέτραι ψεῦδος οὐθὲν ὑποτίθενται (οὐ γὰρ ἐν τῷ συλλογισμῷ ἡ πρότασις), οὔτε ἐκ τοῦ οὕτω μὴ ὄντος τὰ ὄντα γίγνεται οὐδὲ φθείρεται. Ibid. XIII, p. 264, l. 23 : Εἴ τις θέμενος κεχωρισμένα τῶν συμβεβηκότων σκοπεῖ τι περὶ τούτων ἢ τοιαῦτα, οὐθὲν διὰ τοῦτο ψεῦδος ψεύσεται, ὥσπερ οὐδ' ὅταν ἐν τῇ γῇ γράφῃ καὶ τὴν ποδιαίαν φῇ μὴ ποδιαίαν. Οὐ γὰρ ἐν ταῖς προτάσεσι τὸ ψεῦδος. *Analyt. post.* I, x : Οἱ μὲν οὖν ὅροι οὐκ εἰσὶν ὑποθέσεις (οὐδὲ γὰρ εἶναι ἢ μὴ λέγονται), ἀλλ' ἐν ταῖς προτάσεσιν αἱ ὑποθέσεις, τοὺς δ' ὅρους μόνον ξυνιέσθαι δεῖ... οὐδ' ὁ γεωμέτρης ψευδῆ ὑποτίθεται, ὥσπερ τινὲς ἔφασαν, λέγοντες ὡς οὐ δεῖ τῷ ψεύδει χρῆσθαι, τὸν δὲ γεωμέτρην ψεύδεσθαι λέγοντα ποδιαίαν τὴν οὐ ποδιαίαν ἢ εὐθεῖαν τὴν γεγραμμένην οὐκ εὐθεῖαν οὖσαν. Ὁ δὲ γεωμέτρης οὐδὲν συμπεραίνεται τῷ τήνδε εἶναι γραμμήν, ἣν αὐτὸς ἔφθεγκται, ἀλλὰ τὰ διὰ

possible. Le dialecticien ne peut pas davantage faire sortir ce qui est de ce qui n'est point; s'il part de l'hypothèse, il y reste nécessairement, et soit qu'il descende aux conséquences, soit qu'il remonte aux principes que suppose l'hypothèse elle-même, il ne fait qu'avancer ou reculer indéfiniment dans le champ d'une science idéale.

De ce point de vue, nous voyons avec Aristote la dialectique se rapprocher peu à peu de la sophistique qu'elle avait vaincue. Elle s'en distinguait à peine par les formes et les manières; elle s'en était appropriée jusqu'aux ruses et aux artifices [1]. A mesure qu'elle prend dans le platonisme un vol plus élevé, elle s'enfonce davantage dans les espaces vides où se jouent les sophismes. L'être qu'elle croit saisir se dérobe sous ses propres accidents [2], et ne lui laisse que le

τούτων δηλούμενα. On pourrait voir dans ce dernier passage une allusion à Protagoras, qui reprochait aux géomètres de partir de suppositions fausses, et prétendait les réfuter en montrant le désaccord de ces suppositions avec la réalité (*Met.* III, p. 47, l. 24; cf. Alex. Aphrodis. ad h. l.); mais le précepte οὐ δεῖ τῷ ψεύδει χρῆσθαι ne serait pas très-bien placé dans la bouche du sophiste. Il me semble plus probable que ce passage se rapporte, comme celui du XIV° livre de la Métaphysique que nous avons cité en tête de cette note, et avec lequel il a beaucoup d'analogie, à la méthode platonicienne, et que, par conséquent, au lieu de ὡς οὐ δεῖ, il faut lire ὡς δεῖ τῷ ψεύδει χρῆσθαι.

[1] Sur les stratagèmes que le dialecticien doit employer pour cacher son dessein et surprendre son adversaire, voy. *Top.* VIII, 1; cf. *Soph. el.* XV.

[2] *Met.* XI, p. 218, l. 12 : Ἥ γε μὴν διαλεκτικὴ καὶ ἡ σοφιστικὴ τῶν

néant d'apparences contradictoires qui s'entre-détruisent éternellement.

Ainsi loin d'être, comme Platon l'appelait, le faîte de la science [1], la dialectique n'est qu'une méthode trompeuse, qui ne peut suffire à la philosophie. Le vice en est reconnu et l'impuissance dévoilée. La dialectique ne peut pas produire une science certaine, une science réelle des principes; elle n'obtient rien que par conjecture et par divination [2]. Instruite par l'exemple récent du scepticisme à se défier de la réflexion individuelle et des illusions de la personnalité qui ramène tout à soi-même, elle cherche la vérité au dehors; elle la cherche dans les formes générales, et ces formes elles-mêmes dans leurs manifestations extérieures, dans leurs images sensibles. Elle procède donc par figures et par paraboles [3]. Elle s'attache aux noms, dont elle espère faire ressortir les idées [4]. Enfin elle s'abandonne au hasard du dialogue, au vent de la conversation, au mouvement fatal du discours [5]. Elle se laisse entraîner à l'aventure d'i-

συμβεβηκότων μέν εἰσι τοῖς οὖσιν οὐχ ᾗ δ' ὄντα, οὐδὲ περὶ τὸ ὂν αὐτὸ καθ' ὅσον ὂν ἐστιν.

[1] Rep. VII, p. 534 e : Θριγκὸς τοῖς μαθήμασιν.
[2] Phileb. p. 64 a : Τί ποτε ἔν τε ἀνθρώπῳ καὶ τῷ παντὶ πέφυκεν τἀγαθόν, καὶ τίνα ἰδέαν αὐτὴν εἶναί ποτε μαντευτέον.
[3] Rhet. II, xx : Παραβολὴ δὲ τὰ Σωκρατικά.
[4] Voyez le *Cratyle*.
[5] Rep. III, p. 394 d : Οὐ γὰρ δὴ ἔγωγέ πω οἶδα· ἀλλ' ὅπῃ ἂν ὁ λόγος ὥσπερ πνεῦμα φέρῃ, ταύτῃ ἰτέον. Polit. p. 292 d : Δεῖ γὰρ δὴ ποιεῖν

mages en images et de paroles en paroles, comme sur un courant qui l'emporte[1]; elle se livre elle-même avec une confiance aveugle. C'est l'âge héroïque de la pensée; elle se fie encore aux symboles, et s'adore dans ses propres signes. — Aristote ne croira plus ainsi aux apparences. Les formes opposées sous lesquelles la nature se montre, ne sont à ses yeux que des enveloppes auxquelles le dialogue doit s'arrêter, mais que pénétrera la métaphysique. Il dédaigne les images et les allégories. Il ne croit plus à la puissance mystérieuse des mots; le langage n'est à ses yeux qu'un produit de l'art humain[2], une forme imparfaite du langage intérieur, un symbole ambigu comme tout symbole, source de l'équivoque et par conséquent de l'erreur. Ce n'est donc pas à des signes incertains qu'il faut désormais demander le secret de la nature. A la conjecture, à la crédulité enfantine, doit succéder l'assurance réfléchie de la science; au dialogue, la solitude et le silence de la spéculation; aux paroles et aux longs discours, la pensée qui pense la chose avec la chose même[3]; à la lettre, le sens; aux

τοῦτο, ὡς ὁ λόγος ἡμῖν προείρηκεν. Tim. p. 34 c : Ἀλλά πως ἡμεῖς πολὺ μετέχοντες τοῦ προστυχόντος τε καὶ εἰκῇ ταύτῃ πῃ καὶ λέγομεν.

[1] *Parm.* p. 136 e : Τῆς διὰ πάντων διεξόδου τε καὶ πλάνης. P. 137 a : Διανεῦσαι τοιοῦτόν τε καὶ τοσοῦτον πλῆθος λόγων. Protag. p. 338 a : Τὸ πέλαγος τῶν λόγων. Leg. X, p. 892 e : Ὁ μέλλων ἐστὶ λόγος σφοδρότερος, καὶ σχεδὸν ἴσως ὕδατος·... τὸν λόγον ἅπαντα οὕτω διεξελθεῖν.

[2] *De Interpret.* II.

[3] *Soph. el.* VII : Μᾶλλον ἡ ἀπάτη γίνεται μετ' ἄλλων σκοπουμένοις ἢ

symboles, l'esprit intérieur, principe, moyen et fin tout à la fois de la philosophie.

Ainsi redescend la méthode dialectique au rang inférieur que nous lui avons vu prendre dans la philosophie péripatéticienne. Elle n'est plus une science, mais proprement un art qui reste en dehors de la science. Elle n'est en elle-même qu'un jeu, un exercice [1], un prélude à l'œuvre sérieuse de la métaphysique.

Avec la méthode platonicienne est condamné d'avance le système qui en a dû provenir. Né de la considération des formes logiques [2], il est aisé de prévoir qu'il ne sortira pas des formes, et qu'il n'aura de la vérité que le semblant et les dehors.

La doctrine de Platon n'est pas, il est vrai, un simple développement de celle de Socrate. Elle vient de plus loin et vise beaucoup plus haut; elle a des racines profondes dans les doctrines antérieures, et elle aspire à la solution générale de tous les problèmes que la philosophie s'était proposés. Dès sa jeunesse, imbu par Cratyle des opinions d'Héraclite, Platon avait appris à la fois à arrêter ses regards sur le monde physique, dont Socrate négligeait l'étude, et à n'en

καθ' αὑτοὺς (ἡ μὲν γὰρ μετ' ἄλλου σκέψις διὰ λόγων, ἡ δὲ καθ' αὑτὸν οὐχ ἧττον δι' αὐτοῦ τοῦ πράγματος)·... ἡ μὲν ἀπάτη ἐκ τῆς ὁμοιότητος, ἡ δ' ὁμοιότης ἐκ τῆς λέξεως.

[1] Γυμνασία, γυμναστική. Top. I, 11. Cf. Plat. Parm. p. 135 d; Soph. p. 128 b; Polit. p. 257 c.

[2] Met. I, p. 21, l. 13 : Ἡ τῶν εἰδῶν εἰσαγωγὴ διὰ τὴν ἐν τοῖς λόγοις ἐγένετο σκέψιν. IX, p. 188, l. 28 : Οἱ ἐν τοῖς λόγοις.

rien attendre que de mobile et de passager [1]. Dans la région supérieure des essences et de la raison, il rencontrait l'argumentation spécieuse des Éléates, qui confondaient tous les êtres en une indivisible unité; il fallut la prévenir en opposant à l'unité de l'être, comme sa condition, un principe de différence et de pluralité indéfinie [2]. Enfin, entre les deux éléments opposés, la pluralité indéfinie d'une part, et de l'autre l'unité, il fallait trouver le rapport : c'était précisément le point de vue d'où l'école italique avait envisagé la nature, et la question qu'elle s'était posée. La philosophie pythagoricienne ne pouvait donc manquer d'exercer sur le platonisme une forte influence et d'y jouer un grand rôle [3].

Mais il y a dans le platonisme un mouvement général qui emporte tous ces éléments suivant une direction commune, et ce mouvement est toujours celui de la dialectique. La résultante est encore, comme chez Socrate, l'universel, qui embrasse dans son unité la multitude des individus et les oppositions des phénomènes. Le but auquel marche tout le système est encore l'idée socratique du bien, considéré comme le principe souverain de la connaissance et de l'existence, et où viennent se réunir la spéculation et la pratique, la science et la vertu.

---

[1] *Met.* I, p. 20, l. 4; XIII, p. 265, l. 30.
[2] Ibid. XIV, p. 294, l. 7.
[3] Ibid. I, p. 20, l. 2; p. 21, l. 5.

Cependant Platon ne se contente pas de rattacher la doctrine socratique aux doctrines qui l'avaient précédée, d'en approfondir les principes et d'en étendre le champ, il la pousse sur la route même dans laquelle elle était entrée jusqu'à une extrémité où elle passe tout à coup dans un monde nouveau. Socrate avait placé l'essence des choses dans les généralités distinctes des choses particulières, que l'induction en dégage, et sous lesquelles les classe la définition. Platon ne distingue pas seulement l'universel des choses qu'il domine; il l'en sépare et le pose, sous le nom d'*idée*, en dehors du monde sensible [1]. Ce n'est plus pour lui, comme les généralités qui suffisaient à Socrate, une unité logique, c'est une unité réelle dont l'unité logique n'est que le résultat et le signe. L'idée n'est pas seulement ce qui se trouve de commun dans une pluralité d'existences individuelles [2], mais le principe auquel elles participent toutes ensemble, d'où elles tiennent leur ressemblance les unes avec les

---

[1] *Met.* XIII, p. 266, l. 19 : Ἀλλ' ὁ μὲν Σωκράτης τὰ καθόλου οὐ χωριστὰ ἐποίει οὐδὲ τοὺς ὁρισμούς· οἱ δ' ἐχώρισαν, καὶ τὰ τοιαῦτα τῶν ὄντων ἰδέας προσηγόρευσαν. P. 287, l. 8 : Τοῦτο δὲ... ἐκίνησε μὲν Σωκράτης διὰ τοὺς ὁρισμούς, οὐ μὴν ἐχώρισέ γε τῶν καθ' ἕκαστον.

[2] *Eth. Eud.* I, VIII : Ὥστ' οὐδὲ δὴ τὸ κοινὸν ἀγαθὸν ταὐτὸ τῇ ἰδέᾳ· πᾶσι γὰρ ὑπάρχει κοινόν. Cf. *Met.* VII, p. 155, l. 28; I, p. 29, l. 30 : (Τὰ εἴδη) μὴ ἐνυπάρχοντά γε τοῖς μετέχουσιν. Cependant Plat. *Phæd.* p. 103 b : Ὧν ἐνόντων ἔχει τὴν ἐπωνυμίαν τὰ ὀνομαζόμενα, et *Phileb.* p. 16 d : Εὑρήσειν γὰρ ἐνοῦσαν. Mais ici *ἐνεῖναι* ne doit pas être pris à la rigueur comme l'*ἐνυπάρχειν* d'Aristote.

autres, et dont elles reçoivent le nom [1]. Elle n'est donc pas dispersée dans les individus; elle n'est pas le simple attribut qui est tout entier dans les sujets particuliers : elle subsiste par elle-même et en elle-même, d'une manière indépendante et absolue [2]. En elle-même, par conséquent, l'idée, qui donne aux choses particulières l'unité d'une forme générale, l'idée est une chose à part, singulière et individuelle [3]; elle est un être au sens le plus strict, une substance, une essence réelle [4].

Tel est le dogme qui sépare Platon de Socrate, et duquel va s'engendrer toute une philosophie nouvelle : c'est la réalisation de l'universel dans l'idée. Il suffisait pour la science considérée en elle même, c'est-à-dire dans sa forme, des unités génériques qui fournissent les démonstrations [5]. Pour l'explication

---

[1] *Met.* I, p. 20, l. 18 : Κατὰ μέθεξιν γὰρ εἶναι τὰ πολλὰ τῶν συνωνύμων ὁμώνυμα τοῖς εἴδεσι. Plat. *Phæd.* p. 102 b : Εἶναί τι ἕκαστον τῶν εἰδῶν, καὶ τούτων τἆλλα μεταλαμβάνοντα αὐτῶν τούτων ἐπωνυμίαν ἴσχειν. Cf. ibid. p. 103 b; *Phædr.* p. 341 b, 346 c; 358 a; *Theæt.* p. 132 e.

[2] *Met.* VII, p. 137, l. 26 : Μὴ καθ' ὑποκειμένου.

[3] Ibid. I, p. 20, l. 27 : Τὸ δὲ εἶδος αὐτὸ ἓν ἕκαστον μόνον. XIII, p. 272, l. 14 : Ἰδέα μὲν γὰρ μία ἑκάστου. VII, p. 169, l. 23 : Τῶν γὰρ καθ' ἕκαστον ἡ ἰδέα, ὥς φασι, καὶ χωριστή. Cf. *Phileb.* p. 16 d; *Rep.* X, p. 596 a.

[4] *Met.* III, p. 59, l. 29 : Καὶ γὰρ εἰ μὴ καλῶς διαρθροῦσιν οἱ λέγοντες, ἀλλ' ἔστι γε τοῦθ' ὃ βούλονται, καὶ ἀνάγκη ταῦτα λέγειν αὐτοῖς, ὅτι τῶν εἰδῶν οὐσία τις ἑκάστον ἐστι καὶ οὐθὲν κατὰ συμβεβηκός. Cf. VII, p. 157, l. 22; p. 161, l. 24; IX, p. 188, l. 27.

[5] *Anal. post.* I, XI : Εἴδη μὲν οὖν εἶναι, ἢ ἕν τι παρὰ τὰ πολλά, οὐκ

des objets de la science, ou, en d'autres termes, de l'existence réelle, il faut trouver un principe réel, existant par soi-même; et c'est ce que Platon a voulu faire. Mais c'est aussi ce qui passe le pouvoir de la dialectique. De la forme logique à la réalité, du général à l'individuel, il y a un abîme qu'il lui est interdit de franchir [1] : se faire de la réalité avec ses universaux, tel est le seul parti qu'elle puisse prendre. Mais cette réalité factice ne peut pas se soutenir; elle s'écroulera aux premiers coups de la critique, avec l'hypothèse qui lui sert de fondement.

D'abord, de quelles choses y a-t-il des idées, et de quelles choses n'y en a-t-il pas? C'est ce que Platon ne pouvait déterminer avec précision, sans se contredire dès les premiers mots. Si au-dessus de toute pluralité, il faut une unité où réside la cause des ressemblances, il y aura des idées non pas seulement pour tout ce qui est, mais aussi pour ce qui n'est pas; car les négations elles-mêmes peuvent se ranger sous l'unité logique. Cependant les idées ne devraient pas même s'étendre à tout ce que l'on comprend sous le nom d'être, par exemple, aux relations qu'il est impossible,

ἀνάγκη, εἰ ἀπόδειξις ἔσται. Εἶναι μέντοι ἓν κατὰ πολλῶν ἀληθὲς εἰπεῖν ἀνάγκη. *Met.* XIII, p. 288, l. 28.

[1] *Met.* VII, p. 161, l. 21 : Οἱ τὰ εἴδη λέγοντες εἶναι τῇ μὲν ὀρθῶς λέγουσι χωρίζοντες αὐτά, εἴπερ οὐσίαι εἰσί, τῇ δ' οὐκ ὀρθῶς, ὅτι τὸ ἓν ἐπὶ πολλῶν εἶδος λέγουσιν. Αἴτιον δ' ὅτι οὐκ ἔχουσιν ἀποδοῦναι τίνες αἱ τοιαῦται οὐσίαι αἱ ἄφθαρται παρὰ τὰς καθ' ἕκαστα καὶ αἰσθητάς.

de l'aveu des Platoniciens, de ramener à un genre subsistant par soi-même [1]. Elles ne devraient s'étendre qu'à ce qui est d'une existence réelle, qu'aux êtres proprement dits, aux essences en un mot, puisque c'est par l'essence que les choses doivent communiquer avec les idées, et que c'est l'essence qu'elles en reçoivent [2]. Bien plus, parmi les choses qui existent d'une existence réelle, on ne peut pas compter pour des êtres celles qui sont des produits de l'art, et dont toute l'essence réside, par conséquent, dans la pensée de l'artiste. Il est donc impossible que l'on ait voulu établir pour tout cela des idées absolues. Il est vrai que dans les dialogues de Platon il est question de l'idée de la table, du lit, du battant à tisser [3], et que, dans son enseignement, il distinguait en effet, s'il faut en croire Diogène de Laërte, la *tabléité* et la *coupéité* des tables et des coupes perceptibles aux sens [4]. Mais on sait aussi qu'il ne faut pas toujours dans Platon s'arrêter à la lettre; il préfère, comme Socrate, à la rigueur d'une formule

---

[1] *Met.* I, p. 28, l. 20.

[2] Ibid. p. 29, l. 8 : Εἰ ἔστι μεθεκτὰ τὰ εἴδη, τῶν οὐσιῶν ἀναγκαῖον ἰδέας εἶναι μόνον· οὐ γὰρ κατὰ συμβεβηκὸς μετέχονται, ἀλλὰ δεῖ τούτων ἕκαστον μετέχειν ᾗ μὴ καθ' ὑποκειμένου λέγεται.

[3] *Rep.* X, p. 596 a; *Cratyl.* p. 389 b.

[4] Diog. Laert. VI, LII : Πλάτωνος περὶ ἰδεῶν διαλεγομένου καὶ ὀνομάζοντος τραπεζότητα καὶ κυαθότητα, κ. τ. λ. La suite du récit est peu vraisemblable et a l'air d'une fable.

exacte, le libre jeu des images et des comparaisons ; sous les formes dont il s'enveloppe, il faut savoir pénétrer, avec les plus intelligents de ses disciples, sa pensée véritable et sa doctrine sérieuse. Au fond, il a reconnu, comme après lui Aristote, que, dans le monde du changement et de la mort, il n'y a d'essences que pour les choses seules de la nature [1], et les essences seules sont pour lui les idées : Aristote lui en rend témoignage [2]. Dans la nature elle-même, il a encore écarté l'accidentel et le variable. Il n'a entendu par ses *idées*, c'est la définition que lui attribuait Xénocrate, que « les causes exemplaires de ce qu'il y a de constant et de perpétuel dans la nature [3]. »

[1] *Met.* VII, p. 169, l. 15 : Ἴσως μὲν οὖν οὐδ' οὐσίαι εἰσὶν οὐδὲ αὐτὰ ταῦτα (sc. οἰκία ἢ σκεῦος) οὐδέ τι τῶν ἄλλων ὅσα μὴ φύσει συνέστηκε.

[2] Ibid. XII, p. 242, l. 6 : Ἐπὶ μὲν οὖν τινῶν τὸ τόδε τι οὐκ ἔστι παρὰ τὴν συνθέτην οὐσίαν, οἷον οἰκίας τὸ εἶδος, εἰ μὴ ἡ τέχνη. Οὐδ' ἔστι γένεσις καὶ φθορὰ τούτων, ἀλλ' ἄλλον τρόπον εἰσὶ καὶ οὐκ εἰσὶν οἰκία τε ἡ ἄνευ ὕλης καὶ ὑγίεια καὶ πᾶν τὸ κατὰ τέχνην, ἀλλ' εἴπερ, ἐπὶ τῶν φύσει· διὸ δὴ οὐ κακῶς ὁ Πλάτων ἔφη ὅτι εἴδη ἐστὶν ὁπόσα φύσει. I, p. 30, l. 27 : Οἷον οἰκία καὶ δακτύλιος, ὧν οὔ φαμεν εἴδη εἶναι. III, p. 52, l. 3. Il est vrai que dans le IIIe livre (p. 46, l. 19) il dit des Platoniciens : Αὐτὸ γὰρ ἄνθρωπόν φασιν εἶναι καὶ ἵππον καὶ ὑγίειαν. Mais, l'ὑγίεια, la santé, peut aussi bien être rapportée à la nature qu'à l'art. D'ailleurs, dans ce dernier passage, il n'y a pas autant de précision que dans les précédents.

[3] Procl. *in Parmen.* ed. Cousin, V, 133 : Καθά φησιν ὁ Ξενοκράτης, εἶναι τὴν ἰδέαν θέμενος αἰτίαν παραδειγματικὴν τῶν κατὰ φύσιν ἀεὶ συνεστώτων... Ὁ μὲν οὖν Ξενοκράτης τοῦτον ὡς ἀρέσκοντα τῷ καθηγεμόνι τὸν ὅρον τῆς ἰδέας ἀνέγραψε, χωριστὴν αὐτὴν καὶ θείαν αἰτίαν τιθέμενος. L'opinion d'Alcinoüs est parfaitement d'accord avec le témoignage de Xénocrate, et Alcinoüs, qui a puisé à des sources anciennes et

Telles sont les limites où le platonisme a dû et où il a voulu se renfermer ; mais sa méthode ne le lui permet pas. La dialectique ne démontre en aucun cas la nécessité des idées : car, de la nécessité pour la science d'une unité de généralité, elle ne peut pas conclure à une unité réelle. Mais, pour peu qu'elle démontre, elle démontrera trop, et sa conclusion s'étendra d'elle-même, au delà de l'existence réelle et de l'essence, à tout ce que la science peut comprendre, la pensée concevoir, et jusqu'aux fantômes que l'imagination se forme des choses qui ne sont plus [1].

Que donnerait d'ailleurs cette conclusion, dans quelques limites qu'on la renfermât ? Rien autre chose que les généralités elles-mêmes, suivies d'un mot, *en soi* (*l'animal en soi* au lieu de *l'animal* [2]), comme ces

pures, est en général digne de foi. *Introd. in Platon.* VIII : Ὁρίζονται δὲ τὴν ἰδέαν παράδειγμα τῶν κατὰ φύσιν αἰώνιον (leg. αἰωνίων?). Οὔτε γὰρ τοῖς πλείστοις τῶν ἀπὸ Πλάτωνος ἀρέσκει τῶν τεχνικῶν εἶναι ἰδέας, οἷον ἀσπίδος ἢ λύρας· οὔτε μὴν τῶν παρὰ φύσιν, οἷον πυρετοῦ καὶ χολέρας· οὔτε τῶν κατὰ μέρος, οἷον Σωκράτους καὶ Πλάτωνος· ἀλλ' οὔτε τῶν εὐτελῶν τινος, οἷον ῥύπου καὶ κάρφους· οὔτε τῶν πρὸς τι, οἷον μείζονος καὶ ὑπερέχοντος. Diogène de Laërte semble aussi faire allusion à la définition rapportée par Xénocrate ; III, LXVII : Τὰς δὲ ἰδέας ὑφίσταται..... αἰτίας τινὰς καὶ ἀρχὰς τοῦ τοιαῦτα εἶναι τὰ φύσει συνεστῶτα οἷά πέρ ἐστιν αὐτά. Enfin Alexandre d'Aphrodisée (ad Arist. locc. laudd.) est d'accord en ce point avec Aristote et tous les Platoniciens ; grand critique et non moins hostile qu'Aristote lui-même à la théorie des idées, son opinion a ici beaucoup de poids.

[1] *Met.* I, p. 28, l. 22.
[2] *Ibid.* XIII, p. 287, l. 14 : Οἱ δὲ ὡς ἀναγκαῖον, εἴπερ ἔσονται τινες

dieux que le vulgaire se représente tout semblables à des hommes, mais à des hommes éternels [1]. La théorie des idées n'introduit donc pas un seul principe nouveau ; elle ne fait que doubler le nombre des choses qu'il s'agit d'expliquer. Et commencer par doubler, serait-ce le meilleur moyen de compter [2] ?

Mais l'idée platonicienne n'est pas seulement une fiction inutile, c'est une contradiction qui se détruit elle-même. Si l'idée est un universel, elle est en plusieurs choses ; or comment peut-elle être en plusieurs choses et en elle-même à la fois, à la fois une et multiple [3] ? Peut-être l'objection, dans cette généralité, se laisserait-elle éluder facilement, et Platon, qui se la pose en ces termes [4], a bien pu n'y trouver que l'apparence d'une difficulté. Mais les idées ne sont pas de simples universaux, ce sont les essences des choses. Or l'essence peut-elle être hors de la chose dont elle

οὐσίας παρὰ τὰς αἰσθητὰς καὶ ῥεούσας, χωριστὰς εἶναι, ἄλλας μὲν οὐκ εἶχον, ταύτας δὲ τὰς καθόλου λεγομένας ἐξέθεσαν, ὥστε συμβαίνει σχεδὸν τὰς αὐτὰς φύσεις εἶναι τὰς καθόλου καὶ τὰς καθ' ἕκαστον. VII, p. 161, l. 26 : Ποιοῦσιν οὖν τὰς αὐτὰς τῷ εἴδει τοῖς φθαρτοῖς (ταύτας γὰρ ἴσμεν), αὐτοάνθρωπον καὶ αὐτόϊππον, προστιθέντες τοῖς αἰσθητοῖς τὸ ῥῆμα τὸ αὐτό.

[1] Met. III, p. 46, l. 19-24.
[2] Ibid. I, p. 28, l. 8.
[3] Ibid. VII, p. 158, l. 3 : Πῶς τὸ ἓν ἐν τοῖς οὖσι χωρὶς ἓν ἔσται, καὶ διὰ τί οὐ καὶ χωρὶς αὐτοῦ ἔσται τὸ ζῷον τοῦτο ;
[4] Parm. p. 131 a : Ἓν ἄρα ὂν καὶ ταὐτὸ ἐν πολλοῖς καὶ χωρὶς οὖσιν ὅλον ἅμα ἐνέσται, καὶ οὕτως αὐτὸ αὑτοῦ χωρὶς ἂν εἴη. Phileb. p. 15 b :

est l'essence ? Peut-elle être en plusieurs ? Peut-elle être tout ensemble en soi et en plusieurs[1] ? L'essence est une, d'une unité de nombre aussi bien que de forme ; elle ne se multiplie pas avec les individus comme l'unité logique, elle est toute en soi même, dans une inaltérable identité. Tout ce qui n'est pas un attribut, un accident, tout ce qui existe, non pas en un sujet étranger, mais en soi et par soi, n'a point d'autre essence que soi-même[2]. Autrement qui empêcherait que l'idée, cette chose subsistante en soi, n'eût aussi hors de soi son essence, et qu'il n'y eût ainsi l'essence de l'idée, c'est-à-dire l'idée de l'idée, jusqu'à l'infini[3] ? Si donc l'objet sensible n'est pas sa propre essence à lui-même, c'est qu'il n'est rien en soi, et il n'y a plus alors d'être que dans les idées[4] ; l'idée n'est plus l'essence des choses, mais l'essence d'une manière absolue, l'essence réduite à elle-même, et qui ne se communique à rien.

Ce n'est pas tout : les individus dont l'idée, qui

Ἐν τοῖς γιγνομένοις αὖ καὶ ἀπείροις εἴτε διεσπασμένην καὶ πολλὰ γεγονυῖαν (sc. μονάδα) θετέον, εἴθ' ὅλην αὐτὴν αὐτῆς χωρίς, ὃ δὴ πάντων ἀδυνατώτατον φαίνοιτ' ἂν, ταὐτὸν καὶ ἓν ἅμα ἐν ἑνί τε καὶ πολλοῖς γίγνεσθαι. Soph. p. 261 b.

[1] Met. I, p. 30, l. 20 : Ἔτι δόξειεν ἂν ἀδύνατον εἶναι χωρὶς τὴν οὐσίαν καὶ οὗ ἡ οὐσία. VII, p. 158, l. 13.

[2] Ibid. VII, p. 136, l. 18 ; p. 137, l. 2 ; l. 19 : Ἀνάγκη ἄρα ἓν εἶναι τὸ ἀγαθὸν καὶ ἀγαθῷ εἶναι, καὶ καλὸν καὶ καλῷ εἶναι, ὅσα μὴ κατ' ἄλλο λέγεται, ἀλλὰ καθ' αὑτὰ καὶ πρῶτα.

[3] Ibid. p. 137, l. 3-14.

[4] Ibid. l. 24 : Οὐκ ἔσται τὸ ὑποκείμενον οὐσία.

fait leur unité spécifique, devrait constituer au même titre l'unité essentielle, ne diffèrent les uns des autres que par le nombre, comme des parties homogènes d'une somme. Mais les espèces, qui doivent à leur tour trouver leur essence dans une unité générique, diffèrent entre elles par la forme. Elles se distinguent les unes des autres par des différences opposées. Comment serait-il possible, si l'idée était une essence subsistant par soi-même, qu'elle fût à la fois en deux espèces? Ici il ne s'agit pas seulement de multiplier une unité réelle, qui n'est plus rien si elle n'est plus une; il s'agit de la revêtir en même temps d'attributs qui s'excluent. Réunir les contraires en un même sujet, quoi de plus impossible[1]? Rien de plus simple, si ce sujet n'était qu'une unité logique qui ne fût pas en soi, et qui, différente en chaque espèce, n'arrivât à la réalité que par les différences mêmes. Mais l'idée, encore une fois, est une unité d'essence, une chose qui existe en soi; elle ne varie pas plus qu'elle ne se divise ou qu'elle ne se multiplie. Partout où elle est, elle est la même. Or c'est le premier principe de toute connaissance, que les opposés ne peuvent pas se trouver ensemble en un seul et même être[2]. D'un autre côté, il est impossible que le genre ait en soi une différence de préférence à une autre :

---

[1] *Met.* VII, p. 158, l. 6 : Ἀδύνατόν τι συμβαίνει· τἀναντία γὰρ ἅμα ὑπάρξει αὐτῷ ἑνὶ καὶ τῷδέ τινι ὄντι.

[2] Loc. laud. : ...... Τῷδέ τινι ὄντι.

il faudrait donc qu'il n'en eût aucune. Nous avons vu tout à l'heure l'idée de l'espèce se retirer des individus, dont on veut qu'elle forme l'essence : l'idée du genre se retire pareillement de ses espèces. L'idée se réduit donc à l'essence en soi, qui n'est l'essence de rien, puis au genre sans ses différences, dans une indétermination absolue, qui exclut non-seulement tout rapport avec les réalités, mais toute réalité intrinsèque [1].

Pour rapprocher les idées des choses sensibles sans les faire sortir d'elles-mêmes, pour les mettre en commerce avec la réalité, sans compromettre leur indépendance et sans altérer leur pureté, Platon a recours à des métaphores poétiques [2]. Il appelle l'idée, comme les Pythagoriciens le nombre, un type dont les choses sont les imitations [3]. Le monde intelligible, que Dieu enveloppe dans son unité, est à ses yeux un modèle accompli, dont le monde sensible n'est que la copie imparfaite [4]. Au-dessous de la région des idées immuables se déploie la région du changement, qui en imite, par ses révolutions périodiques, le repos inaltérable; au-dessous de l'éternel, le temps, l'image mobile de l'éternité [5]. La nature répète l'idéal comme

---

[1] Voyez le livre suivant.

[2] *Met.* I, p. 30, l. 7.

[3] *Ibid.* p. 20, l. 20; VII, p. 143, l. 26. Cf. Plat. *Parmen.* p. 57 a; *Tim.* pp. 28 a, 49 d.

[4] *Tim.* p. 92 : Ὅδε ὁ κόσμος..... εἰκὼν τοῦ νοητοῦ Θεοῦ αἰσθητός.

[5] *Ibid.* p. 37 d.

dans un miroir qui en réfléchit mais qui en affaiblit en même temps l'éblouissante lumière [1]. Enfin l'art répète la nature. Dans le drame que joue le premier des arts, la politique [2], dans ce petit monde de l'état que règle la coutume et que gouverne la science, se reproduit encore en abrégé la hiérarchie du monde physique, et dans les périodes de l'histoire la révolution universelle [3]. Dans la triple sphère des idées, de la nature et des choses humaines, c'est toujours le même ordre maintenu par la même justice, fondé sur le même principe; mais c'est, d'une sphère à l'autre, la différence de l'apparence à l'être, de l'ombre à l'objet, de la copie au modèle [4].

Maintenant cette théorie peut-elle passer pour une explication scientifique? Il est bien vrai que la nature est constante dans ses opérations et se ressemble toujours à elle-même; mais cette ressemblance n'exige pas un type idéal sur lequel se façonnent les individus. C'est le semblable qui, sans le savoir, engendre

---

[1] Voyez, dans le VII° livre de la République, la fameuse comparaison de la caverne.

[2] *Leg.* p. 817 b. : Πᾶσα οὖν ἡμῖν ἡ πολιτεία ξυνέστηκε μίμησις τοῦ καλλίστου καὶ ἀρίστου βίου· ὃ δή φαμεν ἡμεῖς γε ὄντως εἶναι τραγῳδίαν τὴν ἀληθεστάτην.

[3] Voyez, dans le VII° livre de la République, la comparaison de la hiérarchie civile et des degrés de l'éducation publique avec les différents ordres d'êtres, et les deux mythes du Politique et de la République (l. X).

[4] *Soph.* p. 240 b; *Rep.* VII *passim*, X *init.*

son semblable, et le secret de la similitude est dans le secret de la génération [1]. Pour toute imitation, il ne faut pas seulement un type et une matière, il faut un artiste qui délibère, qui veuille et qui exécute. Or quel serait cet artiste qui copierait l'idée [2]? Ce ne peut être la nature qui ne délibère et ne raisonne pas. Faudrait-il donc prendre au sérieux les allégories du Timée, et se représenter les dieux et les démons fabricant, sur des types préexistants, les hommes, les animaux et les plantes? chaque être contient plusieurs éléments ou parties intelligibles, son espèce, son genre, sa différence spécifique; il lui faudrait donc tout autant de modèles. Or comment serait-elle la copie de plusieurs modèles à la fois [3]? L'idée même de l'espèce contient un genre et une différence : le type de l'espèce ne serait donc à son tour que la copie de deux idées. Et pourtant, si les idées subsistent toutes également par elles-mêmes et de toute éternité, comment admettre entre elles non pas un ordre logique, mais une précession et une succession réelles [4]?

A l'hypothèse pythagoricienne, le platonisme a

---

[1] Met. XII, p. 242, l. 21 : Φανερὸν δὴ ὅτι οὐδὲν δεῖ διά γε ταῦτ' εἶναι τὰς ἰδέας· ἄνθρωπος γὰρ ἄνθρωπον γεννᾷ, ὁ καθ' ἕκαστον τόν τινα Ibid. I, p. 30, l. 10.

[2] Ibid. I, p. 30, l. 9 : Τί γάρ ἐστι τὸ ἐργαζόμενον πρὸς τὰς ἰδέας ἀποβλέπον;

[3] Ibid. l. 14 : Ἔσται τε πλείω παραδείγματα τοῦ αὐτοῦ.

[4] Ibid. l. 17.

substitué le plus souvent la *participation*, fiction non moins vaine [1], qui succombe sous les mêmes objections. Si les êtres tiennent leur essence de leur participation aux idées, et si le genre et la différence ne sont pas moins de l'essence d'un être que l'espèce elle-même, il faut bien que chaque être participe d'abord à l'idée de l'espèce, puis à l'idée du genre et de la différence, qui sont pourtant déjà contenues dans l'espèce. L'idée de l'espèce, qui enveloppe le genre avec la différence, participera à son tour, au même titre, aux idées de la différence et du genre. Que devient l'unité de l'être, si on le compose ainsi d'éléments distincts [2]? que devient surtout celle de l'idée, de l'essence par excellence, qui devrait être la simplicité même? En outre, pour la participation, aussi bien que pour l'imitation, il faut une cause, une cause distincte et de la nature et des idées, et qui intervienne en toute occasion [3]. Et, avec cette cause même, comment se représenter la participation? C'est une métaphore encore plus indéterminée que l'imitation, un mot encore plus vide [4]. Mais,

---

[1] Met. I, p. 3o, l. 7 : Τὸ δὲ λέγειν παραδείγματα αὐτὰ εἶναι καὶ μετέχειν αὐτῶν τἄλλα κενολογεῖν ἐστι καὶ μεταφορὰς λέγειν ποιητικάς.

[2] Ibid. VIII, p. 173, l. 13 : Ἔσονται κατὰ μέθεξιν οἱ ἄνθρωποι οὐκ ἀνθρώπου οὐδένος ἀλλὰ δυοῖν, ζώου καὶ δίποδος; καὶ ὅλως δὴ οὐκ ἂν εἴη ὁ ἄνθρωπος ἓν ἀλλὰ πλείω, ζῷον καὶ δίπουν.

[3] Ibid. I, p. 3o, l. 24; XII, p. 257, l. 24.

[4] Ibid. I, p. 32, l. 29 : Ὅπως δὲ ἐκεῖναι τούτων οὐσίαι, διὰ κενῆς λέγομεν· τὸ γὰρ μετέχειν..... οὐδέν ἐστιν.

non-seulement c'est une figure vague, c'est encore une insoluble contradiction. L'idée à laquelle on veut que l'objet sensible participe n'est pas un accident dont il est le sujet; c'est par son essence qu'il participe à l'idée. Mais cette essence même, d'où la tient-il, si ce n'est de l'idée? La participation suppose donc l'essence qu'elle seule peut donner et se suppose elle-même[1].

Cette contradiction, c'est celle que nous avons trouvée à la racine de la théorie des idées, et que ramènent inévitablement les hypothèses mêmes qu'on veut faire servir à la dissimuler. Il n'est pas possible que l'essence des choses soit hors d'elles et en elles en même temps; ce qui n'est pas son être à soi-même n'est pas un être. Le monde sensible, où les idées devraient faire leur apparition, s'évanouit donc, ou plutôt se résout dans les idées. Plus de sujet pour recevoir l'empreinte du type idéal, ou pour y participer. Il ne reste que de mettre les idées en commerce immédiat les unes avec les autres, et de faire résulter de leur mélange toute réalité; telle est la dernière forme à laquelle doit se réduire le système platonicien, et dont toutes les autres formes ne sont que des enveloppes. Platon fait consister le monde intelligible, en dernière analyse, dans les proportions de

---

[1] *Met.* VII, p. 137, l. 24 : Οὐκ ἔσται τὸ ὑποκείμενον οὐσία· ταύτας γὰρ οὐσίας μὲν ἀναγκαῖον εἶναι, μὴ καθ' ὑποκειμένου δέ· ἔσονται γὰρ κατὰ μέθεξιν.

l'union des idées. Connaître les sons qui peuvent ou qui ne peuvent pas s'allier, est ce qui constitue l'art du musicien ; connaître les idées qui s'accordent et celles qui se repoussent, en déterminer la mesure commune et le tempérament, les mélanger ensemble selon de justes rapports et dans une savante harmonie, c'est l'œuvre de la vraie musique, de la philosophie, de la dialectique [1]. Au contraire, le monde sensible est le mélange violent et irrégulier des idées opposées, de la grandeur et de la petitesse, de la mollesse et de la dureté, de la légèreté et de la pesanteur. La sensation les confond ; la pensée seule les distingue [2]. Enfin, dans le monde de l'état, tout l'art du politique, c'est d'appliquer au discernement des espèces une subtile dialectique, et de mêler les natures contraires dans le sens et de la manière convenables, comme un tisserand habile les fils de son tissu [3].

---

[1] Plat. Soph. p. 251 d : Ἦ πάντα εἰς ταὐτὸν ξυνάγωμεν ὡς δυνατὰ ἐπικοινωνεῖν ἀλλήλοις; ἢ τὰ μὲν, τὰ δὲ μή; P. 253 b : Τί δέ; περὶ τοὺς τῶν ὀξέων καὶ βαρέων φθόγγους ἆρ' οὐχ οὕτως, ὁ μὲν τοὺς ξυγκεραννυμένους τε καὶ μὴ τέχνην ἔχων γιγνώσκειν μουσικός, ὁ δὲ μὴ ξυνιεὶς ἄμουσος; — Τί δέ; ἐπειδὴ καὶ τὰ γένη πρὸς ἄλληλα κατὰ ταὐτὰ μίξεως ἔχειν ὡμολογήκαμεν, ἆρ' οὐ μετ' ἐπιστήμης τινὸς ἀναγκαῖον διὰ τῶν λόγων πορεύεσθαι τὸν ὀρθῶς μέλλοντα δείξειν ποῖα ποίοις ξυμφωνεῖ τῶν γενῶν καὶ ποῖα ἄλληλα οὐ δέχεται; — Τὸ κατὰ γένη διαιρεῖσθαι καὶ μήτε ταὐτὸν εἶδος ἕτερον ἡγήσασθαι μήθ' ἕτερον ὂν ταὐτὸν μῶν οὐ τῆς διαλεκτικῆς φήσομεν ἐπιστήμης εἶναι; Cf. p. 259 d; Parm. p. 129 d.

[2] Rep. VII, p. 523, 524.

[3] Polit. passim, et particulièrement p. 306, 309. Rep. V. Leg. VI, sur le mélange des natures contraires dans le mariage.

Ainsi le système platonicien se résout tout entier en une théorie de mélange. Il en arrive de l'idée comme du nombre pythagoricien : c'était d'abord la forme des choses, et, en définitive, ce n'en est que la matière. La logique est rentrée, à la suite des mathématiques, dans le point de vue matérialiste, et entre les mains d'un pythagoricien disciple de Platon, Eudoxus, la théorie des idées prend toute la forme d'une physique mécanique [1].

Cependant chaque idée doit être une unité essentielle, absolue. Or, si l'idée de l'espèce est mêlée des idées du genre et de la différence, que devient son unité? Une essence ne se compose pas d'essences, et il n'est pas plus facile d'en faire une de deux que d'en faire deux d'une seule [2]. Composer une essence d'essences mêlées les unes avec les autres, c'est l'assimiler à une collection d'éléments corporels qui se touchent sans se pénétrer; mais ce n'est pas là l'unité de l'être; tout être est, en tant qu'être, malgré le nombre et la variété de ses attributs, une chose

---

[1] *Met.* VII, p. 158, l. 9; XIII, p. 288, l. 21; XIV, p. 293, l. 9; I, p. 29, l. 31 : Οὕτω μὲν γὰρ ἂν ἴσως αἴτια δόξειεν εἶναι, ὡς τὸ λευκὸν μεμιγμένον τῷ λευκῷ. Ἀλλ' οὗτος μὲν ὁ λόγος λίαν εὐκίνητος, ὃν Ἀναξαγόρας μὲν πρῶτος Εὔδοξος δ' ὕστερον καὶ ἄλλοι τινὲς ἔλεγον.

[2] Ibid. VII, p. 156, l. 28 : Ἀδύνατον οὐσίαν ἐξ οὐσιῶν εἶναι ἐνυπαρχουσῶν ὡς ἐντελεχείᾳ..... ὥστε εἰ ἡ οὐσία ἕν, οὐκ ἔσται ἐξ οὐσιῶν ἐνυπαρχουσῶν, καὶ κατὰ τοῦτον τὸν τρόπον ὃν λέγει Δημόκριτος ὀρθῶς· ἀδύνατον γὰρ εἶναί φησιν ἐκ δύο ἓν ἢ ἐξ ἑνὸς δύο γενέσθαι.

simple et indivisible [1]. Quelle que soit d'ailleurs la nature du mélange, comment en faire résulter tout le monde déjà si vaste des intelligibles et l'infinité des choses sensibles? Les éléments suffiront-ils aux produits? Tout en reconnaissant que chaque idée est, dans la réalité et pour la pensée pure, seule et unique de son espèce, Platon suppose, que « par son commerce avec les choses, les actions et les idées elles-mêmes, elle se multipliera en apparence, et semblera aux sens une multitude [2]. » Mais si les idées sont réellement seules chacune en son espèce, et si elles ont chacune l'unité d'un individu, il est impossible qu'elles se multiplient dans leur mélange les unes avec les autres. Le commerce des corps et des actions ne fera pas davantage que d'une l'idée devienne plusieurs ; les corps et les actions ne se résolvent-ils pas d'ailleurs en un mélange d'idées? La multitude des êtres ne serait donc qu'une vaine apparence, la sensation une illusion. Mais cette illusion même est-elle possible? Si tout ce qui existe se réduit à des éléments intelligibles, toute connaissance se réduit pareillement à l'intelligence ; si les choses sensibles ne sont pas autre chose qu'une confusion d'idées, la sensation est une pensée

---

[1] Met. p. 157, l. 10 ; p. 162, l. 6.
[2] Rep. V, p. 475 c : Καὶ περὶ δικαίου καὶ ἀδίκου καὶ ἀγαθοῦ καὶ κακοῦ καὶ πάντων τῶν εἰδῶν πέρι ὁ αὐτὸς λόγος, αὐτὸ μὲν ἓν ἕκαστον εἶναι, τῇ δὲ τῶν πράξεων καὶ σωμάτων καὶ ἀλλήλων κοινωνίᾳ πανταχοῦ φανταζόμενα πολλὰ φαίνεσθαι ἕκαστον.

confuse[1]. Et si les éléments du mélange sont déterminés de nombre, la confusion de la pensée ne peut que les obscurcir, mais non pas les multiplier. Dans toute théorie où les principes ne sont que des éléments intégrants, et où le nombre de ces éléments est déterminé, fini, il ne peut rien y avoir que les principes eux-mêmes[2]. Enfin, dans toute théorie semblable, la science proprement dite est impossible; car les éléments, ce sont des choses individuelles, et la science ne connaît que le général[3]. Le platonisme, parti de la forme, aboutit donc à la matière; parti de la généralité et de la notion scientifique, il aboutit à l'absorption de toute généralité dans l'individualité des idées.

Il est évident que dans un pareil système, où tout se résout en une sorte de substance et de matière logique, le mouvement et la cause motrice ne peuvent pas trouver place. Platon appelle les idées « les causes qui font être et devenir »[4]; mais rien ne change ou ne devient sans quelque chose qui le meuve. Or les idées sont plutôt des principes de permanence que de changement, de repos que de mouvement[5]. On

---

[1] *Met.* I, p. 34, l. 20. Voyez plus haut, p. 129, note 2.

[2] Ibid. XIII, p. 288, l. 9 : Οὐκ ἔσται παρὰ τὰ στοιχεῖα ἕτερα ὄντα ἀλλὰ μόνον τὰ στοιχεῖα. XI, p. 216, l. 15 : Ἔτι πότερον αἱ ἀρχαὶ εἰσὶν ἢ ἀριθμῷ αἱ αὐταί; εἰ γὰρ ἀριθμῷ, πάντ' ἔσται ταὐτά. III, p. 52, l. 20.

[3] Ibid. XIII, p. 288, l. 10 : Ἔτι δὲ οὐδ' ἐπιστητὰ τὰ στοιχεῖα οὐ τὰ καθόλου, ἡ δ' ἐπιστήμη τῶν καθόλου.

[4] *Phæd.* p. 100-103. *Met.* I, p. 30, l. 22.

[5] *Met.* I, p. 23, l. 2.

nous dit qu'elles produisent la naissance en se communiquant, et la mort en se retirant; mais, en supposant même qu'il puisse y avoir une matière en dehors des idées, pourquoi, si les idées subsistent perpétuellement d'une part et la matière de l'autre, la communication n'est-elle pas aussi perpétuelle et uniforme? et pourquoi ces alternatives de la naissance et de la mort, qui viennent interrompre la continuité de l'existence [1]?

Bien loin d'expliquer la nature, la théorie des idées la détruit; car elle en retranche le mouvement, la naissance et la mort, l'action et la causalité, et la réduit à l'immobilité des notions abstraites. La cause finale, c'est-à-dire le bien, ne peut pas figurer davantage dans le système platonicien [2]. Il est vrai que Platon nomme le bien le principe de l'être et de la vérité, de l'essence et de la connaissance, la cause et la raison dernière des idées [3]. Mais qu'est-ce que le bien d'un être, sinon la fin à laquelle il tend et où il doit trouver la perfection de sa nature? Le bien suppose donc le mouvement et le progrès : le bien, par conséquent, n'est, dans le système platonicien, qu'un mot dénué de sens [4]. Il n'a pas de rôle à jouer dans

---

[1] De Gen. et corr. II, IX : Διὰ τί οὐκ ἀεὶ γεννᾷ συνεχῶς, ἀλλά ποτε μὲν ποτε δ' οὔ, ὄντων καὶ τῶν εἰδῶν ἀεὶ καὶ τῶν μεθεκτικῶν.

[2] Rep. VI, 505; VII, 517, 532.

[3] Met. XII, p. 257, l. 2 : Ἀλλὰ πῶς τὸ ἀγαθὸν ἀρχὴ οὐ λέγουσιν.

[4] Ibid. XI, p. 212, l. 12 : Τοῦτο (τἀγαθόν) δ' ἐν τοῖς πρακτοῖς ὑπ-

les mathématiques; il n'en a pas à jouer dans le monde immuable des idées. Dans la sphère des abstractions et des formes logiques, il ne peut être question que d'ordre et de symétrie, non pas de mouvement et de vie; le bien n'a rien à y faire, mais uniquement la beauté [1].

La beauté, l'ordre dans les idées, ne peut reposer que sur les degrés de généralité. Le seul principe dont elles pussent dépendre, ce serait donc un principe logique, une généralité suprême qui les envelopperait toutes dans l'universalité de sa forme. Ce serait l'être, ou l'un, qui s'affirment de toute chose. Tel est, en son essence, le principe souverain que Platon considère comme le fondement des idées, et dont il fait le bien; c'est le genre le plus élevé, et ce genre est l'unité même, l'Un absolu, l'Un en soi [2]. Mais d'abord, l'un n'est pas un genre, et l'être pas plus que l'un : tout genre est plus étroit, moins étendu que ses différences, et par conséquent ne s'en affirme

ἄρχει καὶ τοῖς οὖσιν ἐν κινήσει· καὶ τοῦτο πρῶτον κινεῖ. Τοιοῦτον γὰρ τὸ τέλος. Τὸ δὲ πρῶτον κινῆσαν οὐκ ἔστιν ἐν τοῖς ἀκινήτοις. III, p. 43, l. 12 : ..... Ὥστ' ἐν τοῖς ἀκινήτοις οὐκ ἂν ἐνδέχοιτο ταύτην εἶναι τὴν ἀρχὴν οὐδ' εἶναί τι αὐτοαγαθόν. Cf. Eth. Eud. I, VIII.

[1] Met. XIII, p. 265, l. 10 : Ἐπεὶ δὲ τὸ ἀγαθὸν καὶ τὸ καλὸν ἕτερον (τὸ μὲν γὰρ ἀεὶ ἐν πράξει, τὸ δὲ καλὸν καὶ ἐν τοῖς ἀκινήτοις), οἱ φάσκοντες οὐθὲν λέγειν τὰς μαθηματικὰς ἐπιστήμας περὶ καλοῦ ἢ ἀγαθοῦ ψεύδονται..... τοῦ δὲ καλοῦ μέγιστα εἴδη τάξις καὶ συμμετρία καὶ τὸ ὡρισμένον. Cf. Ibid. III, p. 43, l. 5-12. Voyez plus haut, page 101, note.

[2] Ibid. XIV, p. 301, l. 2.

pas. L'être et l'un s'affirment de tout, et il n'est pas de différence dont ils ne soient attributs [1]. Autre genre, autre sorte d'être et aussi d'unité. L'un et l'être ne sont donc que des catégorèmes qui diffèrent selon les différents genres [2]. L'un en soi et l'être en soi sont des conceptions où il ne reste pas le plus petit degré de réalité, ou, en d'autres termes, les plus vides de toutes les abstractions. Rien de plus absurde, par conséquent, que de les réaliser, d'en faire des choses qui existent par elles-mêmes et en elles-mêmes, et de les ériger en premiers principes [3]. Si l'un et l'être étaient des choses subsistant de soi-même, c'est-à-dire des essences réelles, tout ce qui est, et même tout ce qui tombe sous la pensée, et qui par conséquent est dit un, serait essence et être [4]. Bien plus, si l'être et l'un sont en soi et par soi, sans être rien de plus que l'unité et l'être, rien ne peut être que l'être en soi et l'un en soi; car tout est, et tout est un [5].

[1] *Met.* III, p. 49, l. 23; XI, p. 213, l. 22; X, p. 196, l. 18.

[2] *Ibid.* XIV, p. 294, l. 12; p. 295, l. 14; p. 296, l. 21; X, p. 196, l. 21.

[3] *Ibid.* X, p. 196, l. 24 : Ὅλως ζητητέον τί τὸ ἕν, ὥσπερ καὶ τί τὸ ὄν, ὡς οὐχ ἱκανὸν ὅτι τοῦτο αὐτὸ ἡ φύσις αὐτοῦ; *Ibid.* p. 197, l. 15; XI, p. 215, l. 12 : Εἰ μὴ τόδε τι καὶ οὐσίαν ἑκάτερον αὐτῶν σημαίνει, πῶς ἔσονται χωρισταὶ καὶ καθ' αὑτάς;

[4] *Ibid.* XI, p. 215, l. 15 : Εἴ γε μὴν τόδε οὐσίαν καί τι (leg. τόδε τι καὶ οὐσίαν?) ἑκάτερον αὐτῶν δηλοῖ, πάντ' ἐστιν οὐσίαι τὰ ὄντα. Κατὰ πάντων γὰρ τὸ ὂν κατηγορεῖται, κατ' ἐνίων δὲ καὶ τὸ ἕν.

[5] *Ibid.* III, p. 56, l. 9 : Ἀλλὰ μὴν εἴ γ' ἔσται τι αὐτὸ ὂν καὶ αὐτὸ ἕν, πολλὴ ἀπορία πῶς ἔσται τι παρὰ ταῦτα ἕτερον.

Ainsi, toute différence, toute pluralité disparaît : les idées, le monde sensible, les attributs, les relations, tout s'abîme dans l'unité absolue de Parménide.

Il n'y a pour le platonisme qu'un moyen d'échapper, au moins en apparence, à cette conclusion redoutable de la philosophie éléatique, « rien n'est, que l'être en soi : » c'est d'introduire dans toute existence quelque élément qui y annule l'être, et qui la retienne en quelque sorte sur la pente de l'identification universelle. Voilà ce que la dialectique doit faire et ce qu'elle exécute avec une facilité apparente. Tout ce qui est est le même que ce qu'il est, et autre que ce qu'il n'est pas ; ce qui est n'est donc pas toute autre chose que ce qu'il est, et, en ce sens, tout ce qui est n'est point. Cependant, pour n'être pas ce qu'elle n'est pas, toute chose n'est pas le *non-être*. Il y a donc un *non-être*, à quoi tout participe, ou plutôt qui est mêlé et répandu dans tout[1]. Le premier principe de Parménide, c'était que le non-être n'est point : la dialectique rétablit le non-être, en le faisant ressortir de la différence et de la relation. Elle le rétablit jusque dans l'être en soi, qui est aussi autre que tout

---

[1] Plat. Soph. p. 256 d : Ἔστιν ἄρα ἐξ ἀνάγκης τὸ μὴ ὂν ἐπί τε κινήσεως εἶναι καὶ κατὰ πάντα τὰ γένη· κατὰ πάντα γὰρ ἡ θατέρου φύσις ἕτερον ἀπεργαζομένη τοῦ ὄντος ἕκαστον οὐκ ὂν ποιεῖ. — Ἡ θατέρου μοι φύσις φαίνεται κατακεκερματίσθαι. Rapport de cette théorie du non-être avec la théorie du mélange des idées, p. 259 a : Συμμίγνυται ἀλλήλοις τὰ γένη καὶ τό τε ὂν καὶ θάτερον διὰ πάντων καὶ δι' ἀλλήλων διεληλυθότα.

ce qui n'est pas l'être ; elle pose enfin le non-être en soi comme un véritable être [1]. Nous l'avons déjà vue, dans l'ordre de la science, procéder du non-être à l'être, en supposant le faux pour en tirer le vrai ; nous la voyons maintenant, dans l'ordre des existences et de la réalité, ériger le non-être en principe, et fonder la nature sur ce néant [2]. Mais qu'est-ce que le non-être d'une manière générale, et comment attribuer à une abstraction semblable une ombre même d'existence ? Si l'*être* de Parménide n'est qu'une idée vide, que sera-ce du *non-être* que Platon lui oppose ? Ce non-être n'existe pas, dit-on, n'est pas d'une manière absolue ; il est non-être, et en tant que non-être. Subtilité logique, qui ne sauve pas la contradiction [3].

Platon ne donne pas le non-être pour le contraire positif de l'être ; mais il n'en fait pas non plus, il faut l'avouer, une pure négation. Le non-être, dans chaque chose, est ce en quoi elle est autre que tout ce qu'elle n'est pas. Le non-être absolu est donc ce qui est autre

---

[1] Plat. *Soph.* p. 258 a : Ἡ θατέρου φύσις ἐφάνη τῶν ὄντων οὖσα. — Οὐδενὸς τῶν ἄλλων οὐσίας ἐλλειπόμενον.... τὸ μὴ ὂν βεβαίως ἐστὶ τὴν αὑτοῦ φύσιν ἔχον. — Ἡμεῖς δέ γε οὐ μόνον ὡς ἔστι τὰ μὴ ὄντα ἀπεδείξαμεν, ἀλλὰ καὶ τὸ εἶδος ὃ τυγχάνει ὂν τοῦ μὴ ὄντος ἀπεφηνάμεθα· τὴν γὰρ θατέρου φύσιν ἀποδείξαντες οὖσάν τε καὶ κατακεκερματισμένην ἐπὶ πάντα τὰ ὄντα πρὸς ἄλληλα, τὸ πρὸς τὸ ὂν ἕκαστον μόριον αὐτῆς ἀντιτιθέμενον ἐτολμήσαμεν εἰπεῖν ὡς αὐτὸ τοῦτό ἐστιν ὄντως τὸ μὴ ὄν.

[2] *Met.* XIV, p. 295, l. 4.

[3] Ibid. VII, p. 134, l. 7 : Ἐπὶ τοῦ μὴ ὄντος λογικῶς φασί τινες εἶναι τὸ μὴ ὂν οὐχ ἁπλῶς ἀλλὰ μὴ ὄν. On a vu plus haut quelle est la force de λογικόν, λογικῶς.

que l'être. L'être est *le même*, toujours identique à soi-même ; le non-être est *l'autre* d'une manière générale [1]. Or toute chose n'est qu'une fois soi-même, et est autre qu'une infinité de choses [2]. L'*autre*, ce terme relatif, n'a donc ni forme ni nombre déterminés. Tandis que l'être persiste dans son identité, le non-être se multiplie et se diversifie avec la multitude indéfinie des êtres ; il est sans limites propres l'infini est sa nature.

L'*un* et l'infini, voilà les deux termes que contient, sous la forme logique, l'opposition de l'être et du non-être, et que la dialectique en fait sortir. De la contradiction de la plus haute des idées avec sa négation, se dégagent les deux principes du pythagorisme. La philosophie du nombre ne peut pas manquer d'en découler encore une fois.

La théorie des idées, dès son point de départ, impliquait l'opposition de l'*un* et de l'infini. L'idée est l'unité essentielle d'une multitude indéterminée, la forme qui limite et qui contient la quantité. C'est, il est vrai, une forme spécifique, qui constitue le

---

[1] *Soph.* p. 258 a : Ἡ τῆς θατέρου μορίου φύσεως καὶ τῆς τοῦ ὄντος πρὸς ἄλληλα ἀντικειμένων ἀντίθεσις οὐδὲν ἧττον, εἰ θέμις εἰπεῖν, αὐτοῦ τοῦ ὄντος οὐσία ἐστίν, οὐκ ἐναντίον ἐκείνῳ σημαίνουσα, ἀλλὰ τοσοῦτο μόνον, ἕτερον ἐκείνου. — Θάτερον, Tim. p. 35 a, 37 a. Arist. *Met.* I. p. 21, l. 16.

[2] *Soph.* p. 257 a : Καὶ τὸ ὂν ἄρ' ἡμῖν, ὁσαπέρ ἐστι τὰ ἄλλα, κατὰ τοσαῦτα οὐκ ἔστιν· ἐκεῖνα γὰρ οὐκ ὄν, ἓν μὲν αὐτό ἐστιν, ἀπέραντα δὲ τὸν ἀριθμὸν τἆλλα οὐκ ἔστιν αὖ.

caractère des choses, leur nature propre, et non pas seulement leur unité logique. Mais les caractères spécifiques s'effacent bientôt dans les relations mutuelles des idées. En se résolvant les unes dans les autres, elles se fondent, en quelque sorte, dans des idées de plus en plus générales et de plus en plus simples ; elles rentrent, par la marche naturelle de la méthode dialectique, dans l'unité abstraite. De son côté, le monde réel, dépouillé, par l'éloignement progressif des idées, de ses formes spécifiques, se disperse en une multitude de moins en moins déterminée ; il tend à se résoudre dans la pluralité pure, dans la quantité abstraite, dans l'infini en soi. Ce ne fut d'abord dans la philosophie platonicienne qu'une tendance, nécessaire sans doute, fatale, irrésistible, mais obscure et à peine comprise. Il fallut quelque temps pour que la dialectique, à la poursuite de l'universel, en vînt à toucher ce fond et y reconnût le pythagorisme. Ce ne fut qu'assez tard qu'arrivé au bout de son analyse, le platonisme s'arrêta sur cette base, et qu'il entreprit d'y asseoir, à l'exemple de l'école italique, son système du monde[1]. De cette œuvre réflexive de sa maturité, peu de chose transpire dans les dialogues. On y entrevoit les principes ; mais la déduction des conséquences est à peine indiquée. Platon la ren-

---

[1] Met. XIII, p. 265, l. 26 : Πρῶτον αὐτὴν τὴν κατὰ τὴν ἰδέαν δόξαν ἐπισκεπτέον, μηδὲν συνάπτοντας πρὸς τὴν τῶν ἀριθμῶν φύσιν, ἀλλ' ὡς ὑπέλαβον ἐξ ἀρχῆς οἱ πρῶτοι τὰς ἰδέας φήσαντες εἶναι.

ferma dans l'ombre de l'école, et presque dans [le] mystère de l'enseignement privé; ce n'est qu'après [lui] qu'elle en sortit et qu'elle parut au grand jour, dans les écrits de ses disciples. Il ne nous reste rien des ouvrages de Speusippe et de Xénocrate, d'Héraclide, d'Hestié[e] et d'Hermodore; le livre même où Aristote avait re[-]cueilli les leçons sur le bien a péri, et nous n'e[n] avons plus que de très-rares fragments [1]. Mais il nou[s] reste la Métaphysique. C'est là que nous trouvons en[-]core et l'histoire la plus authentique et le jugeme[nt] le plus sûr du pythagorisme platonicien; c'est là que l[a] théorie, dont les dialogues nous représentent le mou[-]vement et les formes, se laisse voir enfin jusqu'au fond, dans le secret de ses principes et l'enchaîne[-]ment intime de ses conséquences;

Apparet domus intus, et atria longa patescunt.

L'infini est, dans Platon, ce qui est susceptible d'augmentation et de diminution [2]. Ce n'est plus l'in[-]fini simple de l'école d'Italie, mais l'infini résolu par l'analyse logique en deux termes opposés, l'assem[-]blage des deux éléments contraires de la quantité, le couple, la dualité ou *dyade du grand ou du petit* [3]. Si

---

[1] Voyez plus haut, p. 69.
[2] *Phileb.* p. 24 e. *Phys.* III, vi.
[3] *Met.* I, p. 21, l. 3 : Τὸ μέντοι γε ἓν οὐσίαν εἶναι, καὶ μὴ ἕτερόν γ[ε] τι ὂν λέγεσθαι ἕν, παραπλησίως τοῖς Πυθαγορείοις ἔλεγε, καὶ τὸ τοὺ[ς]

ce n'est pas une unité simple, comme l'infini des Pythagoriciens, ce n'est pas non plus, comme leur dyade, l'unité collective de deux unités numériques distinctes; c'est un rapport de deux termes variables qui ne sont rien que dans leur relation mutuelle. L'infini n'est donc rien en soi, et tant que ses deux termes ne sont pas soumis à une limite; il est donc la matière à laquelle l'unité donne la forme. Le grand et le petit d'une part et l'unité de l'autre, tels sont les éléments qui concourent à la formation de l'idée. Forme intelligible de la pluralité matérielle, l'idée à

ἀριθμοὺς αἰτίους εἶναι τοῖς ἄλλοις τῆς οὐσίας ὡσαύτως ἐκείνοις· τὸ δὲ ἀντὶ τοῦ ἀπείρου ὡς ἑνὸς δυάδα ποιῆσαι καὶ τὸ ἄπειρον ἐκ μεγάλου καὶ μικροῦ, τοῦτ' ἴδιον. Cf. *Phys.* III, IV, VI. Trendelenburg (*Platonis de ideis et numeris doctrina ex Aristotele illustrata*, p. 50) pense qu'Aristote ne désigne la dyade indéfinie du grand et du petit chez Platon, que comme une dyade indéterminée (δυὰς ἀόριστος, sans article), et qu'il réserve pour les doctrines pythagoriciennes de ses successeurs l'expression déterminée de *la dyade indéfinie* (ἡ δυὰς ἀόριστος). Il allègue, pour preuve de cette distinction, le passage suivant (*Met.* XIV, p. 295, l. 16) : Οὐ γὰρ δὴ ἡ δυὰς αἰτία οὐδὲ τὸ μέγα καὶ τὸ μικρὸν τοῦ δύο λευκὰ, κ. τ. λ. Mais la forme οὐ γὰρ..... οὐδὲ. n'indique ici qu'une énumération des deux points de vue de l'infini platonicien, et non pas une opposition (Brandis, *Ueber die Zahlenlehre. Rhein. Mus.* 1828). De plus, δυὰς est précédé de l'article dans ces passages qui se rapportent évidemment à Platon, XIII, p. 274, l. 4 : Ἀδύνατον τὴν γένεσιν εἶναι τῶν ἀριθμῶν, ὡς γεννῶσιν ἐκ τῆς δυάδος καὶ τοῦ ἑνός. Cf. l. 8. Ibid. p. 272, l. 20 : Ὁ γὰρ ἀριθμός ἐστιν ἐκ τοῦ ἑνὸς καὶ τῆς δυάδος τῆς ἀορίστου. Enfin on trouve δυὰς successivement avec et sans article dans des phrases très-rapprochées : XIII, p. 274, l. 4, 13, 20. Comparez de même les passages indiqués, XIII, p. 272, l. 4 et l. 20, avec XIV, p. 299, l. 26.

son tour a l'infini pour matière et l'unité pour forme[1]. Mais la quantité déterminée, où l'infini est soumis à l'unité, n'est-ce pas le nombre? les principes constitutifs du nombre ne diffèrent donc pas des principes constitutifs de l'idée, et, par une conséquence nécessaire, toutes les idées sont des nombres[2]. Entre les nombres et les idées il n'y a pas seulement une analogie prochaine ou éloignée, il y a une identité parfaite. Les éléments de l'idée ne sont pas, en effet, une certaine unité et un certain infini qui expriment le rapport d'une certaine grandeur avec une certaine petitesse, mais bien l'unité en soi, le grand et le petit en soi, éléments purs et simples du nombre. L'idée est donc un nombre, non pas en un sens détourné et symbolique, mais dans une acception rigoureuse et tout à fait littérale.

Cependant c'est le propre de tout ce qui appartient aux mathématiques, du nombre comme de la figure, de pouvoir s'ajouter à soi-même et se répéter indéfiniment; toute idée, au contraire, est une unité singulière, qui ne se répète pas, qui n'est, pour ainsi dire, qu'une fois pour toutes, et reste invariablement dans son identité individuelle. Les nombres, dans les

---

[1] Met. I, p. 20, l. 28 : Ἐπεὶ δ' αἴτια τὰ εἴδη τοῖς ἄλλοις, τἀκείνων στοιχεῖα ἁπάντων ᾠήθη τῶν ὄντων εἶναι στοιχεῖα· ὡς μὲν οὖν ὕλην τὸ μέγα καὶ τὸ μικρὸν εἶναι ἀρχάς, ὡς δ' οὐσίαν τὸ ἕν. Ibid. p. 21, l. 29.

[2] Ibid. p. 21, l. 2 : Ἐξ ἐκείνων γὰρ κατὰ μέθεξιν τοῦ ἑνὸς τὰ εἴδη εἶναι τοὺς ἀριθμούς. XII, p. 250, l. 16 : Ἀριθμοὺς γὰρ λέγουσι τὰς ἰδέας. XIII, p. 286, l. 9; XIV, p. 297, l. 14.

mathématiques, ne diffèrent les uns des autres que par leur quantité; ce sont des collections d'unités homogènes qui s'ajoutent, se retranchent, se multiplient et se divisent. Les idées sont des unités spécifiques, qui ont chacune leur caractère propre, leur individualité distincte, et qui ne peuvent par conséquent ni se partager, ni se combiner ensemble [1]. Les idées sont donc des nombres, mais non pas des nombres mathématiques; ce sont des nombres distincts les uns des autres par leur qualité comme par leur grandeur, et qui constituent autant d'unités essentielles. Mais les unités, dont se compose le monde sensible, et les nombres concrets qu'elles composent, ne sont guère plus homogènes que les idées, et ne souffrent pas davantage la répétition indéfinie. Ce sont pareillement des existences réelles, des natures séparées: seulement ce sont des natures changeantes et périssables, tandis que les nombres mathématiques sont éternels et immuables comme les idées [2].

La dialectique platonicienne ne prend donc plus les nombres dans cette généralité où les avait laissés

---

[1] Met. XIII, vi, vii, xiii.
[2] Ibid. I, p. 20, l. 23 : Ἔτι δὲ παρὰ τὰ αἰσθητὰ καὶ τὰ εἴδη τὰ μαθηματικὰ τῶν πραγμάτων εἶναί φησι μεταξύ, διαφέροντα τῶν μὲν αἰσθητῶν τῷ ἀΐδια καὶ ἀκίνητα εἶναι, τῶν δ' εἰδῶν τῷ τὰ μὲν πολλ' ἄττα ὅμοια εἶναι, τὸ δὲ εἶδος αὐτὸ ἓν ἕκαστον μόνον. XIII, p. 272, l. 16 : Οἱ δ' (ἀριθμοὶ μαθηματικοὶ) ὅμοιοι καὶ ἀδιάφοροι ἄπειροι. Sur la différence des unités sensibles et mathématiques, cf. Plat. *Phileb.* p. 56 d; *Rep.* VII, p. 525 a.

l'analyse encore grossière des Pythagoriciens : elle en distingue trois ordres qui se réfléchissent l'un l'autre des hauteurs du monde intelligible au plus bas degré de la nature : le *vrai nombre* ou nombre idéal, le nombre mathématique et le nombre sensible [1]. Le nombre idéal est l'unité essentielle, dont la multitude des nombres sensibles reçoit la forme. Le nombre mathématique se place au milieu; c'est le milieu par excellence, le *moyen* qui intervient entre les deux extrêmes, qui les sépare et qui les unit tout ensemble [2]. L'idée est l'unité, le monde sensible l'infini qu'elle détermine; le nombre mathématique est le nombre qui mesure le rapport de l'unité à l'infini [3].

---

[1] *Rep.* VII, p. 529 d : Τῷ ἀληθινῷ ἀριθμῷ καὶ πᾶσι τοῖς ἀληθέσι σχήμασι. *Met.* I, p. 31, l. 11 : Ἡ ἰδέα ἀριθμός. XIII, p. 285, l. 28; p. 286, l. 2; XIV, p. 294, l. 3; p. 299, l. 19 : Εἰδητικὸς ἀριθμός. XIV, p. 307, l. 2 : Οἱ ἐν τοῖς εἴδεσιν ἀριθμοί. I, p. 28, l. 3 : Νοητὸς ἀριθμός. Le nombre sensible αἰσθητὸς était aussi appelé par les Platoniciens le dernier, τελευταῖος; *Met.* XIII, p. 270, l. 24 : Τὸν ῥηθέντα τελευταῖον. — Dans un passage de la République (l. VII, p. 527-530), est indiquée la distinction des trois ordres de nombres : le vulgaire des musiciens et des astronomes s'arrête au premier (cf. *Phileb.* p. 56 d); les Pythagoriciens au second; aux Platoniciens seuls appartient la recherche des nombres harmoniques, ξύμφωνοι, qui amènent l'esprit à l'idée du bien. P. 530 e : Ἡμεῖς δὲ παρὰ πάντα ταῦτα φυλάξομεν τὸ ἡμέτερον. Ποῖον; Μή ποτ' αὐτῶν τι ἀτελὲς ἐπιχειρῶσιν ἡμῖν μανθάνειν οὓς θρέψομεν, καὶ οὐκ ἐξῆκον ἐκεῖσε ἀεί, οἷ πάντα δεῖ ἀφήκειν.

[2] Τὰ μεταξύ, *Met.* I, p. 31, l. 24; III, p. 46, l. 12, 24.

[3] *Phileb.* p. 16 d : Μή, ὅτι ἓν καὶ πολλὰ καὶ ἄπειρά ἐστι, μόνον ἴδῃ τις, ἀλλὰ καὶ ὁπόσα· τὴν δὲ τοῦ ἀπείρου ἰδέαν πρὸς τὸ πλῆθος μὴ προσφέρειν, πρὶν ἄν τις τὸν ἀριθμὸν αὐτοῦ πάντα κατίδῃ, τὸν μεταξὺ τοῦ ἀπείρου τε καὶ

Mais le rapport de l'unité idéale à la pluralité indéfinie des unités sensibles, c'est la relation logique du genre et de ses individus, et mesurer cette relation c'est l'œuvre et la fonction propre de la dialectique. Le premier moment de la dialectique, nous l'avons vu tout à l'heure, est l'unification qui ramène à une même notion les individualités éparses; le second est la division, qui partage le genre en ses individus. Le nœud de l'unification et de la division, de la synthèse et de l'analyse [1], c'est donc le rapport du genre aux individualités, dans l'idée moyenne de l'espèce; voilà le centre par où la dialectique passe et repasse sans cesse. La dialectique est l'art de la mesure et du tempérament; or c'est un nombre qui donne la mesure, et ce nombre est l'espèce [2]. Aux trois ordres de nombres, qui ne sont rien moins que les trois classes les plus générales des êtres, répondent donc les trois ordres de la hiérar-

---

τοῦ ἑνός· τότε δ' ἤδη τὸ ἓν ἕκαστον τῶν πάντων εἰς τὸ ἄπειρον μεθέντα χαίρειν ἐᾶν. Ibid. p. 18 a : Ὥσπερ γὰρ ἓν ὁτιοῦν εἴ τίς ποτε λάβοι, τοῦτον, ὥς φαμεν, οὐκ ἐπ' ἀπείρου δεῖ φύσιν βλέπειν εὐθύς, ἀλλ' ἐπί τινα ἀριθμόν, οὕτω καὶ τοὐναντίον ὅταν τις τὸ ἄπειρον ἀναγκασθῇ πρῶτον λαμβάνειν, μὴ ἐπὶ τὸ ἓν εὐθύς, ἀλλ' ἐπ' ἀριθμὸν αὖ τινα πλῆθος ἕκαστον ἔχοντά τι κατανοεῖν, τελευτᾷν τε ἐκ πάντων εἰς ἕν. Le nombre est donc le moyen entre l'un et l'infini.

[1] Διαιρέσεις καὶ συναγωγαί. *Phædr.* p. 265 b.

[2] Porphyre, *Introd. in categ.*, appelle les genres et les espèces *moyens*, μεταξύ, entre les extrêmes, ἄκρα, qui sont le *généralissime* et le *spécialissime*. Aristote nomme aussi l'espèce *moyenne*, μεταξύ, entre le genre et les individus; *Met.* III, p. 50, l. 2.

chie logique, les trois degrés que monte et redescend la dialectique platonicienne. Aux trois ordres de nombres correspondent enfin les trois époques de la science et de l'éducation [1]. L'intelligence commence par le monde visible, où l'intelligible se réfléchit; du fond de l'antre obscur des sens elle s'avance à pas lents vers la pure lumière des idées. Mais, avant d'y arriver, il lui faut traverser le demi-jour des mathématiques. C'est un lieu d'épreuve où elle se fortifie, où elle se prépare par le raisonnement [2] à la contemplation de l'essence absolue, et s'exerce à surprendre dans la science discursive les traces fugitives des idées. Aux trois régions de la connaissance, il faut quatre moments qui en déterminent les limites, comme quatre points dans l'espace déterminent les trois dimensions, le triple intervalle de l'étendue [3]. De ces quatre moments, le premier, qui est la science absolue, répond à l'unité, le second, le raisonnement, répond à la dyade; le troisième à la triade, c'est la sensation; le quatrième à la tétrade, c'est

---

[1] *Rep.* VII.

[2] Διάνοια. Οἱ περὶ γεωμετρίας τε καὶ λογισμοὺς, κ. τ. λ.

[3] Dans la doctrine pythagoricienne, *Theol. arithm.* p. 56 : Μαθηματικὸν μέγεθος τριχῆ διαστὰν ἐν τετράδι.—Nous n'avons trouvé ni dans Aristote ni dans Platon l'indication précise du rapport de limites à intervalles que nous établissons ici entre les quatre sortes de connaissance et les trois ordres d'êtres. Mais ce rapport nous paraît ressortir avec évidence et des doctrines mêmes de Platon et de leur analogie avec les doctrines pythagoriciennes.

la conjecture qui ne saisit que les reflets et les ombres des choses sensibles[1]. Les quatre nombres réunis, ajoutés les uns aux autres, donnent la décade pythagoricienne, le nombre qui enveloppe tous les nombres, l'unité compréhensive de tous les êtres et de toutes les idées. Tel est, dans son plan général, le vaste mais ruineux édifice du pythagorisme platonicien.

Le monde des nombres idéaux doit contenir les raisons ou les formes du monde sensible. Mais ce monde n'est pas indéfini comme celui des mathématiques; les nombres idéaux sont des choses en soi et des essences réelles; il faut par conséquent qu'elles soient finies quant au nombre[2]. Cependant il est impossible de leur assigner leur limite d'une manière scientifique et démonstrative; c'est donc par une hypothèse arbitraire que les Platoniciens la fixent à la décade. Mais comment dix nombres suffiront-ils à l'explication de cette variété d'espèces que comprend le monde sensible? Si l'on ne veut bientôt se trouver court, il faudra rapporter aux mêmes nombres, c'est-à-dire aussi aux mêmes idées, les natures les plus dis-

---

[1] *De An.* I, 11 : Νοῦν μὲν τὸ ἕν, ἐπιστήμην δὲ τὰ δύο· μοναχῶς γὰρ ἐφ' ἕν· τὸν δὲ τοῦ ἐπιπέδου ἀριθμὸν δόξαν, αἴσθησιν δὲ τὸν τοῦ στερεοῦ· οἱ μὲν γὰρ ἀριθμοὶ τὰ εἴδη αὐτά. A la classification rapportée dans ce passage, et qui nous semble appartenir à la terminologie d'Aristote plutôt que de Platon, nous avons cru devoir substituer celle de la République : ἐπιστήμη διάνοια, νόησις, πίστις εἰκασία, δόξα.

[2] *Met.* XIII, p. 280, l. 8 sqq.

semblables, et négliger toutes les différences[1]. C'était la tendance irrésistible de la dialectique que de confondre dans ses généralisations les caractères spécifiques : la théorie des nombres doit finir par les absorber tous dans ses dix éléments.

Qu'est-ce donc que ces nombres où doit se renfermer la diversité des essences? Ce sont des produits de l'unité et de la dyade indéfinie du grand et du petit. Mais de quels autres éléments pourrait-on composer le nombre mathématique, sinon de l'infini et de l'unité, de la quantité illimitée et d'un principe de limitation? Formés des mêmes principes, le nombre mathématique et le nombre idéal rentrent donc l'un dans l'autre[2], comme l'idée dans l'universel; ou bien, comme l'idée, le nombre idéal est une pure fiction, réalisation arbitraire d'une notion logique. Maintenant, de ces nombres réalisés, chacun enveloppe-t-il, comme le nombre mathématique, tous les nombres qui lui sont inférieurs? Chacun alors, hormis le dernier, existerait à la fois en soi-même et en d'autres; chacun serait plusieurs, et cela est inconcevable d'un être réel[3]. Les idées,

---

[1] *Met.* l. 24 : Πρῶτον μὲν ταχὺ ἐπιλείψει τὰ εἴδη. XIV, p. 305, l. 5. Ἀνάγκη πολλὰ συμβαίνειν τὰ αὐτά, καὶ ἀριθμὸν τὸν αὐτὸν τῷδε καὶ ἄλλῳ.

[2] *Ibid.* XIV, p. 299, l. 17.

[3] *Ibid.* XIII, p. 283, l. 28 : Πάντων δὲ κοινὸν τούτων ὅπερ ἐπὶ τῶν εἰδῶν τῶν ὡς γένους συμβαίνει διαπορεῖν, ὅταν τις θῇ τὰ καθόλου, πότερον τὸ ζῷον αὐτὸ ἐν τῷ ζῴῳ ἢ ἕτερον αὐτοῦ ζῴου. Τοῦτο γὰρ μὴ χω-

en tant que nombres, seraient des parties les unes des autres [1], et des parties subsistant à la fois dans le tout et hors du tout. Il faut donc bien que la dyade ne contienne pas l'unité, ni la triade la dyade, ni aucun nombre idéal les nombres qui le précèdent. Or qu'est-ce que des nombres qui diffèrent les uns des autres par autre chose que par le nombre même de leurs unités, dont le plus grand ne contient pas le plus petit, qui ne s'ajoutent ni ne se retranchent, ne se multiplient, ni ne se divisent? Le nombre idéal est une quantité qui échappe aux conditions essentielles de toute quantité; ce n'est donc pas seulement une fiction, mais une fiction absurde et contradictoire [2].

Les nombres mathématiques se forment par l'addition successive des unités [3]; à l'addition, on substitue, pour les nombres idéaux, une génération chimérique. On fait de la dyade indéfinie une matière d'où se développe la série des cinq premiers pairs [4]; l'unité vient d'abord imposer sa forme à la dyade indéfinie; il en naît la dyade définie, le deux en soi; du commerce de la dyade définie avec l'indéfinie, naît la tétrade, etc.

μστοῦ μὲν ὄντος οὐδεμίαν ποιήσει ἀπορίαν, κ. τ. λ. Ibid. p. 280, l. 29.

[1] Met. p. 277, l. 8 : Ἐνυπάρξει γὰρ ἑτέρα ἰδέα ἐν ἑτέρα, καὶ πάντα τὰ εἴδη ἑνὸς μέρη.

[2] Ibid. p. 276, l. 6 : Ὅλως δὲ τὸ ποιεῖν τὰς μονάδας διαφόρους ὁπωσοῦν ἄτοπον καὶ πλασματῶδες. P. 277, l. 29.

[3] Ibid. XIII, p. 273, l. 30. Phæd. p. 101 b.

[4] Ibid. I, p. 21, l. 17; XIV, p. 800, l. 17.

Quant aux impairs, ils ne s'engendrent pas, ils résultent de l'intervention de l'unité entre les deux moitiés de chaque nombre pair [1]. Mais d'abord n'est-ce pas une contradiction manifeste que de parler de la génération, de la naissance de choses éternelles, comme les idées ou les nombres idéaux? Si la dyade définie résulte, comme on le suppose, de l'équation du grand et du petit par l'opération de l'unité, il y a donc eu un temps où le grand et le petit n'étaient pas égaux, et un temps où ils le sont devenus? Mais il n'y a pas de temps, de succession dans l'éternel [2]. En outre, c'est dans la dyade indéfinie, c'est-à-dire dans la matière, qu'on cherche le principe unique de la pluralité; plusieurs formes, l'unité, la dyade définie, la tétrade, viennent successivement s'unir à elle, et n'en engendrent chacune qu'une seule fois. Au contraire, dans la nature, qu'on donne pour la copie du monde intelligible, n'est-ce pas toujours le principe formel qui donne successivement la même forme à plusieurs matières? N'est-ce pas au principe mâle qu'appartient l'activité productive qui féconde plusieurs femelles, et qui ne s'épuise pas [3]? Mais con-

---

[1] *Met.* XIII, p. 280, l. 14.

[2] Ibid. XIV, p. 300, l. 4 : Ἄτοπον δὲ καὶ γένεσιν ποιεῖν ἀϊδίων ὄντων... Ἀνάγκη οὖν πρότερον ὑπάρχειν τὴν ἀνισότητα αὐτοῖς τοῦ ἰσασθῆναι. Εἰ δ' ἀεὶ ἦσαν ἰσασμένα, οὐκ ἂν ἦσαν ἄνισα πρότερον· τοῦ γὰρ ἀεὶ οὐκ ἔστι πρότερον οὐδέν. Cf. de Cæl. I, x.

[3] Ibid. I, p. 21, l. 22 : Ὁμοίως δ' ἔχει καὶ τὸ ἄρρεν πρὸς τὸ θῆλυ τὸ

sentons à faire de la dyade indéfinie la génératrice des nombres idéaux. Toute sa vertu consiste à doubler; unie à l'unité, elle produit le nombre deux, la dyade définie; unie à la dyade, elle donne la tétrade; unie à la tétrade, elle donne le nombre huit. Mais d'où viendront le nombre six et la décade? La dyade indéfinie, d'après les principes mêmes sur lesquels repose l'hypothèse de la génération des nombres, ne peut enfanter que les puissances successives de deux[1]. Mais ira-t-on seulement jusqu'à la seconde puissance? Si la tétrade résultait de la duplication de la dyade par la dyade indéfinie, elle renfermerait nécessairement deux dyades; ce seraient donc déjà trois dyades idéales[2]. Or nous savons que toute idée doit être seule de son espèce, et que c'est là ce qui la distingue du nombre mathématique. Naîtra-t-il même de la dyade indéfinie la première puissance de deux, la dyade définie? Il faudrait à celle-ci quelque chose qui distinguât ses deux parties l'une de l'autre, autrement elle se réduit à une seule et unique unité[3]. Enfin, puisque aucun nombre impair ne naît de l'infini, d'où viendrait l'unité idéale elle-même? Elle se réduit

---

μεν γὰρ θῆλυ ὑπὸ μιᾶς πληροῦται ὀχείας, τὸ δ' ἄρρεν πολλὰ πληροῖ· καίτοι ταῦτα μιμήματα τῶν ἀρχῶν ἐκείνων ἐστί.

[1] Ὁ ἀφ' ἑνὸς διπλασιαζόμενος. Met. XIV, p. 300, l. 1; XIII, p. 280, l. 16. Ibid. l. 7 : Ἡ γὰρ ἀόριστος δυὰς δυοποιὸς ἦν. Cf. p. 275, l. 10

[2] Ibid. XIII, p. 274, l. 8. Cf. p. 275, l. 8.

[3] Ibid. p. 280, l. 3.

nécessairement à l'un en soi[1], et il ne reste que les deux principes, impuissants à engendrer un seul nombre.

Cependant de ces deux principes on ne se contentait pas de faire sortir les nombres idéaux, on en voulait tirer l'étendue avec ses trois dimensions. On formait donc la ligne, la surface et le solide des espèces du grand et du petit; la ligne du long et du court, la surface du large et de l'étroit, le solide du profond et de son contraire[2]. Mais de deux choses l'une : ou ces espèces de la dyade forment, les unes par rapport aux autres, des genres indépendants, ou bien elles sont contenues les unes dans les autres. Dans le premier cas, la superficie ne contiendra pas la longueur, ni la solidité la superficie; le corps n'aura pas de surface, ni la surface de lignes. La longueur est-elle au contraire le genre de la largeur, et celle-ci de la profondeur, le corps devient une espèce de la surface, et la surface une espèce de la ligne[3]. Absurdité égale des deux parts. C'est qu'il est absurde de

---

[1]. *Met.* p. 282, l. 28; p. 284, l. 26.

[2] *Ibid.* I, p. 32, l. 10 : Μῆκη μὲν τίθεμεν ἐκ μακροῦ καὶ βραχέος, ἐκ τινὸς μικροῦ καὶ μεγάλου, καὶ ἐπίπεδον ἐκ πλατέος καὶ στενοῦ, σῶμα δ' ἐκ βαθέος καὶ ταπεινοῦ. XIII, p. 283, l. 15 : Ταῦτα δέ ἐστιν εἴδη τοῦ μεγάλου καὶ μικροῦ.

[3] *Ibid.* I, p. 32, l. 17 : Δῆλον ὅτι οὐδ' ἄλλο οὐθὲν τῶν ἄνω ὑπάρξει τοῖς κάτω. Ἀλλὰ μὴν οὐδὲ γένος τὸ πλατὺ τοῦ βαθέος· ἦν γὰρ ἂν ἐπίπεδόν τι τὸ σῶμα. XIII, p. 283, l. 19 : Ἀπολελυμένα τε γὰρ ἀλλήλων συμβαίνει, εἰ μὴ συνακολουθοῦσι καὶ αἱ ἀρχαί, ὥστε εἶναι τὸ πλατὺ κτ

prétendre obtenir l'étendue, par une analyse logique, d'une abstraction telle que le grand et le petit. Si l'infini est le genre de toutes les étendues, il est l'étendue en général ; il est l'espace et la matière des corps non moins que des idées et des nombres ; Platon n'a pas reculé devant cette conséquence. Mais si l'infini est l'espace, il y a de l'étendue dans les idées et les nombres, dont il est la matière ; les idées et les nombres se trouvent dans l'espace[1]. Nous avons déjà vu que le nombre idéal ne peut être distingué du nombre mathématique ; qui est-ce qui le distingue maintenant du nombre sensible ? Avec l'étendue on rapporte encore le mouvement à la dyade indéfinie. Les nombres idéaux participeraient donc au mouvement. Étendus et mobiles, en quoi différeraient-ils des corps[2] ? Si le monde intelligible et le monde sensible sont formés des mêmes principes, ils se confondent l'un avec l'autre.

Dans des notions et des formes générales, on ne trouvera jamais les principes du mouvement, du

στενὸν καὶ μακρὸν καὶ βραχύ. Εἰ δὲ τοῦτο, ἔσται τὸ ἐπίπεδον γραμμὴ καὶ τὸ στερεὸν ἐπίπεδον.

[1] Phys. IV, 11 : Πλάτωνι μέντοι λεκτέον..... διὰ τί οὐκ ἐν τόπῳ τὰ εἴδη καὶ οἱ ἀριθμοί, εἴπερ τὸ μεθεκτικὸν ὁ τόπος, εἴτε τοῦ μεγάλου καὶ τοῦ μικροῦ ὄντος τοῦ μεθεκτικοῦ, εἴτε τῆς ὕλης, ὥσπερ ἐν τῷ Τιμαίῳ γέγραφεν. Ibid. III, ιν : Πλάτων δὲ... μηδέ που εἶναι αὐτὰς (τὰς ἰδέας), τὸ μέντοι ἄπειρον καὶ ἐν τοῖς αἰσθητοῖς καὶ ἐν ἐκείναις εἶναι.

[2] Met. I, 33, 12 : Περί τε κινήσεως, εἰ μὲν ἔσται ταῦτα κίνησις, δῆλον ὅτι κινήσεται τὰ εἴδη.

temps ni de l'espace ; jamais on ne les dégagera du sein d'une matière idéale, ou on ne les composera d'oppositions abstraites, dépourvues de réalité. La nature ne peut pas être tirée de la logique [1].

Vainement cherche-t-on aussi dans les deux éléments de l'unité et de l'infini les principes du bien et du mal. Dans la théorie des idées, l'idée du bien est le principe souverain de l'existence et de la connaissance ; l'essence du bien dans la théorie des principes mêmes des idées, c'est l'unité, à laquelle aspirent tous les nombres [2]; la dyade du grand et du petit est la source de la différence, de la discorde et du mal. Dans ce système, chaque unité, chaque nombre par conséquent et chaque idée est un bien. Le bien n'y fait pas faute [3]. Mais le mal, à son tour, n'y occupe que trop de place. Si le mal est posé, dans le principe matériel, à l'origine des choses, c'est dans les premiers êtres qu'il dominera le plus. L'un en soi en sera seul exempt ; mais les nombres en renfermeront plus que les étendues, et la dyade définie plus

---

[1] Met. I. 14 : Εἰ δὲ μή, πόθεν ἦλθεν (ἡ κίνησις); ὅλη γὰρ ἡ περὶ φύσεως σκέψις ἀνήρηται.

[2] Ibid. XIV, p. 301, l. 16 : Οἱ μέν φασιν αὐτὸ τὸ ἓν τὸ ἀγαθὸν αὐτὸ εἶναι· οὐσίαν μέντοι τὸ ἓν αὐτοῦ ᾤοντο εἶναι μάλιστα. Eth. Eud. I, VIII Παράδοξος δὲ καὶ ἡ ἀπόδειξις ὅτι τὸ ἓν αὐτὸ τὸ ἀγαθόν, ὅτι οἱ ἀριθμοὶ ἐφίενται.

[3] Ibid. XIV, p. 301, l. 29 : Ἅπασαι γὰρ αἱ μονάδες γίγνονται ὅπερ ἀγαθόν τι, καὶ πολλή τις εὐπορία ἀγαθῶν. Ἔτι εἰ τὰ εἴδη ἀριθμοί, τὰ εἴδη πάντα ὅπερ ἀγαθόν τι.

qu'aucun autre nombre; ainsi le mal augmente à mesure qu'on se rapproche du bien. En outre, c'est le mal tout seul qui est l'espace où l'unité se manifeste, c'est-à-dire le lieu du bien; c'est le mal qui reçoit le bien et qui le désire. Quoi de plus étrange qu'un contraire désirant son contraire et aimant ce qui doit le détruire [1]? Et qu'est-ce enfin qu'une tendance, un désir, un mouvement dans le grand et le petit, dans la dyade de l'infini, dans des nombres sans vie [2]?

La seule chose que l'on pût attendre des deux principes platoniciens, ce serait l'explication de la quantité. Nous les avons pourtant convaincus d'impuissance à engendrer même le premier nombre. L'union des deux principes se bornerait-elle donc à un mélange, comme celle des idées? D'un mélange, nous l'avons déjà dit, il ne résulterait rien que les éléments mêmes [3]. Mais supposons les nombres déjà constitués. Les nombres sont des composés d'unités. Les unités en sont la matière. Qu'est-ce donc qui unit dans

---

[1] *Met.* p. 302, l. 12 : Συμβαίνει δὴ πάντα τὰ ὄντα μετέχειν τοῦ κακοῦ ἔξω ἑνὸς αὐτοῦ τοῦ ἑνός, καὶ μᾶλλον ἀκράτου μετέχειν τοὺς ἀριθμοὺς ἢ τὰ μεγέθη, καὶ τὸ κακὸν τοῦ ἀγαθοῦ χώραν εἶναι, καὶ μετέχειν καὶ ὀρέγεσθαι τοῦ φθαρτικοῦ· φθαρτικὸν γὰρ τοῦ ἐναντίου τὸ ἐναντίον. Cf. *Phys.* I, ιx.

[2] *Eth. Eud.* I, vιιι : Καὶ ὄρεξιν εἶναι πῶς ἄν τις ὑπολάβοι ἐν οἷς ζωὴ μὴ ὑπάρχει;

[3] *Met.* XIV, p. 303, l. 10 : Ἀλλ' οὔτε πᾶν μικτὸν τό τε γιγνόμενον ἕτερον οὐκ ἔσται.

chaque nombre les unités dont il se compose? Si rien ne les distinguait, tout nombre, disions-nous, se réduirait à une seule unité. Mais si rien ne les unit, le nombre va se dissoudre [1]; il n'y aura plus que des unités éparpillées, comme les atomes dans le chaos de Démocrite [2], et point de nombre. Tout nombre doit former une unité de collection, et surtout le nombre idéal, composé d'unités qui ne se laissent pas séparer, et doué d'une existence comme d'une essence individuelles. L'unité dont il est question ne peut pas être celle de la continuité, puisque le nombre est une quantité discrète; ni celle de la contiguité ou juxtaposition, qui supposerait d'abord la position dans l'espace [3]. Ce ne peut être, par conséquent, qu'une unité d'essence, autrement dit de forme. L'unité sera donc à la fois la matière et la forme du nombre idéal. Or qu'une même chose soit tout à la fois la forme d'une autre et sa matière, c'est ce qui est absurde et impossible. L'un est l'indivisible, et c'est à ce titre seul que les Platoniciens l'avaient érigé en principe. Mais dans l'idée de l'indivisibilité, sous l'enveloppe d'une généralité superficielle, sont comprises et confondues deux

---

[1] *Met.* I, p. 31, l. 26 : Ἔτι διὰ τί ἓν ὁ ἀριθμὸς συλλαμβανόμενος; VII, p. 157, l. 7; XII, p. 258, l. 12.

[2] Voyez plus haut, p. 272, note 4.

[3] *Met.* XIV, p. 363, l. 13 : Ἀλλὰ συνθέσει, ὥσπερ συλλαβήν; ἀλλὰ θέσιν τε ἀνάγκη ὑπάρχειν. Cf. VII, p. 157, l. 8; XIII, p. 275, l. 17; p. 284, l. 25. Sur le sens de θέσις, voy. ibid. V, p. 97, l. 15; XIII, p. 282, l. 19. *Anal. post.* I, XXVII, XXXII. Cf. *Theolog. arithm.* init.

idées distinctes qui ne peuvent se développer sans se contredire l'une l'autre, et sans s'exclure mutuellement : l'indivisibilité matérielle de l'élément, de l'infiniment petit, et l'indivisibilité formelle de l'idée ou de l'universel. L'indivisibilité matérielle est celle des unités mathématiques, derniers éléments de la quantité, des points et des atomes, ou individus, dont la physique mécanique compose la nature. Quant à l'indivisibilité formelle, c'est celle de l'unité générique, où le logicien renferme une multitude d'unités individuelles. La dialectique ramène la philosophie mécaniste, et les deux points de vue opposés de la logique et des mathématiques viennent se rencontrer dans son abstraction indéterminée de l'unité [1].

La théorie platonicienne, en général, compose les êtres avec les attributs qui s'en affirment [2]. Ce qu'elle leur donne pour éléments intégrants, ce sont leurs

---

[1] Met. XIII, p. 281, l. 23 sqq. P. 282, l. 4 : Πῶς οὖν ἀρχὴ τὸ ἕν; ὅτι οὐ διαιρετόν φασιν. Ἀλλ' ἀδιαίρετον καὶ τὸ καθόλου καὶ τὸ ἐπὶ μέρους καὶ τὸ στοιχεῖον, ἀλλὰ τρόπον ἄλλον, τὸ μὲν κατὰ λόγον, τὸ δὲ κατὰ χρόνον· ποτέρως οὖν τὸ ἓν ἀρχή;..... ἀμφοτέρως δὴ ποιοῦσι τὸ ἓν ἀρχήν. Ἔτι δὲ ἀδύνατον. Τὸ μὲν γὰρ ὡς εἶδος καὶ ἡ οὐσία, τὸ δ' ὡς μέρος ὡς ὕλη..... Αἴτιον δὲ τῆς συμβαινούσης ἁμαρτίας ὅτι ἅμα ἐκ τῶν μαθημάτων ἐθήρευον καὶ ἐκ τῶν λόγων τῶν καθόλου, ὥστ' ἐξ ἐκείνων μὲν ὡς στιγμὴν τὸ ἓν καὶ τὴν ἀρχὴν ἔθηκαν... Διὰ δὲ τὸ καθόλου ζητεῖν τὸ κατηγορούμενον ἓν καὶ οὕτως ὡς μέρος ἔλεγον· ταῦτα δ' ἅμα τῷ αὐτῷ ἀδύνατον ὑπάρχειν.

[2] Ibid. XIV, p. 292, l. 28. : Τὰ στοιχεῖα οὐ κατηγορεῖται καθ' ὧν τὰ στοιχεῖα.

formes; et elle prend pour matière première les formes les plus générales de la matière elle-même, le grand et le petit, l'indéfini. Du grand et du petit, elle veut faire les nombres; des espèces du grand et du petit, les lignes, les surfaces, les corps et toute la nature. Elle ne s'aperçoit pas qu'elle forme des étendues avec leurs limites, qui les terminent mais ne les constituent pas, des nombres et de la quantité avec les prédicats de la quantité, qui la supposent au lieu de la produire [1].

Il y a plus, la quantité ne peut pas avoir d'attributs absolus; le grand et le petit ne sont que des relations [2]. La vraie formule de l'infini de Platon, ce devrait donc être la double relation de la quantité dans son expression la plus générale, la dyade du plus grand et du plus petit ou du plus et du moins [3]. Les premiers principes, les idées, ne devraient pas être des nombres, mais des rapports de nombres, puisque les nombres ne sont que la matière, dont les

---

[1] Met. I, p. 33, l. 6 : Ἔτι δὲ τὴν ὑποκειμένην οὐσίαν ὡς ὕλην, μαθηματικωτέραν ἄν τις ὑπολάβοι, καὶ μᾶλλον κατηγορεῖσθαι καὶ διαφορὰν εἶναι τῆς ὕλης ἢ ὕλην, οἷον τὸ μέγα καὶ τὸ μικρόν. XIII, p. 283, l. 25 : Ταῦτα γὰρ πάθη μεγέθους ἐστίν, ἀλλ' οὐκ ἐκ τούτων τὸ μέγεθος. XIV, p. 292, l. 1 : Πάθη τε γὰρ ταῦτα καὶ συμβεβηκότα μᾶλλον ἢ ὑποκείμενα τοῖς ἀριθμοῖς καὶ τοῖς μεγέθεσίν ἐστι.

[2] Ibid. XIV, p. 292, l. 7 : Πρὸς τί ἀνάγκη εἶναι τὸ μέγα καὶ τὸ μικρὸν καὶ ὅσα τοιαῦτα.

[3] Quelques disciples de Platon substituèrent en effet l'ὑπερέχον καὶ ὑπερεχόμενον au μέγα καὶ μικρόν. Met. XIV, p. 290, l. 25; I, p. 28, l. 30.

rapports sont la forme[1]. La matière ou l'infini se résoudrait, en dernière analyse, non dans la quantité, non pas même dans ses attributs, mais dans un rapport absolument indéfini. Ainsi disparaît l'opposition apparente des deux principes. Ce non-être, qui doit servir d'élément de différence et de pluralité, n'est pas seulement une existence entièrement relative, comme l'indiquait assez le nom que Platon lui avait donné : le différent ou l'*autre*; ce n'est pas seulement l'autre et l'inégal, c'est l'inégalité en soi, l'idée absolument abstraite d'une relation sans sujet.

Le problème que Platon s'était posé lui-même, était d'expliquer la multitude des êtres. Il le résout d'abord par la quantité pure, et par conséquent il ne rend compte que de la multitude des quantités[2]. La quantité à son tour se résout en relation, et, sous l'apparence de quantités absolues, ne nous laisse que des rapports. De l'être il va à l'attribut, et de l'attribut à l'attribut de l'attribut[3]. Sous le sujet il cherche l'accident, et sous l'accident même l'accident de l'accident, creusant de plus en plus, et descendant de plus en plus dans le vide. C'est que le point de départ ne

---

[1] *Met.* XIV, p. 304, l, 11. Ὅτι δὲ οὐχ οἱ ἀριθμοὶ οὐσίαι οὐδὲ τῆς μορφῆς αἴτιοι, δῆλον. Ὁ γὰρ λόγος ἡ οὐσία, ὁ δ' ἀριθμὸς ὕλη.

[2] Ibid. p. 296, l. 22 sqq. : Οὐ λέγεται πῶς καὶ διὰ τί πολλὰ τὰ ὄντα, ἀλλὰ πῶς πόσα πολλά. Ὁ γὰρ ἀριθμὸς πᾶς ποσόν τι σημαίνει, κ.τ.λ.

[3] Ibid. p. 292, l. 10 : Πάθος τι τοῦ ποσοῦ τὸ πρὸς τί... ἀλλ' οὐχ ὕλη, εἴ τι ἕτερον.

repose déjà point sur la réalité. C'est que l'être n'a été, dès le commencement, conçu que dans son idée abstraite et dans sa généralité; c'est qu'au lieu de le considérer dans la diversité de ses manifestations, de le séparer ensuite de ce qui se rapporte à lui, mais qui n'est pas lui-même, et de l'aller saisir en son essence propre, on l'a pris tout d'abord, comme les Éléates, dans le vague de son universalité logique. A cet être abstrait a dû être opposée une abstraction de non-être [1]. Supprimant toutes les différences, effaçant tous les caractères, la dialectique a dû en venir à envelopper toute pluralité dans un terme négatif, qui ne renferme qu'une absolue indétermination [2]. De ce terme, plus de retour à la région de l'existence et de la réalité; il n'est plus au pouvoir de la dialectique d'en faire ressortir la multitude et la variété; ce n'est que par une suite d'hypothèses que, dans la notion générale du plus et du moins, elle distinguerait des espèces [3], et que de ces espèces elle tirerait les êtres, les quantités, les qualités, le temps, l'espace,

---

[1] *Met.* p. 294, l. 5 : Πολλὰ μὲν οὖν τὰ αἴτια τῆς ἐπὶ ταύτας τὰς αἰτίας ἐκτροπῆς, μάλιστα δὲ τὸ ἀπορῆσαι ἀρχαϊκῶς·... Καίτοι πρῶτον μὲν, εἰ τὸ ὂν, πολλαχῶς... Πολλαχῶς γὰρ καὶ τὸ μὴ ὂν, ἐπειδὴ καὶ τὸ ὂν, κ. τ. λ.

[2] *Ibid.* p. 295, l. 21 : Αὕτη γὰρ ἡ παρέκβασις αἰτία καὶ τοῦ τὸ ἀντικείμενον ζητοῦντας τῷ ὄντι καὶ τῷ ἑνὶ, ἐξ οὗ καὶ τούτων τὰ ὄντα, τὸ πρός τι καὶ τὸ ἄνισον ὑποθεῖναι, ὃ οὔτ' ἐναντίον οὔτ' ἀπόφασις ἐκείνων, μία τε φύσις τῶν ὄντων ὥσπερ καὶ τὸ τί καὶ τὸ ποιόν.

[3] *Ibid.* l. 26 : Καὶ ζητεῖν ἔδει καὶ τοῦτο πῶς πολλὰ τὰ πρός τι ἀλλ' οὐχ ἕν, κ. τ. λ.

le mouvement. Le monde platonicien se réduit à ces deux principes chimériques, l'unité indéterminée et la relation abstraite de la quantité pure, l'être qui n'est rien en particulier et le non-être; deux notions vaines, deux mots vides de sens.

En dehors des nombres et des idées, reste encore, il est vrai, un principe que Platon a invoqué plus d'une fois comme la cause du mouvement et de la vie universelle; et ce principe c'est l'âme. Ne serait-ce pas là que se trouverait enfin, avec l'activité, cette réalité de l'être que nous cherchons en vain dans la théorie des idées? Non; l'âme, dans Platon, n'est nullement un premier principe; elle n'est pas une cause, mais un résultat. Contemporaine du monde, elle est comme le monde un composé des deux principes, un mélange de l'infini et de l'unité[1]. L'âme ne serait donc, comme Platon l'appelle lui-même quelque part, qu'une idée[2], ou bien un nombre, comme l'a dit depuis Xénocrate[3]. Mais si le caractère de toute idée et de tout nombre est l'immutabilité et l'immobilité absolues, qu'est-ce qu'un nombre ou une idée qui agit et qui souffre et qui se meut

---

[1] Met. XII, p. 247, l. 5 : Ἀλλὰ μὴν οὐδὲ Πλάτωνί γε οἷόν τε λέγειν ἣν οἴεται ἐνίοτε ἀρχὴν εἶναι, τὸ αὐτὸ ἑαυτὸ κινοῦν· ὕστερον γὰρ καὶ ἅμα τῷ οὐρανῷ ἡ ψυχή, ὥς φησι. De An. I, II : Πλάτων ἐν τῷ Τιμαίῳ τὴν ψυχὴν ἐκ τῶν στοιχείων ποιεῖ. Cf. Tim. p. 34 e.

[2] Theæt. p. 184 d.

[3] De An. I, II.

soi-même? C'est une contradiction que d'attribuer à une entité logique le mouvement ou la vie. L'âme, avec son activité et sa spontanéité essentielles, est dans le platonisme comme une étrangère venue on ne sait d'où, et qui ne peut trouver de place dans ce système de formes sans substance et d'abstractions sans réalité.

Avec Platon semblent s'éteindre les derniers restes de l'esprit socratique. Les doctrines pythagoriciennes sortent de l'ombre dans laquelle il les renfermait, et étouffent la dialectique où elles avaient repris racine; les idées périssent sous les nombres. « Aujourd'hui, écrit Aristote, les mathématiques sont devenues la philosophie tout entière [1]. » Le successeur de Platon, Speusippe, supprime le nombre idéal et ne reconnaît plus que le nombre mathématique [2]. L'Un est encore pour lui le principe de toutes choses; mais l'Un n'est plus le bien et se réduit à une unité numérique. Le bien n'est plus la cause des êtres, et le centre qui les réunit comme au foyer commun de la science et de la moralité : il n'est que le résultat et la dernière expression de leurs développements individuels [3]. Sans doute l'Un en soi ne peut pas être le bien; mais se peut-il que le bien soit sé-

---

[1] *Met.* I, p. 33, l. 4 : Ἀλλὰ γέγονε τὰ μαθήματα τοῖς νῦν ἡ φιλοσοφία.

[2] Ibid. XIII, p. 285, l. 26. Voyez plus haut, p. 178, note 1.

[3] Ibid. XII, p. 249, l. 20; XIII, p. 300, l. 29; p. 302, l. 8.

aré du premier principe? Speusippe ne laisse-t-il
pas ici au premier principe ce qu'il en fallait exclure,
et ne lui ôte-t-il pas au contraire ce qu'il fallait lui
laisser[1]? En même temps il rompt l'harmonie qui
faisait le caractère du système platonicien. Il ne subordonne plus les uns aux autres les principes du
nombre, de la ligne, de la surface et du corps, il
les divise et les sépare[2]. C'était une erreur, il est
vrai, que de vouloir tirer les unes des autres, de la
plus simple à la plus composée, ces formes qui ne
sont que des limitations ou des abstractions successives de la réalité, et que de prétendre les réduire
à de simples degrés d'une hiérarchie logique. Mais,
tout en persistant à chercher les principes dans des
oppositions abstraites, les séparer les uns des autres
comme des natures différentes, c'est renoncer en
pure perte à l'avantage de l'unité. Le monde n'est
pourtant pas un assemblage d'épisodes, comme une
mauvaise tragédie[3].

Toutefois, après Speusippe, la philosophie platonicienne a encore dans sa décadence une phase à parcourir. Xénocrate ramène le nombre idéal; mais il

---

[1] *Met.* XIII, p. 301, l. 2 : Ἔστι δ' ἡ δυσχέρεια οὐ διὰ τὸ τῇ ἀρχῇ τὸ εὖ ἀποδιδόναι ὡς ὑπάρχον, ἀλλὰ διὰ τὸ τὸ ἓν ἀρχὴν ὡς στοιχεῖον καὶ τὸν ἀριθμὸν ἐκ τοῦ ἑνός.

[2] Ibid. XIV, p. 298, l. 24; XIII, p. 284, l. 12.

[3] Ibid. XIV, p. 298, l. 30 : Οὐκ ἔοικε δ' ἡ φύσις ἐπεισοδιώδης οὖσα ἐκ τῶν φαινομένων ὥσπερ μοχθηρὰ τραγῳδία. Cf. XII, p. 258, l. 15.

n'en distingue plus le nombre mathématique [1], et il transporte à celui-ci les étranges propriétés du premier. Le nombre idéal de Platon était, comme l'idée, une fiction contradictoire ; mais, du moins, Platon avait laissé au nombre arithmétique, comme à la généralité logique, ses caractères constitutifs : Xénocrate attribue aux unités des différents nombres l'hétérogénéité des unités idéales ; il en fait des essences distinguées les unes des autres par des qualités spécifiques [2]. L'arbitraire envahit donc jusqu'aux mathématiques [3] où la philosophie était descendue et où elle cachait son impuissance ; la science tout entière est livrée à une contradiction inextricable [4].

Tout cela arrive aux platoniciens, parce qu'ils ramènent toute espèce de principe à l'élément, parce qu'ils prennent pour principes les contraires, parce qu'ils font de l'Un un principe, parce qu'ils font des nombres et des idées les premières essences, et qu'ils leur attribuent une existence indépendante et séparée [5]. A ces erreurs radicales, d'où dérivent toutes les

---

[1] Voyez plus haut, p. 178, note 1.

[2] *Met.* XIII, p. 271, l. 27 : Οὔθ' ὁποιασοῦν μονάδας δυάδα εἶναι.

[3] *Ibid.* p. 279, l. 4 : Ἀλλ' ἰδίας ὑποθέσεις ὑποθέμενον ἀνάγκη μηκύνειν, ὅσα τε τοῖς ὡς εἴδη τὸν ἀριθμὸν λέγουσι συμβαίνει, καὶ ταῦτα ἀναγκαῖον λέγειν.

[4] *Ibid.* p. 278. l. 30 : Χείριστα λέγεται ὁ τρίτος τρόπος, κ. τ. λ.

[5] *Ibid.* XIV, p. 302, l. 19 : Ταῦτα δὴ πάντα συμβαίνει, τὸ μὲν ὅτι ἀρχὴν πᾶσαν στοιχεῖον ποιοῦσι, τὸ δ' ὅτι τἀναντία ἀρχάς, τὸ δ' ὅτι τὸ

conséquences absurdes qui accablent le platonisme, il y a encore une racine commune : c'est la confusion de l'ordre logique avec l'ordre de l'être, et, par une suite inévitable, des causes réelles de l'être avec les principes formels de la science [1].

A partir de Socrate, la philosophie roule tout entière sur les formes. La dialectique ne va pas plus loin. Or les formes ont toutes leurs contraires. La dialectique ne pouvait manquer de ramener avec elle la théorie de l'opposition des principes [2]. Seulement, au lieu des éléments contraires d'Anaximandre, d'Anaxagore ou d'Empédocle, ce ne sont plus ici que des principes intelligibles; aux oppositions sensibles de la matière succèdent les oppositions des notions [3]. Les formes des choses prennent la place des éléments; la matière se résout dans une alliance ou un mélange d'idées. Dès lors toutes les différences se réduisent aux différences logiques des idées pures, et ces différences logiques, à leur tour, dans les rapports et les proportions des idées. La qualité, où l'on cherchait

---

ἐν ἀρχήν, τὸ δ' ὅτι τοὺς ἀριθμοὺς τὰς πρώτας οὐσίας καὶ χωριστὰς καὶ εἴδη. Cf. XIII, p. 288, l. 20.

[1] *Met.* XIII, p. 262, l. 26 : Ἀλλ' οὐ πάντα ὅσα τῷ λόγῳ πρότερα, καὶ τῇ οὐσίᾳ πρότερα.

[2] *Ibid.* XIV, p. 289, l. 21 : Πάντες δὲ ποιοῦσι τὰς ἀρχὰς ἐναντίας. XII, p. 256, l. 20 : Πάντες γὰρ ἐξ ἐναντίων ποιοῦσι πάντα.

[3] *Phys.* I, v : Διαφέρουσι δ' ἀλλήλων τῷ τοὺς μὲν πρότερα τοὺς δ' ὕστερα λαμβάνειν, καὶ τοὺς μὲν γνωριμωτέρα κατὰ τὸν λόγον τοὺς δὲ κατὰ τὴν αἴσθησιν. Cf. *Met.* IV, p. 65, l. 6.

l'être[1], disparaît dans la quantité, et la philosophie, reculant jusqu'au pythagorisme, va se perdre dans les mathématiques. Dès lors aussi tous les êtres se résolvent dans les éléments indivisibles de la grandeur, dans les unités numériques : c'est l'atomisme ionien sous une forme plus pure. Les deux mondes que la dialectique avait commencé par distinguer si sévèrement, le monde sensible et l'intelligible, se confondent ensemble dans l'espace, dans l'infini du vide que limitent les unités. Mais la philosophie platonicienne ne peut pas se contenter de la pluralité indéfinie qui suffisait à la physique ionienne. Ses éléments, formés d'oppositions logiques, ne peuvent pas trouver dans la juxtaposition, comme les atomes de Démocrite, l'unité qui fait l'être; il leur faut donc encore une unité formelle. Ici, les contraires ne sont plus, comme dans les précédents systèmes de physique mécaniste, les agents dont l'unité matérielle subit tour à tour les influences : ce sont les contraires qui souffrent, et l'unité qui agit[2]. La cause de l'univers, le bien en soi, Dieu en un mot est l'unité absolue qui domine et qui règle toutes les oppositions. Mais si la matière est le mélange indéfini des contraires, la forme n'est-elle pas aussi le contraire de la matière? Si l'Un est le

---

[1] *Met.* VII, p. 156, l. 25 : Οὐθὲν σημαίνει τῶν κοινῇ κατηγορουμένων τόδε τι, ἀλλὰ τοιόνδε. P. 157, l. 11.

[2] *Phys.* I, v : Οἱ μὲν ἀρχαῖοι τὰ δύο μὲν ποιεῖν τὸ δὲ ἓν πάσχειν, τῶν δ᾽ ὑστέρων τινες τοὐναντίον τὸ μὲν ποιεῖν τὰ δὲ δύο πάσχειν φασὶ μᾶλλον.

bien, et que le bien soit le contraire du mal ; si l'Un, d'une manière générale, est le contraire de la multitude, le premier principe, Dieu a son contraire, immortel, éternel comme lui[1]. Ou le principe matériel s'anéantit devant la forme, et tout se réduit encore une fois à l'unité de Parménide, ou le monde est livré à un dualisme invincible de contraires sans sujet, de contradictoires qui s'excluent, et qui pourtant subsistent l'un en face de l'autre, comme l'être et le non-être[2].

La philosophie, à sa naissance, avait pris pour principe une existence individuelle, la substance ou matière première. Elle ne partait pas, comme on le fit plus tard, des attributs contraires, qui ne se suffisent pas à eux-mêmes, mais de la réalité qui les porte. Elle prenait pour principe, non pas, comme la doctrine atomistique, l'abstraction du corps, mais bien un corps déterminé[3]; non pas, comme la dialectique, la qualité et la forme générale, mais une chose existante, un être. Elle ne s'égare donc pas dans des abstractions chimériques ; mais aussi elle ne franchit pas les étroites limites de la sensation. Elle ignore l'universel, seul objet de la science, et la réalité su-

---

[1] *Met.* XII, p. 257, l. 14 : Ἄτοπον δὲ καὶ τὸ ἐναντίον μὴ ποιῆσαι τῷ ἀγαθῷ καὶ τῷ νῷ, κ. τ. λ.

[2] *Ibid.* l. 19.

[3] *Ibid.* VII, p. 240, l. 3 : Οἱ μὲν οὖν νῦν τὰ καθόλου οὐσίας μᾶλλον τιθέασι... Οἱ δὲ πάλαι τὰ καθ' ἕκαστον, οἷον πῦρ καὶ γῆν, ἀλλ' οὐ τὸ κοινὸν σῶμα. *Ibid.* I, p. 32, l. 2. Voyez plus haut, p. 271, note 2.

périeure de l'intelligible. La substance à laquelle elle s'attache ne se suffit pas plus à soi-même que les formes qui la manifestent; sans ces formes la substance n'est rien; et qu'est-ce qui la fera passer de son indétermination à la détermination de la forme, de l'imperfection à la perfection, de la possibilité de l'existence à la réalité [1] ? Le vrai principe, c'est le parfait, comme le disait la poésie antique; ce n'est pas la Nuit ni le Chaos, c'est Jupiter lui-même [2].

Après la philosophie de l'unité, la philosophie de l'opposition est venue mettre en lumière la forme, jusqu'alors sacrifiée à la matière. Elle est venue soumettre les êtres à la mesure de l'universel et dans l'universel manifester la raison souveraine. Mais ou elle s'arrête à l'opposition, qui lui cache l'unité intérieure de l'être, ou elle prend pour l'être lui-même les nombres et les généralités qui n'en sont que la limite et l'enveloppe. Sa plus haute réalité n'est encore qu'une réalisation arbitraire de l'universel, et elle ne connaît rien au delà de la contrariété des idées.

Ainsi des deux époques de la philosophie, ni l'une ni l'autre n'a soupçonné le véritable être, le vrai principe. L'être en soi n'est pas le corps, mais ce n'est pas davantage l'universel, qui ne peut subsister

---

[1] *Met.* XII, p. 246, l. 26.
[2] Ibid. XIV, p. 301, l. 5.

par soi-même. Le premier principe n'est pas l'unité matérielle de Thalès, unité indéterminée qui suppose un principe de détermination; mais ce n'est pas un contraire non plus, puisque les contraires supposent un sujet qui les contienne dans son unité[1]. Au-dessus des réalités sensibles il y a les généralités, mais au-dessus des formes générales il y a la réalité absolue; au-dessus de la sensation la science, mais au-dessus de la science l'intuition de la pensée. Peut-être même qu'à tout prendre la seconde époque est plus loin de la vérité que n'était la première. Si la physique le cède aux mathématiques dans l'ordre de la science, elle l'emporte dans l'ordre de l'être, et dans la métaphysique c'est de l'être qu'il s'agit[2]. La réalité, quelle qu'elle soit, est plus près, en ce sens, de la réalité suprême que la notion logique, la forme abstraite, l'idéal.

Partie de l'individuel, la philosophie première n'a donc traversé les généralités que pour aller retrouver l'individualité. Elle a commencé par l'unité et après avoir passé par l'opposition, le dualisme, elle va finir par l'unité. Mais ce n'est pas un cercle qui se ferme, un retour sans progrès. Dans le troisième moment de la science doivent se retrouver à la fois les deux moments qui le précèdent, élevés à leur plus haute

---

[1] Met. p. 289, l. 30 : Ἀεὶ ἄρα πάντα τἀναντία καθ' ὑποκειμένου καὶ οὐθὲν χωριστόν.

[2] Voyez plus haut, p. 259.

puissance. A la réalité de l'individu s'unira dans la Métaphysique la généralité des notions, à l'absolue individualité l'universalité absolue, à l'existence l'essence, à l'être la pensée.

LIVRE III.

SYSTÈME MÉTAPHYSIQUE D'ARISTOTE.

CHAPITRE I.

Objet de la Métaphysique : les premiers principes, l'être en tant qu'être. Catégories. Oppositions ou analogies. Principes propres et principes communs.

Enseigner, démontrer, c'est le propre de la science ; or démontrer, c'est prouver une conséquence par un principe, un effet par une cause. L'expérience donne les faits, la science la raison des faits, et c'est la cause qui est cette raison [1]. La philosophie première est donc, comme toute science, une science de causes ou de principes. Et si aux principes de l'existence répondent ceux de la connaissance, si aux degrés de l'échelle

---

[1] Met. I, p. 4, l. 28 : Οἱ μὲν γὰρ ἔμπειροι τὸ ὅτι μὲν ἴσασι, διότι δ' οὐκ ἴσασιν· οἱ δὲ τὸ διότι καὶ τὴν αἰτίαν γνωρίζουσι. P. 6, l. 22 : Ἔτι τὸν ἀκριβέστερον καὶ τὸν διδασκαλικώτερον τῶν αἰτίων σοφώτερον εἶναι περὶ πᾶσαν ἐπιστήμην. Anal. post. II, 1 : Ἐπίστασθαι οἰόμεθα, ὅταν εἰδῶμεν τὴν αἰτίαν.

des causes correspondent, par conséquent, les degrés de la science, la plus haute science ne peut être que la science des causes les plus hautes, et la philosophie première la science des premiers principes [1].

Cependant ne se pourrait-il pas que toute cause fût l'effet d'une cause antérieure, et que la chaîne des causes n'eût pas de fin? Ne se pourrait-il pas aussi que l'effet d'une cause en fût la cause à son tour, et que la chaîne des causes fît un cercle [2]? Dans la première de ces suppositions, il n'y a pas de premier terme; le commencement, le principe recule à l'infini. Dans la seconde, il n'y a qu'une réciprocité indéfinie d'action et de réaction; pas davantage de premier terme et de principe déterminé. Dans l'un ou l'autre cas, plus de causes premières, et plus de première philosophie.

Mais d'une série de termes, la cause, s'il y en a une, est toujours le premier; il est de l'essence de la cause d'être avant son effet [3]. Or il n'est pas possible que deux choses se précèdent mutuellement dans le même sens et selon le même rapport; il n'est donc pas possible que deux choses soient le principe l'une de l'autre, et que la série des causes revienne sur elle-même [4]. Mais si les causes ne forment pas un cercle, elles

---

[1] Met. I, p. 7, l. 23 : Δεῖ γὰρ αὐτὴν τῶν πρώτων ἀρχῶν καὶ αἰτιῶν εἶναι θεωρητικήν.

[2] Ibid. II, 11; Anal. post. I, xix.

[3] Met. II, p. 37, l. 11 : Τῶν γὰρ μέσων, ὧν ἐστιν ἔξω τι ἔσχατον καὶ πρότερον, ἀναγκαῖον εἶναι τὸ πρότερον αἴτιον τῶν μετ' αὐτό.

[4] Anal. post. I, 1. : Κύκλῳ δ' ὅτι ἀδύνατον ἀποδείκνυσθαι ἁπλῶς, δῆ-

ne peuvent pas davantage former une suite infinie : la causalité suppose la priorité, et la priorité un commencement. Il y a donc un premier anneau auquel toute la chaîne est comme suspendue. Il y en a aussi un dernier, auquel elle se termine[1]. En effet, la suite des changements ne s'étend pas à l'infini : elle va du contraire au contraire, et, dans le milieu qu'elle traverse, de l'imperfection à la perfection. Or la perfection, c'est la fin, et les contraires sont les extrêmes, les limites où le changement vient aboutir tour à tour. La succession alternative des contraires borne le champ des phénomènes ; les phénomènes marchent d'un extrême à l'autre, d'un mouvement régulier, suivant la loi constante de la périodicité[2].

La science, par conséquent, a comme la nature son commencement et sa fin. Si la suite des causes n'avait pas de bornes, la démonstration, qui est la preuve par les causes, irait à l'infini. Mais la pensée ne finirait jamais de traverser l'infini. La science serait donc impossible[3]. Point de causes, sans des causes premières dont tout vienne, et qui ne viennent de

λον..... Ἀδύνατον γάρ ἐστι τὰ αὐτὰ τῶν αὐτῶν ἅμα πρότερα καὶ ὕστερα εἶναι, εἰ μὴ τὸν ἕτερον τρόπον.

[1] Met. II, p. 37, l. 21 : Ἀλλὰ μὴν οὐδὲ ἐπὶ τὸ κάτω οἷόν τ' ἐστὶν ἐπ' ἄπειρον ἰέναι, τοῦ ἄνω ἔχοντος ἀρχήν.

[2] Ibid. p. 38, l. 11 : Ἀμφοτέρως δὲ ἀδύνατον εἰς ἄπειρον ἰέναι. Τῶν μὲν γὰρ ὄντων μεταξὺ ἀνάγκη τέλος εἶναι, τὰ δ' εἰς ἄλληλα ἀνακάμπτειν· ἡ γὰρ θατέρου φθορὰ θατέρου ἐστὶ γένεσις.

[3] Ibid. IV, p. 68, l. 6 : Ὅλως μὲν γὰρ ἁπάντων ἀδύνατον ἀπόδειξιν

rien; point de science sans des principes d'où descende la démonstration, et qui ne se démontrent pas[1].

Il n'y a donc pas de progrès à l'infini ni dans l'ordre de l'être, ni dans celui de la connaissance. C'est dans le temps, à la vérité, que les effets se succèdent, et que se passe l'expérience; et le temps est infini. Mais la suite des causes et des démonstrations n'est pas une suite homogène, qui s'écoule, comme la durée, d'un cours toujours égal; c'est un ordre qui a ses limites, qui ne se développe pas à l'infini, mais qui s'achève et se recommence sans fin d'individu en individu, de génération en génération, de période en période, qui change de sujets et de lieux, mais sans changer de forme[2]. Ainsi se répète d'âge en âge la double hiérarchie de la nature et de la science, entre leurs premiers principes et leurs fins dernières, qui reposent dans l'éternité.

En outre, les causes ne sont pas toutes contenues dans une seule et unique série. En toute chose, en tout événement, on reconnaît le concours de plusieurs principes appartenant à des ordres distincts. Mais le nombre de ces ordres ne peut pas non plus être infini. Dans quelque sens qu'on prenne l'infini, soit dans la

εἶναι εἰς ἄπειρον γὰρ ἂν βαδίζοι, ὥστε μηδ' οὕτως εἶναι ἀπόδειξιν. Anal. post. I, XXII : Τὰ δ' ἄπειρα οὐκ ἔστι διεξελθεῖν νοοῦντα.

[1] *Met.* I, p. 34, l. 8; IV, p. 68, l. 6. *Anal. post.* I, I, III, IX; II, III. *Eth. Nic.* VI, III.

[2] *Met.* XII, III. *De Gen. et corr.* II, 10. *De An.* II. IV. *Anal. post.* II, XI. Voyez plus bas.

cession des causes similaires qui dérivent les unes [des] autres, soit dans des causes différentes, concou[r]ant à la fois à un même résultat, il est impossible [q]u'une multitude infinie arrive jamais à un effet; et [d']un autre côté la pensée n'aurait jamais fait de les [c]ompter[1]. Toutes les causes doivent donc se ramener [à] un nombre de classes déterminé.

Tout être qui n'est pas sa cause à lui-même est le produit de quatre causes. D'abord il se compose de deux éléments, une matière et une forme; une matière dont il est fait, une forme qui le caractérise, et qui détermine sa nature et son essence propre. Ensuite, c'est dans le temps qu'il prend sa forme; c'est par un changement, en d'autres termes, par un mouvement qu'il devient ce qu'il doit être. Le mouvement suppose un principe moteur qui le commence, une fin à laquelle il tende et où il vienne s'arrêter[2]. Il y a donc deux principes internes, dans lesquels les choses se résolvent, et deux principes externes qui déterminent

---

[1] *Met.* II, p. 36, l. 29 : Οὐκ ἄπειρα τὰ αἴτια τῶν ὄντων, οὔτ᾽ εἰς εὐθυωρίαν οὔτε κατ᾽ εἶδος. P. 39, l. 10 : Ἀλλὰ μὴν καὶ εἰ ἄπειρά γ᾽ ἦσαν πλήθει τὰ εἴδη τῶν αἰτίων, οὐκ ἂν ἦν οὐδ᾽ οὕτω τὸ γιγνώσκειν· τότε γὰρ εἰδέναι οἰόμεθα, ὅταν τὰ αἴτια γνωρίσωμεν· τὸ δ᾽ ἄπειρον κατὰ τὴν πρόσθεσιν οὐκ ἔστιν ἐν πεπερασμένῳ διεξελθεῖν.

[2] *Ibid.* I, p. 9, l. 19 : Τὰ δ᾽ αἴτια λέγεται τετραχῶς, ὧν μίαν μὲν αἰτίαν φαμὲν εἶναι τὴν οὐσίαν καὶ τὸ τί ἦν εἶναι... ἑτέραν δὲ τὴν ὕλην καὶ τὸ ὑποκείμενον, τρίτην δὲ ὅθεν ἡ ἀρχὴ τῆς κινήσεως, τετάρτην δὲ τὴν ἀντικειμένην αἰτίαν ταύτῃ, τὸ οὗ ἕνεκα καὶ τἀγαθόν (τέλος γὰρ γενέσεως καὶ κινήσεως πάσης τοῦτ᾽ ἐστί). *Ibid.* V, 11. *Phys.* II, III. *Anal. post.* II, x.

l'union des premiers[1]. Les principes internes ne se séparent pas de l'être, qui n'est que l'assemblage de l'un avec l'autre. Ils commencent avec lui et finissent avec lui; ils en forment, à tous les instants de son existence, la réalité actuelle, et comme le perpétuel présent. Les principes externes forment, l'un du côté du passé, et l'autre du côté de l'avenir, la double limite de sa durée[2]. Il commence d'être en recevant l'impulsion du premier; il achève d'être en recevant du second son accomplissement et sa perfection. Ainsi quatre principes déterminent et remplissent toutes les conditions de l'existence réelle : la matière, la forme, la cause motrice et la cause finale. Ce sont aussi, par conséquent, les principes de la science et de la démonstration.

Cependant les quatre causes ne forment pas une série dont le terme le plus élevé soit le principe des termes inférieurs; ce ne sont pas non plus des contraires, liés entre eux par une corrélation logique. Comment peuvent-elles être l'objet d'une même science? C'est qu'elles expriment toutes des relations différentes avec une seule et même chose. Ce n'est pas une communauté de nature et d'essence qui les réunit en un même système, mais c'est la communauté de direction vers un seul et même centre, où

---

[1] Met. V, p. 87, l. 19 : Τούτων δὲ (τῶν ἀρχῶν) αἱ μὲν ἐνυπάρχουσαί εἰσιν, αἱ δὲ ἐκτός. XII, p. 243, l. 27.

[2] Ibid. XII, p. 242, l. 15.

elles convergent toutes à la fois[1]. Ce n'est pas par elles-mêmes qu'elles sont liées les unes avec les autres; mais c'est par leur commune résultante. Prises en elles-mêmes, dans l'expression abstraite de leur causalité, les causes ne sont que des points de vue généraux, des *lieux*, d'où toute science doit successivement considérer son sujet[2]. C'est dans leur rapport actuel avec leur produit qu'elles se déterminent. C'est dans ce rapport seul que consistent et la réalité propre de chacune d'elles, et leur commune unité; c'est dans ce rapport seul que chaque science peut les saisir, les coordonner ensemble, et en tirer des démonstrations.

Ainsi les causes ne sont des causes que dans leur rapport immédiat avec une chose, un être dont elles déterminent l'existence, et qu'elles font être ce qu'il est. Que sera-ce donc que les causes premières, sinon

---

[1] Met. III, p. 43, l. 3 : Μιᾶς μὲν γὰρ ἐπιστήμης πῶς ἂν εἴη μὴ ἐναντίας οὔσας τὰς ἀρχὰς γνωρίζειν; Cf. Alex. Aphrod. ad h. l. IV, p. 61, l. 28 : Οὐ γὰρ μόνον τῶν καθ' ἓν λεγομένων ἐπιστήμης ἐστὶ θεωρῆσαι μιᾶς, ἀλλὰ καὶ τῶν πρὸς μίαν λεγομένων φύσιν· καὶ γὰρ ταῦτα τρόπον τινὰ λέγεται καθ' ἕν.

[2] Phys. II, III : Ἅπαντα δὲ τὰ νῦν εἰρημένα αἴτια εἰς τέτταρας πίπτει τόπους τοὺς φανερωτάτους. Plusieurs manuscrits donnent τρόπους au lieu de τόπους. On lit aussi τρόπους dans la Métaphysique (V, p. 68, l. 25) où le II° chapitre du V° livre n'est que la reproduction presque littérale du III° chapitre du II° livre de la Physique. Quelques lignes plus bas, en se résumant (*Met.* V, p. 69, l. 11; *Phys.* II, p. 1013, 19 b Bekk.), Aristote dit : Τρόποι τῶν αἰτίων. Τρόποι est l'expression propre pour tous les πολλαχῶς λεγόμενα. Cependant, dans le passage précité, αἴτια nous semble demander plutôt τόπους.

les quatre causes par lesquelles tout être est ce qu'il est avant tout, c'est-à-dire un être? La science des premiers principes est donc la science des causes de l'être en tant qu'être[1]. Chacune des autres sciences se renferme dans une classe d'êtres définie, dont elle s'attache à démontrer, d'une manière plus ou moins rigoureuse, les propriétés essentielles. Aucune ne se croit en droit de rechercher ce qu'est, dans son être même, l'être particulier dont elle fait son étude[2]. L'être en tant qu'être ne se laisse circonscrire dans aucune classe; les causes n'en sont pas diverses et particulières, mais universelles et uniformes : il ne peut être l'objet que d'une science universelle.

La science des premiers principes, la philosophie première peut donc être définie, « la science universelle de l'être en tant qu'être[3]. »

Mais il ne faut pas comprendre dans l'être ce qui n'est que par accident. L'accident, en général[4], est ce qui arrive aux choses indépendamment de leur es-

---

[1] *Met.* IV, p. 61, l. 5 : Ἐπεὶ δὲ τὰς ἀρχὰς καὶ τὰς ἀκροτάτας αἰτίας ζητοῦμεν, δῆλον ὡς φύσεώς τινος αὐτὰς ἀναγκαῖον εἶναι καθ' αὑτήν... Διὸ καὶ ἡμῖν τοῦ ὄντος ᾗ ὂν τὰς πρώτας αἰτίας ληπτέον.

[2] *Ibid.* VI, p. 121, l. 14 : Πᾶσαι αὗται περὶ ἕν τι καὶ γένος τι περιγραψάμεναι περὶ τούτου πραγματεύονται, ἀλλ' οὐχὶ περὶ ὄντος ἁπλῶς οὐδὲ ᾗ ὄν, οὐδὲ τοῦ τί ἐστιν οὐθένα λόγον ποιοῦνται. XI, p. 219, l. 1.

[3] *Ibid.* IV, p. 61, l. 1 : Οὐδεμία γὰρ τῶν ἄλλων ἐπισκοπεῖ καθόλου περὶ τοῦ ὄντος ᾗ ὄν. — Δῆλον ὅτι καὶ τὰ ὄντα μιᾶς θεωρῆσαι ᾗ ὄντα.

[4] Sur les accidents essentiels, auxquels tout ce qui va suivre ne s'applique pas, voyez plus bas.

sence, et par suite, ce qui ne leur arrive ni toujours ni le plus souvent. C'est un accessoire qui leur vient d'un concours fortuit de circonstances extérieures. L'accident n'appartient de soi-même à rien; aucune chose ne le tient d'elle-même, mais de ses relations extraordinaires avec quelque chose d'étranger. Or la cause d'un être est ce qui le fait être ce qu'il est en lui-même; l'accident ne dérive donc pas des causes de l'être auquel il arrive. Il n'a pas de cause qui lui soit propre et de principe déterminé; il est donc impossible qu'il soit l'objet d'une science. Par cela seul que toute science se fonde sur les causes, il n'est pas de science qui se propose d'autre objet que ce qui arrive toujours ou du moins le plus souvent; il n'en est pas qui ne néglige et ne doive négliger les accidents de son sujet[1]. L'accident, qui se multiplie avec les rapports extérieurs des choses, est indéterminé, indéfini; la science qui chercherait à en épuiser la connaissance ne trouverait pas de terme et ne pourrait pas être[2]. L'accident n'a pas de limite, de forme ni d'essence; aucune définition ne lui convient, qu'une définition négative[3]. Ce n'est pas vé-

---

[1] Met. VI, II; XI, VIII.
[2] Ibid. VI, p. 124, l. 7 : Ἄπειρα γάρ ἐστιν (sc. ὅσα συμβαίνει). V, p. 120, l. 25 : Οὐδὲ δὴ αἴτιον ὡρισμένον οὐθὲν τοῦ συμβεβηκότος, ἀλλὰ τὸ τυχόν· τοῦτο δ' ἀόριστον. XI, p. 228, l. 27.
[3] Top. I, v : Συμβεβηκὸς δέ ἐστιν ὃ μηδὲν μὲν τούτων ἐστί, μήτε ὅρος μήτε ἴδιον μήτε γένος, ὑπάρχει δὲ τῷ πράγματι, κ. τ. λ.

ritablement de l'être, mais plutôt du non-être, qu'il faut abandonner à la frivolité des sophistes[1].

L'être n'est pas non plus le vrai. Il n'y a de vérité que dans une proposition qui unit ou sépare, en affirmant ou en les niant l'un de l'autre, deux termes unis ou séparés dans la réalité; il n'y a de fausseté que dans une proposition qui unit ce qui est séparé ou qui sépare ce qui est uni. Dire vrai, ce n'est pas dire ce qui est, ni dire faux, dire ce qui n'est pas. Dire vrai, c'est dire que ce qui est est, que ce qui n'est pas n'est pas; dire faux, c'est dire que ce qui est n'est pas[2], et réciproquement. Ce n'est donc pas l'être par lui-même qui est le vrai, ni le non-être qui est le faux. Le vrai et le faux ne sont pas dans les choses, mais dans la synthèse ou combinaison de l'entendement[3]. L'accident est un résultat passager du hasard; la vérité une relation dépendante d'un état de la pensée[4].

L'être véritable, objet de la métaphysique, est ce qui existe en soi. Ce qui existe en soi est en dehors des combinaisons de l'entendement[5]. Ce n'est donc

---

[1] *Met.* VI, p. 124, l. 15; XI, p. 227, l. 17.

[2] Ibid. VI, III; XI, VIII; IX, x.

[3] Ibid. VI, p. 127, l. 13 : Οὐ γάρ ἐστι τὸ ψεῦδός τε καὶ τὸ ἀληθὲς ἐν τοῖς πράγμασιν, οἷον τὸ μὲν ἀγαθὸν ἀληθές, τὸ δὲ κακὸν εὐθὺς ψεῦδος, ἀλλ' ἐν διανοίᾳ. XI, p. 228, l. 24 : Ἐν συμπλοκῇ τῆς διανοίας.

[4] Ibid. VI, p. 127, l. 23 : Τὸ γὰρ αἴτιον τοῦ μὲν ἀόριστον, τοῦ δὲ τῆς διανοίας τι πάθος. XI, p. 228, l. 25 : Καὶ πάθος ἐν ταύτῃ.

[5] Ibid. VI, p. 127, l. 19 : Τὸ δ' οὕτως ὄν, ἕτερον τῶν κυρίως,... τὸ μὲν ὡς συμβεβηκὸς καὶ τὸ ὡς ἀληθὲς ὂν ἀφετέον... καὶ ἀμφότερα περὶ

pas dans le rapport exprimé par la proposition que nous devons chercher l'être en soi, mais dans les termes simples, par la combinaison desquels l'entendement la constitue[1]. Ces termes simples forment des espèces; les espèces forment des genres, qui ne sont à leur tour que les espèces de genres plus élevés. Mais l'analyse n'arrive pas jusqu'à un genre suprême, qui embrasse dans son étendue toutes les classes de l'être. Il y a dix genres[2] entre lesquels se partagent, en définitive, tous les attributs que l'entendement peut affirmer (κατηγορεῖν) d'un sujet; en un mot, dix *catégories*[3] qui ne se résolvent pas les unes dans les autres, qui ne se ramènent pas à un genre plus élevé, et qui expriment tout ce que peut être l'être en soi[4]. Ce sont : l'être proprement dit, la quantité, la qualité, la relation, le lieu, le temps, la situation, la possession, l'action, la passion[5]. De ces dix catégories, il y en a neuf

---

τὸ λοιπὸν γένος τοῦ ὄντος, καὶ οὐκ ἔξω δηλοῦσιν οὐσάν τινα φύσιν τοῦ ὄντος. XI, p. 228, l. 25 : Διὸ περὶ μὲν τὸ οὕτως ὂν οὐ ζητοῦνται αἱ ἀρχαί, περὶ δὲ τὸ ἔξω ὂν καὶ χωριστόν.

[1] Τὰ κατὰ μηδεμίαν συμπλοκὴν λεγόμενα. Categ. iv. Cf. Met. VI, p. 127, l. 20.

[2] Σχήματα τῆς κατηγορίας, τῶν κατηγοριῶν; κατηγορίαι.

[3] Γένος pour κατηγορία. Met. XIV, p. 296, l. 12-17; XI, p. 218, l. 16-23. V, p. 97, l. 25 : Γένει δ' (sc. ἐστὶν ἓν) ὧν τὸ αὐτὸ σχῆμα τῆς κατηγορίας. X, p. 199, l. 16-24. De An. I, 1. Categ. viii sub fin.; x init. Anal. post. I, xxii.

[4] Met. V, p. 119, l. 6 : Οὐδὲ γὰρ ταῦτα ἀναλύεται οὔτ' εἰς ἄλληλα οὔτ' εἰς ἕν τι.

[5] Categ. iv : Τῶν κατὰ μηδεμίαν συμπλοκὴν λεγομένων ἕκαστον ἤτοι

358 PARTIE III.—DE LA MÉTAPHYSIQUE.

qui n'ont d'existence réelle que dans un sujet différent d'elles-mêmes. Une seule existe par elle-même, celle que nous avons nommée la première, et c'est celle-là qui sert de sujet à toutes les autres. La catégorie de l'Être renferme donc les substances, dont toutes les qualités, quantités, relations, etc., ne sont que les accidents[1]. C'est l'être en soi par excellence.

Avec l'être s'identifie l'*un*. Tout ce qui est un, est, et tout ce qui est, est un. Il n'y a entre ces deux termes, comme entre la concavité et la convexité d'une courbe, qu'une différence logique, qui n'en empêche pas l'identité réelle[2]. L'un a donc comme l'être

οὐσίαν σημαίνει ἢ ποσὸν ἢ ποιὸν ἢ πρὸς τί ἢ ποῦ ἢ πότε ἢ κεῖσθαι ἢ ἔχειν ἢ ποιεῖν ἢ πάσχειν. Top. I, ix : Ἔστι δὲ ταῦτα τὸν ἀριθμὸν δέκα. Cependant, dans un passage des secondes Analytiques, où Aristote affirme que le nombre des catégories doit être fini, il n'en compte que huit Anal. post. I, xxii : Τὰ γένη τῶν κατηγοριῶν πεπέρανται· ἢ γὰρ ποιὸν, ἢ ποσὸν, ἢ πρὸς τί, ἢ ποιοῦν, ἢ πάσχον, ἢ ποῦ, ἢ πότε. Il néglige donc ici la *situation* et la *possession*. Dans la Métaphysique, il semble retrancher encore le *temps* (XI, p. 236, l. 20; p. 238, l. 10). Il varie sur l'ordre des catégories, qu'il ne paraît pas s'occuper de déterminer rigoureusement. L'*être* οὐσία est toujours en tête; mais en général c'est la *qualité* qui vient immédiatement après, et non pas, comme dans le traité des Catégories, la *quantité*. On en verra plus bas la raison.— Οὐσία ne peut être toujours bien rendu ni par *essence* ni par *substance*. Quand je l'ai traduit par *être* dans le sens propre où on dit *un être*, j'ai écrit avec une majuscule (Être).

[1] *Categ.* V. *Met.* VII, p. 128, l. 12 : Τὰ δ' ἄλλα λέγεται ὄντι τῷ τοῦ οὕτως ὄντος τὰ μὲν ποσότητας εἶναι, τὰ δὲ ποιότητας, τὰ δὲ πάθη, τὰ δὲ ἄλλο τι τοιοῦτον. L. 29 : Τῶν μὲν γὰρ ἄλλων κατηγορημάτων οὐθὲν χωριστὸν, αὕτη δὲ (sc. ἡ οὐσία) μόνη.

[2] *Met.* IV, p. 62, l. 9 : Τὸ ἓν καὶ τὸ ὂν ταὐτὸν καὶ μία φύσις, τῷ

ses genres, ses catégories irréductibles, qui ne sont autres que celles de l'être; et, comme les catégories de l'être, celles de l'unité ont leur fondement et leur substance dans l'Être qui est par soi-même; c'est l'unité substantielle des Êtres qui fait l'unité des quantités, des qualités, de l'espace et du temps [1].

Ce n'est donc pas dans un genre supérieur que s'unissent les catégories, ni dans une commune participation à un seul et même principe ou à une seule et même idée; elles s'unissent, comme les quatre causes, dans une relation commune avec un seul et même terme, et c'est cette relation qui en fait les objets d'une seule et même science [2]. L'objet propre de cette science est donc la première catégorie, à laquelle toutes les autres sont comme suspendues [3]. Ce n'est que dans leur rapport avec le premier genre

ποιεῖν ἀλλήλοις...... ἀλλ' οὐχ ὡς ἑνὶ λόγῳ δηλούμενα. L. 19 : Οὐθὲν ἕτερον τὸ ἓν παρὰ τὸ ὄν.

[1] *Met.* p. 65, l. 17, 21. VII, p. 161, l. 9; X, p. 196, l. 21; p. 197, l. 16.

[2] Ibid. IV, p. 61, l. 12 : Τὸ δὲ ὂν λέγεται μὲν πολλαχῶς, ἀλλὰ πρὸς ἓν καὶ μίαν τινὰ φύσιν. — Πολλαχῶς μὲν, ἀλλ' ἅπαν πρὸς μίαν ἀρχήν· τὰ μὲν γὰρ, ὅτι οὐσίαι, ὄντα λέγεται, τὰ δ' ὅτι πάθη οὐσίας, τὰ δ' ὅτι ὁδὸς εἰς οὐσίαν, ἢ φθοραὶ ἢ στερήσεις ἢ ποιότητες ἢ ποιητικὰ ἢ γεννητικὰ οὐσίας, ἢ τῶν πρὸς τὴν οὐσίαν λεγομένων ἢ τούτων τινὸς ἀποφάσεις ἢ οὐσίας·... οὐ γὰρ μόνον, κ. τ. λ. Voy. plus haut, p. 353, note 1. — Ibid. p. 63, l. 21 : Οὐ γὰρ εἰ πολλαχῶς, ἑτέρας (sc. ἐπιστήμης), ἀλλ' εἰ μήτε καθ' ἓν μήτε πρὸς ἓν οἱ λόγοι ἀναφέρονται. Sur la distinction de καθ' ἓν et πρὸς ἕν, voyez encore VII, p. 134, l. 20.

[3] Ibid. p. 62, l. 1 : Πανταχοῦ δὲ κυρίως τοῦ πρώτου ἡ ἐπιστήμη, καὶ ἐξ οὗ τὰ ἄλλα ἤρτηται, καὶ δι' ὃ λέγονται.

de l'être, que les genres subordonnés peuvent devenir l'objet de la métaphysique.

Mais il y a des relations d'une nature toute différente qui établissent entre les diverses catégories une sorte de parenté; ce sont les oppositions de l'être.

Le non-être s'oppose à l'être, comme sa négation : ce n'est donc pas, non plus que l'être, une chose simple, et autant il y a de genres de l'être, autant il faut que le non-être ait de genres[1]. Cependant l'opposition de l'être et du non-être, différente, en réalité, dans chacune des catégories, est la même dans toutes par sa forme[2]. Dans cette forme, le second terme n'exprime pas autre chose que l'absence du premier. Le rapport de l'être et du non-être consiste donc dans une pure contradiction; dernière forme à laquelle toute opposition doit se ramener[3]. Mais l'être est aussi l'*un*, et à l'*un* s'oppose la multitude. Ici l'opposition ne pose plus l'être d'un côté et le non-être de l'autre; elle ne s'étend pas hors de l'être; il n'y a que ce qui est qui puisse être plusieurs[4]. La multitude n'est point la négation pure et simple de l'unité: elle en est le contraire, non pas le contradictoire.

---

[1] *Met.* XIV, p. 294, l. 23 : Πολλαχῶς γὰρ τὸ μὴ ὄν, ἐπειδὴ καὶ τὸ ὄν. P. 295, l. 5 : Τὸ μὲν κατὰ τὰς πτώσεις μὴ ὂν ἰσαχῶς τοῖς κατηγορίαις λέγεται.

[2] Ibid. IV, p. 65, l. 1.

[3] Ibid. p. 63, l. 11; X, p. 201, l. 8; *Categ.* x.

[4] Ibid. IV, p. 63, l. 5 : Τῷ δ' ἑνὶ ἀντίκειται πλῆθος...... ἔνθα μὲν οὐ τῷ ἑνὶ ἡ διαφορὰ πρόσεστι παρὰ τὸ ἐν τῇ ἀποφάσει. Cf. X, p. 199, l. 7

Elle ne l'exclut pas d'une manière absolue; elle la renferme en quelque façon. En effet l'*un* est l'indivisible, la multitude est le divisible; or le divisible se résout par la division en des indivisibles. La multitude s'oppose donc à l'unité, comme des unités à l'unité. C'est une opposition fondée sur un rapport, le rapport de la mesure à la chose mesurée[1]. L'unité, en toutes choses, est la mesure qui sert à estimer par comparaison les grandeurs. La mesure diffère selon ce qu'on mesure; pour les quantités c'est une quantité, pour les qualités une qualité. En un mot la mesure est du genre des choses qu'elle mesure, et la multitude diffère, comme l'unité, selon les différentes catégories[2]. Mais ce rapport du mesurable à la mesure, qui fait l'opposition des deux termes, n'en est pas moins partout le même. A l'opposition de l'*un* et de la *multitude* se ramène celle du *même* et de *l'autre*. Deux choses identiques ne font qu'un; deux choses qui sont autres forment une pluralité. Mais si l'opposition de l'unité et de la multitude implique une relation, celle du même et de l'autre suppose une comparaison expresse et une réciprocité de rapport. Elle n'est pas moins univer-

---

[1] *Met.* X, p. 197, l. 27; p. 204, l. 21 : Οὕτως γὰρ λέγομεν ἓν καὶ πολλά, ὥσπερ εἴ τις εἴποι ἓν καὶ ἕνα, ἢ λευκὸν καὶ λευκά, καὶ τὰ μεμετρημένα πρὸς τὸ μέτρον, καὶ τὸ μετρητόν.

[2] *Ibid.* p. 193, l. 17 : Τὸ ἑνὶ εἶναι... μάλιστα δὲ τῷ μέτρον εἶναι πρῶτον ἑκάστου γένους καὶ κυριώτατα τοῦ ποσοῦ. P. 195, l. 10 : Ἀεὶ δὲ συγγενὲς τὸ μέτρον. P. 196, l. 21 : Λέγεται δὲ ἰσαχῶς τὸ ὂν καὶ τὸ ἕν. P. 197, l. 18.

selle, en ce qu'il n'est pas d'être auquel elle ne s'applique[1]; mais elle est plus définie. Au même et à l'autre se ramènent les contrariétés du *semblable* et du *dissemblable*, de l'*égal* et de l'*inégal*, qui ne sont plus des oppositions universelles, mais qui ont un rapport essentiel l'une à la qualité, l'autre à la quantité[2]. Sous le terme négatif de l'opposition du même et de l'autre, se placent la *différence* et la *contrariété*. La différence ne suppose plus seulement deux choses, dont l'une n'est pas l'autre, mais une troisième chose par laquelle elles diffèrent : le genre ou l'espèce, ou tout au moins l'accident[3]. Enfin la contrariété est la différence de deux espèces qui forment les extrêmes d'un genre; c'est la seule différence définie et la forme la plus parfaite de l'opposition [4].

De toutes ces oppositions, il n'en est pas une qui appartienne à tel ou tel genre de l'être exclusivement; elles s'étendent toutes à tout ce qui est; ce sont les affections propres, les accidents essentiels de l'être en tant qu'être, et de l'unité en tant qu'unité[5]. Les

---

[1] *Met.* IV, p. 62, l. 23; p. 63, l. 14; X, p. 199, l. 2 : Πᾶν πρὸς ἅπαν ἢ ταὐτὸ ἢ ἄλλο.—Διὸ οὐ λέγεται ἐπὶ τῶν μὴ ὄντων (τὸ δὲ μὴ ταὐτὸ λέγεται), ἐπὶ δὲ τῶν πάντων ὄντων.

[2] Ibid. IV, locc. laudd. X, p. 198, l. 8 sqq.; p. 201, l. 17.

[3] Ibid. X, p. 199, l. 13 : Πᾶν γὰρ ἢ ἕτερον ἢ ταὐτὸ ὅ τι ἂν ἦ ὄν· τὸ δὲ διάφορόν τινός τινι διάφορον, ὥστ' ἀνάγκη ταὐτό τι εἶναι ᾧ διαφέρουσι. Τοῦτο δὲ τὸ αὐτὸ γένος ἢ εἶδος.

[4] Ibid. p. 200, l. 3 sqq; IV, p. 63, l. 17.

[5] Ibid. IV, p. 64, l. 8 : Τοῦ ἑνὸς ᾗ ἓν καὶ τοῦ ὄντος ᾗ ὂν ταῦτα κατ' αὐτά ἐστι πάθη.

deux membres contraires de chaque opposition diffèrent donc nécessairement dans chacune des catégories, comme l'être lui-même dans chacun de ses genres. Mais de même aussi que c'est partout l'être, partout c'est la même opposition : les termes sont divers, mais le rapport identique [1]. L'unité, par exemple, est à la multitude, dans la catégorie de la quantité, ce que l'unité est à la multitude dans les catégories de la qualité, de l'espace ou du temps. Les oppositions établissent donc entre les dix genres de l'être des égalités de rapport, des proportions, des analogies : trois termes synonymes [2]. Les catégories, avec toutes les espèces dans lesquelles chacune d'elles se ramifie, forment autour de l'Être comme des rayons qui vont s'écartant de plus en plus, mais entre lesquels les oppositions mesurent les angles et soumettent les intervalles à la loi d'une proportionnalité constante. Mais il faut aux proportions une mesure commune dans un premier rapport auquel elles se ramènent toutes; cette mesure, c'est encore dans la catégorie de l'Être qu'elle se trouve. C'est le rapport des deux termes dans l'Être qui détermine la valeur réelle de chaque opposition, et sert de fondement aux analo-

---

[1] *Met.* X, p. 201, l. 24 sqq.
[2] *Ibid.* XIV, p. 306, l. 28 : Ἐν ἑκάστῃ γὰρ τοῦ ὄντος κατηγορίᾳ ἐστὶ τὸ ἀνάλογον. X, p. 97, l. 22 : Γένει δ' (sc. ἐστὶν ἕν) ὧν τὸ αὐτὸ σχῆμα τῆς κατηγορίας, κατ' ἀναλογίαν δὲ ὅσα ἔχει ὡς ἄλλο πρὸς ἄλλο. *De Part. anim.* I, v : Τὰ μὲν γὰρ ἔχουσι τὸ κοινὸν κατ' ἀναλογίαν, τὰ δὲ κατὰ γένος, τὰ δὲ κατ' εἶδος. Cf. Theophr. *Met.* p. 317, l. 19.

gies des contraires. C'est ce rapport enfin qui fait rentrer dans le domaine de la métaphysique toutes les oppositions de l'être en tant qu'être, avec les catégories qu'elles unissent [1].

La dialectique se propose aussi pour objet l'être en tant qu'être et ses oppositions. Mais, comme la sophistique, elle prend et l'être et ses contraires dans leur idée abstraite [2]. Elle ne tient pas compte de la différence fondamentale des catégories, et elle ne connaît pas l'unité substantielle de l'Être; elle s'arrête à une généralité vaine, à l'idée indéterminée de l'être en soi. Au contraire, la métaphysique part de la distinction des genres [3]. L'être, et par suite le non-être, et tous les contraires ne sont rien pour elle que dans la diversité réelle des catégories, et c'est dans la réalité d'un sujet subsistant par soi-même qu'elle trouve le principe supérieur qui soumet la

---

[1] Met. IV, p. 63, l. 22.: Ἐπεὶ δὲ πάντα πρὸς τὸ πρῶτον ἀναφέρεται, οἷον ὅσα ἓν λέγεται πρὸς τὸ πρῶτον ἕν, ὡσαύτως φατέον καὶ περὶ ταυτοῦ καὶ ἑτέρου καὶ τῶν ἐναντίων ἔχειν· ὥστε διελόμενον ποσαχῶς λέγεται ἕκαστον οὕτως ἀποδοτέον πρὸς τὸ πρῶτον ἓν ἑκάστῃ κατηγορίᾳ, πῶς πρὸς ἐκεῖνο λέγεται. P. 65, l. 14 : Ἀρχαὶ δὲ τῶν ἐναντίων τὸ ἓν καὶ πλῆθος. Ταῦτα δὲ μιᾶς ἐπιστήμης, εἴτε καθ' ἓν λέγεται εἴτε μή, ὥσπερ ἴσως ἔχει τἀληθές. Ἀλλ' ὅμως εἰ καὶ πολλαχῶς λέγεται τὸ ἕν, πρὸς τὸ πρῶτον τἆλλα λεχθήσεται καὶ τὰ ἐναντία ὁμοίως.

[2] Ibid. IV, p. 64, l. 11-25; II, p. 41, l. 22. Voyez plus haut, p. 311.

[3] Ibid. XIV, p. 294, l. 12 : Πρῶτον μὲν, εἰ τὸ ὄν, πολλαχῶς. I. p. 33, l. 25 : Ὅλως τε τὸ τῶν ὄντων ζητεῖν στοιχεῖα μὴ διελόντας, πολλαχῶς λεγομένων, ἀδύνατον εὑρεῖν. Cf. XII, p. 245, l. 16.

diversité à l'unité. Elle ne descend pas, sans doute, aux espèces des catégories inférieures, ni aux applications que les oppositions y reçoivent; mais elle ne s'en tient pas non plus aux formes logiques qui ne sont en elles-mêmes que des rapports; elle les ramène à un plus solide principe, elle les asseoit sur le ferme fondement de la réalité. Sans les catégories, les oppositions ne sont que des abstractions logiques dépourvues de sens; sans les oppositions, les catégories n'ont plus entre elles de rapports logiques, et la science est impossible; sans l'être enfin, catégories et oppositions n'ont ni sens ni réalité, et il n'y a ni science ni existence.

Sur le double fondement des catégories de l'être et de ses oppositions s'élève l'édifice de la science. Toute démonstration suppose des principes qu'elle ne démontre pas; autrement on remonterait à l'infini de démonstration en démonstration, et la science serait impossible. Mais toute démonstration consiste dans une suite de propositions dont chacune a sa preuve dans celles qui la précèdent; et prouver une proposition, c'est prouver que le prédicat doit être affirmé du sujet. Le principe d'une démonstration est donc une proposition qui ne peut être prouvée et qui n'a pas besoin de l'être, c'est-à-dire où le rapport du prédicat au sujet est évident de soi-même [1].

---

[1] *Anal. post.* I, ii, iii, x; II, xv.

Or les propositions premières qui commencent les démonstrations ne s'étendent pas indifféremment et de la même manière à toutes choses; elles diffèrent comme les genres, et se rangent avec les êtres dans des catégories distinctes.

En effet, qu'est-ce que l'entendement affirme d'un sujet sans chercher et sans pouvoir assigner aucune raison de son affirmation? C'est ce que le sujet possède en lui-même, et qu'il tient de son essence; c'est, par conséquent, ce qui ne peut pas cesser de lui appartenir sans qu'il cesse d'être, ce qui lui est nécessaire; et de là vient la nécessité de la démonstration. Mais ce qu'une chose possède par elle-même, en vertu de son essence propre, ne peut pas être à une autre; autrement ce serait un accident qui pourrait, selon les circonstances, se trouver ou ne pas se trouver en elles. Les attributs essentiels sont donc essentiellement propres à leur sujet, et par conséquent aussi les propositions qui les lui rapportent [2]. Les principes de la science diffèrent donc selon les sujets. Or le sujet d'une première proposition est le genre auquel se ramènent tous les sujets plus particuliers des propositions subordonnées. C'est donc selon les genres que diffèrent les principes des démonstra-

---

[1] Anal. post. I, vi : Εἰ οὖν ἐστιν ἡ ἀποδεικτικὴ ἐπιστήμη ἐξ ἀναγκαίων ἀρχῶν... τὰ δὲ καθ' αὑτὰ ὑπάρχοντα ἀναγκαῖα τοῖς πράγμασιν... φανερὸν ὅτι ἐκ τοιούτων τινῶν ἂν εἴη ὁ ἀποδεικτικὸς συλλογισμός.

[2] Ibid.

tions, et chaque science, à laquelle chacun de ces principes donne naissance, est la science d'un seul et unique genre [1].

Mais un genre n'est-il pas souvent une espèce d'un genre plus élevé? Les attributs essentiels d'une chose sont de deux sortes : les uns, qui composent sa définition ; les autres, dans la définition desquels elle est enveloppée. Tout genre se spécifie par des différences contraires, dont l'une ou l'autre s'affirme nécessairement de ses différentes espèces : toute quantité est continue ou discrète, tout nombre pair ou impair. Toute chose qui est un genre et qui en même temps est une espèce renferme donc d'une part les attributs qui la constituent espèce, c'est-à-dire son genre avec sa différence spécifique, et de l'autre les attributs qu'elle constitue comme genre, savoir les différences entre lesquelles se partageront ses propres espèces. Ces derniers lui sont propres et lui appartiennent à elle seule. Les différences ne peuvent être définies que par le genre, le pair et l'impair par le nombre, le discret et le continu par la quantité [2]. Chacune des différences s'affirme donc du genre, et le

---

[1] *Met.* IV, p. 62, l. 5 : Ἅπαντος δὲ γένους καὶ αἴσθησις μία ἑνὸς καὶ ἐπιστήμη. *Anal. post.* I, XXII : Ἕτεραι γὰρ πολλῶν τῷ γένει αἱ ἀρχαί, καὶ οὐδ' ἐφαρμόττουσαι.

[2] *Anal. post.* I, IV : Καθ' αὑτὰ δ', ὅσα ὑπάρχει ἐν τῷ τί ἐστιν· οἷον τριγώνῳ γραμμή, καὶ γραμμῇ στιγμή· ἡ γὰρ οὐσία αὐτῶν ἐκ τούτων ἐστὶ, καὶ ἐν τῷ λόγῳ, τῷ λέγοντι τί ἐστιν, ἐνυπάρχει. Καὶ ὅσοις τῶν ἐνυπαρχόντων αὐτοῖς αὐτὰ ἐν τῷ λόγῳ ἐνυπάρχουσι, τῷ τί ἐστι δηλοῦντι. Οἷον

genre, à son tour, de la somme de ses différences dans la réalité de ses espèces [1]. Le genre, d'un côté, et ses différences essentielles, de l'autre, forment deux termes de même extension, deux membres d'une équation, qu'on peut convertir l'un dans l'autre [2]. Les premières différences du sujet d'une science, n'étant autre chose que ses affections propres [3], donnent nécessairement naissance à des principes qui lui sont propres au même titre. Au contraire, si la définition dans sa totalité est exclusivement propre au défini, le genre qui fait la base de cette définition le surpasse en extension, et, par conséquent, ne lui est pas propre. Or le genre est de son essence [4]. Voilà donc un attribut essentiel qui n'est pas propre à son sujet. Et, si le genre est de l'essence de la chose définie,

τὸ εὐθὺ ὑπάρχει γραμμῇ καὶ τὸ περιφερές· καὶ τὸ περιττὸν καὶ ἄρτιον ἀριθμῷ καὶ τὸ πρῶτον καὶ σύνθετον. Ibid. VI, XXII.

[1] *Anal. post.* I, IV : Τὰ ἄρα λεγόμενα ἐπὶ τῶν ἁπλῶς ἐπιστητῶν καθ' αὑτὰ οὕτως ὡς ἐνυπάρχειν τοῖς κατηγορουμένοις, ἢ ἐνυπάρχεσθαι, δι' αὑτά τέ ἐστι καὶ ἐξ ἀνάγκης. Οὐ γὰρ ἐνδέχεται μὴ ὑπάρχειν ἢ ἁπλῶς, ἢ τὰ ἀντικείμενα· οἷον γραμμῇ τὸ εὐθὺ ἢ τὸ καμπύλον, καὶ ἀριθμῷ τὸ περιττὸν ἢ τὸ ἄρτιον.

[2] Ibid. VI, XXII : Ἀντιστρέφοντα ἔσται, ἀλλ' οὐχ' ὑπερτείνοντα.

[3] *Top.* I, V : Ἴδιον δ' ἐστὶν ὃ μὴ δηλοῖ μὲν τὸ τί ἦν εἶναι, μόνῳ δ' ὑπάρχει καὶ ἀντικατηγορεῖται. Cf. IX.

[4] *Anal. post.* I, VII : Ἐπεὶ δ' ἐξ ἀνάγκης ὑπάρχει περὶ ἕκαστον γένος ὅσα καθ' αὑτὰ ὑπάρχει, καὶ ᾗ ἕκαστον, φανερὸν ὅτι περὶ τῶν καθ' αὑτὰ ὑπαρχόντων αἱ ἐπιστημονικαὶ ἀποδείξεις, καὶ ἐκ τῶν τοιούτων εἰσί. XII : Οὐκ ἄρα ἐστὶν ἐξ ἄλλου γένους μεταβάντα δεῖξαι. IX : Φανερὸν ὅτι ἕκαστον ἀποδεῖξαι οὐκ ἔστιν ἀλλ' ἢ ἐκ τῶν ἑκάστου ἀρχῶν, ἂν τὸ δεικνύμενον ὑπάρχῃ ᾗ ἐκεῖνο.

elle doit avoir aussi au nombre de ses principes les principes du genre. Or ces principes sont communs, comme le genre lui-même, à toutes les espèces. Voilà donc des principes qui ne sont pas propres au sujet de la science. C'est que le sujet n'est plus ici pris en lui-même, mais dans son genre; et c'est dans ce genre qu'il faut chercher et son essence et ses principes[1]. C'est donc toujours au genre que les principes appartiennent en propre; ils ne se transportent pas d'un genre à un genre différent, ils descendent seulement du genre à ses espèces. La musique se démontre par l'arithmétique, la mécanique et l'optique par la géométrie; mais on ne peut pas démontrer les sciences arithmétiques les unes par les autres, ni les unes par les autres les sciences géométriques. On ne peut pas démontrer les sciences arithmétiques par la géométrie, ni par l'arithmétique les sciences géométriques; on ne peut pas démontrer la géométrie en général par l'arithmétique, ni l'arithmétique par la géométrie. D'un genre à un autre genre, il n'y a pas de communication, sinon dans leur rapport avec un genre plus élevé qui les enveloppe tous deux[2]. Mais nous avons vu que l'analyse ne peut

---

[1] *Anal. post.* VIII.
[2] Ibid. VII : Ἡ ἁπλῶς ἀνάγκη τὸ αὐτὸ εἶναι γένος ἢ πῆ, εἰ μέλλει ἡ ἀπόδειξις μεταβαίνειν.—Οὐδ' ἄλλη ἐπιστήμη (sc. ἔστι δεῖξαι) τὸ ἑτέρας, ἀλλ' ἢ ὅσα οὕτως ἔχει πρὸς ἄλληλα ὥστ' εἶναι θάτερον ὑπὸ θάτερον, οἷον τὰ ὀπτικὰ πρὸς γεωμετρίαν, καὶ τὰ ἁρμονικὰ πρὸς ἀριθμητικήν. Cf.

pas tout réduire à un seul et même genre, et qu'elle s'arrête en définitive à un certain nombre de catégories qui ne souffrent plus de réduction. Les catégories n'ont pas de genre; elles ne sont donc pas susceptibles de définition. Par conséquent aucune n'a d'autres attributs essentiels que les différences fondamentales qui constituent ses affections propres. Chaque genre de l'être a donc ses principes qui lui appartiennent à lui seul. Chacun de ces principes est une proposition, une *thèse* [1], qui est la source d'une science indépendante.

Cependant il y a des principes qui sont communs à des sciences différentes [2]. Ce sont des principes communs à l'arithmétique et à la géométrie que, si l'on retranche de deux choses égales un même nombre de parties égales, les deux restes seront encore égaux; et que deux choses égales à une troisième sont égales entre elles. Mais ce ne sont, ni dans l'une ni dans l'autre de ces deux sciences, des principes directs de démonstration. Ni l'une ni l'autre ne les prend en eux-mêmes et dans leur acception générale : l'arithmétique les considère dans leur application aux nombres, la géométrie dans leur application aux éten-

---

[1] *Anal. post.* x.
[2] Ibid. ιx : Οὐκ ἔστιν ἀποδεῖξαι ἕκαστον ἁπλῶς, ἀλλ' ἢ ἐκ τῶν ἰδίων ἀρχῶν· ἀλλὰ τούτων αἱ ἀρχαὶ ἔχουσι τὸ κοινόν. x : Ἔστι δ' ὧν χρῶνται ἐν ταῖς ἀποδεικτικαῖς ἐπιστήμαις τὰ μὲν ἴδια ἑκάστης ἐπιστήμης, τὰ δὲ κοινά.

dues; chacune les approprie à son objet[1]. L'essence de ces principes ne consiste donc pas dans la nature des termes, mais dans le rapport qui les unit. Les termes sont variables; le rapport est constant. C'est qu'ici les termes ne sont pas des réalités définies : ce sont ces opposés, ces contraires qui établissent l'analogie des genres : l'égal et l'inégal, le semblable et le dissemblable, le même et l'autre; les propositions qui en résultent n'expriment donc aussi que des analogies, dont l'unité toute formelle suppose, bien loin de l'exclure, une diversité réelle dans les choses auxquelles elle s'applique[2]. Les principes communs répondent aux oppositions, comme les principes propres répondent aux genres; et de même qu'il y a des oppositions premières auxquelles toutes les autres se ramènent, et qui rapprochent tous les genres de l'être, de même il y a des principes communs qui s'étendent à la fois à toutes les sphères que les principes propres déterminent. Les principes communs en général s'appellent des *axiomes*; les principes uni-

---

[1] *Anal. post.* x : Κοινὰ δὲ οἷον τὸ ἴσα ἀπὸ ἴσων ἂν ἀφέλῃ, ὅτι ἴσα τὰ λοιπά. Ἱκανὸν δ' ἕκαστον τούτων, ὅσον ἐν τῷ γένει· ταὐτὸ γὰρ ποιήσει, κἂν μὴ κατὰ πάντων λάβῃ, ἀλλ' ἐπὶ μεγεθῶν μόνον· τῷ δ' ἀριθμητικῷ ἐπ' ἀριθμῶν. Cf. xi. *Met.* IV, p. 66, l. 7 : Ἐπὶ τοσοῦτον δὲ χρῶνται, ἐφ' ὅσον αὐτοῖς ἱκανόν· τοῦτο δ' ἐστίν, ὅσον ἐπέχει τὸ γένος. XI, p. 218, l. 23 : Ὁ μαθηματικὸς χρῆται τοῖς κοινοῖς ἰδίως.

[2] *Anal. post.* I, x : Κοινὰ δὲ κατ' ἀναλογίαν, ἐπεὶ χρήσιμόν γε ὅσον ἐν τῷ ὑπὸ τὴν ἐπιστήμην γένει.

versels peuvent s'appeler les axiomes de l'être en tant qu'être [1].

Les principes propres sont généraux ; les principes communs sont seuls universels. Puisqu'il n'y a pas de genre qui s'étende à tout, l'universalité ne peut consister que dans la relation, l'analogie [2]. Les principes communs ne peuvent donc être en eux-mêmes, comme les oppositions universelles, que l'objet de la dialectique [3]. Toute science porte sur un sujet qui a ses propriétés ; des rapports sans termes définis, des formes qui ne renferment rien et qui peuvent s'appliquer à tout ne sont pas l'objet propre d'une science [4]. Ce ne sont pas les principes féconds de la connaissance des choses dans leur essence intime, ce sont des notions indéterminées qui ne peuvent rien faire connaître que d'une manière superficielle et extérieure, par une induction incertaine, par une vague opinion [5]. En un mot, ce sont

---

[1] Ἀξιώματα. Met. IV, p. 66, l. 5 : Ἅπασι γὰρ ὑπάρχει τοῖς οὖσιν, ἀλλ' οὐ γένει τινὶ χωρὶς ἰδίᾳ τῶν ἄλλων.

[2] Anal. post. I, XVIII. Met. I, p. 33, l. 18.

[3] Soph. el. XI : Ὁ μὲν οὖν κατὰ τὸ πρᾶγμα θεωρῶν τὰ κοινὰ διαλεκτικός.

[4] Rhet. I, IV : Ἐπιστήμας ὑποκειμένων τινῶν πραγμάτων, ἀλλὰ μὴ μόνον λόγων.

[5] Soph. el. XI : Ταῦτα γὰρ οὐδὲν ἧττον ἴσασιν αὐτοί, κἂν δοκῶσι λίαν ἔξω λέγειν. — Ἔστιν ἐκ τούτων περὶ ἁπάντων πεῖραν λαμβάνειν. Voyez plus haut, p. 239 sqq.

des cases vides, ou des *lieux* dont la théorie forme la Topique ; et c'est sur la Topique que se fondent les deux sciences discursives, ou plutôt les deux arts de l'opinion et de la vraisemblance, la Dialectique et la Rhétorique[1].

Mais l'universalité des axiomes comme des oppositions repose sur l'universalité de l'être. L'universalité de l'être, à son tour, repose sur le rapport commun de toutes les catégories avec les substances dans lesquelles elles existent. C'est parce qu'il y a de l'être dans toutes les catégories, qu'aucune n'échappe aux axiomes[2] ; or aucune n'a d'être que dans la réalité d'un Être en soi. Ainsi, c'est de leur rapport avec l'Être en soi que les axiomes tirent leur nécessité, qui en fait les lois de toute démonstration. Si, dans leurs applications, ils appartiennent aux diverses sciences des divers genres de l'être, si, dans leurs formules abstraites, ils ne peuvent être l'objet que des spéculations vaines du dialecticien, dans leur essence

---

[1] *Rhet.* I, II : Λέγω γὰρ διαλεκτικούς τε καὶ ῥητορικοὺς συλλογισμοὺς εἶναι περὶ ὧν τοὺς τόπους λέγομεν· οὗτοι δ' εἰσὶν οἱ κοινῇ περὶ..... πολλῶν διαφερόντων εἴδει, οἷον ὁ τοῦ μᾶλλον καὶ ἧττον τόπος. — Κἀκεῖνα μὲν οὐ ποιήσει περὶ οὐδὲν γένος ἔμφρονα· περὶ οὐδὲν γὰρ ὑποκείμενόν ἐστιν· ταῦτα δὲ (sc. τὰ ἴδια), ὅσῳ τις ἂν βέλτιον ἐκλέγηται τὰς προτάσεις, λήσει ποιήσας ἄλλην ἐπιστήμην τῆς διαλεκτικῆς καὶ ῥητορικῆς· ἂν γὰρ ἐντύχῃ ἀρχαῖς, οὐκέτι διαλεκτικὴ οὐδὲ ῥητορική, ἀλλ' ἐκείνη ἔσται ἧς ἔχει τὰς ἀρχάς. — Λέγω δ' εἴδη μὲν τὰς καθ' ἕκαστον γένος προτάσεις.

[2] *Met.* IV, p. 66. l. 6 : Χρῶνται μὲν πάντες, ὅτι τοῦ ὄντος ἐστὶν ᾗ ὄν, ἕκαστον δὲ τὸ γένος ὄν.

intérieure d'où dérivent et les applications particulières et la généralité logique, ils relèvent, comme les oppositions universelles, de la philosophie première[1].

Si les principes communs se ramènent à un premier principe, ce ne peut être que la loi de la première opposition, de la contradiction de l'être et du non-être; cet axiome que la même chose ne peut pas, dans le même temps et selon le même rapport, être et ne pas être[2]. Ce n'est pas là une proposition susceptible de démonstration; car il est impossible d'en trouver une qui soit plus générale; mais ce n'est pas non plus une hypothèse ou un postulat d'une valeur conditionnelle. C'est la condition de toute pensée, le principe sans lequel il n'y a rien de concevable, qui est nécessaire, qui ne peut pas ne pas être et qu'on ne peut pas même ignorer[3]. La conséquence immédiate de ce premier principe est que les contraires ne peuvent pas appartenir, en même temps et

---

[1] *Met.* IV, p. 66, l. 10 : Ὥστ' ἐπεὶ δῆλον ὅτι ᾗ ὄντα ὑπάρχει τις (τοῦτο γὰρ αὐτοῖς τὸ κοινόν), τοῦ περὶ τὸ ὄν ᾗ ὂν γνωρίζοντος καὶ περὶ τούτων ἐστὶν ἡ θεωρία.

[2] Ibid. p. 67, l. 11 : Τὸ γὰρ αὐτὸ ἅμα ὑπάρχειν τε καὶ μὴ ὑπάρχειν ἀδύνατον τῷ αὐτῷ καὶ κατὰ τὸ αὐτό.

[3] Ibid. l. 3 : Βεβαιοτάτη δ' ἀρχὴ πασῶν, περὶ ἣν διαψευσθῆναι ἀδύνατον· γνωριμωτάτην τε γὰρ ἀναγκαῖον εἶναι τὴν τοιαύτην (περὶ ἃ γὰρ μὴ γνωρίζουσιν, ἀπατῶνται πάντες) καὶ ἀνυπόθετον· ἣν γὰρ ἀναγκαῖον ἔχειν τὸν ὁτιοῦν ξυνιέντα τῶν ὄντων, τοῦτο οὐχ ὑπόθεσις. Anal. post. I, x. 0: ἔστι δ' ὑπόθεσις οὐδ' αἴτημα ὃ ἀνάγκη εἶναι δι' αὑτὸ καὶ δοκεῖν ἀνάγκη.

selon le même rapport, à une même chose. Car toute contrariété implique une privation, et toute privation une contradiction [1]. Enfin, le principe de contradiction a sa réciproque qui n'est pas moins nécessaire, et qui donne la loi universelle de la vérité et de l'erreur. S'il est impossible qu'une même chose soit et ne soit pas en même temps, il est également impossible qu'une chose ne soit pas et qu'elle soit ; s'il est impossible que les deux propositions contradictoires soient vraies en même temps d'une même chose, il est également impossible qu'elles soient toutes deux fausses. Point d'affirmation, mais aussi point de négation qui ne soit ni vraie ni fausse. D'où il suit qu'entre deux propositions contradictoires, il n'y a pas de milieu. Les deux parties opposées de toute contradiction se partagent toute l'étendue du possible, tout le domaine de l'erreur et de la vérité[2]. La contradiction est donc la règle à laquelle la démonstration se mesure : toute proposition qui a pour conséquence une proposition contradictoire, est par là même convaincue de fausseté.

Les axiomes ne sont pas la source des démonstrations : mais ils en sont la règle et la condition. Puisqu'il n'y a pas de genre dont toutes les classes d'êtres

---

[1] *Met.* IV, p. 83, l. 12.
[2] Ibid. l. 21 : Ἀλλὰ μὴν οὐδὲ μεταξὺ ἀντιφάσεως ἐνδέχεται εἶναι οὐθέν, ἀλλ' ἀνάγκη ἢ φάναι ἢ ἀποφάναι καθ' ἑνὸς ὁτιοῦν. — P. 85, l. 16 : Φανερῶς ἀντιφάσεις εἰσὶν ἃς οὐχ οἷόν τε ἅμα ἀληθεῖς εἶναι· οὐδὲ δὴ ψευδεῖς πάσας. — Ἀνάγκη γὰρ τῆς ἀντιφάσεως θάτερον εἶναι μόριον ἀληθές.

ne soient que des espèces plus ou moins éloignées, il n'y a pas de principe dont on puisse faire tout sortir par voie de déduction, pas de proposition dont toutes les propositions possibles soient des conséquences [1]. Mais il y a des lois auxquelles tous les genres, tous les principes, toutes les propositions sont soumises [2]. Ce sont ces lois qui établissent des rapports nécessaires entre toutes les sciences, et les assujettissent à des formules universelles. La proposition affirme ou nie, la science démontre une chose d'une autre, un prédicat ou attribut de son sujet ; et c'est à une première proposition qui affirme du sujet ou du genre son premier attribut, que remontent les démonstrations [3] ; mais au-dessus de la variété des sujets et des attributs s'élève l'axiome immuable ; au-dessus des principes contingents, sur lesquels sont fondées les différentes sciences, les principes nécessaires [4], qui les enchaînent les uns aux autres et qui les enveloppent tous avec toutes leurs conséquences, d'un uniforme réseau

---

[1] *Soph. el.* XI : Οὔτε γάρ ἐστιν ἅπαντα ἐν ἑνί τινι γένει, οὔτε εἰ εἴη, οἷόν τε ὑπὸ τὰς αὐτὰς εἶναι ἀρχάς.

[2] *Anal. post.* I, XXXII : Ἀλλ' οὐδὲ τῶν κοινῶν ἀρχῶν οἷόντ' εἶναί τινας ἐξ ὧν ἅπαντα δειχθήσεται· λέγω δὲ κοινὰς οἷον τὸ πᾶν φάναι ἢ ἀποφάναι. Τὰ γὰρ γένη τῶν ὄντων ἕτερα, καὶ τὰ μὲν τοῖς ποσοῖς, τὰ δὲ τοῖς ποιοῖς ὑπάρχει μόνοις, μεθ' ὧν δείκνυται διὰ τῶν κοινῶν.

[3] *Ibid.* VI : Ἀρχή ἐστιν... τὸ πρῶτον τοῦ γένους περὶ ὃ δείκνυται.

[4] *Ibid.* II : Ἀμέσου δ' ἀρχῆς συλλογιστικῆς θέσιν μὲν λέγω ἣν μὴ ἔστι δεῖξαι, μηδ' ἀνάγκη ἔχειν τὸν μαθησόμενόν τι· ἣν δ' ἀνάγκη ἔχειν τὸν ὁτιοῦν μαθησόμενον, ἀξίωμα.

d'analogies. Toute science suppose donc trois éléments distincts : ce dont elle démontre, ce qu'elle démontre, ce par quoi elle démontre ; le sujet, l'attribut, l'axiome[1]. De ces éléments, le dernier ne lui appartient pas en propre, et ne relève, à vrai dire, que de la métaphysique. Toute science pose le rapport d'un sujet à un attribut dans une *thèse* dont elle est seule juge. La métaphysique coordonne toutes les thèses à des axiomes supérieurs.

Mais, de plus, aucune science peut-elle s'assurer par elle-même de la réalité de sa thèse, ou de son principe propre ? Ce principe donne le rapport d'un sujet avec un attribut qui fait partie de son essence ; il donne la nature du sujet. Mais ce sujet existe-t-il ? C'est une question préalable à laquelle ni la thèse ni aucune de ses conséquences ne sauraient fournir de réponse[2]. La thèse n'est donc qu'une *définition*, si l'on n'affirme pas la réalité du sujet ; et si on l'affirme, ce n'est qu'une *hypothèse*[3]. La question de l'existence réelle n'est donc

---

[1] *Anal. post.* XI : Ἐπικοινωνοῦσι δὲ πᾶσαι αἱ ἐπιστῆμαι ἀλλήλαις κατὰ τὰ κοινά. Κοινὰ δὲ λέγω οἷς χρῶνται ὡς ἐκ τούτων ἀποδεικνύντες, ἀλλ' οὐ περὶ ὧν δεικνύουσιν οὐδ' ὃ δεικνύουσιν. XXXII : Αἱ γὰρ ἀρχαὶ διτταί, ἐξ ὧν τε καὶ περὶ ὅ. Αἱ μὲν οὖν ἐξ ὧν κοιναί, αἱ δὲ περὶ ὃ ἴδιαι, οἷον ἀριθμός, μέγεθος. VIII : Τῇ γε φύσει τρία ταῦτά ἐστι, περὶ ὅ τε δείκνυσι καὶ ἃ δείκνυσι καὶ ἐξ ὧν. *Met.* III, p. 45, l. 9 : Ἀνάγκη γὰρ ἐκ τινῶν εἶναι καὶ περὶ τὶ καὶ τινῶν τὴν ἀπόδειξιν.

[2] *Met.* VI. p. 121, l. 24 : Οὐδ' εἰ ἔστιν ἢ μὴ ἔστι τὸ γένος περὶ ὃ πραγματεύονται οὐθὲν λέγουσι.

[3] *Anal. post.* I, II : Θέσεως δ' ἡ μὲν ὁποτερονοῦν τῶν μορίων τῆς ἀπο-

du ressort d'aucune science particulière : c'est un problème universel qu'il n'appartient de résoudre, et même de poser, qu'à la science universelle de l'être en tant qu'être. La science de l'être est la science de l'Être en soi, et c'est dans la réalité de l'Être en soi que consiste toute réalité. La philosophie première ne donne donc pas seulement à toutes les sciences l'unité logique des principes communs ; elle les réunit toutes dans l'unité substantielle de l'existence. L'unité logique est une unité relative, qui n'est qu'un résultat et un signe de l'unité absolue des substances.

La métaphysique n'est donc pas une science générale dont toutes les sciences particulières ne contiennent que des conséquences. Elle est universelle, mais parce qu'elle tient le premier rang[1]. L'être n'est pas le genre suprême, ni la source de tout être, mais un universel qui repose sur l'Être en soi. Les catégories sont ses genres, les oppositions ses différences[2] : l'Être en soi est le fondement commun et des catégories et des oppositions. C'est un genre qui forme l'objet propre d'une science déterminée et qui a ses parties, mais auquel tous les genres se rapportent[3], et qui étend à tous ses formes et ses formules. L'Être

φύσεως λαμβάνουσα, οἷον λέγω τὸ εἶναί τι, ὑπόθεσις· ἡ δ' ἄνευ τούτου, ὁρισμός.

[1] *Met.* VI, p. 123, l. 21 : Καὶ καθόλου οὕτως ὅτι πρώτη.

[2] *Ibid.* XI, p. 217, l. 7 : Τῶν ἐναντιώσεων ἑκάστη πρὸς τὰς πρώτας διαφορὰς καὶ ἐναντιώσεις ἀναχθήσεται τοῦ ὄντος.

[3] *Ibid.* IV, p. 65, l. 19 : Εἰ μὴ ἔστι τὸ ὂν ἢ τὸ ἓν καθόλου καὶ ταὐτὸ

en soi est comme la tige qui produit tous les rameaux divers de l'être et du savoir ; et c'est dans l'identité de la tige que toutes les variétés des rameaux trouvent un principe commun et des lois nécessaires de ressemblance et de proportionnalité. Ainsi se concilient les deux éléments qui avaient été confondus par la dialectique : l'unité formelle que réclame la science, et l'unité réelle qu'il faut à l'existence ; l'unité formelle, l'universalité, dans les analogies de l'être ; l'unité réelle, dans son individualité.

CHAPITRE II.

Puissance et acte. Mouvement. Nature : corps et âme ; puissances successives de la vie. Humanité, fin de la nature. Fin de l'humanité : pratique, spéculation. — Science : démonstration ; induction ; définition ; intuition.

Le premier, l'unique objet de la science de l'être, est l'Être proprement dit, la substance dont toutes les catégories ne sont que les accidents. L'être proprement dit n'est pas seulement le sujet dans lequel elles existent et qui n'existe qu'en lui-même : c'est le sujet

ἐπὶ πάντων ἢ χωριστὸν, ὥσπερ ἴσως οὐκ ἔστιν, ἀλλὰ τὰ μὲν πρὸς ἕν, τὰ δὲ τῷ ἐφεξῆς.

dont elles s'affirment toutes, et qui seul ne s'affirme de rien. Il y a des choses qui ne peuvent jouer dans la proposition que le rôle d'attributs ; il y en a d'autres qui peuvent servir également, dans des propositions différentes, d'attributs et de sujets ; il y en a d'autres enfin qui ne peuvent servir que de sujets à l'affirmation ou à la négation. Dans la première classe se rangent les attributs universels qui constituent les analogies des genres différents ; dans la seconde, les genres et les espèces ; dans la troisième, les individus [1]. L'universel n'a rien de la substance, ni par conséquent de l'Être : c'est un rapport, une forme dépourvue de réalité. Le genre et même l'espèce, attribut et sujet, est une substance secondaire qui suppose la réalité [2]. L'individu est la substance primaire, qui ne suppose rien, et par conséquent la seule vraie substance [3]. L'être ne consiste donc ni dans les catégories générales de l'être, ni dans aucun des genres qu'elles renferment, ni dans aucune de leurs espèces ; c'est l'être particulier qui n'existe qu'en soi, d'une existence indépendante, l'individu, objet de l'expérience, ou de l'intuition [4].

---

[1] *Anal. pr.* I, XXVII.

[2] *Categ.* V : Δεύτεραι δὲ οὐσίαι λέγονται ἐν οἷς εἴδεσιν αἱ πρώτως οὐσίαι λεγόμεναι ὑπάρχουσι.

[3] *Met.* VII, p. 155, l. 27 : Πρώτη μὲν γὰρ οὐσία ἴδιος ἑκάστῳ ἣ οὐχ ὑπάρχει ἄλλῳ τὸ δὲ καθόλου κοινόν. — Ἔτι οὐσία λέγεται τὸ μὴ καθ' ὑποκειμένου, τὸ δὲ καθόλου καθ' ὑποκειμένου τινὸς λέγεται ἀεί.

[4] *Ibid.* p. 156, l. 25 : Οὐθὲν σημαίνει τῶν κοινῇ κατηγορουμένων

Mais l'expérience nous montre les individus dans un changement continuel. C'est là un premier principe dont il serait absurde de chercher la démonstration. Il faut savoir faire le discernement de ce qui est évident par soi-même, et de ce qui a besoin de preuves; il faut savoir distinguer le meilleur du pire, et l'expérience est meilleure que le raisonnement. Que sert à l'aveugle né de discourir sur les couleurs? La couleur n'est pour lui qu'un nom, dans ce nom il ne pense rien. C'est une faiblesse de l'entendement que de chercher des raisons où le sens est seul juge [1]. Les individus changent donc; ils sont, mais aussi ils deviennent; ils passent toujours d'un état à un état différent, et remplissent le temps de leurs variations. Dans cette succession de modifications et dans cette complication d'éléments, qu'est-ce donc qui fait l'être? Quel est le

τόδε τι, ἀλλὰ τοιόνδε. Le τόδε τι exprime l'objet immédiat de l'intuition, et par suite l'essence, l'Être individuel par opposition à la qualité qui peut être l'objet d'une conception générale. Ibid. p. 156, l. 14 : Μὴ οὐσία τε καὶ τὸ ποῖον opposé à οὐσία τε καὶ τὸ τόδε. V, p. 106, l. 21 : Ἕκαστον ἕν τι καὶ τόδε τι. P. 100, l. 7 : Τὸ δ' ὑποκείμενον ἔσχατον, ὃ μηκέτι κατ' ἄλλου λέγεται, καὶ ὃ ἂν τόδε τι ὂν καὶ χωριστὸν ᾖ.

[1] Phys. II, 1 : Τὸ δὲ δεικνύναι τὰ φανερὰ διὰ τῶν ἀφανῶν, οὐ δυναμένου κρίνειν ἐστὶ τὸ δι' αὑτὸ γνώριμον. Ὅτι δ' ἐνδέχεται τοῦτο πάσχειν, οὐκ ἄδηλον· συλλογίσαιτο γὰρ ἄν τις ἐκ γενετῆς ὢν τυφλὸς περὶ χρωμάτων, ὥστε ἀνάγκη τοῖς τοιούτοις περὶ τῶν ὀνομάτων εἶναι τὸν λόγον, νοεῖν δὲ μηθέν. VIII, III : Τὸ μὲν οὖν πάντ' ἠρεμεῖν, καὶ τούτου ζητεῖν λόγον, ἀφέντας τὴν αἴσθησιν, ἀρρωστία τίς ἐστι διανοίας. — Ζητεῖν λόγον ὧν βέλτιον ἔχομεν ἢ λόγου δεῖσθαι, κακῶς κρίνειν ἐστὶ τὸ βέλτιον καὶ τὸ χεῖρον, καὶ τὸ πιστὸν καὶ τὸ μὴ πιστόν, καὶ ἀρχὴν καὶ μὴ ἀρχήν. Cf. Met. IV, p. 81, l. 29.

moment qui le détermine et le trait qui le caractérise?

Tout changement suppose, entre les états qui se succèdent, une opposition. Il n'y a donc pas de changement du non-être au non-être, qui ne lui est pas opposé, mais du non-être à l'être, de l'être au non-être, et de l'être à l'être[1]. Dans les deux premières espèces de changement, l'un des termes n'est que l'absence de l'autre; ce ne sont pas des changements d'état et de manière d'être, mais le commencement et la fin de l'être, la naissance et la mort. La troisième espèce de changement est la seule où les deux termes soient réels; l'opposition n'y peut plus être de contradiction, mais de contrariété; c'est là le vrai changement, le changement d'état ou mouvement[2].

Mais les contraires appartiennent à des genres dont ils sont les différences extrêmes. Si donc le mouvement consiste dans le passage du contraire au contraire ou à quelqu'un des intermédiaires qui séparent les contraires l'un de l'autre, le mouvement n'est pas une chose qui soit par elle-même d'une manière abstraite et indépendante, non plus que l'être et que

---

[1] *Met.* XI, p. 235, l. 14-26.
[2] *Ibid.* p. 236, l. 12 : Ἐπεὶ δὲ πᾶσα κίνησις μεταβολή τις, μεταβολαὶ δὲ τρεῖς αἱ εἰρημέναι, τούτων δ' αἱ κατὰ γένεσιν καὶ φθορὰν οὐ κινήσεις, αὗται δ' εἰσὶν αἱ κατ' ἀντίφασιν, ἀνάγκη τὴν ἐξ ὑποκειμένου εἰς ὑποκείμενον κίνησιν εἶναι μόνην. Τὰ δὲ ὑποκείμενα ἢ ἐναντία ἢ μεταξύ.

LIVRE III, CHAPITRE II. 383

l'unité; il n'y a pas de changement absolu et hors des choses comme l'entend la philosophie platonicienne; il n'y a que des changements dans tel ou tel genre, et puisque l'être est le sujet qui change, les genres du changement sont les genres mêmes de l'être [1]. La troisième espèce de changement, le mouvement suppose donc trois éléments : l'être qui est en mouvement, ou le mobile, le temps pendant lequel le mouvement a lieu, et la catégorie où il a lieu [2]. Cependant toutes les catégories ne sont pas sujettes au mouvement. Il n'y a pas de mouvement dans celle de l'Être, mais seulement de la naissance et de la mort; il n'y en a pas dans la relation, dans l'action et la passion. Il ne peut y avoir de mouvement que dans les catégories soumises à la contrariété, et ces catégories sont au nombre de trois : la qualité, la quantité, l'espace [3].

Le mouvement est triple; il n'y a pas de mouvement plus général auquel les trois mouvements puissent être ramenés. Ils s'unissent dans l'Être qui

---

[1] *Met.* p. 229, l. 17 : Οὐκ ἔστι δὲ κίνησις παρὰ τὰ πράγματα· μεταβάλλει γὰρ ἀεὶ κατὰ τὰς τοῦ ὄντος κατηγορίας.

[2] *Phys.* VIII, viii : Τρία γάρ ἐστι, τό τε κινούμενον, οἷον ἄνθρωπος ἢ θεός, καὶ ὅτε, οἷον χρόνος, καὶ τρίτον τὸ ἐν ᾧ. Θεὸς n'a pas de sens ici. On peut lire χρυσός, d'après le passage suivant, ibid. V, iv : Ἀνάγκη εἶναί τι τὸ κινούμενον, οἷον ἄνθρωπον ἢ χρυσόν, καὶ ἔν τινι τοῦτο κινεῖσθαι.

[3] *Met.* XI, p. 236, l. 22 : Ἀνάγκη τρεῖς εἶναι κινήσεις, ποιοῦ, ποσοῦ, τόπου, κ. τ. λ. *Phys.* VII, ii.

est le mobile, et dans le temps où il se meut. Ils se séparent dans la triplicité du troisième élément, qui est la catégorie; ils n'ont rien de commun qui les unisse d'une manière immédiate les uns avec les autres [1]. Toutefois, dans cette triplicité même, il y a quelque chose de général qui en fait l'unité : c'est le rapport des deux termes contraires entre lesquels chaque mouvement s'accomplit; l'identité de rapports donne une proportion qui soumet les trois genres à l'unité d'une mesure commune. Comme les oppositions de l'être et du non-être, de l'unité et de la multitude, le mouvement est une universalité d'analogie [2].

En passant d'un état à un état contraire, l'être devient ce qu'il n'était pas. Ce qu'il n'était pas, il pouvait l'être, et il l'est présentement; de la puissance il a passé à l'acte. Le mouvement est donc la réalisation du possible [3]. Mais, avant de recevoir la forme d'une statue, l'airain n'existait-il pas? L'enfant n'était-il pas avant de devenir homme? L'airain existait, mais il n'était pas la statue; l'enfant n'était pas homme. Le mouvement n'est donc pas la réalisation du mobile d'une manière

---

[1] *Met.* XI, p. 229, l. 18 : Μεταβάλλει γὰρ ἀεὶ κατὰ τὰς τοῦ ὄντος κατηγορίας. Κοινὸν δ' ἐπὶ τούτων οὐθέν ἐστιν οὐδ' ἐν μιᾷ κατηγορίᾳ. V. p. 119, l. 6 : Οὐδὲ γὰρ ταῦτα ἀναλύεται οὔτ' εἰς ἄλληλα οὔτ' εἰς ἕν τι.

[2] *Met.* IX, p. 182, l. 5; XI, p. 229, l. 20.

[3] *Ibid.* XI, p. 229, l. 26 : Διῃρημένου δὲ καθ' ἕκαστον γένος τοῦ μὲν δυνάμει τοῦ δ' ἐντελεχείᾳ, τὴν τοῦ δυνάμει ᾗ τοιοῦτόν ἐστιν ἐνέργειαν λέγω κίνησιν.

absolue, mais la réalisation de sa puissance. Enfin la réalisation ne commence qu'avec l'acte, au moment où la virtualité entre en action. Le mouvement peut donc être défini, dans ses trois différentes catégories : l'acte du possible en tant que possible [1]. C'est une définition universelle, fondée sur le rapport universel de la puissance et de l'acte. Quelle que soit la différence réelle des termes, leur relation ne change pas. Qualités, quantités, espace, c'est toujours la puissance et l'acte, et toujours le mouvement ; de la différence même ressort la ressemblance, et de l'hétérogénéité l'analogie qui la domine.

Les contraires entre lesquels se passe le mouvement constituent les deux membres d'une opposition : il est donc impossible qu'ils existent à la fois en un même sujet. Ils sont, dans les limites du genre qui les renferme, la négation l'un de l'autre. Or il est de l'essence de tout ce qui peut être de pouvoir aussi n'être pas. Ce qui peut devenir l'un des contraires peut donc aussi devenir l'autre ; ils tombent tous les

---

[1] Met. XI, p. 230, l. 4 : Συμβαίνει δὲ κινεῖσθαι ὅταν ᾖ ἡ ἐντελέχεια ἡ αὐτὴ καὶ οὔτε πρότερον οὔθ᾽ ὕστερον.—Οὐχ ἡ τοῦ χαλκοῦ ἐντελέχεια, ᾗ χαλκός, κίνησίς ἐστιν. Οὐ γὰρ ταὐτὸ χαλκῷ εἶναι καὶ δυνάμει τινί. — Ἐπεὶ δὲ οὐ ταὐτόν, ὥσπερ οὐδὲ χρῶμα ταὐτὸν καὶ ὁρατόν, ἡ τοῦ δυνατοῦ ᾗ δυνατὸν ἐντελέχεια κίνησίς ἐστιν.

[2] Ibid. IX, p. 187, l. 29 : Πᾶσα δύναμις ἅμα τῆς ἀντιφάσεώς ἐστι... τὸ αὐτὸ ἄρα δυνατὸν καὶ εἶναι καὶ μὴ εἶναι. P. 189, l. 6 : Ὅσα γὰρ κατὰ τὸ δύνασθαι λέγεται, ταὐτόν ἐστι δυνατὸν τἀναντία. VII, p. 139, l. 26 : Τῶν ἐναντίων τρόπον τινὰ τὸ αὐτὸ εἶδος· τῆς γὰρ στερήσεως οὐσία ἡ οὐ-

deux sous la même définition et sous la même puissance. Par cela même qu'ils s'excluent réciproquement dans l'acte de l'existence, ils se confondent ensemble dans la virtualité d'un seul et même pouvoir [1]. Les contraires supposent donc comme leur condition un troisième terme, qui les unisse en son unité. Il les enveloppe à la fois de sa puissance; ils l'enveloppent tour à tour de leur réalité. Ils lui servent de forme, il leur sert de matière [2].

Ainsi la matière n'est pas une nature à part, ayant ses qualités et ses habitudes spécifiques. Tous les êtres animés ont pour matière le corps. Mais le corps n'est pas la matière d'une manière absolue; les qualités qui caractérisent les corps simples, la chaleur et le froid, sont déjà de la forme. Le corps le plus élémentaire a donc déjà sa matière, d'où se développent tour à tour le froid et la chaleur. La matière est un terme relatif qui suppose le corrélatif de la forme; point de matière qui ne soit la matière d'une chose, le sujet d'une opposition déterminée [3]. Autre acte

οἷα ἡ ἀντικειμένη, οἷον ὑγίεια νόσου· ἐκείνης γὰρ ἀπουσίᾳ δηλοῦται ἡ νόσος. XI, p. 217, l. 15; IX, p. 177, l. 4 : Λόγος ἐστὶν ἡ ἐπιστήμη. Ὁ λόγος ὁ αὐτὸς δηλοῖ τὸ πρᾶγμα καὶ τὴν στέρησιν.

[1] *Met.* IV, p. 189, l. 12 : Τὸ μὲν οὖν δύνασθαι τἀναντία ἅμα ἔχει, τὰ δ' ἐναντία ἅμα ἀδύνατον. Καὶ τὰς ἐνεργείας δὲ ἅμα ἀδύνατον ἄρχειν,... τὸ δὲ δύνασθαι ὁμοίως ἀμφότερον ἢ οὐδέτερον.

[2] *Ibid.* XII, p. 240, l. 22 : Ἔστιν ἄρα τι τρίτον παρὰ τὰ ἐναντία. ὕλη. P. 241, l. 18.

[3] *De Gen. et Corr.* II, 1 : Ἡμεῖς δέ φαμεν μὲν εἶναί τινα ὕλην

autre puissance; autre forme, autre matière. Les principes, identiques dans tous les genres de l'être, sont autres dans chacun; identiques au point de vue de la relation et de l'universalité, ils sont divers dans la réalité. Partout l'analogie, partout la différence [1].

Le premier aspect que présente le monde, est celui de l'opposition : le jour et la nuit, l'amour et la haine, le bien et le mal, le fini et l'infini, le plus et le moins, le combat éternel de principes ennemis qui perdent et reprennent tour à tour l'avantage sans cause et sans raison, ou qui s'annulent mutuellement dans l'immobilité de l'équilibre. Mais ne nous arrêtons pas à l'apparence; les contraires se succèdent, le monde change, les choses se meuvent : aux contraires il faut une matière d'où ils sortent et où ils rentrent successivement [2]. L'opposition des formes n'est que

---

σμπτων τῶν αἰσθητῶν, ἀλλὰ ταύτην οὐ χωριστὴν ἀλλ' ἀεὶ μετ' ἐναντιώσεως ἐξ ἧς γίνεται τὰ καλούμενα στοιχεῖα. — Ὥστε πρῶτον μὲν τὸ δυνάμει σῶμα αἰσθητὸν ἀρχή, δεύτερον δ' αἱ ἐναντιώσεις, λέγω δ' οἷον θερμότης καὶ ψυχρότης, τρίτον δ' ἤδη πῦρ καὶ ὕδωρ καὶ τὰ τοιαῦτα. Met. XII, p. 243, l. 15.

[1] Met. XII, p. 242, l. 26 : Ἔστι δὲ τὰ αἴτια καὶ αἱ ἀρχαὶ ἄλλα ἄλλων, ἔστι δ' ὡς ἂν καθόλου λέγῃ τις καὶ κατ' ἀναλογίαν ταὐτὰ πάντων. P. 243, l. 22 : Πάντων δὴ οὕτως μὲν εἰπεῖν οὐκ ἔστι, τῷ ἀνάλογον δέ, ὥσπερ εἴ τις εἴποι ὅτι ἀρχαί εἰσι τρεῖς, τὸ εἶδος καὶ ἡ στέρησις καὶ ἡ ὕλη. Ἀλλὰ ἕκαστον τούτων ἕτερον περὶ ἕκαστον γένος ἐστίν. — Ὥστε στοιχεῖα μὲν κατ' ἀναλογίαν τρία, αἰτίαι δὲ καὶ ἀρχαὶ τέτταρες· ἄλλο δ' ἐν ἄλλῳ. P. 245, l. 10.

[2] Phys. I, vii : Πρῶτον μὲν οὖν ἐλέχθη ὅτι ἀρχαὶ τἀναντία μόνον, ὕστερον δ' ὅτι ἀνάγκη καὶ ἄλλο τι ὑποκεῖσθαι καὶ εἶναι τρία.

la double limite dont elle peut remplir l'intervalle qui mesure l'étendue de sa puissance [1].

Tout objet de l'expérience se compose donc, à chaque instant de sa durée, d'une matière revêtue d'une forme et dépouillée, *privée* de la forme contraire : toute réalité veut trois principes ; la matière, la forme et la privation [2]. La forme et la privation, liées l'une à l'autre comme les deux limites qui déterminent la puissance, forment un seul système qui a dans la puissance son opposé [3]. Mais, dans la réalité de l'existence, l'une des deux formes contraires s'anéantit devant l'autre, et ne subsiste plus que dans la virtualité de leur sujet commun : les trois principes se réduisent donc, non plus à la matière et à l'opposition, mais à la forme et à la matière. Mais toujours, des deux principes, il y en a un qui est double ; l'unité de la définition enveloppait les deux contraires : l'unité de la matière enveloppe l'un des contraires avec la puissance. Le sujet est un et il est deux ; il est un, dans son être et sa réalité ; deux, au point de vue de la logique et de l'abstraction. La triade se ramène à une dyade, la trinité à un couple ; le couple se développe en une trinité [4].

---

[1] *Met.* X, p. 200, l. 3.

[2] *Ibid.* IX, p. 176, l. 17 ; XI, p. 229, l. 21 ; p. 238, l. 17 ; XII, p. 243, l. 23.

[3] *Ibid.* XII, p. 241, l. 18 : Τρία δὴ τὰ αἴτια καὶ τρεῖς αἱ ἀρχαί, δύο μὲν ἡ ἐναντίωσις,... τὸ δὲ τρίτον ἡ ὕλη.

[4] *Phys.* I, VII : Ἔστι δὲ τὸ ὑποκείμενον ἀριθμῷ μὲν ἕν, εἴδει δὲ δύο.

Maintenant la matière n'est-elle pas la substance, et si l'être n'est que la substance qui a pour accident tout ce qui n'est pas l'être, la matière n'est-elle point l'être? Sans doute, au point de vue *exotérique* d'une généralité superficielle[1]. Mais à y regarder de plus près et plus à fond, la matière pour être, en un sens, le sujet de la forme, n'est pas, à proprement parler, la substance, ni la forme l'accident. La matière n'est rien par elle-même ; elle n'existe pas d'une existence à elle indépendamment de sa forme[2]. Indéterminée, indéfinie comme l'accident même, elle s'affirme comme l'accident de la réalité qui la suppose[3] ; elle n'est que la puissance d'où sortent les contraires, et non le fon-

διὸ ἔστι μὲν ὡς δύο λεκτέον εἶναι τὰς ἀρχάς, ἔστι δ' ὡς τρεῖς. — Δύο ὡς εἰπεῖν τῷ ἀριθμῷ, οὔτ' αὖ παντελῶς δύο, διὰ τὸ ἕτερον ὑπάρχειν τὸ εἶναι αὐτοῖς, ἀλλὰ τρεῖς. En général la simplicité numérique ou réelle (ἓν ἀριθμῷ, τῷ ὑποκειμένῳ) n'empêche pas la duplicité logique et relative (δύο εἴδει, λόγῳ, τῷ εἶναι). Voyez plus bas.

[1] Met. VII, p. 130, l. 26 : Νῦν μὲν οὖν τύπῳ εἴρηται, τί ποτ' ἐστὶν ἡ οὐσία, ὅτι τὸ μὴ καθ' ὑποκειμένου ἀλλὰ καθ' οὗ τὰ ἄλλα. Δεῖ δὲ μὴ μόνον οὕτως· οὐ γὰρ ἱκανόν. Αὐτό τε γὰρ τοῦτο ἄδηλον, καὶ ἔτι ἡ ὕλη οὐσία γίνεται.

[2] Ibid. p. 131, l. 20 : Ἀδύνατον δέ· καὶ γὰρ τὸ χωριστὸν καὶ τόδε τι ὑπάρχειν δοκεῖ μάλιστα τῇ οὐσίᾳ. VII, p. 146, l. 20 : Τὸ δ' ὑλικὸν οὐδέποτε καθ' αὑτὸ λεκτέον.

[3] Met. IX, p. 184, l. 28 : Καὶ ὀρθῶς δὴ συμβαίνει τὸ ἐκείνινον λέγεσθαι κατὰ τὴν ὕλην καὶ τὰ πάθη· ἄμφω γὰρ ἀόριστα. La matière étant désignée par ἐκεῖνο, cela, la chose qui en est faite est appelée par Aristote ἐκείνινον, le de cela ; ἐκείνινον d'ἐκεῖνο, comme λίθινον de λίθος. Met. VII, p. 141, l. 9 : Ἐξ οὗ δὲ ὡς ὕλης γίνεται ἔνια, λέγεται, ὅταν γένηται, οὐκ ἐκεῖνο, ἀλλ' ἐκείνινον· οἷον ὁ ἀνδριὰς οὐ λίθος ἀλλὰ λίθινος. L'ἐκεῖνο répond en ce sens au τόδε (voyez plus haut, p. 380, n. 4);

dement sur lequel ils reposent; la substance est le tout que composent, réunies, la forme et la matière. La matière n'est donc pas l'être; il n'y a d'être que dans ce qui a pris forme et qui existe en acte. La forme occupe seule le champ de la réalité, et seule y tombe sous l'intuition [1]. La matière ne se laisse pas connaître en elle-même [2]; elle ne se laisse pas voir, mais deviner, comme l'inconnue qu'exige la loi de la proportion, et par laquelle l'induction complète ses analogies [3]; à l'induction même elle ne se révèle que dans le mouvement [4], dans l'action où elle se dérobe, et où elle cesse d'être elle-même pour arriver à l'être.

Cependant il n'est pas vrai, d'une manière absolue, que la matière ne soit rien. Ce qu'elle n'est pas, elle le peut être; elle est en puissance, sinon en acte. Mais quand une forme s'est réalisée, la forme contraire

IX, p. 184, l. 8 : Ἔοικε δὲ ὃ λέγομεν εἶναι οὐ τόδε ἀλλ' ἐκείνινον· οἷον τὸ κιβώτιον οὐ ξύλον ἀλλὰ ξύλινον.

[1] La forme ou acte est le τόδε proprement dit; la matière et même le concret ne sont τόδε que par la forme sous laquelle ils apparaissent. De An. II, 1 : Λέγομεν δὴ γένος ἕν τι τῶν ὄντων τὴν οὐσίαν, ταύτης δὲ τὸ μὲν ὡς ὕλην, ὃ καθ' αὑτὸ μὲν οὐκ ἔστι τόδε τι, ἕτερον δὲ μορφὴν καὶ εἶδος, καθ' ἣν ἤδη λέγεται τόδε τι. L'acte est donc le τόδε d'un τόδε. XIII, p. 289, l. 6 : Ἡ δὲ ἐνέργεια ὡρισμένη καὶ ὡρισμένου τόδε τι οὖσα τοῦδέ τινος.

[2] Met. VII, 149, 9 : Ἡ δ' ὕλη ἄγνωστος καθ' αὑτήν.

[3] Phys. I, VII : Ἡ δ' ὑποκειμένη φύσις ἐπιστητὴ κατ' ἀναλογίαν. Met. IX, p. 182, l. 3 : Δῆλον δ' ἐπὶ τῶν καθ' ἕκαστα τῇ ἐπαγωγῇ ὁ βουλόμενος λέγειν, καὶ οὐ δεῖ παντὸς ὅρον ζητεῖν ἀλλὰ καὶ τὸ ἀνάλογον συνορᾶν.

[4] Ibid. II, p. 39, l. 8 : Τὴν ὕλην ἐν κινουμένῳ νοεῖν ἀνάγκη.

n'est plus et ne peut plus être. C'est donc la privation qui est le non-être en soi; la matière n'est le non-être, comme aussi elle n'est l'être, que d'une manière relative et accidentelle [1]; la forme est l'être en soi.

Tous les systèmes antiques étaient partis de ce principe, que rien ne vient du non-être. Si rien ne peut venir de ce qui n'est pas, ni cesser d'être après avoir été, tout ce qui est a été et continuera d'être pendant toute l'éternité; la naissance et la mort, le changement ne sont que des apparences; au fond il n'y a que contraires qui se mêlent et se séparent. Mais si rien ne vient du non-être, c'est que le non-être n'est pas; rien ne saurait être que l'être lui-même; et le monde est réduit à l'unité stérile de l'être en soi. Bientôt on rejette l'axiome antique, et on réhabilite le non-être : le non-être devient la matière à laquelle la forme donne l'être, et la matière est double. Mais ce n'est pas encore là la triade qui renferme les éléments de la solution du problème, la triade des vrais principes [2]. La matière de Platon est encore l'assemblage et comme le mélange de deux contraires équivalents, et ces deux contraires réunis ne donnent que le non-être absolu. C'est toujours le non-être comme l'être logique; ce sont toujours les généralités indéterminées de la dia-

---

[1] *Phys.* I, vii : Τὸ μὲν οὐκ ὂν (sc. φαμὲν) εἶναι κατὰ συμβεβηκὸς, τὴν ὕλην τὴν δὲ στέρησιν καθ' αὑτήν.

[2] *Ibid.* ix : Παντελῶς ἕτερος ὁ τρόπος οὗτος τῆς τριάδος, κἀκεῖνος, κ. τ. λ.

lectique éléatique et de la sophistique. Il y manque la distinction fondamentale des genres irréductibles de l'être; il y manque également la distinction de l'absolu et du relatif, de l'essence et de l'accident dans l'être et le non-être. Le non-être n'y est que l'équivalent du faux, le contradictoire de l'être, la négation indéfinie qui ne se renferme pas dans les objets sensibles et les choses périssables, mais qui envahit le monde des idées et pénètre dans l'éternel. Tout se mêle et se confond, et la réalité s'évanouit avec la différence. Le mouvement redevient impossible; c'est le détruire que de le résoudre dans des abstractions et des négations telles que l'inégalité, la diversité, le non-être[2], c'est demander à la logique ce qu'elle ne saurait donner, et qui ne ressort que de l'expérience.

Enfin l'élément matériel est, dans tous ces systèmes, le chaos d'où la raison ou le hasard tirent tous les êtres indistinctement. Mélange ou substance, collection ou unité, c'est une universalité sans bornes dont toute variété doit sortir. Que chaque individu ait sa matière, chaque espèce sa matière à soi, c'est là ce qui n'est venu à la pensée de personne[3]. Personne

---

[1] Voyez plus haut, partie III, livre II, chap. II.

[2] *Met.* XI, p. 231, l. 3 : Δῆλον δ' ἐξ ὧν λέγουσιν οἱ μὲν ἑτερότητι καὶ ἀνισότητα καὶ τὸ μὴ ὂν, ὧν οὐθὲν ἀνάγκη κινεῖσθαι. Cf. Plat. *Soph.* 156 a b; *Parm.* 146 a.

[3] *Met.* I, p. 25, l. 18 : Ἀτόπου γὰρ ὄντος καὶ ἄλλως τοῦ φάσκειν μεμῖχθαι τὴν ἀρχὴν πάντα... καὶ διὰ τὸ μὴ πεφυκέναι τῷ τυχόντι μίγνυσθαι τὸ τυχόν. XII, p. 241, l. 23 : Εἰ δή τί ἐστι δυνάμει, ἀλλ' ὅμως οὐ τὸ

n'a su concilier la différence avec l'unité dans l'idée de l'analogie[1]. Dans cette période d'enfance[2], la philosophie s'est arrêtée aux dehors et aux apparences; elle a pris pour simple ce qui est complexe[3]; elle a tourné autour du tout sans se douter des parties; elle a cru toucher au fond des choses quand elle n'en était qu'aux surfaces; elle s'est posée les questions dans des termes généraux où se cachait l'équivoque, et elle s'est fait à elle-même des réponses à double entente, vraies en un sens, fausses en un autre, qui contiennent la vérité et l'erreur. « Rien ne vient du non-être; » cela est vrai et faux à la fois. Rien ne vient de ce qui n'existe en aucune manière; mais tout vient de ce qui n'est qu'en puissance et qui n'est pas en acte; tout vient donc de l'être en puissance et du non-être en acte; rien ne vient de ce qui n'est ni en

τυχόντος, ἀλλ' ἕτερον ἐξ ἑτέρου. De An. II, 11 : Καίπερ οὐδὲ φαινομένου τοῦ τυχόντος δέχεσθαι τὸ τυχόν.

[1] Met. XII, p. 245, l. 16 : Τὸ δὲ ζητεῖν τίνες ἀρχαὶ ἢ στοιχεῖα τῶν οὐσιῶν καὶ πρὸς τί καὶ ποιῶν, πότερον αἱ αὐταὶ ἢ ἕτεραι, δῆλον ὅτι πολλαχῶς τε λεγομένων ἐστὶν ἑκάστου. διαιρεθέντων δὲ οὐ ταὐτὰ ἀλλ' ἕτερα, πλὴν ὡδὶ καὶ πάντων. Ὡδὶ μὲν ταὐτὰ ἢ τῷ ἀνάλογον.

[2] Ibid. I, p. 35, l. 29.

[3] Met. I, p. 19, l. 23 : Λίαν ἁπλῶς πραγματεύεσθαι. De An. II, v; De gen. et corr. II, vi : Ἁπλῶς λέγειν. Nécessité de la distinction pour savoir ce qu'on cherche, Met. VII, p. 163, l. 9 : Οἷον ἄνθρωπος τί ἐστι ζητεῖται διὰ τὸ ἁπλῶς λέγεσθαι, ἀλλὰ μὴ διορίζειν ὅτι τόδε ἢ τόδε. Ἀλλὰ δεῖ διαρθρώσαντας ζητεῖν· εἰ δὲ μή, κοινὸν τοῦ μηθὲν ζητεῖν καὶ τοῦ ζητεῖν τι γίγνεται.

[4] Phys. I, 11; Met. I. p. 19, l. 23 : Ὁρίζειν ἐπιπολαίως. Voyez plus haut, p. 248, n. 1; p. 284, n. 1.

puissance ni en acte[1]. Ainsi se résoudrait chacun des problèmes autour desquels la sagesse antique s'était consumée en efforts inutiles[2]; une distinction tranche le nœud.

De toutes les philosophies une seule avait entrevu la distinction de la puissance et de l'acte, et c'était celle-là même qui niait non-seulement toute transformation, mais encore toute forme spécifique, et qui réduisait la nature aux atomes similaires d'une matière homogène. A force de simplifier les éléments, la différence devient extrême entre les principes cachés des phénomènes et les phénomènes perceptibles aux sens; ce n'est rien moins que la distance qui sépare de la réalité la simple possibilité. « Tout était donc pour nous en puissance avant que d'être en acte[3]. » Mais jusque-là la distinction ne se rapporte qu'à l'opposition de l'entendement et de la sensation : elle ne touche que la connaissance et ne s'étend pas aux choses.

La distinction de ces deux termes, de la puissance et de l'acte, ne peut sortir que de la considération du mouvement où ils semblent se confondre. Comment l'acte tout seul donnerait-il la puissance, et comment

---

[1] *Met.* IV, p. 77, l. 3 : Τρόπον μέν τινα ὀρθῶς λέγουσι, τρόπον δέ τινα ἀγνοοῦσι. Τὸ γὰρ ὂν λέγεται διχῶς, ὥστ' ἔστιν ὂν τρόπον ἐνδέχεται γίγνεσθαί τι ἐκ τοῦ μὴ ὄντος, ἔστι δ' ὂν οὔ. De gen. et corr. I, III.

[2] *Met.* IV, p. 77, l. 6; XIV, p. 302, l. 17.

[3] *Ibid.* XII, p. 241, l. 7 : Ὡς Δημόκριτός φησιν, ἦν ἡμῖν πάντι δυνάμει, ἐνεργείᾳ δ' οὔ. Voyez plus haut, p. 271.

la puissance, qui est sans forme, se laisserait-elle apercevoir en elle-même? Hors de l'être, la pensée ne peut trouver que la privation de l'être, le non-être, une absolue négation formant avec l'être une contradiction absolue. Mais le mouvement est d'expérience, et le mouvement est le non-être dans l'être, le non-être passant à l'acte. Ce n'est plus le rapport logique de l'exclusion réciproque des deux termes; c'est un intermédiaire réel où ils sont liés ensemble comme les deux moments d'une même existence, et où l'un devient l'autre. Le mouvement n'est ni l'être ni le non-être, ni l'acte ni la puissance, ou plutôt il est l'un et l'autre à la fois; il est le point indivisible où coïncident les opposés, et où une expérience attentive peut en surprendre le rapport intime [1].

La puissance en elle-même est indéterminée; elle est ce qui peut être et qui n'est pas; elle n'a point de quantité, de qualité, ni rien de ce qui détermine l'être; elle ne peut être comprise dans aucune catégorie [2], mais elle se détermine dans le mouvement; le mouvement est le passage de l'indétermination de la matière à la détermination de la forme; la forme,

[1] *Met.* XI, p. 231, l. 20 : Ὥστε λείπεται τὸ λεχθὲν εἶναι καὶ ἐνέργειαν καὶ μὴ ἐνέργειαν τὴν εἰρημένην, ἰδεῖν μὲν χαλεπὴν, ἐνδεχομένην δ'εἶναι.

[2] *Ibid.* VII, p. 131, l. 11 : Λέγω δ' ὕλην ἣ καθ' αὑτὴν μήτε τί μήτε ποσὸν μήτε ἄλλο μηδὲν λέγεται οἷς ὥρισται τὸ ὄν· ἔστι γάρ τι καθ' οὗ κατηγορεῖται τούτων ἕκαστον, ᾧ τὸ εἶναι ἕτερον καὶ τῶν κατηγοριῶν ἑκάστη.

ou l'acte, est la fin; le mouvement est le passage de l'indéfini, de l'infini à sa fin; ainsi la matière répond à l'infini[1]. L'infini en soi, comme un absolu en face des principes de la limitation et de la fin, est une abstraction et une fiction[2]. L'infini n'est que la puissance[3]: l'opposition de la fin et de l'infini n'a de sens et de réalité que dans le mouvement même où l'infinité expire.

Limiter un infini, c'est faire venir à l'acte, en lui donnant une forme, l'indétermination d'une puissance; mais limiter, c'est mesurer, unir; l'acte qui, en déterminant la puissance, en fait l'être, en fait donc aussi l'unité. Ainsi s'explique le principe de l'identité de l'unité avec l'être; c'est que l'être est l'acte, et l'acte l'unité[4]. Ce n'est pas l'association de l'infini en soi avec l'unité en soi qui donne des êtres et des unités réelles; ce n'est pas la participation du premier de ces éléments au second, non plus que leur mélange. Un tout n'est un tout que par l'action commune de toutes ses parties[5]. Le lien de l'infini et de l'unité est

---

[1] *Phys.* III, vii : Ὡς ὕλη τὸ ἄπειρον αἴτιόν ἐστι.

[2] *Met.* XI, p. 232, l. 12 : Πῶς ἐνδέχεται καθ' αὑτὸ εἶναι ἄπειρον, εἰ μὴ καὶ ἀριθμὸς καὶ μέγεθος, ὧν πάθος τὸ ἄπειρον;

[3] *Ibid.* IV, p. 73, l. 2 : Τὸ γὰρ δυνάμει ὂν καὶ μὴ ἐντελεχείᾳ τὸ ἀόριστόν ἐστι. *Phys.* III, vi : Λείπεται οὖν δυνάμει εἶναι τὸ ἄπειρον.

[4] *Met.* VIII, p. 174, l. 8 : Καὶ τὸ τί ἦν εἶναι εὐθὺς ἕν τί ἐστιν ὥσπερ καὶ ὄν τι· διὸ καὶ οὐκ ἔστιν ἕτερόν τι αἴτιον τοῦ ἓν εἶναι οὐθενὶ τούτων, οὐδὲ τοῦ ὄν τι εἶναι.

[5] *Ibid.* l. 13 sqq.; p. 170, l. 9; XII, p. 258, l. 12.

l'acte, qui unit la puissance. Tout être où il y a de l'infini, toute réalité composée d'une forme et d'une matière n'est une que comme mobile, et de l'unité de son mouvement [1].

Mais rien n'est susceptible d'unité et de mesure que la quantité : c'est à la quantité qu'appartient l'opposition de l'infini et de la fin, de l'imperfection et de la perfection [2]. La matière n'est donc point la quantité en soi, qui, de même que l'infini ou l'unité en soi, est une pure abstraction, mais la quantité n'est que dans la matière et la puissance. Au contraire, la forme est ce qui fait le caractère des choses et qui les qualifie. Entre les deux premières catégories qui viennent après l'être, entre la quantité et la qualité, il y a un rapport qui ne se manifeste que dans l'opposition universelle de la matière et de la forme, de la puissance et de l'acte [3]. La qualité est le caractère ou la différence propre qui détermine l'être [4]. L'être de toute quantité est donc aussi dans son rapport avec l'unité spécifique; ce rapport

---

[1] *Met.* X, p. 192, l. 13 : (Ἕν) τὸ ὅλον καὶ ἔχον τινὰ μορφὴν καὶ εἶδος τῷ μίαν τὴν κίνησιν εἶναι. VIII, p. 174, l. 28 : Αἴτιον οὐθὲν ἄλλο πλὴν εἴ τι ὡς κινῆσαν ἐκ δυνάμεως εἰς ἐνέργειαν.

[2] *Phys.* I, 1 : Κατὰ τὸ ποσὸν τὸ μὲν τέλειον τὸ δ' ἀτελές.

[3] *Met.* XI, p. 223, l. 8 : Ἡ δ' οὐσία κατὰ τὸ ποιόν, τοῦτο δὲ τῆς ὡρισμένης φύσεως· τὸ δὲ ποσὸν τῆς ἀορίστου. *Phys.* I, 11 : Ὁ γὰρ τοῦ ἀπείρου λόγος τῷ ποσῷ προσχρῆται ἀλλ' οὐκ οὐσίᾳ οὐδὲ τῷ ποιῷ. *Met.* III, p. 50, l. 8; X, p. 195, l. 5 : Κατὰ τὸ ποσὸν opposé à κατὰ τὸ εἶδος. Cf. *Polit.* V, 1.

[4] *Met.* V, p. 108, l. 10 : Πρώτη μὲν γὰρ ποιότης ἡ τῆς οὐσίας διαφορά.

est la mesure [1] : la mesure ne peut être réalisée que dans le mouvement.

Cependant la perfection de l'être et de l'unité n'est pas dans le mouvement; mais elle n'est pas non plus dans l'ordre ou la figure immobile qui en est le résultat. Le résultat du mouvement est l'établissement d'une disposition qui remplit toutes les conditions de la forme, l'acquisition d'une *habitude*, d'une pleine et entière possession [2]. Déjà l'acquisition de l'habitude, l'entrée en possession n'est plus un mouvement [3]; du degré qui précède à ce dernier degré, il n'y a pas de milieu à traverser : c'est un passage immédiat de ce qu'on n'avait pas encore à ce qu'on commence d'avoir, un simple changement, non d'un contraire à un autre, mais du non-être à l'être, du oui au non [4]. La disposition, ou l'habitude, est une relation; dans la catégorie de la relation, il n'y a pas de mouvement [5]. Tout rapport est une limite; toute limite est indivi-

---

[1] *Met.* X, p. 197, l. 27 sqq.

[2] Διάθεσις, ἕξις. *Met.* V, p. 113, l. 3-6.

[3] *Phys.* VII, III : Τῶν γὰρ ἄλλων μάλιστα ἄν τις ὑπολάβοι ἔν τε ταῖς σχήμασι καὶ ἐν ταῖς μορφαῖς καὶ ἐν ταῖς ἕξεσι καὶ ταῖς τούτων λήψεσι καὶ ἀποβολαῖς ἀλλοίωσιν ὑπάρχειν· ἐν οὐδετέροις δέ ἐστι. — Οὐδ᾽ ἡ γένεσις αὐτῶν ἀλλοίωσίς ἐστιν.

[4] *Ibid. De An.* II, v.

[5] *Phys.* VII, III : Ἐπεὶ οὖν τὰ πρός τι οὔτε αὐτά ἐστιν ἀλλοιώσεις οὔτε αὐτῶν ἐστιν ἀλλοίωσις οὐδὲ γένεσις, φανερὸν ὅτι οὔθ᾽ αἱ ἕξεις οὔθ᾽ αἱ τῶν ἕξεων ἀποβολαὶ καὶ λήψεις ἀλλοιώσεις εἰσίν. Cf. *Met.* XII, p. 292, l. 16.

sible, et l'indivisible ne se meut pas[1]. Le mouvement s'accomplit, le mobile se meut entre les termes immobiles de la matière et de la forme[2]. Mais l'habitude elle-même n'est pas encore la dernière forme de l'être; ce n'est que le plus haut degré de la puissance; ce n'est encore que repos, inertie, sommeil[3]. Au delà de la possession il y a l'usage; au delà de l'habitude l'action. Mais de l'habitude à l'action, non-seulement il n'y a plus de mouvement; il n'y a pas même de changement[4]; ce n'est plus un état succédant à un état différent; ce n'est plus destruction, mais accomplissement et salut; c'est le même s'ajoutant au même, et remplissant son être de sa propre action[5].

Le mouvement est un acte imparfait, qui n'a pas sa fin en soi-même, et qui tend à sa fin ; le mouvement finit au repos[6]. Mais le repos lui-même n'est pas la fin ; la fin est la perfection qui se suffit à elle-même; le repos n'est que la privation du mouvement par un

---

[1] *Met.* III, p. 58, l. 28; XI, p. 216, l. 3. Cf. *Phys.* VI, IV.

[2] *Met.* VII, p. 142, l. 6 sqq.; XII, p. 241, l. 21 : Οὐ γίγνεται οὔτε ἡ ὕλη οὔτε τὸ εἶδος, λέγω δὲ τὰ ἔσχατα.

[3] *De An.* II, v.

[4] *Phys.* VII, III : Πάλιν δὲ τῆς χρήσεως καὶ τῆς ἐνεργείας οὐκ ἔστι γένεσις.

[5] *De An.* II, v : Τὸ μὲν φθορά τις ὑπὸ τοῦ ἐναντίου· τὸ δὲ σωτηρία μᾶλλον τοῦ δυνάμει ὄντος ὑπὸ τοῦ ἐντελεχείᾳ ὄντος καὶ ὁμοίου..... εἰς αὑτὸ γὰρ ἡ ἐπίδοσις καὶ εἰς ἐντελέχειαν.

[6] *Met.* IX, p. 182, l. 25 : Τῶν πράξεων ὧν ἐστὶ πέρας, οὐδεμία τέλος, ἀλλὰ τῶν περὶ τὸ τέλος. P. 183, l. 6 : Ἔδει ἄν ποτε παύεσθαι..... πᾶσα γὰρ κίνησις ἀτελής.

mouvement contraire, et qu'une négation[1]. La fin dernière est l'action toujours semblable à elle-même, qui ne donne jamais rien qu'elle-même, et qui ne connaît le changement ni le repos : telle est la vie, la vue, la pensée[2]. Le corps de l'animal s'engendre et se développe par un mouvement; mais ni le mouvement n'est le but et la fin de son être, ni même la figure, immobile et inerte. La fin et la vraie forme est la fonction, l'usage dont l'œuvre n'est que l'instrument, et auquel elle attend dans le repos qu'on la fasse servir[3]. La fin et la vraie forme du corps est l'action uniforme de la vie. A marcher, à apprendre, à bâtir, on avance toujours, et il n'y a pas deux moments semblables. Mais vivre, regarder, penser, sont des actes complets, qui, à chaque instant, sont ce qu'ils étaient; toujours la même action, sans repos et sans changement, comme dans un présent perpétuel[4]. Telle est la forme suprême de l'activité dont le mouvement n'est que la préparation.

Le lieu du mouvement, c'est le lieu d'une manière absolue, l'espace; l'étendue est la première scène où se produit l'opposition de la puissance et de l'acte, et

---

[1] *Met.* XI, p. 286, l. 10; p. 237, l. 27.

[2] *Ibid.* IX, p. 183, l. 1 : Ἀλλ' ἐκείνῃ ἐνυπάρχει τὸ τέλος καὶ πρᾶξις· οἷον ὁρᾷ, ἀλλὰ καὶ φρονεῖ καὶ νοεῖ κ. τ. λ.

[3] *De Part. An.* I, v; *Met.* VII, p. 151, l. 13; *Polit.* I, 11; *De Gen. an.* I, x.

[4] *Met.* IX, p. 183, l. 3 : Καὶ νοεῖ καὶ νενόηκε, ἀλλ' οὐ μανθάνει κ. μεμάθηκεν, κ. τ. λ.

la figure sensible sous laquelle se manifestent les lois universelles du changement [1].

Toutes les parties de l'étendue occupent un lieu. Les parties dont les extrémités sont dans un même lieu, se touchent; elles sont contiguës [2]. Les parties contiguës sont de plus continues, quand les extrémités par lesquelles elles se touchent se confondent en une seule, qui est la limite commune des deux parties contiguës, la fin de la première et le commencement de la seconde [3]. Or toute étendue, en tant qu'étendue, est continue. L'étendue ne peut donc être composée que d'étendues; car si les parties de l'étendue étaient inétendues, elles ne différeraient pas de leurs extrémités; elles se confondraient donc tout entières les unes avec les autres dans leurs limites communes, et ne formeraient pas une étendue. Donc, enfin, toute étendue peut toujours être partagée en des étendues plus petites, et celles-ci en de plus petites encore, sans que la division ait jamais de terme. La continuité suppose la divisibilité à l'infini [4].

---

[1] Tout ce qui va suivre, sur la quantité continue considérée dans l'espace, s'applique également aux catégories de la qualité et de la quantité. Dans les trois catégories du mouvement, la matière peut être considérée sous la forme d'une étendue, μέγεθος. Met. XI, p. 234, l. 26 : Κίνησις κατὰ τὸ μέγεθος ἐφ' οὗ κινεῖται ἢ ἀλλοιοῦται ἢ αὔξεται.

[2] Met. XI, p. 238, l. 22 : Ἅπτεσθαι δὲ ὧν τὰ ἄκρα ἅμα. P. 239, l. 4 : Ἐχόμενον δὲ ὃ ἂν ἑξῆς ὂν ἅπτηται.

[3] Ibid. p. 239, l. 9 : Λέγω δὲ συνεχὲς ὅταν ταὐτὸ γένηται καὶ ἓν τὸ ἑκατέρου πέρας οἷς ἅπτονται καὶ συνέχονται. Phys. VI, 1 : Συνεχῆ μὲν ὧν τὰ ἔσχατα ἕν· ἁπτόμενα δὲ, ὧν ἅμα.

[4] Phys. VI, 1 : Πᾶν συνεχὲς διαιρετὸν εἰς ἀεὶ διαιρετά. II : Ἀδύνατον

Ainsi l'infini est en puissance dans toute étendue; mais cela ne veut pas dire qu'un jour pourra venir où il se trouve réalisé; loin de là : cela veut dire qu'il ne le sera jamais, et ne pourra jamais l'être[1]. On ne pourrait obtenir une infinité de parties qu'après avoir fini l'infinie divisibilité; or finir l'infini, c'est une contradiction. C'est donc une contradiction qu'une totalité infinie; l'énumération des parties ne finirait jamais, jamais on ne ferait la somme, jamais on n'arriverait au tout[2]. La divisibilité à l'infini ne suppose donc pas la possibilité de la synthèse d'une infinité de parties; au contraire, elle l'exclut, car il ne peut y avoir de quantité infinie.

L'infini ne peut donc jamais être en acte[3]; il n'est jamais, il devient[4].

L'infinité ne consiste que dans la possibilité de passer perpétuellement d'une quantité à une quantité

ἐξ ἀτόμων εἶναί τι συνεχές· μέγεθος δ' ἐστὶν ἅπαν συνεχές. VII : Διαιρεῖται μὲν γὰρ εἰς ἄπειρα τὸ συνεχές.

[1] *Met.* IX, p. 182, l. 20 : Τὸ δ' ἄπειρον οὐχ οὕτω δυνάμει ἐστὶν ὡς ἐνεργείᾳ ἐσόμενον χωριστόν, ἀλλὰ γνώσει. Τῷ γὰρ μὴ ὑπολιπεῖν τὴν διαίρεσιν ἀποδίδωσι τὸ εἶναι δυνάμει ταύτην τὴν ἐνέργειαν, τῷ δὲ χωρίζεσθαι οὔ.

[2] Ibid. II, p. 39, l. 7 : Διόπερ οὐκ ἀριθμήσει τὰς τομὰς ὁ τὴν ἄπειρον διεξιών... Τὸ δ' ἄπειρον κατὰ τὴν πρόσθεσιν οὐκ ἔστιν ἐν πεπερασμένῳ διεξελθεῖν. XI, p. 233, l. 2 : Οὔτ' ἀριθμὸς ὡς κεχωρισμένος καὶ ἄπειρος. *Phys.* III, VII : Οὐ χωριστὸς ὁ ἀριθμὸς οὗτος τῆς διχοτομίας.

[3] *Met.* XI, p. 232, l. 24 : Ἀλλ' ἀδύνατον τὸ ἐντελεχείᾳ ὂν εἶναι ἄπειρον· ποσὸν γὰρ εἶναι ἀνάγκη.

[4] *Phys.* III, VII : Οὐδὲ μένει ἡ ἀπειρία, ἀλλὰ γίνεται.

différente [1], dans la possibilité d'un progrès indéfini. Ce progrès ne consiste pas dans une addition; c'est une négation perpétuelle; ce n'est pas une composition, mais une décomposition; c'est un progrès en arrière, une régression indéfinie. En un mot, le progrès à l'infini ne consiste pas à avancer de plus en plus en dehors des limites d'une quantité donnée, mais à s'enfoncer de plus en plus dans l'intervalle défini de deux limites. L'infini n'est point, comme on se l'est imaginé, ce qui enveloppe toute chose, car ce n'est pas une forme; c'est ce qui est enveloppé dans tout, la matière que la forme circonscrit [2]. La forme est la limite : on trouve l'infini en descendant de la forme à la matière par une abstraction successive [3], qui tend, sans y toucher jamais, au terme d'une possibilité inépuisable.

Toutefois, à mesure qu'on avance dans la division et que les parties deviennent plus petites, il y a plus de parties; à mesure qu'elles se partagent, elles s'ajoutent; l'étendue décroît, le nombre augmente. La quantité continue et la quantité discrète forment deux

---

[1] *Phys.* III, vi : Ὅλως μὲν γὰρ οὕτως ἐστὶ τὸ ἄπειρον τῷ ἀεὶ ἄλλο καὶ ἄλλο λαμβάνεσθαι· καὶ τὸ λαμβανόμενον μὲν ἀεὶ πεπερασμένον εἶναι, ἀλλ' ἀεί γε ἕτερον καὶ ἕτερον.

[2] *Ibid.* vii : Κατὰ λόγον δὲ συμβαίνει καὶ τὸ κατὰ πρόσθεσιν, ὡς μὴ εἶναι δοκεῖν ἄπειρον οὕτως ὥστε παντὸς ὑπερβάλλειν μεγέθους, ἐπὶ τὴν διαίρεσιν δὲ εἶναι· περιέχεται γὰρ ὡς ἡ ὕλη ἐντός, καὶ τὸ ἄπειρον, περιέχει δὲ τὸ εἶδος.

[3] Ἀφαιρέσει, καθαιρέσει. *Phys.* III, vi, vii.

progressions corrélatives qui marchent en sens inverse l'une de l'autre [1]. La première part du divisible, et tend au plus petit; la seconde part de l'indivisible, et tend au plus grand [2] : d'un côté l'analyse, de l'autre la synthèse. L'infini se développe dans l'un et l'autre sens à la fois, dans le plus et dans le moins, par l'affirmation et par la négation. Mais, des deux progressions, la seconde n'est qu'une forme de la première, le nombre qui la mesure. Ce n'est pas une synthèse réelle, unissant ultérieurement ce que l'analyse a d'abord désuni; c'est une synthèse idéale qui accompagne l'analyse pas à pas, et qui ne fait que réfléchir dans l'addition même des unités discrètes, non la soustraction, mais la division successive de la quantité continue [3].

Le lieu de toute division est le lieu même où se confondaient par leurs extrémités les parties qu'on divise, leur moyen terme, leur commune limite [4]. Le moyen terme est un, en tant qu'il réunit; double, en

---

[1] *Phys.* III, VI : Τὸ δὲ κατὰ πρόσθεσιν τὸ αὐτὸ πῶς ἐστι καὶ τὸ κατὰ διαίρεσιν· ἐν γὰρ τῷ πεπερασμένῳ κατὰ πρόσθεσιν γίνεται ἀντεστραμμένως· ᾗ γὰρ διαιρούμενον ὁρᾶται εἰς ἄπειρον, ταύτῃ προστιθέμενον φανεῖται πρὸς τὸ ὡρισμένον.

[2] *Ibid.* VII : Εὐλόγως δὲ καὶ τὸ ἂν μὲν τῷ ἀριθμῷ εἶναι ἐπὶ τὸ ἐλάχιστον πέρας· ἐπὶ δὲ τὰ πλείω, αἰεὶ παντὸς ὑπερβάλλειν πλήθους.

[3] *Ibid.* VI : Φανερὸν ὅτι οὐδὲ δυνάμει ἂν εἴη κατὰ πρόσθεσιν, ἀλλ' ὥσπερ εἴρηται, ἀντεστραμμένως τῇ διαιρέσει.—Διαιρετὸν δὲ ἐπὶ τὴν καθαίρεσιν καὶ τὴν ἀντεστραμμένην πρόσθεσιν.

[4] Dans la ligne, le point; dans la surface, la ligne; dans le corps, la surface. *Phys.* IV, XI : Καὶ γὰρ ἡ στιγμὴ καὶ συνέχει πως τὸ μῆκος καὶ διορίζει· ἔστι γὰρ τοῦ μὲν ἀρχή, τοῦ δὲ τελευτή.

tant qu'il sépare ; comme la matière entre les deux contraires, il est un en soi, double dans son rapport avec les deux parties dont il forme l'intermédiaire[1]. Mais, un et double, il n'est qu'une limite, non pas un être à part ; il n'était pas avant que la division l'eût manifesté : il n'est plus dès que les parties se sont séparées l'une de l'autre ; il n'est que dans l'acte même de la division. Le progrès de la division à l'infini n'est que la détermination successive d'une infinité de moyens termes entre deux extrémités de l'étendue. Or tous les moyens termes sont les limites de quantités homogènes et semblables, et toute limite est indivisible. Il n'y a donc entre tous les moyens termes possibles, d'autre différence que la position ; c'est comme une même chose qu'on peut considérer dans une infinité de lieux[2]. Ainsi le moyen terme n'est pas seulement un dans sa duplicité essentielle ; il est un et identique par toute l'étendue, et c'est son unité qui en fait la continuité. Dans le progrès de la division, la quantité devient toujours différente, et toujours plus petite ; mais la division est partout la même. C'est

---

[1] *Phys.* IV, xi : Τοῦτο δὲ ὁ μέν ποτε ὄν, τὸ αὐτό ἐστι... τῷ λόγῳ δὲ ἄλλο. Ὁ ποτε ὂν τὸ αὐτό est la même chose que ἀριθμῷ ou ὑποκειμένῳ ἕν ; et τῷ λόγῳ ἄλλο, ou τῷ εἴδει ἄλλο, la même chose que ἕτερον τῷ εἶναι. Voyez plus haut, p. 389, n. 1. Cf. *Met.* XII, p. 257, l. 7 : Εἰ δὴ καὶ τῷ αὐτῷ συμβέβηκεν ὡς ὕλῃ καὶ ἀρχῇ εἶναι καὶ ὡς κινοῦντι, ἀλλὰ τό γ' εἶναι οὐ ταὐτό.

[2] *Phys.* IV, xiii : Οὐ γὰρ ἡ αὐτὴ ἀεὶ καὶ μία στιγμὴ τῇ νοήσει διαιρούντων γὰρ ἄλλη. Ἢ δὲ μία, ἡ αὐτὴ πάντη.

toujours le même acte, quoique toujours ailleurs [1].

Ainsi toutes les limites déterminées par la division dans une quantité continue sont comme des positions différentes d'un seul et même mobile [2]. La limite ne se meut pas; elle appartient à la fois à deux parties simultanées; elle en est le lien indivisible, et ne peut passer de l'une à l'autre [3]. Ce n'est donc pas une même chose d'un bout à l'autre de l'étendue donnée, mais une même relation pour une chose quelconque; et cette chose ne peut être qu'un mobile parcourant l'étendue [4]. Si donc c'est la continuité de l'étendue qui est la cause de la continuité du mouvement, c'est la continuité du mouvement qui mesure et qui fait connaître celle de l'étendue [5]. Le mouvement est divisible en une infinité de parties, parce que l'étendue est indéfiniment divisible [6]; mais ce qui divise l'étendue,

---

[1] *Phys.* IV, XIII : Ἔστι δὲ τὸ αὐτὸ καὶ κατὰ τὸ αὐτὸ ἡ διαίρεσις καὶ ἕνωσις· τὸ δ' εἶναι οὐ ταὐτό.

[2] *Ibid* XI : Ὁμοίως δὴ τῇ στιγμῇ τὸ φερόμενον... καὶ τοῦτο δὴ τῷ ἄλλοθι καὶ ἄλλοθι εἶναι, ἕτερον.

[3] *Ibid.* : Ἀλλ' ὅταν μὲν οὕτω λαμβάνῃ τις, ὡς δυσὶ χρώμενος τῇ μιᾷ, ἀνάγκη ἵστασθαι, εἰ ἔσται ἀρχὴ καὶ τελευτὴ ἡ αὐτὴ στιγμή. — Τῇ γὰρ μέσῃ στιγμῇ ὡς δυσὶ χρήσεται· ὥστε ἠρεμεῖν συμβήσεται.

[4] *Ibid.* : Ὁμοίως δὴ τῇ στιγμῇ τὸ φερόμενον, ᾧ τὴν κίνησιν γνωρίζομεν.

[5] *Ibid.* : Διὰ γὰρ τὸ μέγεθος εἶναι συνεχές, καὶ ἡ κίνησίς ἐστι συνεχής. *De An.* III, 1 : Μέγεθος κινήσει (sc. αἰσθανόμεθα).

[6] *Met.* XI, p. 234, l. 24 : Τὸ δ' ἄπειρον οὐ ταὐτὸν ἐν μεγέθει καὶ κινήσει καὶ χρόνῳ ὡς μία τις φύσις, ἀλλὰ τὸ ὕστερον λέγεται κατὰ τὸ πρότερον· οἷον κίνησις κατὰ τὸ μέγεθος.

comme ce qui l'unit, c'est le mouvement. La limite est le terme où le mouvement s'achève, la fin où le mobile a son acte; et c'est l'action du mobile qui, par la division, détermine des limites, points, lignes ou surfaces [1], dans l'uniformité de l'étendue.

Mais il y a de l'ordre dans l'étendue : toutes les parties y ont un rang, et forment une suite; l'une est devant, l'autre après. Le mobile ne parvient donc d'une extrémité à une autre qu'après avoir traversé le milieu : dans le mouvement comme dans l'étendue il y a de l'antériorité et de la postériorité [2]; mais l'ordre dans le mouvement n'est pas de position comme dans l'étendue, il est de succession : c'est une succession de positions. La mesure de la succession est le temps. Cependant le temps n'est pas le mouvement. Le mouvement, en effet, diffère selon les catégories; le temps est partout le même. Dans chaque catégorie il y a plusieurs mouvements à la fois; il n'y a qu'un seul et même temps. Le mouvement est plus ou moins rapide; le temps marche d'un pas égal [1]. Le temps est la mesure uni-

---

[1] *Met.* III, p. 58, l. 12 : Φαίνεται ταῦτα πάντα διαιρέσεις ὄντα τοῦ σώματος, τὸ μὲν εἰς πλάτος, τὸ δὲ εἰς βάθος, τὸ δὲ εἰς μῆκος. XI, p. 215, l. 27 : Τομαὶ δὲ καὶ διαιρέσεις αἱ μὲν ἐπιφανειῶν, αἱ δὲ σωμάτων, αἱ δὲ στιγμαὶ γραμμῶν.

[2] *Phys.* IV, xi : Τὸ δὲ δὴ πρότερον καὶ ὕστερον ἐν τόπῳ πρῶτόν ἐστιν· ἐνταῦθα μέντοι τῇ θέσει. Ἐπεὶ δ' ἐν τῷ μεγέθει ἐστὶ τὸ πρότερον καὶ ὕστερον, ἀνάγκη καὶ ἐν κινήσει εἶναι τὸ πρότερον καὶ ὕστερον, ἀνά-

forme de tous les genres et de tous les degrés du mouvement. Dans l'ordre de la succession, le temps est le nombre du mouvement selon l'antériorité et la postériorité [1]. Mais si le temps est la mesure de tous les mouvements, comme le nombre est la mesure de la pluralité des animaux aussi bien que de celle des plantes, il n'est pas pour cela indépendant du mouvement. Il n'y a pas de nombre en soi, subsistant par soi-même, hors de tout ce qu'il nombre; il n'y a point de temps hors des seules choses que nombre le temps, c'est-à-dire hors de tout mobile. L'avant et l'après se comptent dans le temps, mais n'ont de réalité que dans le mouvement [2]. Le temps n'est pas autre chose que le mouvement lui-même, en tant qu'il forme un nombre par la succession de ses époques; ce n'est pas un nombre nombrant, mais un nombre nombré [3]. Le temps n'est donc pas une quantité discrète; c'est un nombre concret, continu comme la quantité qu'il mesure. Le temps suit le mouvement, comme le mou-

λογον τοῖς ἐκεῖ. Ἀλλὰ μὴν καὶ ἐν τῷ χρόνῳ ἐστὶ τὸ πρότερον καὶ ὕστερον, διὰ τὸ ἀκολουθεῖν ἀεὶ θατέρῳ θάτερον αὐτῶν.

[1] *Phys.* IV, xii.
[2] Ibid. xi : Ἔστιν ὁ χρόνος ἀριθμὸς κινήσεως κατὰ τὸ πρότερον καὶ ὕστερον.
[3] Ibid. : Ἔστι δὲ τὸ πρότερον καὶ τὸ ὕστερον αὐτῶν ἐν τῇ κινήσει, ὃ μέν ποτε ὂν κίνησίς ἐστι· τὸ μέντοι εἶναι αὐτῷ ἕτερον, καὶ οὐ κίνησις. — Πρότερον γὰρ καὶ ὕστερόν ἐστι τὸ ἐν κινήσει· τὸ δ᾽ εἶναι ἕτερον· ἢ ἀριθμητὸν γὰρ τὸ πρότερον καὶ ὕστερον, τὸ νῦν ἐστι.
[4] Ibid. xii : Ὁ δὲ χρόνος ἀριθμός ἐστιν οὐχ ᾧ ἀριθμοῦμεν, ἀλλ᾽ ὁ ἀριθμούμενος.

vement l'étendue : la continuité de l'étendue est le fondement de la continuité du mouvement ; la continuité du mouvement est le fondement de celle du temps[1]. Enfin le temps est un nombre qui ne reste jamais le même, mais qui est toujours autre qu'il n'était ; comme l'infini, il n'est pas, il devient toujours[2]. L'unité du temps est le présent, l'instant indivisible du présent. Le présent est le terme moyen entre le passé et l'avenir, entre ce qui n'est plus et ce qui n'est pas encore. Le présent change donc sans cesse, et pourtant c'est toujours le présent, la limite constante d'un passé et d'un avenir toujours nouveau[3]. En effet, le mobile répond à la limite qu'il détermine dans l'étendue comme le mouvement répond à l'étendue elle-même ; le présent répond au mobile comme le temps au mouvement. Or le mobile est le même pendant toute la durée du mouvement, dans toute l'étendue qu'il parcourt ; il change de position sans changer d'être. Le présent change donc aussi avec la position[4]. La limite

---

[1] *Phys.* IV, xii : Ἀκολουθεῖ γὰρ τῷ μεγέθει ἡ κίνησις, τῇ δὲ κινήσει ὁ χρόνος τῷ καὶ ποσὰ καὶ συνεχῆ καὶ διαιρετὰ εἶναι. *Met.* XI, p. 234, l. 24.

[2] *Phys.* III, vii : Ἀλλ' οὐ χωριστὸς ὁ ἀριθμὸς οὗτος τῆς διχοτομίας, οὐδὲ μένει ἡ ἀπειρία ἀλλὰ γίνεται, ὥσπερ καὶ ὁ χρόνος καὶ ὁ ἀριθμὸς τοῦ χρόνου.

[3] *Ibid.* IV, xi : Τὸ δὲ νῦν τὸν χρόνον μετρεῖ, ᾗ πρότερον καὶ ὕστερον· τὸ δὲ νῦν ἔστι μὲν ὡς τὸ αὐτό, ἔστι δ' ὡς οὐ τὸ αὐτό· ᾗ μὲν γὰρ ἐν ἄλλῳ καὶ ἄλλῳ, ἕτερον· τοῦτο δ' ἦν αὐτῷ τὸ εἶναι· ᾗ δὲ ὅ ποτε ὄν ἐστι τὸ νῦν, τὸ αὐτό.

[4] *Ibid.* : Τῷ δὲ φερομένῳ ἀκολουθεῖ τὸ νῦν, ὥσπερ ὁ χρόνος τῇ κινήσει. — Τὸ δὲ νῦν, διὰ τὸ κινεῖσθαι τὸ φερόμενον, ἀεὶ ἕτερον.

de l'étendue est autre partout; la limite du temps toujours autre. La limite de l'étendue demeure et ne passe point; la limite du temps passe sans cesse. Mais, ni dans l'un ni dans l'autre il n'y a d'être. Les limites sont des divisions, des abstractions sans réalité, déterminées par le mouvement [1]. Le mouvement lui-même n'est point la réalité, objet de l'expérience : la réalité est le mobile [2]. C'est le mobile qui demeure et qui passe à la fois, identique dans sa substance, changeant dans ses rapports. C'est le mobile qui est l'être, sous la double forme de l'immutabilité de l'étendue, et de la mutabilité continuelle du temps.

Enfin, la réalité, l'être du mobile lui-même n'est que dans l'acte qui détermine et qui achève le mouvement, l'action qui divise, qui crée le moyen terme dans l'infini de la continuité [3], et qui réalise la puissance au point de concours indivisible de l'espace et du temps.

Le sujet du mouvement, ou le mobile est le corps. La surface n'est que la limite du corps, la ligne de la surface, le point de la ligne. Ce sont les divisions succes-

---

[1] Met. III, p. 59, l. 9 : (Τὸ νῦν) ἕτερον ἀεὶ δοκεῖ εἶναι, οὐκ οὖσά τις οὖσα. Ὁμοίως δὲ δῆλον ὅτι ἔχει καὶ περὶ τὰς στιγμὰς καὶ γραμμὰς καὶ τὰ ἐπίπεδα· ὁ γὰρ αὐτὸς λόγος· ἅπαντα γὰρ ὁμοίως ἢ πέρατα ἢ διαιρέσεις εἰσίν. Cf. XI, p. 216, l. 3.

[2] Phys. IV, XI : Τόδε γάρ τι τὸ φερόμενον· ἡ δὲ κίνησις, οὔ.

[3] Ibid. VIII, VIII : Τῆς εὐθείας τῶν ἐντὸς τῶν ἄκρων ὁτιοῦν σημεῖον δυνάμει μέν ἐστι μέσον, ἐνεργείᾳ δ' οὐκ ἔστιν, ἐὰν μὴ διέλῃ ταύτην, κ. ἐπιστὰν πάλιν ἄρξηται κινεῖσθαι.

sives de l'étendue suivant ses différentes dimensions; ces divisions n'ont d'existence, et par conséquent de mouvement que dans la chose même qu'elles divisent; elles sont d'une manière accidentelle et relative; elles ne se meuvent aussi que par accident. Ainsi, aucune étendue n'est mobile par elle-même que l'étendue à trois dimensions[1]. Les trois dimensions contiennent toutes les dimensions possibles. Il semble qu'en toute chose, comme l'avaient vu les Pythagoriciens, le nombre trois épuise toutes les conditions de la perfection, et que trois soit tout[2]. Le mobile n'est donc pas seulement une quantité continue, infiniment divisible; c'est une quantité continue infiniment divisible en tous sens.

Mais le mobile ne peut pas de lui-même entrer en acte, et se mettre en mouvement. La mobilité est une puissance passive; il faut une puissance active pour donner à la puissance passive l'impulsion, et la porter à l'acte. Toute puissance suppose une puissance cor-

---

[1] *Phys.* VI, x. *De Cœl.* I, II; IX : Κίνησις δ' ἄνευ φυσικοῦ σώματος οὐκ ἔστιν. Le corps seul est par lui-même dans l'espace, qui est la limite du corps enveloppant. Les surfaces, lignes et points ne sont dans l'espace que par accident. *Phys.* IV, IV, v.

[2] *De Cœl.* I, I : Σῶμα δὲ τὸ πάντῃ διαιρετόν..... διὰ τὸ τρία πάντα εἶναι καὶ τὸ τρὶς πάντη· καθάπερ γάρ φασι καὶ οἱ Πυθαγόρειοι, τὸ πᾶν καὶ τὸ πάντα τοῖς τρισὶν ὥρισται. — Τὸ σῶμα μόνον ἂν εἴη τῶν μεγεθῶν τέλειον· μόνον γὰρ ὥρισται τοῖς τρισί· τοῦτο δ' ἐστὶ πᾶν. Τριχῇ δὲ ὂν διαιρετόν, πάντῃ διαιρετόν ἐστι. Cf. *Met.* V, p. 97, l. 17; XIII, p. 262, l. 6.

rélative, à laquelle elle s'oppose, de laquelle elle reçoit, ou à laquelle elle donne le mouvement. Toute puissance est le principe d'un changement, soit en quelque chose, soit de la part de quelque chose autre que son propre sujet [1]. Il n'y a pour tout acte qu'une puissance, qui est le principe du changement, mais résidant à la fois en deux sujets, dont l'un produit le changement et l'autre le souffre [2].

Or, pour que le principe moteur mette le mobile en mouvement, il ne suffit pas qu'il possède le pouvoir de le faire; il faut qu'il le fasse en effet; il faut qu'il agisse, qu'il soit en acte; il faut que son acte soit la forme même qu'il doit faire prendre à la matière, la forme commune de la puissance passive et de la puissance active. C'est donc dans le mobile qu'est le mouvement, et dans le moteur l'action [3]. Le mouvement est le changement graduel par lequel le mobile prend la forme du principe qui le meut. La fin du mouvement est la coïncidence des deux termes en un seul et même acte, leur limite commune. L'action est

---

[1] *Met.* V, p. 104, l. 10 : Ἡ μὲν οὖν ὅλως ἀρχὴ μεταβολῆς ἢ κινήσεως λέγεται δύναμις ἐν ἑτέρῳ ᾗ ἕτερον, ἢ δ' ὑφ' ἑτέρου ᾗ ἕτερον. IX, p. 175, l. 26 : — Ἐν ἄλλῳ ᾗ ἄλλο, — ὑπ' ἄλλου ᾗ ἄλλο.

[2] Ibid. IX, p. 176, l. 6 : Ἔστι μὲν ὡς μία δύναμις τοῦ ποιεῖν καὶ πάσχειν (δυνατὸν γάρ ἐστι καὶ τῷ ἔχειν αὐτὸ δύναμιν τοῦ παθεῖν, καὶ τῷ ἄλλο ὑπ' αὐτοῦ) ἔστι δ' ὡς ἄλλη. Ἡ μὲν γὰρ ἐν τῷ πάσχοντι.

[3] Ibid. XI, p. 231, l. 22 : Ὅτι ἐστὶν ἡ κίνησις ἐν τῷ κινητῷ, δῆλον· ἐντελέχεια γάρ ἐστι τούτου ὑπὸ τοῦ κινητικοῦ, καὶ ἡ τοῦ κινητικοῦ δὲ ἐργεια οὐκ ἄλλη ἐστί.

le moyen terme, un et double à la fois, de la puissance passive et de la puissance active[1].

La matière, ou le principe passif, est dans le monde comme la femelle qui renferme le germe; la forme est comme le mâle qui la féconde. C'est dans le sein de la femelle que se passe le mouvement et se transforme le germe; la puissance passive et la puissance active, le mâle et la femelle, s'unissent dans une action commune et dans un commun produit[2].

Tout ce qui est l'ouvrage d'une puissance extérieure, tout ouvrage d'art ne peut se mouvoir que sous l'impulsion immédiate d'une puissance extérieure. Une table ne se meut pas, en tant qu'elle est une table, si rien ne vient du dehors lui imprimer le mouvement[3]. Tout ouvrage d'art n'est donc que le sujet passif de toute espèce de changements qu'une cause étrangère peut lui faire subir; ce n'est pas un être tendant à une fin; sa fin n'est que dans les desseins de celui qui l'a fait; sa forme n'est qu'un accident[4]. Mais tout ouvrage d'art est formé d'un corps que l'art n'a pas fait. Or il n'y a pas de corps qui ne se porte sans que rien le

---

[1] *Met.* XI, l. 28 : Ὁμοίως μία ἀμφοῖν ἐνέργεια, ὥσπερ τὸ αὐτὸ διάστημα ἓν πρὸς δύο καὶ δύο πρὸς ἕν, καὶ ἄναντες καὶ τὸ κάταντες, ἀλλὰ τὸ εἶναι οὐχ ἕν. *Phys.* III, III : Οὐδ' ἡ ποίησις τῇ παθήσει τὸ αὐτὸ κυρίως, ἀλλ' ᾧ ὑπάρχει ταῦτα, ἡ κίνησις· τὸ γὰρ τοῦδε ἐν τῷδε, καὶ τὸ τοῦδε ὑπὸ τοῦδε ἐνέργειαν εἶναι, ἕτερον τῷ λόγῳ.

[2] *Phys.* I. IX; *De Gen. an.* I, XXII.

[3] *Phys.* II, I.

[4] *Met.* XII, p. 242, l. 6-24, VIII, p. 169, l. 15.

pousse, pourvu seulement que rien ne l'arrête, vers un point de l'univers plutôt que vers tout autre. Tout corps [1] se dirige vers le centre ou vers la circonférence du monde, vers l'une ou l'autre extrémité de l'un quelconque des rayons de la sphère. Or les extrémités d'une même droite constituent dans l'espace des contraires. Tout corps possède, au moins dans la catégorie de l'espace, une tendance primitive à l'un des deux termes de la contrariété [2]. Cependant on ne peut pas dire que le corps, grave ou léger, se porte de lui-même au lieu qui lui convient; ce n'est pas un pouvoir qu'il possède, puisqu'il ne peut jamais en suspendre l'exercice, et s'arrêter dans son mouvement: c'est une disposition constante, une habitude innée [3]. Ce qui le meut, ce n'est pas lui [4], ce n'est pas son essence propre. La pesanteur du corps n'est pas sa nature même [5]; la nature qui le meut, qui le fait léger ou grave, est la puissance active qui l'a fait ce qu'il est. Le corps n'a que des puissances passives; l'action, qui constitue l'être, ne lui appartient pas [6].

---

[1] Excepté l'éther; voy. le chap. suivant.
[2] *De Cœl.* I, IX; *Phys.* VIII, IV.
[3] *Phys.* VIII, IV.
[4] Le corps a seulement *en lui* le mouvement. *Met.* IX, p. 188, l. 22 : Καθ' αὑτὰ γὰρ καὶ ἐν αὑτοῖς ἔχει τὴν κίνησιν.
[5] *Phys.* II, 1 : Τοῦτο γὰρ φύσις μὲν οὐκ ἔστιν, οὐδ' ἔχει φύσιν, ὅ τι δὲ καὶ κατὰ φύσιν ἐστίν.
[6] *Ibid.* VIII, IV : Κινήσεως ἀρχὴν ἔχει, οὐ τοῦ κινεῖν οὐδὲ τοῦ ποιεῖν, ἀλλὰ τοῦ πάσχειν.—Ἢ γὰρ ὑπὸ τοῦ γεννήσαντος καὶ ποιήσαντος κοῦφον ἢ βαρύ, ἢ ὑπὸ τοῦ τὰ ἐμποδίζοντα καὶ κωλύοντα λύσαντος.

Mais il y a des choses qui se meuvent elles-mêmes. C'est un fait qui n'admet pas de preuves, non plus que la réalité du mouvement, un fait d'expérience [1]. Il y a donc des choses qui ont en elles et le principe passif et le principe actif du mouvement. Or la nature d'une chose est la fin où elle atteint sa forme essentielle, et la forme réside dans le principe qui pousse le mobile à sa fin. La nature est donc l'essence ou la forme essentielle (substantielle) de tous les êtres qui se meuvent eux-mêmes. La nature est donc la cause du mouvement dans le sujet même où elle réside [2]. Ce n'est pas une force étrangère au corps qu'elle met en mouvement, et qui le pousse du dehors : c'est une puissance inséparable, quoique distincte, du mobile. Toute puissance est un principe de changement d'un terme à un autre terme ; mais ici les deux termes sont le même être : la nature est le principe du mouvement et du repos dans le même en tant que même.

La nature n'est donc pas comme l'art une activité indépendante qui s'exerce indifféremment sur toute espèce de matière. Toute nature est liée à une ma-

---

[1] *Phys.* VIII, vi : Ὁρῶμεν δὲ καὶ φανερῶς ὄντα τοιαῦτα, ἃ κινεῖ αὐτὰ ἑαυτά. II, 1 : Ὡς δ' ἐστὶν ἡ φύσις πειρᾶσθαι δεικνύναι, γελοῖον.

[2] *Met.* V, p. 92, l. 27 : Ἡ πρώτη φύσις καὶ κυρίως λεγομένη ἐστὶν ἡ οὐσία ἡ τῶν ἐχόντων ἀρχὴν κινήσεως ἐν αὐτοῖς ᾗ αὐτά. VIII, p. 169, l. 19 : Τὴν γὰρ φύσιν μόνην ἄν τις θείη τῶν ἐν τοῖς φθαρτοῖς οὐσίαν. XI, p. 225, l. 22 ; *Phys.* II, 1 : Οὔσης τῆς φύσεως ἀρχῆς τινος καὶ αἰτίας τοῦ κινεῖσθαι καὶ ἠρεμεῖν ἐν ᾧ ὑπάρχει πρώτως καθ' αὑτὸ καὶ μὴ κατὰ συμβεβηκός.

tière[1], non par un lien extérieur et mécanique, mais par le mouvement même et la vertu intérieure qui transforme le possible dans l'acte de sa forme. Toute nature suppose une matière à elle, dont elle est l'essence propre; sa matière n'a d'être que par elle, et à son tour elle n'est possible que par sa matière. Cependant l'acte ne peut pas être la suite nécessaire de la puissance, la réalité de la possibilité. Le possible embrasse toute l'étendue d'une opposition de contrariété, et, de toutes les formes comprises entre les deux extrêmes, n'en détermine aucune. La matière est donc la condition, non pas la cause efficiente de l'acte; ce n'est pas ce qui le fait être, mais seulement ce sans quoi il ne peut pas être[2]. La nécessité n'est pas dans la fin, mais seulement dans le moyen; la nécessité n'est donc que de relation et de négation : c'est l'hypothèse impliquée dans la thèse de la réalité[3].

C'est donc à la puissance active de déterminer d'elle-même le mouvement et la forme : la nature, comme l'art, se porte, sans y être contrainte, à sa fin[4]. Mais la nature est une activité concrète, une forme en une

---

[1] *Phys.* II, 1 : Ἐν ὑποκειμένῳ ἐστὶν ἡ φύσις ἀεί.

[2] *Ibid.* IX : Οὐκ ἄνευ μὲν τῶν ἀναγκαίων ἐχόντων τὴν φύσιν, οὐ μέντοι διὰ ταῦτα. *Met.* V, p. 93, l. 4 : Ἀναγκαῖον μὲν λέγεται οὗ ἄνευ οὐκ ἐνδέχεται, κ. τ. λ.

[3] *Phys.* II, IX : Ἐξ ὑποθέσεως οὖν τὸ ἀναγκαῖον, ἀλλ' οὐχ ὡς τέλος· ἐν γὰρ τῇ ὕλῃ τὸ ἀναγκαῖον, τὸ δ' οὗ ἕνεκα ἐν τῷ λόγῳ. *De Part. An.* I, 1 Ὅτι οὐχ οἷόν τε ἄνευ ταύτης εἶναι. Τοῦτο δ' ἐστὶν ὥσπερ ἐξ ὑποθέσεως.

[4] *Phys.* II, VIII; *De An.* III, XII; *Polit.* I, VIII.

matière¹. Sa fin n'est pas, comme celle de l'art, une conception, une idée, un type arbitraire qui n'est que dans la pensée², et que la volonté réalise. La nature n'a pas de choix à faire; sa forme, c'est elle-même, dans sa réalité concrète. Des deux formes contraires dont chaque puissance est susceptible, il y en a une qui est l'essence, dont l'autre est la privation : c'est celle-là qui est la forme de la nature, sa perfection, son bien³. Sans choix et sans délibération, elle y aspire, elle y marche d'un mouvement continu⁴.

La puissance, dont l'étendue dépasse toujours la réalité, échappe sans cesse par quelque côté à l'action régulière de la nature. Elle tombe sous l'empire de principes étrangers, et de là l'accident. Le hasard vient de la même source que la nécessité. Avec la matière se glisse dans le monde le désordre et le mal⁵. La nature a beau faire; à chaque instant, elle manque le but et trompe les légitimes prévisions de la science⁶. Mais toujours elle vise au bien, et fait tout pour le mieux⁷.

¹ *Met.* VII, p. 152, l. 22 : Ἡ οὐσία γάρ ἐστι τὸ εἶδος τὸ ἐνόν.
² Ibid. p. 140, l. 19.
³ Ibid. VIII, p. 172, l. 19 : Τοῦ μὲν καθ' ἕξιν καὶ κατὰ τὸ εἶδος ὕλη, τοῦ δὲ κατὰ στέρησιν καὶ φθορὰν τὴν παρὰ φύσιν.
⁴ *Phys.* II, viii : Φύσει γάρ, ὅσα ἀπό τινος ἐν ἑαυτοῖς ἀρχῆς συνεχῶς κινούμενα ἀφικνεῖται εἰς τὶ τέλος.
⁵ *Met.* VI, p. 125, l. 23 : Ὥστε ἔσται ἡ ὕλη αἰτία ἡ ἐνδεχομένη παρὰ τὸ ὡς ἐπιτοπολὺ τοῦ συμβεβηκότος.
⁶ Ibid. XI, p. 229, l. 8.
⁷ *Phys.* VIII, vii : Τὸ δὲ βέλτιον ἀεὶ ὑπολαμβάνομεν ἐν τῇ φύσει ὑπάρχειν, ἂν ᾖ δυνατόν. *De Gen. et corr.* II, x : Ἐν ἅπασιν ἀεὶ τοῦ βελτίο-

Ce qu'elle perd d'un côté, elle le reprend d'un autre [1]; ce qui surabonde, elle l'emploie à suppléer ce qui manque. Elle rétablit l'équilibre, répare le désordre, guérit la maladie. Toujours elle travaille la masse inerte du corps, la façonne et la transforme. Partout elle met et elle conserve la proportion et la beauté [2].

Ce mouvement régulier, cette activité infatigable qui ne fait rien en vain et qui, sans le savoir et sans l'avoir voulu, pousse incessamment la matière, indocile et rebelle, au développement parfait de ses puissances, ce n'est pas autre chose que la vie. Nul corps n'est un par soi-même qui ne vive. Sans la vie, qui fait le solide dans l'espace, plus rien que des limites, comme dans les théories pythagoricienne et platonicienne, rien que des grandeurs mathématiques, abstraites, isolées et sans lien, rien qu'une division et qu'une dissolution indéfinie [3]. En outre, nul corps ne

νος ὀρέγεσθαί φαμεν τὴν φύσιν. *De Vita et Morte*, IV : Τὴν φύσιν ὁρῶμεν ἐν πᾶσιν ἐκ τῶν δυνατῶν ποιοῦσαν τὸ κάλλιστον. *De An. inc.* II : Ἡ φύσις οὐδὲν ποιεῖ μάτην, ἀλλ' ἀεὶ ἐκ τῶν ἐνδεχομένων τῇ οὐσίᾳ περὶ ἕκαστον γένος ζώου τὸ ἄριστον.

[1] *De Gen an.* III, 1 : Ὁ γὰρ ἐκεῖθεν ἀφαιρεῖ ἡ φύσις, προστίθησιν ἐνταῦθα.

[2] *Phys.* VIII, 1 : Ἡ γὰρ φύσις αἰτία πᾶσι τῆς τάξεως..... Τάξις δὲ πᾶσα λόγος. *De Gen. an.* IV, 11 : Πάντα γὰρ τὰ γινόμενα κατὰ τέχνην ἢ φύσιν λόγῳ τινί ἐστιν. *Met.* XIII. p. 265, l. 16 : Τοῦ δὲ καλοῦ μέγιστα εἴδη τάξις καὶ συμμετρία καὶ τὸ ὡρισμένον.

[3] *Met.* XIII, p. 262, l. 7 : Ἔτι τίνι καὶ πότε ἔσται ἐν τὰ μαθηματικὰ μεγέθη; τὰ μὲν γὰρ ἐνταῦθα ψυχῇ ἢ μέρει ψυχῆς ἢ ἄλλῳ τινὶ εὐλόγῳ· εἰ δὲ μή, πολλὰ, καὶ διαλύεται. Ἐκείνοις δὲ διαιρετοῖς καὶ ποσοῖς οὖσι τί

se change soi-même qui ne vive. Le principe intérieur du changement, la nature, c'est le principe de la chaleur et de la vie, l'âme. Le corps, que la nature anime, est l'instrument de l'âme [2]. Les parties différentes du corps sont des organes divers, qui ne sont rien que pour leurs fonctions. La main que l'âme ne peut plus faire servir à ses fins, n'est une main que de nom, comme si elle était de pierre ou de bois [3] : le moyen n'est fait et n'existe que pour sa fin. Mais toute nature a sa matière propre, dont elle n'est pas séparable : l'âme ne commande donc pas au corps comme le maître à l'esclave, comme une puissance indépendante qui peut se séparer de l'instrument qu'elle emploie [4]; elle n'y est pas comme dans une demeure qu'elle puisse abandonner. Ce n'est pas une substance voyageant de corps en corps, comme les pythagoriciens se la représentent [5]. Ce n'est pas une substance, en général, un sujet, mais une forme [6], la forme d'un seul et unique corps dont elle fait la vie

αίτιον τοῦ ἓν εἶναι καὶ συμμένειν ; —Τὸ σῶμα... τέλειον καὶ ὅλον μᾶλλον ὅτι ἔμψυχον γίγνεται.

[1] Phys. VIII, iv : Ζωτικὸν γὰρ τοῦτο καὶ τῶν ἐμψύχων ἴδιον.
[2] De Part. an. I, v; De An. II, iv.
[3] Met. VII, p. 148, l. 17; De Gen. an. I, x; II, 1; Meteor. IV, xii; Polit. I, ii.
[4] Polit. I, ii.
[5] De An. I, iii.
[6] Ibid. : Λόγος τις ἂν εἴη καὶ εἶδος, ἀλλ' οὐχ ὡς ὕλη καὶ τὸ ὑποκείμενον. 1 : Οὐ γάρ ἐστι τῶν καθ' ὑποκειμένου τὸ σῶμα, μᾶλλον δὲ ὡς ὑποκείμενον καὶ ὕλη.

propre et l'individualité. Elle n'est pas le corps, mais sans le corps elle ne peut pas être. Elle est quelque chose du corps; et ce quelque chose n'est ni la figure, ni le mouvement, ni un accident quelconque, mais la forme même de la vie, l'activité spécifique qui détermine l'essence et tous ses accidents [1]. L'âme n'est pas non plus l'harmonie des parties du corps, ni la résultante de ses mouvements divers : elle est ce qui y produit l'accord et l'harmonie, la cause qui y détermine, y dirige, y règle le mouvement. Ce n'est pas une unité de mélange et de composition, un nombre, mais une unité simple, l'unité de la forme et de l'acte [2]. Ce n'est donc pas une puissance dont le corps serait la réalisation, mais la réalité dernière d'un corps [3]. Le corps doué d'abord du mouvement naturel, puis organisé, et toutes ses parties disposées pour les fonctions vitales, il ne lui manque pour vivre

---

[1] *De An.* I, 11 : Καλῶς ὑπολαμβάνουσιν οἷς δοκεῖ μήτε ἄνευ σώματος εἶναι μήτε σῶμά τι ψυχή· σῶμα μὲν γὰρ οὐκ ἔστι, σώματος δέ τι. Καὶ διὰ τοῦτο ἐν σώματι ὑπάρχει καὶ ἐν σώματι τοιούτῳ, καὶ οὐχ ὥσπερ οἱ πρότεροι εἰς σῶμα ἐνήρμοζον αὐτὴν, οὐθὲν προσδιορίσαντες ἐν τίνι καὶ ποίῳ, καίπερ οὐδὲ φαινομένου τοῦ τυχόντος δέχεσθαι τὸ τυχόν. Οὕτω δὲ γίνεται καὶ κατὰ λόγον· ἑκάστου γὰρ ἡ ἐντελέχεια ἐν τῷ δυνάμει ὑπάρχοντι καὶ τῇ οἰκείᾳ ὕλῃ πέφυκε γίνεσθαι. *Met.* VIII, p. 168, l. 18 : Αὕτη (sc. ἡ ψυχὴ) γὰρ οὐσία καὶ ἐνέργεια σώματός τινος. *De An.* II, 1 : Τὸ τί ἦν εἶναι καὶ ὁ λόγος... φυσικοῦ τοιουδί.

[2] *Ibid.* I, IV; II, 1 : Τὸ γὰρ ἓν καὶ τὸ εἶναι ἐπεὶ πλεοναχῶς λέγεται, τὸ κυρίως ἡ ἐντελέχειά ἐστι. Cf. *Met.* VIII, p. 174, l. 15 sqq.

[3] *De An.* II, 11 : Οὐ τὸ σῶμά ἐστιν ἐντελέχεια ψυχῆς, ἀλλ' αὕτη σώματός τινος.

qu'une seule chose, l'acte même de la vie, et cet acte c'est l'âme. L'âme est donc l'acte d'un corps naturel, organisé, qui a la vie en puissance [1].

Ainsi l'âme, cause du mouvement, ne se meut pas, dans aucune catégorie. Rien ne se meut qui ne soit dans l'espace, et rien n'est dans l'espace qui ne soit étendu et indéfiniment divisible. Or l'âme est une forme active qui n'a pas d'étendue. Elle n'est pas en repos davantage : le repos, privation du mouvement, suppose la mobilité. Elle est la limite immobile d'où partent et où reviennent les mouvements [2].

Mais l'âme en elle-même, dans son immobilité inaltérable, est-elle la forme dernière de l'être qu'elle anime? Il l'a, il la possède; mais posséder, ce n'est pas user. Jusque-là l'âme n'est qu'une habitude, une disposition; la vie n'est encore que sommeil, et la veille est un degré de plus. L'âme n'est donc en elle-même que la première forme, le premier acte de l'organisme. La forme dernière, la fin suprême, est l'action même de l'âme, l'action indivisible, supérieure au mouvement et au repos [3].

---

[1] *De An.* II, 1 : Ἀναγκαῖον ἄρα τὴν ψυχὴν οὐσίαν εἶναι ὡς εἶδος σώματος φυσικοῦ δυνάμει ζωὴν ἔχοντος· ἡ δ' οὐσία ἐντελέχεια· τοιούτου ἄρα σώματος ἐντελέχεια.

[2] Ibid. I, III, IV; *Phys.* VIII, VI.

[3] *De An.* II, 1 : Ἐν γὰρ τῷ ὑπάρχειν τὴν ψυχὴν ὕπνος καὶ ἐγρήγορσίς ἐστιν· ἀνάλογον δ' ἡ μὲν ἐγρήγορσις τῷ θεωρεῖν, ὁ δ' ὕπνος τῷ ἔχειν καὶ μὴ ἐνεργεῖν. — Διὸ ψυχή ἐστιν ἐντελέχεια ἡ πρώτη σώματος φυσικοῦ ζωὴν ἔχοντος δυνάμει.

Mais la nature ne peut se dégager que par degrés des liens de la matière et de la nécessité. Elle tend à sa fin et ne la perd jamais de vue; mais elle ne peut pas s'y élever du premier coup. Ce n'est que par une progression ascendante de formes qu'elle atteint la forme la plus haute. Une échelle d'existences se développe qui remplit, sans laisser de vide, toute la catégorie de la substance ou de l'Être. C'est comme une même puissance qui, d'organisation en organisation, d'âme en âme, monte d'un mouvement continu jusqu'au point culminant de l'activité pure; c'est l'être sortant par degrés de la stupeur et du sommeil[1].

Le plus bas degré de la nature est la simplicité absolue des corps élémentaires. Au-dessus de l'élément vient le mixte. La mixtion n'est pas une juxtaposition mécanique, mais une combinaison, une transformation. Le produit est différent de ses principes; il a sa nature, son essence, sa forme propre[2], et il est indéfiniment divisible en parties similaires. La mixtion suppose la différence des principes constitutifs, et l'homogénéité des parties intégrantes[3]. Au-

---

[1] *Hist. An.* VIII, 1 : Οὕτω δ' ἐκ τῶν ἀψύχων εἰς τὰ ζῷα μεταβαίνει κατὰ μικρὸν ἡ φύσις, ὥστε τῇ συνεχείᾳ λανθάνειν τὸ μεθόριον αὐτῶν καὶ τὸ μέσον ποτέρων ἐστίν. *De Part. an.* IV, v.

[2] *Met.* VII, p. 163, l. 20 : Τὸ ἐκ τινὸς σύνθετον οὕτως ὥστε ἓν εἶναι τὸ πᾶν, ἀλλὰ μὴ ὡς σωρός. L. 27 : Καὶ ἡ σὰρξ οὐ μόνον πῦρ καὶ γῆ ἢ τὸ θερμὸν καὶ ψυχρόν, ἀλλὰ καὶ ἕτερόν τι.

[3] *De Gen. et Corr.* I, x : Φαμὲν δέ, εἴπερ δεῖ μεμίχθαι τι, τὸ μιχθὲν ὁμοιομερὲς εἶναι.

dessus de la mixtion vient l'organisation : l'organisation est une synthèse hétérogène de différents mixtes homogènes : l'unité de cette synthèse est la vie [1]. La première forme de la vie est la végétation. La végétation est la croissance spontanée ; la croissance est le résultat de la nutrition. La nutrition est l'intussusception, par laquelle l'être reçoit dans son corps une substance étrangère, se l'assimile par l'action de sa chaleur vitale, et la convertit en sa propre substance en rejetant le superflu [2]. La forme fondamentale de l'organisme est donc celle d'un canal qui reçoit la nourriture par l'extrémité supérieure, la digère au centre, et par l'extrémité inférieure rejette le reste [3]. C'est la forme d'une longueur avec ses deux limites et son intervalle entre deux, la première dimension de l'espace [4]. La première fonction de l'organisme est le mouvement dans la catégorie de la quantité, qui répond à la matière ; la première puissance du principe vital, de l'âme, est la puissance végétative ; c'est l'âme nutritive, et l'être qui n'a pas d'autre âme est la plante [5]. La végétation n'est pas, comme la mixtion, indéfinie : elle suit un ordre, elle a un

[1] *De Part. an.* II, 1.
[2] *De An.* II, IV; *Hist. an.* I, 11; *De Part. an.* II, III.
[3] *Hist. an.* I, 11.
[4] *De An. inc.* IV : Ἐπεὶ δ' εἰσὶν αἱ διαστάσεις τὸν ἀριθμὸν ἕξ, αἷς ὁρίζεσθαι πέφυκε τὰ ζῶα,..... τὸ μὲν ἄνω καὶ κάτω μόριον πάντα ἔχει τὰ ζῶντα.
[5] *De An.* II, 11, IV; *De Plant.* I, 1.

terme; elle s'arrête à une grandeur comme à une figure déterminées, et c'est par là que l'âme se révèle. Le feu brûle et s'accroît tant qu'on lui apporte des aliments : l'âme assujettit le corps à une mesure [1]. L'infini est la matière, la nature cherche la forme et fuit l'infini [2]. Mais la forme, la fin, c'est l'action, et l'action ne veut pas être finie; en possession du présent, elle aspire à en faire l'éternité. Or la matière renferme un germe nécessaire de destruction : la plante est née, il faut qu'elle meure. Ce n'est donc pas elle-même qu'elle peut éterniser; mais du moins elle se perpétuera dans un autre elle-même. La nature fait tout pour le mieux. Où l'identité est impossible, elle supplée par la ressemblance; où s'interrompt la continuité de la vie, elle établit la propagation; elle remplit, sans relâche, de la perpétuité de ses périodes, les vides que la mort ferait dans le temps. Le but de la nutrition est donc la génération. C'est là l'action finale où la plante, parvenue au développement de tous ses organes, trouve sa perfection et son bien [3].

---

[1] *De An.* II, IV : Ἡ μὲν γὰρ τοῦ πυρὸς αὔξησις εἰς ἄπειρον, ἕως ἂν ᾖ τὸ καυστόν, τῶν δὲ φύσει συνισταμένων πάντων ἐστὶ πυρὸς καὶ λόγος μεγέθους τε καὶ αὐξήσεως· ταῦτα δὲ ψυχῆς, ἀλλ' οὐ πυρός, καὶ λόγου μᾶλλον ἢ ὕλης.

[2] *De Gen. an.* I, 1 : Ἡ δὲ φύσις φεύγει τὸ ἄπειρον· τὸ μὲν γὰρ ἄπειρον ἀτελές, ἡ δὲ φύσις ἀεὶ ζητεῖ τέλος.

[3] *De An.* II, IV : Φυσικώτατον γὰρ τῶν ἔργων τοῖς ζῶσιν... τὸ ποιῆσαι ἕτερον οἷον αὐτό, ζῷον μὲν ζῷον, φυτὸν δὲ φυτόν, ἵνα τοῦ ἀεὶ καὶ τοῦ θείου μετέχωσιν ᾗ δύνανται... Ἐπεὶ οὖν κοινωνεῖν ἀδυνατεῖ τοῦ ἀεὶ κτ

La génération suppose un principe passif qui contienne le germe du nouvel être, et un principe actif qui imprime au germe le mouvement et la vie. Il faut un principe femelle et un principe mâle qui s'unissent en un acte commun [1]. Mais les deux sexes sont déjà mêlés dans la plante. Toute sa vie, tout son être est dans la reproduction ; les deux principes générateurs semblent se confondre sur sa tige dans un perpétuel embrassement [2]. En général, dans la vie végétative, l'individualité est encore faible ; l'hétérogénéité est peu prononcée, et par conséquent aussi l'unité. Si on divise une plante, chacune des parties prend une vie propre et se développe en une plante nouvelle. Toute plante est en quelque sorte un agrégat de plantes, unies dans une vie commune. C'est un seul et même être, et aussi une seule et même âme, mais qui peut devenir plusieurs par la division du corps. La nature n'y a pu atteindre, avec la continuité de la figure, que l'unité d'action ; la pluralité y subsiste dans la puissance, et tout près de passer à l'acte [3].

τοῦ θείου τῇ συνεχείᾳ, διὰ τὸ μηδὲν ἐνδέχεσθαι τῶν φθαρτῶν ταὐτὸ καὶ ἓν ἀριθμῷ διαμένειν, ᾗ δύναται μετέχειν ἕκαστον κοινωνεῖ ταύτῃ, τὸ μὲν μᾶλλον τὸ δ' ἧττον· καὶ διαμένει οὐκ αὐτὸ ἀλλ' οἷον αὐτό, ἀριθμῷ μὲν οὐκ ἕν, εἴδει δ' ἕν. Œcon. I, ΙΙΙ : Ἡ φύσις ἀναπληροῖ ταύτῃ τῇ περιόδῳ τὸ ἀεὶ εἶναι· ἐπεὶ κατ' ἀριθμὸν οὐ δύναται, ἀλλά γε κατὰ τὸ εἶδος. De Gen. an. II, i ; De Gen. et Corr. II, x.

[1] De Gen. an. I, XXII.
[2] Ibid. XXIII : Ἐν δὲ τοῖς φυτοῖς μεμιγμέναι αὗται αἱ δυνάμεις εἰσὶ, καὶ οὐ κεχώρισται τὸ θῆλυ τοῦ ἄρρενος.
[3] De An. II, II : Ὥσπερ γὰρ ἐπὶ τῶν φυτῶν ἔνια διαιρούμενα φαίνεται

Le second degré de la vie est le sentiment. Ce qui fait l'animal, et qui l'élève au-dessus de l'être animé, c'est l'âme sensitive. La plante est presque homogène; formée principalement de l'élément terrestre dont elle se nourrit et où plongent toutes les bouches de ses racines, elle passe sa vie dans l'uniformité du sommeil [1] : le corps de l'animal est un composé de tous les éléments du monde, dans des proportions définies qui ne peuvent changer beaucoup sans qu'il meure. Il ne lui suffit plus de la puissance aveugle de la nutrition et de la génération : il lui faut un principe qui lui serve de mesure entre les influences qui s'exercent sur lui de tous côtés, qui l'avertisse, par des affections de plaisir et de peine, de ce que les choses du dehors peuvent lui causer de bien ou de mal, et qui lui enseigne à reconnaître ce qu'il doit chercher et ce qu'il doit fuir. A cette organisation compliquée, il faut la sensation [2]. La végétation consiste dans un accroissement spontané; la sensation dans une altération. L'animal ne se meut donc pas seulement, comme tout être animé, dans la catégorie de la quantité, mais aussi dans celle de la qualité [3].

ζῶντα καὶ χωριζόμενα ἀπ' ἀλλήλων, ὡς οὔσης τῆς ἐν τούτοις ψυχῆς ἐντελεχείᾳ μὲν μιᾶς ἐν ἑκάστῳ φυτῷ, δυνάμει δὲ πλειόνων κ. τ. λ. De Respir. XVII.

[1] De Gen. an. III, XI; De Respir. XIII; De An. II, IV; De Juv. et Sen. I; De Inc. an. IV; De Somno, I.

[2] De An. III, I, XII, XIII.

[3] Ibid. II, V.

Tout mouvement suppose un moteur et un mobile, une puissance active et une puissance passive. Le mouvement est dans le mobile, l'acte est la limite commune des deux puissances opposées. La sensation se passe donc dans le sujet qui l'éprouve; mais elle n'appartient pas moins à l'objet extérieur qui la cause; elle est leur forme, leur acte, leur réalité commune [1]. L'acte de la couleur est la vue, l'acte du son est l'ouïe [2]. La couleur n'est en acte qu'à l'instant même où elle est vue, le son au moment précis où on l'entend. La sensation est le moyen terme qui met en rapport l'être qui sent avec la chose sentie, la limite commune qui les sépare et qui les unit à la fois dans la réalité indivisible d'une seule et même action [3]. Enfin toute puissance s'étend à deux contraires, entre lesquels s'opère le mouvement; le mouvement suppose entre le moteur et le mobile une contrariété qui décroît jusqu'à ce que le second ait pris la forme du premier. La sensation suppose donc

---

[1] *De An.* III, 11 : Ἡ γὰρ τοῦ ποιητικοῦ καὶ κινητικοῦ ἐνέργεια ἐν τῷ πάσχοντι ἐγγίνεται. — Ὥσπερ γὰρ ἡ ποίησις καὶ ἡ πάθησις ἐν τῷ πάσχοντι ἀλλ' οὐκ ἐν τῷ ποιοῦντι, οὕτω καὶ ἡ τοῦ αἰσθητοῦ ἐνέργεια καὶ ἡ τοῦ αἰσθητικοῦ ἐν τῷ αἰσθητικῷ.

[2] Ibid. : Ἐπεὶ δὲ μία μέν ἐστιν ἐνέργεια ἡ τοῦ αἰσθητοῦ καὶ τοῦ αἰσθητικοῦ, τὸ δὲ εἶναι ἕτερον, ἀνάγκη ἅμα φθείρεσθαι καὶ σώζεσθαι τὴν οὕτω λεγομένην ἀκοὴν καὶ ψόφον, καὶ χυμὸν δὴ καὶ γεῦσιν καὶ τὰ ἄλλα ὁμοίως.

[3] Ibid. : Ἡ δὲ τοῦ αἰσθητοῦ ἐνέργεια καὶ τῆς αἰσθήσεως ἡ αὐτὴ μέν ἐστι καὶ μία· τὸ δὲ εἶναι αὐτοῖς οὐ ταὐτόν.

comme la nutrition [1], entre l'agent et le patient une opposition que le mouvement fait disparaître par degrés. La sensation consiste dans la détermination du rapport entre le plus et le moins, dans la mesure de l'excès et du défaut [2]. Mais si la différence est trop grande entre la forme de l'agent et celle du patient, le rapport n'est plus possible, l'équilibre ne peut s'établir et la violence du mouvement détruit le sentiment [3]. La sensation est le milieu entre deux extrêmes, commensurables l'un avec l'autre; c'est le moyen terme, et par conséquent la mesure de l'opposition des qualités sensibles [4].

Le premier de tous les sens est celui qui fait connaître les différences essentielles des éléments mêmes dont l'être qui sent est composé : la gravité et la légèreté, la dureté et la mollesse, le froid et la chaleur. Ces différences sont les oppositions du corps en tant que corps; le sens qui en donne la mesure est le toucher. Le toucher juge donc de tous les corps, et

---

[1] *De An.* II, IV : Ἀπαθοῦς ὄντος τοῦ ὁμοίου ὑπὸ τοῦ ὁμοίου.—Ἦ μὲν γὰρ ἄπεπτος (sc. ἐστὶν ἡ τροφή), τὸ ἐναντίον τῷ ἐναντίῳ τρέφεται, ᾗ δὲ πεπεμμένη, τὸ ὅμοιον τῷ ὁμοίῳ.

[2] *Ibid.* II, XI : Διὸ τοῦ ὁμοίως θερμοῦ ἢ ψυχροῦ ἢ σκληροῦ καὶ μαλακοῦ οὐκ αἰσθανόμεθα, ἀλλὰ τῶν ὑπερβολῶν, ὡς τῆς αἰσθήσεως οἷον μεσότητός τινος οὔσης τῆς ἐν τοῖς αἰσθητοῖς ἐναντιώσεως.

[3] *Ibid.* XII : Ἂν γὰρ ᾖ ἰσχυροτέρα τοῦ αἰσθητηρίου ἡ κίνησις, λύεται ὁ λόγος· τοῦτο δ' ἦν ἡ αἴσθησις.

[4] *Ibid.* XI : Διὰ τοῦτο κρίνει τὰ αἰσθητά. Τὸ γὰρ μέσον κριτικόν· γίνεται γὰρ πρὸς ἑκάτερον αὐτῶν θάτερον τῶν ἄκρων.

il est répandu par tout le corps de l'animal. Sans le toucher, l'animal n'est plus : l'excès d'une qualité tangible, en détruisant le rapport nécessaire à la sensation, entraîne la destruction de l'organisation tout entière, et anéantit la vie avec le sentiment [1]. L'animal constitué, la nutrition est son premier besoin. Après le toucher viendra donc le sens de la nourriture, le goût, qui, en déterminant les saveurs, discerne l'aliment des substances inutiles ou nuisibles à la végétation, et enseigne à l'animal ce qu'il doit prendre et ce qu'il doit repousser. Le goût est encore comme une sorte de toucher. Il ne juge qu'au contact. Placé à l'entrée du canal qui constitue l'essence de l'organisation végétale, ses jugements portent encore sur le nécessaire, sur ce qui entretient la vie, et dont le vice, comme l'absence, la détruit [2].

Jusque-là, l'animal n'est pas fort élevé au-dessus de la plante. S'il n'a plus la partie supérieure, la bouche, plongée dans la terre, par sa partie inférieure il y est encore attaché. C'est encore un mélange des deux sexes, et une individualité imparfaite qu'une division mécanique partage en une multitude d'individualités distinctes. Tel est l'animal plante, le zoophyte [3]. Cependant l'âme sensitive déploie une activité déjà su-

---

[1] De An. III, xiii.
[2] Ibid. xii : Τὴν γεῦσιν ἀνάγκη ἁφήν εἶναί τινα, διὰ τὸ τοῦ ἁπτοῦ καὶ θρεπτικοῦ αἴσθησιν εἶναι. Αὗται μὲν οὖν ἀναγκαῖαι τῷ ζώῳ. De Sens. I.
[3] Hist. an. VIII, 1; De Gen. An. I, 1.

périeure aux puissances aveugles de la végétation ; elle connaît le plaisir et la peine ; elle a donc des aversions et des désirs : il s'élève donc en elle des images confuses des objets extérieurs ; elle n'a pas la volonté, l'imagination volontaire, mais elle a l'imagination sensible et passive [1].

Mais bientôt l'animal se détache de la terre ; il se meut dans l'espace. Dès lors, il faut qu'il prévoie de loin les périls qu'il pourrait rencontrer ; il faut qu'il sente de loin. Il a besoin de nouveaux sens, qui n'exigent plus, comme le toucher et le goût, le contact immédiat de l'objet et de l'organe. La condition de toute sensation est l'impression, qui suppose le toucher ; mais maintenant il faut des sens qui ne reçoivent l'impression que d'un milieu, mis en mouvement par l'objet : ces sens sont l'odorat, l'ouïe, la vue [2]. Mais si l'odorat est encore étroitement lié au goût, si sa principale fonction est encore le discernement des aliments, les sens de l'ouïe et de la vue ne sont plus uniquement relatifs aux besoins de la vie ; ce n'est plus seulement à l'être qu'ils servent, mais aussi au bien-être ; au-dessus de la matière et de la nécessité, commence à paraître le bien et le beau [3]. Le son et

---

[1] *De Gen. An.* I, xi : Αἰσθητικὴ φαντασία.

[2] *De Sens.* i ; *De An.* III, xii.

[3] *De An.* III, xii : Αἱ δὲ ἄλλαι (sc. αἰσθήσεις) τοῦ τε εὖ ἕνεκα. XIII. *De Part. an.* III, vii : Οὐκ ἐξ ἀνάγκης, ἀλλὰ τοῦ εὖ καὶ καλῶς ἕνεκεν. *Pol.* VII, iii : Ἡ γὰρ ἐπίταξις ἡ περὶ τῶν ἀναγκαίων οὐδενὸς μετέχει

la lumière, répandus par la réflexion dans toute la nature [1], la lumière surtout, manifestent à l'animal une infinité de différences sur lesquelles s'exerce incessamment l'activité de son imagination et de ses désirs [2]. Le toucher, répandu par tout le corps, n'a pas de lieu défini; le goût siége à la partie supérieure de l'organisme végétal. Les trois autres sens, de plus en plus indépendants des fonctions de la végétation, s'échelonnent, dans des organes distincts, à des distances de plus en plus grandes de l'organe du goût : l'odorat d'abord, puis l'ouïe, puis la vue. Tous regardent dans le même sens, qui n'est plus celui de l'organe général de la nutrition. L'animal n'a plus seulement le haut et le bas, mais aussi l'avant et l'arrière; une partie antérieure, où siégent les sens, une partie postérieure, qui leur est opposée. La figure n'est plus déterminée dans le sens seulement de la longueur, mais dans celui de la largeur; à la première dimension de l'espace vient s'ajouter la seconde [3].

Mais dès que l'animal se meut lui-même dans l'es-

τῶν καλῶν. I, 11 : Ἔστι γὰρ ἕτερα ἑτέρων τὰ μὲν ἐντιμότερα, τὰ δ' ἀναγκαιότερα.

[1] *De An.* II, VIII.
[2] *Met.* I, p. 3, l. 7; *De Sens.* 1.
[3] *De An. inc.* IV : Ὅσα δὲ μὴ μόνον ζῇ, ἀλλὰ καὶ ζῷά εἰσι, τοῖς τοιούτοις ὑπάρχει τό τε ἔμπροσθεν καὶ τὸ ὄπισθεν. Αἴσθησιν γὰρ ἔχει πάντα ταῦτα· ὁρίζεται δὲ κατὰ ταύτην τό τε ἔμπροσθεν καὶ τὸ ὄπισθεν. Ἐφ' ᾧ μὲν γὰρ ἡ αἴσθησις πέφυκε, καὶ ὅθεν ἐσθ' ἑκάστοις, ἔμπροσθεν ταῦτ' ἐστι· τὰ δ' ἀντικείμενα τούτοις, ὄπισθεν. *De Part. an.* II, X.

pace, il faut que le corps se partage comme en deux parties, dont l'une ébranle et entraîne l'autre. Dans le reptile, cette distinction est à peine sensible; elle se prononce bientôt, et l'organisme manifeste dans l'espace une opposition nouvelle. Les membres se développent par paires parallèles, le long de l'axe de l'animal. Perpendiculaires à la fois et à la longueur et à la largeur, ils déterminent dans le système du corps la troisième dimension, qui épuise toutes les mesures possibles de l'étendue. Rien n'est mobile dans l'espace, que le solide divisible selon trois directions perpendiculaires entre elles; rien ne se meut soi-même dans l'espace, qui ne représente dans sa figure la solidité, qui fait le corps, et les trois dimensions de l'étendue [1]. Enfin c'est le mouvement qui est le principe, la raison déterminante et le signe de la troisième dimension de l'étendue. De même dans le corps de l'animal, point de caractère extérieur qui puisse servir à discerner la droite de la gauche; les deux côtés sont symétriques; nulle différence de figure et de position. La seule différence est donc dans la fonction: elle est dans l'initiative du mouvement, qui appartient à la droite. La droite n'est en elle-même, et elle n'est pour l'animal que la partie par laquelle il com-

---

[1] *De An. mot.* I; *De An. inc.* IV : Ὅσα δὲ τῶν ζώων μὴ μόνον αἰσθήσεως κοινωνεῖ, ἀλλὰ δύναται ποιεῖσθαι τὴν κατὰ τόπους αὐτὰ δι' αὑτὰ μεταβολὴν, ἐν τούτοις διώρισται πρὸς τοῖς λεχθεῖσι, τό τ' ἀριστερὸν καὶ τὸ δεξιόν. *De Part. an.* III, III.

mence à se mouvoir lui-même; sa gauche, la partie qui obéit et qui suit [1].

Mais, tant que la vie n'a pas de centre, l'individualité est incomplète. Un peu au-dessus du zoophyte, les sexes ne sont déjà plus confondus; l'animal a déjà une fin plus haute que de perpétuer sa race : le mâle, et la femelle se séparent, pour suivre chacun par soi-même une destinée particulière, et ils ne se réunissent plus qu'à des époques réglées où l'amour les rapproche. Mais les parties peuvent encore, dès qu'on les écarte, manifester une vie propre; chaque articulation est en quelque sorte la limite d'une organisation et d'une vie particulière [2]. Le nombre des parties symétriques est comme indéfini; le tout ne forme pas une unité substantielle, absolument indivisible, mais seulement une unité de concours et d'action. Cependant l'organisation se complique, et, pour s'en assimiler les éléments, l'animal a besoin d'un degré supé-

---

[1] *De Part. an.* III, III : Ἔργῳ τινὶ καὶ οὐ θέσει διωρισμένον ἑκάτερον αὐτῶν· ὅθεν μὲν γὰρ ἡ τοῦ σώματος τῆς κατὰ τόπον μεταβολῆς ἀρχὴ φύσει, τοῦτο μὲν δεξιὸν ἑκάστῳ· τὸ δ' ἀντικείμενον καὶ τούτῳ πεφυκὸς ἀκολουθεῖν, ἀριστερόν.

[2] *Met.* VII, p. 161, l. 2 : Μάλιστα δ' ἄν τις τὰ τῶν ἐμψύχων ὑπολάβοι μόρια καὶ τὰ τῆς ψυχῆς παρεγγὺς ἄμφω γίγνεσθαι, ὄντα καὶ ἐντελεχείᾳ καὶ δυνάμει, τῷ ἀρχὰς ἔχειν κινήσεως ἀπό τινος ἐν ταῖς καμπαῖς. Διὸ ἔνια ζῷα διαιρούμενα ζῇ· ἀλλ' ὅμως δυνάμει πάντ' ἔσται, ὅταν ᾖ ἓν καὶ συνεχὲς φύσει. *De Respir.* XVII : Τούτων δ' ἔνια δυνάμει πολλὰς ἀρχὰς ἔχουσιν, οὐ μέντοι γε ἐνεργείᾳ. Διὸ καὶ τῶν ἐντόμων ἔνια διαιρούμενα ζῶσι, καὶ τῶν ἐναίμων ὅσα μὴ ζωτικὰ λίαν εἰσί. *Hist. an.* IV, VII. *De Part. an.* IV, VI.

rieur de chaleur vitale[1]. Un cœur se forme, qui achève la transformation de la nourriture en sang, et qui lui imprime un mouvement perpétuel. Il y a un milieu déterminé, et vivant dans l'animal comme d'une vie propre[2], un centre, un moyen terme de puissance et de matière aussi bien que d'action : aussitôt le corps se centralise ; ce n'est plus comme une agrégation d'animaux, mais un tout indivisible[3]. Le nombre des organes de la locomotion ne dépasse plus deux paires, dissemblables entre elles, et mobiles selon des diagonales dont le centre répond au centre de l'organisme[4]. Les mouvements, les sensations, les imaginations, les désirs se diversifient et s'ordonnent sous l'empire d'une activité supérieure. L'hétérogénéité augmente, et en même temps la simplicité. La vie, en se concentrant, est devenue plus intense, l'action plus libre et plus puissante, l'unité plus intime et plus indissoluble.

Le système organique, double dans toutes ses par-

---

[1] *De Respir.* XIII.

[2] *De Part. an.* III, IV : Ἡ δὲ καρδία... οἷον ζῶόν τι πέφυκεν ἐν τοῖς ἔχουσιν.

[3] *Ibid.* V.

[4] *De An. inc.* 1 : Αἴτιον δὲ τοῦ διαιρούμενα ζῆν ὅτι καθάπερ ἂν εἴ τι συνεχὲς ἐκ πολλῶν ἦν ζώων συγκείμενον, οὕτως ἕκαστον αὐτῶν συνέστηκε. *De Juv. et sen.* II : Ἐοίκασι γὰρ τὰ τοιαῦτα τῶν ζώων πολλοῖς ζώοις συμπεφυκόσιν. Τὰ δ' ἄριστα συνεστηκότα τοῦτ' οὐ πάσχει τῶν ζώων διὰ τὸ εἶναι τὴν φύσιν αὐτῶν ὡς ἐνδέχεται μάλιστα μίαν.

[5] *De An. inc.* 1 : Τὰ μὲν ἔναιμα τέτταρσι, τὰ δ' ἄναιμα πλείοσι.—Τὰ τετράποδα κινεῖται κατὰ διάμετρον.

ties, converge vers le cœur. Le système de la sensibilité a également un centre. Les cinq classes des objets sensibles forment comme autant de genres différents qui ont des rapports communs. Ainsi le poli est pour le tact ce que le blanc est pour la vue [1]. Il y a donc un sens général qui compare ces genres, qui en juge la différence et la similitude, en mesure les proportions et en détermine l'analogie. Chaque sens est la limite commune d'une ou de plusieurs oppositions, le moyen terme qui mesure des espèces contraires : le sens général est la limite où se rencontrent les sens particuliers et le terme moyen qui les mesure tous [2]. Les objets du sens général sont donc, en quelque sorte, des universalités qui dominent tous les genres de la sensation et les soumettent à des formes communes; ce sont le mouvement et le repos, l'étendue, le temps, la figure, le nombre et l'unité, mais avant tout le mouvement. Le mouvement donne l'étendue et le temps, ou la quantité continue; la né-

---

[1] *Met.* XIV, p. 306, l. 28 : Ἐν ἑκάστῃ γὰρ τοῦ ὄντος κατηγορίᾳ ἐστὶ τὸ ἀνάλογον, ὡς εὐθὺ ἐν μήκει, οὕτως ἐν πλάτει τὸ ὁμαλόν, ἴσως ἐν ἀριθμῷ τὸ περιττόν, ἐν δὲ χρόᾳ τὸ λευκόν. XII, p. 245, l. 11 : Ἄλλα δὲ ἄλλων αἴτια καὶ στοιχεῖα, ὥσπερ ἐλέχθη, τῶν μὴ ἐν ταὐτῷ γένει, χρωμάτων, ψόφων, οὐσιῶν, ποσότητος, πλὴν τῷ ἀνάλογον.

[2] *De An.* III, vii : Τὸ δὲ ἔσχατον ἕν, καὶ μία μεσότης· τὸ δ' εἶναι αὐτῷ πλείω... ἐστὶ γὰρ ἕν τι· οὕτω δὲ καὶ ὡς ὅρος· καὶ ταῦτα ἐν τῷ ἀνάλογον καὶ τῷ ἀριθμῷ ὄν πρὸς ἔχει ἑκάτερον, ὡς ἐκεῖνα πρὸς ἄλληλα. II, 11 : Ἧ μὲν οὖν ἀδιαίρετον, ἓν τὸ κρινόν ἐστι καὶ ἅμα· ᾗ δὲ διαιρετὸν ὑπάρχει, οὐχ ἕν· δὶς γὰρ τῷ αὐτῷ χρῆται σημείῳ ἅμα.

gation, ou la division de la quantité continue, donne la quantité discrète, ou le nombre [1] ; quant à l'unité elle est dans l'acte même de la division.

Le sens général s'élève ainsi, par une abstraction successive, du mouvement aux formes immobiles qui sont les objets des mathématiques, et de la réalité de la nature à des conceptions [2]. A sa plus haute puissance, c'est l'entendement [3]. Le sens général ne connaît rien que dans les sensations particulières des différents sens ; l'entendement ne se représente rien que dans le champ de l'imagination [4], avec les conditions de l'espace et du temps, sous la forme déterminée d'une grandeur finie [5]. Mais, pour avoir dans

---

[1] *De An.* II, 1 : Οὐδὲ τῶν κοινῶν οἷόντ' εἶναι αἰσθητήριον τι ἴδιον, ἑκάστῃ αἰσθήσει αἰσθανόμεθα κατὰ συμβεβηκός· οἷον κινήσεως στάσεως σχήματος μεγέθους ἀριθμοῦ ἑνός· ταῦτα γὰρ πάντα κινήσει αἰσθανόμεθα. οἷον μέγεθος κινήσει· ὥστε καὶ τὸ σχῆμα· μέγεθος γάρ τι τὸ σχῆμα· δ' ἠρεμοῦν τῷ μὴ κινεῖσθαι· ὁ δ' ἀριθμὸς τῇ ἀποφάσει τοῦ συνεχοῦς καὶ τοῖς ἰδίοις. — Τῶν δὲ κοινῶν ἔχομεν αἴσθησιν ἤδη κοινήν. III.

[2] *Ibid.* III, VII.

[3] *De Part. an.* IV, X : Τὴν διάνοιαν καὶ τὴν κοινὴν αἴσθησιν. Ib. III, IX : Τῷ τε κριτικῷ, ὃ διανοίας ἔργον ἐστὶ καὶ αἰσθήσεως. *Anal. post.* II, XVIII : Δύναμις κριτική. Κοινὴ αἴσθησις, διάνοια, δοξαστικόν, λογιστικόν, sont des termes équivalents.

[4] *De An.* III, VII : Τῇ δὲ διανοητικῇ ψυχῇ τὰ φαντάσματα οἷον αἰσθήματα ὑπάρχει... Διὸ οὐδέποτε νοεῖ ἄνευ φαντάσματος ἡ ψυχή. VIII : Ὅταν τε θεωρῇ, ἀνάγκη ἅμα φάντασμά τι θεωρεῖν· τὰ γὰρ φαντάσματα ὥσπερ αἰσθήματά ἐστι, πλὴν ἄνευ ὕλης. VII : Τὰ μὲν οὖν εἴδη τὸ νοητικὸν ἐν τοῖς φαντάσμασι νοεῖ. Dans ce dernier passage, τὸ νοητικὸν doit être pris pour διάνοια.

[5] *De Mem.* 1 : Νοεῖν οὐκ ἔστιν ἄνευ φαντάσματος. Συμβαίνει γὰρ

les choses sensibles son type et sa réalité même, l'objet de l'entendement n'en est pas moins un objet intelligible, et la pensée dépasse les limites étroites de la sensation [1]. Avec le sentiment du temps, avec la distinction du présent, du passé et de l'avenir, se développent la mémoire et l'opinion [2]. L'âme ne se conduit plus par un instinct absolument aveugle; elle entrevoit sa fin, et cherche les moyens; elle commence à connaître l'art et la prudence [3].

Cependant, pour que le sens général s'élève, dans l'entendement même, à sa forme la plus haute, il faut un dernier développement qui porte à un plus haut degré la mobilité de l'organisme et achève de le soumettre à l'empire de l'âme. Tant que la partie inférieure du corps est trop grêle et trop faible, et qu'il faut quatre membres pour le supporter, la face, où siègent les sens, est voisine de la terre, et la chair pèse sur l'âme [4]. L'oiseau même ne se meut qu'avec

τὸ πάθος ἐν τῷ νοεῖν ὅπερ καὶ ἐν τῷ διαγράφειν· ἐκεῖ τε γὰρ οὐθὲν προσχρώμενοι τῷ τὸ ποσὸν ὡρισμένον εἶναι τὸ τριγώνου, ὅμως γράφομεν ὡρισμένον κατὰ τὸ ποσόν· καὶ ὁ νοῶν ὡσαύτως, κἂν μὴ ποσὸν νοῇ, τίθεται πρὸ ὀμμάτων ποσόν, νοεῖ δ' οὐχ ᾗ ποσόν. Ἂν δ' ἡ φύσις ἡ τῶν ποσῶν, ἀόριστον δέ, τίθεται μὲν ποσὸν ὡρισμένον, νοεῖ δ' ᾗ ποσὸν μόνον.

[1] De An. III, VIII : Ἐν τοῖς εἴδεσι τοῖς αἰσθητοῖς τὰ νοητά ἐστιν.

[2] De Mem. 1.

[3] Hist. an. I, 1.

[4] De Part. an. IV, x : Τὸ γὰρ βάρος δυσκίνητον ποιεῖ τὴν διάνοιαν καὶ τὴν κοινὴν αἴσθησιν. Διὸ πλείονος γινομένου τοῦ βάρους καὶ τοῦ σωματώδους, ἀνάγκη ῥέπειν τὰ σώματα πρὸς τὴν γῆν... μὴ δυναμένης φέρειν τὸ βάρος τῆς ψυχῆς. D'après Camper (Kort Berigt wegens de Ont-

peine sans le secours de ses ailes, et il incline toujours plus ou moins vers le sol. Mais, dès que les membres s'étendent et se fortifient, le corps se relève, l'animal se tient et marche debout. Aussitôt l'intelligence est libre du poids de la matière; la mémoire prend plus de force, la volonté se fait jour, et avec la volonté la raison. Dès qu'on voit poindre le pouvoir de délibérer et de choisir, ce n'est plus l'âme sensitive, mais l'âme raisonnable; ce n'est plus l'animal, c'est l'homme [1]. La première puissance d'où était partie la nature était l'indétermination absolue de la matière, qui, de deux formes contraires, peut prendre indifféremment l'une ou l'autre; la dernière puissance à laquelle elle arrive, la plus haute, est la puissance active qui délibère entre deux partis opposés, et qui se décide elle-même pour celui qu'elle préfère.

Les puissances intermédiaires, qui n'ont pas la raison, n'ont pas le choix. De deux contraires, elles n'en peuvent qu'un seul, dont elles poursuivent sans

---

leding van verschiedene Orang-Outangs, Amsterd. 1780), presque toute la différence que la dissection découvre entre l'homme et l'orang-outang consiste dans les parties appropriées à la marche. Herder, Idée sur la philos. de l'hist. trad. de M. E. Quinet, I, 166.

[1] *De Part. an.* IV, x : Ὀρθὸν γάρ ἐστι μόνον τῶν ζώων, διὰ τὸ τὴν φύσιν αὐτοῦ καὶ τὴν οὐσίαν εἶναι θείαν. Ἔργον δὲ τοῦ θειοτάτου τὸ νοεῖν καὶ φρονεῖν. II, x. *Hist. an.* I, 1 : Βουλευτικὸν δὲ καὶ μόνον, οἷον ἄνθρωπος, ἐστὶ τῶν ζώων. L'homme seul a la mémoire et l'imagination volontaires, ἀνάμνησις, φαντασία λογιστική. Ibid.; *De Mem.* II ; *De An.* III, x.

relâche la réalisation. La puissance intelligente s'en sert comme de moyens qu'elle applique à ses fins[1]. Les penchants aveugles, les instincts irrésistibles sont ses instruments; la fatalité du monde naturel est comme l'organe de la pensée et de la volonté.

Toutes les formes inférieures ne sont que des degrés par lesquels la nature s'est élevée à cette forme excellente de l'humanité. L'homme les résume toutes, et il en représente la suite entière dans la succession de ses âges. Dans le sein qui l'a conçu, il vit comme la plante, d'une vie toute végétative : muet, aveugle, insensible, la tête penchée vers la terre[2]. Une fois venu à la lumière, il respire, il sent, il se meut; mais pendant la première enfance, ses membres inférieurs, trop faibles encore, ne peuvent le porter. Comme tous les animaux, c'est un nain, accablé sous le fardeau de son propre corps[3]. Il ne s'élève guère au-dessus des fonctions animales de la sensibilité[4]. Livré à l'imagination, il a la mémoire volontaire faible et peu de prévoyance; l'appétit le gouverne. Mais la

---

[1] Met. IX, p. 177, l. 1 : Αἱ μὲν (sc. δυνάμεις) μετὰ λόγου πᾶσαι τῶν ἐναντίων αἱ αὐταί, αἱ δ' ἄλογοι μία ἑνός... διὸ τὰ κατὰ λόγον δυνατὰ τοῖς ἄνευ λόγου δυνατοῖς ποιεῖ τἀναντία.

[2] De Gen. an. II, III.

[3] De Part. an. IV, x : Πάντα γάρ ἐστι τὰ ζῷα ναυώδη τἆλλα παρὰ τὸν ἄνθρωπον· ναυῶδες γάρ ἐστιν οὗ τὸ μὲν ἄνω μέγα, τὸ δὲ φέρον τὸ βάρος καὶ πεζεῦον μικρόν. — Νάνα γάρ εἰσι τὰ παιδία πάντα.

[4] Hist. an. VIII, 1 : Διαφέρει δὲ οὐδέν, ὡς εἰπεῖν, ἡ ψυχὴ τῆς τῶν θηρίων ψυχῆς κατὰ τὸν χρόνον τοῦτον.

jeunesse le relève; ses membres inférieurs se développent et se proportionnent au corps suivant des rapports définis [1]; il a l'agilité et la beauté réunies; sa tête intelligente domine l'horizon. Sans avoir rien perdu des facultés de son enfance, végétant encore comme la plante, sensible comme l'animal, il est devenu homme, il est libre et il pense.

L'humanité est donc la fin de la nature; la nature ne fait rien en vain, et c'est pour l'homme qu'elle a tout fait [2]. Mais l'humanité est le résumé de tous les règnes et de toutes les époques de la nature; l'humanité a donc aussi son commencement, sa fin, ses degrés de perfection, et ce n'est que dans sa fin qu'est la perfection et la dernière fin de la nature. La perfection est le bien; le bien suprême de la nature est donc le bien de l'homme.

Le bien de toute chose est sa fin. Toute chose est comprise dans un genre, dans une catégorie de l'être, et c'est dans les limites de son genre qu'elle arrive à sa fin. Le bien de chaque chose n'est donc pas quelque chose de supérieur à toutes les catégories de l'être, et à quoi elles participent toutes, comme l'idée platonique du bien. Ce n'est pas non plus une généralité commune à toutes les catégories, une analogie. Ce

---

[1] *De Part. an.* IV, x : Τοῖς μὲν οὖν ἀνθρώποις τοῦτο (sc. τὸ ἄνω πρὸς τὸ κάτω σύμμετρον.

[2] *Polit.* I, iii : Εἰ οὖν ἡ φύσις μηθὲν μήτε ἀτελὲς ποιεῖ μήτε μάτην ἀναγκαῖον τῶν ἀνθρώπων ἕνεκεν αὐτὰ πάντα πεποιηκέναι τὴν φύσιν.

n'est ni le bien en soi, ni l'universalité abstraite du bien[1]. C'est pour toute chose la fin de son mouvement[2]. La fin diffère, selon les genres, comme le mouvement même. L'universel du bien n'est donc que le résultat abstrait de la proportion, de l'analogie des fins dans les catégories du mouvement[3]. Mais l'analogie a un principe, une mesure commune : cette mesure, elle est dans la catégorie de l'Être[4]. Or, dans la catégorie de l'être, l'âme est la fin du corps, l'action la fin de l'âme. Le premier de tous les biens est donc l'exercice de l'activité naturelle de l'âme[5].

[1] *Magn. Mor.* I, 1 : Πότερον οὖν ὑπὲρ τῆς ἰδέας τοῦ ἀγαθοῦ δεῖ, ἢ οὔ, ἀλλ' ὡς τὸ κοινὸν ἐν ἅπασιν ὑπάρχον ἀγαθόν; ἕτερον γὰρ τῆς ἰδέας τοῦτο δόξειεν ἂν εἶναι. Ἡ μὲν γὰρ ἰδέα χωριστὸν καὶ αὐτὸ καθ' αὑτό· τὸ δὲ κοινὸν ἐν ἅπασιν ὑπάρχει, κ. τ. λ. *Eth. Nic.* I, ιν; *Eth. Eud.* I, νιιι. Sur les κοινά, voyez plus haut, p. 371, n. 1.

[2] *Met.* I, p. 9, l. 25 : Τὸ οὗ ἕνεκα καὶ τἀγαθὸν (τέλος γὰρ γενέσεως καὶ κινήσεως πάσης τοῦτ' ἐστί). III, p. 43, l. 7 : Ἅπαν, ὃ ἂν ᾖ ἀγαθὸν καθ' αὑτὸ καὶ διὰ τὴν αὑτοῦ φύσιν, τέλος ἐστίν, καὶ οὕτως αἴτιον, ὅτι ἐκείνου ἕνεκα καὶ γίγνεται καὶ ἔστι [καὶ] τἆλλα, τὸ δὲ τέλος καὶ τὸ οὗ ἕνεκα πράξεώς τινός ἐστι τέλος, αἱ δὲ πράξεις πᾶσαι μετὰ κινήσεως. XI, p. 212, l. 12; XIII, p. 265, l. 10.

[3] Dans les trois Morales, Aristote compte autant de genres du bien que de genres de l'être. *Eth. Nic.* I, ιν : Τἀγαθὸν ἰσαχῶς λέγεται τῷ ὄντι. *Eth. Eud.* I, νιιι : Πολλαχῶς γὰρ λέγεται καὶ ἰσαχῶς τῷ ὄντι ἀγαθόν. *Magn. Mor.* I, 1 : Τἀγαθὸν ἐν πάσαις ταῖς κατηγορίαις ἐστί. Mais les passages décisifs sont ceux de la Métaphysique cités dans la note précédente. Il ne peut y avoir de bien dans les catégories où il n'y a pas de mouvement que par accident et relativement. Cf. *Eth. Eud.* I, νιιι, sub fin.

[4] *Eth. Nic.* I, ιν, init. Comparez plus haut, p. 363.

[5] Ibid. νι. *Eth. Eud.* I, νιι, νιιι.

Le bien, dans la nature, n'est donc pas un objet, une chose, mais un acte. L'art, en général, a sa fin, son bien dans l'œuvre qu'il produit, subsistante par elle-même en dehors et au delà de l'opération créatrice. Le but de la nature n'est pas de produire, de faire, mais seulement d'agir; tout ce qu'elle produit, elle ne le produit qu'en vue d'une action finale, d'un usage définitif, d'une pratique dernière. Ce sont des instruments qu'elle se prépare uniquement pour en jouer, comme un musicien fait de sa lyre [1]. Le bien dans la nature est donc une action [2].

Or la nature de la plante est une chose imparfaite; la matière y abonde et nuit à l'action; la vie n'y est qu'un sommeil continuel. Supérieure à la végétation, la vie sensitive n'est cependant encore qu'une vie incomplète; c'est une activité nécessairement sujette à l'impulsion des choses du dehors. La libre, la véritable

---

[1] *Magn. Mor.* I, xxxv : Τῶν μὲν γὰρ ποιητικῶν ἐστι τὸ παρὰ τὴν ποίησιν ἄλλο τέλος. — Ἐπὶ δὲ τῶν πρακτικῶν οὐκ ἔστιν ἄλλο τέλος οὐθὲν παρ' αὐτὴν τὴν πρᾶξιν· οἷον παρὰ τὸ κιθαρίζειν οὐκ ἔστιν ἄλλο τέλος οὐθέν, ἀλλ' αὐτὸ τοῦτο τέλος ἡ ἐνέργεια καὶ ἡ πρᾶξις. *De Part. an.* I, v : Τὸ μὲν ὄργανον πᾶν ἕνεκά του,... τὸ δ' οὗ ἕνεκα πρᾶξίς τις. — Ὥστε καὶ τὸ σῶμά πως τῆς ψυχῆς ἕνεκεν. *Eth. Nic.* I, 1 : Διαφορὰ δέ τις φαίνεται τῶν τελῶν· τὰ μὲν γὰρ εἰσιν ἐνέργειαι· τὰ δὲ, παρὰ ταύτας ἔργα τινά. *Met.* VIII, p. 187, l. 18 : Ὅσων δὲ μὴ ἔστιν ἄλλο τι ἔργον παρὰ τὴν ἐνέργειαν, ἐν αὑτοῖς ὑπάρχει ἡ ἐνέργεια. P. 187, l. 20 : Καὶ ἡ θεωρία ἐν τῷ θεωροῦντι, καὶ ἡ ζωὴ ἐν τῇ ψυχῇ· διὸ καὶ ἡ εὐδαιμονία.

[2] *Eth. Nic.* I, v : Εἴ τι τῶν πρακτῶν ἁπάντων ἐστὶ τέλος, τοῦτ' ἂν εἴη τὸ πρακτὸν ἀγαθόν. *Magn. Mor.* I, 1; *Eth. Eud.* I, viii.

action, le bien, par conséquent, ne commence pour l'âme qu'au moment où elle acquiert la volonté et la raison, et où, maîtresse d'elle-même, elle se porte elle-même et de son propre choix à sa fin. Ainsi, dans la vie végétative et la vie sensitive, il n'y a de bien, comme il n'y a de perfection, que d'une manière relative. Ce sont les degrés par lesquels la nature s'élève au bien absolu de l'activité pure qu'elle atteint dans l'humanité.

Maintenant, il n'y a pas de plaisir sans action, et, dès que la sensibilité est éveillée, pas d'action sans plaisir [1]. Le plaisir n'est pas l'acte même, ni une qualité intrinsèque de l'acte, mais c'est un surcroît qui n'y manque jamais; c'est une perfection dernière qui s'y ajoute comme à la jeunesse sa fleur [2]. Or chaque action a son plaisir propre; l'effet du plaisir est d'augmenter l'intensité de l'action à laquelle il est lié, d'y fixer l'activité de l'âme, et de la détourner de toute autre action [3]. Entre l'action et le plaisir, il y a une relation intime et une proportion constante. Le vrai plaisir ne se trouve donc pas, non plus que le vrai bien, dans la vie végétative ou animale. La volupté des sens n'est que le remède de la douleur; elle ne

---

[1] *Eth. Nic.* X, v.

[2] *Ibid.* IV : Τελειοῖ δὲ τὴν ἐνέργειαν ἡ ἡδονή, οὐχ ὡς ἡ ἕξις ἐνυπάρχουσα, ἀλλ' ὡς ἐπιγιγνόμενόν τι τέλος, οἷον τοῖς ἀκμαίοις ἡ ὥρα.

[3] *Ibid.* v : Συναύξει γὰρ τὴν ἐνέργειαν ἡ οἰκεία ἡδονή.—Ἔτι δὲ μᾶλλον τοῦτ' ἂν φανείη ἐκ τοῦ τὰς ἀφ' ἑτέρων ἡδονὰς ἐμποδίους ταῖς ἐνεργείαις εἶναι.

vient qu'à la suite du besoin [1], elle est liée à la passion ; au lieu de satisfaire l'âme, elle la trouble, et en la détournant de l'exercice de ses plus hautes facultés, elle la prive de ses plus grandes jouissances [2]. D'ailleurs, la volupté ne peut durer au delà d'un certain temps ni dépasser certaines limites, sans se convertir encore en douleur. Le plaisir le plus pur, et en même temps le plus durable, est dans la libre action qui distingue l'homme de la bête. Ce n'est plus le contraire d'une douleur, sujet à se changer en son contraire [3]; c'est un plaisir parfait, qui achève l'activité de l'âme, qui en rend plus vive encore et plus pénétrante la pointe délicate et qui l'aiguise sans l'user [4]. Ainsi se confond avec le souverain bien la souveraine félicité [5].

Enfin, dans les choses de l'art, le bien est l'œuvre, en dehors de l'opération et de la manière d'être de l'artiste ; l'œuvre est bonne ou mauvaise par elle-même, quoi qu'il ait voulu faire. Au contraire, l'ac-

---

[1] *Eth. Nic.* VII, xv : Ἰατρεῖαι, ὅτι ἐνδεοῦς.

[2] Ibid. xii.

[3] Ibid. xiii : Ἄνευ λύπης καὶ ἐπιθυμίας εἰσὶν ἡδοναί· οἷον αἱ τοῦ θεωρεῖν ἐνέργειαι, τῆς φύσεως οὐκ ἐνδεούσης. xiv.

[4] Ibid. X, v : Μᾶλλον γὰρ ἕκαστα κρίνουσι καὶ ἐξακριβοῦσιν οἱ μεθ' ἡδονῆς ἐνεργοῦντες.

[5] Εὐδαιμονία. *Eth. Nic.* II, v : Τὸ δὲ εὖ ζῆν καὶ τὸ εὖ πράττειν ταὐτὸν ὑπολαμβάνουσι τῷ εὐδαιμονεῖν. viii : Συνᾴδει δὲ τῷ λόγῳ καὶ τὸ εὖ ζῆν καὶ τὸ εὖ πράττειν τὸν εὐδαίμονα· σχεδὸν γὰρ εὐζωΐα τις εἴρηται καὶ εὐπραξία. *Eth. Eud.* II, i.

tion est inséparable de l'agent; elle ne renferme donc pas le bien en elle-même et hors de lui, comme un effet extérieur à sa cause. Le plaisir n'est pas non plus attaché à la forme abstraite de l'acte, mais à la réalité intérieure de l'action. Pour la perfection de la vie pratique et pour la perfection du plaisir, il faut donc la parfaite conformité de l'habitude ou de la disposition de l'agent avec son acte. Pour cela, il faut que l'agent connaisse l'acte, il faut qu'il le préfère et le choisisse; il faut qu'il le choisisse pour lui-même, comme une fin, non comme un moyen[1]. Ce choix même et cette volonté libre, c'est en quoi consiste l'action. L'art se porte au dehors; la pratique se passe au dedans, et elle est tout entière dans l'intention et la résolution. Le bien ou la félicité ne se trouve donc que dans le choix intelligent et libre du bien pour le bien.

Le plaisir est la forme sous laquelle le bien provoque dans toute âme le désir, et par où il la détermine à l'action. Tous les êtres susceptibles de plaisir ou de peine fuient ce qui leur déplaît et cherchent ce qui leur plaît. Chacun suit son plaisir particulier, et tous, sans le savoir, se trouvent suivre le même plaisir;

---

[1] *Eth. Nic.* II, III : Τὰ μὲν γὰρ ὑπὸ τῶν τεχνῶν γινόμενα τὸ εὖ ἔχει ἐν αὑτοῖς· ἀρκεῖ οὖν ταῦτά πως ἔχοντα γενέσθαι. Τὰ δὲ κατὰ τὰς ἀρετὰς γινόμενα οὐκ ἐὰν αὐτά πως ἔχῃ, δικαίως ἢ σωφρόνως πράττεται, ἀλλὰ καὶ ἐὰν ὁ πράττων πως ἔχων πράττῃ, πρῶτον μὲν ἐὰν εἰδὼς, ἔπειτ' ἐὰν προαιρούμενος καὶ προαιρούμενος δι' αὐτά.

dans tous il y a quelque chose de divin qui, de degré en degré, poursuit, sous l'apparence, la réalité de la félicité et du bien [1]. Le dernier degré dans ce mouvement ascendant de la sensibilité est de trouver son plaisir dans le plaisir du bien, d'aimer ce qui est aimable, de haïr ce qui est haïssable en soi [2]. Mais, sous l'enveloppe même du souverain plaisir, discerner le bien et le saisir en lui-même, c'est ce qui n'appartient qu'à la raison. Le mobile qui se porte à l'action sous l'impulsion immédiate du désir est cette partie ou plutôt cette puissance de l'âme, qui est sujette aux émotions de la joie et de la douleur, aux passions de la haine et de l'amour; c'est une puissance aveugle par elle-même et dépourvue de raison [3]. Mais elle est susceptible, dans l'homme, de se conformer à la raison et d'en subir la direction supé-

---

[1] *Eth. Nic.* VII, xiv : Οὐδ' ἡδονὴν διώκουσι τὴν αὐτὴν πάντες· ἡδονὴν μέντοι πάντες· ἴσως δὲ καὶ διώκουσιν, οὐχ ἣν οἴονται οὐδ' ἣν ἂν φαῖεν, ἀλλὰ τὴν αὐτήν. Πάντα γὰρ φύσει ἔχει τι θεῖον.

[2] *Ibid.* X, v.

[3] *Magn. Mor.* I, v : Ἔστι δ' ἡ ψυχὴ, ὥς φαμεν, εἰς δύο μέρη διῃρημένη, εἴς τε λόγον ἔχον καὶ ἄλογον, κ. τ. λ. *Polit.* VII, xiii : Τῆς ψυχῆς ὁρῶμεν δύο μέρη, τό τε ἄλογον καὶ τὸ λόγον ἔχον, καὶ τὰς ἕξεις τὰς τούτων δύο τὸν ἀριθμόν· ὧν τὸ μέν ἐστιν ὄρεξις, τὸ δὲ νοῦς. Cf. *Met.* XII, p. 244, l. 17. *De An.* III, ix : Ἄτοπον δὴ τοῦτο (sc. τὸ ὀρεκτικὸν) διασπᾶν. Ἔν τε τῷ λογιστικῷ γὰρ ἡ βούλησις γίνεται καὶ ἐν τῷ ἀλόγῳ ἡ ἐπιθυμία καὶ ὁ λόγος. La βούλησις est l'ὄρεξις de l'ἀλόγου μέτεχον λόγου. *Magn. Mor.* I, xxxv : Τὸ δὲ βουλευτικὸν περὶ τὰ αἰσθητὰ καὶ ἐν κινήσει. — Ὥστε τὸ προαιρετικὸν μόριον τῆς ψυχῆς κατὰ τὸν λόγον τῶν αἰσθητῶν ἐστι. *De An.* III, vii : Καὶ οὐχ ἕτερον τὸ ὀρεκτικὸν καὶ φευκτικὸν, οὔτε ἀλλήλων, οὔτε τοῦ αἰσθητικοῦ.

ieure[1]. La raison ne meut point, et ses prescriptions n'ébranleraient jamais les puissances de l'âme[2]. Mais la raison manifeste le bien. Immobile, le bien meut le désir par l'irrésistible attrait de sa beauté; le désir se meut, et en même temps il meut l'homme. Le désir est l'intermédiaire ou le moyen terme nécessaire entre la raison et la partie passive de l'âme, ou la sensibilité pure[3]; c'est la raison qui impose au désir la forme supérieure de la volonté[4].

Le bien et la félicité n'appartiennent donc à l'homme même qu'à l'âge où la sensibilité est devenue entendement, à l'âge de la volonté[5], de la raison, au moment

---

[1] *Eth. Nic.* I, XIII : Τὸ δὲ ἐπιθυμητικὸν καὶ ὅλως ὀρεκτικὸν μετέχει πως (sc. λόγου), ᾗ κατήκοόν ἐστιν αὐτοῦ καὶ πειθαρχικόν.

[2] *De An.* III, IX : Οὐδὲ τὸ λογιστικὸν καὶ ὁ καλούμενος νοῦς ἐστιν ὁ κινῶν.—Ἔτι καὶ ἐπιτάττοντος τοῦ νοῦ καὶ λέγουσης τῆς διανοίας φεύγειν τί ἢ διώκειν, οὐ κινεῖται.

[3] *Ibid.* X : Νῦν δὲ ὁ μὲν νοῦς οὐ φαίνεται κινῶν ἄνευ ὀρέξεως. Ἡ γὰρ βούλησις ὄρεξις.— Διὸ ἀεὶ μὲν κινεῖ τὸ ὀρεκτόν, ἀλλὰ τοῦτ' ἔστιν ἢ τὸ ἀγαθὸν, ἢ τὸ φαινόμενον ἀγαθόν. — Τοῦτο γὰρ κινεῖ καὶ οὐ κινούμενον, τῷ νοηθῆναι ἢ φαντασθῆναι.—Ἔστι δὲ τὸ μὲν ἀκίνητον τὸ πρακτὸν ἀγαθόν· τὸ δὲ κινοῦν καὶ κινούμενον, τὸ ὀρεκτικόν,... τὸ δὲ κινούμενόν ἐστι τὸ ζῷον. *De An. mot.* V, VIII, X : *Eth. Nic.* VI, II : Τρία δ' ἐστὶν ἐν τῇ ψυχῇ τὰ κύρια πράξεως καὶ ἀληθείας, αἴσθησις, νοῦς, ὄρεξις.

[4] Voy. ci-dessus, p. 446, n. 3, sur la différence du désir et de la volonté. Cf. *De An.* III, XI. La προαίρεσις surtout appartient à la fois à l'ὄρεξις et à la διάνοια. *De An. mot.* VI : Ἡ δὲ προαίρεσις κοινὸν διανοίας καὶ ὀρέξεως.

[5] *Polit.* VII, XIV. La βούλησις est attribuée à l'enfant. Mais la βούλησις, au sens propre, n'est que la *velléité* des scholastiques (*velleitas de vellem*), qui tend à une fin sans en examiner la possibilité, les moyens; la volonté (*volo*), qui caractérise le βουλευτικόν, est la προαί-

de la perfection et de la maturité de la vie [1]. E[n] outre, ce n'est pas assez que de vouloir une fois c[e] que la raison commande. La vie humaine n'est pa[s] d'un jour, et une hirondelle ne fait pas le printemps[2]. Il faut une activité soutenue de l'âme, remplissant l[a] vie entière et ne laissant aucune place au mal. Il fau[t] la perfection de la vie dans le sens de l'étendue comm[e] dans le sens de l'intensité et de l'énergie, dans le sen[s] de la quantité comme dans celui de la forme et de la qualité. Le souverain bien doit être défini : l'activit[é] de l'âme raisonnable dans une vie parfaite [3].

Pour toute action, il faut une puissance propre, pour tout bien, une puissance déjà déterminée e[t] disposée au bien, une vertu [4]. Le mouvement est dan[s] le mobile : la vertu nécessaire au mouvement de l'âme vers le bien réside donc dans la partie mobile et passive de l'âme, sujette aux impressions du plaisir et de la peine, et aux mouvements contraires des passions [5]. Ainsi, la première condition de la pratique du bien, ce sont les dispositions naturelles au bien [6]. Mais l[a]

ρεσις, choix d'une fin praticable, en même temps que du moyen qu[i] la rend possible. *Eth. Nic.* III, IV, V.

[1] *Eth. Nic.* I, X ; *Eth. Eud.* II, VIII.

[2] *Eth. Nic.* I, VI.

[3] Ἐν βίῳ τελείῳ. *Eth. Nic.* I, X ; *Magn. Mor.* I, IV ; *Eth. Eud.* II [...]

[4] *Eth. Nic.* I, X : Ἕκαστον δὲ εὖ κατὰ τὴν οἰκείαν ἀρετὴν ἀποτελεῖτα[ι].

[5] *Ibid.* II, II : Περὶ ἡδονὰς γὰρ καὶ λύπας ἐστὶν ἡ ἠθικὴ ἀρετή. *Ma[gn.] Mor.* I, V : Ἐν δὲ τῷ ἀλόγῳ αἱ ἀρεταὶ λεγόμεναι.

[6] *Magn. Mor.* I, XXXV : Εἰσὶν ἀρεταὶ καὶ φύσει ἐν ἑκάστοις ἐγγι[νόμεναι]

vertu naturelle, ignorante et mobile, peut se laisser
égarer par des voluptés trompeuses ; elle peut se laisser détourner du bien par l'apparence du bien. Pour
la maintenir dans le droit chemin, il faut d'une disposition, d'une tendance, faire une habitude invariable de l'âme. Or il n'y a qu'un moyen d'acquérir
l'habitude, c'est la coutume ; et la coutume est la
répétition de l'action.

L'âme se plaît dans l'action et ne demande qu'à agir.
Cependant la matière, changeante et périssable, résiste, et ne lui permet pas de persévérer toujours et
sans interruption dans le même acte. L'animal est
pendant la veille dans un état de travail et d'effort
continuels [1]. A l'effort succède peu à peu la fatigue ;
le plaisir décroît et l'activité se relâche [2] : telle est la
cause du sommeil. Mais l'âme tend incessamment à
rentrer dans l'action ; ce n'est pas elle qui s'est lassée ;
plus elle agit, plus elle désire agir, et agir dans le
même sens et de la même manière. Ce qu'elle a fait
une fois, elle se plaît à le refaire ; elle surmonte, en
revenant à la charge, la résistance de la matière [3], et

---

ru, οἷον ὁρμαί τινες ἐν ἑκάστῳ ἄνευ λόγου πρὸς τὰ ἀνδρεῖα καὶ τὰ δί-
καια. — Διὸ καὶ συνεργεῖ τῷ λόγῳ καὶ οὐκ ἔστιν ἄνευ τοῦ λόγου ἡ φυσικὴ ἀρετή. *Eth. Nic.* VI, XIII : Καὶ γὰρ παισὶ καὶ θηρίοις αἱ φυσικαὶ
ὑπάρχουσιν ἕξεις.

[1] *Eth. Nic.* VII, xv : Ἀεὶ γὰρ πονεῖ τὸ ζῶον.

[2] *Ibid.* X, IV : Πῶς οὖν οὐδεὶς συνεχῶς ἥδεται; ἢ κάμνει; Πάντα γὰρ
τὰ ἀνθρώπεια ἀδυνατεῖ συνεχῶς ἐνεργεῖν. *Pol.* VIII, II : Ὁ γὰρ πονῶν
δεῖται τῆς ἀναπαύσεως. Cf. *De Somno*, 1.

[3] *Eth. Nic.* VII, xv.

retrouve dans la coutume le plaisir même de la nouveauté[1]. La répétition de l'acte, à défaut de la continuité, en fait à l'activité comme une forme dont elle ne se sépare plus et comme une seconde nature[2]. La coutume produit l'habitude, l'habitude le désir, et le désir l'action. C'est un cercle dans lequel l'âme tourne d'elle-même sans s'arrêter. Pour transformer en une habitude constante une simple faculté ou une vertu naturelle, il suffit donc de la faire entrer en acte; l'acte engendre peu à peu une habitude conforme. C'est en pratiquant qu'on apprend, en jouant de la lyre qu'on devient joueur de lyre; c'est en répétant des actes de tempérance qu'on devient tempérant[3]. Le corps qui n'agit ni ne sent est incapable d'habitudes acquises: on a beau lancer la pierre cent fois de suite vers le ciel, elle retourne, dès qu'on l'abandonne, à son lieu naturel, dans la direction du centre de la terre[4]. Seule, l'âme ajoute à la nature, et se donne à elle-même les formes supérieures de la science, de l'art et de la vertu. Mais de toutes les habitudes acquises, la plus forte

---

[1] *Eth. Nic.* X, IV : Ἔνια δὲ τέρπει καινὰ ὄντα· ὕστερον δὲ οὐχ ὁμοίως διὰ ταῦτα. *Rhet.* I, XI.

[2] *De Mem.* II, : Ὥσπερ γὰρ φύσις ἤδη τὸ ἔθος·—τὸ δὲ πολλάκις ὡς φύσιν ποιεῖ. *Rhet.* I, XI.

[3] *Met.* IX, p. 180, l. 22 : Τὰς μὲν (sc. δυνάμεις) ἀνάγκη προενεργήσαντας ἔχειν ὅσαι ἔθει καὶ λόγῳ. *Eth. Nic.* II, 1 : Τὰς δ' ἀρετὰς λαμβάνομεν ἐνεργήσαντες πρότερον, ὥσπερ καὶ ἐπὶ τῶν ἄλλων τεχνῶν· ἃ γὰρ δεῖ μαθόντας ποιεῖν, ταῦτα ποιοῦντες μανθάνομεν.—Ἐκ τῶν ὁμοίων ἐνεργειῶν αἱ ἕξεις γίνονται.

[4] *Magn. Mor.* I, VI; *Eth. Nic.* II, 1.

et la plus durable est celle-là même en laquelle s'est transformée, par l'exercice, l'inclination constante et essentielle de toute âme vers le bien et la félicité. On oublie la science, on oublie même l'art qu'on n'exerce plus ; la vertu ne connaît pas l'oubli [1]. La vertu par excellence est la vertu pratique ; les habitudes par excellence sont les habitudes vertueuses, ce sont les *mœurs* proprement dites, objet principal de l'éducation [2], et la théorie de la vertu est la *Morale* [3].

La vertu ne reçoit donc sa perfection que de la coutume [4], et ce n'est que dans la perfection de la vertu que se trouvent remplies toutes les conditions du vrai bien. Il ne suffit pas pour le bien de le connaître et de le vouloir, pas même de le vouloir comme bien et pour lui-même. Il faut une volonté qui ne soit pas légère et mobile comme la passion, mais qui procède d'une disposition ferme et inébranlable [5]. Le bien, ou la félicité, peut donc être défini : l'action de l'âme accomplie par vertu, conformément à la raison [6].

Maintenant, tout bien est la fin, c'est-à-dire la per-

---

[1] *Eth. Nic.* I, xi.

[2] Ibid. X, x ; *Polit.* VIII, 1 sqq.

[3] *Eth. Nic.* II, 1 : Ἡ δ' ἠθικὴ (sc. ἀρετὴ) ἐξ ἔθους περιγίνεται· ὅθεν καὶ τοὔνομα ἔσχηκε, μικρὸν παρεγκλίνον ἀπὸ τοῦ ἔθους. *Eth. Eud.* II, ii.

[4] Ibid. Οὔτ' ἄρα φύσει οὔτε παρὰ φύσιν ἐγγίνονται αἱ ἀρεταί, ἀλλὰ πεφυκόσι μὲν ἡμῖν δέξασθαι αὐτάς, τελειουμένοις δὲ διὰ τοῦ ἔθους.

[5] Ibid. III : ...... Τὸ δὲ τρίτον, καὶ ἐὰν βεβαίως καὶ ἀμετακινήτως ἔχων πράττῃ.

[6] *Eth. Nic.* I, v, xiii ; *Magn. Mor.* I, iv ; *Eth. Eud.* II, i.

fection de son genre¹. Or la chose parfaite est celle qui n'a rien de plus ni rien de moins que ce qu'elle doit avoir, où il n'y a rien à ajouter ni rien à retrancher²; la perfection est un milieu entre un plus et un moins. Le mal est donc dans un excès et un défaut, comme en deux extrêmes entre lesquels le bien occupe le milieu³.

Le bien est la fin, c'est-à-dire l'extrémité de son genre, et cependant c'est un milieu. Mais le milieu est la limite commune des deux extrémités qu'il sépare. C'est le point en deçà duquel est resté le défaut, et que l'excès a outre-passé; c'est donc la fin où l'on doit aller et où l'on doit revenir, à partir du premier et du second des extrêmes; c'est leur commune extrémité. Les deux extrêmes en tout genre, en toute catégorie, sont les contraires qui déterminent l'étendue de l'opposition; l'excès et le défaut sont donc contraires l'un à l'autre; c'est la première contrariété de la catégorie de quantité. Mais, de cela même, il suit que leur extrémité commune leur est contraire à tous deux. L'excès est le contraire du défaut; le bien est le contraire du mal, c'est à dire tout ensemble de l'excès et du défaut⁴. Le bien est donc une extrémité en tant

---

¹ *Eth. Nic.* II, IV : Ἕξεις δὲ καθ' ἃς πρὸς τὰ πάθη ἔχομεν εὖ ἢ κακῶς.

² *Met.* V, x.

³ *Eth. Nic.* II, v sqq.

⁴ *Ibid.* VIII.

que bien et par sa perfection; c'est un milieu dans le double rapport qui constitue son être [1].

Le milieu est un excès relativement au défaut, un défaut relativement à l'excès. C'est donc, comme tout milieu, une moyenne en rapport inverse avec les deux extrêmes. L'excès et le défaut forment avec le bien une proportion continue dont il est le moyen terme. C'est ce point indivisible de la perfection entre deux infinis que tout art cherche à atteindre ; c'est aussi où vise la nature, plus exacte qu'aucun art, et par conséquent la vertu [2].

Mais le bien n'est pas seulement un milieu; c'est le bien : ce n'est donc pas seulement un milieu entre le plus et le moins, mais un milieu entre plus et moins qu'il ne faut, entre le trop et le trop peu. La convenance est ce qui mesure l'excès et le défaut. Les extrêmes sont ici relatifs au milieu. La relation des extrêmes avec le bien n'est donc pas une simple différence de quantité, mais un rapport; la proportion n'est pas une proportion arithmétique, mais une proportion géométrique; le bien, ou la limite commune qui en fait la continuité, n'est pas une moyenne différentielle, mais une moyenne proportionnelle.

[1] *Eth. Nic.* II, vi : Κατὰ μὲν τὴν οὐσίαν καὶ τὸν λόγον τὸν τί ἦν εἶναι λέγοντα, μεσότης ἐστὶν ἡ ἀρετή· κατὰ δὲ τὸ ἄριστον καὶ τὸ εὖ, ἀκρότης.
[2] *Ibid.* v : Εἰ δὴ πᾶσα ἐπιστήμη οὕτω τὸ ἔργον εὖ ἐπιτελεῖ, πρὸς τὸ μέσον βλέπουσα,... οἱ δ' ἀγαθοὶ τεχνῖται, ὡς λέγομεν, πρὸς τοῦτο βλέποντες ἐργάζονται, ἡ δὲ ἀρετὴ πάσης τέχνης ἀκριβεστέρα καὶ ἀμείνων ἐστίν, ὥσπερ καὶ ἡ φύσις, τοῦ μέσου ἂν εἴη στοχαστική.

En effet, dans l'art comme dans la pratique, le bien se mesure sur la fin; la fin est l'acte que l'agent doit se proposer selon les circonstances, les temps, les lieux, les personnes, les choses. Le bien n'est donc pas comme un point immobile à distance égale de deux limites fixées à l'avance dans l'étendue et dans la matière; c'est un milieu selon la forme et la mesure variable de l'acte. Ce n'est pas le milieu de la chose, mais le milieu relativement à nous [1].

Mais, dans la pratique, l'acte ne se sépare pas, comme dans l'art, de la manière d'être de l'agent. La vertu est donc aussi un milieu, un milieu entre deux vices contraires : le courage, entre la lâcheté et la témérité, la libéralité, entre la prodigalité et l'avarice. La vertu est une habitude invariable de modération ou de mesure à l'égard des passions [2].

Mais qu'est-ce qui détermine le milieu du bien et de la vertu? Ce ne sont pas les extrêmes de l'excès et du défaut, qui ne sont pas des termes définis et déterminants par eux-mêmes, et qui, au contraire, ne se définissent que par leur relation avec le moyen terme. Ce n'est pas non plus la vertu, qui est une disposition, et qui attend d'ailleurs sa détermination et

---

[1] *Eth. Nic.* II, v : Λέγω δὲ τοῦ μὲν πράγματος μέσον, τὸ ἴσον ἀπέχον ἀφ' ἑκατέρου τῶν ἄκρων, ὅπερ ἐστὶν ἓν καὶ ταὐτὸ πᾶσι· πρὸς ἡμᾶς δὲ ὁ μήτε πλεονάζει μήτε ἐλλείπει τοῦ δέοντος.

[2] *Ibid.* : Μεσότης τις ἄρα ἐστὶν ἡ ἀρετή, στοχαστική γε οὖσα τοῦ μέσου. Cf. vi sqq. *Magn. Mor.* I, viii : Ἔστιν ἡ ἀρετὴ τῶν παθῶν τούτων μεσότης. *Eth. Eud.* III, vii : Μεσότητες παθητικαί.

sa forme. Ce ne peut être que la raison. Une habitude invariable de mesure, à l'égard des passions, volontaire, et déterminée par la droite raison, telle est la seule définition complète de la vertu[1].

La vertu ne réside donc pas dans la raison même. La vertu n'est pas la science, et on ne peut la résoudre, comme l'a voulu faire la dialectique socratique, dans l'idée nue de la vertu[2]. Savoir ce que c'est que la justice n'est pas la même chose que d'être juste; savoir n'est pas pratiquer. Ce n'est pas tout que de définir ce que c'est que la vertu; il faut voir d'où elle s'engendre et de quelle manière. Ce n'est pas tout que d'avoir la définition et que d'en discourir; c'est de l'œuvre qu'il s'agit[3]. Ainsi, il n'est pas vrai que la vertu soit tout entière un objet d'enseignement, et qu'on puisse l'apprendre uniquement par ouï-dire et par tradition : l'apprentissage de la vertu est l'action; la coutume en est la cause efficiente[4]. Il n'est pas vrai que la vertu ne soit que connaissance, le vice qu'igno-

---

[1] *Eth. Nic.* II, vi : Ἕξις προαιρετικὴ ἐν μεσότητι οὖσα τῇ πρὸς ἡμᾶς, ὡρισμένη λόγῳ καὶ ὡς ἂν ὁ φρόνιμος ὁρίσειε.

[2] *Magn. Mor.* I, 1 : Οὐκ ὀρθῶς δὲ οὐδ' ὁ Σωκράτης ἐπιστήμας ἐποίει τὰς ἀρετάς. xxv : Φάσκων εἶναι τὴν ἀρετὴν λόγους. *Eth. Eud.* I, v. Cf. *Eth. Nic.* VI, xiii.

[3] *Eth. Eud.* I, v : Ἐζήτει τί ἐστιν ἀρετή, ἀλλ' οὐ πῶς γίνεται καὶ ἐκ τίνων... Οὐ μὴν ἀλλά γε περὶ ἀρετῆς οὐ τὸ εἰδέναι τιμιώτατον τί ἐστιν, ἀλλὰ τὸ γινώσκειν ἐκ τίνων ἐστίν. Οὐ γὰρ εἰδέναι βουλόμεθα τί ἐστιν ἀνδρία, ἀλλ' εἶναι ἀνδρεῖοι.

[4] *Eth. Nic.* II, ii, iii.

rance, et que nul ne pèche sciemment et volontairement; la vertu est dans l'accord, le vice dans le désaccord de la volonté avec la science [1]. Enfin la science s'oublie, la vertu ne s'oublie pas. La vertu appartient, comme le vice son contraire, non à la pensée, mais à cette partie de l'âme qui est susceptible d'action et de passion, de volontés et de désirs, de plaisirs et de peines, à la sensibilité aveugle et dépourvue par elle-même de raison. Supprimer la passion et le mouvement, c'est supprimer en même temps la moralité [2]. La pratique, comme en général la vie et la nature, ne s'explique point par les abstractions de l'entendement; c'est le monde de l'expérience et de la réalité. L'idée, la forme logique n'est que le dehors, l'enveloppe superficielle de l'action.

Mais, toute distincte qu'elle est de la raison, la vertu ne reçoit que de la raison sa forme et sa perfection. Seulement la forme est dans la matière, comme l'âme dans le corps, et ne s'en sépare pas. Pour s'élever au bien, il faut à l'homme trois degrés : la nature, la coutume ou l'éducation, et la raison [3]. Aux penchants naturels, il faut, pour les tourner en mœurs et leur imprimer le caractère ineffaçable de la moralité, l'ha-

---

[1] *Eth. Nic.* III, vii; VII, iii; *Magn. Mor.* I, ix.

[2] *Magn. Mor.* I, 1 : Συμβαίνει οὖν αὐτῷ ἐπιστήμας ποιοῦντι τὰς ἀρετὰς ἀναιρεῖν τὸ ἄλογον μέρος τῆς ψυχῆς. Τοῦτο δὲ ποιῶν, ἀναιρεῖ καὶ πάθος καὶ ἦθος. Voyez plus haut, p. 278.

[3] *Polit.* VII, xii : Ἀγαθοί γε καὶ σπουδαῖοι γίνονται διὰ τριῶν·· τρία δὲ ταῦτ᾽ ἐστι, φύσις, ἔθος, λόγος. Ibid. xiii.

bitude que donne l'exercice¹; à la moralité, il faut la direction supérieure de l'intelligence; c'est à l'esprit de régler le développement et l'éducation du cœur².

La sphère de la moralité est ce qui peut être et ne pas être, ou la contingence, et, dans la contingence, seulement la sphère particulière de la pratique, c'est-à-dire des actes que l'âme peut à son gré accomplir ou ne pas accomplir. Dans l'alternative, la sensibilité se détermine par ses aversions et ses désirs; mais, pour la moralité, il faut le choix, pour le choix la délibération. Or la délibération, qui parcourt l'intervalle des contraires, discourant successivement sur le pire et le meilleur, c'est la raison discursive, l'entendement³. Au désir et à l'aversion répondent, dans l'entendement, l'affirmation et la négation⁴. La délibération se clôt par la décision dans un sens ou dans l'autre, c'est-à-dire par le choix, qui fait la volonté.

Au-dessus de la vertu morale s'élève donc la vertu de l'entendement⁵. Les vertus morales sont des ou-

---

¹ Ἄσκησις τῶν ψυχῶν, τῆς ἀρετῆς. *Polit.* VII, xv; VIII, 1.

² *Polit.* VIII, 1 : Διάνοια opposé à τῆς ψυχῆς ἦθος. L'ἦθος a beaucoup de rapports avec le θυμός.

³ *De An.* III, xi : Ἡ δὲ βουλευτικὴ ἐν τοῖς λογιστικοῖς· πότερον γὰρ πράξει τόδε ἢ τόδε, λογισμοῦ ἤδη ἐστὶν ἔργον. *Eth. Nic.* VI, 11 : Τὸ γὰρ βουλεύεσθαι καὶ λογίζεσθαι ταὐτόν. Raison pratique, νοῦς πρακτικός, plus exactement διάνοια πρακτική (ibid. x), équivalent de δοξαστικόν, λογιστικόν, βουλευτικόν. Cf. *Magn. Mor.* I, xxxv.

⁴ *Eth. Nic.* VI, 11.

⁵ Ἀρεταὶ διανοητικαί. *Eth. Nic.* II, 1; VI, 1.

vriers bien dressés et obéissants, bons pour l'œuvre et l'exécution ; mais au-dessus, il faut l'intelligence régulatrice, qui prescrit et gouverne, la vertu architectonique de la sagesse pratique, la prudence [1]. La prudence suppose, avec l'habileté qui juge les moyens, la perspicacité qui démêle la fin [2]. Ainsi, de même que le corps est l'organe de l'âme, la vertu naturelle est l'organe de la vertu morale, la vertu morale l'organe ou l'instrument de l'intelligence [3].

Mais l'architectonique n'est pas encore la vraie et propre fonction de la prudence. L'architectonique est la science de la systématisation et de la législation [4]. Or la législation ne peut pas suffire à la pratique. Toute loi est générale, tout acte particulier. Toute prescription générale, toute formule abstraite n'est que le cadre vide, quoique plus ou moins étroit, d'une multitude infinie d'actions différentes dans une infinité de circonstances possibles [5]. La vraie prudence est donc celle qui descend au détail et pénètre dans

---

[1] *Magn. Mor.* I, xxxv : Αἱ γὰρ ἀρεταὶ πᾶσαι πρακτικαί εἰσιν. Ἡ δὲ φρόνησις, ὥσπερ ἀρχιτέκτων τις αὐτῶν ἐστιν. *Eth. Nic.* VI, viii, xi : Ἐπιτακτική ἐστι.

[2] Δεινότης, σύνεσις. *Eth. Nic.* VI, xi, xiii. *Magn. Mor.* I, xxxv.

[3] *Eth. Nic.* VII, xiv : Ἡ γὰρ ἀρετὴ τοῦ νοῦ ὄργανον.

[4] *Eth. Nic.* VI, viii.

[5] Ibid. II, vii : Ἐν γὰρ τοῖς περὶ τὰς πράξεις λόγοις, οἱ μὲν καθόλου κενώτεροί εἰσιν· οἱ δὲ ἐπὶ μέρους ἀληθινώτεροι· περὶ γὰρ τὰ καθ' ἕκαστα αἱ πράξεις. I, i. *Magn. Mor.* I, xxxiv ; *Met.* i, p. 4, l. 10 sqq. Voyez plus haut, p. 256.

la réalité. Ce n'est donc pas une science, et elle ne s'enseigne pas, sinon dans une généralité superficielle et vaine. On ne l'a pas en un jour; c'est le produit tardif de l'expérience personnelle, le fruit le plus mûr de la vie, qu'il n'est pas donné à la jeunesse de cueillir. Ce n'est pas une science, mais plutôt un sens, un sens général comme celui qui nous enseigne qu'il faut au moins trois droites pour déterminer une étendue, mais qui, comme tous les sens, ne s'exerce proprement que sur le particulier, dans l'intuition directe, immédiate, infaillible, d'une limite indivisible [1].

Mais si c'est la droite raison dans l'exercice actuel de la prudence qui nous enseigne le bien, quelle est donc la mesure de la rectitude de la raison et de l'infaillibilité de la prudence? C'est la raison elle-même. Quand la partie irraisonnable de l'âme a été soumise par la vertu, quand la passion n'empêche plus l'entendement d'entrer en acte selon sa nature, il entre en acte, et c'est cela qui est le bien et la droite raison [2]. Le désir et l'imagination sont sujets à l'erreur;

---

[1] *Eth. Nic.* VI, ix : Τῶν καθέκαστα ἡ φρόνησις, ἃ γίνεται γνώριμα ἐξ ἐμπειρίας· νέος δ' ἔμπειρος οὐκ ἔστι, κ. τ. λ. — Ὅτι δ' ἡ φρόνησις οὐκ ἐπιστήμη φανερόν· τοῦ γὰρ ἐσχάτου ἐστίν·...τὸ γὰρ πρακτὸν τοιοῦτον. Ἀντίκειται μὲν δὴ τῷ νῷ· ὁ μὲν γὰρ νοῦς τῶν ὅρων ὧν οὐκ ἔστι λόγος· ἡ δὲ τοῦ ἐσχάτου ὧν οὐκ ἔστιν ἐπιστήμη, ἀλλ' αἴσθησις, οὐχ ἡ τῶν ἰδίων, ἀλλ' οἵᾳ αἰσθανόμεθα ὅτι τὸ ἐν τοῖς μαθηματικοῖς ἔσχατον, τρίγωνον· στήσεται γὰρ κἀκεῖ. Cf. xii.

[2] *Magn. Mor.* II, x : Ἔστιν οὖν κατὰ τὸν ὀρθὸν λόγον πράττειν, ὅταν

toute raison une fois libre est droite et certaine [1]. La raison n'a pas sa règle hors d'elle, dans une loi qu'elle n'a pas faite et qui lui est imposée; c'est elle qui est la règle et la loi. Le sage voit le vrai en toute chose; il est la mesure du vrai et du bien [2].

Enfin, qu'est-ce qui décide du moment même où les passions ne font plus obstacle à la raison? qu'est-ce qui juge de sa liberté? C'est encore la raison, dans la conscience immédiate de sa propre action [3]. L'intuition est à elle-même son juge et sa mesure.

Cependant la fin de la vertu ne se trouve point dans l'individualité. L'homme ne se suffit pas à lui-même; seul, de tous les animaux, il a la parole, il est fait pour la société [4].

Pour la perfection en général, il est nécessaire que le bien qu'on veut ne soit pas seulement un bien pour celui qui le veut, mais un bien en soi, et qu'on trouve dans le bien absolu son bien particulier [5]. Pour la per-

---

τὸ ἄλογον μέρος τῆς ψυχῆς μὴ κωλύῃ τὸ λογικὸν ἐνεργεῖν τὴν αὑτοῦ ἐνέργειαν. Τότε γὰρ ἡ πρᾶξίς ἐστι κατὰ τὸν ὀρθὸν λόγον.

[1] *De An.* III, XII : Νοῦς μὲν οὖν πᾶς ὀρθός ἐστιν· ὄρεξις δὲ καὶ φαντασία καὶ ὀρθὴ καὶ οὐκ ὀρθή.

[2] *Nic.* III, VI : Διαφέρει πλεῖστον ὁ σπουδαῖος τῷ τἀληθὲς ἐν ἑκάστοις ὁρᾶν, ὥσπερ κανὼν καὶ μέτρον αὐτῶν ὤν. II, VI : Ὡς ἂν ὁ φρόνιμος ὁρίσειε. IX, IV : Ἔοικε γὰρ..... μέτρον ἑκάστῳ ἡ ἀρετὴ καὶ ὁ σπουδαῖος εἶναι.

[3] *Magn. Mor.* II, X : Εἰ γὰρ μὴ ἔχεις παρὰ σαυτῷ... τῶν γε τοιούτων αἴσθησιν, οὐκ ἔστι, κ. τ. λ.

[4] *Polit.* I, I.

[5] *Met.* VII, p. 132, l. 3 : ..... Καὶ τοῦτο ἔργον ἐστὶν ὥσπερ ἐν ταῖς

fection de la vertu, il est nécessaire qu'on veuille le bien, non pour soi, mais pour le bien même. Il faut que la volonté soit, comme son objet, universelle et indépendante des intérêts de l'individu. Le vrai bien de chacun doit donc être aussi un bien pour d'autres, et la volonté de chacun s'étendre à d'autres qu'à lui-même. Or la forme sous laquelle le bien se manifeste à la sensibilité et l'attire à lui est le plaisir. Le caractère sensible du vrai bien est donc l'universalité du plaisir qui y est attaché; l'épreuve de la vertu, en même temps que du bonheur, est le plaisir trouvé dans le bien et dans le plaisir d'un autre [1]. La vertu parfaite et la félicité veulent un désir persévérant de la félicité d'autrui.

Il y a dans l'âme de l'homme, avec l'inclination instinctive au bien, une bienveillance générale pour tout ce qui est comme lui susceptible de plaisir et de peine; mais, pour la persévérance du désir, il faut plus que le penchant, il faut la disposition invariable, qui naît de la coutume. On aime de plus en plus, à mesure qu'on procure le bien de ce qu'on aime [2]. Pour la perfection de la vertu et du bonheur, il faut donc que la bienveillance naturelle se change, par une suite

---

πράξεσι τὸ ποιῆσαι ἐκ τῶν ἑκάστῳ ἀγαθῶν τὰ ὅλως ἀγαθὰ ἑκάστῳ ἀγαθά. Eth. Nic. V, 11 : Δεῖ δ'... εὔχεσθαι μὲν τὰ ἁπλῶς ἀγαθά, καὶ αὐτοῖς ἀγαθὰ εἶναι, αἱρεῖσθαι δὲ τὰ αὐτοῖς (leg. ἁπλῶς?) ἀγαθά.

[1] Eth. Nic. V, III.
[2] Ibid. VIII, IX; IX, VII.

d'actes de bienveillance, en une volonté constante du bien d'un autre que nous, c'est à dire en amitié [1].

Mais nul ne peut vouloir d'une volonté constante le bien d'un autre, si cet autre n'est susceptible des mêmes biens que lui, et par conséquent ne lui est ou du moins ne lui devient semblable et égal. L'amitié suppose la ressemblance et l'égalité de l'aimant et de l'aimé [2]. Celui que j'aime, je l'aime comme moi-même; il faut donc que ce soit aussi un autre moi-même [3]. Mais l'égalité dans l'amitié suppose un échange constant de bienveillance; autrement l'avantage serait toujours du côté de celui qui aime et qui donne; c'est de son côté qu'est l'action et l'énergie de l'âme, de son côté qu'est le plaisir [4]. L'amitié exige donc la réciprocité d'affection. En outre, il faut que la bienveillance mutuelle se manifeste par des actions. Si l'ami est pour l'ami un autre lui-même, il faut que l'ami connaisse, comme il se connaît, ce que son ami est pour lui. Avec la réciprocité d'affection, l'amitié exige donc entre les amis la réciprocité absolue et comme l'identité de conscience [5]. Enfin il n'y a d'amitié parfaite et invariable que celle qui a pour cause et pour fin la

---

[1] *Eth. Nic.* VIII, II; IX, v : Εὔνοια... ἀρχὴ φιλίας, κ. τ. λ.

[2] *Ibid.* VIII, vII, vIII. *Polit.* III, xI : Ὅ τε φίλος ἴσος καὶ ὅμοιος.

[3] *Ibid.* IX, IX : Ἕτερος γὰρ αὐτὸς, ὁ φίλος ἐστί.

[4] *Ibid.* VIII, IX; IX, vII; *Magn. Mor.* II, xI, xII; *Eth. Eud.* VII, vIII.

[5] *Eth. Nic.* VIII, II : ..... Δεῖ ἄρα εὐνοεῖν ἀλλήλοις καὶ βούλεσθαι τἀγαθὰ μὴ λανθάνοντας. IX, v.

vertu, la perfection et la forme invariable de l'âme.

Ainsi l'homme ne peut pas se suffire à lui-même [1] ; il est de sa nature de mettre sa vie en commun avec ses semblables, et de poursuivre dans la société la réalisation de l'idéal de la parfaite amitié. La première forme de la société est la famille. La famille n'est pas le résultat de la seule nécessité. L'union des sexes, qui en est le fondement, n'y est, dans sa forme nécessaire, que d'un moment; tout le reste de la vie, c'est une communauté de bienveillance mutuelle [2]; cette communauté, l'amour l'a commencée, déterminé, en général, par le plaisir des yeux, par l'attrait de la forme [3]; l'amour la continue. L'enfant en est le lien, l'enfant, le bien commun du père et de la mère, et comme le terme moyen où ils se touchent [4]. Cependant, dans la société domestique, la nécessité, la matière a sa part que l'amour ne fait pas disparaître. La nature a fait inégaux les membres de la famille : la femme et l'homme, l'enfant et les

---

[1] *Eth. Nic.* IX, ι.

[2] Ibid. VIII, xiv : Ἀναγκαιότερον οἰκία πόλεως, καὶ τεκνοποιία κοινότερον ζώοις. Τοῖς μὲν οὖν ἄλλοις ἐπὶ τοσοῦτον ἡ κοινωνία ἐστίν· οἱ δ' ἄνθρωποι οὐ μόνον τῆς τεκνοποιίας χάριν συνοικοῦσιν, ἀλλὰ καὶ τῶν εἰς τὸν βίον· εὐθὺς γὰρ διήρηται τὰ ἔργα, κ. τ. λ. *OEcon.* I, ιιι : Οὐ μόνον τοῦ εἶναι, ἀλλὰ καὶ τοῦ εὖ εἶναι σύνεργα ἀλλήλοις τὸ θῆλυ καὶ τὸ ἄρρεν ἐστί.

[3] *Eth. Nic.* IX, v : (Ἀρχὴ) τοῦ ἐρᾶν ἡ διὰ τῆς ὄψεως ἡδονή· μὴ γὰρ προησθεὶς τῇ ἰδέᾳ, οὐθεὶς ἐρᾷ.

[4] *Eth. Nic.* VIII, xiv : Σύνδεσμος δὲ τὰ τέκνα δοκεῖ εἶναι...... τὰ γὰρ τέκνα κοινὸν ἀγαθὸν ἀμφοῖν· συνέχει δὲ τὸ κοινόν.

parents, surtout l'esclave et le maître. C'est une monarchie où le chef de la maison a seul tout le pouvoir [1]; ce n'est pas la forme la plus parfaite de la réciprocité. La première figure de l'amitié parfaite est l'affection mutuelle des enfants, qui sont la fin de la famille, l'amitié fraternelle. Les frères sont à peu près de même âge, semblables, en général, de nature et de mœurs, de penchants et d'éducation. Mais ils ne sont pas libres, et le principe de leur union dans la famille est encore de la nécessité [2].

La vraie forme de la société est la société d'hommes égaux et libres, ou l'état [3]. L'état est la forme des familles, comme la famille celle des individus. L'individualité et la vie domestique sont les puissances successives dont il est la fonction et le dernier acte. L'état est donc la fin, la perfection, le bien, au dernier rang dans le temps, au premier dans l'ordre de l'essence et de l'être [4]. Ce n'est pas le résultat d'une combinaison artificielle, c'est la nature même et la forme essentielle de l'humanité. L'homme est un animal né et organisé pour la vie politique; il l'aime et l'embrasse

---

[1] *Polit.* I, 1; III, ix; *Eth. Nic.* VIII, xii.
[2] *Eth. Nic.* VIII, xii, xiii, xiv.
[3] *Polit.* IV, ix : Βούλεται δέ γ' ἡ πόλις ἐξ ἴσων εἶναι καὶ ὁμοίων ὅτι μάλιστα.
[4] *Ibid.* I, 1 : Πᾶσα πόλις φύσει ἐστίν, εἴπερ καὶ αἱ πρῶται κοινωνίαι· τέλος γὰρ αὕτη ἐκείνων· ἡ δὲ φύσις τέλος ἐστίν. — Καὶ πρότερον δὴ τῇ φύσει πόλις ἢ οἰκία καὶ ἕκαστος ἡμῶν ἐστι. Voyez plus haut, page 255.

pour elle-même, sans que l'intérêt l'y pousse [1]. L'état est la totalité où toutes les formes inférieures de la vie humaine viennent prendre place comme des parties, le corps dont elles sont les membres. Le principe qui en fait la continuité est l'amitié. L'unité de l'état suppose la bienveillance mutuelle et active, la communauté de pensées, de volontés, d'actions entre les parties vivantes qui en composent l'organisme [2]. Toutes ont une même fin, qui est la fin de leur tout. Le bien de chacune est le bien de l'ensemble, et l'intérêt général l'intérêt des particuliers.

Dans la société, la vertu ne se renferme pas dans l'individualité; sa fin n'est plus seulement la perfection de chacun, mais la perfection du tout dont chacun est une partie; toutes les vertus se résument dans la disposition universelle à tous les actes qui peuvent procurer la perfection de la société. Cette disposition est la justice universelle. La justice, en ce sens, est donc toute vertu (car toute vertu sert au maintien de la société), mais toute vertu dans son rapport à autrui [3]. Or la société se compose d'individus, le tout de parties. Dans la justice universelle doit donc être

---

[1] *Polit.* I, 1 : Ἄνθρωπος φύσει πολιτικὸν ζῶον.

[2] *Eth. Nic.* VIII, 1 : Ἔοικε δὲ καὶ τὰς πόλεις συνέχειν ἡ φιλία. IX, x : Πολιτικὴ δὲ φιλία φαίνεται ἡ ὁμόνοια.

[3] *Eth. Nic.* V, III : Ἔστι μὲν γὰρ ἡ αὐτή, τὸ δ' εἶναι οὐ τὸ αὐτό, ἀλλ' ᾗ μὲν πρὸς ἕτερον, δικαιοσύνη, ᾗ δὲ τοιάδε ἕξις ἁπλῶς ἀρετή. — Ὅλη ἀρετή ἐστιν.

contenue une disposition particulière à établir et à conserver entre les individus l'égalité que l'amitié exige, et qui est le fondement de l'association : c'est la justice privée ou particulière. La justice universelle consiste dans la volonté constante du maintien de l'ordre social en général [1], la justice particulière dans la volonté constante du maintien de l'égalité sociale [2]. Le bien est une égalité, puisque c'est un milieu par rapport à un plus et à un moins; la vertu, une disposition volontaire à constituer une égalité; la justice, une disposition à constituer l'égalité entre égaux.

Ainsi, où est l'amitié, là aussi est la justice; où est la justice, là est l'amitié [3]. Ce sont deux faces différentes, mais inséparables, d'une seule et même volonté, comme le plaisir et le bien, l'objet du désir ou de l'amour et l'objet de la raison. L'amitié veut le bien d'autrui pour autrui; la justice le bien d'autrui pour le bien même [4]. La justice est donc la forme morale, ou la vertu de l'amitié. C'est la vertu qui rend à chacun ce qui lui appartient, son droit [5].

Comme l'amitié, la justice suppose deux indivi-

---

[1] Ἐυνομία. *Polit.* I, 1 sqq. *Magn. Mor.* I, XXXIII. Voyez ci-dessous, p. 468. *Polit.* VII, IX : Νόμων... καὶ τάξεως πολιτικῆς.

[2] Ἰσότης. *Ibid.*

[3] *Magn. Mor.* II, XI : Ἔτι δ' ἴσως ἂν δόξειεν ἐν οἷς ἐστι δίκαιον, ἐν τούτοις καὶ φιλίαν εἶναι. *Eth. Nic.* VIII, XIII.

[4] *Eth. Nic.* V, III : Ἀλλότριον ἀγαθὸν δοκεῖ εἶναι ἡ δικαιοσύνη.

[5] *Rhet.* I, IX : Ἀρετὴ δι' ἣν τὰ αὑτῶν ἕκαστοι ἔχουσι.

dus différents. Mais, dans l'indivisibilité de l'âme se distinguent deux parties : la sensibilité et la raison ; l'une faite pour obéir, l'autre pour commander. Il y a donc un amour légitime de soi et un droit envers soi-même ; mais un droit et un amour entre deux parties inégales, et par conséquent imparfaits [1]. Dans la famille, les individualités sont distinctes et séparées ; entre l'époux et l'épouse, le père et l'enfant, le maître et l'esclave, le droit se développe sur trois échelles différentes. Mais il n'y a pas de vrai droit, comme il n'y a pas de véritable amitié, où il y a un maître [2]. Le droit proprement dit n'est possible qu'entre égaux et entre égaux libres, c'est-à-dire dans l'état. Dans l'état, l'ordre social n'est autre chose que l'égalité sociale ; c'est le bien de tous, objet de la volonté générale, et le droit s'écrit dans la loi [3]. La loi ne connaît plus les mouvements que la sensibilité excite dans l'âme de l'homme ; c'est l'homme moins la bête, l'intelligence sans la passion [4]. Toujours la même, égale pour tous en son universalité indifférente, elle sert de moyen terme et de mesure commune entre les passions et les intérêts opposés : elle

---

[1] *Eth. Nic.* V, xv ; *Polit.* I, ii ; *Magn. Mor.* I, xxxiv.

[2] *Eth. Nic.* V, x.

[3] *Polit.* III, xi : Ἡ γὰρ τάξις νόμος.

[4] *Polit.* III, xi : Ὁ μὲν οὖν τὸν νόμον κελεύων ἄρχειν δοκεῖ κελεύειν ἄρχειν τὸν νοῦν,... ὁ δ' ἄνθρωπον κελεύων, προστίθησι καὶ θηρίον... ἄνευ ὀρέξεως νοῦς ὁ νόμος ἐστί.

est le milieu dans l'état [1]. La justice prend donc la forme définie de la loi [2].

Cependant la loi n'est pas la règle suprême du juste et de l'injuste. Elle n'est que le décret de l'opinion générale : l'opinion peut faillir ; la raison seule ne se trompe point. Au-dessus du droit positif, il y a donc un droit naturel, qui est celui de la raison. La loi, fût-elle juste, n'est que la forme politique, non la mesure du droit. Mais la règle de la raison est la raison elle-même dans sa libre action. Le vrai droit, c'est donc le jugement de l'homme juste. C'est la justice elle-même qui détermine, dans la sphère de la vie civile, l'égalité et le milieu du bien [3].

La justice universelle a pour objet le bien universel de l'état. Elle est donc le principe universel de toutes les lois. Mais la législation par laquelle elle se reproduit elle-même et se perpétue dans l'état est celle de l'éducation publique [4]. La justice universelle est la vertu dans son rapport avec la société : l'éducation publique est le principe de la vertu civile, la forme

---

[1] *Polit.* III, XI : Τὸ δίκαιον ζητοῦντες, τὸ μέσον ζητοῦσιν· ὁ γὰρ νόμος τὸ μέσον.

[2] *Eth. Nic.* V, I, II, III : Ὁ δὲ νόμιμος, δίκαιος. Voyez ci-dessus, p. 466, n. 1.

[3] *Polit.* I, 1 : Ἡ δὲ δικαιοσύνη πολιτικόν· ἡ γὰρ δίκη πολιτικῆς κοινωνίας τάξις ἐστίν· ἡ δὲ δίκη τοῦ δικαίου κρίσις.

[4] *Eth. Nic.* V, V : Τὰ δὲ ποιητικὰ τῆς ὅλης ἀρετῆς ἐστι τῶν νομίμων ὅσα νενομοθέτηται περὶ παιδείαν τὴν πρὸς τὸ κοινόν.

morale de l'état [1], et par conséquent la cause efficiente de la justice universelle.

La justice particulière a pour objet le bien dans les relations particulières d'individualités étrangères les unes aux autres. Elle ne concerne donc pas le bien absolu de la vertu, qui ne se trouve que dans l'activité individuelle, forme suprême de l'âme ou de la totalité de l'état; elle n'a rapport qu'aux biens extérieurs, tels que les richesses, les honneurs, la santé, la vie même, et dont la possession ou la privation font la prospérité ou l'adversité, en d'autres termes aux biens de la fortune qui forment la matière de la vie sociale, et qui servent de moyens ou d'instruments pour l'acquisition du bien absolu [2].

La fin que se propose la justice particulière est donc en général l'établissement ou le maintien de l'égalité des biens extérieurs entre les différents membres de l'état. Ici les personnes sont distinctes et hors les unes des autres comme les choses. Plus de moyen terme unissant deux extrêmes dans l'unité d'une personne, mais au moins quatre termes indépendants et séparés. L'égalité ne peut donc plus être cherchée dans un moyen; il ne s'agit plus de proportion continue, mais de proportion discrète. Comme égalité, la justice particulière tient le milieu entre deux choses;

---

[1] *Polit.* VIII, 1.
[2] *Eth. Nic.* V, 11 : Περὶ τὰ ἀγαθὰ ἔσται, οὐ πάντα, ἀλλὰ περὶ ὅσα εὐτυχία καὶ ἀτυχία. IV : Περὶ τιμὴν ἢ χρήματα ἢ σωτηρίαν, κ. τ. λ.

comme justice, elle tient le milieu à l'égard de deux individus. Le milieu de la justice particulière n'est donc plus, comme celui de la vertu en général, une simple moyenne, mais une proportion, et une proportion discrète [1].

Or les biens extérieurs se divisent en deux classes, selon qu'ils appartiennent aux particuliers ou à l'état, qu'ils sont privés ou qu'ils sont publics. Les biens privés sont le sujet des transactions entre les particuliers. Les transactions sont volontaires ou forcées : celles-ci sont les crimes, comme le vol ou le meurtre; celles-là les contrats, comme la vente ou l'achat, le louage, le prêt [2]. Mais, de quelque nature que soit la transaction, la justice consiste essentiellement à égaler les choses entre les parties, ajoutant où il y a défaut, retranchant où il y a excès, compensant la perte par le gain. La justice de compensation ou de *correction* (justice *commutative*), consiste dans une égalité de différence, dans une proportion arithmétique [3].

Les biens publics sont l'objet d'une répartition

---

[1] *Eth. Nic.* V, VI : Ἀνάγκη τοίνυν τὸ δίκαιον μέσον τε καὶ ἴσον εἶναι, καὶ πρός τι καὶ τισί· καὶ ᾗ μὲν μέσον, τινῶν· ταῦτα δ' ἐστὶ πλεῖον καὶ ἔλαττον· ᾗ δὲ ἴσόν ἐστι, δυοῖν· ᾗ δὲ δίκαιον, τισίν... Ἔστιν ἄρα τὸ δίκαιον, ἀνάλογον. VII : Μέσον τὸ δίκαιον· τὸ δὲ δίκαιον, ἀνάλογον.

[2] *Ibid.* V : Τῶν γὰρ συναλλαγμάτων τὰ μὲν ἑκούσιά ἐστι, τὰ δὲ ἀκούσια, κ. τ. λ.

[3] *Ibid.* VII : Τὸ διορθωτικὸν, ὃ γίνεται ἐν τοῖς συναλλάγμασι καὶ τοῖς ἑκουσίοις καὶ τοῖς ἀκουσίοις... ἐστὶ μὲν ἴσόν τι, ἀλλὰ καὶ τὴν ἀριθμητικὴν (sc. ἀναλογίαν). — Πειρᾶται τῇ ζημίᾳ ἰσάζειν, ἀφαιρῶν τοῦ κέρδους.

entre les particuliers. C'est une totalité indivise qu'il s'agit de distribuer. La règle du partage ne peut être cherchée dans les différences de quantité des choses : elle ne peut l'être que dans la qualité des personnes. L'objet de la justice est donc ici de faire des parts qui soient entre elles comme sont entre eux les membres de l'état. Il ne s'agit plus d'une balance à établir entre des choses, mais d'une équation de relations entre des choses et des personnes ; il ne s'agit plus de différences, mais de rapports. La justice *distributive* est une proportion géométrique [1].

Dans l'hypothèse de l'égalité absolue qu'exigerait l'absolue perfection de l'état, toutes les parts devraient être égales. Mais c'est là un idéal dont la réalisation n'est pas possible dans la nature, dans le monde de l'espace et du temps. Tous les membres de l'état fussent-ils entre eux d'une égalité parfaite, tous ne peuvent pas en même temps exercer au même lieu les mêmes fonctions et supporter les mêmes charges [2]. Le mérite diffère nécessairement, et par conséquent le droit. La justice consiste à établir l'égalité dans l'inégalité par l'inégalité même [3]. Mais la règle de la

---

[1] *Eth. Nic.* V, v : Τῆς δὲ κατὰ μέρος δικαιοσύνης καὶ τοῦ κατ' αὐτὴν δικαίου ἓν μέν ἐστιν εἶδος, τὸ ἐν ταῖς διανομαῖς ἢ τιμῆς ἢ χρημάτων ἢ τῶν ἄλλων ὅσα μεριστὰ τοῖς κοινωνοῦσι τῆς πολιτείας. VI : Τὸ γὰρ δίκαιον ἐν ταῖς διανομαῖς ὁμολογοῦσι πάντες κατ' ἀξίαν τινὰ δεῖν εἶναι. VII : Καλοῦσι δὲ τὴν τοιαύτην ἀναλογίαν γεωμετρικὴν οἱ μαθηματικοί.

[2] *Polit.* II, 1, dans la critique de la République de Platon.

[3] *Ibid.* III, vii ; VI, 1.

distribution des biens de la fortune ne doit pas être cherchée dans les différences que la fortune a établies entre les hommes. La fin des biens extérieurs est le bien absolu, qui est le bien de l'âme [1] : c'est sur les proportions du bien absolu que doivent être établies celles des biens extérieurs. La mesure de l'homme n'est pas la richesse, la naissance, ni la vertu du corps, mais la vertu de l'âme. C'est donc dans la vertu de l'âme que consiste le mérite et qu'est la règle de la justice [2]. La démocratie pure est une chose injuste, et de même l'oligarchie; celle-ci, c'est l'inégalité entre égaux, celle-là l'égalité entre inégaux [3]. La justice ne se trouve que dans la proportion, la justice distributive de l'état dans la proportion géométrique entre les biens extérieurs et le mérite, et par conséquent dans la prépondérance de la vertu [4].

Maintenant la mesure la plus favorable à la vertu, dans la possession comme dans l'usage des biens extérieurs, est la médiocrité. La vertu est un milieu entre les extrémités des passions. Or aux fortunes extrêmes répondent les passions extrêmes. Entre la condition de l'esclave et celle du tyran, l'équilibre de l'âme est plus stable, la droite voie plus facile à tenir. Dans la société, le pauvre envie le riche; le riche se défie du

---

[1] *Polit.* VII, 1.
[2] Ibid. III, VII.
[3] Ibid. V, 1; VI, 1.
[4] Ibid. III, v; VI, VI.

pauvre, tout en le méprisant. Le pauvre et le riche se haïssent et veulent le mal l'un de l'autre [1]. L'amitié et la justice, double fondement de l'état, supposent l'égalité; l'égalité exige la médiocrité générale des fortunes et la prédominance de la classe moyenne [2]. Le meilleur des états, et le plus stable, sera donc celui où la classe moyenne sera le plus grand nombre et aura le plus de pouvoir. Telle est la république, l'état par excellence (πολίτεια) [3], moyen terme entre les extrémités passionnées de l'oligarchie et de la démagogie [4], l'idéal de l'égalité, de l'amitié et de la justice.

Enfin, dans l'idéal de l'égalité politique, le droit est le même pour tous, et le pouvoir suit le droit. Chacun n'est pas seulement l'objet, mais le dispensateur de la justice, et l'exerce à son tour envers tous [5].

---

[1] *Polit.* IV, ix.

[2] *Ibid.* : Βούλεται δέ γ' ἡ πόλις ἐξ ἴσων εἶναι καὶ ὁμοίων ὅτι μάλιστα· τοῦτο δ' ὑπάρχει μάλιστα τοῖς μέσοις.

[3] La véritable πολίτεια est la véritable ἀριστοκρατία ou gouvernement des meilleurs. Ce qu'on appelle vulgairement πολίτεια est une espèce de démocratie; ce qu'on appelle vulgairement ἀριστοκρατία, une espèce d'oligarchie; *Polit.* IV, viii. Cependant la démocratie est la forme la plus voisine de la vraie πολίτεια elle-même. *Eth. Nic.* VIII, xii.

[4] *Polit.* IV, vii : Πέπονθε δὲ τοῦτο καὶ τὸ μέσον· ἐμφαίνεται γὰρ ἑκάτερον ἐν αὐτῷ τῶν ἄκρων. V, vii : Ὅ νῦν λανθάνει τὰς παρεκβεβηκυίας πολιτείας, τὸ μέσον. — Ὀλιγαρχίαν καὶ δημοκρατίαν..... ἐξεστηκυίας τῆς βελτίστης τάξεως.

[5] *Ibid.* II,.. III ..

Tel est l'idéal de l'homme : le citoyen, au milieu de la cité unie par l'amitié et la justice universelle, déployant aux différents degrés de la vie politique les puissances successives de la justice particulière. Dans la famille, la propriété est commune ; dans l'état elle est divisée. Le premier résultat de la constitution élémentaire de la société civile, de la division des propriétés dans l'unité de lieu, est l'échange [1] : l'égalité de l'échange est la première fin de la justice particulière. Mais, dès que l'échange s'étend à une multitude de biens différents, il s'établit une mesure commune, non pas entre les valeurs d'usage, mais entre les valeurs d'échange [2] de toutes les choses échangeables, et qui donne à l'échange la forme supérieure et plus savante de la vente et de l'achat. Cette mesure, ou ce moyen terme, est un corps facilement mobile, d'une nature, puis d'une grandeur, puis d'une figure définie, que la loi marque d'une empreinte et auquel elle donne une valeur arbitraire [3]. Pour la mesure du crime et de la peine, la loi ne suffit plus.

---

[1] *Polit.* I, III.

[2] Ibid. La vente crée la richesse relative des valeurs d'échange. Ibid : Ἡ δὲ καπηλικὴ ποιητικὴ χρημάτων, οὐ πάντως, ἀλλ' ἢ διὰ χρημάτων μεταβολῆς.

[3] Ibid. Λῆρος εἶναι δοκεῖ τὸ νόμισμα, καὶ εἷς νόμος παντάπασι, φύσει δ' οὐδέν. Eth. Nic. IV, III : Διὸ πάντα συμβλητὰ δεῖ πως εἶναι ὧν ἐστιν ἀλλαγή· ἐφ' ὃ τὸ νόμισμ' ἐλήλυθε· καὶ γίνεται πως μέσον· πάντα γὰρ μετρεῖ. — Πάντα συνέχει. — Διὰ τοῦτο τοὔνομα ἔχει νόμισμα, ὅτι οὐ φύσει, ἀλλὰ νόμῳ ἐστί. — Πάντα ποιεῖ σύμμετρα.

Toute loi est générale, toute action particulière ; les généralités n'atteignent pas le détail infini de la réalité ; elles restent en dehors, comme de vaines formes et des formules vides [1]. Faudra-t-il donc, ou plier l'action à la forme rigide de la loi, ou fausser la loi elle-même pour l'ajuster au fait ? Entre ces deux extrémités du droit strict [2] et de la fiction, intervient le juge, qui applique à la mesure des actions humaines la règle flexible de l'équité [3]. C'est donc le juge lui-même qui est la règle, et comme le droit vivant [4].

Mais toute transaction, soit libre soit forcée, a pour objet les besoins de la vie et la vie elle-même, la matière et la nécessité [5]. Or toute nécessité est un mal en elle-même, et la satisfaction d'un besoin n'est

---

[1] Voyez plus haut, p. 459. *Eth. Nic.* IV, VIII : Ὁ μὲν νόμος καθόλου πᾶς, περὶ ἐνίων δὲ οὐχ οἷόν τε ὀρθῶς εἰπεῖν καθόλου.

[2] Ἀκριβοδίκαιον. Ibid.

[3] Ibid. Τοῦ γὰρ δικαίου ἀορίστου ἀόριστος καὶ ὁ κανών ἐστιν, ὥσπερ καὶ τῆς Λεσβίας οἰκοδομῆς ὁ μολύβδινος κανών. — Τὸ ἐπιεικὲς ἐπανόρθωμα νόμου ᾗ ἐλλείπει διὰ τὸ καθόλου. *Magn. Mor.* II, 1. *Polit.* II, V. Comp. les belles réflexions de Vico, *De nostri temporis studiorum ratione* (trad. de M. Michelet, I, 140-5).

[4] *Eth. Nic.* V, VII : Ὁ γὰρ δικαστὴς βούλεται εἶναι οἷον δίκαιον ἔμψυχον· καὶ ζητοῦσι δικαστὴν μέσον. Δίκαιον quasi δίχαιον, de δίχα. Ibid.

[5] *Polit.* III, V : Ἡ πόλις οὐκ ἔστι κοινωνία τόπου καὶ τοῦ μὴ ἀδικεῖν σφᾶς αὐτοὺς καὶ τῆς μεταδόσεως χάριν, ἀλλὰ ταῦτα μὲν ἀναγκαῖον ὑπάρχειν, εἴπερ ἔσται πόλις, οὐ μὴν, οὐδ' ὑπαρχόντων τούτων ἁπάντων, ἤδη πόλις, ἀλλ' ἡ τοῦ εὖ ζῆν κοινωνία καὶ τοῖς οἰκίαις καὶ τοῖς γένεσι ζωῆς τελείας χάριν καὶ αὐτάρκους. La matière est nécessaire et non suffisante VII, VI. Τὰς .... VII. Τὰ περὶ τὰς δικαίας ....

qu'un bien relatif. La compensation entre la perte et le gain ne fait que redresser le tort, la justice de compensation ou de correction n'est, comme le plaisir du corps, que le remède d'un mal : ce n'est donc qu'une vertu relative. Dans la répartition de la richesse, de l'honneur et du pouvoir, il ne s'agit plus de la nécessité et de ce qu'il faut pour vivre; il ne s'agit plus de l'être, mais du bien-être [1] et du bien faire, du bien et du beau, fins de la liberté. La distribution des biens de la communauté est un bien par elle-même, un bien positif, et la justice distributive une vertu absolue [2].

Mais, dans la distribution comme dans la compensation, on se conforme à la loi. L'équité n'intervient que pour suppléer à l'insuffisance nécessaire de toute formule générale et de tout droit écrit. Au-dessus du magistrat comme du juge s'élève donc le souverain [3], qui fait la loi et qui règle la constitution même de l'état; au-dessus du pouvoir judiciaire et du pouvoir des magistrats, la puissance délibérante ou législative [4].

ξεις αἱ δίκαιαι τιμωρίαι καὶ κολάσεις ἀπ' ἀρετῆς μέν εἰσιν, ἀναγκαῖαι δὲ, καὶ τὸ καλῶς ἀναγκαίως ἔχουσιν.

[1] Τὸ ζῆν, τὸ εὖ ζῆν. *Polit.* I, II, III, V.

[2] VII, XII : Λέγω δ' ἐξ ὑποθέσεως τἀναγκαῖα, τὸ δ' ἁπλῶς τὸ καλῶς. — Αἱ δ' (sc. ἀρεταὶ) ἐπὶ τὰς τιμὰς καὶ τὰς εὐπορίας, ἁπλῶς εἰσι κάλλισται πράξεις· τὸ μὲν γὰρ ἕτερον κακοῦ τινος αἵρεσίς ἐστιν, αἱ τοιαῦται δὲ πράξεις τοὐναντίον· κατασκευαὶ γὰρ ἀγαθῶν εἰσι καὶ γεννήσεις. IV, III. Sur l'opposition d'ἀναγκαῖον et καλόν, voyez plus haut, p. 431, n. 2.

[3] Τὸ κύριον.

[4] *Polit.* IV, XI : Ἔστι δὲ τῶν τριῶν τούτων ἓν μέν τι τὸ βουλευόμενον

Le souverain n'est pas un homme, c'est la cité entière assemblée.

La vertu du citoyen, en général, n'est pas la même que la vertu de l'homme de bien. Celle-là consiste à savoir tour à tour commander et obéir, celle-ci est une vertu toute de domination et d'empire, la prudence. Or l'obéissance est un état d'infériorité : elle ne suppose pas la prudence, ou la science, mais seulement l'opinion vraie, soumise à la direction de la science [1] ; elle n'est bonne en elle-même que d'une manière relative, comme apprentissage du commandement. La vertu de l'homme de bien est donc supérieure à la vertu civile en général. Mais, dans ses fonctions de magistrat, le citoyen ordonne et dispose; il commande, et sa vertu propre est la vertu maîtresse et architectonique, la prudence, et la prudence dans son rapport avec l'universalité de la cité. Dans le magistrat se confondent en une forme supérieure la vertu civile ou politique, et la vertu privée [2].

Enfin, c'est dans la libre action de la puissance dé-

περὶ τῶν κοινῶν, δεύτερον δὲ τὸ περὶ τὰς ἀρχάς..... τρίτον δέ τι τὸ δικάζον. Ce sont les trois pouvoirs appelés, en général, chez les modernes, législatif, exécutif et judiciaire.

[1] *Polit.* III, III : Ἀρχομένου δέ γ' οὐκ ἔστιν ἀρετὴ φρόνησις, ἀλλὰ δόξα ἀληθής. Platon n'exige également des guerriers, qui forment le corps de la cité, que l'ὀρθὴ δόξα formée par la loi et l'éducation, et réserve aux magistrats l'ἐπιστήμη. *Rep.* II, 370 c, 371 b; *Polit.* 301 a. Cf. *Phæd.* 82 a.

[2] *Polit.* III, II, III.

libérante, dans la décision du souverain, qu'est le point culminant de la prudence humaine; la perspicacité politique, fixant, dans l'indétermination de la société civile, la limite certaine, le milieu indivisible du droit [1].

Cependant l'exercice de la prudence n'est pas le dernier degré de la vie et de l'activité. Au-dessus de la prudence, il y a encore la sagesse.

La sphère de la pratique est dans la contingence, par conséquent dans les oppositions dont le raisonnement et la délibération parcourent l'étendue. La fin que détermine la perspicacité de l'entendement n'est qu'un moyen terme variable dans un monde de mouvement, entre les agitations de la passion. Mais le sage est celui qui sait d'une science certaine et invariable ce qui ne peut pas ne pas être et ne peut pas varier [2]. Or ce qui ne peut pas ne pas être, ce qui est nécessaire par soi-même, et non pas seulement, comme la matière, d'une nécessité relative et conditionnelle, c'est l'être simple, identique à soi-même, de toute éternité. Mais, pour saisir le simple et l'invariable, il faut une vue simple et invariable; par conséquent un acte perpétuel de pensée, exempt de toute condition matérielle, supérieur à l'opposition et au changement; c'est-là qu'est la sagesse. La sagesse est

---

[1] *Polit.* IV, III : Τὸ βουλευόμενον, ὅπερ ἐστὶ συνέσεως πολιτικῆς ἔργον. Voyez plus haut, p. 458.

[2] *Eth. Nic.* VI, VII, VIII; X, VII. *Magn. Mor.* I, XXXIV. Cf. *Met.* I, I.

donc la perfection absolue de l'activité de l'âme. La vertu tend à une fin qu'elle n'a pas en elle-même; la sagesse seule a en elle sa fin et sa satisfaction. La vie morale et politique est une lutte perpétuelle contre la passion; la vertu est un combat. Au contraire, la contemplation invariable du nécessaire et de l'éternel n'est possible que dans la paix. Or la paix est le prix de la victoire, c'est-à-dire la fin du combat, et elle est à elle seule sa propre fin. La félicité est dans la paix. La vie politique est une vie militante [1] dont on ne se repose que dans le calme de la vie spéculative; la vie spéculative n'est pas pour cela le repos et le sommeil, c'est l'activité souveraine dans la liberté du loisir [2]. La prudence, la vertu directrice de toutes les vertus, n'est que l'intendant qui se charge, dans la famille, des choses de la matière et de la nécessité, pour procurer au maître le loisir de se livrer à la libre recherche du

---

[1] *Eth. Nic.* X, VII : Δοκεῖ τε ἡ εὐδαιμονία ἐν τῇ σχολῇ εἶναι· ἀσχολούμεθα γὰρ ἵνα σχολάζωμεν, καὶ πολεμοῦμεν ἵνα εἰρήνην ἄγωμεν. Τῶν μὲν οὖν πρακτικῶν ἀρετῶν ἐν τοῖς πολιτικοῖς ἢ τοῖς πολεμικοῖς αἱ ἐνέργειαι. — Τῶν μὲν κατὰ τὰς ἀρετὰς πράξεων αἱ πολιτικαὶ καὶ πολεμικαί, κ. τ. λ. De là, le corps de la cité est la classe guerrière, dans Aristote (*Polit.* IV, III : Τὸ πολεμικὸν, τὸ ὁπλιτικόν), comme dans Platon (*Rep.* II). La vie guerrière répond à l'ἄσκησις ou μελέτη que l'éducation dirige (Cf. Plat. *Phæd.* 82 a), et qui forme le θύμος à la vie politique. Sur le rapport du θύμος à l'éducation, voyez plus haut, p. 457. Aussi, dans Aristote comme dans Platon, l'honneur, τιμὴ, est le mobile ordinaire de la vie politique; le θυμὸς est φιλότιμος. *Eth. Nic.* I, III.

[2] *Eth. Nic.* X, VIII.

bien et du beau [1]. Enfin, la vie politique suppose des relations entre des individus étrangers les uns aux autres; la vie spéculative de la sagesse est une vie solitaire, à la perfection de laquelle l'influence de la société peut concourir, mais qui n'en dépend pas par elle-même et dans son essence. L'objet de la spéculation, l'être nécessaire et simple, c'est Dieu [2]; Dieu n'est point séparé par la matière et par l'espace de la chose qui le pense. Entre la chose qui pense et la chose pensée, il n'y a pas ici de milieu; elles se touchent. L'acte de la spéculation est un acte immanent. qui ne sort pas de lui-même et de son indivisible unité [3].

La sagesse n'appartient donc pas à l'entendement. La prudence ne se sépare pas de la vertu; l'entendement ne se sépare pas de la sensibilité; elle est sa matière, il en est la forme. La spéculation veut une raison intuitive indépendante de la matière et des oppositions de la raison discursive et de la vie morale [4]. Mais le caractère distinctif et spécifique de l'homme est le libre arbitre, ou la puissance de délibérer et de choisir, qui ne se sépare pas de l'enten-

---

[1] *Magn. Mor.* I, xxxiv.

[2] *Eth. Eud.* VII, xv : Τὴν τοῦ θεοῦ μάλιστα θεωρίαν. *Magn. Mor.* I. xxxv : Ἡ μὲν γὰρ σοφία περὶ τὸ ἀΐδιον καὶ θεῖον.

[3] *Eth. Nic.* X, vii : Ὁ δὲ σοφὸς, καὶ καθ' αὑτὸν ὢν δύναται θεωρεῖν. Voyez le chapitre suivant.

[4] *Eth. Nic.* VI, vii. *De An.* III, ix sqq. Νοῦς θεωρητικὸς par opposition à νοῦς πρακτικὸς, ou νοῦς λογιζόμενος, ou διάνοια.

dement [1]. La spéculation veut donc une raison supérieure à l'humanité, une raison divine comme son objet même, et la félicité absolue de la vie spéculative ne semble pas faite pour nous [2]. Mais la raison divine brille, au moins par éclairs, dans l'humanité [3]. Or la vraie nature, l'essence, et par conséquent la fin de toute chose, est ce qu'elle a de meilleur et de plus excellent; la perfection du mortel n'est pas de se renfermer dans la sphère des choses mortelles, mais de s'élever de toute sa puissance à l'immortalité. La vraie vie de l'homme, n'en dût-il jouir qu'un jour, qu'un seul instant, est la vie divine. La fin de la nature est l'action parfaite de la pensée pure dans l'unité absolue de la spéculation [4].

Ainsi se reproduisent dans l'histoire des développements de l'âme aux trois degrés de la vie animale, de la vie humaine ou civile, et de la vie divine [5], les

---

[1] *Eth. Nic.* VI, II : Ἢ ὀρεκτικὸς νοῦς ἡ προαίρεσις, ἢ ὄρεξις διανοητική. Καὶ ἡ τοιαύτη ἀρχὴ, ἄνθρωπος.

[2] *Ibid.* X, VII : Εἰ δὴ θεῖον ὁ νοῦς πρὸς τὸν ἄνθρωπον, καὶ ὁ κατὰ τοῦτον βίος θεῖος πρὸς τὸν ἀνθρώπινον βίον.

[3] *Ibid. Met.* XII, p. 249, l. 2.

[4] *Eth. Nic.* X, VII : Χρὴ δὴ οὐ κατὰ τοὺς παραινοῦντας ἀνθρώπινα φρονεῖν, ἄνθρωπον ὄντα, οὐδὲ θνητὰ τὸν θνητὸν, ἀλλ' ἐφ' ὅσον ἐνδέχεται ἀπαθανατίζειν.... Δόξειε δ' ἂν καὶ ἕκαστον εἶναι τοῦτο, εἴπερ τὸ κύριον καὶ ἄμεινον... τὸ γὰρ οἰκεῖον ἑκάστῳ τῇ φύσει κράτιστον καὶ ἥδιστόν ἐσθ' ἑκάστῳ. Καὶ τῷ ἀνθρώπῳ δὴ ὁ κατὰ τὸν νοῦν βίος, εἴπερ μάλιστα τοῦτο ὁ ἄνθρωπος· τοῦτο ἄρα καὶ εὐδαιμονέστατος.

[5] *Eth. Nic.* I, III : Τρεῖς γάρ εἰσι μάλιστα οἱ προέχοντες (sc. βίοι), ὅ τε νῦν εἰρημένος (sc. ὁ ἀπολαυστικός), καὶ ὁ πολιτικὸς, καὶ τρίτος ὁ

trois périodes principales de l'histoire et du développement de la vie en général; d'abord l'unité, l'individualité confuse, la matière et la sensibilité; ensuite les oppositions et les abstractions de l'entendement; enfin l'individualité et l'unité supérieure de la raison dans la forme immatérielle de l'activité pure [1].

Telle est la marche de la nature, de l'imperfection de la matière à la perfection de la forme, de la puissance à l'acte, du néant à l'être. Du sein de l'infini, par une suite de transformations insensibles, elle s'avance vers sa fin; se dégageant peu à peu du chaos, sortant par degrés du sommeil, elle n'est tout entière elle-même qu'au terme de son mouvement, à ce moment suprême de l'activité de la raison. Ainsi, c'est par sa fin que la nature s'explique, qu'elle se fait connaître pour ce qu'elle est; tout le reste n'est que moyen, dont la fin est la mesure. La fin est donc le principe même par lequel on juge tout ce qui précède dans le temps. La nature s'élève graduellement de la plus indéterminée de ses conditions à sa fin dernière: la pensée, pour expliquer la nature, revient de la fin aux conditions; son point de départ est le point où la nature s'arrête; son point d'arrivée, le point d'où la nature est partie et d'où l'art devra repartir à

θεωρητικός. Polit. I, 1 : Ὁ δὲ μὴ δυνάμενος κοινωνεῖν, ἢ μηδὲν δεόμενος δι' αὐτάρκειαν, οὐθὲν μέρος πόλεως· ὥστ' ἢ θηρίον ἢ θεός.

[1] Voyez plus haut, p. 344-346.

son tour. La spéculation et le mouvement représentent une analyse et une synthèse marchant en sens contraire l'une de l'autre. L'ordre du temps est l'inverse de l'ordre logique, et la fin de la nature est le principe de la pensée [1].

Ainsi la Science et la Nature forment deux systèmes distincts, semblables, mais opposés. Des deux côtés, mêmes rapports, mais en deux sens contraires; la proportion ou l'analogie, qui suppose l'identité de rapports, n'empêche pas la différence, même la contrariété, dans la disposition respective des termes.

La condition générale de l'existence et de la pensée est l'unité, et l'unité vient de la forme. Mais, dans la nature, la forme est liée à la matière comme l'acte à sa puissance; elle est donc dans le mouvement, et l'unité réside dans la continuité que le mouvement suppose, qu'il mesure et qu'il produit en même temps. Ainsi l'unité naturelle ou réelle consiste dans l'indivisibilité du mouvement; c'est l'unité de temps [2], de

---

[1] *Met.* IX, p. 186, l. 17 : Ἅπαν ἐπ' ἀρχὴν βαδίζει τὸ γιγνόμενον καὶ τέλος. Ἀρχὴ γὰρ τὸ οὗ ἕνεκα· τοῦ τέλους δ' ἕνεκα ἡ γένεσις. *Phys.* VIII, vii : Ὅλως δὲ φαίνεται τὸ γινόμενον ἀτελὲς καὶ ἐπ' ἀρχὴν ἰόν. *Met.* VII, p. 140, l. 10 : Τῶν δὲ γενέσεων καὶ κινήσεων ἡ μὲν νόησις καλεῖται ἡ δὲ ποίησις, ἡ μὲν ἀπὸ τῆς ἀρχῆς καὶ τοῦ εἴδους νόησις, ἡ δ' ἀπὸ τοῦ τελευταίου τῆς νοήσεως ποίησις. Cf. *Eth. Eud.* II, xi. *Eth. Nic.* III, v : Φαίνεται τὸ ἔσχατον ἐν τῇ ἀναλύσει πρῶτον εἶναι ἐν τῇ γενέσει.

[2] *Met.* V, p. 95, l. 5 : Τῶν δὲ καθ' αὑτὰ ἓν λεγομένων τὰ μὲν λέγεται τῷ συνεχῆ εἶναι...... συνεχὲς δὲ λέγεται, οὗ κίνησις μία,... μία δ' οὗ ἀδιαίρετος, ἀδιαίρετος δὲ κατὰ χρόνον. Cf. X, p. 192, l. 9 sqq.; XIII, p. 282, l. 5 : Ἀδιαίρετον... τὸ μὲν κατὰ λόγον, τὸ δὲ κατὰ χρόνον.

quantité, de matière; l'unité de nombre, qui fait l'individualité réelle [1]. La pensée, au contraire, ne porte que sur la forme, indépendamment de la matière; la forme seule répond à l'idée. La condition de la pensée est donc une unité formelle, qui n'implique pas l'unité matérielle de l'individualité [2]. C'est une unité de qualité, non de quantité [3]. La sensation n'est aussi qu'une forme, mais elle est la forme commune de deux puissances corrélatives, la limite où elles se rencontrent dans l'instant et dans le point qu'elle détermine. L'objet de la sensation est donc une qualité, mais une qualité présente dans l'espace et le temps, et dans la réalité matérielle d'un individu. L'objet de la science est la forme en elle-même et hors de la puissance, la qualité abstraite, indépendante du temps, du lieu, de l'individualité, et par conséquent générale [4]. Toutes les sensations de même forme peuvent donc être rassemblées sous une même idée; ce sont comme des parties dont la

---

[1] *Met.* X, p. 192, l. 24.

[2] Ibid. l. 21 : Τὰ δὲ ὧν ἂν ὁ λόγος εἰς ᾖ· τοιαῦτα δ' ὧν ἡ νόησις μία· τοιαῦτα δὲ ὧν ἀδιαίρετος· ἀδιαίρετος δὲ τοῦ ἀδιαιρέτου εἴδει ἢ ἀριθμῷ. Ἀριθμῷ μὲν οὖν τὸ καθ' ἕκαστον ἀδιαίρετον, εἴδει δὲ τὸ τῷ γνωστῷ καὶ τῇ ἐπιστήμῃ.

[3] Ibid. III, p. 50, l. 8 : Ἀδιαίρετον δὲ ἅπαν ἢ κατὰ τὸ ποσὸν ἢ κατὰ τὸ εἶδος. X, p. 194, l. 11 : Τὸ ἁπλοῦν ἢ τῷ ποιῷ ἢ τῷ ποσῷ.

[4] *De An.* II, v; III, VIII. *Anal. post.* I, XXXI : Εἰ γὰρ καὶ ἔστιν ἡ αἴσθησις τοῦ τοιοῦδε, καὶ μὴ τοῦδέ τινος, ἀλλ' αἰσθάνεσθαί γε ἀναγκαῖον τόδε τι καὶ ποῦ καὶ νῦν· τὸ δὲ καθόλου καὶ ἐπὶ πᾶσιν ἀδύνατον αἰσθάνεσθαι· οὐ γὰρ τόδε, οὐδὲ νῦν.

généralité fait un tout, comme des unités qu'elle embrasse dans son unité [1]. La sensation est indivisible de l'indivisibilité absolue de l'atome ; la généralité, de l'indivisibilité relative d'une totalité (καθ' ὅλου). Les sensations sont les éléments, la matière ; la notion est la forme que la matière reçoit de la pensée. La sensation et la science se répondent donc comme la nature et la pensée, comme la quantité et la qualité, comme la puissance et l'acte.

Mais si les formes individuelles sont contenues comme des parties dans la forme générale de l'intelligible, la généralité intelligible est contenue à son tour dans la forme réelle de l'individualité. Si l'individu est dans l'espèce et l'espèce dans le genre, le genre est aussi dans l'espèce et l'espèce dans l'individu [2] : seulement ce n'est pas de la même manière, mais d'une manière toute différente et dans le sens contraire. Au point de vue de la science, les particularités recueillies par la sensation sont les matériaux dont la généralité donne la forme ; mais, au point de vue de la réalité, la forme, dépouillée des conditions de l'existence, abstraite de l'espace et du temps, est une possibilité qui ne subsiste pas par elle-même et qui n'a d'être que dans des individualités définies. Toute forme qu'elle est, c'est

---

[1] *Phys.* I, 1 : Πολλὰ γὰρ περιλαμβάνει ὡς μέρη τὸ καθόλου. *Met.* I, 1. *Anal. post.* II, sub fin.

[2] *Met.* V, p. 116, l. 22 : Διὸ τὸ γένος τοῦ εἴδους καὶ μέρος λέγεται, ἄλλως δὲ τὸ εἶδος τοῦ γένους μέρος.

une matière, une matière logique, susceptible d'une multitude de déterminations qui la réalisent[1]. Sa vraie forme est l'acte, objet de l'intuition. Ainsi la généralité est une forme vide, une totalité abstraite où peuvent se rassembler une infinité de formes particulières; l'individualité est la forme réelle, le tout actuel et fini où les généralités arrivent, en nombre défini, à l'existence actuelle. La généralité est donc une matière qui enveloppe dans sa puissance une multitude de particularités différentes et que celles-ci enveloppent dans leur acte; elle s'étend à toutes, elle est comprise dans chacune. Par conséquent, plus une notion est simple, plus elle a d'étendue[2]; car moins la possibilité est déterminée, plus elle est vaste et large. Autant la généralité augmente, autant la réalité diminue; l'étendue est en raison inverse de la profondeur ou solidité; l'extension est en raison inverse de la compréhension[3].

Dans l'ordre des existences, la plus simple est la plus générale. La méthode de la nature consiste,

---

[1] *Met.* XIII, p. 289, l. 4 : Ἡ μὲν οὖν δύναμις ὡς ὕλη τοῦ καθόλου οὖσα καὶ ἀόριστος τοῦ καθόλου καὶ ἀορίστου ἐστίν. *Anal. post.* II, XII : Ὑποκείσθω γὰρ τοιοῦτον εἶναι τὸ γένος ὥστε ὑπάρχειν κατὰ δύναμιν ἐπὶ πλειόνων.

[2] *Met.* III, p. 50.

[3] J'ai cru pouvoir me servir des mots *compréhension* et *extension*, quoiqu'on ne trouve pas dans Aristote de substantifs qui y répondent exactement. Mais il emploie les verbes ὑπάρχειν, ἐνυπάρχειν, pour *être compris*, et les verbes ὑπερτείνειν, παρεκτείνειν et ἐπεκτείνειν, pour *sur-*

comme on l'a vu, dans une spécification progressive qui enveloppe successivement les puissances inférieures, sans les anéantir, sous une forme plus haute, dans une activité plus déterminée. Chaque degré suppose tous les degrés qui le précèdent [1]. A mesure qu'on s'élève dans l'échelle, les fonctions s'accumulent dans un cercle de plus en plus étroit, la matière se presse dans des formes de plus en plus circonscrites. L'intensité de la vie va croissant, l'étendue des espèces diminuant sans cesse. Les branches de l'angle se rapprochent continuellement jusqu'à ce sommet indivisible de l'individualité absolue et de l'activité pure.

Mais le développement de la nature s'accomplit dans le temps : l'union de la matière sensible et de la forme se fait par le mouvement. La pensée, en elle-même, est étrangère au temps et au mouvement [2]. La totalité, résultat de la matière et de la forme, lui est donc donnée d'avance dans la réalité. Elle n'y ajoute rien, elle n'y met que ce qui y est, et que seulement on ne savait pas y être ; elle n'attribue à la chose que ce que la chose possède déjà, l'attribut ou prédicat, préalablement détaché du sujet ; elle le lui rapporte et l'en affirme comme le contenu du contenant [3]. Les

[1] *De An.* II, III : Ἀεὶ γὰρ ἐν τῷ ἐφεξῆς ὑπάρχει τὸ πρότερον.

[2] *Ibid.* I, III : Ἡ νόησις ἔοικεν ἠρεμήσει τινὶ καὶ ἐπιστάσει μᾶλλον ἢ κινήσει. Τὸν αὐτὸν δὲ τρόπον καὶ ὁ συλλογισμός. *Phys.* VII, III : Τῷ γὰρ ἠρεμῆσαι καὶ στῆναι τὴν διάνοιαν ἐπίστασθαι καὶ φρονεῖν λέγομεν. *Eth. Nic.* VI, XII. *Problem.* XXX, XIV.

[3] L'attribut étant désigné par A et le sujet par C, Aristote dit

termes ne sont plus ici une forme et sa matière, de l'une desquelles à l'autre il faut un passage; ce sont le sujet tout entier et l'attribut. Entre le sujet et l'attribut, il n'y a qu'un rapport immobile [1] dont l'énoncé est ce qu'on appelle la proposition [2]. La nature est toute dans le changement, la pensée dans le repos.

Mais si la pensée ne peut pas saisir tout d'abord le rapport de l'attribut et du sujet, si entre ces extrêmes il reste pour elle un intervalle vide, qui ne lui permette pas de les unir? De même que, dans la nature, il faut, pour se mouvoir d'une extrémité à une autre, l'intermédiaire d'une quantité continue, de même dans la science il faut, entre les termes qu'on ne peut mettre immédiatement en rapport, un intermédiaire propre à faire disparaître la solution de continuité. Or, si dans la science le rapprochement des extrêmes ne se fait pas par un mouvement, mais par un rapport, l'intermédiaire ne peut être qu'un troisième terme, qui joue entre les termes extrêmes le rôle d'une

---

toujours : A est *en* C, et non pas C est A, comme on dit vulgairement. « La manière d'Aristote a plus égard aux idées ou universaux qui s'enveloppent les uns les autres; celle du vulgaire aux individus auxquels l'idée s'étend. Aristote parle selon la *compréhension* ou *intension*, et le vulgaire selon l'*extension*. » Leibnitz, Nouv. Ess. sur l'entend. hum. p. 327.

[1] Λόγος. Il n'y a pas de mouvement dans la catégorie de relation. Voyez plus haut, p. 383.

[2] Πρότασις. Je ne considérerai ici que le cas le plus simple, celui des propositions et syllogismes affirmatifs, ou *catégoriques*.

moyenne proportionnelle. En outre le rapport du sujet à l'attribut est comme tout rapport géométrique, un rapport de contenance. Pour joindre l'attribut au sujet, il faut donc un terme moyen contenant celui-ci et contenu dans celui-là. La nature se meut entre ses extrêmes d'un mouvement continu : la science établit entre ses extrêmes, à l'aide d'un moyen terme, une sorte de proportion continue. A est en B, B est en C; d'où la conclusion : A est en C [1].

Telle est la formule essentielle de la démonstration, c'est-à-dire de la science : trois termes, dont le premier compris dans le second et le second dans le troisième ; le troisième enveloppé dans l'étendue du premier, et le second dans celle du premier. Deux extrêmes dans le rapport inverse de la compréhension et de l'extension : au milieu, la limite ou mesure commune, dans son rapport inverse avec les deux extrêmes. Entre ces trois limites, deux intervalles ; ce sont les propositions ou prémisses. Entre le terme le

---

[1] *Anal. pr.* I, IV : Καλῶ δὲ μέσον μὲν (sc. ὅρον) ὃ καὶ αὐτὸ ἐν ἄλλῳ καὶ ἄλλο ἐν τούτῳ ἐστίν, ὃ καὶ τῇ θέσει γίνεται μέσον· ἄκρα δὲ, τὸ αὐτό τε ἐν ἄλλῳ ὄν, καὶ ἐν ᾧ ἄλλο ἐστίν. Le moyen terme ne se trouve au milieu qu'en énonçant les propositions à la manière d'Aristote (A est en B, B est en C, A est en C), ou, si on les énonce à la manière vulgaire, en mettant la mineure avant la majeure (C est B, B est A, C est A), comme Locke a proposé de le faire, *Ess. sur l'entend. hum.* IV, XVII. — Je ne considérerai encore que le cas le plus simple des syllogismes de la première figure, à laquelle les autres figures se ramènent.

plus étendu ou le *grand extrême* et le moyen terme, la plus grande proposition ou *majeure*; entre le moyen terme et le *petit extrême*, la *mineure*. La figure (σχῆμα) achevée, il ne reste plus qu'à supprimer le moyen et réunir les extrêmes en une *conclusion* : la synthèse des termes, le *syllogisme* est accompli [1].

Ainsi la synthèse des termes, fin de la démonstration, est aussi la synthèse des deux propositions antécédentes. Les prémisses sont les parties dont la conclusion est la totalité, la matière dont elle est la forme [2]. Mais, dans la nature, la matière n'est que la condition de la forme; la forme ou la fin est l'hypothèse qui détermine le besoin de la condition; le résultat est contingent, la matière nécessaire et d'une nécessité hypothétique [3]. Dans la science, c'est tout le contraire : la nécessité est dans le résultat. Les prémisses ne sont pas nécessaires à la conclusion : elle pourrait être tirée de prémisses toutes différentes; la conclusion sort nécessairement des prémisses [4]. La matière est ici l'hypothèse ou supposition qui entraîne

---

[1] *Anal pr.* I, xxv : Συμβαίνει ἑνὶ ἐλάττω εἶναι τὰ διαστήματα τῶν ὅρων. Αἱ δὲ προτάσεις ἴσαι τοῖς διαστήμασιν. Cf. IV.

[2] *Met.* V, p. 89, l. 1.

[3] Voyez plus haut, p. 416.

[4] *Phys.* II, IX : Ἔστι δὲ τὸ ἀναγκαῖον ἔν τε τοῖς μαθήμασι καὶ ἐν τοῖς κατὰ φύσιν γιγνομένοις, τρόπον τινὰ παραπλησίως... ἐν δὲ τοῖς γινομένοις ἕνεκά του, ἀνάπαλιν, εἰ τὸ τέλος ἔσται ἢ ἔστι, καὶ τὸ ἔμπροσθεν ἔσται ἢ ἔστιν· εἰ δὲ μή, ὥσπερ ἐκεῖ μὴ ὄντος τοῦ συμπεράσματος, ἡ ἀρχὴ οὐκ ἔσται, κ. τ. λ.

la position de la forme[1]. La science est en sens contraire de la nature : celle-ci est, en général, le règne de la contingence et de la cause finale; celle-là, le règne de la nécessité.

Mais souvent la nécessité de la matière sensible s'étend jusqu'à la forme. La nature n'est pas toujours maîtresse des conditions, et elles lui font la loi. Tant qu'elle ne s'est pas suffisamment assujetti et approprié la matière, celle-ci, restée en dehors de sa libre action, la détourne par force de sa fin : ainsi s'introduit dans le monde l'accident, produit de la nécessité[2]. La liberté de la nature n'est donc, en général, que relative et conditionnelle. Pour la liberté absolue, il faut que le mouvement ait été libre dès le principe : de même, dans la science, la nécessité absolue suppose des principes nécessaires. La conclusion, qui est la fin, est toujours nécessaire d'une nécessité hypothétique et conditionnelle, relative à la nécessité des prémisses; mais la perfection de la science, la démonstration veut dans la conclusion une nécessité sans limites et sans restriction : il faut donc à la démonstration des prémisses nécessaires[3]. Les propositions nécessaires sont celles où l'attribut est de l'essence du sujet; enfin les attributs essentiels d'un sujet sont ceux qui sont propres au genre dont il

---

[1] *Met.* V, p. 89, l. 1 : Αἱ ὑποθέσεις pour αἱ προτάσεις.
[2] Voyez plus haut, p. 417.
[3] *Anal. post.* I, vi.

fait partie[1]. Pour la nécessité absolue de la conclusion, pour la démonstration, il faut donc que les trois termes soient d'un même genre[2]. Quelque nombre de moyens qu'exige la preuve d'une conclusion, de quelque nombre de syllogismes que la démonstration se compose, il faut que tous les moyens soient du même genre que les extrêmes, et que la démonstration entière forme un tout homogène.

Maintenant le principe de l'union réelle de la matière et de la forme est la cause; le principe de la synthèse logique du sujet et de l'attribut est le moyen terme : le moyen terme répond donc à la cause. Par exemple, l'intervention de la terre entre le soleil et la lune est la cause de l'éclipse de lune : c'est donc aussi le moyen terme auquel le syllogisme en appellera pour démontrer l'éclipse; or tout problème revient à chercher la raison de la liaison de deux termes en une proposition, où l'un est le sujet, et l'autre l'attribut de l'être ou d'une manière d'être. Tout problème revient donc à la recherche d'une cause ou d'un moyen terme[3] : c'est la même chose à deux points de vue différents. Pour la nécessité de la synthèse des termes

---

[1] Voyez plus haut, p. 366.

[2] *Anal. post.* I, vii : Δι' αὐτὸ ἄρα δεῖ καὶ τὸ μέσον τῷ τρίτῳ, καὶ τὸ πρῶτον τῷ μέσῳ ὑπάρχειν... Ἐκ γὰρ τοῦ αὐτοῦ γένους ἀνάγκη τὰ ἄκρα καὶ τὰ μέσα εἶναι. ix : Ἀνάγκη τὸ μέσον ἐν τῇ αὐτῇ συγγενείᾳ εἶναι.

[3] *Ibid.* II, ii : Συμβαίνει ἄρα ἐν ἁπάσαις ταῖς ζητήσεσι ζητεῖν ἢ εἰ ἔστι μέσον ἢ τί ἐστι τὸ μέσον· τὸ μὲν γὰρ αἴτιον, τὸ μέσον.

dans la conclusion, il faut donc à la science un moyen terme qui en soit la cause dans la nature. Ici se rencontrent et se touchent les systèmes opposés de la réalité et de la pensée.

Ainsi quatre sortes de causes, et de causes essentielles; quatre sortes de moyens, et de moyens essentiels, qui servent à soumettre les choses à la règle des notions. Par exemple, dans la sphère de tous les mouvements nécessaires ou violents, le moyen terme est la cause motrice qui agit par impulsion. Dans la sphère des mouvements et des actions libres, c'est l'attrait de la cause finale. Ici, les termes qu'il s'agit de joindre sont, d'une part, un acte possible (C), et de l'autre, ce qu'il convient de faire (A) : le bien sert d'intermédiaire (B). De la règle générale qu'il faut faire le bien, et du rapport de l'acte avec le bien, l'âme déduit la convenance de l'acte [1]. Dans la majeure est l'idéal du bien, dans la mineure le possible; dans la conclusion l'action, comme le meilleur des possibles, et aussitôt la volonté exécute la décision de l'entendement [2]. Chez l'animal, c'est l'appétit qui tient lieu de la majeure; la sensation, ou en général l'intuition, de la mineure; l'action elle-même, de la conclusion. « Il

---

[1] *De An. mot.* XI.
[2] Ibid. VII : Ὅτι μὲν οὖν ἡ πρᾶξις τὸ συμπέρασμα, φανερόν· αἱ δὲ προτάσεις αἱ ποιητικαὶ διὰ δύο εἰδῶν γίνονται, διά τε τοῦ ἀγαθοῦ καὶ διὰ τοῦ δυνατοῦ. *De Mem.* II. *Eth. Nic.* VII, v.

« faut boire, » dit l'appétit; « voici la boisson, » dit le sens, et aussitôt l'animal boit [1].

Ainsi de même que, dans la morale, le bien, qui en soi est un extrême, se trouve dans le milieu entre les passions, de même la cause, extrémité, commencement ou fin dans la nature, est le terme moyen dans la science. Mais de même aussi que ce qui fixe entre les excès des passions le milieu du bien, c'est l'excellence de la raison en sa libre activité, de même c'est l'activité de la pensée qui détermine et qui réalise la cause dans la science, sous la forme du moyen terme [2]. Si le moyen terme est en lui-même le principe de la synthèse des termes extrêmes, c'est l'action de la pensée qui est le principe formel du moyen terme; mais la pensée ne peut le prendre que dans l'intervalle des extrêmes et dans le genre auquel ils appartiennent. La sagacité à découvrir les causes n'est donc autre chose que la perspicacité dans la détermination d'une limite, ou mesure commune, entre deux termes homogènes [3]. Ainsi, quelle que soit l'étendue d'une démonstration, la science ne sort pas des termes dont elle se propose de trouver le rapport. Elle ne prend pas un attribut de

---

[1] *De An. mot.* VII : Ποτέον μοι, ἡ ἐπιθυμία λέγει· τοδὶ δὲ ποτόν, ἡ αἴσθησις εἶπεν ἢ ἡ φαντασία ἢ ὁ νοῦς· εὐθὺς πίνει. *De An.* III, XI.

[2] Je n'ai trouvé aucune indication formelle de ce rapprochement; mais il me paraît suffisamment autorisé.

[3] *Anal. post.* I, XXXIV.

l'attribut, ni un sujet du sujet, mais un intermédiaire, attribut du sujet et sujet de l'attribut, sujet essentiel de celui-ci, attribut essentiel de celui-là; en un mot, elle commence par diviser le milieu renfermé dans les limites de la conclusion, puis elle le resserre sur lui-même, et le condense jusqu'à ce que les extrêmes se confondent et ne fassent plus qu'un [1]. Si l'on donne au géomètre une figure dans l'espace, ou que, cherchant une figure, il se la propose à lui-même, c'est en menant des lignes ou des surfaces par quelqu'un des points ou quelqu'une des lignes de cette figure qu'il en développe les propriétés : toute science fait de même. En effet, toute pensée est dans l'acte; la pensée ne pense rien que ce qu'elle fait venir à l'acte. On ne sait qu'en faisant : savoir c'est faire ; or l'objet de la science est donné à la science, soit dans le possible, soit dans le réel. On ne connaît donc rien qu'en amenant à l'acte, par la division, ce qui n'est qu'en puissance dans la totalité de l'objet et en y réalisant le moyen terme [2].

La méthode syllogistique est donc une synthèse

---

[1] *Anal. post.* I, XXIII : Οὐδέποτε ἐξωτέρω πρότασις οὐδ' ὑπάρχον λαμϐάνεται τοῦ Α ἐν τῷ δεικνύναι, ἀλλ' ἀεὶ τὸ μέσον πυκνοῦται ἕως ἀδιαίρετα γένηται καὶ ἕν.

[2] *Met.* IX, p. 189, l. 24 : Εὑρίσκεται δὲ καὶ τὰ διαγράμματα ἐνεργείᾳ. Διαιροῦντες γὰρ εὑρίσκουσιν..... Ὥστε φανερὸν ὅτι τὰ δυνάμει ὄντα εἰς ἐνέργειαν ἀναγόμενα εὑρίσκεται. Αἴτιον δ' ὅτι νόησις ἡ ἐνέργεια. Ὥστ' ἐξ ἐνεργείας ἡ δύναμις· καὶ διὰ τοῦτο ποιοῦντες γιγνώσκουσιν. Cf *Eth. Nic.* III, v.

nécessaire, fondée sur une division antérieure de l'intervalle de ses termes. La méthode de division, au contraire, pour démontrer l'attribut de son sujet, remonte à la division du genre de l'attribut; tandis que le moyen terme doit être contenu dans l'étendue du grand extrême, elle prend pour moyen terme l'universel, et pour grand extrême, les différences ou les espèces différentes dont l'étendue totale est égale à l'étendue de l'universel. D'où il suit qu'elle n'est pas plus en droit de conclure après qu'avant la division, quelle est celle des différences qui appartient au sujet, et qu'elle ne conclut qu'en supposant ce qui est en question. Soit B (mortel) à démontrer de D (homme) et partons de la division : tout A (animal) est B (mortel) ou C (immortel). De cette majeure disjonctive, et de la mineure tout D est A, il suit seulement la proposition disjonctive : tout D est B ou C. Dans cette alternative, pour obtenir la proposition affirmative simple B est D, il faut la demander et la prendre pour accordée. L'*homme* étant un *animal*, est *mortel* ou *immortel*. Maintenant est-il *mortel*? ce peut être une opinion : ce n'est pas une conclusion. Au lieu de prouver, la méthode de division interroge : c'est une perpétuelle pétition de principe. Telle est la méthode illusoire, l'impuissant syllogisme de la dialectique platonicienne [1].

---

[1] *Anal. post.* I, XXXI : Ἔστι γὰρ ἡ διαίρεσις ὥσπερ ἀσθενὴς συλλογισμός· ὃ μὲν γὰρ δεῖ δεῖξαι αἰτεῖται.

La méthode de démonstration tire toute sa force du moyen terme. C'est le moyen terme qui fait la minorité de la synthèse des extrêmes.

La synthèse de la démonstration suppose donc l'analyse, qui donne le moyen terme dans son rapport inverse avec les deux extrêmes. La science proprement dite suppose la connaissance antérieure des prémisses [1]. Maintenant des deux prémisses, la majeure est l'expression du rapport du moyen terme avec le petit extrême, c'est-à-dire avec le sujet de la conclusion ; la mineure est le rapport du moyen terme avec le grand extrême, l'attribut de la conclusion : or rien de plus simple que de trouver la mineure. En possession de la conclusion, et par conséquent du sujet, il nous suffit de l'expérience pour connaître dans ce sujet un attribut de plus ; au contraire, la majeure est le rapport de deux attributs ; ce n'est pas une proposition propre au sujet, et que l'expérience en puisse tirer immédiatement, mais un principe pour tout le genre dans lequel le moyen terme renferme le petit extrême. C'est donc la majeure qui est le principe général de la démonstration ; c'est la majeure qu'il s'agit de trouver pour en tirer la science, en faisant ressortir les conclusions qu'elle enveloppe dans l'étendue de sa puissance.

Pour obtenir la majeure sans la conclure de dé-

---

[1] *Anal. post.* I, 1.

monstrations antécédentes, il faut donc une méthode nouvelle, qui n'est ni la démonstration ni l'expérience immédiate : l'*induction* est cette méthode. L'induction consiste à tirer la majeure de la comparaison de la mineure et de la conclusion; elle consiste à conclure de ce que le grand terme (A) et le moyen (B) sont enfermés dans la compréhension du petit (C), que le grand est compris dans le moyen (A en C, B en C donc A en B). Mais il est évident que cette conséquence, illégitime en elle-même, ne peut être légitime qu'à une seule condition; savoir, que le petit extrême (C) soit équivalent au moyen terme (B), et qu'on puisse les substituer l'un à l'autre; or, pour établir cette équation, il n'y a qu'une voie : c'est de prendre pour petit extrême tous les cas particuliers contenus dans l'extension du moyen terme[1]. Dans les sciences naturelles, l'énumération complète est impossible et serait superflue : on se contente du plus grand nombre, et on néglige les exceptions et l'accident[2]; mais la condition rigoureuse de la légitimité logique de l'induction n'en est pas moins la substitution, au moyen terme, de la somme totale des individualités qui composent son extension. Cette condition réalisée, le petit terme et le moyen peuvent se convertir l'un dans l'autre[3]. La mineure tourne sur elle-

---

[1] *Anal. pr.* II, xv.

[2] *De Part. an.* III, ii. Cf. *Met.* VI, ii; XI, viii.

[3] *Anal. pr.* II, xv : Εἰ οὖν ἀντιστρέφει τὸ Γ τῷ Β, καὶ μὴ ὑπερτεί-

même ; les deux autres propositions, sans tourner sur elles-mêmes, tournent autour de la mineure, afin de présenter à ses deux faces les mêmes faces qu'auparavant : la conclusion se trouve en tête, la majeure à la fin, à la place de la conclusion (au lieu de A en B, B en C, A en C, on a : A en C, C en B, A en B). Ainsi l'induction est un syllogisme sans moyen terme, où le petit extrême tient lieu du moyen terme, et où la conclusion devient la majeure et la majeure la conclusion [1].

La démonstration et l'induction s'opposent donc, comme la méthode qui descend des principes aux conséquences et la méthode qui s'élève des conséquences aux principes [2]; en outre, si toute démonstration suppose une majeure, et s'il est impossible que la preuve remonte à l'infini, toute démonstration dérive d'une majeure indémontrable. Toutes les majeures intermédiaires peuvent donc être trouvées indifféremment par l'induction ou la déduction; mais la première majeure en chaque genre ne peut être trouvée logiquement que

τὸ μέσον, ἀνάγκη τὸ Α τῷ Β ὑπάρχειν..... Δεῖ δὲ νοεῖν τὸ Γ τὸ ἐξ ἁπάντων τῶν καθέκαστον συγκείμενον· ἡ γὰρ ἐπαγωγὴ διὰ πάντων. *Anal. post.* II, VII : Πᾶν οὕτως διὰ τὸ μηδὲν ἄλλως.

[1] *Ibid.* : Ἐπαγωγὴ μὲν οὖν ἐστι καὶ ὁ ἐξ ἐπαγωγῆς συλλογισμὸς τὸ διὰ τοῦ ἑτέρου θάτερον ἄκρον τῷ μέσῳ συλλογίσασθαι... Ἔστι δὲ ὁ τοιοῦτος συλλογισμὸς τῆς πρώτης καὶ ἀμέσου προτάσεως..... Καὶ τρόπον τινὰ ἀντίκειται ἡ ἐπαγωγὴ τῷ συλλογισμῷ· ὁ μὲν γὰρ διὰ τοῦ μέσου τὸ ἄκρον τῷ τρίτῳ δείκνυσιν· ἡ δὲ διὰ τοῦ τρίτου τὸ ἄκρον τῷ μέσῳ.

[2] *Eth. Nic.* I, II.

par l'induction [1]. De son côté, l'induction suppose pour fondement, en dernière analyse, une conclusion élémentaire qui ne puisse pas être la conséquence d'une induction antécédente : cette conclusion ne peut être trouvée logiquement que par démonstration. La démonstration et l'induction sont donc les deux méthodes opposées qui vont, l'une des premiers principes aux dernières conséquences, l'autre des dernières conséquences aux premiers principes. Le point de départ de la première est le genre, et le terme auquel elle arrive, à travers toute la suite des espèces, l'individu : l'individu est le point de départ de la seconde, et le genre son point d'arrivée. L'une va du général au particulier, l'autre du particulier au général [2].

La science ne tourne pas pour cela dans un cercle; la démonstration est la première dans l'ordre logique, l'induction dans l'ordre du temps. La démonstration est la forme essentielle de la science; l'induction, qui doit s'y ramener, la forme accidentelle sous laquelle il nous faut saisir d'abord les éléments. Celle-là est plus claire en elle-même; celle-ci plus claire pour nous [3]. Ce qu'il y a de plus évident en soi, l'évidence

---

[1] *Anal. post.* I, xviii. *Eth. Nic.* VI, iii.

[2] *Top.* I, xii : Ἐπαγωγὴ δὲ ἡ ἀπὸ τῶν καθέκαστα ἐπὶ τὰ καθόλου ἔξοδος. *Anal. post.* I, xviii.

[3] *Anal. post.* I, iii : Κύκλῳ δ' ὅτι ἀδύνατον ἀποδείκνυσθαι ἁπλῶς δῆλον, εἴπερ ἐκ προτέρων δεῖ τὴν ἀπόδειξιν εἶναι καὶ γνωριμωτέρων· ἀδύνατον γάρ ἐστι τὰ αὐτὰ τῶν αὐτῶν ἅμα πρότερα καὶ ὕστερα εἶναι, εἰ μὴ τὸν ἕτερον τρόπον· οἷον τὰ μὲν πρὸς ἡμᾶς τὰ δ' ἁπλῶς, ὄνπερ τρόπον

même, c'est l'intelligible; ce qu'il y a de plus évident pour nous, ce sont les choses sensibles [1]. La pure lumière est trop vive pour nos yeux; comme des oiseaux de nuit, nous voyons mieux dans l'ombre [2]. Plongés dans le monde des sens, il nous faut apprendre par degrés à discerner les choses de l'entendement sous les formes de l'espace et du temps, et dans la réalité du mouvement [3]. Ainsi se reproduit, dans la sphère même de la science, l'opposition universelle de l'ordre de l'essence et de l'ordre de la génération des choses, de la logique et de l'histoire, de la raison et de l'expérience, de l'idéalité et de la réalité.

Toute science a pour premier principe, dans l'ordre de sa déduction logique, l'idée d'un genre pris dans toute son étendue; dans l'ordre de sa génération, l'expérience spéciale des individus enveloppés dans l'étendue de ce genre, et qui l'enveloppent à son tour dans leur compréhension. Toute science repose sur une sensation particulière : un sens de moins, un genre de moins;

ἡ ἐπαγωγὴ ποιεῖ γνώριμον. *Anal. pr.* II, XXIII. Φύσει μὲν οὖν πρότερος καὶ γνωριμώτερος ὁ διὰ τοῦ μέσου συλλογισμός· ἡμῖν δὲ ἐναργέστερος ὁ διὰ τῆς ἐπαγωγῆς.

[1] *Met.* VII, p. 132, l. 6 : Τὰ δ' ἑκάστοις γνώριμα καὶ πρῶτα πολλάκις ἠρέμα ἐστὶ γνώριμα, καὶ μικρὸν ἢ οὐθὲν ἔχει τοῦ ὄντος. *Anal. post.* I, 11 : Λέγω δὲ πρὸς ἡμᾶς μὲν πρότερα καὶ γνωριμώτερα τὰ ἐγγύτερον τῆς αἰσθήσεως· ἁπλῶς δὲ πρότερα καὶ γνωριμώτερα τὰ πορρώτερον. Ἔστι δὲ πορρωτάτω μὲν τὰ καθόλου μάλιστα, ἐγγυτάτω δὲ τὰ καθέκαστα· καὶ ἀντίκειται ταῦτ' ἀλλήλοις. *De An.* II, 2. *Magn. Mor.* I, 1.

[2] *Met.* II, p. 36, l. 1.

[3] Voyez plus haut, p. 436.

par suite une science de moins [1]. Cependant, en dehors des genres, il faut encore à toute science l'universel; au delà des principes propres les principes communs, qui assujettissent à des lois communes toutes les démonstrations. Or l'universalité n'est pas, comme le genre, une possibilité impliquée dans la réalité de certains individus; ce n'est pas une condition propre à certaines formes spécifiques comme une puissance l'est à son acte : c'est un rapport, une proportion entre tous les genres et toutes les possibilités. L'universel est donc nécessaire à la science en général, indépendamment de toute hypothèse et de toute restriction, et d'une nécessité universelle [2]; par conséquent les principes communs ne sont point des majeures de démonstrations, ni, par conséquent encore, des conclusions d'inductions correspondantes. Ils ne se renferment pas dans les limites d'un genre défini et dans une sphère définie de la sensibilité. Ce n'est donc pas l'expérience qui nous les donne, comme elle nous donne les principes propres [3]. Nécessaires à toute pensée, supérieurs à toute expérience, ce sont des possessions naturelles, non des acquisitions; ce sont des *habitudes* primitives de l'intelligence.

Les principes universels seraient-ils donc en nous,

---

[1] *Anal. post.* I, XVIII.
[2] Voyez plus haut, p. 376.
[3] *Anal. pr.* I, XXX : Τὰς μὲν ἀρχὰς τὰς περὶ ἕκαστον ἐμπειρίας ἐστὶ παραδοῦναι. Cf. *Hist. an.* I, VI. *Eth. Nic.* VI, XII. Voy. plus haut, p. 370.

de tout temps, comme une science toute faite? Nous n'en avons pourtant nulle conscience avant de les avoir appliqués dans quelque cas particulier : or les principes sont par eux-mêmes plus intelligibles que les conséquences. Ne serait-il pas étrange que la plus haute et la plus puissante des sciences demeurât cachée dans l'âme sans qu'elle s'en aperçût [1]? Les principes universels ne résident donc pas en nous avant toute expérience, sous la forme définie de conceptions actuelles [2], et dans l'acte de la pensée. C'est à l'expérience qu'il appartient encore de les faire arriver à l'acte : seulement il n'est plus besoin ici de l'énumération préalable de la totalité ou même du plus grand nombre des cas particuliers auxquels le principe s'applique. Dès la première expérience du rapport de deux termes universels, dans un genre quelconque, l'induction peut étendre le même rapport à tous les genres possibles avec une infaillible certitude. Dès la première expérience, elle peut établir comme nécessaire la proportion ou analogie qui fait l'essence de tout principe universel [3]. Les axiomes ne sont pas

---

[1] *Met.* I, p. 34, l. 12 : Ἀλλὰ μὴν εἰ καὶ τυγχάνοι σύμφυτος οὖσα, θαυμαστὸν πῶς λανθάνομεν ἔχοντες τὴν κρατίστην τῶν ἐπιστημῶν. *Anal. post.* II, xix : Εἰ μὲν δὴ ἔχομεν αὐτὰς (sc. τὰς ἕξεις) ἄτοπον. Συμβαίνει γὰρ ἀκριβεστέρας ἔχοντας γνώσεις ἀποδείξεως, λανθάνειν.

[2] *Anal. post.* loc. laud. : Οὔτε δὴ ἐνυπάρχουσιν ἀφωρισμέναι αἱ ἕξεις, οὔτ' ἀπ' ἄλλων ἕξεων γίνονται γνωριμωτέρων, ἀλλὰ ἀπὸ αἰσθήσεως.

[3] *Ibid.* : Ἡμῖν τὰ πρῶτα ἐπαγωγῇ γνωρίζειν ἀναγκαῖον. I, v : Κοινῇ δὲ κατ' ἀναλογίαν.

dans l'âme seulement en puissance comme toutes les propositions contingentes qu'elle pourra concevoir un jour : ce sont en elle des dispositions prochaines, des habitudes toutes prêtes à l'acte; aussi, lorsqu'elle applique ces principes, il ne lui semble point qu'elle apprenne, mais qu'elle reconnaisse : sa science lui semble réminiscence. On ne sait pourtant pas, avant l'expérience, l'individualité ou la réalité que l'expérience seule peut découvrir; on ne sait pas que telle figure donnée a pour somme de ses angles deux angles droits avant de savoir que c'est un triangle, et il est faux que la science, d'une manière absolue, ne soit que réminiscence [1]. Mais ce que l'âme possède d'avance, sans en avoir encore fait usage, sans savoir même qu'elle le possède, c'est le principe qui enveloppe dans son universalité toutes les particularités possibles.

La science de l'universel n'est pas en nous toute faite par avance, et elle ne s'engendre pas non plus de l'expérience par un mouvement successif : c'est une puissance prochaine que rien ne sépare de l'acte qu'un obstacle à l'extérieur, et qui, comme toute habitude, entre en acte dès que l'obstacle est levé. L'âme, sous le poids de la chair au commencement de la vie, est

---

[1] Ceci est dirigé contre la théorie de Platon. *Anal. pr.* II, xxi : ..... Ὁμοίως δὲ καὶ ὁ ἐν τῷ Μένωνι λόγος, ὅτι ἡ μάθησις ἀνάμνησις. Οὐδαμοῦ γὰρ συμβαίνει προεπίστασθαι τὸ καθέκαστον, ἀλλ' ἅμα τῇ ἐπαγωγῇ λαμβάνειν τὴν τῶν κατὰ μέρος ἐπιστήμην, ὥσπερ ἀναγνωρίζοντας. Ἔνια γὰρ εὐθὺς ἴσμεν, οἷον ὅτι δύο ὀρθαῖς, ἐὰν εἰδῶμεν ὅτι τρίγωνον. Cf. I, 1. *Magn. Mor.* II, vi.

comme ensevelie dans le sommeil : elle n'a qu'à s'éveiller. Comme un homme qui sort de l'ivresse, ou qui de la maladie revient à la santé, il ne s'agit pas pour elle de devenir autre qu'elle n'était, mais de redevenir elle-même. Pour entrer en possession des principes de la pensée, elle ne subit pas de changement et d'altération. Ce n'est pas là du mouvement, mais le repos qui succède aux agitations de la nature et des sens [1]. La pensée a été comme mise en déroute : elle se reforme par degrés. Une perception sensible s'arrête dans la mémoire, puis une autre toute semblable, puis une autre, et les individualités dispersées, les espèces, les genres retrouvent peu à peu leurs rangs dans l'universalité primitive. C'est l'ordre qui se rétablit, le rapport sous lequel les termes reviennent se placer d'eux-mêmes. Toute science, en effet, ainsi que toute vertu, toute habitude en général, est une disposition, un ordre, un rapport étranger au mouvement[2].

[1] *Phys.* VII, III : Ἡ δὲ ἐξ ἀρχῆς λῆψις τῆς ἐπιστήμης γένεσις μὲν οὐκ ἔστιν οὐδ' ἀλλοίωσις·.... ὥσπερ ὅταν ἐκ τοῦ μεθύειν ἢ καθεύδειν ἢ νοσεῖν εἰς τὰ ἐναντία μεταστῇ τις, οὔ φαμεν ἐπιστήμονα γεγονέναι πάλιν· καίτοι ἀδύνατος ἦν τῇ ἐπιστήμῃ χρῆσθαι πρότερον· οὕτω οὐδ' ὅταν ἐξ ἀρχῆς λαμβάνῃ τὴν ἕξιν· τῷ γὰρ καθίστασθαι τὴν ψυχὴν ἐκ τῆς φυσικῆς ταραχῆς φρόνιμόν τι γίνεται καὶ ἐπιστῆμον. Διὸ καὶ τὰ παιδία, κ. τ. λ. *De An.* II, v : Εἰς αὐτὸ γὰρ ἡ ἐπίδοσις καὶ εἰς ἐντελέχειαν.

[2] *Anal. post.* II, XIX : Οἷον ἐν μάχῃ τροπῆς γινομένης, ἑνὸς στάντος, ἕτερος ἔστη, εἶθ' ἕτερος, ἕως ἐπὶ τὴν ἀρχὴν ἦλθεν, κ. τ. λ. Cf. *Met.* I, 1, init.

Ainsi, tandis que le champ où s'opère le mouvement, c'est-à-dire le passage de la puissance à l'acte, est une quantité continue, dans laquelle la division peut déterminer une infinité de limites, le champ de la science se partage en un nombre fini d'intervalles indivisibles. Les intervalles de la science, ou les propositions ne sont pas des quantités, mais des formes où la quantité n'est pour rien; ce sont des rapports, qui ne renferment pas de matière et qui ne présentent pas de contenu à traverser, mais dont la pensée assemble les termes sans mouvement et sans succession. Dans la nature tout est continu, et plein de l'infini: dans la science tout est discret et vide[1]. La réalité, dans toutes les catégories, est comme une étendue; l'idée, comme un nombre : l'infini est donc impossible dans la science comme il l'est dans le nombre. Si, entre les deux termes d'une proposition, on pouvait insérer une infinité de moyens termes, la pensée devrait les compter tous; l'énumération ne finirait donc point; d'un extrême on n'arriverait jamais à l'autre; il n'y aurait pas de démonstration et pas de science[2]. La totalité de la science n'est donc pas seulement comprise, comme celle de la nature, entre

---

[1] *De An.* I, III : Ταῦτα δὲ (sc. τὰ νοήματα) τῷ ἐφεξῆς ἕν, ἀλλ' οὐχ ὡς τὸ μέγεθος.

[2] *Met.* II, p. 39, l. 5 : Οὐ γὰρ ὅμοιον ἐπὶ τῆς γραμμῆς ἢ κατὰ τὰς διαιρέσεις μὲν οὐχ ἵσταται· νοῆσαι δ' οὐκ ἔστι μὴ στήσαντα· διόπερ οὐκ ἀριθμήσει τὰς τομὰς ὁ τὴν ἄπειρον διεξιών.

un commencement et une fin : la divisibilité en est finie, le nombre des intermédiaires limité, et elle se résout tout entière en un nombre déterminé, ou du moins déterminable, de rapports immédiats, d'intervalles indivisibles, de propositions indémontrables, qui constituent les principes de la démonstration[1].

Mais l'intervalle a des extrémités ; la proposition, le rapport, a des limites ou termes. Qu'est-ce que chacun des termes que la proposition affirme ou nie l'un de l'autre ? C'est ce qu'il faut savoir, avant que d'affirmer ou de nier. Avant la science, avant ses principes mêmes, qui sont les propositions indémontrables, doit venir la *détermination* des termes[2], dont ces propositions énoncent le rapport. Le commencement de la science est la *définition*[3].

La proposition n'est que l'affirmation ou la négation d'un fait, et tout fait est une relation, savoir qu'une chose est ou n'est pas comprise dans une autre. La démonstration est la preuve du fait. Mais la définition est la détermination de la chose en elle-même[4], de sa nature, de son être. Elle ne dit pas *qu*'un terme est en un autre : elle dit *ce qu*'est un terme donné.

---

[1] *Anal. post.* I, XIX, XX, XXII : Οὔτε πάντα ἀποδεικτά· οὔτ' εἰς ἄπειρον οἷόν τε βαδίζειν· τὸ γὰρ εἶναι ὁποτερονοῦν οὐδὲν ἄλλο ἐστιν ἢ τὸ εἶναι μηδὲν διάστημα ἄμεσον καὶ ἀδιαίρετον, ἀλλὰ πάντα διαιρετά.

[2] Ὅρος, ὁρισμός.

[3] *Anal. post.* II, III : Αἱ ἀρχαὶ τῶν ἀποδείξεων, ὁρισμοί. I, III.

[4] *Met.* VII, p. 150, l. 4 : Ὁ λόγος... ὁ τοῦ πράγματος.

L'objet de la démonstration est donc l'*existence* de l'attribut dans le sujet; l'objet de la définition, l'*essence*[1]. Toute étendue se résout dans les intervalles et les limites, toute science dans les deux formes correspondantes de la démonstration et de la définition[2].

Les deux termes de toute proposition sont le petit et le grand extrême, le sujet et l'attribut; tels sont donc les deux objets de la définition. Tout attribut est un accident qui n'a pas d'être par lui-même, qui est sans essence, et ne peut se définir que dans son rapport avec un sujet. Or le rapport de l'attribut au sujet peut être de deux sortes : divisible ou indivisible, médiat ou immédiat : en d'autres termes, il peut être l'objet d'une conclusion ou d'un principe. La définition d'un attribut médiat est donc la conclusion d'un syllogisme[4].

Mais tout rapport médiat a sa cause hors de lui. Non-seulement l'attribut médiat ne peut pas être en lui-même, mais il ne peut pas être par lui-même dans le sujet où il est. C'est donc de la cause de son rapport avec le sujet que dépend son essence et que sa

---

[1] *Anal. post.* II, III : Ὁ μὲν οὖν ὁρισμὸς τί ἐστι δηλοῖ· ἡ δὲ ἀπόδειξις ὅτι ἢ ἔστι τόδε κατὰ τοῦδε, ἢ οὐκ ἔστιν. VII : Δι' ἀποδείξεώς φαμεν ἀναγκαῖον εἶναι δείκνυσθαι ἅπαν ὅτι ἐστίν, εἰ μὴ οὐσία εἴη. *Met.* VII, p. 153, l. 25.

[2] *Met.* I, p. 34, l. 8 : Πᾶσα μάθησις... ἢ δι' ἀποδείξεως ἢ δι' ὁρισμῶν. *De An.* I, III : Λόγος δὲ πᾶς ἢ ὁρισμὸς ἢ ἀπόδειξις.

[3] *Anal. post.* II, x.

[4] *Ibid.*

définition doit être tirée. Or la cause est le moyen terme qui produit, dans la conclusion, la synthèse des extrêmes. La définition de l'attribut médiat ne doit donc pas consister seulement dans la conclusion : elle doit renfermer le moyen terme. La conclusion, à elle seule, n'énonce qu'un rapport qui n'est pas nécessaire et évident par lui-même. Rien ne prouve que ce soit la définition d'une chose, et non pas simplement l'explication de la signification arbitraire d'un nom. Par exemple, définir la quadrature, comme on le fait vulgairement, la formation d'un carré équivalant à une figure donnée, c'est n'énoncer qu'une définition nominale; la définition réelle est la définition par la cause : la formation d'un carré équivalant à une figure donnée, par une moyenne proportionnelle. La moyenne proportionnelle est la cause de la quadrature, et le moyen terme par lequel on en prouve la possibilité[1]. Enfin c'est le moyen terme qui est la raison et la définition même du grand extrême, et c'est pour cela précisément que toute science repose sur la définition : c'est que la science est dans le moyen terme[2]. La définition de l'attribut médiat est donc de deux espèces : la première est une conclusion; la seconde

---

[1] *Met.* VIII, p. 171, l. 28 : Ἀλλ' ἄδηλος, ἂν μὴ μετὰ τῆς αἰτίας ᾖ ὁ λόγος.

[2] *Anal. post.* II, xiv. Ἔστι δὲ τὸ μέσον λόγος τοῦ πρώτου ἄκρου· διὸ πᾶσαι αἱ ἐπιστῆμαι δι' ὁρισμοῦ γίνονται. *Met.* III, p. 44, l. 14 : Οἷον τί ἐστι τὸ τετραγωνίζειν, ὅτι μέσης εὕρεσις.

un syllogisme complet, avec ses trois termes. La première est imparfaite et purement nominale[1]; la seconde est la définition réelle, essentielle et parfaite.

Cependant l'essence, quelle qu'elle soit, ne peut pas être démontrée, et la définition n'est nullement, comme l'a cru la philosophie platonicienne, une espèce de la démonstration[2]. En effet, on ne peut démontrer l'essence sans la supposer, et sans prendre pour principe la conclusion même qu'on s'était proposé de prouver. Le défini est le sujet, la définition l'attribut. Or, en premier lieu, la définition doit être renfermée dans tout le défini, par conséquent la conclusion doit être affirmative et universelle[3]; en outre la définition est l'essence même du défini : par conséquent elle lui est propre, et elle y est contenue tout entière; l'attribut doit être pris, comme le sujet, universellement. Le sujet et l'attribut sont donc ici de même étendue, et convertibles l'un avec l'autre.

---

[1] J'ai suivi avec Zabarella (in *Anal. post.* II, x) contre la plupart des commentateurs, et principalement des Grecs, l'opinion d'Averroës, qui ne fait point de la définition nominale une espèce particulière distincte de la définition par conclusion. — Leibnitz (*Nouv. Ess.* p. 253) : « La définition *réelle* fait voir la possibilité du défini, et la *nominale* ne le fait point. » Cf. Kant, *Logique*, rédigée par Jaesche, § CXI.

[2] *Anal. post.* II, VII, VIII. *Anal. pr.* I, XXX : Πείθειν ἐπεχείρουν ὡς ὄντος δυνατοῦ περὶ οὐσίας ἀπόδειξιν γίνεσθαι καὶ τοῦ τί ἐστιν.

[3] Ibid. III : Τὸ δὲ τί ἐστιν ἅπαν καθόλου καὶ κατηγορικόν. Par conséquent l'essence ne peut être exprimée que par un syllogisme de la première figure.

Mais, si les extrêmes sont égaux, l'intermédiaire ou moyen terme est égal aux extrêmes. Le moyen terme de la démonstration ne pourrait donc être que la définition même qu'il devrait servir à prouver, et la conclusion serait d'avance dans la mineure [1]. Donc toute démonstration d'une définition, sous quelque forme qu'on la présente, renferme une pétition de principe : ce n'est qu'une vaine équation du même avec le même. Serait-ce de la division que sortirait la démonstration de l'essence? La méthode de division, en général, ne conclut que par une pétition de principe; elle met en ordre, elle développe, mais elle ne démontre rien [2]. Mais, en outre, les attributs qui entrent dans la définition de l'essence ne peuvent être que des attributs essentiels du défini, et la totalité de la définition doit comprendre la totalité des attributs essentiels. Or rien n'empêche que la division ne saute, dans sa marche, des attributs essentiels, universels et nécessaires, et qu'au contraire elle ne s'arrête à des attributs accidentels; en sorte que, fût-ce même une démonstration, la conclusion pourrait bien être toute autre chose que l'essence cherchée. Mais supposons que la division n'omette ni n'ajoute rien, où sera la preuve qu'il n'y a rien d'omis et rien d'ajouté [3]? La division eût-elle donné la démonstration exacte de l'es-

---

[1] *Anal. pr.* I, IV, VIII.
[2] Voyez plus haut, p. 496.
[3] *Anal. post.* II, V.

sence, elle ne porte pas sa preuve avec elle. En général, si la démonstration peut établir ce qui fait l'essence, elle ne peut pas établir que c'est l'essence même. Elle ne peut pas prouver l'essence en tant qu'essence. La démonstration de l'essence ne peut être qu'un syllogisme dialectique et logique qui enveloppe le sujet sans y pénétrer[1]. La démonstration, en général, ne donne qu'une existence. Si l'être, au sens universel d'existence, était ce qu'il semble qu'il soit au premier abord et au point de vue superficiel de la dialectique, à savoir un genre auquel participent tous les êtres, et si, en outre, l'essence des choses était le genre, prouver l'existence ce serait prouver l'essence. Mais l'être est une universalité indéfinie, qui ne détermine pas le genre des choses, pas même le premier genre ou la catégorie dans laquelle elles doivent être comprises[2]. Le genre fût-il donc l'essence, aucune détermination de l'existence ne constitue l'essence même. L'essence d'une chose n'est pas tout ce qu'elle est, mais seulement ce qu'elle ne peut pas ne pas être; l'existence qu'on en affirme, ou que l'on en démontre, n'est que l'enveloppe commune du nécessaire et de l'accident, l'idée vague de laquelle il reste toujours à dégager l'essence.

Ainsi l'essence de l'attribut médiat, qui a sa cause

---

[1] *Anal. post.* II, VIII : Ἀλλ' ἔστι λογικὸς συλλογισμὸς τοῦ τί ἐστι. Voyez plus haut, p. 247, n. 2.

[2] *Ibid.* VII : Δι' ἀποδείξεως θαμεν ἀναγκαῖον εἶναι δείκνυσθαι ἅπαν ὅτι

hors de soi, ne peut être trouvée que par la démonstration, et pourtant aucune essence ne se démontre[1]. Pour tirer de la démonstration l'essence de l'attribut, il faut pouvoir lui faire subir un changement de forme[2], et la convertir en une définition expresse. Le syllogisme, avec ses trois propositions distinctes, et en même temps liées les unes aux autres, est comme la ligne que parcourt l'entendement d'une extrémité à une autre; avec son moyen terme, un et double à la fois, elle répond en quelque sorte à la quantité continue. La définition contient les mêmes termes, mais sans intervalle qui les sépare[3], sans copule qui en marque la distance[4]. Ce n'est plus une chaîne de propositions, ni même, comme la proposition, un rapport de deux termes, mais la forme d'un terme indivis[5]. Ainsi la démonstration est comme la matière de la définition, forme achevée de la science. Entre la démonstration et la définition se reproduit, dans le sein de la science elle-même, l'opposition générale de la matière et de la

---

ἐστίν, εἰ μὴ οὐσία εἴη. Τὸ δὲ εἶναι οὐκ οὐσία οὐδενί· οὐ γὰρ γένος τὸ ὄν. Voyez plus haut, p. 311, 357.

[1] *Anal. post.* II, VIII : Οὔτ᾽ ἄνευ ἀποδείξεώς ἐστι γνῶναι τὸ τί ἐστιν οὗ ἐστιν αἴτιον ἄλλο, οὔτ᾽ ἔστιν ἀπόδειξις αὐτοῦ.

[2] *Ibid.* x : Οἷον ἀπόδειξις τοῦ τί ἐστι, τῇ θέσει διαφέρων τῆς ἀποδείξεως.

[3] *Ibid.* : Ὡδὶ μὲν ἀπόδειξις συνεχής, ὡδὶ δὲ ὁρισμός.

[4] *De Interpr.* v : Τῷ σύνεγγυς εἰρῆσθαι.

[5] *Met.* VII. XII.

forme, de la quantité et de la qualité, de la réalité et de l'idée.

Mais le rapport de l'attribut au sujet est-il immédiat, est-ce une proposition indémontrable et non une conclusion, en un mot est-ce un principe qui n'ait sa cause qu'en soi, l'essence de l'attribut ne ressort plus d'une démonstration : il n'y a plus de moyen terme; ce n'est ni une conclusion ni un syllogisme transformé, mais un premier principe. Ainsi la définition parfaite de tout ce qui est par soi-même ne doit renfermer, comme la définition imparfaite de ce qui est en un autre que soi, que les deux termes d'une proposition. Seulement l'une est une conclusion indémontrée, et qui a besoin de démonstration; l'autre une proposition évidente par elle-même, la position ou *thèse* indémontrable de l'essence[1]. La définition immédiate et la définition nominale sont de même forme : ce sont les deux extrêmes semblables par la forme, opposés par le fond, entre lesquels se place la définition médiate par la cause, comme du principe à la conclusion se développe la démonstration.

Cependant si l'attribut immédiat est déjà par lui-même dans son sujet, il n'est pas encore en lui-même. Son être est toujours d'être en un autre que soi[2]. L'at-

---

[1] *Anal. post.* II, IX : Ἔστι δὲ τῶν μὲν ἕτερόν τι αἴτιον, τῶν δ' οὐκ ἔστιν. Ὥστε δῆλον ὅτι καὶ τῶν τί ἐστι τὰ μὲν ἄμεσα καὶ ἀρχαί εἰσιν, κ. τ. λ. X : Ὁ δὲ τῶν ἀμέσων ὁρισμὸς θέσις ἐστὶ τοῦ τί ἐστιν ἀναπόδεικτος.

[2] Formule scolastique : *Accidentis esse est inesse*.

tribut, quel qu'il soit, primaire ou secondaire, médiat ou immédiat, n'a pas en lui d'essence [1], et ne peut être en lui-même l'objet de la définition. C'est dans la nature du sujet qu'est la raison dernière de l'essence des attributs. Seul, le sujet (le petit extrême) est à la fois par soi et en soi-même : c'est donc le sujet seul qui est l'essence [2] et qui est l'objet véritable de la définition immédiate.

L'essence ne se trouve donc que dans la seule catégorie de l'Être. Car toutes les autres catégories sont des accidents dont l'être est la substance; toutes, elles n'ont d'être que d'une manière secondaire et relative. L'être est donc le premier objet de la définition; il en est, au sens propre et d'une manière absolue, le seul et unique objet [3].

Néanmoins, et tout être qu'il est, le sujet de la proposition peut être un terme composé, assemblage d'une substance et d'un accident. Or, que ce soit un accident médiat ou immédiat, premier ou secondaire [4], la combinaison d'une substance avec un accident n'est

---

[1] Voyez plus haut, p. 298.
[2] Categ. v.
[3] Met. VII, p. 134, l. 2 : Ὥσπερ γὰρ καὶ τὸ ἔστιν ὑπάρχει πᾶσιν ἀλλ' οὐχ ὁμοίως, ἀλλὰ τῷ μὲν πρώτως τοῖς δ' ἑπομένως, οὕτω καὶ τὸ τί ἐστιν ἁπλῶς μὲν τῇ οὐσίᾳ πῶς δὲ τοῖς ἄλλοις. — Καὶ τὸ τί ἦν εἶναι ὁμοίως ὑπάρξει πρώτως μὲν καὶ ἁπλῶς τῇ οὐσίᾳ εἶτα καὶ τοῖς ἄλλοις.—Ὁ πρώτως καὶ ἁπλῶς ὁρισμὸς καὶ τὸ τί ἦν εἶναι ἐστιν. P. 136, l. 1 : Μόνον τῆς οὐσίας ἐστὶν ὁ ὁρισμός.
[4] Ibid. p. 135, l. 4 sqq.

qu'une essence relative; et l'essence absolue à laquelle elle se rapporte, c'est la substance même qu'elle renferme. Pour définir un terme composé; il faut en remettre la substance dans la définition; il faut donc la nommer deux fois, une fois dans la définition, une fois dans le défini. Par exemple : « le nombre impair est un nombre, etc. » Mais l'essence ainsi constituée n'est encore qu'une essence relative. Pour en donner la définition, il faut y reprendre de nouveau la substance qu'elle contient, et la remettre en tête de la définition précédente; puis après cette fois une autre, puis une autre encore, sans pouvoir jamais s'arrêter. L'essence, que poursuit la définition, recule pas à pas, et se dérobe dans l'infini[1].

Or l'accident, médiat ou immédiat, n'a d'essence que dans une substance. La combinaison de la substance et de l'accident est donc le fondement où se ramène nécessairement et sur lequel doit être assise la définition de l'accident. Ainsi, en général, et pour résumer tout ce qui précède, l'essence n'appartient pas à ce qui n'existe qu'en composition. Tout ce qui est en un autre que soi, n'a d'essence qu'en son rapport avec cet autre, et, par suite, ne peut être défini qu'en se répétant soi-même dans ce rapport[2]. Le

---

[1] Met. VII, p. 135, l. 29 : Εἰς ἄπειρόν εἰσι· ῥινὶ γὰρ ῥινὶ σιμῇ ἔτι ἄλλο ἐνέσται.

[2] Ibid. p. 136, l. 2 : Εἰ γὰρ καὶ τῶν ἄλλων κατηγοριῶν (sc. ἐστὶν ὁ ὁρισμὸς) ἀνάγκη ἐκ προσθέσεως εἶναι, οἷον τοῦ ποιοῦ καὶ περιττοῦ (leg.

signe et le caractère distinctifs de l'essence, c'est la définition où ne se répète pas le défini : car c'est le signe de ce qui n'est qu'en soi[1]. Tout ce qui n'est que relatif n'a pas son essence en soi, n'est point, par conséquent, la même chose que son essence, et, par conséquent encore, n'est point susceptible de définition[2].

L'objet de la définition ne peut être que la substance, considérée en elle-même[3]. Mais, dans la substance même, la définition ne s'attache qu'à l'essence. Or la matière ne fait pas partie de l'essence; indéterminée, indéfinie, elle échappe nécessairement à la définition. La définition ne comprend donc pas la totalité qui est le sujet de la forme, mais la forme toute seule[4]. La réalité concrète est encore un composé qui n'est pas identique à son essence même, et qui n'a aussi d'essence que dans son rapport à la forme[5]. La définition ne porte donc sur les choses concrètes que d'une manière secondaire; elle ne les définit que dans

ποσοῦ?)· οὐ γὰρ ἄνευ ἀριθμοῦ (add. τὸ περιττὸν), οὐδὲ τὸ θῆλυ ἄνευ ζῴου. Τὸ δ' ἐκ προσθέσεως λέγομεν ἐν οἷς συμβαίνει δὶς τὸ αὐτὸ λέγειν ὥσπερ ἐν τούτοις. Εἰ δὲ τοῦτο ἀληθές, οὐδὲ συνδυαζομένων ἔσται, οἷον ἀριθμοῦ περιττοῦ.

[1] Met. VII, p. 132, l. 19 : Ἐν ᾧ ἄρα μὴ ἐνέσται λόγῳ αὐτὸ, λέγον αὐτὸ, οὗτος ὁ λόγος τοῦ τί ἦν εἶναι ἑκάστῳ. Cf. p. 133, l. 4.
[2] Ibid. p. 136, l. 16, sqq.; p. 138, l. 20.
[3] Ibid. p. 133, l. 21.
[4] Ibid. p. 152, l. 19.
[5] Ibid. p. 152, l. 27; p. 153, l. 2.

leur forme essentielle. La définition ne pénètre pas dans l'intégrité de l'existence réelle ; elle l'embrasse seulement dans la circonscription de la forme. Or la forme considérée en elle-même, indépendamment de la matière variable dans laquelle elle se réalise, c'est la forme en général, ou l'espèce. La définition n'a donc pas pour objet les individus, mais les espèces de la substance[1].

Mais l'espèce elle-même ne suppose-t-elle pas en général une matière, comme sa condition ? Par exemple, l'idée de l'animal n'implique-t-elle pas, avec celle de l'âme, qui est ici la forme, celle du corps, qui est la matière ? La matière entre donc dans l'essence et dans la définition de l'espèce ; mais la matière n'est plus prise ici qu'en général, c'est-à-dire dans un sens idéal et formel. La matière de la réalité concrète, ou de l'individu, ce sont les parties matérielles dans lesquelles il se résout en cessant d'être, qui étaient avant lui, et qui subsistent après lui[2]. La matière de l'espèce est la matière dans son rapport immédiat et nécessaire avec la forme, c'est celle qui commence d'être et qui cesse d'être avec elle. Ainsi, dans une syllabe, ce ne sont pas

---

[1] Met. VII, p. 150, l. 1 : Τοῦ γὰρ καθόλου καὶ τοῦ εἴδους ὁ ὁρισμός. P. 133, l. 21 : Οὐκ ἔσται ἄρα οὐθενὶ τῶν μὴ γένους εἰδῶν ὑπάρχον τὸ τί ἦν εἶναι, ἀλλὰ τούτοις μόνον. Anal. post. I, XIV : Τὸ δὲ τί ἐστι τῶν καθόλου ἐστί. II, XII : Ἀεὶ δ' ἐστὶ πᾶς ὅρος καθόλου.

[2] Ibid. p. 147, l. 9 sqq.

les lettres dans leur matérialité, comme prononcées dans l'air, ou écrites sur une tablette, mais les lettres dans un certain ordre ; dans l'animal, ce n'est pas le corps en tant que corps, mais le corps organisé et capable de vie. L'animal, en périssant, ne se résout pas en parties organisées : l'organisation cesse d'être avec la vie ; la main d'un mort n'a d'une main que le nom[1]. La matière n'est donc pas ici une partie intégrante de la chose concrète, mais une partie constituante de son idée abstraite[2]. Ce n'est plus une matière sensible comme les parties du corps en elles-mêmes[3], mais seulement la condition générale du rapport de la forme avec le monde sensible. Dans le premier sens, la matière est la condition actuelle de l'individu dans le champ de l'expérience actuelle ; dans le second sens, elle est la condition de l'espèce et, par suite, des individus, dans le champ de l'expérience possible[4]. La matière qui entre dans la composition de la définition n'est donc pas la somme des parties qui forment la réalité matérielle par leur assemblage dans l'espace ou le temps, et qui la me-

---

[1] Met. VII, p. 151, l. 11 : Αἰσθητὸν γάρ τι τὸ ζῷον καὶ ἄνευ κινήσεως οὐκ ἔστιν ὁρίσασθαι· διὸ οὐδ' ἄνευ τῶν μερῶν ἐχόντων πως. Οὐ γὰρ πάντως τοῦ ἀνθρώπου μέρος ἡ χείρ, ἀλλ' ἡ δυναμένη τὸ ἔργον ἀποτελεῖν, ὥστε ἔμψυχος οὖσα. P. 146, l. 27. Cf. p. 148, l. 17.

[2] Ibid. p. 146, l. 14 ; p. 148, l. 4 sqq. ; p. 149, l. 28.

[3] Ibid. p. 146, l. 30.

[4] J'emprunte au langage de Kant l'expression d'*expérience possible*.

surent selon la quantité[1]. C'est l'habitude totale des parties dans l'espace ou le temps en général, selon la qualité essentielle, immédiatement nécessaire à la forme.

Toutefois, l'habitude même de la matière, pour être la condition de l'essence, n'est pas l'essence ; l'essence est la forme : dans l'animal, l'âme ; dans l'homme, la raison. Ainsi, si la chose concrète et individuelle, avec sa matière particulière, n'est pas identique avec son essence, laquelle n'est que dans l'espèce, l'espèce, avec sa matière spécifique, n'a pas non plus son essence en elle-même et dans sa totalité complexe, mais bien dans sa forme spécifique[2]. Elle ne fait pas un avec elle : elle se rapporte à elle comme à son principe et à sa mesure[3].

Cependant, indépendamment de tout rapport avec le monde sensible, la forme qui fait l'objet de la définition est à elle seule un tout, composé de parties. En effet, l'essence d'une chose se compose de tout ce qui s'en affirme universellement et sans quoi elle ne peut être conçue, c'est-à-dire de ses attributs nécessaires[4]. Ces attributs sont donc les parties, la

---

[1] *Met.* VII, p. 146, l. 9 : Πολλαχῶς λέγεται τὸ μέρος· ὧν εἷς μὲν τρόπος τὸ μετροῦν κατὰ τὸ ποσόν.

[2] *Ibid.* p. 152, l. 19.

[3] *Ibid.* p. 168, l. 18 : Εἴη δ' ἂν ἐπ' ἀμφοτέροις τὸ ζῶον, οὐχ ὡς ἑνὶ λόγῳ λεγόμενον ἀλλ' ὡς πρὸς ἕν. Sur l'opposition de πρὸς ἕν et καθ' ἕν, voyez plus haut, p. 359, n. 2 ; p. 358, n. 2, τὰ πρὸς ἕν opposé à τὰ ἑνὶ λόγῳ δηλούμενα.

[4] *Anal. post.* II, XIII.

matière de la définition. Mais cette matière intelligible n'est plus la matière sensible [1] : c'en est tout le contraire. Dans la réalité concrète, comme dans la forme, les parties peuvent être sans le tout, et le tout ne peut pas être sans les parties. Mais là, l'*être* dont il s'agit est l'existence réelle dans le temps : ici, c'est l'essence abstraite, l'être dans l'ordre logique. La totalité concrète ne peut pas exister sans ses parties, ses parties peuvent subsister sans elle : la totalité de l'espèce ou de l'idée ne peut pas être conçue sans ses parties formelles, ses parties formelles peuvent être conçues sans elle. Au contraire, les parties de la totalité concrète ne peuvent être conçues que dans l'idée du tout [2]. Les éléments de la forme sont donc antérieurs dans l'ordre logique à la totalité, et la totalité aux éléments de la réalité [3]. La matière de la chose et la matière de l'idée s'opposent entre elles comme la matière et la forme en général, et dans le rapport inverse de l'ordre du temps et de l'ordre logique.

Les parties de la matière dans la réalité concrète sont des quantités qui composent par leur addition la quantité plus grande du tout. Les parties de la forme,

---

[1] *Met.* VII, p. 149, l. 9 : Ὕλη δὲ ἡ μὲν αἰσθητή ἐστιν, ἡ δὲ νοητή. P. 174, l. 1.

[2] *Ibid.* p. 146, l. 4 sqq ; p. 147, l. 24 sqq.

[3] *Ibid.* p. 148, l. 4 : Ὥσθ' ὅσα μὲν μέρη ὡς ὕλη καὶ εἰς ἃ διαιρεῖται ὡς ὕλην, ὕστερα· ὅσα δὲ ὡς τοῦ λόγου καὶ τῆς οὐσίας τῆς κατὰ τὸν λόγον, πρότερα. — L. 15 : Τοῦ μὲν οὖν συνόλου πρότερα ταῦτ' ἐστιν ὡς, ἐστι δ' ὡς οὔ.

au contraire, sont plus générales, et par conséquent plus étendues que leur tout : ce n'est pas par addition ou par juxtaposition successive qu'elles s'unissent en lui, mais par un enveloppement graduel, à partir de la généralité la plus large, et par une condensation progressive [1]. Là, le tout est d'extension; ici, il est de compréhension. Là, il se divise; ici, il se décompose [2]. Chaque degré de l'échelle des espèces, dans chaque catégorie, comprend donc tous les attributs essentiels de tous les degrés supérieurs, dans l'extension desquels il est à son tour renfermé. Chaque classe n'est autre chose qu'une division déterminée par une différence du genre placé immédiatement au-dessus d'elle. D'où il suit que la définition d'une espèce quelconque se compose du genre le plus prochain de l'espèce et de l'une des différences opposées de ce genre [3]. Le genre est donc la matière de l'essence; la différence est la forme qui le détermine. Le genre est la puissance; la différence est l'acte dans lequel la puissance vient se réaliser [4]. Ainsi se répondent et

---

[1] Voyez plus haut, p. 487.

[2] Ἀναλύεται. Voyez *Met.* V, p. 119, l. 2. Le genre est, en un sens, une partie de l'espèce, et l'espèce en un autre sens une partie du genre (voyez plus haut, p. 485). L'espèce se trouve par la *division* de l'étendue du genre, le genre par la *décomposition* de la compréhension de l'espèce, qui est la *définition*.

[3] *Met.* VII, p. 154-5.

[4] *Ibid.* VIII, p. 174, l. 2 : Ἀεὶ τοῦ λόγου τὸ μὲν ὕλη, τὸ δ' ἐνέργεια ἐστιν, οἷον ὁ κύκλος σχῆμα ἐπίπεδον. P. 167, l. 31 : Ἔοικε γὰρ ὁ μὲν

s'opposent dans la nature d'une part, et de l'autre dans la science, la matière et le genre ; ainsi s'avancent comme de deux extrémités contraires les puissances correspondantes de la réalité et de la pensée vers la limite commune de la forme.

L'essence n'est donc pas le genre, comme Platon l'avait cru. Le genre, commun à plusieurs espèces, n'est qu'une possibilité indéfinie dont elles sont les réalisations différentes ; l'essence d'une chose n'est pas ce qu'elle a de commun avec d'autres, mais ce qui fait son être et sa nature propre, et qui, par conséquent, la distingue de toute autre chose. L'essence est donc la dernière différence [1]. Mais la dernière différence en elle-même est plus étendue que l'espèce qu'elle détermine. Par exemple, dans cette définition : le nombre trois est un nombre impair premier dans les deux sens (c'est-à-dire qui n'est ni un produit ni une somme de nombres), la différence n'est pas propre au nombre trois, car elle appartient aussi au nombre deux, qui n'est ni un produit ni une somme de nombres ; mais il n'y a que le nombre trois qui soit à la fois impair et premier dans l'un et l'autre sens [2]. C'est la limitation réciproque du genre par la

---

διὰ τῶν διαφορῶν λόγος τοῦ εἴδους καὶ τῆς ἐνεργείας εἶναι, ὁ δ' ἐκ τῶν ἐνυπαρχόντων τῆς ὕλης μᾶλλον. Cf. X, p. 209, l. 2.

[1] Met. VIII, p. 154, l. 27 : Φανερὸν ὅτι ἡ τελευταία διαφορὰ ἡ οὐσία τοῦ πράγματος ἔσται καὶ ὁ ὁρισμός.

[2] Anal. post. II, XIII.

différence et de la différence par le genre qui donne l'étendue exacte de l'espèce. Le propre du défini n'est donc ni le genre ni la dernière différence toute seule, mais leur totalité [1]. L'essence ou la différence, en tant que différence, n'est ni la matière ni la forme abstraite; c'est la forme dans sa matière [2].

Ainsi l'espèce, intermédiaire entre les individus qu'elle contient dans son étendue, et le genre où elle est contenue, l'espèce est l'unique sujet de la définition. Le premier genre, qui est l'une des catégories, est indéfinissable; car il n'y a pas d'étendue dans laquelle on puisse le renfermer. L'individu est indéfinissable; car, au dedans de la dernière espèce, il n'y a plus de différence spécifique pour distinguer les uns des autres les individus qu'elle contient [3]. Le premier genre est trop large, l'individu trop étroit pour la définition. Entre ces deux extrêmes de l'affirmation et de la négation universelles, entre ce *maximum* et ce *minimum* de l'infiniment grand et de l'infiniment petit vient se placer le moyen terme fini dans les deux sens, l'unité complexe de la généralité et de la différence. La définition n'est donc, ni au sens de la forme, ni au sens de la matière, ni comme l'uni-

---

[1] *Anal. post.* II, vi : Ἴδιον τὸ πᾶν· τοῦτο γάρ ἐστι τὸ εἶναι ἐκείνῳ.

[2] *De Part. an.* I, iii : Ἔστι δὲ ἡ διαφορὰ τὸ εἶδος ἐν τῇ ὕλῃ.

[3] *Ibid.* p. 159, l. 20. Les individus ne diffèrent (essentiellement) qu'ἀριθμῷ non εἴδει, et par conséquent n'ont pas de différences (essentielles) concevables ni exprimables

versel, ni comme l'atome, une unité absolument indivisible : c'est un composé ; ce n'est pas pourtant comme le composé de la réalité, auquel répondent dans l'ordre logique l'espèce et la définition, ce n'est pas une grandeur continue et indéfiniment divisible ; mais un tout d'un nombre défini de parties indivisibles, auquel on ne peut en ajouter ni en retrancher aucune sans qu'il devienne autre qu'il n'était. En un mot, c'est une sorte de nombre [1]. Dans l'ordre de la science, où pourtant il n'y a point de quantité réelle, la définition répond à la quantité discrète comme la démonstration à la quantité continue.

Mais d'où vient que ce composé de la définition forme une unité qui ne se dissout pas dans les éléments dont elle fait un nombre [2] ? C'est que c'est la forme logique d'une chose une, laquelle est l'essence. Or d'où vient l'unité de l'essence ? elle ne vient pas d'un mélange de ses éléments ni d'une participation des uns aux autres, comme l'unité extérieure d'un corps du contact de ses parties ; elle vient de ce que ses éléments sont entre eux dans le rapport de la matière et de la forme, c'est-à-dire de la puissance et de l'acte, et qu'ils s'unissent dans l'acte [3]. Dans le monde de la

---

[1] *De Part. an.* VIII, p. 169, l. 30 : Ὅ τε γὰρ ὁρισμὸς ἀριθμός τις (διαιρετός τε γὰρ καὶ εἰς ἀδιαίρετα· οὐ γὰρ ἄπειροι οἱ λόγοι) καὶ ὁ ἀριθμὸς δὲ τοιοῦτος, κ. τ. λ. Cf. *De An.* I, III.

[2] *De Interpr.* v. *Met.* VIII, p. 173.

[3] *Met. loc. laud.* l. 18 : Εἰ δ' ἐστίν, ὥσπερ λέγομεν, τὸ μὲν ὕλη τὸ

nature, l'union de la puissance et de l'acte s'opère par le mouvement, et la cause de l'unité n'est autre chose que la cause motrice [1]. Dans le monde de la science, la puissance est tout idéale; la cause formelle de l'unité se trouve dans la conception de l'unité de la forme spécifique [2] comme du principe déterminant de l'union de la puissance avec l'acte. Ainsi revient l'idée de la cause dans la définition des espèces de la substance comme dans celle des accidents. Dans le monde de la réalité, il faut pour tout changement artificiel, ou en d'autres termes, accidentel et violent, une cause extérieure qui impose la forme à la matière; pour tous les changements naturels, la cause est le principe interne de la forme substantielle des choses, la nature, l'âme qui les fait vivre [3]. De même, dans la définition de l'accident qui a sa cause hors de lui, l'idée de la cause s'exprime au dehors, sous la forme d'un moyen terme étranger aux termes extrêmes de l'accident et du sujet; dans la définition de la substance, qui a sa cause en elle-même, elle s'enveloppe, sans se laisser voir, sous la conception impli-

---

δὲ μορφὴ, καὶ τὸ μὲν δυνάμει τὸ δ' ἐνεργείᾳ, οὐκέτι ἀπορία δόξειεν ἂν εἶναι τὸ ζητούμενον. Cf. p. 170, l. 14.

[1] Met. VIII, p. 174, l. 28 : Αἴτιον οὐθὲν ἄλλο πλὴν εἴ τι ὡς κινῆσαν ἐκ δυνάμεως εἰς ἐνέργειαν.

[2] De An. III, vi : Τὸ δὲ ἓν ποιοῦν τοῦτο ὁ νοῦς ἕκαστον.

[3] Ibid. VIII, p. 169, l. 17 : Τὴν γὰρ φύσιν μόνην ἄν τις θείη τῶν ἐν τοῖς φθαρτοῖς οὐσίαν.

cite de l'unité substantielle du genre et de la différence [1].

Mais, maintenant, l'essence des êtres naturels ou animés, qui remplissent toute la catégorie de l'Être, n'est pas un principe général comme une idée platonicienne. Toute généralité est une puissance, plus ou moins voisine de l'acte, mais qui n'est pas en acte. Or l'essence d'une chose est le principe interne de son action; c'est elle-même, dans l'exercice de son activité propre. L'essence réelle n'est donc autre chose que l'individualité [2]. Donc les définitions ne peuvent l'atteindre, et elle leur échappe sous les formes spécifiques où il semblait qu'elles allaient la saisir. Sans doute l'essence est la forme, mais non dans la généralité abstraite qui constitue l'espèce; c'est la forme dans la détermination parfaite, c'est-à-dire dans l'unité de l'action individuelle. Toute notion est générale, ainsi que tout rapport : toute notion est divisible [3]. Aucune ne peut pénétrer jusqu'à l'indivisibilité et la singularité de l'Être. En déterminant la forme spécifique, la définition ne détermine donc qu'une forme extérieure de l'essence; elle ne détermine qu'un indéfini, une possibilité qui embrasse dans sa

---

[1] *Met.* VIII, p. 169, l. 2 sqq.
[2] *De Gen. an.* II, 1 : Ἡ γὰρ οὐσία τῶν ὄντων ἐν τῷ καθ' ἕκαστον.
[3] *Met.* VII, p. 148, l. 29 : Ὁ δὲ λόγος ἐστὶ τοῦ καθόλου. P. 160, l. 22 : Κοινὸς ἄρα ὁ λόγος. V, p. 96, l. 12 : Καθ' αὑτὸν πᾶς λόγος διαιρετός.

sphère l'existence, mais qui ne la constitue pas. L'essence et l'existence se confondent dans l'absolue indivisibilité de l'acte, et l'acte n'est pas l'objet des idées et de la science : c'est l'objet de l'expérience et de l'immédiate intuition [1].

La sphère de la science pure est celle des mathématiques. Les objets des mathématiques sont les formes générales de la quantité, indépendamment de tout sujet réel : ce sont des espèces sans individus, des idées sans autre matière qu'une matière intelligible [2], des essences idéales que la définition constitue tout entière, et dont la démonstration développe *a priori*, par une suite de propositions catégoriques et universelles, les propriétés nécessaires [3]. A mesure qu'elles s'éloignent de la réalité, et que leur objet se simplifie, les sciences mathématiques elles-mêmes deviennent plus exactes et plus démonstratives. La mécanique est soumise à la condition générale du mouvement le plus simple et le plus défini, le mouvement dans l'espace : elle a ses raisons dernières dans la géométrie. La géométrie, la science de la quantité continue, est encore soumise à la condition de l'étendue : elle a ses raisons dernières dans l'arith-

---

[1] *Met.* V, p. 149, l. 5 : Τούτων δ' οὐκ ἔστιν ὁρισμὸς, ἀλλὰ μετὰ νοήσεως ἢ αἰσθήσεως γνωρίζονται. Ἀπελθόντας δ' ἐκ τῆς ἐντελεχείας οὐ δῆλον πότερόν ποτέ εἰσιν ἢ οὐκ εἰσὶν, ἀλλ' ἀεὶ λέγονται καὶ γνωρίζονται τῷ καθόλου λόγῳ. Cf. p. 159, l. 16.

[2] *Ibid.* p. 149, l. 11.

[3] *Anal. post.* I, xiv.

métique générale. L'arithmétique, science absolument abstraite et simple de la quantité discrète, a seule en elle-même sa raison et la raison de toutes les sciences de la quantité : c'est la science exacte entre toutes [1]. Mais cette échelle des sciences mathématiques, qu'on peut prendre encore de beaucoup plus bas que la mécanique, ce n'est autre chose, de la science la plus composée à la plus simple, que la suite des degrés de l'abstraction [2], la marche de l'entendement en sens contraire de la nature, de l'individualité sensible à la généralité idéale, de la réalité à la simple et vide possibilité. Le mathématicien, en général, ne spécule que sur le possible [3]; l'existence réelle est pour lui une hypothèse [4], et de là même viennent la rigueur et l'infaillibilité de ses démonstrations.

D'un autre côté, si la chose sensible est un être, c'est un être imparfait qui renferme du non-être; de même, la sensation ne donne de l'être qu'une connaissance extérieure et imparfaite. Partout avec la matière se trouve la possibilité indéfinie, source de l'accident et de l'erreur. Mais le progrès de la nature consiste dans le progrès de la détermination de la puissance;

[1] *Met.* I, p. 7, l. 5. *Anal. post.* I, xxvii. Voyez plus haut, p. 258.
[2] Voyez plus haut, p. 259 et p. 436.
[3] *Met.* XII, p. 251, l. 15 : Αἱ δ' ἄλλαι (sc. αἱ ἐπιστῆμαι μαθηματικαί) περὶ οὐδεμιᾶς οὐσίας. XIII, p. 265, l. 8 : Καὶ περὶ ὄντων διαλέγονται, καὶ ὄντα ἐστί· διττὸν γὰρ τὸ ὄν, τὸ μὲν ἐντελεχείᾳ τὸ δ' ὑλικῶς.
[4] *Ibid.* XIII, p. 264, l. 23; XIV, p. 295, l. 2. *Anal. post.* I, ii.

et à mesure que l'action augmente et se développe, à mesure se fortifie l'individualité. La fin est la forme achevée de l'activité pure dans l'individualité absolue. Or, pour atteindre à cette hauteur la réalité immatérielle de l'être en soi, pour saisir en elle-même la forme indivisible de l'acte, la sensation ne suffit plus : il faut une action une et indivisible de la connaissance pure, il faut l'immédiate et soudaine intuition de la raison. Mais l'acte sans matière, ce n'est autre chose que la raison en acte, la pensée[1]. Ainsi, que la pensée soit la même ou qu'elle soit différente, dans la chose pensée et la chose pensante[2], la fin dernière où se rencontrent et se touchent la nature et la science est l'expérience[3] ou intuition immédiate de la pensée par la pensée.

Aux deux bouts de la science, au commencement et à la fin, l'intuition; à une extrémité, l'intuition sensible, à une autre l'intuition intellectuelle[4]. La science, proprement dite ne roule que sur le tout, complexe

---

[1] Voyez plus haut, p. 478.
[2] Voyez le chapitre suivant.
[3] *Anal. pr.* I, xx : Ἐμπειρία, pour la connaissance des principes.
[4] *Eth. Nic.* VII, ix : Ὁ γὰρ νοῦς τῶν ὅρων, ὧν οὐκ ἔστι λόγος, κ. τ. λ. xii : Ὁ νοῦς τῶν ἐσχάτων ἐπ' ἀμφότερα· καὶ γὰρ τῶν πρώτων ὅρων καὶ τῶν ἐσχάτων νοῦς ἐστι καὶ οὐ λόγος. iv : Αὕτη δ' (sc. ἡ αἴσθησις) ἐστι νοῦς. Le rapprochement qu'Aristote établit entre l'acte de l'aperception simple de la pensée et celui de la vue autorise l'emploi du mot *intuition* dont je me suis souvent servi. *Eth. Nic.* I, vii : Ὡς γὰρ ἐν σώματι ὄψις, ἐν ψυχῇ νοῦς.

et divisible, qui a sa cause hors de lui, et elle ne fait que l'embrasser dans le tout d'une notion, également divisible et complexe. La nature est tout entière dans des combinaisons individuelles de matière et de forme sensibles : la science dans des combinaisons générales de la matière et de la forme idéales, ou des conceptions de l'entendement; la nature tout entière est dans les choses relatives, la science dans les rapports. La nature est le monde des oppositions, dont le mouvement fait parcourir les intervalles à la puissance, dans les différentes catégories; la science est le monde de la contrariété et de la contradiction des idées, parmi lesquelles s'exerce l'activité de la raison discursive. Enfin, dans la sphère de la raison discursive comme dans celle du mouvement, et aussi de la pratique, l'action ne détermine que des moyens termes dans l'indétermination du possible : ce sont des milieux entre les extrémités que fixe l'expérience. La démonstration, forme nécessaire de la connaissance discursive, a ses principes dans des propositions immédiates, supérieures à la science; les propositions immédiates ont leurs principes dans les définitions de leurs limites; les limites extrêmes échappent à la définition elle-même, et ne lui laissent que les moyens termes. A l'intuition seule appartient l'individualité de l'existence réelle, et à l'intuition intellectuelle, l'individualité absolue de l'Être en soi, sur laquelle repose l'absolue universalité des principes de l'être.

CHAPITRE III.

Premier moteur du monde. Dieu, principe de la nature et de la science.

Le monde est le système des différentes catégories coordonnées, comme à leur substance, à la catégorie fondamentale de l'Être. Le monde est tout entier dans la catégorie de l'Être avec ses accidents. La catégorie de l'Être est une totalité de parties différentes; mais cette totalité n'est pas une collection d'éléments indépendants les uns des autres, sans autre lien entre eux qu'une participation commune à un même principe: c'est une suite d'éléments subordonnés les uns aux autres. Comme le système des nombres et celui des figures, le système des êtres forme une série dont chaque terme contient tous les termes qui le précèdent[1]. Ce n'est donc pas une agrégation uniforme de parties équivalentes, une somme d'un nombre indéfini d'unités de même ordre, mais une série de termes de valeurs inégales, et de plus, en proportions continues: c'est une progression. Or, dans toute progression, dans

---

[1] *De An.* II, III : Ἀεὶ γὰρ ἐν τῷ ἐφεξῆς ὑπάρχει δυνάμει τὸ πρότερον, ἐπί τε τῶν σχημάτων καὶ τῶν ἐμψύχων.

toute série croissante ou décroissante suivant un ordre déterminé d'antériorité et de postériorité, il n'y a point, à proprement parler, de genre qui s'étende à tous les termes comme à des espèces[1]. Car les espèces d'un même genre ne sont pas des termes subordonnés les uns aux autres et contenus les uns dans les autres, mais des unités[2] coordonnées sous une unité supérieure. La catégorie de l'Être, ce premier genre, n'est donc pas proprement un genre. Comme l'universalité de l'Être pris au sens le plus large, c'est un tout composé de parties hétérogènes liées par des analogies. Seulement l'universalité de l'Être, ou le monde en général, est un tout de parties discrètes relatives au genre de l'Être, et liées entre elles uniquement par des proportions discrètes; le genre de l'Être, ou le monde réel des substances, est un tout de parties subordonnées, et enchaînées par une suite de proportions continues.

Cependant toute relation peut être ramenée, d'une manière générale, à la relation de l'espèce et du genre. Comme la communauté de genre unit entre elles les

---

[1] *De An.* II, III : Οὔτε γὰρ ἐκεῖ σχῆμα παρὰ τὸ τρίγωνόν ἐστι καὶ τὰ ἐφεξῆς, οὔτε ἐνταῦθα ψυχὴ παρὰ τὰς εἰρημένας. — Διὸ γελοῖον ζητεῖν τὸν κοινὸν λόγον καὶ ἐπὶ τούτων καὶ ἐφ' ἑτέρων, ὃς οὐδενός ἐστι τῶν ὄντων ἴδιος λόγος. *Met.* III, p. 5o, l. 12 : Ἐν οἷς τὸ πρότερον καὶ ὕστερόν ἐστιν, οὐχ οἷόν τε τὸ ἐπὶ τούτων εἶναί τι παρὰ ταῦτα... ὥστε οὐδὲ τούτων ἂν εἴη γένος. *Eth. Nic.* I, IV; *Eth. Eud.* I, VIII.

[2] *De An.* II, III : Ἄτομον εἶδος. *Met.* III, p. 5o, l. 19 : Ἐν δὲ τοῖς ἀτόμοις οὐκ ἔστι τὸ μὲν πρότερον τὸ δ' ὕστερον.

espèces, de même la communauté de relation à une seule et même chose unit tout ce qui s'y rapporte[1]. Le genre est un principe intérieur et substantiel, le rapport un principe extérieur d'unité; l'identité du genre est entre les espèces un lien direct, l'identité de rapport un lien indirect et oblique[2]; à la synonymie immédiate des espèces répond, dans les choses relatives, une synonymie médiate et imparfaite[3]. Tout système d'analogies constitue donc aussi un genre d'analogie, et par là devient l'objet d'une science unique[4]. Un système d'analogies ou proportions dis-

---

[1] Met. IV, p. 61, l. 28 : Οὐ γὰρ μόνον τῶν καθ' ἓν λεγομένων ἐπιστήμης ἐστὶ θεωρῆσαι μιᾶς, ἀλλὰ καὶ τῶν πρὸς μίαν λεγομένων φύσιν· καὶ γὰρ τρόπον τινὰ λέγεται καθ' ἕν. XI, p. 218, l. 16 : Τό τε ὂν ἅπαν καθ' ἕν τι καὶ κοινὸν λέγεται πολλαχῶς λεγόμενον. Sur l'opposition de καθ' ἕν et πρὸς ἕν, voyez plus haut, p. 359.

[2] On emploie un cas oblique ou un adjectif pour exprimer le πρὸς ἕν; car le πρὸς ἕν est τί τινος; ainsi les choses *de la médecine* ou *médicales*; tandis que les καθ' ἕν reçoivent au nominatif le nom substantif du genre; l'*homme* est un *animal*.

[3] Les πρὸς ἕν ne sont ni absolument συνώνυμα ou désignant une même nature, ni simplement ὁμώνυμα, n'ayant de commun que le nom, mais πολλαχῶς λεγόμενα, comme les συνώνυμα, et désignant un rapport à une même nature. Met. III, p. 63, l. 21 : Οὐ γὰρ εἰ πολλαχῶς (sc. λεχθήσεται), ἑτέρας (sc. ἐπιστήμης ἅπαντά ἐστι γνωρίζειν), ἀλλ' εἰ μήτε καθ' ἓν μήτε πρὸς ἓν οἱ λόγοι ἀναφέρονται. VIII, p. 134. l. 19 : Τὸ ἰατρικὸν (sc. ἐστι φάναι) τῷ πρὸς τὸ αὐτὸ μὲν καὶ ἕν, οὐ τὸ αὐτὸ δὲ καὶ ἕν. Οὐ μέντοι οὐδ' ὁμωνύμως· οὐδὲ γὰρ ἰατρικὸν σῶμα καὶ ἔργον καὶ σκεῦος λέγεται οὔτε ὁμωνύμως οὔτε καθ' ἕν, ἀλλὰ πρὸς ἕν.

[4] Met. IV, p. 62, l. 5 : Ἅπαντος δὲ γένους καὶ αἴσθησις μία ἑνὸς καὶ ἐπιστήμη. On verra plus bas le genre de l'être divisé en trois genres proportionnels les uns aux autres.

crètes, ne forme un genre que dans le rapport extérieur de la coordination de ses parties; un système d'analogies continues forme un genre dans le rapport plus intime de ses termes, enveloppés les uns dans les autres, suivant un ordre essentiel. L'analogie des catégories, unies dans leur rapport à l'Être, mais qui ne tiennent pas les unes aux autres, offre une ressemblance imparfaite de l'unité du genre; l'analogie des différents ordres de la catégorie de l'Être en offre la ressemblance la plus exacte.

Dans le premier système, dans le système d'analogies de parties indépendantes et relatives seulement à une même chose, le genre entier a sa mesure dans cette chose, à laquelle toutes les espèces se rapportent. C'est comme un premier terme dans lequel la science des autres termes a son principe nécessaire; ainsi la catégorie de l'Être est la première des catégories, et c'est par elle et en elle que l'on connaît les autres[1]. Dans le système des analogies continues, par exemple dans la catégorie de l'Être, l'ordre de tous les termes est immédiatement défini : le premier est celui qu'aucun autre ne contient et qui contient en lui seul tous les autres. Dans l'un et l'autre système, mais surtout dans le second, il y a un premier terme qui donne la mesure et l'unité, et la science de ce terme est la science du tout[2].

[1] *Met.* IV, p. 62, l. 2. Voyez plus haut, p. 359.
[2] *Met.* VI, p. 123, l. 21. Voyez plus haut, p. 378.

Ainsi, comme les mathématiques, la philosophie n'est pas proprement la science d'un genre, mais d'une totalité, analogue au genre, de termes différents et analogues. L'objet de la philosophie n'est pas une idée, mais un double système d'analogies, l'un de subordination, l'autre de coordination, dont le premier, la catégorie de l'Être, est la mesure du second, et dont le premier lui-même a sa mesure dans le premier de ses termes[1].

Or, en toute progression, les termes successifs se contiennent les uns les autres, dans un ordre déterminé, et chacun est la forme de tous les termes qui le précèdent. Mais dans les deux séries des nombres et des figures, qui font l'objet des mathématiques, tous les termes sont des formes étrangères au mouvement. Dans la série des êtres dont nous avons suivi le développement, chaque terme est le résultat du passage successif d'une puissance par toutes les formes des termes inférieurs, et la série entière représente les différentes époques d'un seul et même mouvement, les différents degrés du progrès de la nature, de l'imperfection à la perfection. La forme générale de la réa-

---

[1] *Met.* IV, p. 63, l. 2 : Ἔστι γὰρ ὁ φιλόσοφος ὥσπερ ὁ μαθηματικὸς λεγόμενος· καὶ γὰρ αὕτη ἔχει μέρη, καὶ πρώτη τις καὶ δευτέρα ἐστὶν ἐπιστήμη καὶ ἄλλαι ἐφεξῆς ἐν τοῖς μαθήμασιν. L. 26. Alex. Aphrod. *in Met.* III, 11 : Ταῦτα γάρ ἐστι ἃ ἐφεξῆς, περὶ ὧν ἡ θεωρία τοῦ φιλοσόφου, διὰ τὸ πρὸς τὸ πρῶτον καὶ κυρίως λεγόμενον τἆλλα τὴν ἀναφορὰν ἔχειν, περὶ οὗ τοῦ φιλοσόφου τὸ θεωρεῖν, διὸ καὶ περὶ τούτων· ἔστι γὰρ τὸ πρῶτον ἡ οὐσία.

lité est la marche du temps, en sens inverse de la science, et l'ordre suivant lequel les choses viennent à l'être, en sens inverse de l'ordre de l'être. Chaque terme de la série des êtres n'est donc pas seulement la forme mais la fin de tous les termes inférieurs. Tout ce qui est en mouvement tend à une fin; toute série où l'idée de la fin ou du bien n'a aucun rôle à jouer, est une série d'abstractions et de formes sans réalité[1]. La progression qui compose la catégorie de l'Être, est donc une suite continue de causes finales. Or la série des causes finales ne peut pas fuir à l'infini, et le mouvement ascendant de la nature s'aller perdre dans le vide[2]. Il faut une fin dernière, un bien suprême où la nature trouve sa forme suprême, et auquel se termine le mouvement[3].

Mais ce n'est pas assez pour le mouvement de la cause finale, qui se confond avec la forme. Pour amener la puissance à l'acte et le mouvement à sa fin, il faut une cause motrice, et c'est là la cause première que la philosophie a toujours cherchée vainement, dont tout le monde a rêvé sans que personne l'ait jamais bien connue[4]. La fin dernière ne se trouve qu'au sommet de la série des êtres : car tous les êtres jusqu'à elle

---

[1] Met. III, p. 43, l. 10 sqq. Voyez plus haut, p. 310.

[2] Eth. Nic. I, 1 : Μὴ πάντα δι' ἕτερον αἱρούμεθα· πρόεισι γὰρ οὕτω γ' εἰς ἄπειρον, ὥστ' εἶναι κενὴν καὶ ματαίαν τὴν ὄρεξιν.

[3] Met. II, p. 38, l. 21.

[4] De Gen. et corr. II, ix : Δεῖ δὲ προσεῖναι καὶ τὴν τρίτην, ἣν ἅπαντες ὀνειροάττουσι, λέγει δ' οὐδείς.

sont des formes imparfaites et des fins relatives. Mais dans chaque terme se retrouvent les termes subordonnés ; dans tous par conséquent se retrouve le dernier terme, c'est-à-dire le point où commence le développement de la puissance. A chacun des degrés de son mouvement, la nature est contrainte de repartir du premier degré; à chaque degré, il faut que le mouvement remonte à la cause première du mouvement. Si c'est l'action de la chaleur solaire qui détermine dans la mixtion la combinaison de éléments, c'est encore la chaleur solaire qui donnera à l'organisation même de l'homme la première impulsion [1] : car la mixtion est le commencement de l'organisation. Par la constitution nécessaire de toute progression, la fin dernière n'est donc que la fin du dernier terme, et l'universalité de la fin ne repose que sur les relations de tous les termes de la série au terme le plus élevé: la première cause du mouvement est à la fois la cause première de la série entière, et la cause de chacun de ses membres. Elle est de toute manière et en tout sens la cause universelle.

Ainsi, c'est dans le mouvement que nous avons vu se manifester l'opposition universelle de la puissance et de l'acte. C'est en partant du mouvement que nous nous élevons à l'idée de la fin, où la puissance se réalise dans l'acte de la forme. C'est encore du mouvement

---

[1] *Phys.* II, 11 : Ἄνθρωπος γὰρ ἄνθρωπον γεννᾷ καὶ ἥλιος. *Met.* XII, p. 245, l. 1.

qu'il nous faut remonter au principe universel de toute chose. Le mouvement est le milieu de l'expérience, le centre d'où nous nous orientons dans le monde des phénomènes, et le moyen terme nécessaire de la démonstration des causes.

La série des causes du mouvement ne peut pas être infinie; elle a un commencement et une fin. Le commencement est le moteur et la fin le mobile. Quel que soit donc le nombre des termes dont la série entière se compose, elle se réduit, sous le point de vue de l'enchaînement des causes, à trois termes : le moteur, le mobile, et ce qui est moteur et mobile tout ensemble, qui est mû par une chose et qui à son tour en meut une autre. Des trois termes, il y en a un qui réunit en lui les conditions des deux autres, et qui est à chacun d'eux ce que l'autre est à lui : ce sont donc deux extrêmes avec un moyen terme entre deux, et en proportion continue. Le mobile, le moteur mobile et le moteur[1], telle est, dans sa formule générale, la proportion dont il s'agit de déterminer le terme le plus élevé, qui est la cause des deux autres.

Tout ce qui est en mouvement est mû par quelque chose. Or ce qui meut imprime le mouvement, ou par quelque chose d'autre que soi-même, ou par soi-même[2]. Supposons d'abord le premier de ces deux

[1] *Phys.* VIII, v.
[2] Ibid. Ἢ γὰρ οὐ δι' αὑτὸ τὸ κινοῦν, ἀλλὰ δι' ἕτερον ὃ κινεῖ κινοῦν,

cas, et soient ces trois termes : le mobile, le moteur et l'intermédiaire différent du moteur, par lequel il meut son mobile. L'intermédiaire est un moteur, puisqu'il met le mobile en mouvement; mais c'est aussi un mobile puisqu'il ne fait que transmettre le mouvement que le moteur lui imprime. Des deux moteurs, l'un ne meut que le dernier des trois termes, l'autre meut le dernier et le second : l'intermédiaire est indépendant du dernier terme; le premier est indépendant et du dernier et de l'intermédiaire. L'intermédiaire n'est donc que le moyen terme entre le dernier mobile et le premier moteur, cause première du mouvement. Or, entre un mobile quelconque et le premier moteur, il ne peut pas y avoir une série infinie de moyens par lesquels le premier moteur imprime le mouvement : car la série des causes ne peut être infinie. Donc, en remontant la chaîne des intermédiaires, il faut arriver à un premier terme qui ne soit mû par aucun autre. Le premier moteur ne peut être mû par rien qui soit autre que lui. La formule générale des trois termes du moteur, du moteur mobile et du mobile prend donc cette première forme : le mobile qui est mû par un autre que lui, le moteur mobile qui meut un autre et qui est mû par un autre que lui; le moteur, qui n'est pas mû par un autre que lui[1]. Le

ἢ δι' αὐτό. — Τρία γὰρ ἀνάγκη εἶναι· τό τε κινούμενον καὶ τὸ κινοῦν καὶ τὸ ᾧ κινεῖ.

[1] Ibid.

premier caractère du premier moteur est d'être immobile, du moins à l'égard de tout autre que lui.

Si donc le premier moteur était en mouvement, il ne serait mû que par lui-même. Et en effet, la cause première est plutôt celle qui tient d'elle-même sa causalité que celle qui la tient d'autre chose que d'elle-même. Mais rien de ce qui se meut soi-même ne se meut soi-même tout entier dans le même temps et de la même manière. En effet, le mouvement est donné et reçu dans un même instant indivisible, et c'est le même mouvement qui est donné et qui est reçu. Si donc la même chose se mouvait elle-même tout entière, la même chose donnerait et recevrait, ferait et souffrirait en même temps la même chose. Ce seraient les contraires, et par conséquent les contradictoires réunis à la fois en un même sujet [1]. En général, la chose qui est mue est un mobile, c'est-à-dire une chose en puissance, tandis que le moteur est une chose en acte. Donc, tout ce qui se meut soi-même doit être partagé en un mobile et un moteur. En outre, les deux parties ne peuvent être indifféremment le mobile et le moteur l'une de l'autre : ce serait un cercle, et la chaîne des causes ne peut pas faire le cercle [2]. Dans ce qui se meut soi-même, il faut donc distinguer deux parties dont l'une est par elle-même

---

[1] *Phys.* VIII, v : Λέγω δὲ ὅτι ἤτοι τὸ θερμαῖνον καὶ αὐτὸ θερμαίνεσθαι, κ. τ. λ.

le mobile de l'autre. Mais le mouvement, qui est le passage successif de la puissance du mobile à l'acte du moteur, le mouvement n'est que dans le mobile, et le moteur, en tant que moteur, est essentiellement immobile. Le premier moteur n'est donc pas seulement immobile, comme on l'a vu tout à l'heure, par rapport à tout autre que lui : il est immobile par lui-même. Voilà le second pas que fait la démonstration vers le premier moteur. A la progression précédente se substitue, par l'analyse de ce qui se meut soi-même, une seconde progression, plus élevée d'un degré, dont le premier terme répond au second terme de celle-là, et dont les deux autres termes sont le développement de son dernier terme : le moteur qui est mû par un autre que lui-même (soit qu'il meuve lui-même ou qu'il ne meuve pas autre chose) ; le moteur mobile par lui-même, et immobile à l'égard de tout autre ; enfin, le moteur immobile et pour tout autre que lui et pour lui-même [1].

Ainsi, tout ce qui ne se meut pas soi-même est mis en mouvement par ce qui se meut soi-même, et ce qui se meut soi-même par le principe immobile de son mouvement. Mais le moteur immobile par lui-même, immobile par essence, peut encore être mobile d'une manière accidentelle et relative. Ainsi, le corps inanimé, qui ne se meut pas soi-même, est mis en mouvement par l'être animé, et l'être animé par son âme. Mais l'âme, tout immobile qu'elle est par elle-même, se meut du mouvement de ce qu'elle anime ; si le corps change de lieu, elle change de lieu, s'il souffre, elle souffre avec lui [1]. Or rien n'est à la fois immobile en soi et mobile par accident que ce qui est la forme d'une matière, l'acte d'une puissance. La matière est ce qui peut être et ne pas être également, et ce qui peut être et ne pas être ne peut être toujours. L'action d'un moteur tel que l'âme ne peut donc pas être perpétuelle ; elle exige l'effort, et par suite le repos ; elle est interrompue par des temps de sommeil, et, quand l'organisation se dissout, elle s'éteint [2].

Cependant le mouvement est éternel [3]. Il n'a pas commencé et ne finira point ; il a toujours été et il sera toujours ; c'est comme une vie universelle de la nature, qui ne connaît ni le repos ni la mort [4].

En effet, le mouvement suppose d'une part le mobile et de l'autre le temps. Or les deux réciproques sont vraies : le mobile et le temps supposent le mou-

[1] *Phys.* VIII, vi.
[2] Ibid.
[3] Sur la nécessité de ce lemme pour démontrer un premier moteur absolument immobile et séparé de la matière, voyez Jac. Zabarella, *De inventione æterni motoris*, dans le *De rebus naturalibus* ll. XXXI, col. 254 sqq.
[4] *Phys.* VIII, 1 : Καὶ τοῦτο ἀθάνατον καὶ ἄπαυστον ὑπάρχει τοῖς οὖσιν, οἷον ζωή τις οὖσα τοῖς φύσει συνεστῶσι πᾶσιν.

vement. C'est de la nécessité du mouvement pour le mobile, et du temps pour le mouvement, que se tire la démonstration de l'éternité du mouvement. D'abord, supposons que le mobile, ou, si l'on veut, le monde, ait eu un commencement. Il y aurait donc eu un moment où le mobile aurait commencé d'être. Commencer d'être, c'est changer, en passant du non-être à l'être. Or tout changement implique deux états, l'un où était le sujet du changement, et l'autre où il arrive. Dans le premier, il n'y a pas encore de changement; dans le second, il n'y en a plus. Le changement du non-être à l'être implique donc un changement antérieur; car autrement il n'y aurait aucun changement; et ce changement antérieur ne peut être un changement du non-être à l'être, mais un mouvement continu qui remplisse l'intervalle entre les deux états [1]. Avant le premier changement, il y a donc un mouvement antérieur, et par conséquent un mobile qui se meut dans un temps. Donc le mouvement est éternel et le mobile aussi. Supposons maintenant le mobile éternel, et que le mouvement seul ait eu un commencement. Avant d'être en mouvement,

---

[1] *Phys.* VIII, 1 et VI, v. Les limites ou formes, comme le point, la ligne, ou l'âme, qui sont indivisibles, et par conséquent ne sont pas mobiles, sinon par accident, commencent et cessent d'être sans génération ni corruption, et dans un instant indivisible, mais à la suite de la génération ou corruption, dans le temps, de leurs sujets qui sont les mobiles. *Met.* VII, p. 142, l. 18; p. 143, l. 3; VIII, p. 172, l. 7; XII, p. 241, l. 21.

le mobile aurait donc été en repos. Mais le repos n'est rien de positif; c'est la privation du mouvement, et la privation du mouvement suppose un mouvement antérieur. Donc l'éternité du mobile implique l'éternité du mouvement [1]. En second lieu, le temps est éternel; car tout instant, tout présent est la fin d'un temps passé et le commencement d'un temps à venir; d'où il suit qu'il n'y a pas de premier temps, et que le temps n'a pas de commencement. Or le temps n'est pas une chose subsistant en elle-même : c'est le mouvement considéré dans le nombre, selon l'ordre de l'antériorité et de la postériorité; il a sa forme dans la pensée qui le compte, sa matière dans le mouvement [2]. Donc si le temps est éternel, le mouvement est éternel aussi. Supposons que le temps ait commencé, et non le mouvement, et par conséquent qu'avant toute espèce de mouvement il se soit écoulé un temps infini. Comment déterminer dans l'infinité d'un temps vide un moment où le mouvement commence plutôt qu'à tout autre moment? De l'infini qui précède à l'infini qui doit suivre, il n'y a point de rapport; nul rapport entre deux infinis, et par conséquent nulle raison qui en définisse le moyen terme ou la commune limite. Pourtant la nature met

---

[1] *Phys.* VIII, 1.
[2] Ibid. IV, xiv : Εἰ δὲ μηδὲν ἄλλο πέφυκεν ἀριθμεῖν ἢ ψυχὴ καὶ ψυχῆς νοῦς, ἀδύνατον εἶναι χρόνον ψυχῆς μὴ οὔσης, ἀλλ' ἢ τοῦτο ὅ ποτε ὄν ἐστιν ὁ χρόνος.

partout le rapport et la proportion ; rien ne change sans raison [1]. Ni le temps n'a commencé, comme l'a dit Platon, ni, comme l'ont cru Anaxagore et Empédocle, le mouvement dans le temps ; ce sont des imaginations également vaines [2].

Le mouvement est éternel. Or, pour un mouvement éternel, il ne suffit pas d'une cause qui ne meuve pas toujours ; car l'effet est simultané avec la cause. Maintenant suffit-il d'une totalité successive de causes passagères ? une série successive ne peut pas être la cause d'un mouvement éternel dans sa totalité indivisible. Chacune des parties de la série des causes serait-elle la cause d'une partie du mouvement éternel dans l'ordre de la succession ? Pour répondre, parties par parties, à la succession infinie des phénomènes pendant l'éternité, il faut une succession infinie de causes. Or ces causes elles-mêmes, qu'est-ce qui les fait commencer et cesser d'être ? S'il n'y a pas d'autres causes, ou la série des causes est elle-même une suite de phénomènes indépendants les uns des autres, et alors elle ne suffit pas, ou elle

---

[1] *Phys.* VIII, 1 : Ἀλλὰ μὴν οὐδέν γε ἄτακτον τῶν φύσει καὶ κατὰ φύσιν· ἡ γὰρ φύσις αἰτία πᾶσι τάξεως. Τὸ δ' ἄπειρον πρὸς τὸ ἄπειρον οὐδένα λόγον ἔχει· τάξις δὲ πᾶσα λόγος. Τὸ δ' ἄπειρον χρόνον ἠρεμεῖν, εἶτα κινηθῆναί ποτε, τούτου δὲ μηδεμίαν εἶναι διαφορὰν ὅτι νῦν μᾶλλον ἢ πρότερον, μηδ' αὖ τινα τάξιν ἔχειν, οὐκ ἔτι φύσεως ἔργον. Cet argument est tiré du besoin d'une *raison suffisante*. Sur la même question, comp. Leibnitz (ed. Dutens), II, pars Iª, p. 156.

[2] *Ibid.*

est une progression de causes dépendantes les unes des autres, et alors elle ne peut pas être infinie [1].

L'éternité du mouvement suppose donc l'éternité d'un premier moteur. Or tout moteur éternel est immatériel, et par conséquent absolument étranger au mouvement. La démonstration fait donc encore ici un nouveau pas. Au-dessus de la progression à laquelle elle s'était arrêtée tout à l'heure, s'élève une troisième progression dont le premier terme répond au second terme de celle-là, et dont les deux derniers termes sont le développement de son troisième terme : le moteur qui se meut soi-même, comme l'être animé ; le moteur qui meut sans être mû par soi-même, et enfin le moteur absolument immobile, qui n'est susceptible de mouvement ni par lui-même ni par accident [2]. La démonstration va en trois pas du dernier sujet du mouvement au premier moteur. Les trois progressions, qui marquent ces trois pas en sortant successivement les unes des autres, sont le triple développement de la progression à trois termes qui les contient dans l'universalité de sa formule, et dont chacune d'elles reproduit, à des degrés de plus en plus élevés, les trois éléments nécessaires : le Mobile, le Moteur mobile et le Moteur. De l'extrémité inférieure de la catégorie de l'être, du mobile qui ne meut rien, la démonstration s'élève par une sé-

[1] *Phys.* VIII, vi.
[2] Ibid.

rie de moyens termes moteurs et mobiles à la fois, et au-dessus de l'âme elle-même, jusqu'au moteur qui ne fait que mouvoir et qui ne peut être lui-même en mouvement. Le premier moteur n'est point une âme du monde; c'est un principe supérieur au monde, séparé de la matière[1], étranger au changement et au temps, et qui enveloppe les choses, sans se reposer sur elles, de son éternelle action.

Maintenant l'éternité suppose la continuité. Éternel comme le temps, le mouvement est continu comme lui. Or la continuité implique l'unité. En effet, supposons que le mouvement éternel consiste dans une succession de mouvements différents, sans aucun intervalle qui les sépare dans le temps. La succession se compose de mouvements et de mouvements qui finissent, et toute fin, comme tout commencement de mouvement, suppose, comme sa cause immédiate, ainsi qu'on l'a vu tout à l'heure, un mouvement antérieur. A la continuité de la succession des mouvements, il faudrait donc une cause dans une succession de mouvements, et à celle-ci une cause dans une autre succession, et ainsi à l'infini, ce qui n'est pas possible; car si une suite infinie de phénomènes est possible, une suite infinie de causes ne l'est point. L'éternité des mouvements, en général, suppose donc, non-seulement un éternel moteur qui im-

[1] *Met.* XI, p. 214, l. 13 : Χωριστὸν καθ' αὑτὸ καὶ μηδενὶ τῶν αἰσθητῶν ὑπάρχον.

prime sans cesse le mouvement, mais un mouvement continu, dans le mobile comme dans le temps, et qui, comme le premier moteur, enveloppe aussi tous les mouvements possibles de son éternité [1]. Aux trois termes généraux du mobile, du moteur mobile et du moteur, répondent donc, dans la réalité, trois genres d'êtres différents qui composent la catégorie entière de l'Être : trois genres dont le premier et le second réunis constituent la totalité des choses sujettes au mouvement, c'est-à-dire la nature, et le second et le troisième réunis la totalité des choses éternelles. Le second terme est donc un intermédiaire qui sépare et qui rapproche les extrêmes, qui joue envers chacun d'eux le rôle de l'autre, et qui par conséquent les enchaîne l'un à l'autre dans une proportion continue : l'être mobile et périssable, l'être mobile et impérissable, l'être impérissable et immobile [2].

Mais le mobile éternel, le premier mobile qui subit l'action de l'éternel moteur, se meut-il tout à la fois selon toutes les catégories du mouvement, dans la qualité, la quantité et l'espace? ou de ces trois genres du mouvement n'en est-il que deux, n'en est-il qu'un qui soit la cause des deux autres, et qui puisse remplir sans interruption toute l'éternité?

---

[1] *Phys.* VIII, vi, vii.
[2] *Met.* XII, p. 240, l. 7 : Οὐσίαι δὲ τρεῖς, μία μὲν αἰσθητή, ἧς ἡ μὲν ἀΐδιος, ἡ δὲ φθαρτή,... ἄλλη δὲ ἀκίνητος. P. 245, l. 28 : Τρεῖς οὐσίαι, δύο μὲν αἱ φυσικαί, μία δὲ ἡ ἀκίνητος. Le périssable diffère en genre de l'impérissable X, p. 210, l. 30.

La première forme de la puissance, et la condition de ses formes ultérieures, est, comme on l'a vu [1], l'étendue, avec ses trois dimensions, c'est-à-dire la quantité dans l'espace. L'intuition de la quantité dans l'espace est la condition de l'imagination, condition elle-même de l'entendement [2] : le mouvement dans l'espace est la condition de tous les mouvements possibles. Le mouvement selon la quantité, ou l'accroissement, qui constitue l'essence de la vie végétative, suppose la nutrition, et par conséquent le changement de qualité ou l'altération de la substance nutritive. Or l'altération suppose à son tour le rapprochement dans l'espace de deux substances revêtues de qualités contraires. Tout mouvement de quantité ou de qualité suppose un changement de distance, c'est-à-dire un mouvement dans l'espace. Les qualités élémentaires elles-mêmes, qui font la base de toutes les qualités des corps, et qui, par conséquent, sont la première condition de toute transformation, la chaleur et le froid, se ramènent, comme à leurs causes prochaines, à la condensation et à la raréfaction, la condensation et la raréfaction à des changements de distances. De là, tant de philosophies qui ont fait consister la nature entière dans la figure, la situation et le mouvement [3]. Le mouvement dans l'espace est donc la con-

---

[1] Voyez plus haut, p. 400.
[2] Voyez plus haut, p. 436.
[3] *Phys.* VIII, VII.

dition du mouvement en général; en outre, la mobilité dans l'espace est la forme générale sous laquelle la matière arrive à l'existence réelle et qui distingue le corps de l'étendue abstraite : la première puissance de la nature est donc la puissance passive du mouvement dans l'espace. La puissance active de ce mouvement, au contraire, est la dernière dans le développement progressif de l'organisation, et par suite la première dans l'ordre de l'essence. La faculté de se changer de lieu soi-même n'appartient, en général, qu'aux animaux les plus complets [1], doués des sens les plus nobles, et le signe de la perfection des puissances mêmes de l'âme dans l'humanité est la force, la proportion et la beauté des organes de la préhension et de la locomotion [2]. C'est par le déploiement de son activité dans l'espace que se produit la volonté et que se manifeste l'empire de l'âme sur le corps. La nature commence dans l'espace par la passion, et l'action la ramène à l'espace. Le monde mécanique est le fond sur lequel se développe le monde organique, et en même temps la forme qui en détermine et qui en mesure la perfection. En remontant au delà du commencement même de l'organisation ou de la mixtion jusqu'à la cause de l'être,

---

[1] *Phys.* VIII, vii : Τελευταῖον δὲ φορὰ πᾶσιν ὑπάρχει τοῖς ἐν γενέσει. Διὸ τὰ μὲν ὅλως ἀκίνητα τῶν ζώντων δι' ἔνδειαν τοῦ ὀργάνου, οἷον τὰ φυτὰ καὶ πολλὰ γένη τῶν ζώων, τοῖς δὲ τελειουμένοις ὑπάρχει. Ὥστ' εἰ μᾶλλον ὑπάρχει φορὰ τοῖς μᾶλλον ἀπειληφόσι τὴν φύσιν, καὶ ἡ κίνησις αὕτη πρώτη τῶν ἄλλων ἂν εἴη κατ' οὐσίαν.

[2] Voyez plus haut, p. 437.

c'est le mouvement dans l'espace qui se trouve à la fois au premier rang dans l'ordre du temps, et au premier rang dans l'ordre de l'essence et de la causalité. La génération suppose l'approche des principes générateurs. Or rien ne peut changer ni de qualité ni de quantité qui ne soit d'abord venu à l'être, c'est-à-dire qui n'ait été engendré. Si donc le mouvement dans l'espace est antérieur à la génération elle-même, au changement de l'être au non-être, il est le commencement et la cause de toute espèce de mouvement[1]; enfin de tous les changements, le mouvement dans l'espace est le seul qui ne porte pas sur l'être, mais seulement sur les rapports extérieurs des corps les uns avec les autres; c'est le seul, par conséquent, qui puisse être éternel en un seul et même être[2].

Reste maintenant la seconde condition du mouvement de l'éternel mobile, la continuité. Le changement du non-être à l'être et de l'être au non-être, la génération et la corruption, est un changement de contradictoire à contradictoire; les mouvements de qualité et de quantité sont des changements de contraire à contraire. Or aucun changement d'opposé à opposé ne peut être éternel et continu. En effet, le changement ou le mouvement ne peut être éternel de

---

[1] *Phys.* VIII, vii.
[2] *Ibid.* : Ἥκιστα τῆς οὐσίας ἐξίσταται τὸ κινούμενον τῶν κινήσεων ἐν τῷ φέρεσθαι. Κατὰ μόνην γὰρ οὐδὲν μεταβάλλει τοῦ εἶναι.

l'un des opposés à l'autre, sans quoi il n'y aurait pas de mouvement. L'éternité du mouvement entre des termes opposés n'est donc possible que par la progression et la regression [1] perpétuelle d'un terme à l'autre. Mais un même mobile ne peut pas se mouvoir dans le même instant de deux mouvements opposés, et les mouvements opposés sont ceux qui tendent à des opposés suivant des directions opposées : donc, entre chaque mouvement de progression et de regression, il y a un repos, et le mouvement d'opposé à opposé ne peut pas être éternellement continu [2]. En général, la continuité suppose l'infinie divisibilité sans division actuelle, une infinité de moyens termes en puissance et aucun en acte. Dès que le moyen terme vient à l'acte, il est double, fin d'une quantité et commencement d'une autre; ce qu'il unissait est séparé, et la continuité interrompue [3]. Le mouvement ne peut donc, sans s'interrompre, déterminer un commencement et une fin; or le terme auquel le mobile arrive, et d'où il repart en sens contraire, est le moyen terme défini de la progression et de la regression, le commencement de l'une et la fin

[1] Ἀνάκαμψις. *Phys.* VIII, viii. Cf. *Met.* II, p. 38, l. 12.

[2] *Phys.* VIII, viii : Ὥστ' εἰ ἀδύνατον ἅμα μεταβάλλειν τὰς ἀντικειμένας (sc. κινήσεις), οὐκ ἔσται συνεχὴς ἡ μεταβολή, ἀλλὰ μεταξὺ αὐτῶν ἔσται χρόνος.

[3] Ibid. : Ἐν δὲ τῷ συνεχεῖ ἔνεστι μὲν ἄπειρα ἡμίση, ἀλλ' οὐκ ἐντελεχείᾳ, ἀλλὰ δυνάμει· ἂν δὲ ποιῇ ἐντελεχείᾳ, οὐ ποιήσει συνεχῆ, ἀλλὰ στήσει.

de l'autre : donc le mouvement s'y arrête, et entre la progression et la regression du mobile, il s'écoule nécessairement un temps vide de son mouvement [1]. Ainsi dans le syllogisme, dans la science, le moyen terme, étant pris en deux sens, est un point d'arrêt et de repos pour la pensée [2].

Dans l'espace, il y a trois sortes de mouvements : deux mouvements simples, dont l'un est rectiligne et l'autre circulaire, et le mouvement mixte, qui est composé des mouvements simples [3]. Les extrémités de la ligne droite sont les contraires dans l'espace; car l'opposition des deux extrémités de la ligne droite est le type même de la contrariété [4]. Le mouvement rectiligne ne peut donc pas être éternellement continu, ni par conséquent le mouvement mixte. Mais dans le mouvement circulaire il n'y a pas d'opposition. De l'extrémité d'un diamètre le mobile passe à l'autre extrémité, et de celle-ci il va ensuite à celle-là; mais il n'y revient pas par le même arc; ce n'est pas une progression suivie d'une regression, mais une pro-

---

[1] *Phys.* VIII, viii : Τῷ ἄκρῳ τῷ ἐφ' οὗ... τελευτῇ καὶ ἀρχῇ κέχρηται τῷ ἑνί, σημείῳ ὡς δύο· διὸ στῆναι ἀνάγκη.

[2] Voyez plus haut, p. 489. *Phys.* VIII, viii : Ἀνάγκη στῆναι διὰ τὸ δύο ποιεῖν, ὥσπερ ἂν εἰ καὶ νοήσειεν. En effet, le moyen est ἐν τῷ ἀριθμῷ, δύο τῷ λόγῳ (voyez plus haut, p. 388, n. 4), un réellement, double logiquement, et par la pensée qui divise. *Phys.* IV, xiii : Οὐ γὰρ ἡ αὐτὴ ἀεὶ καὶ μία στιγμὴ τῇ νοήσει· διαιρούντων γὰρ ἄλλη.

[3] *De Cæl.* I, ii.

[4] *Met.* X, iv.

gression non interrompue qui peut être perpétuée ainsi à l'infini. En effet, dans toute l'étendue de la circonférence, il n'y a pas un point déterminé; toutes les limites n'y sont qu'en puissance. Le moyen terme, c'est le centre, commencement et fin, et tout à la fois milieu de l'étendue entière [1]. Or le centre est nécessairement en dehors de la circonférence et à distance égale de tous les points. Le mobile ne doit jamais l'atteindre et y trouver le repos. Le mouvement éternel et continu, cause de tout mouvement, ne peut donc être que le mouvement circulaire dans l'espace [2].

Maintenant tout corps est un mobile, et il n'y a rien de mobile qui ne soit un corps ou qui n'appartienne à un corps; en outre, il n'y a rien dans la nature qui n'ait une tendance naturelle. Si donc le mouvement dans l'espace est la première forme de la nature, tout corps a un mouvement naturel dans l'espace. Aux mouvements simples et primitifs doivent répondre des corps simples; au mouvement rectiligne, qui se décompose en deux mouvements contraires, répondent les éléments contraires, qui se meuvent naturellement selon les directions opposées de la gravité et de la légèreté. Le mouvement simple en cercle n'a pas de contraire : c'est le mouvement naturel d'un élément simple qui n'a pas de contraire

---

[1] *Phys.* VIII, ix : Καὶ γὰρ ἀρχὴ καὶ μέσον τοῦ μεγέθους καὶ τέλος ἐστίν.
[2] Ibid.

non plus : cet élément est l'éther[1]. Les éléments graves et légers sont en lutte perpétuelle; l'éther, exempt de toute opposition, est tout entier à l'œuvre simple de son perpétuel mouvement : c'est l'élément actif et rapide qui ne se repose jamais (αἰθήρ de ἀεὶ θέω[2]). En outre à la figure du mouvement circulaire répond la figure du mobile. Les éléments contraires, toujours soumis à des influences opposées, et se combinant sans cesse entre eux, ne peuvent pas avoir de figures définies. La détermination invariable des figures ne permettrait pas la contiguïté parfaite; il y aurait du vide, ce qui n'est pas possible, et il n'y aurait pas de mixtes[3]. Mais il n'en est pas de même de l'éther : de son mouvement suit sa forme. La figure n'est que le moyen dont le mouvement naturel est la fin, et rien dans la nature n'est que pour la fin et par la fin. Le cercle est la plus simple des figures planes, puisqu'elle est formée d'une seule ligne qui se suffit à elle-même pour enfermer l'espace; la sphère, formée d'une seule surface, est le plus simple des solides : l'éther prend de soi-même la figure d'une sphère. Tous les corps qu'il entraînera dans son mouvement prendront sous une action semblable une figure semblable[4], et feront autant de sphères. Le mouvement de

---

[1] *De Cœl.* I, II.

[2] *Ibid.* I, III. *Meteor.* I, III.

[3] *De Cœl.* IV, VIII.

[4] *Ibid.* II, IV : Ἕκαστόν ἐστιν ὧν ἔργον ἐστιν, ἕνεκα τοῦ ἔργου.....

l'éther, cause de tout mouvement dans le monde, embrasse le monde : au centre de sa sphère se rassemblent donc et se disposent dans l'ordre de leur gravité et de leur légèreté spécifique les autres éléments. Le mouvement circulaire veut un centre immobile; or le mouvement de l'éther contient le monde : le centre de son mouvement est donc le centre même de sa figure, et le monde est une sphère qui accomplit autour de son centre immobile un mouvement éternel de révolution [1].

Dans le mouvement circulaire, les vitesses des différentes parties du mobile varient comme les distances de ces parties au centre. Les plus éloignées, parcourant dans le même temps plus d'étendue, se meuvent plus rapidement. Toutes les parties de la sphère du monde ne sont donc pas animées d'une vitesse égale. En outre, l'éther, dans toute son étendue, et les quatre éléments contraires ne forment pas une masse continue, indivisible dans son mouvement. La différence des vitesses dans le mouvement général de l'éther ou du ciel, y laisse les couches inférieures de plus en plus indépendantes du mouvement de la couche la plus éloignée du centre; elles retardent les unes sur les autres, et prennent des mouvements propres dans des sens différents du mouvement universel [2]. La sphère la plus vaste et la plus

---

[1] *De Cœl.* II, IV.
[2] Ibid. III, XII. *Met.* XII, VIII.

rapide porte des astres qui ne se meuvent que de son mouvement : ce sont les étoiles fixes. Au-dessous viennent les sphères des étoiles errantes, ou planètes. La dernière planète est la lune. Au-dessous de la lune, et en général du ciel, vient le monde des éléments contraires, incapables de se mouvoir d'eux-mêmes qu'en ligne droite, mais plus ou moins dociles à l'impulsion des sphères célestes : d'abord le feu, ou plutôt l'élément inflammable, qu'entraîne encore d'un mouvement assez rapide la pression de la sphère qui le touche; au-dessous, l'air qu'elle ne fait plus qu'agiter; au-dessous de l'air, et à la surface de la terre, l'eau, où l'impulsion de la sphère de la lune ne produit que les oscillations lentes du flux et du reflux[1]; enfin la terre est soustraite par la cohésion de ses parties non moins que par sa petitesse, à l'influence mécanique du mouvement céleste. La terre est immobile, suspendue dans l'espace par la seule pesanteur, qui précipite les graves vers le milieu du monde[2]. Mais la terre elle-même subit l'action immédiate de l'eau, l'eau celle de l'air, et l'air celle de l'élément inflammable. Enfin, dans les phénomènes de la mixtion, les deux éléments inférieurs jouent en général, à l'égard des deux autres, le rôle du principe moteur[3].

Ainsi chaque sphère du monde est la cause du

---

[1] *Meteor.* II, 1.
[2] *De Cœl.* II, XIII, XIV.

changement dans la sphère qu'elle enveloppe; l'ordre de l'essence et de la causalité répond à l'ordre des lieux et des temps, la forme à la figure[1]. Depuis la sphère rapide des étoiles fixes jusqu'à la terre, c'est une progression décroissante de mouvement et d'activité. Mais, entre le monde céleste et le monde sublunaire, l'unité n'est que d'analogie, de simple proportion : la différence est de matière, ou de genre; car le genre répond à la matière[2]. Au contraire, chacun des deux mondes est formé d'une seule et même matière. Dans le monde céleste, il n'y a que l'éther, et dans le monde sublunaire, les quatre éléments sortent les uns des autres et se résolvent les uns dans les autres : c'est donc une seule matière sous des formes variables, et dans une transmutation perpétuelle : dans le monde sublunaire, l'unité est donc du genre : la différence des sphères successives est une différence de formes, ou d'espèces. Dans le monde céleste, exempt de toute opposition, l'unité de genre est aussi une unité d'espèce[3]; et il n'y a

---

[1] *De Cœl.* IV, III : Ἀεὶ γὰρ τὸ ἀνώτερον πρὸς τὸ ὑφ' αὐτὸ ὡς εἶδος πρὸς ὕλην οὕτως ἔχει πρὸς ἄλληλα. *De Gen. et corr.* III, VII : Μόνον γάρ ἐστι καὶ μάλιστα τοῦ εἴδους τὸ πῦρ διὰ τὸ πεφυκέναι φέρεσθαι πρὸς τὸν ὅρον.... Ἡ δὲ μορφὴ καὶ τὸ εἶδος ἁπάντων ἐν τοῖς ὅροις. *Meteor.* IV, I.

[2] *Met.* V, p. 96, l. 3 : Τὸ γένος ἓν τὸ ὑποκείμενον ταῖς διαφοραῖς..... ὥσπερ ἡ ὕλη μία. Sur le rapport du genre et de la matière, voyez plus haut, p. 486.

[3] *Met.* V, p. 97, l. 22 : Τὰ μὲν κατ' ἀριθμόν ἐστιν ἕν, τὰ δὲ κατ' εἰ-

de différences entre les sphères successives que dans les degrés de perfection.

Or le résultat immédiat de l'opposition des espèces, dans un monde de mouvement, est la génération et la corruption. Le contraire détruit le contraire; et la destruction de l'un est la naissance de l'autre [1]. Mais l'action des contraires l'un sur l'autre exige, outre la matière, une cause de mouvement. La cause immédiate de la génération est la chaleur; celle de la corruption, le froid ou la privation de la chaleur [2]. La cause efficiente de la chaleur elle-même, est dans le frottement que les astres exercent sur les sphères supérieures du monde sublunaire [3]. Les astres n'ont pas de chaleur par eux-mêmes : la sphère de l'éther est en elle-même étrangère à toute opposition; la cause produit un contraire, sans descendre elle-même dans la contrariété, sans sortir de l'identité et de l'uniformité de son mouvement.

Cependant les alternatives de la génération et de la corruption veulent des alternatives dans la chaleur et le froid, qui en sont les causes immédiates : les effets opposés veulent des causes opposées. L'opposition

δος, τὰ δὲ κατὰ γένος, τὰ δὲ κατ' ἀναλογίαν. Cf. Theophr. Met. ed. Brandis, p. 317, l. 19. De Part. an. I, v : Τὰ μὲν γὰρ ἔχουσι τὸ κοινὸν κατ' ἀναλογίαν, τὰ δὲ κατὰ γένος, τὰ δὲ κατ' εἶδος.

[1] Ibid. XIV, p. 302, l. 16 : Φθαρτικὸν γὰρ τοῦ ἐναντίου τὸ ἐναντίον.
[2] De Cœl. II, III : Καὶ τῆς στερήσεως πρότερον ἡ κατάφασις· λέγω δ' οἷον τὸ θερμὸν τοῦ ψυχροῦ.
[3] Meteor. I, III. De Cœl. II, VII.

se trouve dans la variation des distances de l'astre qui produit la chaleur à la région où il la fait pénétrer, et pour cette variation, il suffit d'une obliquité dans son mouvement propre à l'égard du mouvement général du ciel[1]. Tandis que le mouvement général emporte le soleil, suivant la ligne circulaire de l'équateur, d'orient en occident, il remonte peu à peu d'occident en orient suivant une ligne circulaire, l'écliptique, dont le plan coupe le plan de l'équateur, en passant par le même centre, qui est celui de la terre. Sans s'éloigner ni s'approcher du centre, il s'approche et s'éloigne successivement de chacun des points de la surface, et de là l'inégalité de la chaleur et la variété des saisons. La révolution de la sphère céleste, selon l'équateur, perpendiculairement à l'axe du monde, c'est le jour, qui règle sur la terre, pour les êtres placés haut dans l'échelle de l'organisation, les alternatives du sommeil et de la veille. La révolution propre du soleil suivant l'écliptique, par les signes du zodiaque, c'est l'année, qui règle les alternatives générales de la naissance et de la mort. Enfin la terre elle-même a ses âges; seulement elle n'est pas comme les êtres éphémères qu'elle porte, jeune ou vieille tout entière. Elle vieillit d'un côté, en perdant sa

---

[1] *De Gen. et corr.* II, ix : Διὸ οὐχ ἡ πρώτη φορὰ αἰτία ἐστὶ γενέσεως καὶ φθορᾶς, ἀλλ' ἡ κατὰ τὸν λοξὸν κύκλον· ἐν ταύτῃ γὰρ καὶ τὸ συνεχὲς ἔνεστι καὶ τὸ κινεῖσθαι δύο κινήσεις. *Met.* XII, p. 245, l. 1 : Ὁ ἥλιος

chaleur, pour rajeunir d'un autre[1]. Où elle était fertile, elle devient aride; où il n'y avait point d'eaux, les eaux affluent et forment des déluges : puis les eaux se retirent, les régions desséchées reverdissent. La cause de ces changements, c'est sans doute le soleil entraîné lentement par une troisième sphère éthérée suivant la largeur du zodiaque; l'écliptique s'incline peu à peu, et en se déplaçant, déplace les climats. La révolution de l'écliptique est la période d'une grande année, qui mesure les époques du monde sublunaire[2].

Ainsi, dans le monde où nous sommes, au milieu du combat perpétuel des contraires, la nature ne peut arriver, ni dans l'espace, ni dans le temps, à la continuité du monde céleste; elle arrive à l'uniformité et à la régularité du changement discret[3]. Elle ne peut obtenir la perpétuité de l'existence dans l'individu : elle l'obtient dans l'espèce. Le sujet change, la forme dure en se propageant d'individu en indi-

---

[1] *Meteor.* I, xiv : Τῇ δὲ γῇ τοῦτο γίνεται κατὰ μέρος, διὰ ψύξιν καὶ θερμότητα.

[2] C'est le troisième mouvement attribué au soleil par Eudoxe. *Met.* XII, p. 252, l. 1 : Τὴν δὲ τρίτην κατὰ τὸν λελοξωμένον ἐν τῷ πλάτει τῶν ζωδίων. Je n'ai pas trouvé dans Aristote de passage exprès où il rapporte les âges de la terre à ce mouvement, comme à une grande année. Mais j'ai cru que c'était sa pensée. Selon une opinion universellement répandue dans l'antiquité, on avait vu autrefois le soleil se lever à l'occident.

[3] Τὸ ἐφεξῆς. *Phys.* VIII, vi.

vidu; l'être périssable se reproduit dans un autre lui-même[1]. Les parties vivantes du monde sublunaire se propagent ainsi dans le sens de la progression perpétuelle du temps, et suivant la ligne droite. Les éléments font le cercle dans les alternatives de leurs transformations réciproques[2]. Enfin le changement des zones de la terre est une lente révolution. L'obliquité de la marche des planètes suffit donc pour déterminer dans le monde des contraires les vicissitudes de la génération et de la corruption : la continuité du mouvement général du ciel en ramenant les planètes dans des temps égaux aux mêmes points de la sphère du monde, fait de ces vicissitudes les périodes régulières de l'année et de la grande année. Les mouvements obliques font que tout est toujours autre; le mouvement diurne qui les domine fait que tout est toujours le même, et donne au changement la forme de l'éternité[3]. Le monde céleste en général est le monde de la continuité éternelle du mouvement;

---

[1] Voyez plus haut, p. 414.
[2] Met. II, p. 37, l. 24 sqq.
[3] Ibid. XII, p. 247, l. 15 : Εἰ δὴ τὸ αὐτὸ ἀεὶ περιόδῳ, δεῖ τι ἀεὶ μένειν ὡσαύτως ἐνεργοῦν. Εἰ δὲ μέλλει γένεσις καὶ φθορὰ εἶναι, ἄλλο δεῖ εἶναι ἀεὶ ἐνεργοῦν ἄλλως καὶ ἄλλως. Ἀνάγκη ἄρα ὡδὶ μὲν καθ' αὐτὸ ἐνεργεῖν (le mouvement propre, annuel), ὡδὶ δὲ κατ' ἄλλο· ἤτοι ἄρα καθ' ἕτερον ἢ κατὰ τὸ πρῶτον (τὸ πρῶτον, le mouvement diurne de tout le ciel). Ἀνάγκη δὴ κατὰ τοῦτο· πάλιν γὰρ ἐκεῖνο αὐτῷ τε αἴτιον κἀκείνῳ (i. e. le mouvement diurne, ἐκεῖνο, est la cause et du mouvement oblique, αὐτῷ, en tant que périodique, et de la génération et corruption perpétuelle, κἀκείνῳ). Οὐκοῦν βέλτιον τὸ πρῶτον.

le monde sublunaire, celui de l'éternelle périodicité.

Le monde céleste lui-même ne peut atteindre à l'égalité et l'uniformité absolue. C'est un mobile, et des conditions mêmes du mouvement continu suit, dans les différentes parties du mobile, l'inégalité des vitesses. Mais en même temps que décroît la rapidité des astres dans le mouvement général du monde, en même temps se multiplient et deviennent plus rapides les mouvements propres. La sphère des étoiles fixes n'a qu'un seul mouvement, qui emporte une multitude d'astres avec une vélocité extrême[1]. Les sphères inférieures ne portent chacune qu'un astre ; mais cet astre à lui seul a plusieurs mouvements différents. Ainsi s'établit entre toutes les parties de la masse homogène de l'éther une sorte de compensation : ce que la nature perd d'un côté elle le regagne jusqu'à un certain point d'un autre côté[2]. La multitude lui sert à contre-balancer la grandeur, la variété à suppléer la force. Ce n'est pas assez de mettre partout l'ordre et la proportion : partout elle répand des relations inverses et une réciprocité harmonieuse qui maintiennent entre les proportions mêmes un juste équilibre, et les rapprochent de l'unité[3].

Καὶ γὰρ αἴτιον ἦν ἐκεῖνο τοῦ ἀεὶ ὡσαύτως, τοῦ δ' ἄλλως ἕτερον· τοῦ δ' ἀεὶ ἄλλως ἄμφω δηλονότι.

[1] De Cæl. II, xii. Met. XII, viii.
[2] Voy. plus haut, p. 418.
[3] De Cæl. II, xii : Ταύτῃ τε οὖν ἀνισάζει ἡ φύσις, καὶ ποιεῖ τινα τά-

LIVRE III, CHAPITRE III.   565

Le monde dans son ensemble, sous l'action du premier moteur, est un tout accompli auquel il ne manque rien, et qui renferme toute chose sous la forme de la continuité dans l'espace et dans le temps[1]. L'espace, ou le lieu, ne consiste ni dans la matière, ni dans la forme, ni dans l'intervalle des surfaces des corps : les intervalles, la forme, la matière sont inséparables du corps ; l'espace, au contraire, en est essentiellement séparable. L'espace est la surface dans laquelle des corps de nature quelconque peuvent se succéder : c'est comme un vase immobile pour toute espèce de mobile. Or une limite, telle que la surface, ne peut pas subsister par elle-même, mais seulement en un corps. L'espace est donc la limite du corps enveloppant[2]. Le vide n'est donc autre chose qu'une abstraction sans réalité, et, par conséquent, le monde n'est pas un corps ou un système de corps suspendu dans le vide infini. Dans l'infini d'un espace vide comme dans l'infini d'un temps vide, il n'y a rien qu'une entière indétermination ; nul ordre, nul rapport et nul point discernable où fixer la place du monde[3]. Le monde n'est donc pas dans l'espace, mais

ξυν, τῇ μὲν μιᾷ φορᾷ πολλὰ ἀποδοῦσα σώματα, τῷ δὲ ἑνὶ σώματι πολλὰς φοράς.

[1] Ibid. I, viii, ix. Sur l'idée du τέλειον, cf. I, 1, et Met. V, xvi.

[2] *Phys.* IV, ii, iv : Ὁ τόπος ἀγγεῖον ἀμετακίνητον... Τοῦ περιέχοντος πέρας ἀκίνητον πρῶτον.

[3] Ibid. viii : Ὥσπερ γὰρ τοῦ μηδενὸς οὐδεμία ἐστὶ διαφορά, οὕτως καὶ τοῦ μὴ ὄντος.

l'espace dans le monde. D'un autre côté, le monde ne peut être infini. En effet, le mouvement d'un mobile infini, exigerait, avec une vitesse quelconque et pour une partie quelconque, une durée infinie. La figure même, fût-elle immobile, suppose la limitation [1]. Et enfin, nulle quantité actuelle en général ne peut être infinie. Le monde est une sphère finie, qui n'est pas dans l'espace, et dont la grandeur détermine les bornes de l'espace. Maintenant, dans la sphère, le commencement ne se distingue pas de la fin [2] : c'est comme la figure même de l'infini. Mais cette infinité ne consiste que dans l'infini de la possibilité du mouvement : la ligne circulaire, la plus définie, la plus parfaite des lignes, est la ligne selon laquelle le mouvement est possible dans le temps à l'infini. Ainsi le monde est un tout qui embrasse dans son étendue tout espace, dans son mouvement toute durée. Ni le fini de son étendue, ni l'infini de son mouvement ne dérogent à sa perfection. Sa perfection c'est qu'il est tout et qu'il mesure tout, dans le réel par sa forme, dans le possible par sa durée.

Cependant le monde lui-même n'a rien de réel que dans son mouvement. Ce n'est pas encore la fin de toute réalité ; c'est une limite limitée elle-même, une forme qui a sa forme. La forme et la limite du monde est le principe qui siège en quelque sorte sur sa sphère la

---

[1] *De Cœl.* I, vii. Comp. plus haut, p. 546, n. 2.
[2] *Phys.* VIII, ix : Τῆς δὲ περιφεροῦς ἀόριστα.

LIVRE III, CHAPITRE III.

plus rapide[1], et l'enveloppe de son activité. Le monde est une quantité ; le ciel même, et la sphère du ciel la plus haute et la plus rapide, n'a que l'unité que suppose et produit le mouvement, c'est-à-dire la continuité, avec l'infini qu'elle renferme. Le premier moteur seul est sans étendue, sans quantité, sans parties[2]. Le mouvement du monde pendant l'infinité du temps supposerait dans une grandeur une puissance infinie ; or une puissance infinie ne peut appartenir à une grandeur finie, et une grandeur infinie est impossible[3]. Mais le fini et l'infini n'appartiennent qu'à la quantité, et la quantité à la matière[4] ; le premier moteur n'est donc ni fini ni infini : c'est une limite indivisible et une unité simple. Le monde, dans son

---

[1] *Phys.* VIII, x : Τάχιστα κινεῖται τὰ ἐγγύτατα τοῦ κινοῦντος· τοιαύτη δ' ἡ τοῦ ὅλου κίνησις. Ἐκεῖ ἄρα τὸ κινοῦν. *De Cæl.* I, ix : Εἰώθαμεν τὸ ἔσχατον καὶ ἄνω μάλιστα καλεῖν οὐρανόν, ἐν ᾧ τὸ θεῖον πᾶν ἱδρῦσθαί φαμεν. On peut donc admettre l'expression de Sextus Empiricus, *Pyrrh. hypotyp.* III, s. 218 : Ἀριστοτέλης ἀσώματον εἶπεν τὸν θεὸν εἶναι καὶ πέρας τοῦ οὐρανοῦ. *Adv. Math.* X, s. 33. Cela ne veut pas dire que Dieu soit étendu ni mobile ; cela veut dire le contraire.

[2] *Phys.* VIII, x. *Met.* XII, p. 250, l. 1 : Δέδεικται δὲ καὶ ὅτι μέγεθος οὐθὲν ἔχειν ἐνδέχεται ταύτην τὴν οὐσίαν, ἀλλὰ ἀμερὴς καὶ ἀδιαίρετός ἐστι.

[3] *Locc. laudd.* Il ne faut pas conclure non plus de cet argument (comme par exemple S. Thomas, *in Met.* loc. laud.) que dans la pensée d'Aristote le premier moteur doive avoir une puissance infinie, mais au contraire qu'il lui faudrait de la puissance s'il avait de l'étendue, et dans ce cas seulement. La puissance n'appartient qu'à ce qui existe comme l'âme en une matière, ἔνυλον, et par conséquent en une étendue.

[4] Voyez plus haut, p. 397.

ensemble, n'est qu'une unité de proportion ; le monde sublunaire, une unité générique que se partagent des oppositions ; le monde céleste, une unité d'espèce ; le premier moteur est l'unité de l'individualité absolue. Enfin, dans le monde céleste lui-même, toute opposition n'a pas disparu, ni par conséquent toute contingence ; la matière y subsiste avec la possibilité qu'elle implique : si la sphère céleste ne peut pas ne pas être, et même ne pas se mouvoir, car son être est dans son mouvement, elle pourrait du moins se mouvoir dans un autre sens et avec une vitesse différente. Mais le premier moteur est indépendant de la matière, supérieur à toute contingence ; en lui rien ne peut être que ce qui est ; c'est le seul être nécessaire, non pas comme la matière à l'égard de la forme, d'une nécessité conditionnelle et relative, mais d'une nécessité simple et absolue [1].

Or maintenant, comment le premier moteur peut-il donner le mouvement ? L'impulsion suppose l'action du moteur et la réaction du mobile en un point de contact, qui leur sert de limite commune [2]. L'action et la réaction impliquent la passion réciproque du moteur et du mobile sous l'action l'un de l'autre, et la passion est un mouvement ; or le premier moteur est absolument immobile. Bien plus, non-seulement

---

[1] *Met.* XII, p. 248, l. 18-29.
[2] *Phys.* III, 11 : Συμβαίνει δὲ τοῦτο θίξει τοῦ κινητικοῦ· ὥστε ἅμα καὶ ἔσχει.

l'action qui donne l'impulsion implique la réaction, mais l'action et la réaction sont égales[1]; or l'égalité de l'action et de la réaction donne l'équilibre, le repos, et non pas le mouvement. Pour déterminer le mouvement, il faut un excès, une prédominance; toute impulsion suppose plus de mouvement dans le moteur que dans le mobile[2]. Le moteur immobile ne meut donc pas par une impulsion; il meut le monde sans se mouvoir, et par conséquent sans puissance motrice. Toute la puissance doit être dans le mobile : l'acte seul dans le premier moteur.

Le premier moteur ne peut mouvoir le monde que comme le bien ou le beau meut l'âme, comme l'objet du désir meut ce qui le désire[3]. La cause d'une affection de plaisir ou de douleur nous touche sans que nous la touchions; le premier moteur touche le monde et n'en est pas touché[4]. Le mouvement du monde n'est donc pas le résultat fatal d'une impulsion mécanique.

[1] *De Gen. an.* IV, III : Ὅλως τὸ κινοῦν, ἔξω τοῦ πρώτου, ἀντικινεῖταί τινα κίνησιν· οἷον τὸ ὠθοῦν ἀντωθεῖται πως, καὶ ἀντιθλίβεται τὸ θλῖβον. *De An. mot.* III : Ὡς γὰρ τὸ ὠθοῦν ὠθεῖ, οὕτω τὸ ὠθούμενον ὠθεῖται, καὶ ὁμοίως κατ' ἰσχύν. De là la nécessité d'un point d'appui.

[2] *De An. mot.* III : Αἱ μὲν ἴσαι (sc. κινήσεις) ἀπαθεῖς ὑπ' ἀλλήλων, κρατοῦνται δὲ κατὰ τὴν ὑπεροχήν.

[3] *Mét.* XII, p. 248, l. 4 : Κινεῖ δὲ ὧδε· τὸ ὀρεκτὸν καὶ τὸ νοητὸν κινεῖ οὐ κινούμενα. *De An. mot.* VI, VIII. *De An.* III, X.

[4] *De Gen. et corr.* I, VI : Ὥστ' εἴ τι κινεῖ ἀκίνητον ὄν, ἐκεῖνο μὲν ἂν ἅπτοιτο τοῦ κινητοῦ, ἐκείνου δὲ οὐθέν· φαμὲν γὰρ ἐνίοτε τὸν λυποῦντα ἅπτεσθαι ἡμῶν, ἀλλ' οὐκ αὐτοὶ ἐκείνου. *Phys.* VIII, v : Ἅπτεσθαι γὰρ ἀλλήλων ἀνάγκη, μέχρι τινός. Comme ci-dessus, dans le passage cité,

Le premier moteur est le bien où il aspire. La série descendante des causes motrices se renverse ici en quelque sorte, et se convertit encore en une série ascendante de causes finales. Ce n'est pas la cause qui est faite pour son effet, mais l'effet pour sa cause, et au fond la vraie cause est la fin. Le mouvement circulaire du ciel est la cause motrice de la génération dans le monde sublunaire; mais c'est que la génération est l'effort de la nature pour atteindre à la continuité du mouvement et de la vie céleste [1]. A son tour, le mouvement continu de la révolution du ciel n'est que la tendance du monde à réaliser en lui-même l'unité et la simplicité absolue de son principe. Rien n'a de réalité que par sa fin et dans la tendance à sa fin. La réalité du corps est dans son mouvement naturel; la réalité du mouvement lui-même n'est pas dans sa forme abstraite et extérieure, qui n'est qu'un changement de relations, elle est tout entière dans le désir [2]. L'acte éternel qui fait la vie du monde est le désir éternel du bien.

Le principe du désir est la sensation, l'imagination ou la pensée, qui en manifestent l'objet comme le

---

p. 568, n. 3; ἔξω τοῦ πρώτου, à l'exception du premier moteur. Cf. Vater, *Vindiciæ theologiæ Aristotelis*, p. 32.

[1] Voyez plus haut, p. 424, n. 3, et p. 562.

[2] *De An.* III, x : Κινεῖται γὰρ τὸ κινούμενον ᾗ ὀρέγεται, καὶ ἡ κίνησις ὄρεξίς τίς ἐστιν ᾗ ἐνέργεια. Dans les anciennes éditions on lit ὀρεγόμενον au lieu de κινούμενον, et ἡ ὄρεξις κίνησις au lieu de ἡ κίνησις ὄρεξις, ce qui donne un sens tout différent.

LIVRE III, CHAPITRE III. 571

bien auquel il faut tendre [1]. Or le premier moteur est nécessairement séparé de toute matière, supérieur aux conditions de l'espace et du temps. Ce n'est donc pas un objet de sensation ni d'imagination ; c'est un objet de pensée, une chose intelligible. Le désir du monde n'est donc pas le mouvement de l'aveugle appétit, mais bien le libre élan de la volonté intelligente [2].

Mais n'avons-nous pas vu que le bien dont la pensée détermine la volonté à l'action, que l'objet de l'entendement et de la raison pratique, est une fin qu'on se représente hors de soi, en face de soi-même, comme l'un des deux termes contingents d'une opposition, comme une possibilité, un idéal que l'on peut à son gré réaliser ou ne pas réaliser [3] ? Le bien auquel le monde aspire et qui le détermine à se mouvoir ne serait-il donc aussi qu'un intelligible sans substance [4] ?

---

[1] *De An.* III, IX, X. Les principes déterminants du mouvement peuvent être réduits à deux, l'ὄρεξις et le νοῦς, qui sont chez Aristote les deux divisions les plus générales de l'âme, ibid. x; *De An. mot.* VI; *Met.* XII, p. 244, l. 17; p. 248, l. 4; *Polit.* VIII, VIII. Voyez plus haut, p. 446, n. 3.

[2] *Met.* XII, p. 248, l. 5.

[3] Voyez plus haut, p. 457. *De An.* III, X : Ἀεὶ μὲν γὰρ κινεῖ τὸ ὀρεκτόν· ἀλλὰ τοῦτ' ἐστιν ἢ τὸ ἀγαθὸν ἢ τὸ φαινόμενον ἀγαθόν· οὐ πᾶν δέ, ἀλλὰ τὸ πρακτὸν ἀγαθόν· πρακτὸν δ' ἐστιν ἀγαθὸν τὸ ἐνδεχόμενον καὶ ἄλλως ἔχειν. Sur le bien pratique, comme idée, possibilité, voyez plus haut, p. 493.

[4] Sur cette question, consulter les profondes dissertations de Cesalpini, *Quæst. peripat.* II, IV, VI.

Serait-ce une pure conception, une idée abstraite et générale qu'il s'efforcerait sans cesse d'accomplir en lui-même par son éternel mouvement? En un mot, est-ce du côté du monde qu'est la réalité avec l'action, et du côté de la cause de son mouvement l'idéalité pure? L'un est-il par soi-même le sujet de la pensée, et l'autre n'en est-il que l'objet, sans être par lui-même un sujet et une substance?

L'objet dont la pensée produit dans l'être le premier désir et le premier mouvement ne peut pas être une pure idée qu'il se pose à lui-même comme un objet externe et comme un type à réaliser. La délibération ne peut pas commencer par la délibération, la réflexion par la réflexion ; la première pensée, on n'a pas pu penser à la penser, car on irait ainsi à l'infini sans trouver de commencement [1]. Le premier objet de la pensée ne peut donc pas être une idée qu'on s'oppose à soi-même comme une pure idée et qu'on oppose à une idée contraire : c'est un être qui agit par son être même sur l'intelligence qui le contemple. Il n'y aurait rien au monde, si avant tout n'était l'être comme principe de tout [2]; ainsi, dans l'ordre même des intelligibles, qui est en général l'opposé de l'ordre

---

[1] *Eth. End.* VIII, xiv : Οὐ γὰρ ἐβουλεύσατο βουλευσάμενος, καὶ τοῦτ' ἐβουλεύσατο, ἀλλ' ἔστιν ἀρχή τις οὐδ' ἐνόησε νοήσας πρότερον νοῆσαι, καὶ τοῦτο εἰς ἄπειρον. Οὐκ ἄρα τοῦ νοῆσαι ὁ νοῦς ἀρχή, οὐδὲ τοῦ βουλεύσασθαι βουλή.

[2] *Met.* XII, p. 245, l. 30 : Αἵ τε γὰρ οὐσίαι πρῶται τῶν ὄντων, καὶ εἰ πᾶσαι φθαρταί, πάντα φθαρτά.

des intelligences et des êtres, c'est l'être qui est le premier terme[1]. Le réel est le commencement de l'idéal. Dans le monde sensible, que remplit le mouvement spontané de la vie, la fin où la nature tend sans relâche, ne réside pas en un type général, un exemplaire abstrait de la forme : la forme est dans l'être et dans l'individualité concrète, du sein de laquelle elle se développe. C'est dans la région moyenne de la raison et de la volonté discursive, dans la région de l'art et de la pratique, que l'être s'oppose sa fin comme quelque chose d'autre que lui-même, comme une forme abstraite qu'il délibère de réaliser en lui, et qui, dépourvue d'être, ne produit par elle-même dans l'être aucun changement réel. Au point culminant de la nature, la fin qui détermine le mouvement, en ébranlant la pensée, est comme dans l'entendement une chose intelligible, et comme dans la nature un être Ce n'est plus ni une forme concrète et sensible, ni un intelligible conçu par abstraction : c'est un intelligible réel dans l'acte même de la pensée qui le contemple. Dans la nature il n'y a que désir aveugle et point de volonté. Dans le monde de l'entendement, dans la vie humaine, la volonté est distincte du désir, et souvent en lutte avec lui. Au point culminant de la nature, l'objet du désir est un

---

[1] *Met.* XII, p. 248, l. 9 : Νοητὴ δὲ ἡ ἑτέρα συστοιχία καθ' αὑτήν· καὶ ταύτης ἡ οὐσία πρώτη.

objet intelligible, et le désir s'identifie avec la volonté[1].

Mais si l'objet du désir du monde est un intelligible sans matière, ce n'est ni une simple possibilité comme la fin que l'entendement se propose, ni comme la fin que la nature poursuit sans le savoir, un être concret, enveloppant sous la forme de son acte une puissance que développe le mouvement : c'est un être qui est tout en acte, dans une réalité entière et une simplicité parfaite. Le principe du monde n'est donc pas, comme l'avait représenté la philosophie platonicienne, une idée suprême, un universel. Ce n'est pas l'idée du bien, car l'idée du bien est une généralité vague et indéfinie; c'est le bien suprême, parce que c'est la fin suprême du mouvement qui agit dans la pensée, et qui par la pensée attire à soi le désir de l'éternel mobile[2]. Ce n'est pas l'idée de l'unité, l'*un* en soi, l'*un* absolu; car l'unité ne consiste que dans le rapport idéal de la mesure à tout ce qu'elle mesure, et dans l'indivisibilité logique : au contraire la simplicité est dans la manière d'être. Le premier principe n'est pas l'*un*, mais le simple par excellence, et le simple parce que tout son être est dans la simplicité et l'indivisibilité réelle de sa propre et essentielle action[3].

---

[1] *Met.* XII, p. 248, l. 4 : Τὸ ὀρεκτὸν καὶ τὸ νοητὸν κινεῖ οὐ κινούμενα· τούτων τὰ πρῶτα τὰ αὐτά.

[2] *Ibid.* p. 257, l. 2. *Eth. Nic.* I, IV. *Eth. Eud.* I, VIII. *Magn. Mor.* I, 1.

[3] *Met.* XII, p. 248, l. 10 : Καὶ ταύτης (sc. τῆς οὐσίας πρώτη) ἡ ἁπλῆ

Ce n'est pas tout, si le premier objet de la pensée est un intelligible sans matière, comment pourra-t-il agir sur l'intelligence, non comme une fin idéale et un objet abstrait de raisonnement, mais par son être et dans l'essence intime de la chose qui le pense, à moins que lui-même il ne soit cette chose? L'entendement se propose pour objet et pour fin quelque chose qui est autre que lui ou qu'il croit autre; la volonté se distingue de ce qu'elle veut. Mais, dans la nature, la fin qui agit sur l'être et qui l'attire à elle, fait tout son être, et ne se distingue pas du désir qu'elle excite. La réalité de la nature est dans son mouvement, la réalité du mouvement dans la tendance, ou le désir, la réalité du désir dans la fin qui le détermine. La fin, ou le bien suprême dont la pensée émeut le désir du monde, ne se distingue pas non plus de l'intelligence qui le pense. Non-seulement ce n'est pas une pure idée dont l'âme du monde poursuive incessamment la réalisation; non-seulement c'est un être et un être toujours agissant, mais hors de lui il n'y a dans le monde qu'une puissance passive docile à son action [1]; c'est lui qui

καὶ κατ' ἐνέργειαν. Ἔστι δὲ τὸ ἓν καὶ τὸ ἁπλοῦν οὐ τὸ αὐτό· τὸ μὲν γὰρ ἓν μέτρον σημαίνει, τὸ δὲ ἁπλοῦν πῶς ἔχον αὐτό. Sur les idées platoniciennes du bien et de l'un, voyez plus haut, p. 309-311.

[1] Le ciel n'est pas mû, à proprement parler, par une âme; car nulle âme ne peut mouvoir éternellement. *De Cœl.* II, 1: Ἀλλὰ μὴν οὔτε ὑπὸ ψυχῆς εὔλογον ἀναγκαζούσης μένειν ἀΐδιον, κ. τ. λ. Il ne faut donc pas prendre à la rigueur cet autre passage, ibid. 11: Ὁ δ' οὐρανὸς ἔμψυχος

se pense dans le monde, et qui de sa pensée lui donne l'être, le mouvement et la vie [1].

Ainsi, si la cause première du mouvement ne donne le mouvement au monde que par le désir qu'elle lui inspire, si cette cause motrice est une cause finale, ce n'est pourtant pas, comme la fin que se propose la raison pratique, une fin éloignée, séparée par quelque milieu de ce qui aspire à elle, et qui ne puisse être atteinte que par une suite de moyens. Le propre de la cause motrice, c'est qu'elle est en même temps que son effet et que le mobile où elle le produit; car cette cause, c'est celle qui agit par impulsion et au contact, et le contact suppose la simultanéité [2]. Or le monde et sa cause finale se touchent aussi en quelque manière. Si la cause du mouvement du monde n'est pas touchée de lui, du moins le touche-t-elle [3] par elle-même, et sans qu'aucun intermédiaire l'en sépare. Elle n'est pas pour lui un objet lointain de désir, mais un objet aimé [4], dont la contemplation immédiate remplit tout son être; ou

καὶ ἔχει κινήσεως ἀρχήν. L'éther, comme les autres éléments (voyez plus haut, p. 414), ne se meut pas par lui-même, n'a pas d'âme ni de nature. Les autres éléments sont mis en mouvement par le principe qui les engendre graves ou légers; l'éther, par le premier moteur. Comp. Zabarella, *De Natura cœli*, dans le *De Reb. natur.* ll. XXXI, 270-290.

[1] *De Cœl.* I, ix : ..... Τὸ εἶναί τε καὶ ζῆν.
[2] *Phys.* VIII, v.
[3] Voyez ci-dessus, p. 568.
[4] *Met.* XII, p. 248, l. 18 : Κινεῖ δὲ ὡς ἐρώμενον.

plutôt, si c'est cet objet même qui se pense dans la nature, et de sa pensée éveille en elle le désir, n'est-ce pas lui, n'est-ce pas le bien suprême qui s'aime comme il se pense, et qui, ainsi qu'un père se contemplant dans son fils, embrasse le monde auquel il donne l'être, dans un acte éternel d'amour [1]? Ainsi se retrouve dans l'idée de la cause finale du monde, l'idée de la cause motrice : elles s'identifient l'une avec l'autre dans l'idée de la forme ou essence. De même l'âme est tout à la fois la cause motrice, la cause finale et la forme essentielle de son corps [2]. Les trois principes, distincts et opposés dans le monde de l'art et de la pratique ne sont, dans la nature et dans la réalité absolue supérieure à la nature, que des points de vue et des rapports différents d'un seul et même principe.

A la vérité le premier principe est l'intelligence et l'intelligible tout à la fois, et il semble qu'il enferme dans l'unité de son être une dualité nécessaire et une invincible opposition. Le sens s'oppose à l'objet sensible, et l'entendement à l'idée. Mais la chose qui sent et la chose sentie sont des réalités concrètes qui se touchent, sans se confondre, sur la limite commune de la sensation. La sensation n'est ni le sujet ni l'objet tout entier, mais le moyen terme où se réalisent en un seul et même acte, sans s'y épuiser ja-

---

[1] *Eth. Eud.* VII, ix.
[2] *De An.* II, iv.

mais, leurs puissances contraires; c'est la forme commune de deux matières différentes[1]: car la sensation ne porte que sur des formes, mais sur des formes concrètes[2]. Dans le monde de l'entendement, de la pratique et de l'art, l'objet de la pensée est une forme immatérielle; mais le sujet qui la pense est une puissance qui s'oppose elle-même à l'objet actuel de sa pensée, comme à une forme et à une limite où elle n'est pas contenue tout entière. Dans le monde de l'intelligence pure, il n'en est pas de même; l'intelligence est comme l'intelligible, sans matière distincte de la forme, sans puissance cachée sous l'action; pure action et pure forme. Ici, entre le sujet et l'objet de la connaissance il n'y a plus de milieu et plus de moyen terme. L'intelligence ne reçoit pas l'intelligible en elle comme le sens reçoit la forme de l'objet sensible, ou comme l'entendement reçoit la notion: l'intelligible lui-même est toute l'intelligence, et l'intelligence à son tour tout l'intelligible. A cette hauteur l'intelligence et l'intelligible, l'objet et le sujet, la pensée et l'être ne font qu'un[3].

La condition de la pensée en général est l'unité,

[1] Voyez plus haut, p. 427.
[2] De An. III, VIII : Οὐ γὰρ ὁ λίθος ἐν τῇ ψυχῇ, ἀλλὰ τὸ εἶδος.
[3] Met. XII, p. 249, l. 10 : Ταὐτὸν νοῦς καὶ νοητόν· τὸ γὰρ δεκτικὸν τοῦ νοητοῦ καὶ τῆς οὐσίας νοῦς. Ἐνεργεῖ δὲ ἔχων. Il n'y a pas dans l'intelligence spéculative, νοῦς, δ' ἕξις différente d'ἐνέργεια; c'est le sens de cette dernière phrase. Sur ἕξις et ἐνέργεια ou χρῆσις, voyez plus haut, p. 399. Le νοῦς n'est donc pas proprement un δεκτικόν, comme

et par suite l'unité de l'objet de la pensée. Mais, comme on l'a fait voir, l'unité des notions qui sont les objets de l'entendement est l'unité logique de formes divisibles qui peuvent être contenues les unes dans les autres. Leurs rapports de contenance s'expriment dans l'affirmation et la négation ; la conformité de l'affirmation et de la négation avec les rapports de contenance des idées, les unes à l'égard des autres, fait la vérité et l'erreur. La science tout entière consiste dans la combinaison et la division des idées de l'entendement[1], sur le modèle des objets. Le simple au contraire est un d'une indivisible unité ; ce n'est donc plus un objet d'affirmation et de négation, ce n'est plus un objet de raisonnement ni même de proposition. Ce ne sont plus là des termes entre lesquels la raison discursive cherche un terme moyen, ni même entre lesquels il reste un intervalle que comble le jugement. C'est un seul et unique terme, une limite simple, qui ne peut être saisie que par une expérience immédiate, et une intuition simple. Il n'y a donc plus ici de place pour la vérité et pour l'erreur ; la vérité, c'est de voir et de toucher, l'erreur de ne pas voir et

le sens et l'entendement ou νοῦς δυνάμει. Voyez ci-dessus, page 577, note 3.

[1] Met. VI, p. 127, l. 18 : Ἡ συμπλοκή ἐστι καὶ ἡ διαίρεσις ἐν διανοίᾳ ἀλλ' οὐκ ἐν τοῖς πράγμασιν. L. 6 : Σύνθεσιν... καὶ διαίρεσιν. XI, p. 228, l. 24 : Ἐν συμπλοκῇ τῆς διανοίας. De An. III, VI : Ἐν οἷς δὲ τὸ ψεῦδος καὶ τὸ ἀληθές, σύνθεσίς τις ἤδη τῶν νοημάτων. VIII : Συμπλοκὴ γάρ ἐστι νοημάτων τὸ ἀληθὲς ἢ ψεῦδος.

de ne pas toucher[1]; et c'est pourquoi la raison est infaillible, comme le sens dans le jugement de son objet propre[2]. Mais, dans la pensée pure, l'objet et le sujet qui le touche sont également indivisibles : ce sont donc comme deux points qui ne peuvent se toucher sans se confondre, et sans s'identifier intégralement[3]. La science implique la différence des notions, par conséquent celle des pensées, et par conséquent encore, entre les notions en elles-mêmes et les pensées, une opposition qui ne permet qu'une identité de rapports et une unité de proportion et d'analogie[4]. La sensation établit entre la chose sentante et la chose sentie une proportion continue, dont elle est le moyen terme. Mais, dans l'intuition immédiate de l'intelligence pure, toute différence, et toute opposition, toute relation disparaît dans une indivisible unité. Ainsi répond toujours à la nature la continuité, à la science la distinction, avec la proportion discrète[5]; à l'intelligence et à l'être absolu, l'absolue unité.

[1] *De An.* III, VI. *Met.* IX, p. 190, l. 27 : Περὶ δὲ τὰ ἀσύνθετα... τὸ μὲν θιγεῖν καὶ φάναι ἀληθές, τὸ δ' ἀγνοεῖν μὴ θιγγάνειν. Sur le rapport de l'acte du νοῦς avec le contact et la vue, voy. encore *Phys.* VII, III; *Eth. Nic.* VI, XII.

[2] *De An.* III, XII : Νοῦς μὲν οὖν πᾶς ὀρθός. *Met.* IX, p. 191, l. 7. Voyez plus haut, p. 460.

[3] *Met.* XII, p. 249, l. 8 : Νοητὸς γὰρ γίγνεται θιγγάνων καὶ νοῶν.

[4] L'entendement n'est pas *identique*, mais *semblable* à son objet; *De An.* II, IV : Δεκτικὸν τοῦ εἴδους καὶ δυνάμει τοιοῦτον, ἀλλὰ μὴ τοῦτο. Voyez plus bas.

[5] Voyez plus haut, p. 488 et 506.

LIVRE III, CHAPITRE III.

Mais l'unité absolue du premier principe est l'unité de l'action de l'intelligence. Toute vie est dans l'action, et, dans le plus haut degré de l'action, le degré le plus élevé de la vie. Le premier principe est donc un être vivant. En outre le plaisir est inséparable de l'action, et l'action du plaisir; dans l'action la plus pure, se trouve nécessairement la plus pure félicité [1]. Le premier principe est donc un être vivant, éternel et parfait dans une félicité parfaite. Cet être, c'est ce qu'on appelle Dieu [2]. Dieu n'est pas une idée inactive, une essence ensevelie dans le repos et comme dans un sommeil éternel [3]; Dieu est une intelligence vivante, heureuse du bonheur simple et invariable de sa propre action, et qui en remplit incessamment toute l'éternité [4].

La vie divine n'est donc pas la vie pratique, œuvre de la vertu et de la prudence. La vie pratique est une vie d'effort et de combat, qui a sa fin hors d'elle-

---

[1] *Met.* XII, p. 249, l. 1 sqq. Voyez plus haut, p. 443.

[2] *Met.* loc. laud. l. 17 : Φαμὲν δὲ τὸν Θεὸν εἶναι ζῶον ἀΐδιον ἄριστον. Ὥστε ζωὴ καὶ αἰὼν συνεχὴς καὶ ἀΐδιος ὑπάρχει τῷ Θεῷ· τοῦτο γὰρ ὁ Θεός. Cf. XIV, p. 291, l. 23.

[3] Ibid. XII, p. 254, l. 25 : Εἴτε γὰρ μηθὲν νοεῖ, τί ἂν εἴη τὸ σεμνόν, ἀλλ' ἔχει ὥσπερ ἂν εἰ ὁ καθεύδων. Cf. *Eth. Nic.* X, VIII. *Magn. Mor.* II, XXV. Le passage cité de la Métaphysique semble imité jusque dans les termes, d'un passage de Platon, *Soph.* sub fin. Mais il s'agit moins ici d'un passage détaché que de l'esprit et de la tendance de la philosophie platonicienne. De même plus haut, p. 309.

[4] *Eth. Nic.* VII, XIV : Ὁ Θεὸς ἀεὶ μίαν ἁπλῆν χαίρει ἡδονήν. XV; X, VIII. *Met.* XII, p. 249, l. 1.

même, et n'y arrive que par une suite de moyens difficiles et de combinaisons laborieuses[1]. La vie divine est la sagesse, supérieure à la vertu[2], dans le libre exercice de la spéculation. Comme l'entendement est occupé à la critique du vrai, ainsi la raison pratique est occupée tout entière au discernement du bien entre une infinité d'actions différentes, à travers une diversité infinie d'oppositions et de contradictions. Dans le milieu de la vie sensible où elle se trouve engagée, et dont elle cherche la meilleure forme, elle ne peut se passer entièrement de biens extérieurs dépendant du hasard; elle a besoin aussi de l'amitié, de la justice, de la société[3]. La raison spéculative seule se suffit à elle-même; seule elle a en soi son bien, sa perfection, sa félicité[4] dans l'uniformité de la contemplation[5]. Dieu n'a pas besoin de biens extérieurs, il n'a pas même besoin d'amis, parce que la pensée n'a besoin d'aucune chose qui lui soit étrangère[6], parce qu'elle est à elle seule son tout

---

[1] Voyez plus haut, p. 479.

[2] *Magn. Mor.* II, v : Ὁ γὰρ θεὸς βελτίων τῆς ἀρετῆς. *Eth. Nic.* VII, 1.

[3] Voyez plus haut, p. 460-478.

[4] *De Cæl.* II, vii : Ἔοικε γὰρ τῷ μὲν ἄριστα ἔχοντι ὑπάρχειν τὸ εὖ ἄνευ πράξεως..... Τῷ δ' ὡς ἄριστα ἔχοντι οὐδὲν δεῖ πράξεως· ἔστι γὰρ αὐτῷ τὸ οὗ ἕνεκα. Ἡ δὲ πρᾶξις ἐστιν ἀεὶ ἐν δυσίν, ὅταν καὶ οὗ ἕνεκα ᾖ καὶ τὸ τούτου ἕνεκα. *Eth. Eud.* VII, xii : Ἡμῖν μὲν γὰρ τὸ εὖ καθ' ἕτερον, ἐκείνῳ δὲ αὐτὸς αὑτοῦ τὸ εὖ ἐστι.

[5] *Eth. Nic.* X, viii.

[6] *Magn. Mor.* II, xv. *Eth. Eud.* VII, xii.

sa fin, son bien. On l'a déjà vu[1] : la vie animale est celle de la sensation ; la vie humaine, la vie pratique et sociale, est celle de l'entendement et de la volonté délibérative ; la vie divine est celle de l'intelligence, dans l'activité immanente de sa spéculation solitaire.

Enfin la pensée où s'identifient l'intelligence et l'intelligible, la pensée spéculative, ne peut pas avoir son principe ailleurs qu'en elle-même ; elle n'est pas la manifestation d'une substance pensante, et le produit d'une puissance de penser différente de la pensée. En effet, l'essence et la dignité de l'intelligence n'est pas dans le pouvoir, mais dans l'acte de penser[2]. Tout bien, toute perfection, comme aussi toute félicité, est dans l'action ; c'est pour cela qu'il est meilleur et plus doux d'aimer que d'être aimé, meilleur d'être le sujet que l'objet de la pensée, meilleur, en un mot, d'exercer que de subir l'action[3]. Or si c'était à l'objet de l'intelligence qu'il appartînt d'être toujours en acte et non à l'intelligence, si du moins, puisqu'ici l'intelligence et l'intelligible ne font qu'un, si le premier principe avait comme intelligible l'acte, et comme intelligence la puissance de la pensée, ce

---

[1] Voyez plus haut, p. 481.

[2] *Met.* XII, p. 254, l. 28 : Διὰ γὰρ τὸ νοεῖν τὸ τίμιον αὐτῷ ὑπάρχει. Cf. p. 249, l. 11.

[3] *Magn. Mor.* II, xi : Ἔτι δὲ βέλτιον γνωρίζειν ἢ γνωρίζεσθαι. Comp. plus haut, p. 462. *De An.* III, v : Ἀεὶ γὰρ τιμιώτερον τὸ ποιοῦν τοῦ πάσχοντος. Τίμιον, comme dans le passage de la Métaphysique, cité ci-dessus, n. 2.

serait au contraire du côté de l'intelligible que se trouverait la perfection et la majesté divine [1]. Dans l'intelligence la continuité de l'action exigerait un effort répété ; la pensée divine se trouverait soumise à la condition laborieuse de la sensibilité et de l'entendement [2]. L'essence divine ne doit donc pas être cherchée dans la virtualité d'une substance pensante, mais dans l'action ; elle n'est pas l'intelligence (νοῦς), à proprement parler, mais la pensée toute seule (νόησις). Mais si, de son côté, l'intelligible est tout en acte, l'acte ou l'action ne donne plus ici, comme dans l'entendement, la supériorité à l'intelligence sur l'intelligible : l'intelligence et l'intelligible s'identifient dans une seule et unique et indivisible action. De plus, si c'est dans l'action même de la pensée qu'est toute l'intelligence et tout l'intelligible, non-seulement l'intelligence est son objet à elle-même, mais elle ne peut avoir d'autre objet. Toute autre chose que l'intelligence participerait nécessairement des régions inférieures de la contingence et de la possibilité, et l'intelligence ne pourrait l'atteindre sans descendre de la hauteur de son activité pure. Elle ne pourrait changer d'objet sans changer elle-même, ni changer, puisqu'elle est le bien absolu,

---

[1] *Met.* XII, p. 255, l. 10 : Καὶ γὰρ τὸ νοεῖν καὶ ἡ νόησις ὑπάρξει καὶ τὸ χείριστον (leg. χεῖρον?) νοοῦντι.

[2] *Ibid.* l. 7 : Εἰ μὴ νόησίς ἐστιν ἀλλὰ δύναμις, εὔλογον ἐπίπονον εἶναι τὸ συνεχὲς αὐτῷ τῆς νοήσεως. Voyez plus haut, p. 449.

sans passer du meilleur au pire[1]. Mieux vaut ne point voir ce qu'on ne verrait qu'au préjudice de sa dignité et de sa perfection[2]. L'intelligence ne peut donc pas plus être au-dessus qu'au-dessous de son objet : elle est à elle-même son objet unique. Et en effet, si l'identité de l'intelligence et de l'intelligible est dans l'unité simple d'un seul et même acte, comment l'intelligence absolue pourrait-elle penser autre chose que l'acte qui fait à la fois tout l'être de son objet et tout son être à elle-même? Il n'y a donc rien dans l'intelligence spéculative ou absolue, que l'action de la pensée qui se pense elle-même sans changement comme sans repos, et la pensée véritable est la pensée de la pensée[3].

Tel est le principe souverain, triple dans son rapport avec le monde, triple dans son essence, et pourtant absolument un et simple, auquel toute la nature est comme suspendue[4]. La série entière des êtres forme une double chaîne qui vient de lui et qui retourne à lui, qui en descend et qui y remonte. D'un côté, c'est le système du monde dans l'ordre

---

[1] *Met.* XII, p. 255, l. 1 sqq.

[2] Ibid. l. 11 : Ὥστε εἰ φευκτὸν τοῦτο (καὶ γὰρ μὴ ὁρᾶν ἔνια κρεῖττον ἢ ὁρᾶν), οὐκ ἂν εἴη τὸ ἄριστον ἡ νόησις. *Eth. Eud.* VII, XII : Βέλτιον (sc. ὁ Θεός) ἢ ὥστε ἄλλο τι νοεῖν αὐτὸς παρ' αὐτόν.

[3] *Met.* XII, p. 255, l. 13 : Αὑτὸν ἄρα νοεῖ, εἴπερ ἐστὶ τὸ κράτιστον, καὶ ἔστιν ἡ νόησις νοήσεως νόησις.

[4] Ibid. p. 248, l. 29 ; Ἐκ τοιαύτης ἄρα ἀρχῆς ἤρτηται ὁ οὐρανὸς καὶ ἡ φύσις. *De Cœl.* I, IX : Ἐξήρτηται.

de la succession de ses parties élémentaires, depuis le ciel jusqu'à la terre; de l'autre, le système des puissances successives de la nature, depuis la forme imparfaite de l'existence élémentaire jusqu'à la forme accomplie de l'humanité[1]. Des deux côtés le principe est le même; les deux extrémités opposées de la chaîne se joignent et se touchent à cette limite commune de la pensée divine.

Le dernier et le plus haut degré du développement de la nature est l'âme humaine, et dans l'âme humaine la raison. Mais la raison humaine est encore une puissance, et la puissance veut un principe qui la détermine à l'action. Toute puissance embrasse une opposition de deux formes possibles, contraires l'une à l'autre; des deux formes contraires, il y en a une qui est l'essence, et la réalité; une qui est la privation. Tous les possibles se partagent ainsi en deux séries, l'une positive, l'autre négative; la série de l'être, et celle du non-être, la série du bien et celle du mal; la série de la détermination et de la perfection, et celle de l'indétermination, de l'imperfection et du désordre[2]. La première c'est la nature même, la fin où tend le mouvement naturel[3], et le

---

[1] Voyez plus haut, p. 438 sqq.

[2] Met. IV, p. 65, l. 1, Τῶν ἐναντίων ἡ ἑτέρα συστοιχία στέρησις. Cf. I, p. 16, l. 31. XI, p. 231, l. 8 : Τῆς δ' ἑτέρας συστοιχίας αἱ ἀρχαὶ διὰ τὸ στερητικαὶ εἶναι ἀόριστοι.

[3] Voyez plus haut, p. 417.

principe de la pensée[1]. Toute idée, comme tout sens, s'étend de même à deux formes contraires, également possibles[2]. Pour déterminer la sensation ou la connaissance, il faut donc une cause active qui manifeste dans le possible la forme essentielle de l'être. L'œil est fait pour voir le blanc et le noir; pour qu'il voie, il faut la lumière qui lui manifeste la couleur positive et réelle, la couleur blanche, dont le noir n'est que la privation[3]. Pour la vue de l'entendement, il faut aussi une lumière qui lui révèle son objet propre, et qui le tire de l'ombre[4]. Et cette lumière que serait-ce? sinon l'intelligence souveraine qui fait l'être et l'essence de tout intelligible, l'intelligence divine éclairant d'un rayon la nuit de l'intelligence humaine? L'entendement est une puissance passive qui peut prendre toutes les formes, recevoir toutes les idées; comme la matière première, c'est ce qui peut tout devenir; c'est la puissance universelle dans le monde des idées, comme la matière première dans le monde de la réalité. L'intelligence absolue est l'ac-

---

[1] Voyez plus haut, p. 482.
[2] *Met.* IX, II.
[3] *De An.* III, VI; I, V.
[4] *Ibid.* V : Ὡς ἕξις τις, οἷον τὸ φῶς· τρόπον γάρ τινα καὶ τὸ φῶς ποιεῖ τὰ δυνάμει ὄντα χρώματα ἐνεργείᾳ χρώματα. Sur les différentes manières dont on a cherché à expliquer la fonction du νοῦς ποιητικός, on peut consulter aussi le traité de Fortunius Licetus, *De Intellectu agente,* Patavii, 1627, in-f°. L'explication que je donne me paraît la seule conforme à l'esprit de la doctrine d'Aristote. Voyez le II° vol.

tivité créatrice qui fait venir à l'acte toute forme possible, et qui produit toute pensée [1]. En général, on l'a déjà vu [2], la pensée discursive, la science ne peut pas être son principe et son commencement à elle-même; dans l'âme comme dans le monde des corps, il faut une cause première qui imprime le premier mouvement; et cette cause première, supérieure à la science, que serait-ce, sinon Dieu même?

Il en est de la raison pratique comme de l'entendement; car ce sont deux formes d'une même puissance. La distinction du bien et du mal suppose la lumière primitive, la volonté du bien suppose l'impulsion primitive de la sagesse divine. La vertu n'est que l'instrument de la pensée absolue. Dieu est le premier moteur de la volonté et de l'entendement comme il est celui de l'univers [3].

Mais Dieu ne se mêle pas pour cela au monde, dans les régions de l'âme, non plus que dans celles

---

[1] *De An.* III, v : Ἔστιν ὁ μὲν τοιοῦτος νοῦς τῷ πάντα γίνεσθαι, ὁ δὲ τῷ πάντα ποιεῖν. Il ne faut pas entendre par là que l'entendement est la matière de tout, sinon *repræsentativè*, ou *intentionaliter*, selon le langage scolastique. L'objet et le sujet ne sont identiques que dans la forme.

[2] Voyez ci-dessus, p. 572.

[3] *Eth. Eud.* VII, xiv : Τὸ δὲ ζητούμενον τοῦτ' ἔστι, τίς ἡ τῆς κινήσεως ἀρχὴ ἐν τῇ ψυχῇ. Δῆλον δὴ ὥσπερ ἐν τῷ ὅλῳ θεός, καὶ πᾶν ἐκείνῳ· κινεῖ γάρ πως πάντα τὸ ἐν ἡμῖν θεῖον. Λόγου δ' ἀρχὴ οὐ λόγος ἀλλά τι κρεῖττον. Τί οὖν ἂν κρεῖττον καὶ ἐπιστήμης εἴποι, πλὴν θεός; ἡ γὰρ ἀρετὴ τοῦ νοῦ ὄργανον.

de l'espace et des corps; Dieu demeure tout en lui-même, et la pensée de la pensée ne sort pas de la pensée. Dans la sphère de la contingence et de l'opposition, la privation se connaît dans l'essence, le noir dans le blanc, le mal dans le bien. Mais l'idée de la privation n'est qu'en puissance dans l'idée de l'essence; la connaissance des oppositions n'appartient qu'à la puissance de l'entendement[1]. Ce n'est pas l'être absolu qui s'abaisse à la considération du non-être : c'est l'entendement qui dans l'être discerne la possibilité du non-être[2]. Le premier principe est la mesure de tout; et la pensée du premier principe, la mesure de toute pensée. Mais ce n'est pas lui pour cela qui rapporte toute chose à sa mesure : c'est l'entendement qui applique à toute chose la mesure du premier principe. Ce n'est pas Dieu, qui voit en lui les

---

[1] *De An.* III, vi : ..... Οἷον πῶς τὸ κακὸν γνωρίζει ἢ τὸ μέλαν; Τῷ ἐναντίῳ γάρ πως γνωρίζει· δεῖ δὲ δυνάμει εἶναι τὸ γνωρίζον καὶ ἔνειναι ἐν αὐτῷ.

[2] Cependant Aristote remarque que, dans la doctrine d'Empédocle, Dieu, ne pouvant connaître le mal, se trouve être le moins intelligent des êtres. *De An.* I, v: Συμβαίνει δ' Ἐμπεδοκλεῖ γε καὶ ἀφρονέστατον εἶναι τὸν θεόν· μόνος γὰρ τῶν στοιχείων ἓν οὐ γνωρίει, τὸ νεῖκος, τὰ δὲ θνητὰ πάντα. Mais précisément cela n'est vrai qu'au point de vue de l'entendement, pour lequel la perfection est de connaître les deux termes de toute opposition, non au point de la raison spéculative, auquel Aristote pense que ses devanciers sont restés étrangers, et où par conséquent il ne se place pas quand il fait la critique de leurs opinions. La solution au point de vue de l'entendement, c'est que l'on connaît le négatif par le positif.

idées ; le lieu des idées est l'entendement[1], et c'est l'entendement qui les voit en lui-même par leur rapport à Dieu, d'où elles tirent toute leur réalité. Enfin l'entendement, lié à l'âme comme l'âme au corps, comme la forme à la matière, se multiplie avec les individus et périt avec eux : la pure intelligence n'a rien de commun avec la matière. Sans se multiplier et sans se diviser, elle laisse retomber les âmes avec les corps dans le néant d'où ils sortirent ensemble ; seule, elle subsiste toujours la même, immortelle, inaltérable, dans son invariable activité[2].

Ainsi le monde a son bien et sa fin en lui et hors de lui tout ensemble, et surtout hors de lui. Le bien d'une armée est dans son ordre, mais surtout dans son

---

[1] *De An.* III, IV.

[2] Dans le IV° chapitre du III° livre du Traité de l'Ame, le Νοῦς en général est représenté comme séparé ou séparable du corps (de même, *Met.* XII, p. 242, l. 29) ; de là l'opinion de ceux qui ont attribué à Aristote la croyance à l'immortalité de l'âme humaine. La distinction entre le νοῦς φθαρτὸς et l'ἄφθαρτος n'est établie qu'au V° chapitre ; c'est dans ce chapitre qu'il faut chercher la vraie pensée d'Aristote. En général, il faut distinguer attentivement le sens large et le sens strict de νοῦς ; voyez plus haut, p. 436, n. 4. Sur le rapport de la διάνοια à l'αἴσθησις, voyez ibid. n. 3. — De quelques passages de la Morale (*Eth. Nic.* I, II, etc.), on pourrait être tenté de conclure qu'Aristote a cru à l'immortalité de la personnalité humaine. Mais ces passages doivent être pris dans un sens *exotérique* et populaire, comme ceux où il est question du culte des dieux. Car la mémoire appartient à l'âme sensitive, qui est essentiellement périssable ; *De An.* III, V ; *De Mem.* I. Le désir de l'immortalité est le désir d'une chose impossible. *Eth. Nic.* III, IV : Βούλησις δ' ἐστὶ τῶν ἀδυνάτων, οἷον ἀθανασίας.

chef; car c'est l'ordre qui est par le chef et non le chef par l'ordre [1]. L'univers forme donc un système continu de progressions ascendantes ordonnées à un seul et même terme. Ce n'est pas un assemblage de principes indépendants et détachés, comme un poëme mal fait tout formé d'épisodes [2], c'est un enchaînement de puissances successives subordonnées les unes aux autres, selon les degrés de leur développement, et coordonnées entre elles par une série d'analogies, selon leurs rapports communs avec un même principe [3]. Le principe n'est plus une puissance; il est le premier et le plus haut terme de toutes les séries, et cependant il est en dehors, au delà, ou plutôt au-dessus de toute série et de tout ordre, indépendant et séparé. La progression des êtres commence à la puissance où toute opposition est enveloppée; elle se termine à l'action, supérieure à toute opposition : le mouvement remplit l'intervalle. Du sein de l'indétermination et de l'infinité du possible, la nature s'élève par degrés vers la fin qui l'attire, et à mesure qu'elle approche, à mesure domine en elle l'être sur le non-être, le bien et le beau sur le mal; le côté négatif de la double série des contraires descend de plus en plus dans l'ombre, l'autre

---

[1] *Met.* XII, p. 256, l. 1 sqq.

[2] Ibid. p. 258, l. 17. Voyez plus haut, p. 339.

[3] Ibid. p. 256, l. 6 : Πάντα γὰρ συντέτακταί πως ἀλλ' οὐχ ὁμοίως... καὶ οὐχ οὕτως ἔχει ὥστε μὴ εἶναι θατέρῳ πρὸς θάτερον μηθέν, ἀλλ' ἔστι τι... Λέγω δ' οἷον εἰς γε τὸ διακριθῆναι ἀνάγκη ἅπασιν ἐλθεῖν, καὶ ἄλλα οὕτως ἐστὶν ὧν κοινωνεῖ ἅπαντα εἰς τὸ ὅλον.

brille de plus en plus de la lumière divine de l'être et du bien absolu. La puissance, qui enveloppe les contraires, est la condition et non la cause du mouvement; à mesure que la nature s'affranchit de la nécessité de la matière, à mesure qu'elle est plus libre, à mesure aussi elle laisse moins au hasard [1]; car sa liberté c'est d'être tout entière à sa fin. Toute sa liberté est avec tout son être dans le désir qui l'attire au bien. Le mal n'est donc pas comme le bien un principe, et le monde n'est pas partagé entre deux principes ennemis. Le mal a sa source dans la puissance, et il ne se manifeste que dans le développement de l'opposition qu'elle renferme : c'est la privation du bien, et par suite le bien même en puissance [2]. Ce n'est pas un être, et il n'y a point de mal subsistant en soi-même hors des êtres [3]; c'est, comme l'infini, ce qui n'est pas et qui vient à l'être; c'est l'imperfection, le défaut, l'impuissance qui résulte de la puissance même, et dont elle aspire à se dégager. L'opposition du bien et du mal, l'opposition en général, ne dépasse donc point le monde de la contingence et du changement. Le bien absolu n'a pas de contraire; c'est la fin dernière de toute chose, et par conséquent le

---

[1] *Met.* XII, p. 256, l. 10.

[2] *Ibid.* XIV, p. 302, l. 19 : Τὸ κακὸν ἔσται αὐτὸ τὸ δυνάμει ἀγαθόν. Cf. *Phys.* I, ix.

[3] *Met.* IX, p. 189, l. 20 : Οὐκ ἔστι τὸ κακὸν παρὰ τὰ πράγματα. Ὕστερον γὰρ τῇ φύσει τὸ κακὸν τῆς δυνάμεως.

premier être : or le premier n'a point de contraire [1].

Le mal n'est pas par lui-même, et ce n'est pas Dieu non plus qui est la cause du mal. Dieu est le bien absolu, sans degrés et sans différences ; chaque être en reçoit, selon son pouvoir, le bien avec la vie [2]. Dieu est la raison unique de tout ce qu'il y a de bien en tout être ; car le bien d'une chose est sa fin, et il n'y a de bien que par la fin. La raison de l'inégalité des êtres dans leur participation au bien est la nécessité invincible et la fatalité de la matière, et la matière c'est le possible qui enveloppe l'impuissance et l'imperfection.

Tout ne peut donc pas atteindre à la fin suprême ; du moins tout y aspire et y marche sans cesse. Sans cesse le mal est vaincu par le bien, et le monde, tel qu'il est, est le meilleur des mondes possibles [3]. Mais de même que ce n'est pas Dieu qui pense tout ce qui est autre que sa pensée même, de même ce n'est pas lui qui ordonne pour lui-même tout ce qui est autre que lui. Ce n'est pas la raison spéculative qui dispose ; c'est la raison pratique, la pensée artiste et architectonique qui prépare tout pour elle [4]. Dieu ne descend point à gouverner les choses ; c'est à la nature qu'ap-

---

[1] *Met.* IX, p. 257, l. 27 : Οὐ γάρ ἐστιν ἐναντίον τῷ πρώτῳ οὐθέν.

[2] *De Cœl.* I, ix ; II, xii.

[3] *Phys.* VIII, vii.

[4] *Eth. Eud.* VII, xv : Οὐ γάρ ἐπιτακτικῶς ἄρχων ὁ Θεός, ἀλλ' οὗ ἕνεκα ἡ φρόνησις ἐπιτάττει. Cf. *Magn. Mor.* I, xxxiv.

partient l'architectonique du monde; c'est elle qui dispose en vue du bien suprême dont elle est attirée, qui fait sortir partout le meilleur du possible[1], et qui répand partout, comme une providence vigilante, la proportion, l'harmonie et la beauté.

Cependant, nous l'avons déjà dit, ce n'est pas non plus sur des idées que la nature se règle; elle ne se règle point, comme l'art et comme la raison pratique, sur le type préconçu d'une perfection abstraite; c'est le propre de l'humanité que la réflexion et le calcul de la volonté et de l'entendement. La nature tend donc de toutes parts au bien sans le voir au-dessus d'elle comme un lointain idéal, mais sous l'immédiate influence d'un désir aveugle. Ainsi le bien se trouve sa cause efficiente, sa cause motrice non moins que sa fin; mais ce bien, c'est la pensée, et la pensée de la pensée. Tout s'ordonne donc de soi-même dans l'élan spontané de la nature comme dans le calcul

---

[1] Voyez plus haut, p. 417, n. 7.

[2] Aristote, en quelques endroits, attribue l'action ordonnatrice et providentielle à Dieu comme à la nature. Ainsi, *De Cœl.* I, IV : Ὁ θεὸς καὶ ἡ φύσις οὐδὲν μάτην ποιοῦσι. *De Gen. et corr.*: Συνεπλήρωσε τὸ ὅλον ὁ θεός, κ. τ. λ. Mais c'est plutôt θεῖον qui doit être substitué à θεός, comme dans le passage suivant qui répond exactement au précédent, et dont l'ἀναπληροῖ rappelle le συνεπλήρωσε de celui-ci. *Œcon.* I, III : Ἡ φύσις ἀναπληροῖ ταύτῃ τῇ περιόδῳ τὸ ἀεὶ εἶναι. Ἐπεὶ κατ' ἀριθμὸν οὐ δύναται, ἀλλὰ κατὰ τὸ εἶδος. Οὕτω γὰρ προωκονόμηται ὑπὸ τοῦ θείου. Au reste, il faut s'attacher, ici comme ailleurs, à la liaison générale des idées, plus qu'à la terminologie de passages particuliers, dont l'interprétation est plus contestable.

LIVRE III, CHAPITRE III.   595

abstrait d'une réflexion prévoyante[1]. La nature est comme pénétrée de la pensée substantielle qui lui donne la vie, et qui l'agite sans cesse d'un inquiet et insatiable désir; elle fait tout, sans le savoir, pour une seule et même fin qui est la raison même. L'univers, la science, la vertu, le monde du corps et de l'âme, tout n'est que l'instrument, l'organe fait pour servir à la pensée divine, et au delà de l'univers se pense la pensée dans l'éternité de son action uniforme et de sa félicité suprême.

[1] *De Cæl.* II, ix : Ὥσπερ τὸ μέλλον ἔσεσθαι προνοούσης τῆς φύσεως.

FIN DU TOME PREMIER.

TABLE

DES CHAPITRES DU PREMIER VOLUME.

PREMIÈRE PARTIE. — INTRODUCTION.

DE L'HISTOIRE ET DE L'AUTHENTICITÉ DE LA MÉTAPHYSIQUE D'ARISTOTE.

LIVRE I. DE L'HISTOIRE DE LA MÉTAPHYSIQUE D'ARISTOTE.

Pages.

- Chap. I. De l'histoire des ouvrages d'Aristote en général, jusqu'au temps d'Apellicon de Téos et d'Andronicus de Rhodes........................ 3
- Chap. II. Des travaux d'Apellicon et d'Andronicus sur les ouvrages d'Aristote........................ 18
- Chap. III. De l'histoire de la Métaphysique d'Aristote. 31

LIVRE II. DE L'AUTHENTICITÉ DE LA MÉTAPHYSIQUE D'ARISTOTE.

- Chap. I. Du rapport de la Métaphysique avec d'autres ouvrages d'Aristote considérés comme perdus....... 42
- Chap. II. Du rapport de la Métaphysique d'Aristote avec

les traités sur la Philosophie, sur le Bien, sur les Idées, etc.

§ I. Du traité sur la Philosophie.............. 53
§ II. Des traités sur le Bien, sur les Idées, etc.. 69

CHAP. III. De l'authenticité et de l'ordre de la Métaphysique et de ses parties.

DEUXIÈME PARTIE.

ANALYSE DE LA MÉTAPHYSIQUE.

Περὶ τῶν ποσαχῶς λεγομένων (V^e livre).............. 111
LIVRE I (A)....................................... 117
— III (B)....................................... 130
— IV (Γ)....................................... 138
— VI (E)....................................... 147
— VII (Z)....................................... 149
— VIII (H)...................................... 156
— IX (Θ)....................................... 160
— X (I)....................................... 163
— XI (K)....................................... 168
— XIII (M)..................................... 170
— XIV (N)...................................... 184
XII (Λ).. 192

TROISIÈME PARTIE.

DE LA MÉTAPHYSIQUE D'ARISTOTE.

LIVRE I. DU RANG DE LA MÉTAPHYSIQUE DANS L'ENSEMBLE DE LA PHILOSOPHIE D'ARISTOTE.

CHAP. I. De la division des ouvrages d'Aristote par rapport à la forme. Livres exotériques et acroamatiques.................................... 205

TABLE DES CHAPITRES.

Chap. II. Division des ouvrages d'Aristote relativement à la matière. Classification des sciences philosophiques. 244

LIVRE II. HISTOIRE DE LA MÉTAPHYSIQUE D'APRÈS ARISTOTE.

Chap. I. Ioniens, Pythagoriciens, Éléates, Sophistes, Socrate. 267

Chap. II. Platon; dialectique; théorie des idées; théorie des nombres. Résumé de l'histoire de la Métaphysique avant Aristote 279

LIVRE III. SYSTÈME MÉTAPHYSIQUE D'ARISTOTE.

Chap. I. Objet de la Métaphysique: les premiers principes, l'être en tant qu'être. Catégories. Oppositions ou analogies. Principes propres et principes communs 347

Chap. II. Puissance et acte. Mouvement. Nature : corps et âme ; puissances successives de la vie. Humanité ; fin de la nature. Fin de l'humanité : pratique, spéculation. Science : démonstration ; induction ; définition ; intuition................................. 379

Chap. III. Premier moteur du monde. Dieu, principe de la nature et de la science...................... 532

www.ingramcontent.com/pod-product-compliance
Lightning Source LLC
Chambersburg PA
CBHW060414230426
43663CB00008B/1483